2015

中国渔业年鉴

China Fisheries Yearbook

农业部渔业渔政管理局　主编

中国农业出版社

中国渔业年鉴理事单位

山东省海洋与渔业厅	（2015-2017）
广东省海洋与渔业局	（2014-2016）
广西壮族自治区水产畜牧兽医局	（2015-2017）
上海市农业委员会	（2013-2015）
青岛市海洋与渔业局	（2014-2016）
威海市海洋与渔业局	（2015-2017）
中国水产科学研究院	（2014-2016）
大连海洋大学	（2013-2015）
上海海洋大学	（2013-2015）
上海市长江口中华鲟自然保护区管理处	（2013-2015）
中国渔业互保协会	（2015-2017）
福州宏东远洋渔业有限公司	（2015-2017）
中国农业发展集团有限公司	（2014-2016）
中水集团远洋股份有限公司	（2015-2017）
上海水产（集团）总公司	（2014-2016）
山东东方海洋科技股份有限公司	（2014-2016）
通威股份有限公司	（2015-2017）
广州远洋渔业公司	（2013-2015）
大连壹桥海参股份有限公司	（2013-2015）
山东宝莱利莱生物工程股份有限公司	（2013-2015）
蓬莱京鲁渔业有限公司	（2015-2017）
湛江海滨船厂	（2014-2016）

中国渔业年鉴编辑部

通讯地址　北京市朝阳区农展馆北路2号18号楼

邮政编码　100125

电　　话　(010) 59194981
　　　　　65074693

传　　真　(010) 65005665

电子信箱　yynjcn@ccap.com.cn

中国渔业年鉴编辑委员会

中国渔业年鉴编辑部

2014年1月14日，农业部召开全国渔业渔政工作电视电话会议。农业部副部长牛盾出席会议并讲话，农业部渔业渔政管理局局长赵兴武作工作报告。

2014年6月10日，农业部召开违规渔具清理整治专项行动电视电话会议。农业部副部长牛盾出席会议并做了讲话，农业部渔业渔政管理局局长赵兴武主持会议。

2014年7月15日，全国渔业科研院所建设工作会议在南京市召开。农业部副部长牛盾和江苏省委常委、常务副省长徐鸣出席会议并分别讲话和致辞，农业部渔业渔政管理局局长赵兴武主持会议并讲话。

2014年7月初，农业部副部长、港澳流动渔民工作协调小组组长牛盾率领代表团赴香港、澳门调研港澳流动渔民生产生活情况，农业部渔业渔政管理局局长赵兴武参加调研。

2014年5月29日，中国阿根廷渔业分委会第四次会议在阿根廷首都布宜诺斯艾利斯召开，会议由农业部渔业渔政管理局局长赵兴武和阿根廷农牧渔业部副国务秘书布斯塔曼特共同主持，阿根廷农牧渔业部部长卡洛斯出席会议并讲话。会后，双方签署了会议纪要。

2014年9月3-4日，农业部渔业渔政管理局局长赵兴武在内蒙古调研现代渔业建设。

2014年10月13-14日，中国—印度尼西亚渔业合作联合委员会第二次会议在北京举行，农业部渔业渔政管理局副局长崔利锋率团出席会议，印度尼西亚方团长为印度尼西亚捕捞署署长格尔文·朱瑟夫。

2014年7月17日，农业部渔业渔政管理局副局长李书民率调研组对潜江市以船为家渔民上岸安居和渔业行政执法工作情况开展调研。

山东省海洋与渔业厅

2014年5月21日，以“关爱渤海，共建美好家园”为主题的2014山东省渤海生物资源增殖放流活动在蓬莱举行。山东省政府副省长赵润田和山东省海洋与渔业厅厅长王守信一起参加增殖放流活动

2014年9月1日，我省第一个省级休闲海钓示范基地——荣成西霞口基地揭牌

2014年，山东省渔业工作以全面深化改革为动力，强化科技引领，注重创新驱动，突出质量提升，做好保障服务，全力推进现代渔业建设，渔业经济保持了平稳发展的良好态势。渔业经济总产值3 590.1亿元，水产品总产量达902.6万吨，渔业产值1 552.2亿元，分别比上年增长5.4%、4.6%和4.7%，渔民人均纯收入为1.6万元，同比增长11.3%，高于全省农民人均收入3 000元以上。主要工作亮点：

“海上粮仓”建设战略研究取得重要进展。山东省委书记姜异康在去年全省农村工作会议上提出，要树立“大食物”理念，建设“海上粮仓”。2014年底省政府办公厅印发了《关于推进“海上粮仓”建设的实施意见》，总体目标是到2020年力争全省水产品总产量达到1 000万吨，蛋白质当量相当于粮食2 000万吨；全省人均水产品占有量达到100千克，为城乡居民提供40%的动物优质蛋白。

现代渔业园区和渔民专业合作社两大载体建设取得显著成效。2014年全省已建立省级现代渔业园区223处，园区内实现水产品产量230多万吨、产值430亿元，分别占全省同类产业产量和产值的37.9%、43.3%。渔业组织化建设大力推进，2014年新增16家国家级、24家省级渔民专业示范社。全省渔民专业合作社达到1 561家，入社成员7.3万户。蓝色海洋公司创造的“科研院校+龙头企业+合作社+养殖户”的“泽潭模式”，合众生产、合众科研，为合作社建设提供了持续动力，提升拓展了企业发展空间。

远洋渔业呈现出快速发展势头。2014年山东省专业远洋渔船规模已达419艘，实现产量37.5万吨、产值32.5亿元，同比增长232%、136%。加快远洋渔业精深加工和冷链物流建设。已建成3万吨超低温变温冷库，1.5万吨超低温冷库及1万平方米金枪鱼精深加工基地、10万吨鱿鱼精深加工基地，我省超低温储存能力超过6万吨，占全国75%以上；完善远洋渔业服务体系建设，依托相关高校成立4家远洋渔业船员培训基地；加大与台湾省渔业合作力度，建立了海峡两岸渔业合作交流示范基地。

“放鱼养水”生态行动和休闲垂钓基地建设深入推进。发挥滤食性鱼类对水质的净化作用，在10市举办了城市水系和水源地大型“放鱼养水”及“放鱼节”等群众性生态文明建设活动。省级以上水产种质资源保护区达到84处，保护区面积达到35.7万公顷。将创建休闲海钓示范基地作为大力发展休闲海钓产业的重要载体和抓手，制定了工作制度，与省旅游局联合发布了“渔夫垂钓”品牌标识。2014年，15个基地全年海钓经营总收入2 705.8万元，接待钓客8.3万人次，带动全省休闲海钓产业达7.8亿元。

科技创新能力不断增强。组织开展了新品系选育及种质创新研究，选育出具有生长快、抗逆性强等良好性状的家（群）系182个，突破8项关键技术，形成12项配套技术。围绕产业发展需求，建设了刺参、虾蟹类、鱼类、贝类四个创新团队。加大新技术、新成果的集成及示范推广，组织遴选了我省28个渔业主导品种和10项主推技术，并与省科技厅联合向社会发布。

依法管渔积极推进。《山东省渔业船舶管理办法（草案）》已通过省政府常务会研究，即将颁布实施。全面开展海洋渔船普查工作，建立渔船数据库，换发全国统一印制的内陆渔业船舶证书，提升了渔船管理水平。严格伏休管理制度，细化我省渔业行政处罚自由裁量标准，实现了伏休处罚“零裁量”。

2014年9月22日，山东省海洋与渔业厅党组书记、厅长王守信、副厅长崔凤友等为远洋渔船、船用关键设备、休闲海钓船等研发与制造基地授牌

2014年9月1日，在威海荣成召开全省休闲海钓示范基地创建观摩会议

2014年6月8日，人们在青岛奥帆中心参加增殖放流活动

广东省海洋与渔业局

全省海洋与渔业工作会议

邓海光副省长到阳江市调研渔业工作

渔船安全生产检查

渔船更新改造

2014年，广东省现代渔业建设扎实推进，渔业经济保持持续发展。全省渔业经济总产值2 350亿元，同比增长10.6%，其中水产品总产值1 080亿元，同比增长7.5%；全省水产品总产量836.5万吨，同比增长2.5%；渔民人均纯收入达到13 300元，同比增长8.6%，渔业各项经济指标均居全国前列。

广东按照“建良港、造大船、闯远海、捕大鱼、养好鱼”的发展思路，大力推进现代渔业建设。

推动渔船信息化建设 利用信息化手段实现全省渔船动态化管理，与渔业安全生产通信指挥系统、中国渔政指挥系统数据对接，有效保障渔船安全生产。2014年全省海洋渔船信息采集32 992艘，核查27 332艘。

推进渔港建设和渔船更新改造 组织编制现代渔港建设总体规划和改革试点实施方案，积极争取省级财政支持广东现代渔港建设。2014年国家和省财政共投入1.26亿元，支持更新改造大型钢质渔船284艘，其中远洋渔船33艘、南沙骨干渔船8艘。

发展远洋渔业 全省17家远洋渔业企业派出174艘渔船，在泰国、斐济、马绍尔等15个国家和地区生产，参与25个远洋渔业合作项目，加强与东南亚沿海国家及南太平洋岛国在渔业领域的合作交流，推动广东远洋渔业事业发展。

推进水产健康养殖 全省新建深水网箱420个、农业部水产健康养殖示范场20个、国家级水产良种场3个、省级良种场7个。扶持发展渔业标准化健康养殖项目16个，在全国率先建立省级水产品标准化数据库。稳步发展内陆淡水渔业，依托绿色生态环境，大力发展休闲垂钓渔业和乡村旅游渔业。全省淡水养殖水产品373万吨，产值503亿元，养殖面积达37万公顷，生态渔业、江河渔业迅速兴起。

坚持依法行政执法 深入开展渔船安全风险隐患排查与整治、渔船船用产品质量监督整治行动，对8 346艘渔船进行安全隐患排查。积极推动海洋渔业行政执法与刑事司法衔接，开展专项行动，打击各类涉渔违法行为。按照国家的统一部署，积极参与专项维权巡航执法，得到了中央有关单位和省委、省政府充分肯定。

惠渔民生工程逐项落实 超额完成2014年省政府十件民生实事之一的“组织11万渔民、1万艘渔船参加渔业政策性保险”工作任务指标；扶持建设渔民安居房5 000户、现代渔业产业基地100个、渔民专业合作社193个；为1.39万艘渔船、3.42万名渔民发放休禁渔生活补助4 500万元。

为渔民现场办理休（禁）渔补助申请

2014年广东渔业院士专家广东行活动

2014年全国水生野生动物保护科普宣传月进校园活动

2014年水产品质量安全宣传周暨渔资下乡活动

广西壮族自治区水产畜牧兽医局

广西沿海鱼市热闹非凡

广西沿海海水网箱养殖的石斑鱼，个大身肥肉鲜美

广西沿海深海网箱养殖

优化结构　转型升级
广西渔业持续健康发展

2014年，广西各级渔业主管部门在自治区党委、政府的正确领导下，认真贯彻落实中央和自治区的决策部署，以保障水产品供给和渔民增收为核心目标，大力发展海洋渔业和优势特色水产养殖业，扎实做好渔业生态环境保护工作，促进了渔业持续健康发展。

一、总体情况

据部门统计，2014年全区水产品产量332万吨，同比增长4.1%。全区渔业收入102亿元，同比增长6%。全行业社会固定资产投资完成189.36亿元，同比增长27.93%。全区水产畜牧业总体平稳，渔业养殖效益整体提高。有效应对超强台风袭击，安全生产形势总体稳定趋好，全区没有发生重大安全生产事故和涉外渔业安全事件。

二、工作亮点

罗非鱼、对虾、牡蛎、龟鳖等特色养殖保持稳步增长，大水面渔业进一步扩大，桂中、桂北地区亚冷水渔业继续呈快速发展势头。预计全区罗非鱼产量增长14.3%、对虾产量增长4%以上、牡蛎产量增长约3%左右、龟鳖养殖约达10万户，同比增加近0.3万户，产值约80亿元；亚冷水性鱼类产量增长15 %。水产品市场供应充足，价格稳中有升，其中罗非鱼由于加工出口拉动，价格有较大升幅，增幅达20.69%。海产品价格也有较大涨幅，平均价格同比上涨8.8%。

三、主要做法

(一)调整渔业产业结构，优化产业布局。广西水产畜牧兽医局紧紧围绕转变渔业发展方式这条主线，以保障水产品安全有效供给和渔民持续较快增收为首要任务，坚持生态优先、养捕结合和以养为主的方针，积极推进水产健康养殖，加强现代渔业产业体系建设，促进产业合理布局。目前，全区已基本构建起水产养殖业、捕捞业、增殖渔业、水产品加工流通业、休闲渔业五大产业体系，形成了以南、北、钦、防为主的水产品加工物流基地，以北部湾经济区为主的对虾、罗非鱼养殖出口优势区，禾花鱼和龟鳖等优势特色渔业也得到较快发展。

(二)打牢基础，促进产业发展。广西水产畜牧兽医局与发改、财政等部门积极筹措资金，加快渔业基础设施建设。目前，全区已建成罗非鱼等16个主要品种良种场23家，县级水产品质量安全检测站和水生动物疫病防治站近50个，建成了海洋渔船安全救助信息系统，加强了海洋渔船安全监管。实施池塘标准化示范改造面积逾0.8万公顷，带动池塘改造近2.67万公顷，改造后的池塘，单产提高40%~50%。实施海洋渔船升级改造500余艘，有效推进了南沙渔业开发，实现了海洋捕捞作业渔场转移。实施重点渔港建设6个，增强了渔港防灾抗灾能力。

(三)加强渔业生态环境保护，养护水生生物资源。严格执行捕捞渔船“双控”制度和海洋伏季休渔期、珠江禁渔期管理制度，积极开展人工增殖放流和推进海洋牧场建设，强化渔业水域环境监测、保护工作。全区全年共投入增殖放流资金600多万元，投放鱼、虾、蟹等苗种约1.2亿尾。

(四)实施南沙渔业开发和维权护渔。广西是第一个有计划地组织渔船开发南沙渔业的省（自治区），积极开展北部湾专属经济区和西沙海域渔政巡航任务，成为南沙渔业开发的主力军和排头兵。全年巡航总天数200天，登临检查渔船1 099艘次，查处违规渔船17艘次，驱赶外国渔船3艘次。

上海市农业委员会水产办公室
（上海市水产办公室）

2014年4月24日上午，农业部副部长牛盾（右一）、上海市政协副主席张恩迪（右二）等视察长江口中华鲟保护区基地并参加中华鲟放流活动

2014年4月24日下午，农业部副部长牛盾（左二）一行考察上海横沙一级渔港项目建设工地

2014年上海水产系统深入贯彻落实党的十八届三中、四中全会精神，按照国发[2013]11号文件和全国现代渔业建设工作电视电话会议精神以及市委农办、市农委重点工作部署，紧紧围绕上海水产“十二五”规划，着力提高上海都市现代渔业发展质量和效益，确保水产品安全有效供给和渔（农）民持续增收，圆满完成了预定的各项工作任务，取得了显著成效。2014年全市水产品总产量达34.05万吨，比2013年增长13.98%，其中养殖产量15.75万吨，同比减少1.66%；捕捞产量18.30万吨，同比增长32.05%。渔业总产值达68.86亿元，同比增长5.13%。渔民人均收入达24 670元，同比增长15%。全市水产市场货源充足，品种丰富，水产品价格总体稳定，为保障市民“菜篮子”作出了贡献。

2015年是全面深化改革的关键之年，是全面推进依法治国的开局之年，也是全面完成“十二五”规划的收官之年。全市水产工作要以科学发展观为指导，深入贯彻落实党的十八届三中、四中全会和中央、市委一系列文件、会议的精神，按照上海市农村工作会议的部署，在市委农办、市农委的领导下，继续全面深化渔业改革创新，坚持稳中求进工作总基调，抢抓机遇，乘势而为，狠抓落实，着力在转变渔业发展方式上取得新突破，在提升渔业发展质量和效益上取得新成效，确保水产品安全有效供给和渔（农）民持续增收。重点做好以下六方面工作：抓好渔业安全监管，进一步提升平安渔业建设水平；强化渔业科技创新，进一步增强渔业产业发展支撑保障能力；延伸渔业产业链条，进一步推进渔业产业转型升级；推进渔业基础设施建设,进一步提升渔业规模化组织化水平；加强渔业生态资源养护，进一步提高渔业生态文明建设水平；推进渔业法治建设，进一步提升渔业治理能力。

2014年9月24日，农业部副部长牛盾（右二）一行在上海市水产研究所苗种技术中心调研

2014年5月9日，农业部渔业渔政管理局局长赵兴武（左三）、中国水产科学研究院院长张显良（右三）一行，到上海市水产研究所科研基地考察了已获成功的长江刀鱼人工繁殖与养殖科研项目实施情况

2014年3月11日，上海市委农办、市农委主任孙雷（右三）到上海市水产研究所（上海市水产技术推广站）苗种技术中心，视察长江刀鲚人工繁育和养殖工作

青岛市海洋与渔业局

青岛市海洋与渔业局是青岛市政府主管海洋事务和渔业行政的工作部门。2014年，该局积极服务蓝色经济发展大局，着力加强海洋综合管理，着力促进现代渔业健康发展，着力营造平安发展环境，着力加强海洋执法监察，全市海洋与渔业工作实现持续较快发展。完成渔业经济总产值470亿元，增长8%；水产品总产量109万吨、产值145亿元，增长4.3%；远洋自捕产量7万吨，产值7.5亿元，同比增长四倍。年内继续保持“省级文明单位”荣誉称号。

组织开展海洋生物资源增殖放流大型公益活动，营造了全社会关爱海洋的良好氛围

建成运行集卸载、压榨、转运浒苔海上综合处置平台，实施“1+X”海上打捞模式，浒苔科学处置水平全面提升

地址：青岛市高雄路18号海洋大厦
邮编：266071
电话：0532-85886981
传真：0532-85885692
网址：http://ocean.qingdao.gov.cn

总吨位8 000吨的亚洲最大拖网加工船“明开”号获批

远洋渔业实现突破性发展，完成产量7万吨，实现产值7.5亿元，同比增长四倍，为市民提供优质深海水产品

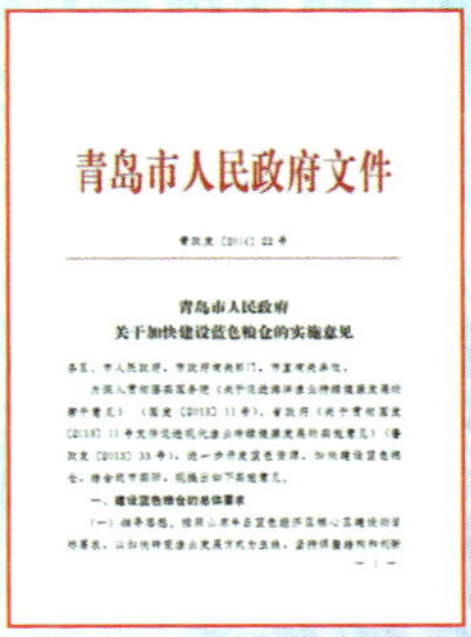
青岛市人民政府文件

青岛市人民政府
关于加快建设蓝色粮仓的实施意见

在全国率先研究出台《关于加快建设蓝色粮仓的实施意见》，建设环境友好型、质量效益型、创新引领型、统筹发展型蓝色粮仓。

成功争取国家批复大公岛保护与开发利用示范项目，获扶持资金1亿元

威海市海洋与渔业局

全省首个休闲海钓示范基地在威海揭牌

威海市海洋与渔业局与中国海洋大学、威海海洋牧场科技公司签署海洋生物遗传育种中心共建协议

渔政部门和社会志愿者放鱼苗

伏季休渔管理

远洋生产——钓鱿鱼

2014年，威海市围绕“突破创新求发展”主题，大力推进渔业转型升级、提质增效，年内实现渔业经济总产值920亿元，增长9.4%；实现水产品产量240.2万吨，渔业经济保持了持续稳定健康发展。先后被农业部授予中国远洋水产品加工与物流基地、中国海洋食品名城·威海等称号。

推进远洋渔业提质增效。加大海洋捕捞渔船更新改造力度，专业远洋渔船达到330艘，占全省82%、全国20%。远洋捕捞产量20.1万吨，增长212%，远洋运输船达到4艘，回运水产品13万吨。6处海外远洋渔业基地获商务部批准，2处开工建设。新增加纳、科特迪瓦、尼日利亚等项目，渔场拓展到7处公海大洋性渔场和7处过洋性渔场。

推进海水增养殖上档升级 全市海水养殖面积发展到6万多公顷，人工鱼礁发展到2 600多公顷，底播增殖发展到3万多公顷，放流水产苗种达到13亿单位。以标准化池塘养殖技术改造滩涂养殖，以立体生态养殖技术改造浅海养殖，以循环水技术改造工厂化养殖。标准化池塘、立体生态养殖和循环水养殖车间分别达到4 467公顷、2.27万公顷和12万平方米。全国现代渔业种业示范场发展到3处，水产健康养殖示范场发展到43处，无公害水产品达到310个，实现海水养殖产量155.8万吨、产值210.1亿元。

推进海产品加工集群发展 以海藻、海参、金枪鱼、鱿鱼等为重点，建成了全国重要的冷冻调理食品、海带食品、海产品罐头生产基地，海洋食品产业实现产值342亿元，增长12%。以胶原蛋白、深海鱼油、海参多肽等为重点，加快发展海洋生物制品产业，海洋生物制品产业实现产值27亿元，增长17.4%。以迪沙、好当家、威高等为重点，加快研发海洋药品和新材料，海洋医药产业蓄势待发。2014年，全市海产品加工厂发展到1 100处，加工能力达到550万吨。农业部授予我市中国海洋食品名城称号。

推进休闲渔业全面提速 在省内率先制定《休闲渔业产业项目发展规划》，提出实施“五个十工程”的发展思路，即打造10处综合性休闲渔业示范基地、10处海洋游钓基地、10处规模化池塘垂钓基地、10处海上田园式观光体验园区、10处渔家乐餐饮功能服务区，明确了未来发展的目标和路径。2014年，全市建成4处全国休闲渔业示范基地（全省12处）、6处全省休闲海钓示范基地（全省15处），休闲渔业实现产值36.9亿元，增长23%。

推进海洋渔业创新发展 与中国海洋大学联合在威海建设国家级海洋生物遗传育种中心，与中国科学院生物能源与过程研究所合作，在威海设立海洋生物与碳汇研发基地，全面提升全市海水养殖业的优势地位。对30家“渔业龙头企业”和100家“渔业成长型企业”进行重点支持，充分发挥辐射带动作用，全市年收入过10亿元的达到9家，过20亿元的5家。规划建设了10个综合类园区和40个海洋牧场、工厂化养殖、海洋生物精深加工、渔港经济、休闲渔业等特色园区，35个园区成为省级现代渔业示范园区，排在全省首位。

中国水产科学研究院

院长：张显良

中国水产科学研究院（以下简称“中国水科院”）隶属于农业部，作为国家级水产科研机构，担负着全国渔业重大基础、应用研究和高新技术产业开发研究的任务，在解决渔业及渔业经济建设中基础性、方向性、全局性、关键性重大科技问题，以及科技兴渔、培养高层次科研人才、开展国内外渔业科技交流与合作等方面发挥着重要的作用。

中国水科院最早的研究所成立于1947年，之后陆续按海区、流域和专业布局建立了其他研究所。1978年，经国务院批准正式建立了中国水产科学研究院。伴随着改革开放和渔业大发展，中国水科院综合实力不断增强，已发展成为学科齐全、布局合理、在国内外具有广泛影响的国家级研究院，成为我国水产科技工作的主力军。目前，全院共有海区所3个、流域所4个、专业所2个、增殖站4个及院部共14个单位，与地方共建了5个研究机构，分布于全国12个省份。

院士、专家走基层送技术解难题，助推渔业增效渔民增收

中国水科院研究重点为渔业资源保护与利用、渔业生态环境、水产生物技术、水产遗传育种、水产病害防治、水产养殖技术、水产加工与产物资源利用、水产品质量安全、渔业工程与装备、渔业信息与发展战略等十大领域。全院拥有国家实验室1个（共建）、国家地方联合工程实验室1个、部级重点实验室11个、部级科学观测实验站9个、省级重点实验室4个、省级工程技术研究中心（工程实验室）3个、院重点实验室14个、院工程技术研究中心14个、院功能实验室95个、国家级和部级质量检测中心10个、国家水产品加工技术研发中心及分中心5个、国际水产技术培训中心2个、千吨级海洋科学调查船2艘、科研实验及中试基地38个。

中国水科院全院共有在职职工2 940人，其中科技人员1 881人，占在职职工的64%；高级专业技术职务人员780人。拥有中国工程院院士3名，全国杰出专业技术人才1人，国家级、部级有突出贡献中青年专家27名，享受政府特殊津贴专家34名，“新世纪百千万人才工程”国家级人选8名，农业科研杰出人才11名。

建院以来，全院科技工作者攻克了渔业发展中的一系列基础性、关键性技术难题，取得了一大批对产业发展具有较大推动作用的成果。全院共取得各类科研成果3 600多项，有600余项成果获国家和省部级奖励，其中国家奖58项。全院以占全国水产科研单位20%左右的科技人员，取得占全国水产行业50%以上的国家级和省部级奖励，为我国渔业快速发展、渔民持续增收做出了重要贡献。

牵头开展雅鲁藏布江首次渔业资源科考，支撑西藏现代渔业建设

2014年，在农业部的正确领导下，中国水科院以提升科技创新和产业支撑能力为主线，各项工作取得显著成效。全院新上科研项目（课题）1 064项，合同总经费4.54亿元。44个项目获得国家自然科学基金资助，首次获得1项“优秀青年科学基金项目”。“大项目”争取实现重大突破，973项目成功立项。56项次成果获得各级科技奖励，其中省部级奖励24项次。以第1和第2完成单位包揽水产领域全部2项国家奖，实现了“十二五”“大成果”零的突破。获得专利授权466项，出版专著26部，发表学术论文1 554篇，SCI（EI）期刊收录469篇，其中SCI一区和二区期刊收录173篇。半滑舌鳎性别决定机制和鲤鱼遗传多样性2项基础研究成果相继发表于国际顶级期刊《自然•遗传学》。《中国水产科学》自2013年入选“全国百强科技期刊”后，2014年入选“第三届中国精品科技期刊”，该刊发表的1篇论文作为水产领域的唯一1篇论文入选“中国百篇最具影响优秀国内学术论文”。同时，中国水科院在技术支持行业监管、积极支持地方渔业发展、广泛开展科技推广服务等方面发挥了重要支撑作用。

承办“水域生态环境修复学术研讨会”

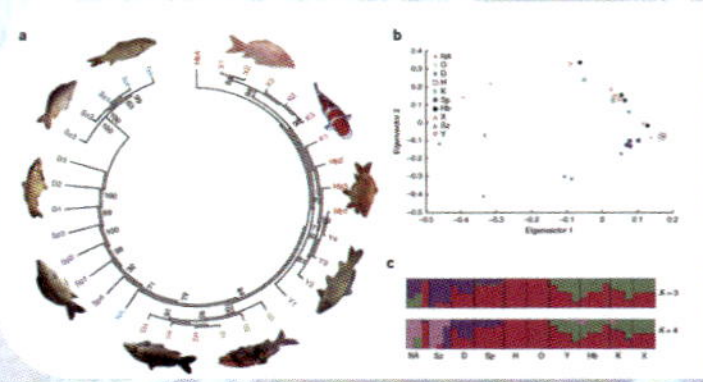

牵头完成鲤鱼全基因组序列图谱绘制

发现鱼类新物种细身金线鲃

全面创建蓝色大学 实现学校科学跨越发展

——大连海洋大学

大连海洋大学是我国北方地区唯一一所以海洋和水产学科为特色，农、工、理、管、文、法、经等多学科协调发展的高等院校，始终肩负着为海洋强国和海洋强省战略提供人才保证和科技支持的重要职责。结合创建高水平海洋大学的工作主线以及学科专业布局等情况，学校在“十二五”规划中确定了创建“蓝色大学”的理念。“蓝色大学”理念是对学校功能与发展规律的哲学思考与理性认识，也是为了实现办学目标的行动路径与实践指南。“蓝色大学”理念，就是将大学精神与时代精神相结合，围绕教育这一核心，将海洋知识教育、国家海洋发展战略、世界海洋和平发展和海洋生态文明理念落实到学校办学的各个环节，融入到大学教育的全过程，着力构建蓝色学科体系、实施蓝色人才培养计划、打造蓝色科技创新平台，传承和创新蓝色文化，建设高品位蓝色校园，是支撑“蓝色大学”理念的具体办学实践体系。

所谓“蓝色学科”体系建设就是要借鉴海洋生态系统发展的思想制定学科发展战略，根据蓝色大学的发展目标，构建蓝色学科框架，形成优化的学科生态系统结构和协同发展的学科生态环境，促进各学科协调发展。

所谓“蓝色人才培养”就是要培养出具有理性精神、独立意识、可持续发展意识、生态文明意识和具有包容奉献精神的人才，不仅要学生掌握知识和技能，更要学生关注人心与人生。

所谓“蓝色科技”创新平台建设就是以服务海洋和水产行业及区域海洋经济为立足点，以科技平台建设为支撑，构建能够体现我校优势明显、特色突出的蓝色科研工作框架，强化近海海洋和水产学科领域传统科技优势，探索深海与大洋的相关科学研究，实现从近海到远洋，从浅蓝到深蓝的科学研究的转型。

所谓“蓝色师资队伍”建设就是按年龄结构、能力水平和我校整体发展需要，将师资队伍分为蔚蓝、湛蓝和深蓝三个层次，按照不同目标，有侧重地分层次培养，力求建立一支年龄结构合理、能力水平突出的高层次师资队伍。

所谓“蓝色大学文化”建设就是发挥“蓝色文化”的软力量，利用大学文化育人的影响达成教育的目的，塑造学生人格，促进学生的全面发展。

所谓“蓝色校园”，就是在我校新校区建设中，无论从总体规划，还是到设计、施工、管理的每一个细节都要体现特有的“海洋元素”。让每一位走进新海大的人，都能看到海洋文明史、海洋发展史，都能受到海洋文化、海洋精神的熏陶和感染，都能体会到海洋科技发展的巨大力量。

在新的历史时期，大连海洋大学将在“蓝色大学”发展理念的引领下，进一步解放思想，开拓创新，在海洋强国建设之路上，在实现中华民族伟大复兴的征程中贡献更大的力量！

上海海洋大学

农业部副部长牛盾视察我校并作专题报告

我校举行国家渔业"十三五"
发展规划研讨会

我校与华盛顿州立大学签约

央视十套《走进科学》栏目
采访我校王武教授

2014年，学校深化教育教学改革，提高人才培养质量。召开第十次本科教学工作会议，突出人才培养的中心地位，专业课程建设取得新成绩：获批卓越农林人才教育培养计划改革试点项目2项、上海市精品课程3门、上海市示范性全英语教学课程3门、上海市重点教改项目2项，获上海市级教学成果奖一等奖3项、二等奖6项，校级教学成果奖17项、农业部优秀教材4本，建立15个校外创新创业实习基地；加强对大学生创新活动的组织和管理，获"国家级大学生创新创业训练计划先进单位"称号，获2014中国杯全国赛艇公开赛总决赛冠军等一系列优异成绩；提高学生培养质量，全面修订研究生培养方案，推动与国外高水平大学合作开展"双学位"项目，获批市教委专业学位研究生实践基地建设项目经费100万元；全力做好毕业生就业工作，学校荣获"2014年度全国毕业生就业典型经验高校"称号。加强思政教育与课程建设，素质教育成果显著。学校获2014 年度上海高校心理健康教育微课程大赛"优秀组织奖"，1名教师获"教学比赛优秀奖"，3人获学校"最受欢迎的老师"称号；扎实做好心理健康教育工作，获得"2014年心理健康教育活动月优秀组织奖"和"上海高校心理健康教育活动月特色项目奖"，成功举办"2014年上海大学生心理咨询方法与途径国际研讨会"，召开"上海高校心理咨询协会第二十二届学术年会"；推进上海易班发展示范中心建设，易班获全国高校百佳网站"最佳网络社区奖"、教育部中国大学生在线"2013–2014年度优秀校园网络通讯站"、上海市第六届"优秀网站提名奖"，1名教师获2013–2014学年（度）教育部中国大学生在线"校网通优秀指导教师"，易班学生工作站被评为"上海市十佳学生工作站"；加强学生创新和社会实践工作，市级科技创新创业赛事中获一等奖4项、二等奖5项、三等奖14项，"创青春"全国大学生创业大赛获银奖2项、铜奖2项，在第六届"知行杯"上海市大学生社会实践大赛中获得一等奖1项、三等奖2项、最佳项目奖1项、优秀项目奖7项，并连续3年获得最佳组织奖。提高学科建设水平，推动学校内涵发展。水产、食品科学与工程、海洋科学三大主干学科经初步遴选进入市教委高峰高原学科行列；科研成果再创佳绩，学科水平不断提升。获得国家自然科学基金27项、国家社科基金1项、科技部863项目1项、国家社科项目1项、教育部人文社科5项、上海市自然基金6项、市科委重点项目1项、市农委重点公关项目1项、市决策咨询重点项目1项等；全年立项各级各类科研项目550余项，到账科研总经费达1.46亿元；获得上海市科学技术进步奖二等奖1项、全国农牧渔业丰收一等奖1项、上海海洋科学技术特等奖1项、浦东新区科学技术进步二等奖2项；继续实施"085工程"1期17个项目，获批资金2 745万元；年内共发表SCI/EI论文577篇，比2013年增长45.7%。推进平台建设，服务社会成效显著。远洋渔业协同创新中心进入上海2011计划；获得学校首个国家级国际合作研究平台——海洋生物科学国际联合研究中心、首个涉海的省部级平台——上海深渊科学工程技术研究中心、上海市2011协同创新中心——水产动物遗传育种中心、水产品加工及贮藏实验室和海洋动物系统分类与进化实验室获批上海市高校重点实验室；成立上海社会调查研究中心上海海洋大学分中心；成功举办2014年世界海洋日暨全国海洋宣传日活动，以及第八届蟹文化节暨2014年"王宝和杯"全国河蟹大赛。坚持人才强校战略，加强师资队伍建设。成功申报为上海市骨干教师教学激励计划试点单位；新增上海"千人计划"3人，1人在上海领军人才中期考核中获得优秀并获得后期资助。积极开展国际交流与合作。22个暑期海外社会实践、实习活动项目共派送333名本科生和研究生赴海外大学、知名企业进行学习、实习等游学活动；输送国（境）外友好院校留学学生达171人；做好留学生招生工作，年内共有来自20个国家的126名外国留学生在我校学习。

我校深渊科学与技术
研究中心举办感恩活动

我校获"全国毕业生就业
典型经验高校"五十强

我校第六届蟹文化节暨"王
宝和杯"全国河蟹大赛隆重举行

我校健儿勇夺2014"中国
杯"全国赛艇公开赛总决赛冠军

中国海洋大学

一多楼

“东方红2”海洋综合调查船

中国海洋大学是一所以海洋和水产学科为特色，包括理学、工学、农学、医（药）学、经济学、管理学、文学、法学、教育学、历史学、艺术学等学科门类较为齐全的教育部直属重点综合性大学，是国家“985工程”和“211工程”重点建设高校之一，是国务院学位委员会首批批准的具有博士、硕士、学士学位授予权的单位。校训是海纳百川，取则行远。

中国海洋大学创建于1924年，历经私立青岛大学、国立青岛大学、国立山东大学、山东大学等办学时期，于1959年发展成为山东海洋学院，1960年10月被中共中央确定为全国13所重点综合大学之一，1988年更名为青岛海洋大学，校名为邓小平同志题写。2002年10月经教育部批准更名为中国海洋大学。

学校现辖崂山校区、鱼山校区和浮山校区，设有17个院（系），1个基础教学中心，1个社会科学部，69个本科专业。现有13个博士后流动站、13个博士学位授权一级学科，83个博士学位授权学科（专业），34个硕士学位授权一级学科点、196个硕士学位授权学科（专业），15个类别硕士专业学位授权点，是国家首批工程博士专业学位授权点，具有招收职业学校教师在职攻读硕士学位资格。有2个一级学科国家重点学科、10个二级学科国家重点学科（含1个培育学科）。有1个国家工程技术研究中心、7个教育部重点实验室、4个教育部工程研究中心，1个农业部重点实验室、21个山东省重点学科、3个山东省重点实验室、1个山东省工程技术研究中心、9个山东省高校重点实验室、4个青岛市重点实验室、3个青岛市工程（技术）研究中心；联合国教科文组织中国海洋生物工程中心、教育部和国家海洋局共建的中国海洋发展研究中心设在学校。有 2个国家基础科学研究和教学人才培养基地，1个国家生命科学与技术人才培养基地，4个教育部-国家外国专家局111创新引智基地，1个“985工程”哲学社会科学创新基地（“985工程” 海洋发展人文社会科学研究基地），1个教育部人文社会科学重点研究基地，1个国家文化产业研究中心和4个山东省人文社会科学研究基地，2个山东省“十二五”高等学校人文社会科学研究基地。拥有供教学实践和科学考察使用的3 500吨级“东方红2”海洋综合科学考察实习船、300吨级的“天使1”科考交通补给船、与企业合作共建共管2 600吨级“海大号”海洋地质地球物理调查船，5 000吨级的“东方红3”新型深远海综合科考实习船正在建造过程中，基本组成了自近岸、近海至深远海并辐射到极地的海上综合流动实验室，初步形成了国内一流的系统化的现场观测能力。学校牵头与驻青国家海洋科研机构推动筹建的青岛海洋科学与技术国家实验室已获科技部批准启动试点建设，为国家海洋科技体制机制创新探索出了一条新路。

学校以培养德智体美全面发展，具有民族精神和社会责任感、具有国际视野和合作竞争意识、具有科学精神和人文素养、具有创新意识和实践能力的高素质创新型人才为目标，以造就国家海洋事业的领军人才和骨干力量为特殊使命。学校遵循“通识教育为体，专业教育为用”的本科教育理念，实行 “有限条件的自主选课制”和“学业识别与毕业专业识别确认制”为核心的本科教学运行管理体系。目前，有国家级特色专业12个、国家级精品课程、精品视频公开课16门、国家级教学团队4个、国家级实验教学示范中心建设单位4个、国家级人才培养模式创新区2个、教育部卓越工程师教育计划试点专业7个、国家级工程实践教育中心3个、教育部卓越农林人才教育培养计划试点专业2个。现有在册各类学生45 700余人，其中全日制博士研究生1 700余人、硕士研究生7 200余人、本科生15 400余人，留学生900余人，在职攻读硕士学位研究生5 400余人、继续教育生15 000余人。到目前为止，毕业生中已有12位成为中国科学院或中国工程院院士；中国第一次南极考察的75位科学家中一半以上是学校毕业生；中国第一个登上南极的科学家是校友董兆乾；中国第一个徒步考察南极的科学家是校友蒋家伦；中国第一个南北两极都登上的科学家是赵进平教授。

学校拥有一支结构相对合理、学科领域覆盖较全的师资队伍。现有教职工3 000余人，其中专任教师1 600余人，博士生导师350余人。有一批国内外知名的专家、学者治学执教：现有中国科学院院士4人、中国工程院院士5人，“千人计划”特聘教授6人，国家杰出青年基金获得者15人，“长江学者”16人，山东省“泰山学者”特聘教授24人，“筑峰人才工程”“绿卡人才工程”“繁荣人才工程”岗位教授39人，国家级有突出贡献的中青年专家9人，973计划和重大科学研究计划项目首席科学家10人，国家自然科学基金委创新研究群体2 个，科技部重点领域创新团队2个，教育部“长江学者”创新团队4个，享受国务院政府特殊津贴专家112人，国家“百千万人才工程”一二层次人才11人，科技部中青年科技创新领军人才3人，教育部新（跨）世纪人才107人。中国当代著名作家王蒙担任学校顾问、教授、文学与新闻传播学院名誉院长，国家海洋局原局长王曙光受聘学校顾问、教授、海洋发展研究院院长，国际著名物理学家钱致榕受聘学校顾问、特聘讲席教授、行远书院院长，6位诺贝尔奖获得者受聘为名誉教授，诺贝尔文学奖获得者莫言等12位知名作家受聘为 “驻校作家”，还有500多位国内外专家、学者组成的“客座教授团”以及来自十几个国家的40多位专家、学者组成的“海外教授团”。

学校科技成果丰硕，科技创新能力明显增强。“十一五”以来，主持国家级各类项目1 200余项。管华诗院士领衔完成的项目“海洋特征寡糖的制备技术（糖库构建）与应用开发”，获2009年度国家技术发明一等奖；荣获国家技术发明二等奖2项、国家科技进步二等奖6项、省部级科技奖励70项、人文社会学科省部级奖励69项；被 SCI、EI、ISTP等三大收录系统收录论文17 000余篇，申请发明专利1 549项，授权发明专利881项，其中国际发明专利24项；已在地球科学、植物学与动物学、工程技术、化学、材料科学、农学、生物学与生物化学、环境学与生态学、药理学与毒理学等9个学科（领域）跻身美国ESI全球科研机构排名前1%。

21世纪是海洋世纪。学校的发展目标是：到2025年建校百年前后，将学校建设成为国际知名、特色显著的高水平研究型大学；到本世纪中叶或更长一段时间，立足海洋强国建设，大力推进改革创新，通过强化建设和持续发展，努力实现全面跨越，力争使学校跻身特色显著的世界一流大学行列。

海洋馆

水产馆

科学馆

六二楼

中华鲟梦园

——上海市长江口中华鲟自然保护区基地

农业部副部长牛盾一行视察长江口中华鲟保护区基地项目

上海市长江口中华鲟自然保护区基地位于上海市崇明县陈家镇，毗邻上海崇明长江大桥，面积约5.6万平方米。主要建设珍稀鱼类抢救暂养车间、实验楼、值班楼、室外暂养池、人工湿地净化系统等内容。该项目于2014年正式动工，预计2015年底投入使用。

长江口中华鲟自然保护区基地项目是我国系统保护中华鲟的战略需要，对中华鲟物种的保护具有十分重要的作用。将塑造一个功能分区明确，空间布局合理，能满足不同功能使用的需要、“宜动宜静”的基地环境，同时把环保、节约、循环、高效等理念贯彻于项目工艺设计的始终，采取大型人工生态湿地、养殖用水循环再利用、太阳能等手段，以尽可能少的能源消耗和尽可能小的环境代价，取得污染零排放、环境和社会效益相统一的预期目标。结合崇明岛作为上海国际大都市综合性生态岛的发展定位，为配套上海生态型大都市建设，丰富和完善崇明生态岛的内涵和功能，配套生态型都市的发展，长江口中华鲟自然保护区基地建设将构筑中华鲟及其他长江珍稀水生动物抢救与增殖放流平台、河口区水生生物多样性保护和环境修复国际科研与交流平台、国际设施渔业科技成果示范平台和科普教育平台，推动上海城市的生态文明建设，加强对长江口生态多样性和生态系统的保护，成为上海的一大生态地标。

国务院三峡工程建设委员会办公室副主任陈飞一行到长江口中华鲟保护区基地调研

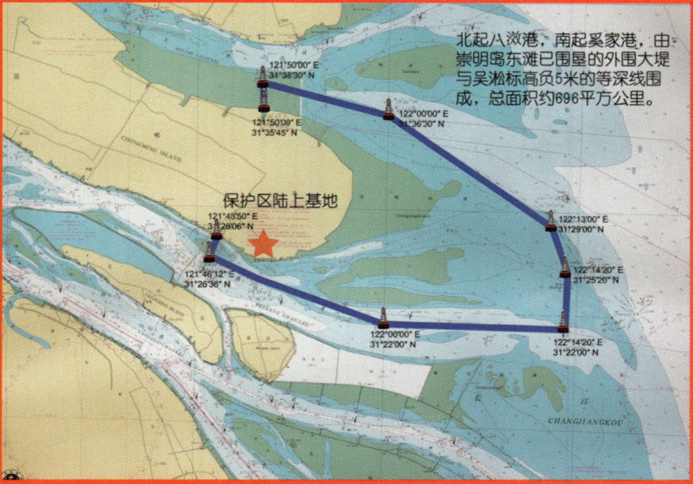

长江口中华鲟自然保护区及陆上基地位置

珍稀鱼类抢救暂养车间效果图

上海市长江口中华鲟自然保护区管理处

SUPERINTENDENCY DEPARTMENT OF SHANGHAI YANGTZE ESTUARINE NATURE RESERVE FOR CHINESE STURGEON

中国渔业互保协会

王朝华理事长出席香港渔民互助社活动

协会党支部获农业部先进服务型基层党组织荣誉称号

协会召开四届五次理事会

中国渔业互保协会（原名“中国渔船船东互保协会”）成立于1994年，是由全国范围内广大渔民以及其他从事渔业生产经营或为生产经营服务的单位和个人自愿组成、实行互助保险的非营利性社会团体，是我国第一家全国性农业互助合作保险组织。

2014年，在农业部的领导下，在渔业渔政管理局的具体指导和相关司局的关心、支持和帮助下，中国渔业互保协会（以下简称“协会”）按照四届四次理事会议确定的“争取资质、拓展业务、巩固格局”的决策部署，不断加强班子建设、队伍建设、业务建设、制度建设和文化建设，推动渔业互助保险各项工作迈上新台阶。一年来，渔业互助保险业务保持平稳发展态势，全行业共承保渔民93.05万人、渔船7.51万艘、养殖水面1.73万公顷、养殖网箱1 951口，提供风险保障2 890.27亿元，同比增长10.11%；为7 968名渔民、6 192艘渔船和部分养殖户支付经济补偿金5.31亿元。

近年来，渔业互助保险的政策环境不断发生变化，特别是2014年国务院《关于加快发展现代保险服务业的若干意见》和农业部《关于进一步做好远洋渔船和船员保险工作的通知》等文件的相继出台，为渔业互助保险事业的更大发展提供了新机遇。2015年，协会将围绕“巩固体系、稳定业务、防范风险”开展各项工作，深入学习贯彻党的十八届三中、四中全会和中央经济工作、农村工作会议精神，在各级渔业行政主管部门领导下，坚定信心，团结奋进，沉着应对，调整创新，继续谱写渔业互助保险事业的新篇章！

安徽省水产养殖保险试点工作会议

吉林省渔民签订水产养殖互助保险保单

协会慰问受灾渔民

协会团支部组织举办“协会梦·中国梦”主题知识竞赛

中水集团远洋股份有限公司

金枪鱼钓船

鱿鱼/秋刀鱼船

拖网加工船

中水集团远洋股份有限公司（以下简称中水渔业）是由中国农业发展集团有限公司（以下简称中农发集团）控股的主要从事远洋渔业和国际经贸合作开发的股份制上市企业。公司股票“中水渔业”（股票代码000798）于1998年2月在深圳证券交易所A股市场挂牌交易。

中水渔业积极响应国家海洋战略，是我国较早开发太平洋金枪鱼和南美鱿鱼资源的龙头企业之一，现拥有各类远洋渔船60艘，主要产品有金枪鱼、阿根廷鱿鱼、秘鲁鱿鱼和秋刀鱼等海洋鱼类及海产加工制品。公司在境内外设有十二个分支机构，在北美、南美、南太平洋地区设有五家代表机构及控股公司。此外，公司还开展水产品贸易、船舶修理、渔船渔机和渔需物资进出口等业务。

在中农发集团的主导下，以中水渔业为平台的集团内部远洋渔业板块资产重组整合工作正在进行中。重组完成后，公司的资产规模、营利能力、行业位势将得到质的飞跃，成为国内外同业中的翘楚。目前，公司“以海洋渔业相关多元经营为主业”的格局已初具雏形。未来，公司将从生产向经营转变，从资源向市场转变，从供应向品牌转变，打造“捕捞、养殖、加工、贸易、服务、融资”一体化的完整产业链条，创新营利模式，全面进行产业经营、资本经营、国际经营、品牌经营。

凭借良好的资源获取能力、突出的集约管理能力以及优秀的经营管理团队和企业文化，公司努力将自己打造成为远洋渔业资源开发利用的现代化企业、我国境外远洋渔业基地管理运营创新的示范者以及国际著名的绿色海洋食品供应商。

金枪鱼

中国水产（斐济）控股有限公司

中水北美公司

上海水产（集团）总公司

2014年工作会议

金枪鱼回国

水产集团渔轮捕获竹荚鱼场景

上海水产（集团）总公司是由上海市国资委全资控股，开发利用国际渔业资源，以远洋渔业生产及水产品精深加工为主营业务的国有跨国经营集团公司，下属有30多家全资、控股和参股企业，总资产50亿元，年综合销售额80亿元。集团拥有80余艘在太平洋、印度洋和大西洋海域生产的大型远洋拖网加工船、金枪鱼围网船、金枪鱼延绳钓船、大型鱿钓船和过洋作业渔轮，在海外10多个国家或地区投资建立合资合作企业或代表处，形成了外向型经济格局，获得上海市政府颁发的“走出去”贡献奖和“走出去”企业领头羊光荣称号，是上海市跨国经营20强企业之一。2005年已通过ISO9001：2000质量管理体系认证。集团正以国家海洋战略为指导，提高企业核心竞争力，努力打造国际先进的远洋渔业集团。

2015年是集团实施“十二五”规划的关键一年。面对资源和市场起伏波动、多种成本持续攀升、同行竞争日趋激烈、效益压力不断加大的复杂形势，集团广大干部员工在市国资委和集团党政班子的坚强领导下，从容应对挑战，奋力攻坚克难，经济运行总体趋稳，基本实现全年经济主要预期目标。

大型金枪鱼围网船金汇8号船

大型拖网加工船开顺轮

大型鱿鱼钓渔轮

金枪鱼延绳钓船

国家级牟平休闲垂钓基地

——山东东方海洋科技股份有限公司

山东东方海洋科技股份有限公司成立于2001年，于2006年11月28日在深交所上市。公司主要从事海水生态养殖、水产品加工出口、国际贸易、保税物流仓储、休闲渔业、科研开发及推广等业务，是国家级高新技术企业、农业产业化国家重点龙头企业、国家级水产良种场、国家海藻与海参工程技术研究中心。

公司自成立以来始终坚持依托创新平台建设，加强科技研发与成果转化。建设有国家海藻与海参工程技术研究中心、海珍品良种选育与生态养殖国家地方联合工程实验室、农业部海藻遗传育种中心等多个国家级及省级研发平台，科研设施和创新能力均达到同行业领先水平。先后被认定为首批国家星火计划龙头企业创新中心，首批全国农产品加工企业技术创新中心和国家级企业研究开发中心。其中，海藻方面研发的海带配子体克隆技术已在国际上率先应用于生产。成功培育出的901、东方2号、东方3号、东方6号、东方7号五个国家级海带新品种，推广养殖面积5万多公顷。“十一五”以来，公司共完成各级科研项目50项，国家专利已获授权39项，获省部级以上科技进步奖12项，其中国家科技进步二等奖2项。目前承担国家、省、市各级在研项目21项，其中国家级项目14项。

休闲渔业是东方海洋一个新兴产业

《山东半岛蓝色经济区发展规划》中提出“打造富裕安全、人海和谐的宜居示范区和知名的国际滨海旅游目的地”。2010年烟台荣膺中国最佳休闲城市和最好客休闲城市。《烟台蓝色经济区旅游发展规划》中把“依托海滨一线、海岛、海上游”来发展城市休闲和滨海度假。东方海洋敏锐地发现海上休闲旅游的巨大商机，抢抓机遇，积极谋划发展海上休闲旅游业，公司业务也由一产、二产，向三产延伸。因此，公司从2012年开始规划把休闲垂钓作为一个产业来做，2013年注册了山东东方海洋科技股份有限公司牟平休闲垂钓分公司，并被农业部确定为国家级渔业休闲垂钓基地。

公司目前拥有天然海水沙滩800米，1 100多公顷的海洋牧场鱼礁区及适合垂钓的海水池塘逾13公顷，配备了16条9米长的专业垂钓用船和服务人员，为广大钓鱼爱好者提供优质的服务。海洋牧场鱼礁区从2009年开始建设，经过几年的管理，鱼礁区内黑鲪鱼、六线鱼、星鳗等资源丰富，是休闲垂钓的理想场所。

垂钓基地海域辽阔、水深流大，海流通畅，水质清澈，南邻万亩黑松防护林，空气清新，到这里垂钓，既可以享受垂钓的乐趣，又可以呼吸到天然氧吧贡献的新鲜空气。紧邻荣乌高速路，交通方便，离市区仅有40公里车程，距离养马岛景区仅20公里，非常适合开展休闲垂钓产业。

牟平休闲垂钓基地是您放松心情、修心养性的首选旅游目的地。

牟平国家级休闲垂钓基地

海上垂钓

个人组第一名

团体组第一名

水产核心科技
通威5A健康饲料
通威饲料
TONGWEI FEED
原料指数A 营养指数A 成长指数A 抗病指数A
5A
健康饲料
通威饲料形象大使
通威股份
TONGWEI CO., LTD.
通威全国服务热线 400-8080888
总部：成都市高新区天府大道中段588号
www.tongwei.com.cn

广州远洋渔业公司

广州远洋渔业公司（下简称：广州远渔）于1989年成立，是广州水产集团有限公司旗下的国资企业，是中国远洋渔业协会会员，是广州市唯一一家取得农业部批准同时具有海洋、远洋渔业生产资格，从事海洋、远洋渔业生产的国有远洋渔业企业。其控股广州长泓远洋渔业有限公司，是广州市农业龙头企业。广州远渔是集海洋（远洋）捕捞，水产品养殖、加工、收购、销售为一体的综合性企业。

二十多年来，在广州市政府的大力扶持下，广州远渔先后发展了“西非、印尼远洋捕捞，哥伦比亚远洋捕虾，马尔代夫、斐济、基里巴斯远洋金枪鱼捕捞”等项目。公司拥有冷海水玻璃钢及钢质延绳钓金枪鱼渔船10艘，船队常年在南太平洋海域生产作业，年捕获量达2 000多吨、产值5 000多万元人民币。

广州远渔拥有一支高素质的管理团队，以“建立远洋优势的规模船队，建立南沙骨干船队的中坚船队；远洋产品回运国内供应，培养一批专业渔业人才，振兴广州远洋”作为企业的发展定位。致力将高档水产品（金枪鱼）回运国内，拓展国内水产品销售，将金枪鱼惠及到广大市民。并真诚与国内、国外同仁合作，共同开拓开发水产资源、共同谋求发展。

远洋金枪鱼船队

冷冻金枪鱼加工

新鲜金枪鱼加工

金枪鱼专卖店

渔业基地

青岛中泰远洋渔业有限公司

鲁黄远渔105号船

鲁黄远渔106号船

鲁黄远渔115号、116号船

青岛中泰远洋渔业有限公司成立于2012年9月13日，类型为有限责任公司（自然人投资或控股），批准部门为青岛市工商行政管理局黄岛分局，注册地址为青岛经济技术开发区千佛山路8号内8号楼，注册资本为5 200万元，经营范围：许可经营项目：凭农业部远洋渔业企业资格证书从事远洋渔业活动。一般经营项目：鲜活水产品加工与销售；货物进出口。公司设船务部、机务部、财务部、销售部、外贸部、综合部6个部门，现有职工160余人，资产总额5.3亿元，主要产品为秋刀鱼和鱿鱼，经营方式为自捕自销。

2012年10月取得农业部下发的8艘渔船渔业船网工具指标批准书，2012年11月取得中华人民共和国渔政局下发的8艘渔船渔业船舶船名核准书，2012年9月与黄海造船有限公司签订了HC8356型77.8米远洋秋刀鱼渔船建造合同，山东省发展和改革委员会于2012年12月25日下发鲁发改农经【2012】1609号2艘渔船建设方案的批复，青岛市发展和改革委员会于2013年12月下发青发改农经【2013】599号6艘渔船建设方案的批复。分别于2013年9月10日、9月29日取得农业部下发的远洋渔业项目审批通知（农渔远审【2013】162号、农渔远审【2013】176号、农渔远审【2014】117号），批准“鲁黄远渔105、106、107、108、115、116”渔船赴北太平洋、西南大西洋公海海域从事秋刀鱼和鱿鱼捕捞。

2014年3月26日，取得农业部下发的远洋渔业企业资格证书（编号：2014−220）。

我公司拟建造8艘大型专业远洋秋刀鱼渔船，每艘船长77.8米、主机功率2 100千瓦、辅机功率2 520千瓦、总吨位1 900吨。项目总投资45 280万元，单船建造成本5 660万元，其中：渔船主体3 568万元、渔捞设备1 642万元、通导设备360万元、加工设备90万元。

“鲁黄远渔105、106”船于2012年12月开始建造，已于2013年9月完工；“鲁黄远渔107、108”船于2013年1月开始建造，已于2013年10月完工；“鲁黄远渔115、116”船于2013年4月开始建造，已于2014年6月完工；截止到2014年8月“鲁黄远渔117、118”已经下水，拟于2014年12月完工。

我公司的秋刀鱼和鱿鱼产品不仅在国内享誉美名，而且面向国外进行大量出口贸易，远销至国外多个国家。秋刀鱼和鱿鱼产品含有丰富的蛋白质、脂肪酸、氨基酸等营养元素和其他微量元素。

秋刀鱼是颌针鱼目竹刀鱼科秋刀鱼科的唯一一种。本鱼分布于北太平洋区，包括日本海、阿拉斯加、白令海、加利福尼亚州、墨西哥等海域。

鱿鱼是生活在海洋中的软体动物，主要渔场在中国海南北部湾、福建南部、台湾、广东、河北渤海湾和广西近海，以及菲律宾、越南和泰国近海。

我公司目前主要任务是监督船舶制造厂生产合格的渔船及设备工具，提高海上生产作业水平，待全部渔船投产后，预计年捕捞量达到20 000吨以上，年产值将达2亿多元。为了解决远洋作业渔获产品的回运问题，改善企业水产品加工原料紧张局面，提升企业海产品加工能力和经营效益，公司计划建造3艘3 130总吨渔业辅助船。建造水产品加工厂和仓库，提高产品的附加值，给企业带来更高的经济效益。届时我公司将成为集捕捞、仓储、加工、贸易于一体的全功能性企业，形成一条完整的产业链，为青岛地区的渔业发展做出应有的贡献。

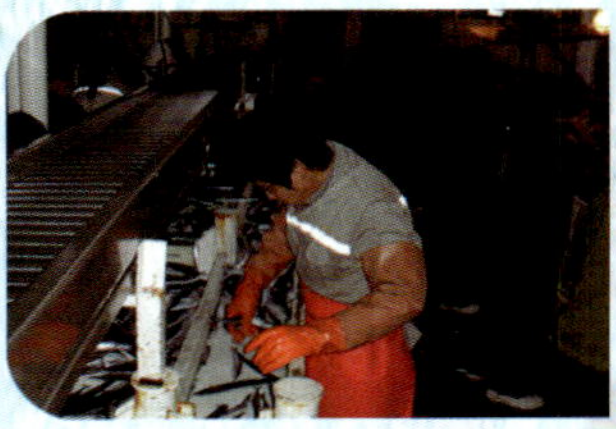
秋刀鱼加工

船头

甲板

船尾

壹桥
KINGBRIDGE
大 连 海 参
股票名称：壹桥海参
股票代码：002447
壹桥简干海参 像泡茶般简单
全产业链 生态海参
免蒸煮 只需浸泡6~12小时 即刻拥有健康
大连壹桥海参股份有限公司
400-0980-177 www.yiqiaohaishen.com
关注有礼
PEOPLE'S REPUBLIC OF CHINA

蓬莱京鲁渔业有限公司（以下称“京鲁渔业”）成立于1990年6月，经过多年发展，现已成为集远洋捕捞、水产品精深加工、海水养殖、育苗、船舶制造与维修等业务于一体的综合性集团公司。

近年来，公司抢抓山东半岛蓝色经济区建设机遇，积极响应省委、省政府“转调创”工作要求，调整发展思路，转变经营模式，力促产业升级，实现了从近海到远洋、从捕捞到加工、从用船到造船的不断转型。目前，公司拥有院士工作站、国家级企业技术中心，是中国渔业协会、中国水产流通与加工协会、中国船舶工业行业协会副会长单位，京鲁渔业被认定为国家农业产业化重点龙头企业，是全国农产品加工业示范基地、全国农产品加工出口示范企业、农产品加工企业技术创新机构，是国家标准化良好行为企业，是“海峡两岸（蓬莱）渔业合作交流示范基地”。

公司已顺利通过ISO9001/ISO14001/OHSAS18001质量/环境/安全职业健康管理体系认证。此外，在水产品加工方面还通过了HACCP、BRC、IFS认证，出口食品卫生注册、清真HALAL认证、无公害产品等体系认证。公司的“京鲁远洋”牌产品被认定为“中国名牌产品”，“京鲁远洋”商标被评为“中国驰名商标”。

公司以“追求客户满意、绩效最大化、训练有素、平安京鲁”为理念，以“勤、俭、敬、信”为做人原则，注重企业文化建设，把建立学习型组织作为企业长远发展目标，为打造百年企业不断追求和探索。

创新驱动 实现船舶工业逆势突围

京鲁渔业于2006年投资成立的蓬莱中柏京鲁船业有限公司（以下称“京鲁船业”）是以船舶制造与维修为主营业务并兼顾海洋工程制造的大型现代化船舶总装企业，年生产能力100万载重吨。京鲁船业是船舶工业行业协会副会长单位，是高新技术企业，并于2014年顺利通过工业和信息化部第一批符合《船舶行业规范条件》的一级一类企业认可，进入船企“白名单”。

京鲁船业成立初期，以生产75 200载重吨巴拿马散货船、7 000载重吨化学品船等商船为主。金融危机爆发后，船舶行业受到巨大冲击，在极其不利的形势下，京鲁船业紧扣国家《船舶工业“十二五”发展规划》要求，积极研发技术含量高、产品附加值高、经济效益好的远洋渔船项目，产品结构实现了从单一商船转向商船、高端渔船和公务执法船等多种船型。其中，大型金枪鱼围网捕捞船的研发和建造，有力提升了我国金枪鱼围网捕捞、冷冻贮存及加工等装备技术水平，2013年“山东台湾周”至今，京鲁船业已在郭树清省长等领导的见证下与台湾省知名渔业企业签订了7艘1 200吨级美式金枪鱼围网船，大大提升了企业知名度，远洋渔船订单接踵而至。京鲁船业自主研发建造的77米秋刀鱼兼鱿鱼钓船各项指标均达到国际先进水平，多项关键技术填补了国内空白，被工信部列为“高技术船舶科研项目”。同时，京鲁船业还相继研发和建造了59.6米超低温金枪鱼延绳钓船和69米鱿鱼钓船等多种高端渔船，被山东省海洋与渔业厅授予“远洋渔船研发与制造基地”，被农业部渔业船舶检验局授予国内唯一一个“远洋渔船建造与技术示范基地”。2013年7月，中央电视台将公司作为国内船舶制造企业转型升级的典型进行了专题报道，同时，农业部渔业船舶检验局主办的《中国渔船》《中国船舶报》等官方刊物刊登了多篇京鲁船业转型成功、把渔船做到最好的相关报道。

在走好转型路的同时，京鲁船业还积极参与公务船建造项目，先后中标了海警船、渔政船、科考船、海监船等多种公务船项目，2013年被授予农业部1 000吨级以下地方渔政船定点建造船厂资格。近期，京鲁船业建造的1 000吨级海警船“中国海警21115”舰参加了“六国论坛执法协作2015多边多任务演练”，并作为演练的主力舰得到了六国观摩人员的高度评价。

京鲁船业建造的75 200载重吨散货船、7 000载重吨化学品/成品油轮、64 000载重吨散货船和82 000载重吨散货船等商船产品依靠过硬的品质及良好的服务赢得了国际航运市场的良好声誉，其中75 200载重吨巴拿马型散货船被评定为“山东名牌”。

几年来，京鲁船业依靠自主创新，走出造船业低谷、逆势反弹，并极大地增强了企业的发展与竞争活力。

鲁蓬远渔017
（大型秋刀鱼兼鱿鱼钓船）

1 200吨级美式金枪鱼围网船

保税冷库

养殖厂

进军大洋 夯实远洋捕捞发展基础

远洋捕捞是公司的立身之本，是企业多元化健康发展的基石。近年来，随着海洋资源的过度开采和掠夺性捕捞，近海渔业资源日益枯竭，捕捞渔船产量与效益逐年下降。对此，京鲁渔业果断实施"走出去"战略，大力发展现代远洋渔业，捕捞作业区域由印度尼西亚等东南亚海域，逐渐向北太平洋和西南大西洋海域转移。目前，公司拥有鱿鱼钓船2艘、超低温金枪鱼延绳钓船6艘、77米秋刀鱼兼鱿鱼钓船12艘（1艘在建），拖网渔船4艘，装备水平在国内同行业中处于领先地位。特别是在我省发展蓝色经济、建设海上粮仓等方面，京鲁渔业充分发挥了自身优势，通过开发公海资源，增强渔船装备建造能力，提高渔船装备技术水平，作出了重大贡献。其中，远洋渔船更新改造项目表现突出，新建77米秋刀鱼兼鱿鱼钓船12艘，该船型投入使用后不负众望，创造了不俗业绩。2013年，首批投入使用的3艘渔船赴北太平洋作业，仅用4个月时间就捕获秋刀鱼7 900多吨，创我国远洋捕捞新纪录；2014年，9艘同型渔船再次赴北太平洋作业，捕获秋刀鱼2.8万余吨，占全国秋刀鱼捕捞量的36%，创我国大陆最高水平，填补国内空白。

为充分利用世界渔业资源，京鲁渔业与台湾省渔业企业合作，新建2艘1 200吨美式金枪鱼围网船，在巴布亚新几内亚海域捕捞金枪鱼并加工销售，这不仅将进一步开拓公司原料出口业务，提高企业的出口创汇及经济效益。而且有利于进一步提升远洋渔业高技术、高效益发展水平，使我省在世界海洋渔业资源开发中所占份额逐年增加；合作的船舶由京鲁船业建造，高达4 000多万美元的建造费由台湾省大众银行提供融资，这是山东省内首家获得台湾省银行融资的项目。

为使远洋渔业实现高技术、高效益发展，京鲁渔业在秋刀鱼捕捞作业和金枪鱼围网船捕捞作业方面与台湾省企业开展全方位的合作，包括船员培训、船舶管理、作业技术、安全管理、渔场信息、油水补给、渔获物转载等方方面面，这将对京鲁渔业在远洋捕捞方面的综合实力和技术水平有很大的提升，并将对中国大陆的远洋渔业发展起到一定的促进作用。远洋渔业的发展，不仅为公司补充了大量的发展资金，而且所捕捞的鱿鱼等鱼类产品全部源于深海，鱼肥肉嫩，是绿色无污染的纯天然水产品，为公司水产加工业务提供了充足的原料保障。

品牌战略 领军国内水产加工行业

在水产品精深加工方面，公司始终坚持品牌化经营理念，努力打造"京鲁远洋"品牌，不断提升企业核心竞争力。早在2000年，公司就率先推动水产品由来料粗加工到精深加工转型，依托丰富的产品种类和优良的产品质量，迅速打开国际市场，产品出口美国、欧盟、日本、韩国等多个国家和地区。最近几年，抓住扩大内需战略实施契机，公司及时调整发展策略，把重心由国外转向国内，大力开发以海洋食品尤其是深海食品为代表的绿色食品。公司在发展过程中，始终把产品创新作为品牌战略实施的关键，先后与中国水产科学研究院黄海水产研究所共同建设了"海洋食品高值化与质量安全控制研发中心"，与烟台大学海洋学院等多家研究机构合作创建了食品研发中心，开发了烧烤鲱鱼、鱿鱼仔、海鲜肠、秋刀鱼罐头等几十个新品种。"京鲁远洋"牌天妇罗虾、多宝鱼等系列产品在国内外多次获奖，"京鲁远洋"调理食品被授予"中国名牌"称号"京鲁远洋"商标被授予"中国驰名商标"。目前，公司已经在31个省、自治区、直辖市设立了100多处办事处，并与肯德基、麦当劳、德克士等国际餐饮连锁企业长期合作，产品顺利进入批发、流通、配餐、快餐等多个领域。着眼未来发展，公司将借鉴国内外先进经营管理模式，在冷链物流、海产品终端市场等领域打造大型中式快餐连锁店，以此引领中国水产加工行业快速发展。

此外，公司还同步发展了育苗养殖业，现有标准化养殖场3个，是农业部第四批水产健康养殖示范场，山东省无公害农产品产地之一，养殖场主要养殖海参、鲍鱼、舌鳎、大菱鲆等苗种。近年来，依靠公司海峡两岸渔业交流合作示范基地的平台，引进台湾先进养殖技术，增养美国白虾、南方石斑鱼等品种。

公司注重科技创新，拥有多个研发平台，各类专利100多项。其中，"−60℃工质（氨）金枪鱼储存库研制项目"填补国内空白，"多功能远洋渔船制冷及总体设计技术研究"项目被工信部列为高技术船舶科研项目。

舞动花枝串

盐烤鲅鱼

虾堡

秋刀鱼

湛江海滨船厂

正在修建中的大型船舶

湛江海滨船厂创建于1960年，占地面积约1平方千米。现有职工1 900多人，其中各类专业技术人员680多人，是海军南海方向舰船装备维修和技术保障中心企业、国家大型二档综合企业、国家一级计量单位、全国500强交通运输设备制造企业、国务院口岸办批准的外轮定点修理厂、国家自营机电产品进出口基地、粤西地区最大船舶修造改综合性企业，已通过DNV挪威、LR英国劳氏船级社、ABS美国船舶协会、BV法国船级社、NK日本船级社、CCS中国船级社质量合格验证、中国新时代质量体系认证，取得军、民船建造资格，并通过解放军总装备部“装备承制单位资格审查”和海军“第二方认定审核”，取得“装备承制单位注册证书”，被海军装备部列入海军武器装备合格承制方名录，是集船舶修、造、改为一体的大型军工企业。

工厂以修理、改装各类水面战斗舰艇、大中型综合补给舰及建造中小型军辅船为主，在确保军品指令性任务完成的同时，承接民品船舶修理、建造业务，以及生产大、中功率柴油机气缸套系列产品。气缸套生产已有30多年历史，是海军指定研仿制造军船柴油机气缸套、缸头等配件的主要厂家之一。

50多年来，全厂职工艰苦努力，工厂的生产能力得到显著提高，拥有深水码头786米，35 000吨级干船坞一座，5 000吨级升船机一座，5 000吨级船台二座，3 000吨级船台八座及各种与修造配套齐全的起重、机械加工等先进设备。

近年来，工厂建造的客货运输船、渔政船、交通渡船、拖船、油船、多用途工作船、驳船等各类船舶，以工艺精湛、质量优良而享誉海内外。

5 000吨升船机

编辑说明

一、《中国渔业年鉴》由农业部主管，农业部渔业渔政管理局主持编撰，中国农业出版社渔业年鉴编辑部负责编辑、出版。

二、本年鉴是一部反映中国渔业年度基本情况的权威性资料工具书，每年出版一卷，以出版年份标序。

三、本年鉴所载资料全部截止到2014年底。

四、年鉴文稿主要由全国渔业行政机构、企事业和科研单位、水产院校等部门的管理人员和专业技术人员撰写。全部文稿由中国渔业年鉴编辑部负责编辑修改或删节，由农业部渔业渔政管理局审定后发表。

五、各省、自治区、直辖市及计划单列市，按全国行政区划顺序排列。

六、各类资料数据均未包括台湾省和港澳地区。

七、本年鉴在编撰过程中，得到全国各级渔业行政主管部门和有关单位的大力支持，在此表示衷心感谢。

目　录

发展综述

全国渔业发展概况 …… (1)
概况 …… (1)
渔业投入 …… (3)
概况 …… (3)
渔业基本建设项目 …… (3)
渔业财政项目 …… (3)
水产养殖管理 …… (3)
概况 …… (3)
近海捕捞 …… (4)
远洋渔业 …… (5)
概况 …… (5)
水产品加工业 …… (6)
概况 …… (6)
最新进展 …… (6)
区域布局 …… (6)
科研动态 …… (6)
水产品批发市场运行情况 …… (7)
概况 …… (7)
重点品种价格走势分析 …… (8)
水产品进出口贸易 …… (9)
概况 …… (9)
国际交流与合作 …… (11)
概况 …… (11)
重要工作 …… (11)

渔业管理

渔业法制建设 …… (13)
概况 …… (13)
渔业立法 …… (13)
渔业行政执法 …… (13)
渔业普法 …… (13)
渔业标准化 …… (14)
基础性工作 …… (14)
水产标准制定 …… (14)
技术性贸易措施官方评议 …… (14)
国际交流合作 …… (14)
国家和行业标准目录 (15)
水产品质量安全监管 …… (16)
概况 …… (16)
指导检查 …… (16)
专项整治 …… (16)
质量监测 …… (16)
应急处置 …… (17)
强化基础 …… (17)
渔业安全生产与渔港监督管理 …… (17)
概况 …… (17)
远洋渔业安全生产和监督管理 …… (18)
概况 …… (18)
渔业船舶水上安全事故及救助情况 …… (19)
事故情况 …… (19)
事故特点与原因分析 …… (21)
救助情况 …… (23)
捕捞许可和渔船管理 …… (24)
全面推进“十二五”海洋渔船控制制度的有效实施 …… (24)
扎实推进内陆渔船“三证合一”改革试点工作 …… (24)
基本建成全国海洋渔船动态管理系统 …… (24)
规范透明渔船许可审批 …… (24)
渔具管理 …… (24)
全面推进渔具规范管理 …… (24)
加强政策研究,加快建章立制 …… (25)
加大执法力度、力求突出实效 …… (25)
渔业节能减排 …… (25)
概况 …… (25)

水生生物资源养护与水域生态修复 …………………… (26)
继续抓好增殖放流，积极修复水域生态 ……… (26)
坚持并不断完善资源养护制度 ………………… (26)
积极推动国家级水产种质资源保护区划定工作 …………………………………… (27)
加强渔业水域生态环境保护 …………………… (27)
水生野生动植物保护与管理 ………………… (27)
水生生物类自然保护区建设与管理 ………… (27)
做好履约及对外交流工作 …………………… (28)
积极推进长江江豚拯救行动计划和中华白海豚保护行动计划 ………………… (28)
加强水生野生动物特许利用管理 …………… (28)
组织交流合作，提升行业能力 ……………… (28)
积极配合做好《野生动物保护法》修订工作 … (29)
加强水生野生动物保护宣传 ………………… (29)
组织水生野生动物相关培训 ………………… (29)
周边渔业协定执行情况 ……………………… (29)
中日渔业协定执行情况 ……………………… (29)
中韩渔业协定实施情况 ……………………… (29)
中越北部湾渔业合作协定执行情况 ………… (30)
渔情统计监测与信息 ………………………… (30)
概况 ………………………………………… (30)
渔政执法 …………………………………… (31)
机构改革 …………………………………… (31)
打击涉渔“三无”船舶 ……………………… (31)
政务信息与宣传 …………………………… (32)

长江流域渔政管理

长江流域渔政管理概况 ……………………… (33)
农业部长江流域渔政监督管理办公室成立 … (33)
加强自身建设和推进渔政管理与资源养护工作 ………………………………… (33)

渔业科技与推广

“十二五”国家科技支撑计划项目进展情况 ………………………………… (34)
淡水养殖品种选育及规模化繁育技术研究与示范项目 ………………………… (34)
海洋重要生物资源养护与环境修复技术研究与示范项目 ………………………… (35)
高技术船舶科研项目“南海渔船高效节能设计应用技术研究”项目 …… (37)
概况 ………………………………………… (37)
总目标 ……………………………………… (37)
进展情况 …………………………………… (38)
“十三五”渔业科技发展战略研究 ………… (39)
工作思路 …………………………………… (39)
总体安排 …………………………………… (39)
任务分工 …………………………………… (39)
全国渔业系统积极贯彻落实《农业技术推广法》 …………………………… (40)
学习宣传贯彻成效显著 ……………………… (40)
示范站建设活动获积极响应 ………………… (40)
推广队伍建设得到加强 ……………………… (40)
“一个衔接，两个覆盖”政策进一步落实 …… (41)

各 地 渔 业

北京市渔业 ………………………………… (42)
概况 ………………………………………… (42)
重点渔业区(县)基本情况 ………………… (44)
大事记 ……………………………………… (44)
天津市渔业 ………………………………… (44)
概况 ………………………………………… (44)
重点渔业区(县)基本情况 ………………… (45)
大事记 ……………………………………… (45)
河北省渔业 ………………………………… (46)
概况 ………………………………………… (46)
重点渔业市(县)基本情况 ………………… (48)
大事记 ……………………………………… (48)
山西省渔业 ………………………………… (50)
概况 ………………………………………… (50)
重点渔业县(市)基本情况 ………………… (52)
大事记 ……………………………………… (52)
内蒙古自治区渔业 ………………………… (52)
概况 ………………………………………… (52)
重点渔业市(县)基本情况 ………………… (54)
大事记 ……………………………………… (54)
辽宁省渔业 ………………………………… (55)
概况 ………………………………………… (55)
重点渔业市(县)基本情况 ………………… (56)
大事记 ……………………………………… (56)
吉林省渔业 ………………………………… (58)
概况 ………………………………………… (58)
重点渔业县(市)基本情况 ………………… (59)
黑龙江省渔业 ……………………………… (60)
概况 ………………………………………… (60)
重点渔业县(市)基本情况 ………………… (62)

大事记 ……………………………………………… (62)
上海市渔业……………………………………………… (62)
概况 ……………………………………………… (62)
重点渔业区(县)基本情况 ……………………………… (64)
大事记 ……………………………………………… (65)
江苏省渔业……………………………………………… (65)
概况 ……………………………………………… (65)
重点渔业市(县)基本情况 ……………………………… (67)
大事记 ……………………………………………… (68)
浙江省渔业……………………………………………… (69)
概况 ……………………………………………… (69)
重点渔业县(区)基本情况 ……………………………… (71)
大事记 ……………………………………………… (73)
安徽省渔业……………………………………………… (74)
概况 ……………………………………………… (74)
重点渔业县(市、区)基本情况 ………………………… (76)
大事记 ……………………………………………… (76)
福建省渔业……………………………………………… (77)
概况 ……………………………………………… (77)
重点渔业市(县、区)基本情况 ………………………… (79)
大事记 ……………………………………………… (79)
江西省渔业……………………………………………… (80)
概况 ……………………………………………… (80)
重点渔业县(市)基本情况 ……………………………… (81)
大事记 ……………………………………………… (82)
山东省渔业……………………………………………… (82)
概况 ……………………………………………… (82)
重点渔业市(县)基本情况 ……………………………… (85)
大事记 ……………………………………………… (86)
河南省渔业……………………………………………… (86)
概况 ……………………………………………… (86)
重点渔业县(市)基本情况 ……………………………… (87)
大事记 ……………………………………………… (87)
湖北省渔业……………………………………………… (88)
概况 ……………………………………………… (88)
大事记 ……………………………………………… (91)
湖南省渔业……………………………………………… (92)
概况 ……………………………………………… (92)
广东省渔业……………………………………………… (95)
概况 ……………………………………………… (95)
重点渔业市(县)基本情况 ……………………………… (100)
大事记 ……………………………………………… (101)
广西壮族自治区渔业 …………………………………… (104)
概况 ……………………………………………… (104)
海南省渔业 …………………………………………… (106)
概况 ……………………………………………… (106)
重点渔业市(县)基本情况 ……………………………… (109)
重庆市渔业 …………………………………………… (110)
概况 ……………………………………………… (110)
重点渔业区(县)基本情况 ……………………………… (111)
大事记 ……………………………………………… (111)
四川省渔业 …………………………………………… (112)
概况 ……………………………………………… (112)
重点渔业市(县)基本情况 ……………………………… (114)
大事记 ……………………………………………… (114)
贵州省渔业 …………………………………………… (116)
概况 ……………………………………………… (116)
重点渔业市(县)基本情况 ……………………………… (117)
云南省渔业 …………………………………………… (117)
概况 ……………………………………………… (117)
重点渔业县(区)基本情况 ……………………………… (119)
大事记 ……………………………………………… (119)
西藏自治区渔业 ………………………………………… (120)
概况 ……………………………………………… (120)
陕西省渔业 …………………………………………… (121)
概况 ……………………………………………… (121)
重点渔业市(县)基本情况 ……………………………… (123)
大事记 ……………………………………………… (123)
甘肃省渔业 …………………………………………… (126)
概况 ……………………………………………… (126)
重点渔业市(州)基本情况 ……………………………… (127)
大事记 ……………………………………………… (128)
青海省渔业 …………………………………………… (129)
概况 ……………………………………………… (129)
大事记 ……………………………………………… (129)
宁夏回族自治区渔业 …………………………………… (130)
概况 ……………………………………………… (130)
重点渔业市(县)基本情况 ……………………………… (131)
大事记 ……………………………………………… (132)
新疆维吾尔自治区渔业 ………………………………… (133)
概况 ……………………………………………… (133)
重点渔业县(市)基本情况 ……………………………… (134)
大事记 ……………………………………………… (135)
大连市渔业 …………………………………………… (135)
概况 ……………………………………………… (135)
青岛市渔业 …………………………………………… (140)
概况 ……………………………………………… (140)

重点渔业市(区)基本情况 …………………… (141)
大事记 …………………………………………… (142)
宁波市渔业 ……………………………………… (143)
概况 ……………………………………………… (143)
重点渔业市(县)基本情况 …………………… (144)
厦门市渔业 ……………………………………… (145)
概况 ……………………………………………… (145)
深圳市渔业 ……………………………………… (148)
概况 ……………………………………………… (148)
重点渔业区基本情况 ………………………… (150)
新疆生产建设兵团渔业 …………………… (150)
概况 ……………………………………………… (150)
重点渔业生产单位基本情况 ……………… (151)

全国渔业重点事业单位

农业部渔业船舶检验局 ……………………… (152)
概况 ……………………………………………… (152)
重点工作 ………………………………………… (152)
中国水产科学研究院 ………………………… (157)
概况 ……………………………………………… (157)
黄海水产研究所 ……………………………… (158)
东海水产研究所 ……………………………… (158)
南海水产研究所 ……………………………… (159)
黑龙江水产研究所 …………………………… (160)
长江水产研究所 ……………………………… (160)
珠江水产研究所 ……………………………… (161)
淡水渔业研究中心 …………………………… (162)
渔业机械仪器研究所 ………………………… (163)
渔业工程研究所 ……………………………… (163)
全国水产技术推广总站 …………………… (164)
《推广法》宣传贯彻 ………………………… (164)
体系改革与建设 ……………………………… (164)
技术示范 ………………………………………… (165)
病害防治 ………………………………………… (165)
质量安全服务 ………………………………… (165)
水产种业 ………………………………………… (165)
资源养护 ………………………………………… (165)
信息服务 ………………………………………… (166)
渔民培训 ………………………………………… (166)
休闲渔业 ………………………………………… (166)

渔业社会团体

中国水产学会 ………………………………… (167)
概况 ……………………………………………… (167)
渔业统计 ………………………………………… (167)
渔业信息监测 ………………………………… (167)
水产贸易研究 ………………………………… (167)
学术期刊 ………………………………………… (168)
决策咨询 ………………………………………… (168)
国际学术会议 ………………………………… (168)
国内主要学术会议 …………………………… (168)
两岸交流 ………………………………………… (169)
国际交往 ………………………………………… (169)
科普活动 ………………………………………… (169)
表彰举荐优秀科技工作者 ………………… (169)
党建强会 ………………………………………… (169)
会员服务 ………………………………………… (170)
水产科技周 ……………………………………… (170)
渔业节能减排 ………………………………… (170)
单耗标准研究 ………………………………… (170)
中国渔业协会 ………………………………… (170)
秘书处 …………………………………………… (170)
分支机构 ………………………………………… (171)
中国渔业互保协会 …………………………… (174)
概况 ……………………………………………… (174)
尽力争取农业保险经营资质 ……………… (174)
稳步推进承保理赔等业务工作 …………… (174)
努力巩固现有统筹发展格局 ……………… (175)
开展协会成立20周年相关活动 …………… (175)
中国水产流通与加工协会 ………………… (176)
概况 ……………………………………………… (176)
服务行业发展 ………………………………… (176)
为行业发展建言献策 ………………………… (177)
扩大国际合作交流 …………………………… (177)
引导行业健康发展 …………………………… (177)
积极拓展国内外市场 ………………………… (178)
加强信息服务 ………………………………… (178)
中国渔船渔机渔具行业协会 ……………… (178)
概况 ……………………………………………… (178)
休闲垂钓协会 ………………………………… (179)
概况 ……………………………………………… (179)

法律法规文献

中华人民共和国渔业船员管理办法 …… (181)
农业部办公厅关于开展远洋渔船船型标准化工作的通知 …………………… (187)
农业部办公厅关于做好远洋渔船和船员保险工作的通知 ………………… (192)

农业部办公厅关于公布全国休闲渔业示范基地(第三批)名单的通知 ……… (192)

渔业经济统计

一、经济核算 …………………………………… (195)
全国渔业经济总产值、增加值(按当年价格计算) …………………………… (195)
各地区渔业经济总产值、渔业产值(按当年价格计算) …………………………… (196)
各地区渔业经济总产值(按当年价格计算) …………………………… (197)
各地区渔业经济增加值(按当年价格计算) …………………………… (201)
全国渔民人均纯收入 …………………………… (205)
各地区渔民家庭收支调查 ……………………… (206)
二、生产 …………………………………………… (212)
全国水产品总产量 ……………………………… (212)
各地区水产品产量 ……………………………… (213)
全国水产养殖产量(按水域和养殖方式分) ……………………… (216)
全国海水养殖产量 ……………………………… (217)
全国淡水养殖产量 ……………………………… (219)
全国淡水养殖主要鱼类产量 …………………… (220)
各地区海水养殖产量(按品种分) …………………………………… (221)
各地区海水养殖产量(按水域和养殖方式分) ……………………… (224)
各地区淡水养殖产量(按品种分) …………………………………… (225)
各地区淡水养殖产量(按水域和养殖方式分) ……………………… (231)
全国海洋捕捞产量 ……………………………… (233)
全国海洋捕捞主要鱼类产量 …………………… (234)
全国海洋捕捞产量(按海区、渔具分) ………………………… (235)
全国淡水捕捞产量 ……………………………… (235)
各地区海洋捕捞产量(按品种分) …………………………………… (236)
各地区海洋捕捞产量(按海域分) …………………………………… (239)
各地区海洋捕捞产量(按渔具分) …………………………………… (239)
各地区淡水捕捞产量(按品种分) …………………………………… (240)
各地区远洋渔业 ………………………………… (241)
各地区远洋渔业主要品种产量 ………………… (241)
三、生产要素 …………………………………… (242)
全国水产养殖面积(按水域和养殖方式分) ……………………… (242)
全国海水养殖面积(按品种分) ………………………………………… (243)
各地区水产养殖面积 …………………………… (244)
各地区海水养殖面积(按品种分) ………………………………………… (247)
各地区海水养殖面积(按水域和养殖方式分) ……………………… (249)
各地区淡水养殖面积(按水域和养殖方式分) ……………………… (250)
全国水产苗种数量 ……………………………… (252)
各地区水产苗种数量 …………………………… (253)
全国渔船年末拥有量 …………………………… (254)
各地区机动渔船年末拥有量 …………………… (258)
四、加工与贸易 ………………………………… (259)
全国水产加工情况 ……………………………… (259)
各地区水产加工品总量 ………………………… (260)
各地区用于加工的水产品总量 ………………… (261)
各地区水产品加工企业、冷库基本情况 …… (262)
各地区水产品贸易情况(进出口) ………………………………………… (263)
各地区水产品贸易情况(出口) …………………………………………… (264)
各地区水产品贸易情况(进口) …………………………………………… (265)
五、渔政管理 …………………………………… (266)
各地区渔政管理机构情况(按机构性质分) ……………………………… (266)
各地区渔政管理机构情况(按执法业务类型分) ………………………… (267)
各地区渔政管理人员情况 ……………………… (268)
六、科技与推广 ………………………………… (269)
全国渔业科技基本情况 ………………………… (269)
各地区水产技术推广机构情况 ………………… (270)
七、灾害 …………………………………………… (271)
各地区渔业灾情造成的经济损失 ……………… (271)
各地区渔业灾情造成的数量损失 ……………… (274)

领 导 讲 话

农业部副部长牛盾

在全国渔业厅局长座谈会上的讲话 …（277）
农业部渔业渔政管理局局长赵兴武
在全国渔业厅局长座谈会上的总结讲话 ……………………………（281）
农业部副部长牛盾
在全国渔业科研院所建设工作会议上的讲话 ……………………………（286）
农业部渔业渔政管理局局长赵兴武
在全国渔业科研院所建设工作会议上的讲话 ……………………………（289）
农业部副部长牛盾
在全国渔业渔政工作电视电话会议上的讲话 ……………………………（294）
农业部渔业渔政管理局局长赵兴武
在全国渔业渔政工作电视电话会上的讲话 ……………………………（299）

2014 年渔业大事记

2014 年渔业大事记 ……………………………（305）

索　引

发展综述

全国渔业发展概况

【概况】 2014年是《国务院关于促进海洋渔业持续健康发展的若干意见》和国务院现代渔业建设工作电视电话会议精神贯彻落实年。全国渔业工作紧紧围绕贯彻落实国务院文件和会议精神，狠抓落实，锐意创新，团结拼搏，克服了国内外经济环境复杂多变、自然灾害偏重、水产品市场波动加剧等困难，保持了全国渔业经济持续较快发展，安全形势总体向好。全年水产品总产量6 461.52万吨，同比增长4.69%；渔民人均纯收入14 426.26元，同比增长10.64%。按当年价格计算，全社会渔业经济总产值20 858.95亿元，实现增加值9 718.45亿元，其中渔业产值10 861.39亿元，渔业增加值6 116.69亿元。

1.渔业生产稳定增长 2014年渔业生产继续保持平稳增长，水产养殖业仍是水产品增长的主要来源，贡献了产量增长中的206.73万吨，占71.40%，捕捞业生产与上年基本持平，远洋渔业是突出亮点。海洋捕捞产量1 280.84万吨，同比增长1.30%；远洋渔业产量202.73万吨，同比增长49.95%；淡水捕捞产量229.54万吨，同比负增长0.52%；海水养殖产量1 812.65万吨，同比增长4.22%；淡水养殖产量2 935.76万吨，同比增长4.76%。水产品总产量中，捕捞产量1 713.11万吨，占总产量的26.51%，养殖产量4 748.41万吨，占总产量的73.49%；海水产品产量3 296.22万吨，占总产量的51.01%，淡水产品产量3 165.30万吨，占总产量的48.99%。全国水产品人均占有量47.24千克。

2.水产品市场健康运行 水产品国内市场供应充足，价格基本平稳，总体呈前高后低的走势，部分品种价格波动较大。监测显示，2014年水产品批发市场综合平均价格21.70元/千克，同比上涨3.54%。其中海水产品综合平均价格39.39元/千克，同比上涨3.81%；淡水产品综合平均价格14.96元/千克，同比上涨2.76%。水产品进出口呈现前低后高的走势，全年继续实现较快增长。据海关数据统计，2014年我国水产品进出口总量844.43万吨、进出口总额308.84亿美元，同比分别增长3.87%和6.86%。其中，出口量416.33万吨、出口额216.98亿美元，同比分别增长5.16%和7.08%；进口量428.10万吨、进口额91.86亿美元，同比分别增长2.65%和6.34%。贸易顺差125.13亿美元，同比增长7.66%。

3.强渔惠渔力度加大 各级政府重视渔业发展，加强了对渔业的支持和投入。中央财政落实渔业基本建设中央资金20亿元，比上年增加7亿元，渔业资源养护、"菜篮子"生产专项转移支付、渔业油价补助资金等与上年基本持平。各地加大对现代渔业建设的重视，有29个省(自治区、直辖市)增加了地方财政投入和专项资金。安徽省把以船为家渔民上岸安居作为"一把手"工程来抓，进度快，效果好，当年开工率和安置率分别达到93.9%和69.8%，使渔民上得岸、住得好、能致富、过开心。渔业金融保险事业取得大发展，渔业互保业务保持平稳发展态势，全行业共承保渔民93.04万人、渔船7.51万艘、养殖水面1.7万公顷、养殖网箱1 897口，收取互保费16.04亿元，提供风险保障2 890亿元，同比分别增长8.8%和9.9%，年内支付经济补偿金5.31亿元，同比增长0.9%。中国人保财险公司、民生银行、邮储银行等金融保险机构加快拓展渔业产品，为现代渔业建设提供金融保险服务。

4.水产健康养殖全面推进 继续在全国范围组织开展水产健康养殖示范创建活动，新创建水产健康养殖示范场793家，使农业部水产健康养殖示范场总数达到5 354个。加强现代种业建设，对国家级水产原良种场进行复查，新验收通过国家级水产原良种场9家；支持48个国家级水产原良种场和遗传育种中心开展原良种保存，支持10个省48个县的重点苗种繁育场开展亲本更新；组织开展全国现代渔业种业示范场创建活动，评审通过全国现代渔业种业示范场24家，引导种业企业向育繁推一体化方向发展。实施

《2014年国家水生动物疫病监测计划》，组织23个省份对重大水生动物疫病进行年度监测。实施水产苗种产地检疫制度，全国共有541个县实施水产苗种产地检疫制度，年检疫苗种710亿尾。加强水生动物卫生监督执法队伍建设，健全水生动物防疫体系，全年未发生重大水生动物疫情。

5. 渔业科技支撑和信息化建设加强 第一次召开全国渔业科研院所建设工作会议，明确了渔业科研院所发展目标任务和主攻方向。召开院士专家座谈会，共同谋划并启动"十三五"渔业科技发展战略研究。全年有9项国家标准和45项行业标准获准实施，新增25个主导品种和30项主推技术，渔业科技贡献率达到58%。养殖节能减排试点和水产品加工综合利用技术示范取得新成效。池塘生态工程化养殖减排技术、工厂化循环水养殖技术和网箱养殖减排技术纳入《农业面源污染综合治理专题规划》(2014—2018)。渔业信息化深入推进，基本建成全国统一的海洋渔船管理数据库，实现渔船管理环节相互衔接；完成内陆渔船"三证合一"和管理系统研发，并开展试点应用。

6. 水产品质量安全继续提升 开展水产品违法添加禁用物质专项整治行动，严厉打击养殖生产者违法使用硝基呋喃类药物、孔雀石绿等违禁物质的行为。强化水产品产地监测，合格率为99.2%，比上年提升一个百分点。对重点省份的国家级和省级水产原良种场生产的苗种进行抽检，合格率为96.1%。贝类卫生监测抽检合格率达到90.3%，同比上升4.9个百分点。对捕捞产品质量进行监测，对贝类产品、渔业投入品质量安全隐患进行排查，初步摸清了水产品质量安全隐患，并有针对性地采取了防范措施。全年未发生重大水产品质量安全事件。

7. 渔业资源养护和环境保护持续推进 认真贯彻中央领导同志重要指示精神，持续加大对违规渔具清理整治力度，清理整治"绝户网"取得阶段性成果。据不完全统计，各地共查处各类违规渔船近3万艘次，清理违规渔具近30万张(顶)。加强水生生物增殖保护力度，中央财政安排增殖放流资金3.06亿元，带动全国投入10.8亿元，同比增长7.2%，放流重要水生生物苗种和珍稀濒危物种343.3亿尾(只)，同比增长2%。组织开展近海渔业资源和近岸产卵场调查，投入专项资金2 800万元，近海渔业资源调查站位662个，产卵场调查采获鱼卵仔鱼样品7 638瓶。坚持并不断完善休渔禁渔管理制度，加强执法管理，海洋伏季休渔、长江、珠江禁渔期等重大休禁渔制度顺利实施。加强水生生物保护区建设和管理，新增国家级水产种质资源保护区36个，新增国家级水生生物自然保护区1处，全国总数达到23处。加强水生野生动植物保护与管理，积极推进长江江豚拯救行动计划和中华白海豚保护行动计划，加强水生野生动物特许利用管理，规范水生野生动物驯养展演活动，开展水生野生动物及其产品进出口及特许利用审批，做好水生濒危物种履约工作。组织开展重要渔业水域环境状况监测，农业部与环境保护部联合发布了《中国渔业生态环境状况公报》。印发了《建设项目对国家级水产种质资源保护区影响专题论证报告编制指南》，继续加强涉渔工程环境影响评价审查，争取8.1亿元渔业资源生态补偿资金纳入项目环保投资，列入渔业资源生态补偿资金4.6亿元。

8. 渔业实施"一带一路"战略迈出新步伐 远洋渔业纳入国家《丝绸之路经济带和海上丝绸之路建设战略规划》。11月2日，中国—东盟海产品交易所落户福州，开业运行，实现了我国与东盟各国渔业合作互联互通。落实20艘中国渔船入渔阿根廷水域，与朝鲜达成入渔合作协议，安排600余艘渔船赴朝鲜以东水域作业。积极参与多边渔业事务，巩固强化多边渔业合作机制。修订了远洋渔船船位监测管理办法，开展远洋渔船船型标准化建设，规范境外收购项目管理，出台渔船引进外籍船员管理办法，实施远洋渔船和船员保险，强化远洋渔业企业管理人员培训。

9. 渔业安全生产进一步好转 继续深入开展"平安渔业示范县"和"文明渔港"创建活动，评选公布了第二批43个"平安渔业示范县"名单，使全国"平安渔业示范县"达到86个、国家级"文明渔港"47个。制定公布了《渔业船员管理办法》，并组织开展宣传贯彻和培训，进一步明确了渔业船员管理的基本制度，规定了渔业船员特别是船东、船长的权利义务和法律责任，强化了渔船安全生产主体责任，完善了渔业船员培训、考试、发证、管理制度，在很多方面填补了我国渔业船员管理方面的空白。深入开展"安全生产年"、"安全生产月""防灾减灾日"和"六打六治"打非治违等专项行动，确保了春节、五一、国庆等重大节日及APEC会议等重大活动期间没有发生重特大渔业安全生产事故。加强渔业应急值班值守和突发事件应对处置，及时妥善处置了涉外渔业事件和社会热点问题，成功处置了台风侵袭。渔业安全生产形势进一步好转，实现了事故起数、死亡(失踪)人数"双下降"。全国全年共发生渔业船舶(不含特殊船舶)水上安全事故301起、死亡(含失踪)261人，同比分别减少14.00%和46.84%。组织渔业救助895起，救助渔船1 268艘、救起渔民6 350人，投入救助费用2 800多万元，挽回经济损失7亿多元。

(农业部渔业渔政管理局 张 成)

渔业投入

【概况】 2014年，中央财政对渔业的投入达到30.2513亿元。其中，基本建设投入20.3664亿元；财政专项投入（包括转移支付）9.8849亿元。

【渔业基本建设项目】

（1）渔政工程。中央投资4亿元，共安排渔政船艇737艘、渔业资源调查船7艘、渔政码头2座。

（2）渔港工程。中央投资4亿元，共安排新建中心渔港1个、一级渔港3个，续建中心渔港6个、一级渔港4个。

（3）海洋渔船更新改造工程。中央投资4.738亿元。

（4）以船为家渔民上岸安居工程。中央资金5亿元，共安排9省新建户23 836户、改造户3 102户。

（5）水产良种工程。中央投资1亿元，共安排建设原良种场44个、遗传育种中心4个。

（6）安排水生野生动物保护区项目11个，中央资金3 662万元。

（7）加强中国水产科学研究院自身能力建设，安排中央资金8 102万元。

（8）安排农业综合开发项目35个，中央资金4 520万元。

【渔业财政项目】

（1）安排部门预算专项资金38 849万元，主要用于渔业物种资源保护、渔政管理、渔业资源监测调查等方面。其中：渔业物种资源保护9 930万元，渔政管理9 889万元，海洋渔业资源调查与探捕7 210万元，渔业生产损失救助4 300万元，水产品质量安全监管3 250万元，渔业统计1 904万元，渔业政策性保险试点1 000万元，动物疫情监测与防治经费500万元，水生野生动物资源保护费400万元，农业生态环境保护（渔业节能减排）286万元，渔业国际交流与合作180万元。

（2）安排中央财政专项转移支付资金60 000万元，其中：安排资金30 900万元用于渔业资源增殖放流；9 100万元用于海洋牧场建设；20 000万元渔业标准化健康养殖。

（农业部渔业渔政管理局 鲁 泉）

水产养殖管理

【概况】 2014年，全国各级渔业主管部门认真贯彻国务院《关于促进海洋渔业持续健康发展的若干意见》和全国现代渔业建设工作电视电话会议精神，大力推进水产健康养殖，加强渔业种业体系建设，强化水生动物防疫工作，确保了国内水产品的安全有效供给，水产养殖总体保持平稳发展。

1.推进水产健康养殖示范 组织开展全国水产健康养殖示范创建活动，提出新创建示范场500个以上的工作目标。农业部启动示范场创建工作后，各地把示范场创建作为推进水产健康养殖的主要举措，高度重视，认真组织，动员和支持实力较强的企业和合作社申报，通过创建提升基础设施、完善管理制度、规范生产操作、推广健康养殖、促进节能减排、扩大辐射带动，基本达到预期效果。创建水产健康养殖示范场（第九批）793个，农业部水产健康养殖示范场总数达到5 354个。组织开展渔业健康养殖示范县创建活动，对41个县区申报材料进行了初步审核，并选择河北唐山曹妃甸区等部分创建工作开展情况较好的县区进行实地考察和指导。继续推动养殖池塘标准化改造，统计各地开展池塘标准化改造进展情况。2014年中央财政投资7.2亿元，除中央财政外各级财政资金投资14亿元，支持各地实施池塘标准化改造（包括新挖）29.6万公顷，有力提升了养殖基础设施水平，推进养殖生态环境修复工作。

2.加强现代水产种业建设 组织2014年全国现代渔业种业示范场创建活动，创建全国现代渔业种业示范场24家，通过活动引导种业企业向育繁推一体化方向发展。完善水产原（良）种繁育体系建设，组织对7家国家级水产原良（种）场复查，取消1家国家级水产原（种）场称号，验收通过了9家国家级水产原（良）种场，国家级场总数达到79家。加强原（良）种保种和品种创新工作，安排项目资金支持48个国家级水产原（良）种场和遗传育种中心开展原（良）种保存和选育工作，支持48个县的重点苗种繁育场开展亲本更新。进一步规范水产苗种进口审批，做好年度水产苗种进口需求统计和额度争取，积极为苗种生产企业做好服务，办理水产苗种进口免税审批180件，批准进口水产亲本和苗种1.3亿尾（粒、只），免税金额达2 496万元，免税政策实施为减轻苗种企业生产成本，推动种业发展发挥了积极作用。

3.提升水生动物防疫能力 实施《2014年国家水生动物疫病监测计划》，指导推广站组织23个省份对鲤春病毒血症等5种重大水生动物疫病进行监测，完成采样检测2 099个。为提高监测工作规范性，年初召开会议部署年度监测任务，同时加强项目实施情况的检查，年中专门发文通报各地半年抽样情况，对抽样数量不足的单位要求补抽。及时公布疫病信息和卫生状况，在《兽医公报》2014 年第 7 期公布 2013 年度水生动物疫病信息，编写出版《2013 年中国水生动物卫生状况报告》，全面公开我国水生动物防疫现状。推进水产苗种产地检疫，全国共有 541 个县实施水产苗种产地检疫制度，年检疫苗种 710 亿尾。加强官方兽医和渔业乡村兽医队伍建设，推动官方兽医资格确认工作，举办开展首届水生动物官方兽医师资培训班，培训各省相关人员 180 名，累计登记渔业乡村兽医 2.5 万余人。推进水生动物防疫系统实验室能力建设，组织开展水生动物防疫系统实验室检测能力测试，36 家水生动物疫病检测机构通过测试作为 2015 年国家疫病监测计划的备选实验室。组织召开了水产苗种产地检疫和生产管理座谈会，研究推进工作的政策措施。

4. 完善养殖证制度建设 指导各地全面推进养殖水域滩涂规划编制颁布和养殖发证登记工作。定期通报各地养殖规划编制和发证登记工作进展。研究推进养殖证核发工作的政策措施。推动新版养殖证换证工作。截止到 2014 年年底，全国已有 11 个省级、153 个地市级和 1 363 个区（县）级人民政府颁布实施本级养殖水域滩涂规划，共核发新版《水域滩涂养殖证》14.9 万本，确权登记水域、滩涂面积 456 万公顷，占总养殖面积的 55%。2014 年新发证 3.2 万本，确权面积 138 万公顷。配合做好不动产统一登记有关工作，在《不动产登记暂行条例》和《不动产登记暂行条例实施细则》制订中，争取“水域滩涂养殖权”作为一项权利单独实施登记。

（农业部渔业渔政管理局 王 丹）

近 海 捕 捞

1. 近海海洋捕捞生产稳定运行 据全国海洋捕捞动态采集网络监测数据分析，2014 年我国近海海洋渔业总体状况基本稳定。近海拖网、流刺网、张网和围网渔业构成全年海洋渔业的主体。鳀鱼、鲹类、鲐鱼、沙丁鱼、小黄鱼、带鱼、马面鲀、二长棘鲷、马鲛鱼和鲣类等资源种类是我国近海海洋捕捞的主要利用对象。与 2013 年相比，整体渔获质量与结构相对平稳，但渔获结构仍以当年和低龄鱼为主；黄渤海区和东海区主要经济鱼类中的小黄鱼产量较上年有明显增加，马鲛鱼、鲐鱼有明显下降，而鲳鱼、带鱼、鳀鱼基本与上年持平；南海区主要经济鱼类中鲹类、大眼鲷、蛇鲻类、金线鱼产量较上年有明显增加，沙丁鱼有明显下降。全国各渔港多数渔获种类的销售价格相比上年略有下降，渔获质量未有提高，渔业生产燃油成本虽有所下降、但人力成本却有较大幅度提高。

2. 近海主要作业类型生产特点

（1）单拖作业。黄渤海产量相对较高水域出现在辽东湾渔场、滦河口渔场和烟威渔场，东海产量相对较高水域出现在闽中渔场、台北渔场和鱼山渔场，南海产量相对较高水域出现在西沙西部渔场、南沙中部渔场和台湾浅滩渔场。全国单拖作业整体生产情况好于上年。

（2）双拖作业。黄渤海产量相对较高水域出现在海洋岛渔场、连青石渔场和沙外渔场，东海产量相对较高水域出现在闽南渔场、台北渔场和鱼外渔场，南海产量相对较高水域出现在北部湾南部及海南岛西南部渔场、北部湾北部渔场和粤西及海南岛东北部渔场。全国双拖作业整体生产情况好于上年。

（3）桁杆拖虾作业。黄渤海产量相对较高水域出现在沙外渔场、大沙渔场和吕四渔场，东海产量相对较高水域出现在温台渔场、鱼山渔场和江外渔场，南海产量相对较高水域出现在海南岛东南部渔场、北部湾北部渔场和粤西及海南岛东北部渔场。全国桁杆拖虾作业整体生产情况差于上年。

（4）围网作业。黄渤海产量相对较高水域出现在连青石渔场、连东渔场和石岛渔场，东海产量相对较高水域出现在闽东渔场、江外渔场和闽南渔场，南海产量相对较高水域出现在其他渔场、粤西及海南岛东北部渔场和台湾浅滩渔场。全国围网作业整体生产情况好于上年。

（5）光诱敷网作业。黄渤海产量相对较高水域出现在连青石渔场，东海产量相对较高水域出现在鱼外渔场、台北渔场和闽中渔场，南海产量相对较高水域出现在粤东渔场、中沙东部渔场和台湾南部渔场。全国光诱敷网作业整体生产情况差于上年。

（6）流刺网作业。黄渤海产量相对较高水域出现在滦河口渔场、连青石渔场和石东渔场，东海产量相对较高水域出现在长江口渔场、鱼外渔场和江外渔场，南海产量相对较高水域出现在粤东渔场、台湾浅滩渔场和北部湾南部及海南岛西南部渔场。全国流刺网作业整体生产情况差于上年。

（7）帆式张网作业。黄渤海产量相对较高水域出现在大沙渔场、吕四渔场和沙外渔场，东海产量相对较高水域出现在长江口渔场、鱼山渔场和舟山渔场。全国帆式张网作业整体生产情况好于上年。

（8）定置张网作业。黄渤海产量相对较高水域出现在连青石渔场、吕四渔场和大沙渔场，东海产量相对较高水域出现在鱼山渔场、长江口渔场和闽中渔场，南海产量相对较高水域出现在北部湾南部及海南岛西南部渔场、北部湾北部渔场和粤西及海南岛东北部渔场。全国定置张网作业整体生产情况明显差于上年。

(9)钓具作业。黄渤海产量相对较高水域出现在青海渔场和辽东湾渔场,东海产量相对较高水域出现在闽南渔场和鱼山渔场,南海产量相对较高水域出现在东沙渔场、西中沙渔场和珠江口渔场。全国钓具作业整体生产情况好于上年。

(10)笼壶作业。黄渤海产量相对较高水域出现在连青石渔场、青海渔场和渤海湾渔场,东海产量相对较高水域出现在闽中渔场、闽东渔场和闽南渔场,南海产量相对较高水域出现在台湾浅滩渔场、粤西及海南岛东北部渔场和西中沙渔场。全国笼壶作业整体生产情况明显差于上年。

3. 近海主要经济渔业种类资源动态

(1)带鱼。全年主要汛期为10~11月份。生产情况相对较好的水域分布在沙外渔场、舟外渔场和大沙渔场。整体资源状况相比2013年略有下降。

(2)小黄鱼。全年主要汛期为9~11月份。生产情况相对较好的水域分布在沙外渔场。整体资源状况相比2013年有大幅度增加。

(3)鲳鱼。全年主要汛期为9~10月份。生产情况相对较好的水域分布在鱼山渔场、舟外渔场和海州湾渔场。整体资源状况相比2013年略有增加。

(4)马鲛鱼。全年主要汛期为9~10月份。生产情况相对较好的水域分布在烟威渔场、海州湾渔场和粤东渔场。整体资源状况相比2013年有明显减少。

(5)鲐鱼。全年主要汛期为4~5月和9~10月。生产情况相对较好的水域分布在长江口渔场、海洋岛渔场和鱼外渔场。整体资源状况相比2013年有明显下降。

(6)鲹类。全年主要汛期为8~10月。生产情况相对较好的水域分布在西沙西部渔场、海南岛东南部渔场和闽南渔场。整体资源状况相比2013年有大幅度增加。

(7)鳀鱼。全年主要汛期为9~11月。生产情况相对较好的水域分布在连东渔场、海洋岛渔场和闽中渔场。整体资源状况相比2013年略有下降。

(8)虾蟹类。全年主要汛期为8~11月份。虾类生产情况相对较好的水域分布在连东渔场、吕四渔场和鱼山渔场。蟹类生产情况相对较好的水域分布在长江口渔场、大沙渔场和吕四渔场。整体资源状况相比2013年略有增加。

(9)头足类。全年主要汛期为4月和8~12月份。生产情况相对较好的水域分布在南沙东北部渔场、南沙西北部渔场和西中沙渔场。整体资源状况相比2013年有明显下降。

4. 近海渔业资源养护措施实施效果显著 伏季休渔制度对海洋渔业资源的养护作用持续显现。据全国海洋捕捞动态采集网络监测数据结果,2014年休渔期结束后,9月份全国海洋捕捞总产量为近5年同期最高,同比增长加10.04%。其中,黄渤海区伏休前后产量差别最大,伏休后(9月)产量比伏休前(5月)增长230.96%;其次为东海区,伏休后(9月)产量比伏休前(5月)增长127.86%;但南海区差别较小,伏休后(8月)产量比伏休前(4月)不升反降0.9%。

(全国海洋捕捞动态采集网络 程家骅)

远 洋 渔 业

【概况】 2014年,随着新建远洋渔船的陆续投产,我国远洋渔业克服了渔汛资源波动、国际经济和市场动荡等不利因素影响,呈现快速发展态势,作业船数、总产量、总产值和产品运回数量创历史新高。据统计,2014年获得农业部远洋渔业企业资格的企业共164家,比上年增加31家;经批准作业渔船2 460艘(不含朝鲜东部海域作业渔船614艘),比上年增加301艘,其中新建投产渔船346艘;2014年远洋渔业总产量、总产值分别为203万吨、185亿元,分别比上年增长50%、29%;2014年远洋渔业企业运回自捕水产品123万吨,比上年增长52%。远洋渔船作业海域分布在40个国家的专属经济区及太平洋、印度洋和大西洋公海及南极海域。

1. 公海大洋性渔业发展迅速 公海作业渔船1 262艘,产量和产值分别为125万吨和109亿元,分别比上年增长60%和42%。大洋性项目产量的增加主要来自于鱿鱼钓、公海拖围网和秋刀鱼项目,其中鱿鱼钓产量达到70万吨、产值50亿元,分别比上年增长64%和56%;公海拖围网产量近两年从零起步迅速增长,2014年作业船数达到83艘,产量14万吨、产值10亿元;公海秋刀鱼项目作业船数达到43艘,产量7.7万吨、产值4.6亿元,分别比上年增长2.3倍和1.4倍。金枪鱼产量28.5万吨,41.7亿元,分别比上年增长12.6%和7.5%。

2. 过洋性渔业保持稳定 作业渔船数量1 198艘,产量和产值分别为78万吨和76亿元,分别比上年增长41%和16%。过洋性项目产量的增加主要来自于非洲项目和阿根廷项目,其中非洲项目产量和产值分别为23万吨和29亿元,比上年增长12%和8.6%;阿根廷项目产量和产值分别为4.4万吨、5亿元,分别比上年增长52%和1倍。以印度尼西亚、缅甸为主的亚洲项目产量和产值分别为31万吨和36亿元,与上年基本持平。

(农业部渔业渔政管理局 刘立明)

水产品加工业

【概况】 2014年,我国水产加工品总量2 053.2万吨,同比增长5.1%,其中海水加工产品1 678.6万吨,同比增长5.5%,占水产加工品总量的81.8%,淡水加工品374.5万吨,同比增长3.2%。水产品加工企业数量9 663个,同比下降1.1%,加工能力2 847.2万吨/年,同比增长3.7%,水产品加工产业保持稳步发展态势。

面对国内外复杂多变的经济形势,近几年水产品加工业正从增量扩能转向调整存量、做优增量并举的深度调整期,加工促一产带三产的全产业价值链将进一步拓展,产业集群发展态势良好。在规模速度型粗放增长转向质量效益型集约增长期,依靠扩面增产增收越来越难,提升产品质量,差异化产品开发将成为主要的竞争点。消费需求从过去的吃得饱、吃得好向吃得平衡、吃得营养、吃得健康转变,天然、营养、安全、健康水产品将越来越受消费者青睐,加工产业发展越来越依靠科技创新。此外,在互联互通的今天,市场对特色化、品牌化、个性化的水产品需要更为强烈,对产品质量、企业信誉、冷链物流、文化内涵比传统市场要求更高,水产电子商务发展潜力较大。

【最新进展】 水产品原料的加工率为33.9%,比2013年略有回落。其中,海水产品的加工率为53.1%,比2013年(51.4%)提高1.7个百分点。淡水产品加工率17.3%,产品特性决定了其加工比例依然较低。2014年我国水产品加工实现产值3 712.7亿元,同比增长8.1%,加工产值占渔业总产值的17.8%。水产品加工经过前期的快速增长后进入转型调整期,2014年从事水产品加工的企业有9 663家,比2013年减少了111家,但生产能力和产值还在增加。冷冻、冰鲜等初级加工产品仍是我国的水产品加工主要品种,甚至还有增加的趋势,2014年水产品冷冻加工的比例达到64.2%,我国水产品消费习惯决定了加工品仍将以冷冻品为主。鱼糜制品继续保持较快发展速度,其中淡水鱼糜加工技术日益完善,仍有较大发展潜力。从各省水产品加工业发展情况来看,山东省、辽宁省、浙江省作为水产品加工传统大省,继续在提升产品品质、提高产品科技含量、培育产品品牌、探索全产业链发展模式、推动电子商务发展等方面上下功夫。湖北、江西、湖南等淡水养殖大省继续着力淡水产品加工开发,引导产学研联合,在淡水鱼糜加工、生鲜调理食品、即食休闲食品以及传统风味改良食品上下功夫,取得了一定成绩。福建、广东、广西、海南水产品加工仍是以出口为导向,但对国内市场的重视程度明显加强,其中,海南省首次设立品牌农业发展资金,4 000万用于渔业品牌发展和市场开拓。

【区域布局】 长期的发展形成了以沿海水产品加工为主的出口优势区域布局特征。山东、福建、浙江、辽宁、江苏、广东等6省的加工量占全国水产品加工总量的85%。内陆省份中湖北省一枝独秀,加工量占内陆省份加工总量的55.1%,江西位列第二,加工产量为湖北产量的30%多一些,安徽、湖南属于第三梯队,四省加工产量之和占内陆省份加工总量的95%。山东半岛、辽东半岛来进料加工区域,广东、广西、海南南美白对虾和罗非鱼养殖加工区域,福建、广东鳗鱼加工区域,浙江捕捞水产品加工区域,江苏条斑紫菜养殖加工区域,福建大黄鱼和蟹肉加工区域,以及北方地区特色水产品养殖加工区域等传统优势产区正在悄然发生一些变化,随着劳动力成本的不断增加,来进料加工呈现萎缩态势,山东、辽宁借助传统优势,不断加强技术创新和品牌创建,努力开拓国内高档水产品市场,其中山东省在海洋高端保健品上不断实现新突破,竞争优势逐渐显现。浙江大力发展海上冷链、海上加工、鲟鱼系列产品开发,在培育品牌、提升产品品质、探索电子商务等新型流通方式等方面取得较好效果。福建省充分利用中国东盟自贸区和一带一路战略的实施,水产品加工出口发展迅猛,不断培育优势特色产业。湖北、江西、湖南等省淡水鱼类精深加工特色优势正在形成。此外山东、浙江新转接泰国部分金枪鱼、鲣鱼产品加工生产线,区域积聚力量也逐渐显现。

【科研动态】 2014年,水产品加工技术创新继续围绕鲜活水产品保活保鲜、冷冻产品品质控制、精深加工及提高副产物的价值、海洋新资源的开发利用等高新技术的研究,充分利用现代食品加工技术不断提高水产加工品品质,众多新技术取得突破性进展,众多基于新技术开发的新产品进入市场。国家水产品加工技术研发体系成立3年多来,在技术创新研究、发展战略研究、行业科技人才培训、科技成果转化、示范与推广等方面开展了卓有成效的工作,提高了我国水产品加工行业的创新能力，推动了科研成果转化与示范。据统计，近3年来，国家水产品加工技术研发体系共开展了599项科研项目，研发经费达3.7亿元，发表研究论文1 781篇，申报并获授权专利432项，获得各级奖励75项次，完成了100多项科研成果转化，开发新产品231个，企业牵头的研发分中心销售利润达138亿元。

（农业部渔业渔政管理局　朱亚平）

水产品批发市场运行情况

【概况】 根据对全国80家水产品批发市场成交价格统计，2014年水产品批发市场综合平均价格21.70元/千克，同比上涨3.54%。其中海水产品综合平均价格39.39元/千克，同比上涨3.81%；淡水产品综合平均价格14.96元/千克，同比上涨2.76%。另据对可比的33家水产品批发市场交易情况统计，水产品市场成交量663.41万吨，同比增长1.43%；成交额1 246.31亿元，同比增长0.24%。

（1）综合平均价格前高后低，7月份起价格持续下滑。2014年水产品综合平均价格月度间波幅较大。

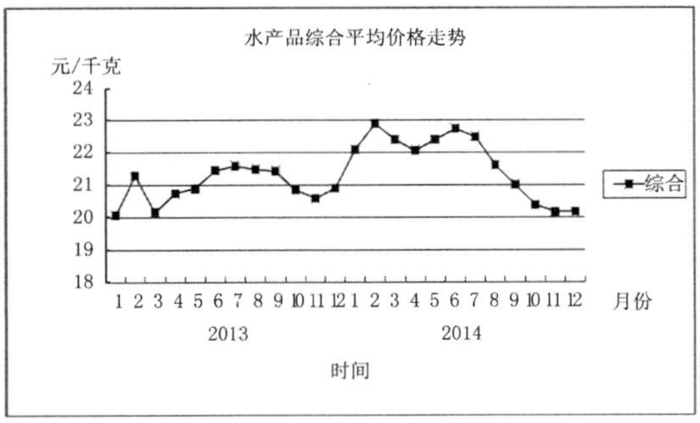

其中，受春节消费拉动，1、2月份水产品价格环比分别上涨5.25%和3.67%，之后经历3、4月份的小幅回落和5、6月份的小幅回升，7月份起价格持续下跌，9月份之后价格开始低于上年同期。监测的49个品种中，19个品种价格同比上涨，其中10个品种涨幅超过10%；9个品种价格同比基本持平；21个品种价格同比下跌，其中6个品种跌幅超过10%。

（2）海水产品价格波动明显，部分品种价格涨跌幅度较大。2014年海水产品综合平均价格也呈现出前高后低的态势，其中，受春节消费拉动，1、2月份价格涨幅明显，环比分别上涨9.48%和3.73%，达到全年峰值，之后经过小幅的震荡调整，7月份开始价格持续下跌，11月跌至谷底，12月虽略有回升，但自9月份之后价格一直低于上年同期。监测的31个品种的海水产品中，14个品种价格同比上涨，其中8个品种价格涨幅超过10%；4个品种价格同比持平；13个品种价格同比下跌，其中4个品种跌幅超过10%。

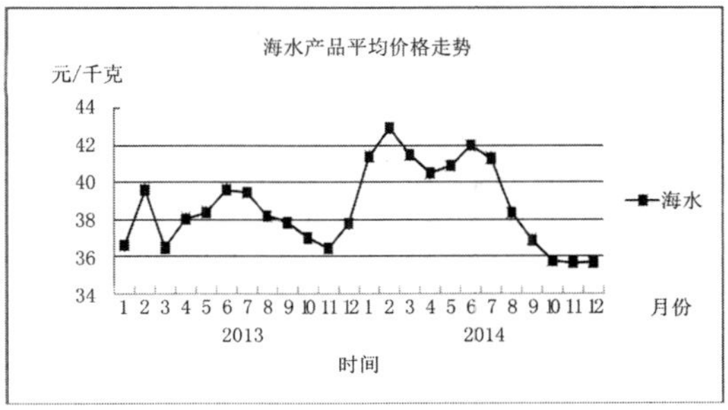

表1　涨跌幅较大的海水产品

品种	2014年均价（元/千克）	2013年均价（元/千克）	同比增减（%）
坛紫菜	89.34	50.23	77.87
青蟹	113.77	76.92	47.90
海鳗	36.54	30.16	21.13
鹰爪虾	50.98	42.38	20.29
牡蛎	13.64	11.58	17.81
日本对虾	236.79	201.2	17.69
南美白对虾	74.87	66.61	12.39
梭子蟹	79.01	124.24	-36.40
鲍鱼	138.06	178.77	-22.77
马面鲀	21.82	24.8	-12.03
杂色蛤	10.65	12.05	-11.59

（3）淡水产品价格走势相对平稳，9月份起价格持续下滑。2014年上半年淡水产品综合平均价格高位

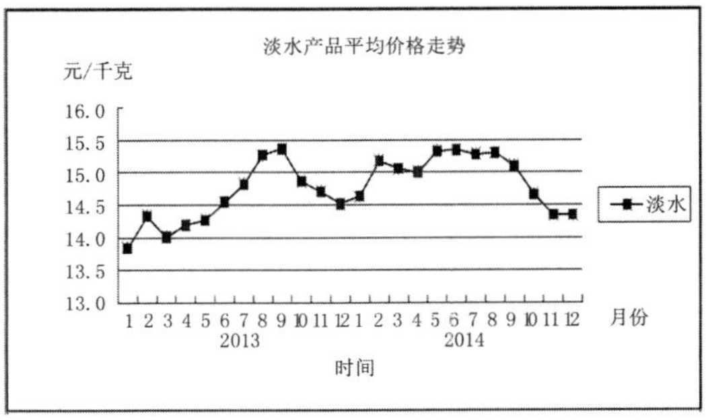

平稳运行，9月份起价格开始下滑，且降幅逐月扩大，

直到12月份环比才略有回升。重点监测的18个品种的淡水产品中,5个品种价格同比上涨,其中2个品种涨幅超过10%;5个品种价格同比持平;8个品种价格同比下跌,其中2个品种跌幅超过10%。

表2 涨跌幅度较大的淡水产品

品种	2014年均价(元/千克)	2013年均价(元/千克)	同比增减(%)
罗氏沼虾	69.46	62.09	11.87
黄颡鱼	26.26	23.59	11.32
田螺	89.01	103.25	-13.79
虹鳟	33.93	39.06	-13.14
黄鳝	54.28	59.6	-8.92
蛙	12.08	13.19	-8.45

【重点品种价格走势分析】

(1)大宗淡水鱼价格下行压力加大。近些年,大宗淡水鱼价格基本平稳,没有出现特别大的波动,2014年上半年继续保持平稳态势,但下半年起价格下行压力逐渐加大,全年均价以降为主。其中,除鲤鱼价格同比上涨2.14%外,鲫鱼、草鱼、鳙鱼、鲢鱼价格同比分别下降5.74%、2.57%、2.35%和1.57%。

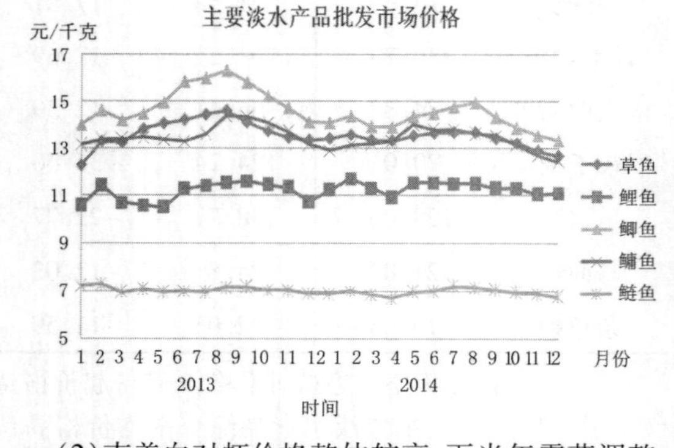

(2)南美白对虾价格整体较高,下半年震荡调整。2013年以来,受疫病和灾害影响,南美白对虾养成率较低,市场供应量明显不足,价格持续高位运行。2014年EMS等病害依旧困扰着我国的对虾养殖业,年初主产区广东、福建等地又遭遇大面积雷暴、冰雹等恶劣天气,对虾养殖雪上加霜,市场货源持续偏紧,尤其是春节期间价格涨幅明显。2月当月价格达到95.25元/千克,环比上涨18.6%,同比上涨21.5%。春节过后随着消费需求的下降,价格也略有回落,但仍处于90元/千克左右的峰值区间。进入5、6月份,第一造虾陆续上市,由于担心病害导致后续损失,许多养殖户选择提前上市,出虾规格偏小、体色稍差,同期又赶上基围虾大量上市,因此价格跌幅较为明显。7月份,多轮台风登陆我国南方多个省份,对虾养殖受损,产量下降,价格止跌回暖。在2013年较高的基数上,2014年对虾平均价格同比上涨12.39%,达到74.87元/千克。

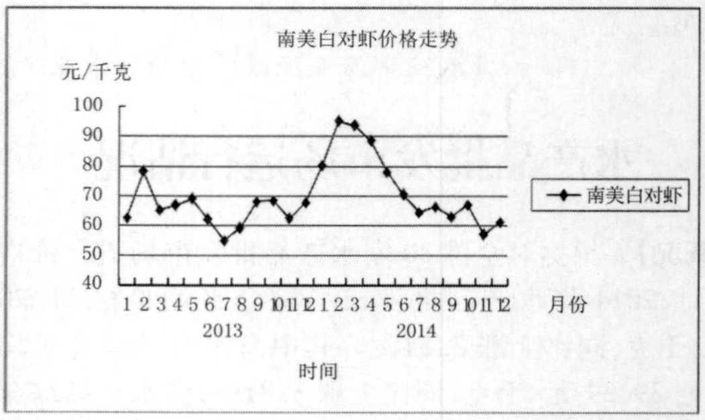

(3)梭子蟹丰收,价格大幅下跌。据海洋捕捞动态采集监测到的情况,2014年梭子蟹捕捞量较上年明显增加,尤其是休渔期结束后梭子蟹大量起捕上岸,价格开始呈现下行态势,9月份之后随着梭子蟹大量集中上市,价格出现大幅下跌,尤其是在主产地,一些品相较差、规格较小的梭子蟹价格每千克甚至不足10元。批发市场价格虽略高于产地,且11月份后出现小幅回升,但全年均价79元/千克,仍创近4年最低水平,较上年同期下跌36.4%。

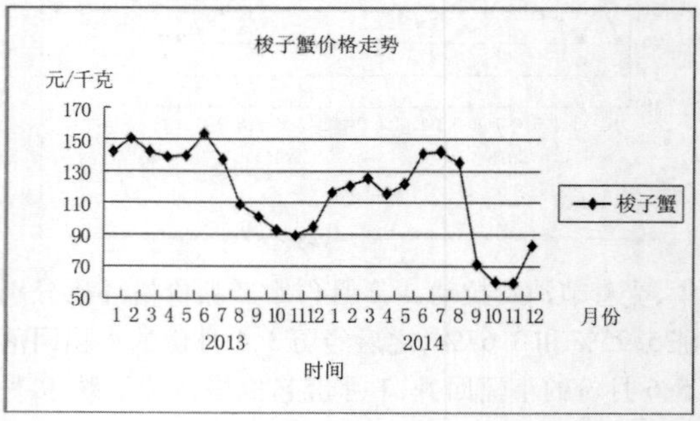

(4)鲍鱼价格复苏企稳。作为高档海珍品,鲍鱼主要以高档餐饮消费为主,自中央出台"八项规定"以来,鲍鱼的市场需求明显下降。同时,随着"北鲍南养"技术的普及,鲍鱼繁殖速度加快、生长周期缩短,市场供应量大幅增加。市场供过于求导致鲍鱼价格持续下跌,至2014年6月份已跌至谷底,不足上年高位时的一半。之后,随着养殖效益的下降,一些养殖户开始退出鲍鱼养殖,鲍鱼产量下降,价格呈现出复苏迹象,但全年鲍鱼平均价格138.06元/千克,仍较上年同期下跌22.77%。

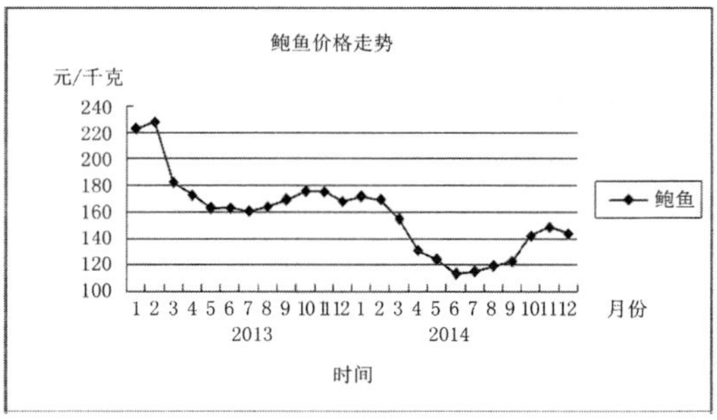

(5)浙江加大温室大棚整顿力度,甲鱼价格回暖趋稳。和鲍鱼情况类似,由于养殖规模扩大,消费需求下降,2013 年甲鱼价格持续走低。2013 年下半年起,浙江省(甲鱼主产省)从环境保护着手,陆续关停环保不达标的温室大棚,甲鱼价格从 2013 年 8 月份开始出现小幅回升,2014 年春节前后甲鱼价格略有波动,但随着甲鱼温室大棚整顿力度的不断加大,甲鱼实际存

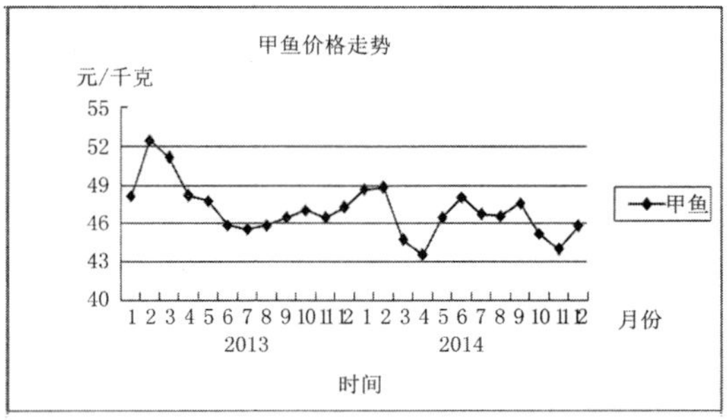

塘量显著下降,价格总体呈现出回暖趋势,产业发展质量有望得到提升。

(6)受自然灾害影响坛紫菜减产,价格大幅上涨。作为我国坛紫菜的主产区,2013 年 10 月,福建、江浙地区遭遇台风"菲特",坛紫菜大面积绝产,加之其库存较少,市场上出现供不应求的现象,坛紫菜价格不断攀升。2014 年以来主产区又遭遇暴雨、冰雹、台风等灾害,坛紫菜产量依然较低,价格持续高位运行,2014 年均价同比上涨 88.2%。由于目前紫菜市场供应仍

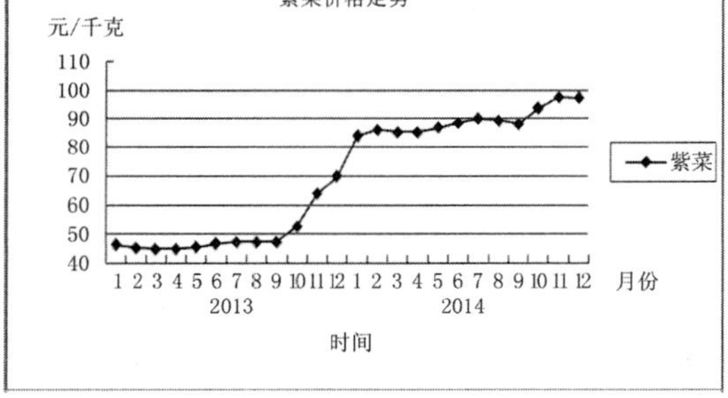

处于偏紧状态,预计短时间内紫菜价格还将维持在高位。

(农业部渔业渔政管理局 朱亚平)

水产品进出口贸易

【概况】 面对错综复杂的国内外经济形势,克服国内生产成本不断提高、国际贸易摩擦增多、同构竞争加剧等困难,2014 年我国水产品进出口增速逐步企稳回升,全年实现了较快增长,进出口总额首次突破 300 亿美元,创历史新高。据海关数据统计,2014 年我国水产品进出口总量 844.43 万吨、进出口总额 308.84 亿美元,同比分别增长 3.87% 和 6.86%。其中,出口量 416.33 万吨、出口额 216.98 亿美元,同比分别增长 5.16% 和 7.08%,出口额占农产品出口总额的 30.15%;进口量 428.10 万吨、进口额 91.86 亿美元,同比分别增长 2.65% 和 6.34%。贸易顺差 125.13 亿美元,较上年同期增加 8.9 亿美元,同比增长 7.66%。

(1)一般贸易出口稳步增长,来进料加工贸易增长乏力。作为世界上最大的水产品加工出口国,我国水产品来进料加工出口曾持续多年保持快速增长态势。但受国内生产成本尤其是劳动力成本不断增加、汇率变化以及全球经济低迷等影响,自 2008 年以来,我国来进料加工贸易结束了连续多年快速增长的态势,来进料加工出口额占水产品出口总额的比重持续下降。2014 年我国水产品来进料加工贸易出口量 118.7 万吨、出口额 54.6 亿美元,同比分别增长 1.4% 和 1.9%,占水产品出口总额的比重仅为 25.2%,较上年下降 1.2 个百分点,较 2008 年下降 12 个百分点。其中,进料加工出口量 94.07 万吨、出口额 40.72 亿美元,同比分别增长 1.66% 和 1.73%;来料加工出口量 24.62 万吨、出口额 13.87 亿美元,同比分别增长 0.36% 和 2.46%。

一般贸易出口继续保持平稳较快增长。2014 年水产品一般贸易出口量 284.70 万吨、出口额 160.49 亿美元,同比分别增长 7.93% 和 9.36%,占水产品出口总额比重达到 73.97%。墨鱼鱿鱼、对虾、贝类、罗非鱼、鳗鱼、蟹类等产品出口额占我国一般贸易出口总额的 66.8%。其中,贝类、蟹类和小龙虾出口均量额齐增。罗非鱼和大黄鱼出口量减额增;鳗鱼出口量增额减。由于连续两年养殖病害高发,南美白对虾养殖产量下降,同时国内市场需求持续增加,我国成为周边及南美白对虾养殖大国争相抢占的市场,2014 年对虾出口量同比下降 16%,进口量同比增长 11.8%。

其他贸易方式(边境小额、保税仓储等)出口量

12.94 万吨、出口额 1.91 亿美元,同比分别下降14.09%和17.88%。

表1 一般贸易主要出口品种

数量:万吨;金额:亿美元

出口品种	占一般贸易出口额比例%	2014年全年		同比增减%	
		数量	金额	数量	金额
鱿鱼墨鱼及章鱼	16.64	41.30	26.70	9.49	13.39
对虾	13.71	17.90	22.00	-16.00	-0.80
贝类	10.59	27.29	17.00	16.53	26.19
罗非鱼	9.47	40.30	15.20	-0.20	4.60
鳗鱼	6.23	4.00	10.00	7.04	-5.03
蟹类	6.17	6.60	9.90	6.30	14.29
小龙虾	2.37	3.00	3.80	5.10	19.80
大黄鱼	1.62	3.80	2.60	-2.55	1.82

(2)出口市场总体向好,多个市场呈现两位数增长。2014年以来,随着美国、英国等国家逐渐摆脱金融危机、欧债危机的影响,逐步提振经济,传统市场前期压抑的消费需求得以释放,加上我国大力推进"一带一路"及"自贸区"战略实施,我水产品对主要出口市场均呈现恢复向好态势。其中,对美国、韩国出口额同比分别增长6.18%和19.93%,对东盟、我国香港特区和台湾省市场出口也逐步扭转了年初普遍下降的态势,全年出口额同比分别增长14.16%、5.85%和24.78%。对欧盟出口量小幅下降1%,出口额增长3.79%。受鳗鱼出口单价下降因素影响,对日出口量增额减,出口量同比增长3.9%,出口额同比下降2.81%。

表2 主要出口市场

数量:万吨;金额:亿美元

出口市场	数量	同比增减%	金额	同比增减%
日本	66.2	3.9	38	-2.81
美国	58.27	2.16	33.93	6.18
东盟	52.64	7.73	27.15	14.16
中国香港	23.15	-2.02	25.22	5.85
欧盟	55.37	-1.01	23.66	3.79
韩国	50.26	20.82	16.89	19.93
中国台湾省	13.68	8.79	15.64	24.78

(3)多数省份出口稳步增长,广东、江西出口小幅下滑。年初,部分省份出口出现明显下滑,3月份以后逐步企稳回升并逐月向好,全年多数省份出口实现增长,部分省份实现较快增长。其中,福建省出口量、出口额同比分别增长8.70%和11.83%,继续位居出口省份首位;山东省出口量、出口额同比分别增长5.19%和2.66%,排名第二;辽宁、浙江、广西出口量额均有不同程度的增长;海南、江苏出口量减额增,河北省出口额同比增长63.28%,超过江苏成为我国第八大出口省份;广东、江西出口量额双降,出口额同比分别下降1.74%和9.9%。

表3 主要出口省份

数量:万吨;金额:亿美元

沿海	数量	同比增减%	占出口总量%	金额	同比增减%	占出口总额%
福建	79.40	8.70	19.07	54.92	11.83	25.31
山东	116.95	5.19	28.09	48.36	2.66	22.29
广东	48.17	-4.44	11.57	32.72	-1.74	15.08
辽宁	77.81	6.71	18.69	28.92	11.76	13.33
浙江	49.82	8.53	11.97	21.18	4.70	9.76
广西	10.68	1.08	2.57	5.85	16.14	2.70
海南	12.40	-1.75	2.98	5.50	5.32	2.53
河北	4.47	17.69	1.07	4.56	63.28	2.10
江苏	5.13	-0.13	1.23	3.71	5.58	1.71
内陆	数量	同比增减%	占出口总量%	金额	同比增减%	占出口总额%
湖北	3.20	11.84	0.77	3.93	21.66	1.81
江西	0.99	-3.47	0.24	3.12	-9.90	1.44

(4)进口产品结构基本稳定,进口市场份额有所调整。2014年我国水产品进口量428.1万吨,进口额91.86亿美元,同比分别增长2.65%和6.34%。进口产品主要分为四类,按照进口量的大小分别为来进料加工原料、鱼粉、供国内消费水产品以及保税仓储等产品。其中,来进料加工原料进口量162.88万吨、进口额33.25亿美元,同比分别增长4.04%和6.40%。鱼粉进口量103.82万吨,同比增长6.38%,进口额15.59亿美元,同比下降6.77%。除鱼粉外其他以一般贸易方式进口(主要供国内食用)的水产品进口量82.57吨,同比下降10.66%,进口额30.96亿美元,同比增长

11.12%。其他贸易方式(主要指保税仓储、进出境等)进口量78.8万吨、进口额12.0亿美元,同比分别增长11.7%和14.2%。

表4 主要进口国家和地区

数量:万吨;金额:亿美元

国家和地区	占进口总额比例%	2014年全年		同比增减%	
		数量	金额	数量	金额
俄罗斯	15.28	87.34	14.04	-12.76	-5.58
美国	15.01	59.11	13.79	3.52	6.74
东盟	11.75	54.22	10.80	2.44	12.75
秘鲁	11.38	64.74	10.45	10.78	2.69
挪威	5.87	21.33	5.40	17.40	24.78
智利	5.80	18.53	5.33	-15.26	-8.37
加拿大	5.08	8.42	4.66	3.30	15.02

从主要进口市场看,俄罗斯仍是我国第一大进口市场,但2014年进口量、进口额同比分别下降12.76%和5.58%,进口额占我国水产品进口总额的比例降至15.28%,较上年下降了2个百分点。自美国进口水产品量额双增,进口额达到13.79亿美元,仅和俄罗斯相差0.25亿美元。自东盟进口水产品持续快速增长,继2013年进口额增长28.93%之后,2014年进口额同比再增12.75%,东盟已超过秘鲁成为我第三大进口市场。秘鲁是我国最大的鱼粉供应市场,2013年进口量大幅下降31.1%,2014年呈现恢复性增长,进口量、进口额同比分别增长10.78%和2.69%。挪威、加拿大在我国的产品推介活动成效显著,近两年进口保持稳定较快态势,2014年进口额同比分别增长24.78%和15.02%。自智利进口量、进口额同比分别下降15.26%和8.37%。

(农业部渔业渔政管理局 朱亚平)

国际交流与合作

【概况】 2014年,各级渔业部门根据《国务院关于促进海洋渔业持续健康发展的若干意见》中关于"深化双多边渔业合作,积极参与国际渔业条约、协定和标准规范的制订""充分利用国内外两种资源、两个市场,保持水产品国际贸易稳定协调发展"的总体要求,围绕国家政治外交大局,服务国家食物安全和农业对外合作战略,以维护我渔业权益和周边稳定为重点,以促进渔业可持续发展为目标,积极推进渔业国际交流与合作,双边与多边两轮驱动,努力完善国际国内渔业秩序,积极开拓国际资源和市场空间,稳步推进渔业"走出去"战略,为渔业发展拓展国际空间、营造良好环境。

【重要工作】

1.认真组织做好周边渔业协定执行工作 根据国家海上执法机构改革调整情况,原农业部渔政指挥中心、各海区渔政局不再承担中日、中韩、中越等周边渔业协定执行工作(底拖网禁渔区线外渔业执法除外)。为适应机构变化,农业部渔业渔政管理局积极组织协调有关地方渔业主管部门和中国渔业协会,继续认真做好周边渔业协定执行各项工作。组织召开了中韩渔委会第十四届年会、中日渔委会第十五届会议、中越北部湾渔委会第十一届年会,协调参加了有关资源专家组会议和渔业执法会议,就双边渔业安排、资源管理措施以及维护海上作业秩序等有关问题达成协议,签署了有关双边渔委会会议纪要,妥善维护我渔船入渔需求和渔民合法权益。同时,就日方关注的红珊瑚船问题进行了积极沟通,协调有关省市渔业部门和中国海警局开展执法行动,进行及时处置,得到了日方理解和肯定。

2.积极维护和拓展重要双边渔业合作关系

(1)中俄渔业合作。积极开展中俄渔业合作交流谈判,组织有关企业入俄水域生产,并协调召开黑龙江、乌苏里江渔政工作会,继续组织开展中俄两江联检和资源联合调查工作。协调海关总署共同发布公告于11月1日起实施中俄防止IUU协定,并召开渔业、海关内部协调会,开始实施中俄《合法捕捞产品通关证明》联网核查系统,为我企业进口俄罗斯部分水产品办理通关证明。

(2)中阿渔业合作。农业部渔业渔政管理局局长赵兴武于2014年5月率团访问阿根廷,与阿方签署了《中阿渔业分委会第四次会议会议纪要》,并商定用更加灵活的方式允许中国鱿钓船入渔。组织召开中阿渔业合作研讨会,深化中阿政府间渔业合作,鼓励中国远洋渔业企业参与投资开发阿根廷渔业资源,为推动中国渔船入渔阿根廷水域打好基础,为中国远洋渔业发展注入了新的活力。

此外,我国还与加拿大、欧盟、蒙古等国家积极开展渔业合作与交流,参与中美、中欧投资协定谈判。农业部渔业渔政管理局局长赵兴武率团访问加拿大,与加方联合举行了中加渔业委员会第二次会议。积极应对欧盟委员会海洋事务与渔业总司来华检查,在我国实际渔业管理水平与欧盟要求仍存在一定差距的情况下,继续维持了中欧渔业界的信任关系,使我国海洋捕捞产品得以继续顺利对欧出口。参与中蒙边界水联合委员会第6次会议,就贝尔湖渔业资源养护问题进行了交流。积极参与中美、中欧投资协定谈判,对渔业行业现行部门规章、规范性文件等相关法律法规、文件进行了梳理、分析与汇总评估,确定了渔业对外资的限制性措施均涉及国家安全,为确需保留的限制性措施,并得到有关部门理解。

3.进一步巩固强化多边渔业合作机制

(1)参与《养护大西洋金枪鱼国际公约》修约工作。为积极争取渔业生存发展权,我国积极参与区域性国际渔业管理活动。《养护大西洋金枪鱼国际公约》制定于20世纪60年代,很多条款不能有效养护和管理大西洋高度洄游鱼类资源,近年开始启动修约工作。农业部会同外交部就公海登临检查、争端解决、捕鱼实体参与权、委员会与FAO的关系、主捕鲨鱼渔业的管理、预防性原则与生态系统方法、养护措施等问题进行了深入研究,并就修改方案请示国务院得到批准,在此基础上积极参与公约修约谈判工作。

(2)参与日本鳗鲡养护与信息交流工作。为把握渔业发展宏观方向,我国积极组织参与重要国际渔业管理规则制定。日本鳗鲡是东亚的主要养殖品种,我国是世界上最大的鳗鱼养殖国。为加强日本鳗鲡的养护,促进东亚及我国鳗鱼产业可持续发展,我国与日本、韩国、菲律宾和我国台湾省等经济体开展了日本鳗养护和管理相关问题磋商,切实加强日本鳗鲡养护与信息交流工作。

(3)参与亚太经合组织等国际组织活动。为全方位推进渔业产业国际化,我国积极参与APEC等相关涉渔国际组织活动。2014年APEC领导人峰会及一系列工作层面会议在中国举办。农业部积极参与海洋部长会及其预备会、海洋与渔业工作组等会议,农业部渔业渔政管理局领导在海洋部长会议上做了《加强渔业合作,促进区域发展》的英文致辞,并推动在APEC部长宣言中加入渔业对海洋经济的贡献。

(农业部渔业渔政管理局 孙海文)

渔 业 管 理

渔业法制建设

【概况】 2014年,全国各级渔业行政主管部门以健全完善渔业法律法规体系、维护渔民权益、保护水域生态环境与渔业资源为重点,进一步加强渔业法律理论研究和立法工作,切实加强渔业行政执法,深入开展渔业普法,渔业法制建设得到进一步加强。

【渔业立法】

(1)积极推进《渔业法》修订工作。《中华人民共和国渔业法》自2000年修订以来,我国经济社会发展突飞猛进、日新月异,现行渔业法已不能适应发展的需要。2014—2015年,《渔业法》修订连续列入国务院立法计划,并列入全国人大《党的十八届四中全会重要举措实施规划(2015—2020年)》。为此,农业部渔业渔政管理局组织开展了大量工作:赴多地开展立法调研,多次召开《渔业法》修订的论证会、座谈会等,委托相关高校、研究机构对渔业法修订的重大课题展开研究。经过多次修改论证,形成了《中华人民共和国渔业法(修订草案)》征求意见稿,并对草案征求地方渔业部门和有关部委意见。

(2)推进《渔港条例》列入国务院立法计划。针对渔业管理和立法现状,大力推进渔港立法进程,始终与国务院法制办公室保持沟通,经积极协调争取,《渔港条例》已列入2015年国务院立法计划。

(3)进一步完善渔业船员管理制度。根据《渔业法》等有关法律法规,农业部以部令形式颁发了《中华人民共和国渔业船员管理办法》,规范和加强了对渔业船员的管理,对维护渔业船员合法权益,保障渔业船舶及船上人员的生命财产安全具有重要意义。

(4)加强立法协调工作。为维护渔民合法权益,保证各级渔业部门依法行使监督管理和行政执法职能,农业部在海洋环境保护法、航道法、野生动物保护法、无线电管理条例、不动产登记暂行条例、湿地立法等重要涉渔法律、行政法规和部门规章的起草和修订征求意见过程中,做了大量协调工作,争取相关立法充分体现国务院"三定"方案确立的职责分工,为全国渔业发展和管理工作创造法律法规依据方面的良好条件和环境。

(5)各地积极完善地方配套渔业法规规章体系。内蒙古自治区制定出台了《内蒙古自治区水产资源繁殖保护实施细则》,浙江省修改了《浙江省渔业管理条例》《浙江省渔港渔业船舶管理条例》《浙江省自然保护区管理办法》,福建省颁布实施了《福建省长乐海蚌资源增殖保护区管理规定》,山东省颁布实施了《山东省渔业船舶管理办法》,四川省颁布实施了《四川省渔船渔港管理办法》,陕西省出台了《陕西省水产种苗管理办法》。这一系列地方性渔业法规规章和规范性文件的制定,为各地规范生产行为,推进管理法制化和保障渔业健康发展提供了法律保障。

【渔业行政执法】 各级渔业行政主管部门及其所属的渔政渔港监督管理机构认真履行法律法规赋予的各项行政执法职能,依法开展渔业行政执法工作。打击涉渔"三无船舶",清理整顿"绝户网",认真组织加强休渔、禁渔执法管理,对天然水域渔业资源的维护起到了积极作用;认真组织开展"六打六治"打非治违专项行动,以"文明渔港"和"平安渔业示范县"创建活动为抓手,全面推进平安渔业建设;深入推进水产养殖和水产品质量安全执法,提升我国水产品质量安全水平。

【渔业普法】 2014年,各级渔业行政主管部门深入基层,普及渔业法律法规,宣传保护渔业资源和生态环境,提高渔业依法生产意识。农业部组织邀请新闻媒体对重要渔业执法管理行动、增殖放流活动、伏季休渔、长江禁渔、珠江禁渔和重要渔业制度等进行了宣传报道。各地各级渔业部门开展的形式多样的渔业法制宣传活动,有效提高了广大渔业管理人员和生产经营者的法制观念。

(农业部渔业渔政管理局 赵 明)

渔 业 标 准 化

【基础性工作】

(1)进一步完善渔业标准体系。根据现代渔业建设需要,适时提出了2014年渔业国家标准制定和修订计划建议,组织全国水产标准化技术委员会(以下简称"水标委")及各分技术委员会(以下简称"分技委")开展了2015年农业行业标准制修订渔业指南项目征集、申报和审核工作。

按照农业部关于拟定《我国兽药残留标准体系建设规划(2015—2020年)》要求,组织科研、用药指导、水产品质检等方面专家,结合水产品质量安全监管实际,在对现行渔用兽药残留标准进行梳理的基础上,研究提出了《2016—2020年兽药残留标准规划渔业项目目录》,共计64项,其中水产品中兽药残留限量标准29项、检测方法标准35项。

(2)加强渔业标准化队伍建设。举办渔业标准化知识培训班,重点针对各单位承担的渔业国家标准和行业标准起草过程中存在的共性和特殊问题进行分析解答,标准主要起草人员、水标委及其各分技委(技术工作组)秘书处工作人员共70人参加了培训,培训工作对加快标准制(修)订进度,提高标准起草质量起到了较好的指导作用。召集各省(自治区、直辖市)渔业标准化工作联络员,开展了渔业标准化工作研讨活动,梳理、分析了当前渔业标准化工作面临的形势和任务,交流了全国水标委、全国渔船标准化技术委员会及水标委各分技委(技术工作组)秘书处和地方制定实施渔业标准的工作经验和做法,对推进各地渔业标准化工作的开展起到了一定的推动作用。完成了全国水标委第二届渔业资源、观赏鱼和珍珠三个分技委换届筹备工作。

(3)加强水产品应急调查工作。会同农业部农产品质量安全监管局向国家卫生和计划生育委员会食品司和国家食品安全风险评估中心报告了海蜇产品铝安全性应急调查结果,审议了《2013年海蜇产品铝安全性应急调查报告》。根据调查结果,以农业部办公厅名义向国家卫计委反馈了农业部对修改《食品安全国家标准 食品添加剂使用方法标准》(GB2760)中海蜇产品中铝残留限量指标问题的建议,经国家食品安全标准食品添加剂审评委员会审评,同意农业部意见,对铝残留限量指标进行修订。通过开展此次应急调查工作,为修订国家食品安全标准水产品相关指标提供重要依据,对加强水产品质量安全监管和引导企业规范生产起到了技术支撑作用,同时也为开展标准修订应急工作积累了经验。此外,还积极协调组织全国水标委水产品加工分技委和有关科研、检验、协会及企业开展远洋渔业产品相关食品安全标准指标验证工作,为我国水产品参加国际贸易竞争提供充分依据。

【水产标准制定(修)订】 积极推进渔业相关国家和行业标准制(修)订,按照农业部下达的2014年农业行业标准制修订计划,组织34项渔业归口项目的实施工作。全年召开7次渔业国家和行业标准审定会,完成51项渔业国家和行业标准审定工作,9项国家标准和45项行业标准分获国家标准化管理委员会、农业部批准实施。水生动物防疫、渔业资源养护方面的标准数量大为增加,渔业标准范围不断拓展,完成了第一部钓饵标准制定工作,填补了空白。

【技术性贸易措施官方评议】 2014年,共收到来自其他国家和地区的官方通报80项,对其中的37项提出了评议意见。对与我国水产贸易密切相关的11项通报进行了深度评议,包括对外提出了18条评议意见,对内提出了26条预警建议。同时,关注《实施卫生与植物卫生措施协定》(SPS措施协定),推荐人员参加WTO/SPS第61次例会,会上积极表达中方关切,提出的美国鲶鱼监管法案会造成国际贸易障碍的问题,引起美方重视。还就暂停从中国进口虾类等甲壳纲动物问题,分别与墨西哥、多米尼加、哥斯达黎加、哥伦比亚4国代表进行了双边交流,得到这些国家的回应,表示将向其国内相关主管部门转达我国意见。

【国际交流合作】 积极参加国际渔业标准化活动。持续组织开展CAC标准跟踪研究工作,跟踪了CAC第46届食品添加剂委员会(CCFA)会议,积极提出水产品相关标准建议。组团参加了国际食品法典委员会水产与水产品加工专业委员会(CAC-CCFFP)第33届会议,重点对贝类生物毒素的测定方法、速冻扇贝柱产品标准、鲟鱼子酱加工操作规范以及水产及水产加工品中关于食品添加剂规定等与我国水产品生产和国际贸易密切相关的议题,积极表达了我方观点和意见,意见得到了大会的重视以及与会成员国的赞同,达到了预期参会效果。此外,组织督促全国水标委水产品加工分技委持续跟踪研究和采取有效措施,积极参加CAC亚洲区域紫菜产品标准的制定工作,发挥中国应有的作用和影响,为我国紫菜产业和国际贸易持续发展争取主动权。

【国家和行业标准目录】

2014 年发布国家标准和行业标准目录

序号	标准编号	标准名称
		一、国家标准
1	GB/T 30946－2014	观赏鱼分级规则　血鹦鹉鱼
2	GB/T 21672－2014	冻裹面包屑虾
3	GB/T 22180－2014	冻裹面包屑鱼
4	GB/T 30889－2014	冻虾
5	GB/T 30890－2014	凡纳滨对虾育苗技术规范
6	GB/T 30891－2014	水产品抽样规范
7	GB/T 30892－2014	渔网　有结网片的类型和标示
8	GB/T 30893－2014	雨生红球藻粉
9	GB/T 30894－2014	咸鱼
		二、行业标准
1	SC/T 1114－2014	大鲵
2	SC/T 1117－2014	施氏鲟
3	SC/T 1118－2014	广东鲂
4	SC/T 1119－2014	乌鳢　亲鱼和苗种
5	SC/T 1120－2014	奥利亚罗非鱼　苗种
6	SC/T 2004－2014	皱纹盘鲍　亲鲍和苗种
7	SC/T 2044－2014	卵形鲳鲹　亲鱼和苗种
8	SC/T 2045－2014	许氏平鲉　亲鱼和苗种
9	SC/T 2046－2014	石鲽　亲鱼和苗种
10	SC/T 2057－2014	青蛤　亲贝和苗种
11	SC/T 2058－2014	菲律宾蛤仔　亲贝和苗种
12	SC/T2059－2014	海蜇　苗种
13	SC/T2060－2014	花鲈　亲鱼和苗种
14	SC/T 2061－2014	裙带菜　种藻和苗种
15	SC/T 2062－2014	魁蚶　亲贝
16	SC/T 2063－2014	条斑紫菜　种藻和苗种
17	SC/T 2064－2014	坛紫菜　种藻和苗种
18	SC/T 2065－2014	缢蛏
19	SC/T 2066－2014	缢蛏　亲贝和苗种
20	SC/T 2067－2014	许氏平鲉
21	SC/T 2071－2014	马氏珠母贝
22	SC/T 3043－2014	养殖水产品可追溯标签规程
23	SC/T 3044－2014	养殖水产品可追溯编码规程
24	SC/T 3045－2014	养殖水产品可追溯信息采集规程
25	SC/T 3048－2014	鱼类鲜度指标 K 值的测定　高效液相色谱法
26	SC/T 3122－2014	冻鱿鱼
27	SC/T 3215－2014	盐渍海参
28	SC/T 3307－2014	冻干海参
29	SC/T 3308－2014	即食海参

（续）

序号	标准编号	标准名称
30	SC/T 3702－2014	冷冻鱼糜
31	SC/T 5001－2014	渔具材料基本术语
32	SC/T5005－2014	渔用聚乙烯单丝
33	SC/T 5006－2014	聚酰胺网线
34	SC/T 5011－2014	聚酰胺绳
35	SC/T 5031－2014	聚乙烯网片 绞捻型
36	SC/T 5701－2014	金鱼分级 狮头
37	SC/T 5702－2014	金鱼分级 琉金
38	SC/T 5703－2014	锦鲤分级 红白类
39	SC/T 6079－2014	渔业行政执法船舶通信设备配备要求
40	SC/T 7217－2014	刺激隐核虫病诊断规程
41	SC/T 9412－2014	水产养殖环境中扑草净的测定 气相色谱法
42	SC/T 9413－2014	水生生物增殖放流技术规范 大黄鱼
43	SC/T 9414－2014	水生生物增殖放流技术规范 大鲵
44	SC/T 9415－2014	水生生物增殖放流技术规范 三疣梭子蟹
45	SC/T 9416－2014	人工鱼礁建设技术规范

（农业部渔业渔政管理局 郭 薇）

水产品质量安全监管

【概况】 2014 年，按照农业部确定的“两个千方百计、两个努力提高”目标，为保障水产品安全有效供给，让人民群众吃上绿色、安全、放心的水产品，渔业系统在加强水产品质量安全监管方面做了大量工作，取得了一定成效。总的来看，没有发生重大水产品质量安全事件，水产品质量安全状况持续稳定，产地水产品质量安全监督抽查合格率达 99.2%。但从水产品质量安全监测情况看，水产养殖用药不规范问题仍然存在，水产品质量安全隐患问题突出，水产品质量安全监管工作仍需加强。

【指导检查】 农业部渔业渔政管理局年初即对 2014 年水产品质量安全监督抽查、隐患排查和风险监测等工作进行了部署。6 月下旬，召开了上半年水产品质量安全监测工作会商会，对下半年监测工作提出了要求。12 月，根据工作需要，召开了水产品质量安全监管工作座谈会和贝类产品质量安全监管研讨会，专题研究了水产品质量安全监测和贝类产品质量安全监管工作。局领导带队对浙江省、宁波市的水产品质量安全监管工作进行了督导，并按照农业部的统一部署，对湖南省农产品质量安全专项整治进行了督导检查。

【专项整治】 按照农业部《2014 年农产品质量安全专项整治方案》要求，渔业系统组织开展了 2014 年水产品违法添加禁用物质专项整治行动。在各地渔业主管部门和渔政执法部门的积极配合下，专项整治活动有效开展，以农业部水产健康养殖示范场、获“三品一标”认证的水产养殖场、水产原良种场、苗种场、集约化养殖企业、水产养殖大户为重点，检查水产养殖用药情况，严厉打击养殖生产者违法使用硝基呋喃类药物、孔雀石绿等违禁药物行为，同时，强化检打联动，开展监督抽查执法 2.8 万余次，查处不合格样品 392 个，对产地质量监督抽查不合格的水产品和水产苗种进行查处，查处率达 100%。

【质量监测】 农业部渔业渔政管理局除继续开展水产品质量安全监督抽查、海水贝类产品卫生监测和水产苗种质量安全监督抽查工作外，首次启动了海水贝类产品风险隐患排查、渔用药物和饲料等主要渔业投入品质量安全隐患排查、捕捞水产品质量安全风险监测工作，监测样品数量超过 1 万个，获取了大量水产品质量安全数据，为评价水产品质量安全状况、分析水产品质量安全隐患和进一步加强水产品质量安全监管提供了科学依据。各地也加大了水产品质量安全监测力度，监测样品范围、种类、数量均有较大幅度增加，监测样品数量近5万个，掌握了本地水产品质量安全水平及风险隐患状况。

【应急处置】 积极配合国家质量监督检验检疫总局做好美国食品药品监督管理局（FDA）代表团来华检查输美水产品质量安全控制状况应对工作，派员全程陪同美方代表团检查水产养殖企业，为争取美方放宽我输美水产品控制措施提供了支持。针对新闻媒体报道的海参养殖用药问题，及时起草下发《农业部办公厅关于核实海参产业相关情况的函》，组织调查组分赴辽宁省及大连市、山东省进行实地调查，组织中国水产流通加工协会在农交会上开展海参正面宣传活动，传播海参健康养殖技术知识，消除对海参产业的影响。

【强化基础】 加大水产品质量安全宣传力度，培训人员24万人次，发放培训教材数量12万册。加强水产品质量安全舆情监测，高度关注媒体对水产品质量安全工作的报道及宣传，分析、过滤焦点、热点和苗头性信息，编辑了24期《水产品市场及质量舆情专报》。切实加强水产品质检机构管理，组织开展了2014年水产品质检机构检验能力验证工作，29家承担国家产地水产品质量安全异地交叉监测任务的质检机构，有26家检验能力合格；组织开展水产品中禁用药物残留快检产品验证工作，对12家企业生产的52种快检产品进行了现场验证，为各地推进水产品质量安全监管执法工作提供了技术支撑。

（农业部渔业渔政管理局　于秀娟）

渔业安全生产与渔港监督管理

【概况】 2014年，农业部和各地渔业主管部门深入贯彻落实国务院安全生产工作部署，高度重视渔业安全生产，加大工作力度，采取有力措施，扎实推进平安渔业建设，认真组织开展“六打六治”打非治违专项行动，以“文明渔港”和“平安渔业示范县”创建活动为抓手，完善制度、健全机制、增加投入、强化管理，克服灾害性天气多发等困难，渔业安全生产总体保持平稳态势，为确保渔业持续稳定健康发展作出了积极贡献。

（1）加强制度建设，创新管理机制。近年来，各级渔业部门不断制定完善渔业安全生产规章制度，创新渔业安全管理体制机制。经过近3年的努力，制定并以农业部令2014年第4号发布了《中华人民共和国渔业船员管理办法》，定于2015年1月1日起施行，同时配合有关部门做好《渔港管理条例》起草和《无线电管理条例》修订，推动渔业安全生产立法工作。根据国务院机构改革要求，农业部渔业渔政管理局增设安全监管与应急处（渔港监督处），在体制上进一步加强渔业安全生产工作。各地也进一步开展探索，创新管理机制。山东省政府制定了《山东省渔业船舶管理办法》《关于加强渔船管理保障渔业安全生产的意见》等规范性文件。浙江省在试点基础上，全面推行渔船安全生产分类管理制和定人联络制，对渔业船舶实行分类管理。福建省积极探索安全生产“行政约谈”制度，通过约谈促进整改，落实主体责任。

（2）加强示范带动，推进“两个创建”。为切实加强渔业安全生产基层基础工作，构建渔业安全生产管理长效机制，自2009年起，农业部会同国家安全监管总局组织开展“文明渔港”“平安渔业示范县”两个创建活动，作为当前加强渔业安全生产工作的重要抓手。2014年，两部（局）继续部署开展了两个创建活动。5年来，共创建“全国平安渔业示范县”86个、“全国文明渔港”47个。辽宁、江苏、广东等省还创建了一批省级“平安渔业示范县”和“文明渔港”。“两个创建”得到了各地政府和安监、渔业部门的高度重视，各地积极参与创建，对照创建标准，不断完善制度、健全机制、增加投入、强化管理，真正起到了示范带动作用，达到了创建工作目标。通过开展“两个创建”活动，渔业安全生产责任制进一步落实，基层基础工作进一步加强，为构建渔业安全监管长效机制奠定了坚实基础。

（3）加强船员管理，提升安全技能。渔业船员的安全意识和技能直接影响水上交通安全和渔船生产作业安全。我国渔业船员文化水平普遍偏低，船东船长对安全生产重视程度不足，雇工困难且流动性大，船员持证上岗率不高，给渔业安全生产带来了极大挑战。为此，农业部制定了新的《渔业船员管理办法》，印发了《渔业船员考试大纲》等配套规定，开发了全国渔业船员管理信息系统，定于2015年1月1日起同步上线试运行，逐步建立统一的渔业船员数据库，提升渔业船员管理信息化现代化水平。各级渔业部门及渔政渔港监督机构也不断加强渔业船员管理工作，结合休渔禁渔期等时机，深入渔港、渔村、渔船，通过典型案例开展安全警示教育，增强船员特别是船东船长的安全生产观念，提高船员的安全防范意识和自救互救能力，积极推动阳光工程培训项目的落实工作。辽宁省将2014年定为“渔业船员持证上岗专项整治年”，针对性地加强教育培训和监督检查，有力促进了渔业船员管理工作。

（4）加强督查检查，强化责任落实。按照国务院总体部署，农业部认真组织开展渔业“安全生产年”“安全生产月”等活动，扎实推进打非治违专项行动，针对重点时段以及事故险情等情况，多次下发通知部署加强安全生产管理工作，会同国家安监总局赴重点渔区开展督查。农业部渔业船舶检验局开展了渔船基本数据普查、风险隐患排查整治和船用产品质量监督三大行动，对一些存在重大安全隐患的产品实施召回，受到渔民群众好评。各省（自治区、直辖市）都建立了渔业安全生产目标责任制，逐级签订渔业安全生产目标管理责任书，组织开展隐患排查和专项治理，深入开展渔业安全生产大检查，渔政、渔港、船检部门共同参与，港口、海上检查同步进行，确保安全生产主体责任落实到位。浙江省结合开展渔业领域“一打三整治”，狠抓非法违法生产经营治理与安全事故防范体系建设，取得了明显成效。广东、安徽、湖北等省集中开展打非治违行动，加强渔船安全检查，免费向渔民发放救生衣、救生圈和宣传资料，减少和杜绝安全隐患。

（5）加强应急处置，强化风险保障。渔业突发事件应急处置和防灾减灾事关渔民生命财产安全。各级渔业部门坚持24小时应急值班制度，加强与安监、海事、搜救、外交等部门、我驻外机构和国外有关机构的沟通协调，通报核实有关信息，组织渔船自救互救，协调专业救助力量对遇险渔船进行救助，密切关注灾害性天气预警预报信息，做好信息沟通发布和防台减灾工作。妥善应对和处置了“金海805”25人遇险等多起重大海上险情以及“威马逊”等多个超强台风侵袭。针对渔业受灾重、风险保障需求大的情况，近年来农业部积极发展渔业互助保险，开展渔业政策性保险试点，逐步建立健全渔业风险保障体系。渔业互助保险经过20年发展，发挥了重要的社会稳定器作用，2014年为受灾渔民支付赔款超过5亿元。沿海各省（自治区、直辖市）以及吉林、安徽等省抓住国家发展农业保险的机遇，争取地方出台扶持政策，开展渔船渔民保险，大力发展水产养殖保险，为渔业生产发展提供了重要风险保障。

（6）加强协调配合，提升管理能力。安全生产工作需要相关部门、各个层级协同配合、共同推进。“两个创建”活动自始至终都得到国家安监总局的指导和支持，确保了创建工作顺利开展。针对近年来商船与渔船碰撞事故多发的情况，农业部深化与交通运输部合作，签署合作备忘录，加强安全警示教育，开展海上执法检查，对减少事故发生起到了积极作用。各地渔业主管部门在地方政府领导下，积极协调安监、海事、气象等相关部门，齐抓共管，提升了水上安全管理合力。同时，在财政部、国家发展和改革委员会、国家安监总局等有关部门支持下，农业部和各地多渠道积极争取项目和资金，加大渔船渔港安全装备建设投入，充分利用现代信息技术装备渔船，提高监管能力。目前已初步形成融合现代通信方式，辅以船舶自动识别（AIS）、无线射频识别（RFID）、船位监测等技术手段的渔船安全监管信息系统，初步实现了各地渔业部门对大中型海洋渔船的实时联络及船位监测，有效提升了渔业安全生产能力和监管水平，为灾害预警、海难救助、渔船监管和维护海洋权益等发挥了重要作用。

（农业部渔业渔政管理局　朱宝颖）

远洋渔业安全生产和监督管理

【概况】

1. 远洋渔业安全生产　近年来，随着远洋渔业企业和远洋渔船数量的增多，远洋渔业安全事件呈增多趋势。2014年共发生远洋渔业安全事件13起，同比增长86%；其中涉外违规事件5起，安全应急事件8起，同比分别增长150%和60%；渔船沉没失踪7艘，死亡失踪45人，沉没失踪船数和死亡失踪人数分别增长133%和300%。这些事件严重损害了渔民群众的生命安全，造成了有关企业的重大经济损失，损害了我国负责任渔业国家的良好形象，影响了远洋渔业的持续健康安全发展。为加强远洋渔业安全管理，农业部不断建立健全远洋渔业管理制度，提高从业条件，强化安全生产监管，提高远洋渔船设备装备水平，加强从业人员培训，妥善处置安全事件，依法处罚违规企业和渔船。主要措施包括：

（1）指导妥善处置安全应急事件。会同外交部、驻外使馆和地方渔业主管部门，指导企业尽快妥善处置涉外违规事件，协调相关国家切实保障我国企业和渔民的合法权益；协调渔政、交通等部门和相关远洋渔船积极救助“新吉利8”“福远渔065”等在发生海上事故的渔船。

（2）加强远洋渔业企业管理人员培训。指导上海海洋大学远洋渔业学院举办三期远洋渔业企业管理培训班，共有112家单位（包括109家企业、2家政府机关和1家远洋渔业协会）的213人参加了培训，向211名考试合格的人员颁发了资格证书。所有新企业管理人员必须经培训合格后持证从业，否则不能取得远洋渔业企业资格。

（3）依法处罚违规企业和渔船。印发了《关于2014年度远洋渔业年审情况的通报》，其中明确了对2014年发生远洋渔业涉外违规事件的企业和渔船的处理意见，取消了2家远洋渔业企业的远洋渔业企业资格和所有渔船远洋渔业项目，暂停了4家远洋渔业企业的资格，取消了相关渔船的远洋渔业项目，责成相关企业进行整改并扣减相关渔船的柴油补贴。

2. 远洋渔业管理制度 远洋渔业专业性、涉外性强、从业风险大。为适应国际规则、实施有效监管，根据《远洋渔业管理规定》，我国对远洋渔业实行准入审批、年度审查和行业自律三大基本管理制度，建立了以生产情况报告、标准化捕捞日志、渔船船位监测、派遣国家观察员、签发合法捕捞证明等为主要内容的监管体系，对重点远洋渔业项目实施分类指导和管理，对促进远洋渔业持续健康发展提供了有力的制度保障。

（1）基本管理制度。一是远洋渔业项目审批和企业资格认定。从事远洋渔业的企业应当按要求向省级渔业主管部门提出申请，经农业部批准后实施；对于远洋渔业项目正常实施、未发生违法违规事件的企业，农业部授予其远洋渔业企业资格，企业可依法享受远洋渔业扶持政策。二是远洋渔业项目和企业资格年审制度。为加强远洋渔业项目和企业监管，农业部对远洋渔业项目和企业资格实行年审制度。对于运作正常并通过年度审查的远洋渔业项目和企业，将延续其项目和企业资格的有效期。对于未正常实施、发生严重涉外、违规事件或存在其他重大问题的项目和企业，将视情给予暂停或取消远洋渔业企业资格、不予确认远洋渔业项目的处罚。三是远洋渔业行业自律协调机制。根据《远洋渔业管理规定》，两个以上远洋渔业企业在同一国家（地区）或海域作业，或从事同品种、同类型作业，应当建立自我协调机制和自律机制。截止到2014年年底，我国已经建立金枪鱼、鱿钓、大型拖网加工、朝鲜东部海域等11个远洋渔业项目工作组。同时成立了中国远洋渔业协会。

（2）远洋渔业的监管体系。一是生产情况报告制度。这是远洋渔业最基本的管理措施，包括渔船出入境情况，渔船渔获量、主要品种、产值等生产情况，自捕水产品运回情况及国际组织要求报告的其他情况。二是标准化渔捞日志制度。为收集标准化信息、方便统计分析、与国际管理接轨，我国已经对金枪鱼、鱿鱼和竹荚鱼等重点远洋渔业项目实行了标准化渔捞日志。三是远洋渔船船位监测制度。船位监测系统是对远洋渔船实施最直接管理的有效技术手段。从2007年开始，我国开始逐步实施远洋渔船船位监测制度，2010年将全部远洋渔船纳入船位监测系统，2012年初出台了《远洋渔船船位监测管理暂行办法》，2014年对该暂行办法修订后出台了《远洋渔船船位监测管理办法》。四是远洋渔业国家观察员制度。为履行有关国际公约、加强远洋渔业监管，根据国际组织要求，我国已经开始向部分远洋渔船派驻观察员，完成相关科研、管理数据收集工作。2010年印发了《农业部办公厅关于加强远洋渔业国家观察员工作的通知》。五是合法捕捞证明制度。这是将市场准入制度与海洋渔业资源养护相结合的渔业管理措施。经与海关协调，从2010年开始，我国对蓝鳍、大目金枪鱼和剑鱼、南极犬牙鱼等高价值捕捞产品进口实行合法捕捞产品通关证明制度，防止了非法捕捞产品流入我国市场。同时，我国还对出口欧盟等部分国家的水产品出具相关合法捕捞证明。

（3）重点远洋渔业项目分类指导和管理。根据不同类型、不同海域的远洋渔业情况和发展需要，农业部对于部分敏感、复杂的远洋渔业项目实行分类指导，以突出管理重点，增强措施针对性。截止到2014年年底，农业部已经分别针对金枪鱼、鱿鱼、南极磷虾和朝鲜东部海域等远洋渔业项目进行了重点研究，并出台了相关的指导意见。

（农业部渔业渔政管理局　刘立明）

渔业船舶水上安全事故及救助情况

【事故情况】 2014年全国共发生渔业船舶（不含特殊船舶）水上安全事故301起、死亡（含失踪，下同）261人，同比分别减少14.00%和46.84%，实现事故起数、死亡（失踪）人数“双下降”。其中，水上生产安全事故发生252起、死亡178人、沉船66艘；水上交通事故发生26起、死亡56人、沉船19艘；自然灾害事故发生23起、死亡27人、沉船16艘。

分类事故所占比例和同比情况见图1、2、3、4。

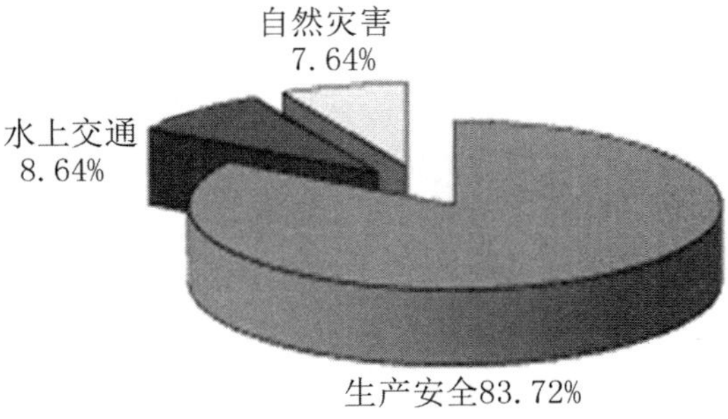

图1　2014年度分类事故起数比例

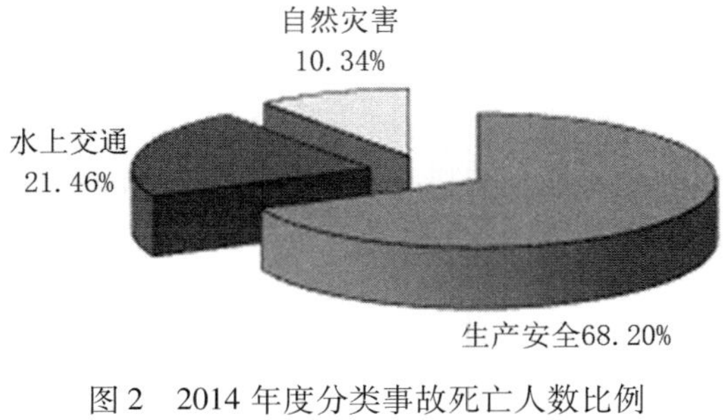

图2　2014年度分类事故死亡人数比例

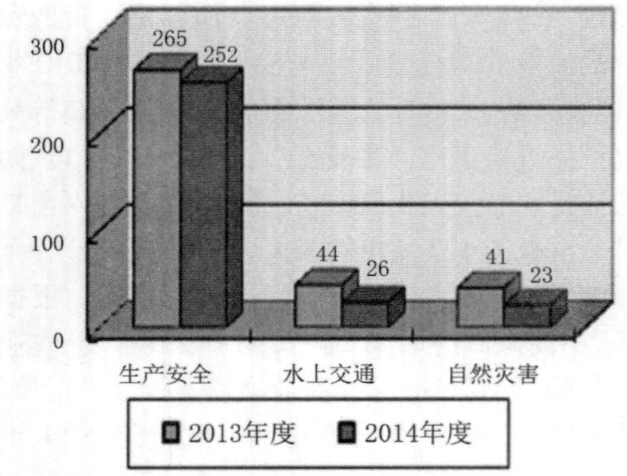

图3 分类事故发生起数比较

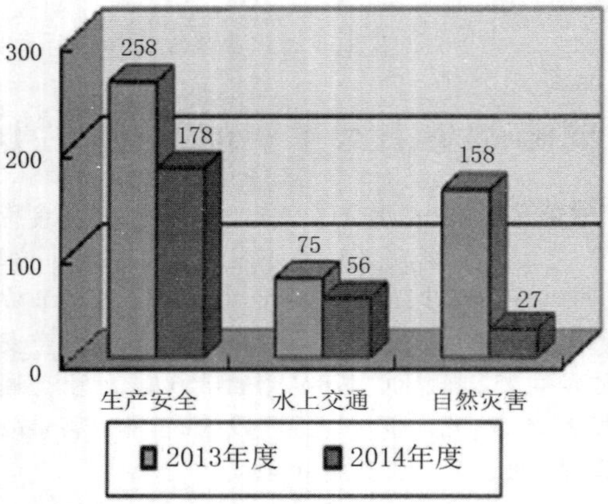

图4 分类事故死亡人数比较

(1)从事故类型分析,生产安全事故发生252起、死亡178人,分别占全年水上安全事故的83.72%和68.20%。生产安全事故中,渔船间碰撞19起、死亡4人;自沉27起、死亡24人;风损16起、死亡13人;触损24起、死亡10人;火灾25起、死亡15人;溺水68起、死亡71人;机械损伤57起、死亡33人;其他事故16起、死亡8人。各类型生产安全事故占全年比例和同比情况见图5、6、7、8。

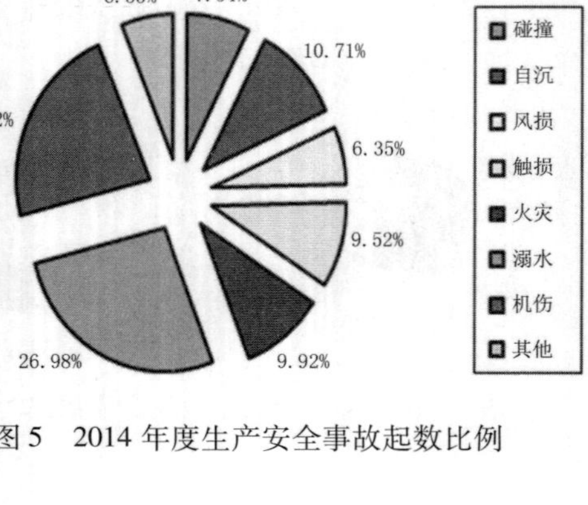

图5 2014年度生产安全事故起数比例

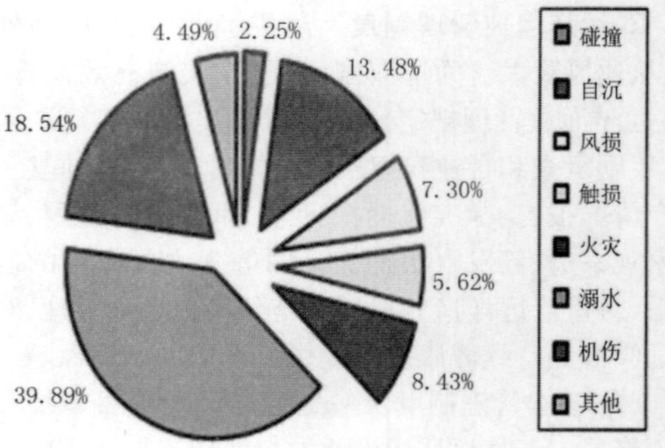

图6 2014年度生产安全事故死亡人数比例

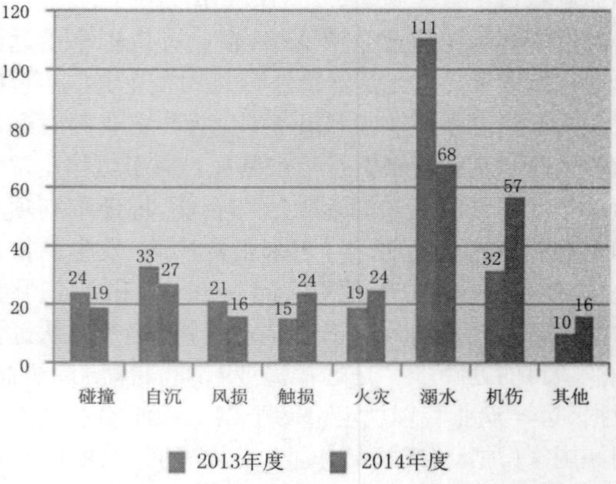

图7 生产安全事故发生起数比较

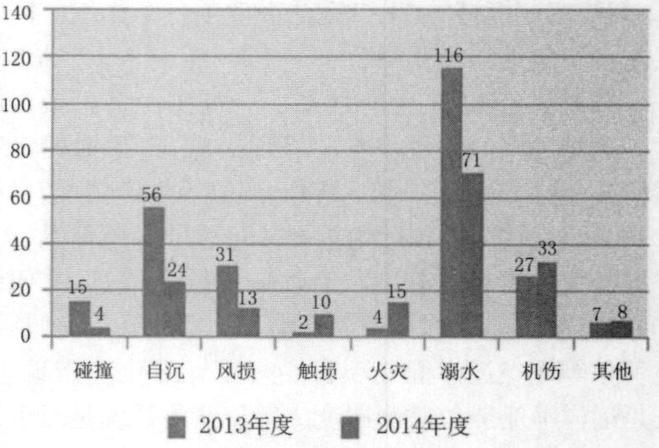

图8 生产安全事故死亡人数比较

水上交通事故发生26起、死亡56人,分别占水上安全事故的8.64%和21.46%。在水上交通事故中,渔船被外轮碰撞10起、死亡37人,被国内商船碰撞13起、死亡18人,被不明船舶碰撞3起、死亡1人。

自然灾害事故发生23起、死亡27人,分别占水上安全事故的7.64%和10.34%。在自然灾害事故中,大风造成事故17起、死亡24人,台风造成事故4起、死亡3人,其他因素造成事故2起,未造成人员死亡。

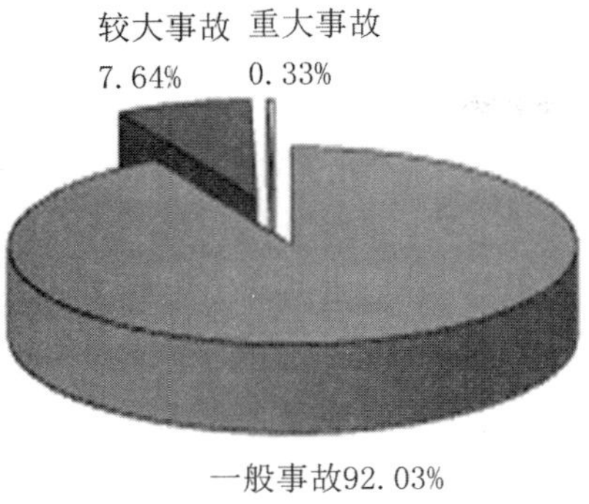

图 9　2014 年度等级事故起数比例

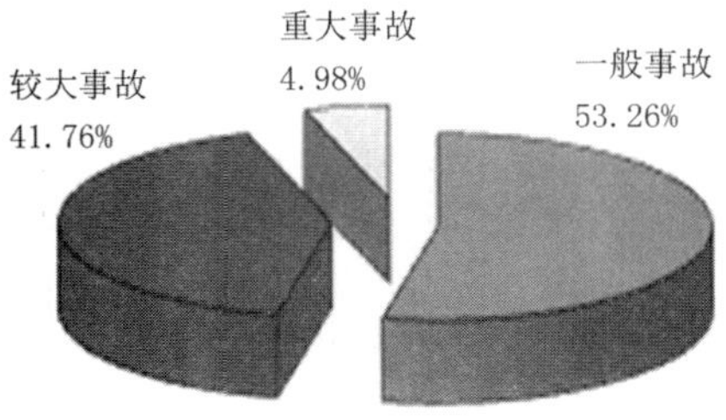

图 10　2014 年度等级事故死亡人数比例

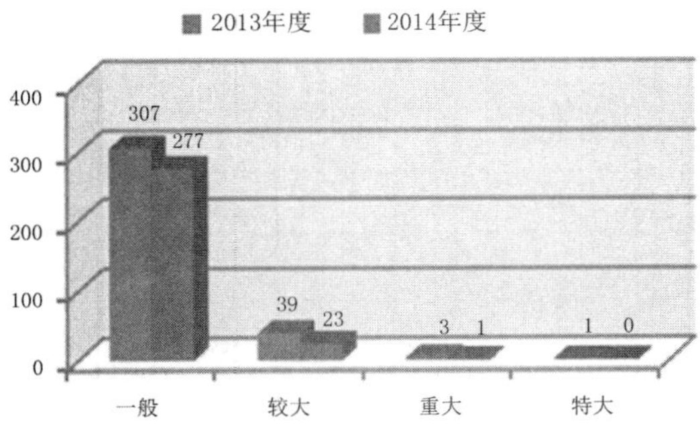

图 11　等级事故发生起数比较

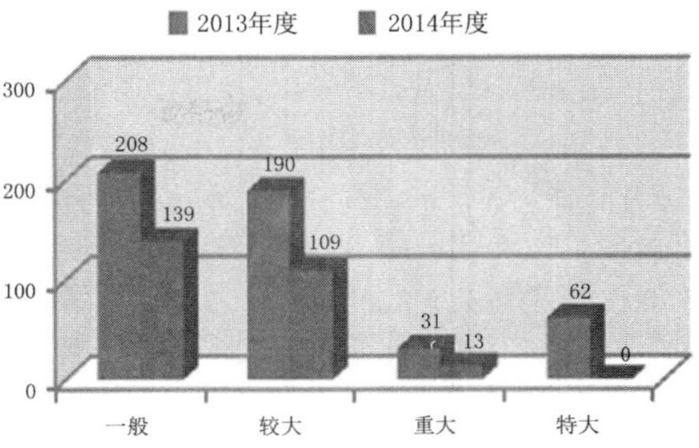

图 12　等级事故死亡人数比较

(2)从事故等级分析，一般事故发生 277 起、死亡 139 人，分别占水上安全事故的 92.03% 和 53.26%，同比分别减少了 30 起、69 人。较大事故发生 23 起、死亡 109 人，分别占水上安全事故的 7.64% 和 41.76%，同比分别减少了 16 起、81 人。重大事故发生 1 起、死亡 13 人，分别占水上安全事故的 0.33% 和 4.98%，同比分别减少了 2 起、18 人。未发生特别重大事故。

等级事故所占比例和同比情况见图 9、10、11、12。

另据统计：2014 年发生特殊船舶事故 26 起、死亡 53 人，同比减少 3 起、增加 5 人。其中，港澳流动渔船发生事故 4 起、死亡 5 人、沉船 1 艘；远洋渔船发生事故 4 起、死亡 17 人、沉船 1 艘；从事渔业活动的“三无”船舶发生事故 18 起、死亡 31 人、沉船 5 艘。

【事故特点与原因分析】 2014 年全国渔业船舶水上安全事故与 2013 年同期比较，各类事故的起数和死亡人数均有减少，特别是自然灾害事故减少幅度最大，分别减少了 43.91% 和 82.91%；其次是水上交通事故，分别减少了 40.91% 和 25.33%；生产安全事故起数虽

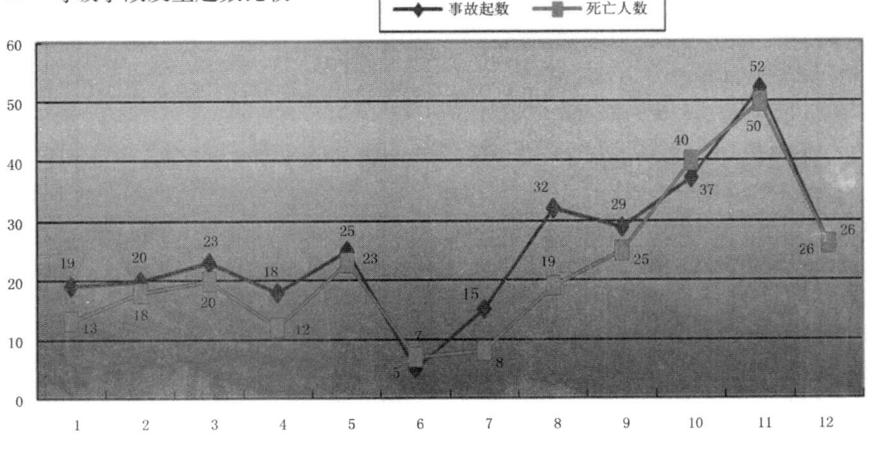

图 13　2014 年渔船水上安全事故时态图

然减少不足5%（4.91%），而死亡人数却减少近三成（31.01%）。全年渔业船舶水上安全事故特点和原因分析如下：

（1）按事故发生时态分析。2014年渔业船舶水上安全事故时态如上页图13所示。全年平均每月发生事故25.1起、死亡21.8人。11月事故最多，发生52起、死亡50人；6月事故最少，5起、7人。上半年发生事故110起、死亡93人，下半年发生191起、死亡168人，下半年事故起数和死亡人数分别是上半年的1.74倍和1.81倍。伏季休渔结束后，随着渔船出船率的增加和捕捞生产强度的加大，生产安全事故有所上升。下半年尤其是9月后，北方沿海天气逐渐变冷，大风寒潮增多，海水温度降低，溺水、风灾和自沉事故增多。

渔船水上安全事故总体发生时态和生产安全事故发生时态，与我国沿海的气候特征和春节期间停船、伏季休渔的特点相吻合；渔船水上交通事故发生时态与其也有相似之处。2014年渔船生产安全事故、水上交通事故发生时态见图14。

碰撞事故高发的势头在2012年得到有效控制，2014年又有了明显减少。全年发生渔船被商船碰撞事故26起、死亡56人，虽然同比分别减少了40.91%和25.33%，但事故死亡人数位居水上安全事故的第二位，占水上安全事故死亡人数的21.46%。

三是机械损伤事故多发。机械损伤事故发生57起、死亡33人，同比分别增长了78.13%和22.22%。事故起数和死亡人数占全年水上安全事故的18.94%和12.64%，分别排在第二位和第三位。机械损伤事故多发的主要原因是从业人员缺少专业训练，防范意识较差，站位不当、违章操作，以及船舶设备设施、网具索具缺少维修保养、检查更换不及时而导致损坏，结果造成人身伤害事故的发生。

（3）按渔船类型分析。

一是捕捞渔船中的拖网、刺网船事故较多。全国沿海发生事故的渔船中，捕捞渔船发生事故273起、死亡232人，分别占全年水上安全事故的90.70%和88.89%，其千船事故率、千船死亡率分别为1.387和

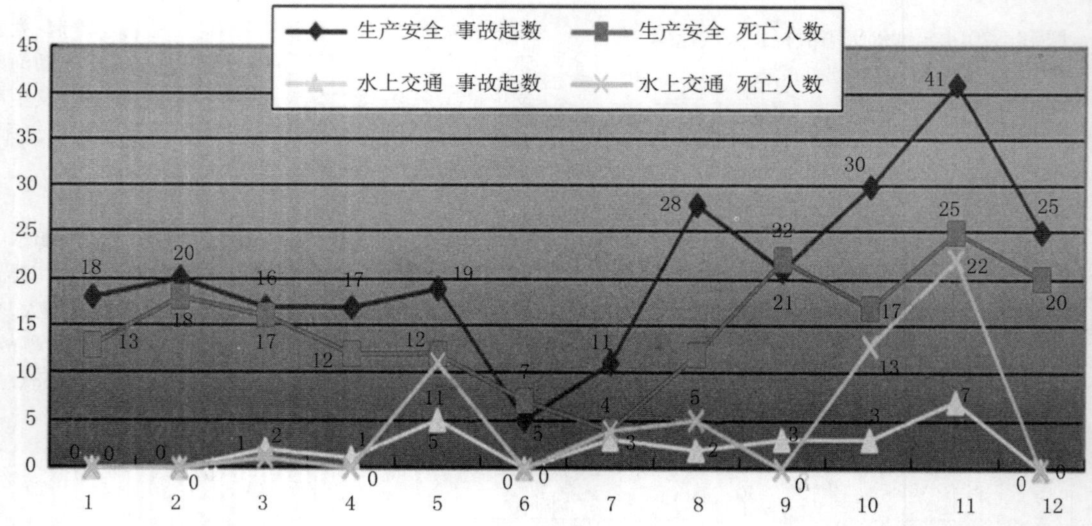

图14 2014年渔船生产安全事故、水上交通事故时态图

（2）按事故类型分析。

一是溺水事故高发。2014年溺水事故发生68起、死亡71人，同比分别减少了38.14%和38.80%，但事故起数和死亡人数位居全年事故之首，分别占水上安全事故的22.59%和27.20%。究其原因主要是从业人员防范风险能力差，辨识风险意识低，自我保护能力不足，违章操作严重等造成的。这也与内陆劳务人员大量上船、船员缺少专业培训有关。

二是渔船被商船碰撞事故较多。近年来，商渔船

1.179。拖网和刺网渔船事故起数和死亡人数较高。拖网渔船发生事故111起、死亡94人，刺网渔船发生事故114起、死亡80人，分别占捕捞渔船事故的40.66%、40.52%和41.76%、34.48%，事故位居捕捞渔船的前两位。

二是渔运船舶千船死亡率较高。渔运船舶发生事故18起、死亡17人，虽占水上安全事故比例较低，分别为5.98%和6.91%，但千船死亡率为1.271，高于捕捞渔船7.8%。

另外，从事渔业活动的“三无”船舶事故时有发生。在2014年发生的26起、死亡53人的特殊船舶事故中，从事渔业活动的“三无”船舶发生事故18起、死亡31人，分别占特殊船舶事故的69.23%和58.49%。

【救助情况】 2014年，各级渔业主管部门及其渔政渔港监督管理机构共组织渔业救助895起，救起渔船1 268艘、救起渔民6 350人，渔船参与救助1 255艘次，渔业行政执法船艇参与救助254艘次；实际投入救助费用2 820.7万元，挽回经济损失74 361万元。

2014年度渔业海难救助具体情况见下表。

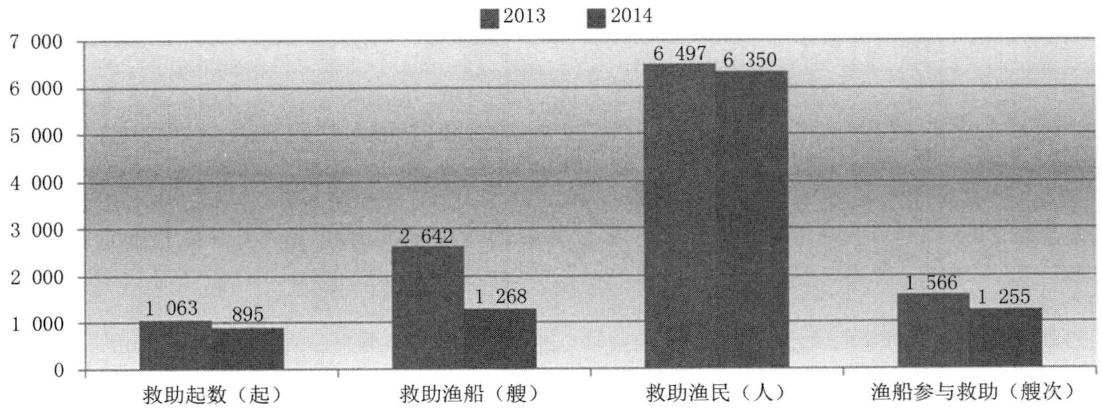

图15　渔业救助相关指标比较

2014年度渔业海难救助情况

地区		救助起数（起）	救起渔民（人）	救起渔船（艘）	调度救助船舶（艘）		投入救助费用（万元）	挽回经济损失（万元）
					公务船	渔船		
黄渤海区	天津	8	12	7	4	4	8.60	76.00
	河北	38	129	108	17	106	197.74	485.50
	辽宁	40	203	44	26	97	145.50	6 351.00
	山东	46	218	74	16	110	178.80	4 808.50
	小计	131	562	233	63	317	530.64	11 721.00
东海区	福建	127	1454	126	2	221	452.23	30 395.50
	上海	8	36	9	5	9	3.90	520.00
	江苏	20	90	24	17	12	80.50	207.00
	浙江	467	3 347	535	49	502	1 196.46	27 876.00
	小计	622	4 927	694	73	744	1 733.09	58 998.50
南海区	广东	56	280	116	62	55	276.50	1 214.50
	广西	14	51	12	4	17	59.70	124.00
	海南	71	528	212	51	122	219.97	2 293.00
	小计	141	859	340	117	194	556.17	3 631.50
内陆	安徽	1	2	1	1		0.80	10.00
	小计	1	2	1	1		0.80	10.00
全国总计		895	6 350	1 268	254	1 255	2 820.70	74 361.00

（农业部渔业渔政管理局　朱宝颖　徐丛政）

捕捞许可和渔船管理

【全面推进"十二五"海洋渔船控制制度的有效实施】进一步完善管理制度,促进渔船各管理环节相互衔接,全面贯彻落实"十二五"渔船控制制度确定的政策措施,确保渔船和捕捞许可管理工作有序推进。健全规章制度,切实抓好《渔业船舶登记办法》和《海洋捕捞渔船拆解操作规程》等规章制度的落实,并针对渔船建造、改造、购置等行为,梳理业务流程,完善制度规定,督促全面落实。强化成果转化,针对渔船"大机小标"或"小机大标"管理乱象,组织制定《渔船用柴油机型谱和标识管理办法》,并对主机实施电子全程跟踪监管,为渔船控制制度有效实施和捕捞强度控制奠定基础。组织编著渔船从诞生到消亡全过程监管的《渔船管理概论》,系统介绍我国渔船发展历史,全面论述渔船管理各项基本制度。加强协调沟通,扎实推进南沙骨干船队建设与管理。配合修订《渔业法》和《渔业捕捞许可管理规定》部分条款,圆满完成大型拖网、围网渔船捕捞许可管理权限下放工作。组织集中研讨渔船管理暨渔船交易试点工作,回顾总结"十二五"期间海洋渔船控制制度实施情况,集中研讨渔船控制制度和管理中存在的主要问题及原因,针对各地在实际管理中的做法和遇到的问题进行交流讨论,部署启动"十三五"海洋渔船控制制度研究工作。

【扎实推进内陆渔船"三证合一"改革试点工作】 贯彻落实全国内陆渔船管理和证书"三证合一"改革会议精神,按照"精简证书、简化程序、方便渔民、提高效率"和"部省结合、以省为主"原则,扎实推进内陆渔船"三证合一"改革试点工作,成效显著。截止到2014年年底,安徽、河南、新疆和山东等省(自治区)集中开展内陆渔船"三证合一"改革和动态管理系统推广应用试点工作,导入管理系统约有7万艘内陆渔船数据,并完成数据清理整合、船主和船舶外形照片采集,顺利通过管理系统核发新版证书实现动态日常管理。同时,设计完成全国渔船数据集中平台建设,对部分建立渔船动态管理系统省份,采取动态数据接口模式,实现渔船数据实时交换、相互共享的监管机制。目前,全国已有35万艘内陆渔船管理数据通过该平台实时进行数据交换,为建立健全全国统一的渔船管理数据库奠定基础。

【基本建成全国海洋渔船动态管理系统】 渔船动态管理系统建设是加强渔船管理、提高管理水平、转变政府职能和工作作风的重要手段和主要抓手。全面推进海洋渔船动态管理系统建设,远洋渔船检验子系统正式上线和渔具管理子系统的全面启用,全国所有海洋渔船渔具全部纳入系统管理,基本实现渔船各管理环节的无缝对接,渔船船网指标审批、渔船检验、渔船登记、捕捞许可和渔船报废拆解等各管理环节相互衔接基本实现。加强渔船数据清理工作,深入开展渔船检验、登记和捕捞许可管理数据清理整合,指导各地按渔船管理系统协调小组意见要求,对渔船实船功率、渔船检验证书和捕捞许可证记载功率不一致,以及制造、更新改造和购置渔船管理、证书审验等重点问题进行梳理和明确,截止到年底,全国统一的海洋渔船管理数据库基本建成。全面落实渔具准入和最小网目尺寸管理措施,推进渔具管理子系统应用,强化捕捞许可和渔具管理有机统一,确保新核发的《渔业捕捞许可证》载明的渔具名称、规格等规范统一,为推进渔具管理和执法监督奠定基础。督促指导渔船数据"三级"纠错和数据资源共享接口软件的全面应用,系统全国互联互通服务功能不断增强。

【规范透明渔船许可审批】 渔船许可审批是一项具体事务性工作,但由于时间紧、任务重、涉及面广、政策性强,既要认真审核,又要按时办结,既要严格把关、又要优质服务。2014年,共受理各类渔船许可审批申请400多份、涉及渔船近1 500艘。同时,为转变工作作风,推进渔船审批公正透明,编制发布船网和捕捞许可证5个审批服务标准和审批规范。对渔船许可审批中遇到的矛盾和问题,及时与有关方面沟通协调,妥善予以解决。

(农业部渔业渔政管理局 张信安)

渔 具 管 理

【全面推进渔具规范管理】 2014年,农业部渔业渔政管理局认真贯彻《国务院关于促进海洋渔业持续健康发展的若干意见》精神,切实落实中央有关领导关于保护海洋生态环境和清理整治"绝户网"的讲话要求及部领导的指示,成立整治工作领导小组,制订工作方案,多次召开专题会议,并在全国范围内组织开展清理整治专项行动,出台《关于禁止使用双船单片多囊拖网等十三种渔具的通告》和《关于实施海洋捕捞准用渔具和过度渔具最小网目尺寸制度的通告》,同时加强宣传教育,营造良好氛围,进一步推进渔具规范化管理。

【加强政策研究,加快建章立制】 2013年以来,农业部启动了相关政策的研究,成立了农业部渔具专家委员会,开展渔具使用情况和标准研究,初步掌握了渔具使用管理情况。在过去研究基础上,经公开广泛征求意见,于2013年11月发布了《关于禁止使用双船单片多囊拖网等十三种渔具的通告》和《关于实施海洋捕捞准用渔具和过度渔具最小网目尺寸制度的通告》,分别于2014年1月1日和6月1日起实施,进一步完善了渔具管理相关制度,为管理和执法提供了法律依据。组织开展渔具基础研究工作,积极争取财政资金支持,继续做好不同地区、不同类型、不同主捕品种渔具标准的研究、论证工作,抓紧完成《全国海洋捕捞渔具护准入目录》编制,尽快建立渔具准入制度,明确各类渔具准入标准。同时配合立法部门做好对《渔业法》等相关法律法规修订工作,明确渔具准入制度的法律地位,细化渔具执法管理具体规定和处罚标准,为加强管理和执法提供法律支持。

【加大执法力度、力求突出实效】 严打违规行为、清理"绝户网"是开展清理整治违规渔具专项行动的关键。2014年,各地组织有力、行动到位、措施得力,通过在各省辖区内统一、有效调配渔业执法力量和管理力量,创新执法模式,联合边防、海警、海事等执法力量开展联合行动,以"海上巡、陆上堵、港口查"等多种形式对违规渔具进行清理整治。农业部也及时派出工作对各地专项行动进行督导检查。据不完全统计,三次专项行动,各地共开展检查活动近3.5万次,参加人员近30万人次,查处各类违规渔船近3万艘次,清理违规渔具近30万张(顶),使国家规定的禁用渔具和其他严重破坏渔业资源的"绝户网"蔓延的态势得到一定程度的遏制,违规渔具清理整治取得了阶段性成果。

(农业部渔业渔政管理局 徐 明)

渔业节能减排

【概况】 2014年,农业部渔业渔政管理局继续组织实施渔业节能减排项目,开展渔船和水产养殖节能减排技术示范,进行渔业节能减排宣传培训和政策研究,工作取得了一定进展和成效。

(1)渔船节能减排产品技术示范取得新进展。2014年,辽宁省研发12.86米浅海贝类养殖作业实用标准船型,建造示范船1艘,研发出10.5米藻类养殖作业船,建造示范船1艘。天津市启动了1艘137.95千瓦钢质渔船的柴油—高压天然气(CNG)双燃料动力改造工作,开展了编写《柴油—天然气动力渔船检验指南》基础工作。山东省优化设计22个远洋渔船船型;建造新型玻璃钢渔船103艘,其中捕捞渔船5艘、养殖船80艘、渔政船18艘;推广渔船节能环保渔机218台(套);依托省渔业船舶协会和青岛泰能汽车燃气发展有限公司,对2艘渔业收购船进行了使用液化天然气—柴油双燃料改造试验;研发了1艘电力推进渔船。江苏省完成了2种渔船船体、5种渔船轮机设计改进;20艘节能型渔船建造。浙江省开展了3艘渔船的螺旋桨更换和测试,节能效率最高可达33.25%,最低为7.01%;指导渔船更换主机70台,综合节油率10%以上。广西壮族自治区启动了两艘大中型捕捞渔船柴油—液化天然气双燃料改造工作,完成了改造设计、落实船东和筹集资金等各项具体实施工作。农业部渔业船舶检验局完成了渔船技术发展规划的前期工作,主要是完善渔船技术发展规划编写工作方案、小型渔船船型标准化工作方案和重点地区试点工作、电力推进渔船标准研究和LNG渔船标准前期研究等工作。

(2)水产养殖节能减排新技术得到示范和推广。江苏省形成了1套"工程化池塘循环水生态养殖模式",该模式通过将养殖单元和水质净化单元分离,大大减轻了水质净化单元的负荷,仅用池塘水面约2%的面积开展进行养殖生产,产量与原整个池塘产量相同,其余98%的水面用于水质净化,使得整个池塘形成健康、高效的生态系统。该模式对粪便、残饵收集系统进行集成和整合,与传统养殖模式相比,粪便、残饵回收率提高30%以上,同时养殖用药减少80%以上。山西省开展了淡水池塘养殖节能减排试验(池塘网箱清洁养殖),面积3公顷。其中:草鱼高产量试验0.53公顷,节水100%,高于对照组20%,节电54%。同时开展了微孔增氧机1.13公顷、浮性饲料3 000吨和草鱼疫苗注射320万尾推广应用。福建省开展了对虾"池塘气动循环水健康养殖技术"示范。其中对虾示范面积53公顷,一年2茬,效果良好,分别节水83%和85%,节能41%和46%。全国水产技术推广总站完成了0.33万公顷水产养殖节能减排技术集成核心示范推广项目启动工作。组织有一定工作基础的省(自治区、直辖市)水产技术推广站,联合制定水产养殖节能减排技术集成示范推广项目实施方案和合作协议,已有北京、天津、河北、辽宁、黑龙江、浙江、福建、山东、河南、湖北、湖南、广东、四川、重庆等14个省级推广站报名参加该项目实施,并签订了项目合作协议书,该项目拟用3年的时间累计推广、辐射带动33万公顷。

(3)水产品加工综合利用技术示范工作有所推

进。在广东省启动了水产品加工综合利用技术示范工作。由中国水产科学研究院南海水产研究所承担罗非鱼加工综合利用技术优化完善工作,包括:罗非鱼片加工技术,鱼皮胶原蛋白提取技术,罗非鱼骨加工技术,罗非鱼油提取技术,利用罗非鱼加工下脚料生产调味料技术等水产品加工综合利用技术示范。试验示范点每吨罗非鱼片加工可实现节电 15 度、节水 12 立方米、减排污 12 立方米、节约成本 314 元。完成了《罗非鱼加工过程中节能减排问题探讨》报告,并编制了罗非鱼综合加工利用技术手册。

(4)渔业节能减排技术宣传与培训工作有效开展。项目承担单位在项目实施过程中举办了 10 期渔业节能减排培训班,开展了玻璃钢渔船普及、渔船节能技术知识和水产养殖节能减排技术模式等内容的培训,共计培训渔民和渔业管理人员 2 000 余人次;编印了《渔船节能减排宣传手册》《水产养殖节能减排实用技术》等资料,《渔业节能减排通讯》(2014 年第 1—4 期),以及搜集了美国、欧盟、澳大利亚、日本等国外渔业发达国家和地区相关新产品、新技术和管理方法等资料,编译了《澳大利亚渔船能源审计》等国外渔业节能减排有关资料 6 篇,供广大渔业管理者、科技人员和渔业生产者学习借鉴。

(农业部渔业渔政管理局　郭　薇)

水生生物资源养护与水域生态修复

2014 年,农业部认真贯彻落实党的十八届三中全会和《中国水生生物资源养护行动纲要》相关要求,扎实推进水生生物资源养护各项工作,加强增殖放流宣传和管理,坚持并不断完善资源养护制度,推进水产种质资源保护区建设,抓好重要渔业水域生态环境保护和监测,实现我国水生生物资源养护事业稳步前进。

【继续抓好增殖放流,积极修复水域生态】 2014 年,继续把水生生物增殖放流作为为渔民办的实事之一,抓紧、抓实、抓好。积极争取并落实好中央财政增殖放流转移支付项目资金 3.06 亿元,带动全国共投入增殖放流资金 10.8 亿元,同比增长 7.2%;全国共开展水生生物增殖放流活动 1 656 次,放流重要水生生物苗种和珍稀濒危物种达 343.3 亿尾(只),同比增长 2%,有效促进了渔业资源恢复,实现了渔业增效、渔民增收。

1. 进一步规范增殖放流活动 为强化水生生物增殖放流源头管理,提高增殖放流苗种质量,保障水域生态安全和中央财政资金使用效益,下发了《农业部办公厅关于进一步加强水生生物经济物种增殖放流苗种管理的通知》,要求各级渔业主管部门明确增殖放流苗种生产基本条件,参考通知要求抓紧细化有关标准,切实加强增殖放流苗种监管。

2. 组织开展好重大放流活动 2014 年,农业部继续组织一系列大规模增殖放流活动。4 月 19 日,农业部、中国海警局、海南省人民政府和中国海洋石油总公司,在西沙永兴岛联合举办西沙海域渔业资源增殖放流活动,农业部部长韩长赋参加。5 月 28 日,农业部和吉林省人民政府在吉林查干湖共同举办查干湖生物资源增殖放流活动。6 月 5 日,农业部、国务院南水北调工程建设委员会办公室联合湖北、河南、陕西三省人民政府在湖北省丹江口市组织开展了南水北调中线水生生物增殖放流活动。

3. 组织实施好增殖放流转移支付项目 继续做好 2013 年增殖放流项目总结汇编以及 2014 年中央财政增殖放流转移支付项目管理工作。完成“渔业资源保护和转产转业”项目与“农业资源及生态保护补助资金”项目整合相关工作,制订了 2014 年项目实施指导意见,及时下达项目任务。在下达任务的通知中,要求项目单位加强苗种检疫检验、公证公示、保护管理和效果评估等工作。编制了 2015 年增殖放流转移支付项目可行性研究报告等有关材料。

4. 继续支持开展增殖放流效果评估工作 为科学评估增殖放流效果,指导增殖放流工作科学有序开展,在部门预算中连续 6 年安排经费支持 20 多家科研高校等单位在渤海湾、辽东湾、舟山渔场、太湖、密云水库等重点水域,对四大家鱼、中国对虾、牙鲆、梭子蟹、海蜇等主要放流物种开展效果评估工作;同时还支持开展主要放流物种的技术规范制定工作。对 2013 年增殖放流效果评估项目执行情况进行总结汇编,组织研究制订 2014 年评估项目实施方案。

【坚持并不断完善资源养护制度】

1. 研究完善伏休制度,加强伏休管理 就渔业捕捞辅助船纳入伏季休渔管理和调整休渔时间,进行专题研究,多次征求沿海渔业行政主管部门意见,并进行网上公示。综合考虑各方面意见,2015 年伏季休渔制度暂不调整。经商中国海警局后,印发《农业部办公厅关于做好 2014 年海洋伏季休渔工作的通知》,对 2014 年伏季休渔工作进行安排部署,要求各地伏休期间加强执法监管,依法维护休渔秩序,特别是要加强休渔期间渔运船的监管,同时要求加强调查研究,广泛征求意见,不断完善伏休政策。

2. 加强长江、珠江禁渔执法管理 为做好长江、珠江(以下简称“两江”)禁渔期管理工作,养护两江水生生物资源及其生态环境,巩固两江流域渔政执法成果,2014年继续深入开展两江流域渔政执法护渔行动。1月21日,以农业部办公厅文件形式下发《关于做好2014年长江和珠江流域渔政执法护渔行动有关工作的通知》,要求长江、珠江流域有关渔业主管部门加强禁渔期间管理,继续做好宣传落实工作。据统计,在全年禁渔管理工作中,长江流域各级政府发布文件(通告)共561个,召开会议686次,政府人员参加禁渔活动人达2 042次。

3.强化渔具管理,严厉打击非法捕捞 做好渔具管理有关通告的贯彻落实,年初以农业部办公厅文件形式专门做出部署安排;开展针对性宣传培训,设计并印发了几万份宣传培训材料,并组织对全国沿海所有县级以上400多家渔政执法机构进行了集中培训;委托中国水产科学研究院东海水产研究所联系制作渔具测量标准工具;对各地报送的海洋捕捞渔具最小网目尺寸标准特许作业相关管理规定进行备案和公布;开展渔具置换补贴调查和专题研讨,并与农业部内相关司局以及财政部有关部门进行了沟通。结合全国海洋伏季休渔管理工作,以农业部办公厅文件形式下发清理整治违规渔具专项行动方案,组织召开电视电话会议,副部长牛盾进行动员部署。

4.组织实施近海渔业资源和近岸产卵场调查 2014年新增海洋渔业资源调查与探捕项目专项资金2 800万元,主要用于近海渔业资源和近岸产卵场调查。同时,从现有物种资源保护经费中整合出330万元,专项支持长江流域和黑龙江流域鱼类产卵场调查。为实施好上述项目,组织有关水产科研院所进行了多次集中研究,制定2014年项目实施方案和5年工作计划,并报农业部领导;协助有关科研院所办理伏休期间调查船专项捕捞许可等相关手续。2014年,近岸产卵场调查项目黄海、东海、南海分别完成3~4航次海上调查工作,采获鱼卵仔鱼样品7 638瓶;近海渔业资源调查项目黄渤海、东海和南海各完成2个航次的调查任务,调查站位总计662个。

【积极推动国家级水产种质资源保护区划定工作】

1.做好第七批国家级水产种质资源保护区面积核实发布 与保护区管理机构进行多次沟通并委托中国水产科学研究院对部分第七批国家级水产种质资源保护区面积范围和功能分区进行实地核实,正式公布第七批国家级水产种质资源保护区面积范围和功能分区。

2.出版发行前五批国家级水产种质资源保护区面积范围和功能分区 完成前五批国家级水产种质资源保护区面积范围和功能分区的出版发行,并寄送各省(自治区、直辖市)渔业行政主管部门和相关科研单位供其参考。

3.继续做好水产种质资源保护区划定工作 继续组织申报第八批国家级水产种质资源保护区,7月底在甘肃举办保护区申报培训班,培训学员170多人。经国家级水产种质资源保护区评审委员会审议,新设立国家级水产种质资源保护区36个,并以农业部公告形式正式对外发布。

【加强渔业水域生态环境保护】

1.积极推动建立健全涉渔工程建设生态补偿机制进一步指导和规范建设项目对国家级水产种质资源保护区影响专题论证工作,印发《建设项目对国家级水产种质资源保护区影响专题论证报告编制指南》,明确对专题论证报告编制、审查和监督落实等方面的要求。继续加强对有关涉渔工程环境影响评价审查,截止到2014年底,参与审查海洋工程环评报告32项,争取到8.1亿元渔业资源生态补偿资金纳入项目环保投资;组织专家对涉及国家级水生生物保护区的工程建设项目专题报告进行审查,列入渔业资源生态补偿的资金近4.6亿元。

2.组织开展渔业生态环境监测 在组织全国渔业生态环境监测单位开展重要渔业水域生态环境监测的基础上,与环境保护部联合发布2013年度《中国渔业生态环境状况公报》。制订了2014年监测方案,组织全国渔业生态环境监测网成员单位,对海洋和内陆重要天然渔业水域和养殖水域环境状况进行监测。

3.做好污染事故调查鉴定资格取消后续监管和衔接工作 对全国渔业水域污染事故技术审定委员会进行调整充实,由全国渔业生态环境保护、病害防治等方面的权威专家组成,同时制订有关章程,从技术层面上进一步加强对渔业污染事故调查处理的指导。协调农业部渔业生态环境监测中心制订《渔业水域污染事故调查鉴定执业管理办法》,以提高渔业污染事故调查鉴定工作质量,更好地维护渔民利益。

(农业部渔业渔政管理局 吴珊珊)

水生野生动植物保护与管理

【水生生物类自然保护区建设与管理】

一是推动新建国家级水生生物自然保护区。经国务院批准,甘肃秦州珍稀水生野生动物自然保护区晋升为国家级自然保护区,国家级水生生物自然保护区数量达到23处。组织农业部濒危水生野生动植物种科学委员会专家对陕西丹江武关河水生野生动物省级自然保护区、陕西黑河珍稀水生野生动物省级自然保护区晋升为国家级自然保护区进行审查，并就此征求陕西省人民政府意见。根据专家审查意见和陕西省政府复函情况，向国务院报送将上述两个省级自然保护区升级为国家级自然保护区的请示。

二是组织水生生物自然保护区考核，提升保护区管护水平。组织开展2014年度水生生物自然保护区考核工作，全国21个国家级和45个省级水生生物自然保护区参加考核，对国家级自然保护区考核结果进行通报，督促各自然保护区切实提高管护水平。

三是开展管理培训，加强保护区管理能力建设。举办水生生物自然保护区管理考核工作培训班，对2013年度保护区管理工作考核结果进行通报，对考核结果中各分项赋分数值和具体依据进行了解读，对管理考核工作中涉及的具有代表性的问题进行了辅导和解答，指导各保护区管理机构利用考核系统加强对保护区的保护管理。

【做好履约及对外交流工作】

一是抓好CITES附录II新列鲨鱼和蝠鲼物种履约管理工作。召开培训会议，研究CITES附录II新列鲨鱼和蝠鲼物种履约对策，于会后印发会议纪要，并联合中华人民共和国濒危物种进出口管理办公室下发《关于做好鲨鱼和蝠鲼物种履约管理工作的通知》；开展针对性宣传，印发几万份宣传材料至相关省市；组织公约生效前鲨鱼和蝠鲼产品库存申报工作，并对浙江、福建、广东、上海等地的申报情况进行实地核查。

二是积极开展对外交流合作。参加CITES第65届常委会会议，介绍我国鲨鱼等水生濒危物种履约工作开展情况及存在的实际困难，强调我国对履约工作的重视，希望在关键履约问题上得到发达国家进一步的支持。参加第六轮中美战略与经济对话打击野生动植物非法交易对口磋商和宣传活动，协助国家林业局做好前期对案和方案准备工作。为“亚洲野生动植物保护与履约官员研修班”讲授“中国水生野生动植物保护管理”情况。参加中华人民共和国濒危物种进出口管理办公室牵头组织的3月3日世界动植物宣传日，介绍我国水生生物资源养护工作情况。与环保部联合开展十大流域水生生物名片征集活动，并在“生物多样性亚洲区域研讨班”开幕式上进行发布。根据《中美自然交流与合作议定书》确定的交流与合作框架，和国家林业局一道与美国鱼和野生动物局进行交流，研究并提出附件十二的合作意向和建议。

【积极推进长江江豚拯救行动计划和中华白海豚保护行动计划】 组织专家对长江江豚拯救行动计划和中华白海豚保护行动计划2013年执行情况和2014年实施方案进行审查，并根据两个行动计划执行情况，决定2014年再安排专项资金支持行动计划的开展，特别是加强江豚迁地保护和中华白海豚人工驯养工作的开展。对长江江豚、中华白海豚、斑海豹和中华鲟等4个物种保护行动计划进行修改完善。下发农业部通知，要求将长江江豚按照国家一级重点保护野生动物的保护要求，实施最严格的保护和管理措施。为推进中华白海豚物种保护，指导厦门珍稀海洋物种国家级自然保护区、广东珠江口中华白海豚国家级自然保护区、广东江门中华白海豚省级保护区、广西壮族自治区合浦儒艮国家级自然保护区4家保护区签署成立了中华白海豚保护联盟，构建起中华白海豚保护网络、技术交流、信息互通机制，为开展鲸豚救助搁浅、伤病治疗、人工繁育以及联合执法管理打下基础。

【加强水生野生动物特许利用管理】

一是规范水生野生动物驯养展演活动。组织农业部濒危水生野生动植物种科学委员会专家对11家水生野生动物展演场馆开展评估，出具评估意见，作为水生野生动物进出口审批管理的参考。

二是开展水生野生动物及其产品进出口及特许利用审批。依法办理水生野生动物及其产品进出口申请审批329件，特许利用审批244件。

三是研究完善大鲵驯养繁殖与经营利用的相关政策。为加强国家在宏观层面的政策引导，在加强野生大鲵资源保护的前提下规范大鲵人工养殖和经营利用，在全国范围内组织开展了大鲵资源及经营利用情况调查工作，先后三次组织有关专家赴广东、湖南张家界和陕西汉中等地进行实地调研，摸清了大鲵养殖业的现状，撰写《全国大鲵驯养繁殖与经营利用调查报告》。召开大鲵驯养繁殖与经营利用专题研讨和专家评估论证，组织专家对人工养殖大鲵及其加工产品进行CITES注册的可行性进行咨询论证。

【组织交流合作，提升行业能力】 为提高水族馆行业的交流与合作，在广东珠海举办了首届两岸三地水族馆发展论坛，来自香港特区、台湾省及大陆20余个省份的渔业行政主管部门、科研单位，70余家水族馆、30多家供应商，共计280余位代表出席了论坛。与会代表就“水生野生动物保护与永续经营利用”等5个专题进行充分讨论交流。论坛还展示了科普教育与动物养护技术成果，探讨了水族馆发展与运营管理问题。

【积极配合做好《野生动物保护法》修订工作】 根据我国水生野生动物保护管理情况，提出《野生动物保护法》的修订思路和主要意见，组织部分省级渔业行政主管部门、有关专家和保护区管理部门代表集中研究《野生动物保护法》的具体修改意见；多次与全国人大环资委进行沟通，积极参加专题研讨和调研，主动汇报水生野生动物保护工作情况。

【加强水生野生动物保护宣传】 连续第五年在全国范围内开展“水生野生动物保护科普宣传月”活动，选取斑海豹、江豚、中华白海豚三种动物作为宣传形象，重点宣传水生野生动物保护相关法律法规、重点保护水生野生动物科普知识及保护常识。充分发挥水生野生动物保护分会作用，组织开展水生野生动物保护海昌奖评选活动，2013 年全国评选出 4 个奖项共 39 名获奖个人。

【组织水生野生动物相关培训】

一是组织开展 2014 年鲟鱼养护培训班。就我国鲟鱼产业发展方向、鲟鱼国际贸易规则、我国鲟鱼产业发展历程、鲟鱼鱼子酱生产及贸易概况等方面进行了授课，有关省份渔业主管部门以及鲟鱼养殖与加工企业的代表 60 余人参加了培训班。

二是组织开展大鲵养殖病害防治技术培训班。就大鲵病害防治技术、大鲵养殖管理与苗种培训技术进行授课，来自 100 多家大鲵养殖企业、60 多个水产技术推广机构的代表参加了此次培训。

三是组织举办全国红珊瑚经营利用管理干部培训班。就珊瑚礁生态学与珊瑚生物学、红珊瑚国际贸易规则等内容进行了授课，北京市介绍了保护、开发、利用红珊瑚的经验和体会，有关省份渔业主管部门的 40 余人参加了培训。

（农业部渔业渔政管理局 吴珊珊）

周边渔业协定执行情况

【中日渔业协定执行情况】 2014 年是《中日渔业协定》实施的第十五年。经过中日双方共同努力，协定水域海上作业秩序稳定，协定执行情况总体良好。

根据 2013 年 8 月中日渔业联合委员会第十四次会议纪要的规定，2013 年 6 月 1 日至 2014 年 5 月 31 日，日方许可我国进入日本专属经济区管理水域作业的底拖网渔船为 263 艘、配额 5 673 吨；鱿钓渔船（含辅助船）58 艘、配额 4 141 吨。因中方渔船在 2014 年 2 月才获得入渔许可证，晚于预期，导致生产渔期不足 3 个月。实际入渔为底拖网 85 艘，产量 617.3 吨；鱿钓渔船 55 艘，产量 2 945.3 吨。同期，我国许可日本渔船进入我专属经济区管理水域作业的总船数为 321 艘、总配额 9 659 吨，日方实际没有渔船入渔。在中日暂定措施水域方面，根据纪要规定，中方作业船数和渔获量努力目标值要控制在 18 089 艘、169.464 5 万吨以内，日方控制在 800 艘、10.925 万吨以内。中方据此向日方通报作业渔船名册 18 089 艘，日方向我通报作业渔船名册 530 艘。

此外，根据双方商定，中日双方召开了中日渔业执法工作会谈，就中日暂定措施水域违规情况通报、预防违规行为采取的措施等进行了会谈；召开了中日海洋生物资源专家小组会谈，就中日暂定措施水域的渔业资源状况、带鱼和鲐鱼的资源状况，以及鲹类的资源动态等议题展开了双边交流。

2014 年 12 月 18 日，中日双方在中国大连签署了第十五次会议中日渔业联合委员会会谈纪要。根据纪要规定，2014 年 6 月 1 日至 2015 年 5 月 31 日，日方许可我国进入日本专属经济区管理水域作业的底拖网渔船为 245 艘、配额 5 300 吨；鱿钓渔船（含辅助船）58 艘、配额 4 141 吨。在中日暂定措施水域方面，我国作业渔船数量和渔获量努力目标值需分别控制在 17 989 艘、168.5 万吨以内，日本渔船控制在 800 艘、10.9 万吨以内。

【中韩渔业协定实施情况】 2014 年是《中韩渔业协定》实施的第十四年。在中韩双方共同努力下，协定得以顺利实施，海上作业秩序保持稳定，协定执行情况总体良好，但也出现了韩海警枪击我渔民致一人死亡的恶性事件。

根据 2013 年 10 月 24 日中韩渔业联合委员会第十三届年会纪要的规定，2014 年许可对方渔船到本国水域作业的渔船为 1 600 艘，捕捞配额为 6 万吨，达到“等量等艘”水平。根据中韩渔委会安排，2014 年度中韩渔业执法工作会谈于 2014 年 7 月在中国威海举行，双方就维护中韩渔业协定水域作业秩序、渔业执法交流合作、渔委会委托事项等进行了讨论并签署了纪要。但是，2014 年 10 月 10 日发生一起恶性事件，山东籍渔船“鲁荣渔 50987 号”遭韩海警抓扣，船长宋厚模在抓扣过程中遭韩海警枪击，因抢救无效死亡。事发后，农业部、外交部、我驻韩使领馆多次与韩方交涉，事件最终得到妥善处理。农业部渔业渔政管理局为此发出紧急通知，要求有关省（直辖市）渔业主管部门切实加强涉韩渔业管理,避免因我渔船渔民违法违规作业引发涉外事件。

根据中韩渔委会安排,第十一次中韩海洋生物资源专家组会谈于2014年7月在中国长春召开,双方就编写并交换鲐鱼资源状况及动态分析报告书、探讨实行鱿鱼钓鱿鱼配额管理、调整渔获报告对象鱼种、设定斑鳐作业保护区域、编写并交换暂定措施水域渔业资源调查报告书、交换渔业资料及其他事项进行了讨论并签署了纪要。

2014年10月31日,中韩双方在中国西安签署了中韩渔业联合委员会第十四届年会会议纪要。根据纪要规定,2015年各自许可对方渔船到本国水域作业的渔船为1 600艘,捕捞配额为6万吨。

【中越北部湾渔业合作协定执行情况】 2014年是《中越北部湾渔业合作协定》实施的第十一年。经过中越双方共同努力,北部湾渔业生产秩序基本稳定,渔业生产进一步发展,协定执行情况总体良好。

根据2013年8月中越北部湾渔业联合委员会第十届年会达成的共识,2013—2014年度进入共同渔区对方一侧水域的船数和功率数分别为1 466艘和147 703.8千瓦,功率和船数均比上一年度减少5%,执行日期为2013年9月1日至2014年8月31日。协定执行过程中,双方作业渔船基本遵守协定有关规定,悬挂有效标志牌,凭捕捞许可证生产,渔业生产秩序良好。我渔民实际申请进入共同渔区对方一侧水域船数670艘,渔船总功率为136 600千瓦。在第十届渔委会年会上,越方曾同意在共同渔区越方一侧水域实施1~2个月休渔,但是将报告并听取上级领导意见后实施。实际在执行中我并未接到越方实施休渔的通报。

2014年10月14~15日,中越北部湾渔业联合委员会第十一届年会及筹备会于在越南河内举行。双方根据资源专家组的建议,就2014—2015年度北部湾共同渔区渔船作业指标进行了协商并达成一致,签署了会议纪要。根据纪要规定,2014—2015年允许进入北部湾共同渔区己方一侧水域的对方作业渔船数量和马力数分别为1 466艘和147 703.8千瓦。越方承诺教育越方渔船不在中方休渔期间在共同渔区中方一侧生产,越方继续考虑及加快制定在北部湾共同渔区分界线西侧水域(越方一侧水域)开展休渔的方案。

(农业部渔业渔政管理局 孙海文)

渔情统计监测与信息

【概况】 2014年,农业部渔业渔政管理局对渔业统计、渔情监测、价格调查和贸易跟踪等渔业经济数据信息工作进行整合,首次提出"大渔情"理念,即在继续强化渔情统计各项工作的基础上,统一各项工作的组织领导、工作目标和条件保障,明确各项工作在"大渔情"体系中的地位、作用和分工,加强现有信息数据的交流互通和采集渠道的资源整合,在做好渔业全面统计的基础上,系统推进养殖、捕捞生产渔情和水产品批发市场信息采集工作,探索推进信息化建设,实现各项工作稳步推进。

(1)渔业统计工作。高质量完成2013年度渔业统计数据汇总和人员培训。编印渔业统计主要数据资料卡片,出版《2014中国渔业统计年鉴》,发布《2013年渔业经济统计数据公报》。以渔民家庭收支调查为重点,面向200个样本县的统计人员开展业务培训,提高基层渔业统计人员业务能力。加强调研和工作交流,联合国家统计局农村司,围绕渔业统计方法、数据质量控制方法和渔业产值核算等内容,先后赴浙江、江苏等省开展调研。并于7月共同举办渔业统计工作座谈会,得到了国家统计局农村司领导同志的高度肯定,认为渔业统计工作是我国部门统计的工作典范。加强制度标准体系建设,组织中国水产学会出版《中国渔业统计》,是目前渔业统计工作中最具针对性、指导性和权威性的工具书。完成了《渔业统计工作规范》的行业标准立项和起草工作,该项标准是渔业统计工作中的第一个行业标准。

(2)水产养殖渔情信息采集工作。2014年,养殖渔情信息采集工作网络共覆盖了河北、辽宁、吉林、江苏、浙江、安徽、福建、江西、山东、河南、湖北、湖南、广东、广西、海南、四川等16个省(自治区)的200个水产养殖重点县,建立了747个信息采集点、6 000多个采集终端和近1 300人的采集分析队伍,对76个养殖品种、9种主养模式进行了信息动态采集,完成12期养殖渔情分析报告,出版《2013年养殖渔情信息分析》。

(3)海洋捕捞渔情信息采集工作。2014年,在全国共布设25个信息采集点,共落实信息船324单位(艘或对),其中黄渤海区三省一市106单位(艘或对),东海区三省一市99单位(艘或对),南海区三省119单位(艘或对);作业类型涉及双拖、单拖、拖虾、灯光围网、灯光敷网、流刺网、帆式张网、定置张网、钓、笼捕等海洋渔业主要作业形式;获取信息船信息3 103航次、25 610网次,鱼种组成信息139 846条,随机调查信息18 278条,经济效益随机调查信息1 165条。全年共织召开12次月度渔情会商会,汇总发布月度《海洋捕捞渔情信息》12期。编制、发布《2014年中国海洋捕捞状况》专辑。

(4)市场价格采集工作。不断丰富水产品生产者价格、成本价格和批发市场价格信息,对重点品种进行跟踪研究,为研判生产形势和应对突发情况提供支撑。2014 年,组织 80 家定点水产品批发市场共报送价格信息 23 297 次、403 147 条,同比分别增长 3.75% 和 2.39%;品种成交量、额 23 297 条,市场月成交量、额 749 条,同比分别增长 3.75% 和 2.47%;市场动态 1 146篇,同比增长 2.05%。

(5)渔业信息化工作。加强渔业信息化顶层设计研究工作,委托科研部门开展渔业信息化建设框架体系研究和国家渔业数据中心建设规划设计工作。加大对省级渔业行政主管部门渔业渔政管理信息化建设扶持力度,开展试点建设。开展水产养殖物联网示范应用调研,与水产技术推广部门、传感器生产企业和水产养殖企业座谈,了解掌握当前物联网在水产养殖生产中的应用情况和存在问题,探讨通过物联网的推广应用提高水产养殖现代化水平及建立养殖生产大数据平台的可行性。

(农业部渔业渔政管理局 王 莎)

渔 政 执 法

【机构改革】 2013 年以来,国家进行了海上执法机构改革,将原国家海洋局及其中国海监、公安部边防海警、农业部中国渔政、海关总署海上缉私警察的队伍和职责进行整合,重新组建国家海洋局。国家海洋局以中国海警局名义开展海上维权执法,接受公安部业务指导。

将农业部海上渔政执法职责划给国家海洋局,不再保留农业部渔政指挥中心(中国渔政指挥中心)、农业部黄渤海区渔政局(中华人民共和国黄渤海区渔政局)、农业部东海区渔政局(中华人民共和国东海区渔政局)、农业部南海区渔政局(中华人民共和国南海区渔政局),相应核销以上 4 个单位共 1 030 名事业编制。不再保留农业部渔业局加挂的中华人民共和国渔政局牌子,将渔业局更名为农业部渔业渔政管理局。成立农业部长江流域渔政监督管理办公室,为农业部正厅级派出机构,受农业部委托,在农业部渔业渔政管理局的协调指导下开展工作。

【打击涉渔"三无"船舶】 涉渔"三无"船舶包括以下三种情形:(1)无合法有效渔业船舶检验证书、渔业船舶登记证书和渔业捕捞许可证书,从事渔业生产经营活动的船舶;(2)套用合法渔船船名、船舶证书,或伪造渔船船名、船舶证书,从事渔业生产经营活动的船舶;(3)其他违反法律法规规定的涉渔"三无"船舶。近年来,这类船舶在国内及他国海域违法违规作业,其行为破坏海洋渔业资源,损害我国国家形象和外交大局,也危及渔民自身安全,造成恶劣影响,已经引起中央领导同志的高度关注。

清理整治涉渔"三无"船舶,对于规范海洋渔业活动,保护渔业资源,实现我国海洋渔业可持续发展,建设生态文明,都具有重要意义。2014 年,农业部动员组织各地开展清理整治行动,取得了阶段性成果。据不完全统计,截止到 2014 年年底,各地共查处各类违规渔船近 3 万艘次,其中浙江依法取缔(拆解)涉渔"三无"船舶 8 860 艘,清理违禁渔具 70 735 张(顶),完成"船证不符"渔船整治 3 897 艘,查处各类渔业违法案件 1 257 起,移送司法机关 27 人。全国范围内初步形成了打击涉渔"三无"船舶的声势和氛围。2014 年农业部和沿海各地主要开展了以下几个方面的工作:

一是注重顶层设计。面对海洋捕捞非法违规乱象丛生、海洋渔业资源持续衰退的现状,农业部高度重视,农业部渔业渔政管理局召开专门会议研究、部署工作。为打击涉渔"三无"船舶,减少涉外渔业事件,农业部与中央有关部门沟通情况,积极研究涉渔"三无"船舶管理对策建议,组建相关工作机制,同时提出农业部工作方案,对涉渔"三无"船舶进行坚决、彻底的清理整顿。

二是加强组织领导。农业部对涉渔"三无"船舶打击工作进行专门的动员部署,要求沿海各省高度重视,及时制定行动方案,建立政府统一领导、渔业部门具体负责、有关部门相互配合的工作机制,做到组织领导、行动方案、工作部署三到位。浙江省委、省政府组织开展了"一打三整治"和渔场修复振兴行动,成立由省委副书记、分管副省长任正副组长,28 个省直部门和沿海四市党政负责同志为成员的行动协调小组,明确提出,要以铁的决心、铁的行动、铁的纪律,实施铁腕治渔。沿海市、县、乡镇党政一把手亲自挂帅、亲自研究、亲自处置。省、市、县各部门迅速行动,紧密配合。福建省成立了由福州市、宁德市及省直部门共 16 个成员单位组成的"专项整治工作小组",制定了专项整治工作方案。沿海地方政府积极配合,相应成立了组织机构,统一部署推进打击工作,形成上下联动、联合打击的良好局面,有力压缩违法空间,减少管控盲区。

三是真抓实管,严厉打击。浙江省委省政府向各地下达任务书,签订责任状,倒排时间表,严格考核、统一行动,强势推进。按照"全面、干净、彻底"和"可核查,不可逆"的要求,把涉渔"三无"渔船扣起来、取缔

(拆解)完、整治好。不管是大船还是小船,不管是本地的还是外来的,不管是在海上的还是已在港口的,一律查扣、限期取缔。通过明察暗访"回头看",逐级开展核查、督查,及时发现问题、解决问题,使取缔拆解工作经得起群众和历史的检验。福建省加强对涉渔"三无"船舶的有效管控,切实做到"日常管、源头查、港口堵"。采取暂停受理从省外购入渔业船舶、加快大中型渔船北斗船载终端的安装、严格渔船进出港签证制度、加强船舶定位信息的监视等八项措施,强化打击活动,共排查查扣涉嫌非法采捕红珊瑚等"三无"船舶138艘,破获非法交易红珊瑚案件32起,抓获犯罪嫌疑人59人。辽宁、广西在违法行为多发海域开展联合执法、异地交叉执法,加强执法监管。

四是完善渔业法律法规。农业部渔业渔政管理局加快推进《渔业法》修订步伐,重点完善渔船渔具管理、涉外渔业管理等法律制度,提高违法违规行为处罚幅度,补充完善有关法律责任。浙江省重新修订并发布了《浙江省渔港渔业船舶管理条例》和《浙江省渔业管理条例》,新修订的条例坚持问题导向、需求导向,增加了不少新的规定,提高了有关处罚标准,为解决当前一些迫切问题提供了法律依据。福建省加紧推进《福建省实施 <渔业法> 办法》和《福建省渔港和渔业船舶管理条例》的修订工作,为专项行动提供依据和法制支撑。

五是加强宣传教育。农业部会同各地积极开展多种形式的宣传、教育和培训,利用伏季休渔等时机,深入渔港渔船集中地区,进渔村入渔户开展宣传教育,印发通告和宣传手册,设立举报电话,发动群众力量开展监督。浙江省按照"打击一批、团结一批、争取一批"的工作方针,全方位、多形式、针对性地开展宣传教育活动。一方面加强对捕捞渔民、渔运船主及涉渔企业的法规宣传教育,进村、入户、上船、到厂开展政策解读,营造"保资源就是保饭碗""偷捕可耻、违规重罚""酷渔滥捕、祸及子孙"等浓厚的氛围;另一方面加强舆论引导和社会监督,让社会各界都了解涉渔"三无"船舶的危害性和渔场修复的重要性,树立守法捕鱼、诚信经营的正面典型,曝光违法违规案例,建立监督举报机制,营造人人关心、支持涉渔"三无"渔船打击、渔场修复振兴的浓厚氛围。

六是堵疏结合、标本兼治。农业部渔业渔政管理局积极推进完善渔业油价补贴政策,待国务院批准改革方案后,将研究制定具体落实办法并组织实施,逐步压减国内海洋大中型渔船补贴规模,使之与渔业资源保护和产业结构调整政策相协调,引导渔民调整海洋捕捞作业结构和减船转产,逐步淘汰对资源破坏严重的作业方式,促进海洋渔业可持续发展。各地也在积极推进海洋牧场和人工鱼礁生态养护区建设,组织实施水生生物增殖放流,促进资源养护和合理利用。浙江省全省沿海所有县(市、区)都已出台了转产帮扶、养老保险、促进渔民就业等相关配套政策,引导一批渔民弃捕上岸,着力保障一批生计渔民的生产生活。同时,大力推进海洋生态修复,开展海洋牧场选划和保护区建设,增殖放流水产苗种约23亿尾(粒),积极推进水产养殖治水促转型行动。

(农业部渔业渔政管理局　于沛民)

政务信息与宣传

严格执行《中华人民共和国政府信息公开条例》和《农业部信息公开规定》等有关制度,坚持"公开为原则,不公开为例外"的原则,加大主动公开力度,并就工作难点不断改进工作方式,保障信息公开工作全面、准确、按时完成。同时,按照《关于进一步做好我部政府依申请公开工作的通知》要求,及时、认真处理申请人申请事项。全年共主动公开信息75条,办结申请公开事项20项,主动公开率、按时公开率及依申请公开率均达到100%。组织开展政务信息报送工作。截止到11月26日,向农业部办公厅报送信息19篇,采用13篇;报送每日要情84条,采用58条,有多条信息被中办、国办有关信息刊物采用。

围绕加快现代渔业建设中心任务,积极做好重要工作的宣传报道。组织开展了围绕全国渔业厅局长座谈会、全国渔业科研院所建设座谈会、违规违法渔具专项整治、水生生物资源养护等多项重大渔业活动的宣传,营造良好的舆论环境。大力做好渔业突发事件媒体应对工作和对外宣传工作,加强涉渔舆情收集和研判工作,及时发布权威信息,塑造正面行业形象。就远洋渔业发展、渔船涉外事故处理、中外渔业合作等工作,及时搜集、核实相关信息,组织宣传工作,主动公开信息,平息社会不良舆论。如媒体报道有关海参养殖用药情况后,及时关注舆情走向,组织稿件,及时辟谣,一定程度上稳定了恐慌心理,避免质量安全事件扩大。中国渔业政务网审核信息8 000余条,编发信息6 000余条,编发渔业情况20期,对全国和各地渔业行业动态、成果亮点、政策建议等进行编辑整理,上报领导、下传地方,有力促进了成果展示和信息交流,全面反映了全国渔业经济发展和渔业系统工作开展情况。

(农业部渔业渔政管理局　徐乐俊)

长江流域渔政管理

长江流域渔政管理概况

【农业部长江流域渔政监督管理办公室成立】 农业部长江流域渔政监督管理办公室于2014年9月在上海市挂牌成立，下设综合处、计划财务处、渔政渔港监督处、资源环境保护处4个内设机构和1个渔政基地，行政编制20个，办公地点设在上海，党组织关系实现属地化管理。

【加强自身建设和推进渔政管理与资源养护工作】

1. 积极落实办公和执法条件建设，保障工作正常运转 在农业部领导的重视关心及相关司局的大力支持下，落实办公场所、条件、执法装备和工作经费保障等基础工作。明确了独立行政法人资格，建立了独立的基建和财政户头，落实了开办经费，完成了办公场所的整修改造和办公设备的配置，办理了组织机构代码证，并编制了2015年财政预算。特别是协调落实渔政码头基地，上海市政府正式发函农业部，同意原东海区渔政局复兴岛190米的码头岸线和1.2公顷的渔政基地继续保留由农业部长江办使用。

2. 坚持"两手抓、两不误"，确保辖区渔政管理和资源养护工作有序推进 积极推进渔政管理工作有序开展。一是加强流域渔业执法管理，切实维护渔民合法权益。组织辖区渔政管理部门深化禁渔期管理，组建长江特编渔政执法船队开展长江禁渔检查、长江刀鲚专项捕捞管理、自然保护区巡护、非法捕捞行为查处等多项执法活动。2014年11月份，在长江流域、珠江流域组织开展了为期一个月以集中清理整治"绝户网"为重点的专项执法行动，取得了良好效果。据不完全统计，查获各类违规违法捕捞渔船1 986艘次，取缔迷魂阵83 220米，取缔涉渔"三无"船舶180艘，查处电毒炸鱼案件1 714件，没收非法渔获物22 473千克，罚款316万余元，行政处罚1 783人次，追究刑事责任210人次。二是开展流域水生生物资源养护和水域生态环境修复工作，有力促进渔业资源保护。重点加强流域渔业资源与环境监测和中华鲟、江豚等重要物种保护工作，对长江上游8个大中型水电项目进行了严格科学环评。针对长江上游溪洛渡、向家坝水库因不合理泄水导致长江江段鱼类死亡事故及严重的生态灾难，长江办立即组织力量进行了事故调查取证、损失评估、责任认定等工作，协调和推动三峡集团公司等项目单位赔偿损失和生态补偿，对直接责任单位进行行政处罚。

3. 加强机关工作制度化、规范化建设，提升履职能力 建立健全内部管理制度，出台了《长江办领导班子议事规则》《长江办财务管理办法》《长江办公文处理办法》等一系列制度，并狠抓贯彻落实。加强党的建设，经中组部组织局批准同意，设立长江办党组，并成立2个临时党支部，按照农业部要求组织开展了2014年度考评、民主评议党员、领导班子民主生活会等活动。

（农业部长江流域渔政监督管理办公室　曹剑峰）

渔业科技与推广

“十二五”国家科技支撑计划项目进展情况

【淡水养殖品种选育及规模化繁育技术研究与示范项目】

1. 总体目标

(1)开展重要水产种质资源群体构建与遗传评价方法研究,建立种质资源高效、快速评价与鉴别技术平台。

(2)重点进行鱼、虾、蟹等新品种选育技术研究,强化优质、高产与抗逆等性状的遗传改良,全面构筑我国淡水主养品种选育技术体系,选育优质、高产、抗逆的养殖新品种。

(3)突破特色品种的苗种规模化繁育的技术瓶颈,实现流域特色品种的苗种规模化繁育,并进行产业化示范。

(4)培养和造就一支科技创新能力强、学术水平高的淡水遗传育种研究队伍,完善一批设施完备、功能齐全、运行高效的育种研究基地。

2. 进展情况

(1)良种保种策略研究。

①遗传结构分析。获得高多态性的优质鲤鱼微卫星标记30个,并利用其进行了各群体的遗传结构和多样性分析,提出了选育基础群的构建方案,有效避免了选育工作的盲目性。

②保种策略制定。完成松浦镜鲤等良种核心群体200份分子样品收集和处理工作,采用连锁不平衡方法计算有效群体大小约为70尾,并计算出群体内个体间的遗传距离,进而提出了亲缘关系密切个体的剔除方法和10倍于有效群体大小的保种策略。

③配组繁殖。对不同分支上的雌雄个体进行配组、繁殖,防止近交。

(2)育种群体构建。

①草鱼遗传资源收集及家系构建。收集了珠江、长江、黄河、黑龙江四大水系的14个种群,筛选和保存了250尾的后备亲鱼,构建了54个草鱼家系,三个杂交组合在华南地区生长优势明显。

②斑点叉尾鮰和虹鳟家系构建。构建斑点叉尾鮰G1代家系99个,保种G1代家系85个。培育了纯系道氏虹鳟亲鱼2 000多尾,后备亲鱼5 000多尾,培育美洲红点鲑亲鱼600多尾,杂交试验表明美洲红点鲑(♂)×虹鳟(♀)后代不能成活。

③虹鳟全雌群体构建。已培育3组伪雄鱼,规格17~600g克,总数量2 300多尾。

④鳊鲂鱼类野生群体和优良养殖群体的收集。引进团头鲂,三角鲂,长春鳊和厚颌鲂野生群体,每个群体引种300尾以上。杂交F1代中筛选到优良家系32个。

(3)生长性状评估。

①复合鲫的生长性状评估。初步结果表明,尽管监测亲本都是相同亲本通过雌核生殖获得的,但个体之间仍然存在一定的遗传差异。

②不同品系罗非鱼耐盐碱性状评估。一是研究了不同品系尼罗罗非鱼的耐盐碱性能。开展了河北、山东、上海品系尼罗罗非鱼成鱼盐碱水养殖实验(F0)。二是利用盐碱筛选实验获得的河北、山东、上海品系尼罗罗非鱼,通过配组,获得了耐盐碱尼罗罗非鱼选育一代(F1),每组1 000余尾。

③鲂鲌杂交后代的生长性状评估。一是受精率和孵化率高,分别为90.0%和80.6%。二是生长速度快于父母本,表现出超亲生长优势。

④鲤鱼、牙鲆等育成品种的遗传性状评估。一是开展代表性鱼类主要经济性状的遗传参数估计:建立了选育家系生长性状数据库,估计不同日龄形态、体重和体型性状的遗传参数。二是进行体重与形态性状的灰色关联度分析:确定与体质量关联度最大的4个性状,可以作为提高产量重要评价指标,提高选择效率。三是探索生长性状的因子分析:筛选出控制10个生长

性状及其相互作用关系的4个公因子。四是开发了鱼类形态性状测定装置：可以快速、准确、便捷地进行鱼体外观性状的度量。

(4)新品种审定与良种推广。

①"中威1号"吉富罗非鱼新品种。"中威1号"的生长优势不仅表现在池塘养殖条件下，在网箱养殖的条件下同样具有生长上的优势。

②新品种易捕鲤。以云南大头鲤和黑龙江野鲤为亲本选育成的易捕鲤，池塘水深1米二网的起捕率，高于90.0%，较黑龙江鲤、松浦镜鲤和松荷鲤高96.73%、56.06%和71.29%。

③"优鲈1号"大口黑鲈的推广。大口黑鲈"优鲈1号"累计推广养殖面积达1.47万公顷，良种养殖覆盖率达50%以上，取得了显著的经济和社会效益。

④乌斑杂交鳢新品种。生长速度快(养殖4~5个月可以上市)、可摄食全人工饲料单位产量平均每公顷产105吨等优良性状，有利于向北和内陆广大缺乏下杂鱼饲料地区推广养殖，改变了杂交鳢不能向北推广养殖的现状。

⑤"长丰鲫"新品种中试。在湖北省潜江市白鹭湖国有农场示范养殖连续3年示范养殖近500公顷，采取主养草鱼、套养长丰鲫生产模式，20~30克/尾规格的长丰鲫冬片苗种在套养情况下，一个生长周期可长至平均600克左右，每公顷可收获成长丰鲫2 250千克，增收效益2.7万元左右，取得良好的经济效益。

⑥三角帆蚌"申紫1号"新品种。中试情况：三角帆蚌"申紫1号"贝壳珍珠质紫色率为96.1%，对照组当地养殖群体三角帆蚌仅为4.7%。三角帆蚌"申紫1号"产紫色珍珠比例达47.3%，对照组紫色珍珠比例只有3.5%，提高了43.8%。三角帆蚌"申紫1号"珍珠重量较对照组提高2.4%。

⑦"光合1号"中华绒螯蟹新品种。养殖成活率比本地组提高30.6%，增产达到30%。

⑧"长江1号"中华绒螯蟹新品种。长江水系原种中华绒螯蟹为基础群体经连续5代群体选育而成，生长速度提高16.70%。雌、雄体重变异系数均小于10%。蟹种产量约190万千克，示范推广养殖面积约2万公顷。

⑨"长江2号"中华绒螯蟹新品种。以中华绒螯蟹莱茵河群体作为基础群体，采用群体选育技术，经连续4代选育，育成中华绒螯蟹新品种"长江2号"。生长速度快，平均个体规格较常规河蟹提高10%以上。群体规格整齐，雌雄体重变异系数均小于10%。

⑩"南太湖2号"罗氏沼虾效益显著。10公顷虾塘，虾总产量51吨(饵料系数1.24)，其中罗氏沼虾产量21吨(每公顷产4.2吨)，产值186.2万元，成本90.8万元，净利95.4万元。每公顷利润超9万元

(5)基因资源发掘。

①黄鳝基因组。基因组蛋白质编码数为24 056个，28%基因组为非编码基因。确定黄鳝进化和分类地位与三刺鱼较近，其分歧时间是93百万年，其次是河豚、青鳉，与斑马鱼较远。

②乌鳢基因组。初步获得了超过3万个基因。下一步需要进一步的剔除和整理，预计整理后的结果在2万~2.5万个基因之间。

【海洋重要生物资源养护与环境修复技术研究与示范项目】

1.总体目标 针对我国近海渔业亟待解决的资源养护与开发利用的突出矛盾，重点突破近海典型水域生态承载力和渔业增殖潜力评价等关键技术，集成近海渔业典型生境修复、重要渔业种类增殖和近海资源养护型捕捞等近海水生生物养护与环境修复新模式，构建近海渔业技术创新平台，为近海渔业可持续发展提供技术支撑。

2.进展情况

(1)典型水域渔业生态容量和增殖潜力模型研发。

①构建了黄海崂山湾的增殖潜力模型，评估了其增殖容量。2013—2014年进行了20航次的调查，包括渔业资源、浮游生物、初级生产力、营养盐、底栖动物及水文环境的调查。对崂山湾渔业资源及环境的周年变化进行了分析，摸清了崂山湾水域渔业资源现状、利用状况及生产力水平；构建了崂山湾增殖潜力模型，比较了能量流动的季节变化，评估了崂山湾水域生态系统的剩余生产量，研究结果对于黄海近海渔业水域生态容量与资源增殖潜力的评估提供了基础资料。

②完成了南海鹅公湾渔业资源与环境调查及生态容量评估。一是南海近海典型渔业水域生态容量和增殖潜力评估模型构建。2013年3月、5月在南海鹅公湾水域开展了水质、底质、环境生物、渔业资源刺网、拖网和声学等资源环境调查。利用营养盐平衡原理开展了底泥营养盐通量实验测定；摸清了鹅公湾海域渔业资源及其栖息环境、渔业利用现状和历史状况，建立了南海生态容量与资源增殖潜力评估模型，并利用不同时期的调查资料进行调试。二是完善了南海近海典型渔业水域生态系统健康评价技术：首先确立了南海近海典型渔业水域生态系统健康评价指标筛选的原则；其次构建了南海近海典型渔业水域生态系统健康评价技术指标体系。

③分析了汕头南澳海域渔业资源与环境特征，建立了生态足迹模型数据框架。测定了汕头南澳海域温度、盐度、pH、DO、深度、叶绿素和透明度等及浮游植物和浮游动物等生物环境因素。2013 年 4 月采用流刺网（高 3 米，长 150 米，网目约 80 毫米）调查了南澳春季自然海区（对照区）和养殖区渔业资源的种类和数量。龙须菜大规模养殖对渔业资源有一定程度的影响，但本次调查只反映了春季海域渔业资源的情况，研究结果还受到调查方法等因素的影响，还需要采用其他调查方法进行确定。根据现场资源和环境参数调试结果，应用能值分析方法，以南澳为典型亚热带水域，建立了适用于我国近海（南海）的基于生态足迹和能值分析方法的渔业资源可持续指数评价模型，确定了构建亚热带海湾（以南澳岛海域为例）生态足迹理论模型的基本框架。

（2）近海典型渔业生境营造技术研发。

①人工鱼礁牧场生境造成与优化技术。研究了牡蛎壳粉及牡蛎壳作为混凝土人工鱼礁组成材料的物理和生物适用性，确定了牡蛎壳粉物理适用性最佳比例；设计开发了 2 种新型牡蛎礁礁体；设计研发了一种网格状人工鱼礁系统和一种定点聚堆式人工鱼礁等人工鱼礁布局模式；运用人工鱼礁配置组合技术、人工鱼礁单体群体布局设计技术，优化了南海鹅公湾、黄海獐子岛海域人工用鱼礁的礁体、礁区和礁群，初步完成了南海鹅公湾人工鱼礁示范区和黄海獐子岛海域人工鱼礁示范区建设。

②大型海藻场生境营造技术。开展了瓦氏马尾藻和半叶马尾藻苗种繁育技术研究；开发设计了新型海藻礁体 2 种，基于海藻礁布局和投放模式研究结果，在长海县獐子岛近岸 20 米水深内投放 0.8 米×0.8 米×0.8 米小型人工藻礁 1 000 块，合计投放共 2.2 万空方。

③底栖动物栖息生境营造技术。开展了珊瑚生境和红树林生境恢复研究，研究了珊瑚人工移植技术，探讨了珊瑚与其他海洋生物的亲和特征；研究了广东省沿海红树林植物重金属元素的富集效果，为近岸富营养化生境修复和红树林的生态修复提供了技术支持。

④浮筏式立体增殖生境造成技术。研究了黑鲷等种类对不同贝藻浮筏模型的亲和效果，初步判定了不同浮筏组成对海洋生物的集鱼效果；引进了琼脂麒麟菜作为南海海域夏季中上层立体生境中海藻生境的主要品种，开展了麒麟菜间距、行距、深度以及贝藻综合增殖最佳搭配比例研究。

（3）典型水域渔业资源的增殖模式研发。

①完成了南海热带海参等重要增殖种类的增殖新技术与示范。建立了花刺参、糙海参规模化人工育苗及增养殖技术，进行了糙刺参的增殖放流试验。通过池塘和海区实验，查明了马尾藻的池塘培育条件，建立了马尾藻池塘培育技术。筛选出了三种重要热带海参（花刺参、糙刺参、糙海参）可作为热带经济海参的增殖种类，建立了与马尾藻组合的放流模式。

②研发了海珍品分子标志放流技术。为了准确评估虾夷扇贝底播增殖的回捕率，开发和筛选了虾夷扇贝的多态性微卫星分子标记 20 个，这些微卫星位点共检测到 98 个等位基因，等位基因数为 2～4，平均等位基因数为 2.7，平均有效等位基因数为 2.4，观测杂合度平均值 0.635，期望杂合度平均值为 0.517，平均多态信息含量为 0.465。这些多态性分子标记将用于鉴定虾夷扇贝的人工育苗、改良人工育苗以及天然苗种，为回捕率计算奠定基础。

③完成了莱州湾中国对虾的增殖放流效果评价。依据 2012 年 7～9 月的中国对虾跟踪与回捕调查，进行了中国对虾放流苗种存活生长状况、洄游分布及回捕情况的研究，并应用“Bhattacharya”法区分了中国对虾的自然群体与放流群体，进行了中国对虾的增殖效果评价。

④提出了鹅公湾适宜放流的品种及其放流规格、时间及数量。提出了鹅公湾及其附近海域适宜放流的品种、放流苗种的规格、放流时间和数量，研究了鹅公湾及其附近海域适宜放流种类的生物学特征、繁殖习性、分布、洄游特性、食性和放流功能，为今后实施南海近海典型渔业水域增殖放流提供参考依据。

⑤龙须菜栽培技术取得显著进展。2013 年 11 月至 2014 年 1 月于深澳湾进行龙须菜栽培，采用 0.5 厘米、1.0 厘米和 1.5 厘米孔径的网箱开展防鱼安全栽培实验。研究了不同孔径网箱对龙须菜栽培防鱼效果的影响，1.0 厘米孔径网箱具有良好的防鱼效果，适用于防鱼安全栽培；比较了串绕夹苗和分簇夹苗对龙须菜养殖的影响，龙须菜串绕夹苗方法抗风浪能力强，龙须菜生物量比传统夹苗法平均增加 33.2 %，串绕夹苗方法在风浪较大的海区值得推广应用。

（4）典型水域资源养护型捕捞网具的研发。

①完成了沿海渔具作业类型调研。通过对江苏省的渔业管理部门、主要渔港、渔村进行了多次调研，了解和掌握了江苏省在吕四渔场的渔业生产、渔船、渔具渔法及存在的问题。

②开展了渔具与渔获之间关系调查与研究。单锚张纲张网：单锚张纲张网俗称帆张网，江苏省渔具总数约为 1 450 顶，捕捞的主要经济品种包括：太平洋磷虾、小黄鱼、银鲳、带鱼等。平均网产 542.3 千克，与前

几年比较，有较大幅度的增加。单桩桁杆(框架)张网：单桩桁杆(框架)张网俗称单根方，江苏省共有渔具总数约为9 110顶，捕捞的主要经济品种包括：甲壳类、头足类、小黄鱼、银鲳等。平均网产约38.4千克，与前几年比较，平均网产减幅约在6%～16%，但是随着渔具数量的增加，总产量仍呈增长趋势。双桩张纲(有翼)张网：双桩张纲(有翼)张网俗称深水方，渔具数量约在7 000余顶，捕捞的主要经济品种包括：甲壳类、头足类、小黄鱼、银鲳等。平均网产为28.3千克，与前几年相比，降幅3%左右。多桩单片张网：多桩单片张网俗称洋簖网，渔具数量约在15 000顶，捕捞的经济品种包括：甲壳类、头足类、小黄鱼、银鲳、带鱼等。平均网产为6.1千克，与往年比较，降幅13%左右。桁杆拖虾网：为江苏省主要的拖网作业型式，目前全省拥有渔具数量1 100余顶，捕捞的主要经济品种包括：甲壳类、鲆鲽类、鮸鱼、海鳗、梅童、虾虎鱼类、头足类等。平均CPUE(单位时间产量)约为59.51千克。

③开展了渔具选择性研究。目前开展对主要集中型式(单锚张纲张网、单桩框架张网、双桩张网、多桩张网)规格、产量以及渔获品种组成进行测定，并将于12月份全部完成。已确定选择单桩(单锚)框架张网作为主要选择性试验渔具，制定了试验方案，选择4种网囊网目尺寸(25毫米、35毫米、45毫米、55毫米)进行套网试验，目前已联系并落实实验场所以及协助单位，由于张网渔具生产季节即将结束，拟定于明年春季开展第一阶段试验。

(5)典型水域重要增殖种类的筛选及遗传背景研究。

①筛选了莱州湾增殖放流种类。以1982年莱州湾(资源状况良好)的底拖网调查(9个航次)渔业资源状况作为本底资料，根据2011—2012年(9个航次)的底拖网调查结果，比对分析莱州湾渔业资源结构变动趋势，结合渔业对象相关生物学资料，初步筛选出适宜莱州湾增殖放流的种类有：25种底层经济鱼类、13种中上层经济鱼类、6种经济甲壳类、3种经济贝类和1种水母类。

②筛选了南海热带海参等重要增殖种类。进行了花刺参、糙刺参、玉足海参、棕环海参、糙海参等热带海参增殖种类的筛选，同时开展了亨氏马尾藻、半叶马尾藻等大型海藻的筛选以及热带海参消化道微生物的分析，以筛选出适合南海增殖养护水域的热带海参和大型海藻等重要重要增殖种类及环境特点。

③完成了增殖种类的遗传背景分析。完成了来自南海6个不同海域的自然花刺参种群样品的分析，研究结果表明我国南海北部海域花刺参遗传多态性较低、存在明显的近交现象，应尽快采取措施进行种群保护和恢复；而西沙群岛种群则形成了相对独立的自然群体。深入分析表明，距离、海湾/海岛隔离和洋流等多种因素导致花刺参种群分化，且种群间相对较高的遗传差异主要是在种群扩张事件发生后种群间基因交流受限所致。

④完成了微卫星分子标记对半滑舌鳎和金乌贼家系鉴定。筛选了6对多态性丰富的半滑舌鳎和金乌贼的微卫星引物，通过引物组合与条件优化建立了三重PCR技术。利用上述微卫星位点进行组合标记分析，实现了家系中个体的认证和溯源。随后利用这6个微卫星位点对90尾个体进行家系溯源模拟分析，结果表明利用6个微卫星位点能准确把这两个家系产生的任意子代个体定位到各个家系中。由此证明，微卫星三重PCR是一种灵敏、精确、有效的分子标记技术，可以应用于增殖标记放流的效果评估中。

⑤完成了典型水域重要增殖种类的生态风险评价。筛选和分析了生态系统中已受到或可能受到的来自风险源的不利作用的组成部分(风险受体)，包括增殖对象本身(增殖规模、遗传多样性、生态适合度、健康状况)、增殖水域土著种(种群规模、遗传多样性、生态适合度、健康状况)、水域生物群落(食物和栖息地等生态要素的竞争、食物网的稳定性)、生态系统(对增殖水域生态系统结构和功能产生影响)。

高技术船舶科研项目“南海渔船高效节能设计应用技术研究”项目

【概况】 工业和信息化部、财政部于2012年11月19日发文《工业和信息化部 财政部关于南海渔船高效节能设计应用技术研究项目立项的复函》，同意“南海渔船高效节能设计应用技术研究”项目立项。本项目以中国水产科学研究院渔业机械仪器研究所为牵头，联合中国船舶重工集团公司第七〇一研究所、北车船舶与海洋工程发展有限公司、广州船舶及海洋工程设计研究院和中海石油气电集团有限责任公司以及外协单位中国水产科学研究院南海水产研究所共同参与“南海渔船高效节能设计应用技术研究”项目研究。

【总目标】 针对南海渔业装备落后的现状，通过开展LNG拖网渔船、电力推进围网(灯光罩网)渔船和金枪鱼延绳钓渔船的船型开发与建造技术、新型LNG动力系统、船体材料、船型节能技术等方面研究，开发出满足我国法定要求、适合南海海域作业的安全高效节能型示范船。

【进展情况】

（1）南海高效捕捞与船机桨网优化匹配技术研究。

①对灯光罩网渔船分别采用电力推进与柴油机轴系推进方式时两种推进系统基本构成形式、机舱布置需求、初始投资成本、油耗及传递效率等方面展开全面比较分析，完成电力推进系统技术方案设计论证。

②结合灯光罩网渔船目标船型的线型特点、船体阻力、船桨相互影响特性，及电力推进系统的效率特性，初步确定电力推进系统各设备技术参数，并完成主要设备的设备选型。

③对目标船型进行全工况航行特性分析，从不同工况下船体需求出发，结合螺旋桨的推进效率，确定不同航行工况下推进电机转速负荷输出，建立电力推进系统自动控制模型。

④完成电力推进灯光罩网渔船的船机桨匹配设计（包括性能预报、螺旋桨型值表、强度计算书、螺旋桨图纸）。

（2）船型综合节能与复合材料应用及抗碰撞结构优化技术研究。开展了南海渔船的抗碰撞局部结构形式设计方案，一是确定了渔船抗撞性评价指标，并建立了渔船结构有限元模型。二是考虑最为危险的碰撞状态，即渔船中部船侧被其他船舶正面撞击，建立渔船碰撞模型，通过有限元计算对被撞船的应力应变、变形和碰撞船舶之间的能量转化进行了分析。三是对仿真结果进行分析，从撞击渔船和被撞击渔船两方面提出渔船结构抗撞特性改进结构方案。

（3）LNG 燃料动力系统和调距桨应用技术研究。

①LNG 单燃料动力系统技术研究。结合 2013 年度针对 LNG 燃料动力系统相关研究和具体图纸文件的设计工作，整理形成了相关研究报告，并根据研究成果对送审设计图纸文件进行了修正完善。

②LNG 拖网渔船调距桨应用技术研究。结合调矩桨外协研究成果，以及本船具体船型参数，编制完成了相关研究报告。

（4）高性能拖网、围网、金枪鱼延绳钓渔船相关标准与规范研究。

LNG 拖网渔船已于 2013 年参照中国船级社有关技术标准完成了送审设计工作，并在后续修改中不断完善。期间，对不断升级中的中国船级社 LNG 动力船舶有关技术标准进行了深入细致的研究分析；针对渔船商船之间的差异进行了调研，整理明确多个技术要求差异点；初步具备编制的“LNG 动力渔船设计及检验指导文件”的基础条件。LNG 动力渔船安全性评估已由中海油外协编制完成，“LNG 动力渔船安全评价技术标准”正在开展中。

（5）南海 LNG 拖网渔船总布置及船型优化节能技术系统集成与实船示范。

①南海 LNG 拖网渔船船型技术经济论证研究。经过对南海拖网作业广泛的调研和船型资料收集，结合 LNG 燃料动力系统危险区域影响、设备成本增加等实际情况，展开南海 LNG 拖网渔船船型技术经济论证研究，并进一步确定了船型主要技术参数。形成了“南海 LNG 拖网渔船船型技术经济论证研究报告” 1 份。

②南海 LNG 拖网渔船船型总体布置与船型技术研究。通过与用船单位的深入沟通，明确南海渔船作业需求及渔民操作习惯，结合 LNG 燃料动力系统相关规范及设备布置具体要求，开展了南海 LNG 拖网渔船船型总体布置技术研究，形成了“南海 LNG 拖网渔船总布置优化设计报告” 1 份，“南海 LNG 拖网渔船性能理论分析与试验验证相关研究报告”1 份。

③南海 LNG 拖网渔船高技术系统集成及样船建造与示范应用。开展了南海 LNG 拖网渔船高技术系统集成研究。完成了“LNG 燃料动力系统集成优化设计研究报告”1 份。

（6）南海电力推进灯光围网渔船总布置及船型优化节能技术系统集成与实船示范。

①开展电力推进灯光围网渔船经济技术论证。一是结合经验公式与市场调研，确定了主机功率、阻力、空船重量、平均年度费用等技术和经济指标的估算模型。二是根据南沙远海海域环境、渔业资源现状和渔船装备技术运行状态、捕捞生产方式，确定了南海电力推进灯光围网渔船航线、载重量系数等技术及经济定值参数。三是建立灯光罩网渔船技术经济评价体系并进行计算，最终得到优化后的船型方案。四是对双机单桨全电力推进灯光罩网渔船进行敏感性分析，得到了船价、油价、船员工资、单船单位功率网次产量、鱼价等经济参数变化对灯光罩网渔船内部收益率的影响。

②灯光罩网渔船 EEDI 分析报告。参考国际海事组织（IMO）提出的新船能效设计指数（EEDI）计算公式，结合灯光罩网渔船工作特点，提出了电力推进灯光罩网渔船 EEDI 计算方法，并对实船进行了节能性评价。

③复合材料在南海电力推进灯光围网渔船上应用技术研究。一是分析了真空绝热板、聚酰亚胺泡沫等材料的性能特点，以及这些材料在渔船低温舱室绝热层中应用的发展前景。二是对冷藏复合材料的特性和

工艺性进行比较和分析，并结合实际型船的冷藏要求对低温舱室绝热层厚度进行计算，论证将新型材料真空绝热板应用到渔船低温舱室绝热层材料的可行性。三是结合南海灯光罩网渔船的鱼货冷藏舱的需求研究现场发泡以及装配式冷库的安装工艺，分析了渔船装配式冷库的发展前景。

(7)南海金枪鱼延绳钓渔船总布置及船型优化节能技术系统集成与实船示范。

①对玻璃钢的特点，玻璃钢在渔船上的应用等进行技术调研。

②从原材料、成型工艺、结构几个方面重点对玻璃钢渔船的制造工艺进行分析和研究。

③根据《玻璃纤维增强材料渔业船舶建造规范》(2008)完成了南海金枪鱼延绳钓渔船玻璃钢上层建筑的结构设计、施工设计，并对相关的结构、节点、施工进行了说明。并对钢制结构和玻璃钢结构的渔船上层建筑进行分析，为今后的玻璃钢海洋渔船建造提出展望和建议。

“十三五”渔业科技发展战略研究

为深入贯彻《国务院关于促进海洋渔业持续健康发展的若干意见》和全国现代渔业建设工作电视电话会议精神，进一步发挥科技支撑和引领现代渔业发展的作用，2014 年农业部对“十三五”渔业科技发展做出战略部署和统筹规划，决定组织开展“十三五”渔业科技发展战略研究工作。农业部办公厅印发了“十三五”渔业科技发展战略研究工作方案，8 月 26 日，农业部渔业渔政管理局在江苏召开了启动会。

【工作思路】 “十三五”战略研究以党的十八大和十八届三中、四中全会精神为指导，深入贯彻《国家中长期科学和技术发展规划纲要(2006—2020 年)》和《中长期渔业科技发展规划(2006—2020 年)》总体部署，结合新时期国家科技体制机制改革的新要求和现代渔业建设对科技的新需求，以形成生态良好、生产发展、装备先进、产品优质、渔民增收、平安和谐的现代渔业发展新格局为目标，研究提出“十三五”我国渔业科技发展方向、战略目标、重点任务、政策措施以及体制机制创新建议等。

【总体安排】 “十三五”战略研究分为战略研究和规划编制两个阶段。

(1)战略研究阶段。开展总体战略研究和重点领域专题战略研究。总体战略研究以分析国内外渔业和渔业科技发展现状及未来发展趋势为主要内容，同时对“十三五”渔业科技发展需求进行预测，提出渔业科技发展的战略重点、目标、任务和政策建议等；重点领域专题战略研究，以分析各领域的科技现状和科技需求及研究重点、重大项目建议为主要内容，将围绕资源、环境、养殖、加工、装备、信息化等领域开展战略研究。总体战略研究与专题战略研究相互衔接、有分有合，在深入调查研究和汇总分析的基础上，形成总体战略研究和若干专题研究报告。

(2)规划编制阶段。根据战略研究阶段的成果，编制“十三五”渔业科技发展规划，明确“十三五”渔业科技发展指导思想、基本原则、发展目标、主要任务、政策措施和重大项目建议等。

【任务分工】 根据战略研究工作需要，成立“十三五”战略研究工作领导小组、专家咨询组和执行工作组，承担相应工作任务。

(1)领导小组。由农业部渔业渔政管理局、中国水产科学研究院有关领导组成，负责领导、组织战略研究工作，审议工作方案和研究报告、发展规划总体框架，研究决定与战略研究有关的重大事项。

(2)专家咨询组。主要由国内渔业领域有关院士、第九届农业部科技委渔业组委员组成，负责指导战略研究和规划编制工作，审议研究报告和发展规划草案。

(3)执行工作组。由科研、教学、推广等单位的各领域专家及管理部门的有关人员组成，承担总体战略和各专题战略研究具体工作，起草总体战略和各专题战略研究报告，编制“十三五”渔业科技发展规划。

①总体战略。围绕现代渔业建设目标与任务，梳理水产养殖业、捕捞业、水产品加工流通业、增殖渔业和休闲渔业五大产业体系的科技需求，提出“十三五”渔业科技发展的总体战略和目标。

②渔业资源与生态环境。围绕渔业水域环境和生态系统保护、近海和内陆水域渔业资源养护和可持续利用、外海和远洋渔业资源开发与利用等方向，开展国内外发展现状对比分析研究，提出“十三五”本领域科技发展思路、战略目标和重点任务。

③水产遗传育种。围绕种质资源保存与利用、遗传机制解析与基因挖掘、优良性状新品种选育等方向，开展国内外现状对比分析研究，提出“十三五”本领域科技发展思路、战略目标和重点任务。

④水产养殖。围绕渔用饲料开发与品质调控、养殖病害监测预警与防控、高效健康养殖模式与技术提升和宜渔水域开发利用等方向，开展国内外发展现状

分析对比研究,提出“十三五”水产养殖领域科技发展思路、战略目标和重点任务。

⑤加工流通与质量安全。围绕水产品精深加工与综合利用、保鲜储运流通、质量安全检测、监测预警与风险评估等重点方向,分析国内外发展现状、开展本领域科技发展需求研究,提出“十三五”实现全面提升水产品加工工艺、装备现代化和质量安全水平的科技发展思路、战略目标和重点任务。

⑥渔业装备与工程。围绕渔船及渔船装备、渔具及材料、养殖设施与装备、加工装备、池塘生态工程、渔港及防灾减灾工程等重点方向,加强国内外发展现状对比分析研究,提出“十三五”本领域发展思路、战略目标和重点任务。

⑦渔业信息化。围绕渔业生产管理和过程信息化,重点开展渔业信息采集、处理、分析和利用技术方面的现状与未来发展方向研究,提出“十三五”本领域发展思路、战略目标和重点任务。

全国渔业系统积极贯彻落实《农业技术推广法》

为做好渔业系统贯彻落实新《农业技术推广法》工作,农业部渔业渔政管理局制定下发了《全国渔业系统贯彻落实〈中华人民共和国农业技术推广法〉实施方案》。方案下发后,各地积极采取措施,开展了大量宣传贯彻落实工作,特别是各级水产技术推广部门抓住机遇,顺势而为,极大地推动了水产技术推广工作。

【学习宣传贯彻成效显著】

(1)开展了新《农业技术推广法》系列宣讲活动。各地组织开展了一系列集中宣讲活动,渔业部门和推广机构负责人均至少参加过一次集中培训。很多地方通过手机简报向基层推广人员宣传《农业技术推广法》要点解读,确保基层推广人员接受相关知识点解读达到100%。全国水产技术推广总站还在“全国水产技术推广网”和《中国水产》杂志上开设专栏,广泛宣传《推广法》新精神以及各地落实《推广法》的典型经验。

(2)开展《农业技术推广法》征文活动。各地渔业部门积极参加农业系统《推广法》征文活动,渔业系统上报论文300多篇,其中获奖论文34篇,占全部获奖论文的17%,全国水产技术推广总站获农业部优秀组织奖第一名。另外,全国水产技术推广总站还将渔业系统优秀论文汇编成册在《中国水产》上刊发。

(3)开展《农业技术推广法》战略研究。针对各地《农业技术推广法》落实中的问题,全国水产技术推广总站组织水产技术推广系统,开展了国家水产技术推广机构联合合作经济组织开展公益性推广服务、国家水产技术推广机构联合涉渔龙头企业开展公益性推广服务、基层水产技术推广机构基础设施建设标准、基层水产技术推广机构工作经费保障情况等课题研究。相关研究成果即将以水产技术推广发展战略研究丛书公开出版。

【示范站建设活动获积极响应】 自2013年起,全国水产技术推广总站着手组织基层水产技术推广示范站建设,组织制定了示范站建设活动方案,明确了示范站建设标准和考核评分参考表,举办了示范站建设培训班,印发了《关于做好全国基层水产技术推广示范站建设的通知》,专题布置示范站建设工作。基层水产技术推广示范站创建活动得到了各地的积极响应。经组织创建、县级申报、省级推荐和审核评定,2013年和2014年分两批,审核确认了全国基层水产技术推广示范站179个。通过近两年的建设,各地已初步形成了“示范先行、区域带动、整体考核、连续推进”的示范站建设工作思路,示范站在宣贯落实《推广法》中发挥了重要示范和带动作用。

【推广队伍建设得到加强】

(1)开展推广人员轮训。各地积极落实推广人员轮训的有关要求,采取多种方式,有计划、分步骤地开展推广机构负责人和技术骨干的轮训。全国水产技术推广总站印发了《2014年全国水产技术推广体系人才培训工作要点》,指导全国体系人员培训工作的开展。据统计,2013年和2014年,全国推广人员自身培训分别为89 228人次、84 952人次,完成了预期任务。另外,全国水产技术推广总站落实了“农业部万名农技推广骨干人才培养计划”的任务要求,2013—2014年,举办水产技术推广骨干培训班4期,培训推广人员600多人,完成了培训任务。广西壮族自治区还依托基层农技推广体系改革与建设补助项目,联合高校,举办了水产专业人员培训班,建立推广培训的新机制。

(2)开展推广人员继续教育。为推动各地推广人员继续教育,全国水产技术推广总站在充分调研的基础上,联合有关科研教育单位,举办了针对水产技术推广人员学历教育的招生推荐工作,得到了各地的积极响应。2014年全国水产技术推广人员继续教育8 211人次,较2013年的5 866人次,增长了近40%。

【“一个衔接,两个覆盖”政策进一步落实】 在各级渔业主管部门及其推广机构的积极督导落实下,基层农技推广体系改革与建设补助项目在渔业系统得到进一步落实。据初步调查,2014 年,全国渔业系统共落实项目经费 2.4 亿元,其中有 13 个省(自治区、直辖市)实行了渔业行业的切块管理。陕西省首次落实补助资金 800 万元,占全省补助经费 10%。目前,多数渔业重点县落实了水产技术推广工作的补助经费。乡镇农技推广机构条件建设项目投资已完成,较好地改善了乡镇推广人员的工作条件。另外,全额拨款事业单位比率进一步提升,超过 80%,全额拨款单位的水产技术推广人员实现了与当地基层事业单位收入水平相衔接。

从效果看,2012 年中央出台“一个衔接,两个覆盖”扶持政策和 2013 年颁布新修订的《推广法》以后,政策效果明显,各地国家水产技术推广体系改革与建设稳步推进。一是机构得到强化。2014 年,全国各级水产技术推广机构 14 755 个,较 2011 年增加 1 741 个;水产专业站 3 461 个,较 2011 年增加 126 个;全额拨款事业单位 11 934 个,占机构总数的 80.58%,较 2011 年上升 8.44 个百分点。二是队伍不断优化。2014 年,全国各级水产技术推广机构编制总数 43 751 人、实有人数 42 006 人,较 2011 年分别增加 5 284、4 404人,队伍规模扩大;专业技术岗位人员 30 748 人,占编制总人数的 70.28%,技术人员比率逐年提高;大专以上学历人员 23 758 人,占编制人数的 56.56%,较 2011 年上升 4.71 个百分点。三是工作经费大幅增加。2014 年,全国共落实水产技术推广机构经费 22.19亿元,较 2011 年增加 9.21 亿元,增幅 70% 以上。

(农业部渔业渔政管理局 王雪光)

各 地 渔 业

北京市渔业

【概况】 2014年，北京市实现渔业总产值24.6亿元，同比增长6.03%；水产品总产量6.8万吨，同比增长6.25%；渔民人均纯收入15 134.16元，同比增加2 217.58元/人，增长16.8%。

1. 绩效考核和折子工程全面完成 全面完成增殖放流任务，实现渔业水域增殖放流全覆盖。做到了科学放流、保质保量、认真督导、从严执法、养护资源。具体工作包括：制定《2014年全市渔业资源增殖放流方案》；2014年度增殖放流项目通过公开招标，3家苗种供应单位（含联合体）中标；共采购563吨（541吨鲢鳙鱼、8吨草鱼、6吨青鱼、8吨鲂鱼及3万尾细鳞鱼），投放到11个区县，15个市级管控的公共水域，其他水面由区县渔业主管部门负责。共计完成中央财政支出688.48万元，其中细鳞鱼80万元；继续实行放流过程第三方监理制。放流过程由第三方过秤、计称、打样、验收等工作；继续全程录像，精细管理；渔业资源保护工作进一步落实，依法打击违法捕捞行为的力度逐渐加大，全年各区县渔政执法部门开展执法巡视500多次，非法捕捞与垂钓得到管控，重要水域生态环境渐趋友好。

工厂化设施改造年度任务全面完成。全年共完成工厂化设施改造9家，具体制定了《2014年渔业高产高效生产基地建设实施方案》和《北京市渔业高产高效生产基地建设项目管理规定》，对《2014年北京市渔业高产高效生产基地工厂化建设与验收标准》进行修订；对申请改造的养殖场的主体资质、土地性质、承包合同进行审查；开展测绘与设计，进行项目评审；督促监理公司对建设工程进行从严监理，建立周例会和月通报制度；于11月17～21日采取实地勘察、现场质询等方法，进行了全面验收。

2. "调转节"初见成效 在市场拉动下，全市渔业养殖规模由上年的4 220公顷减少到3 920公顷。其中，籽种渔业为493公顷，休闲渔业为1 106公顷，精品渔业调整到2 320公顷，继续向"调优做精"转变；水产品产量达到6.82万吨，比上年的6.36万吨增长7.2%；渔民年人均纯收入达到15 134.16元，比上年的12 961.58元增长16.8%；通过调整渔业内部结构、转变经营方式、推广节水技术，全年节约养殖用水400多万吨，相当于两个半昆明湖。

3. 设施改造，增加产能 全年开展了渔业高产高效生产基地建设，改造工厂化建设面积3.7万平方米，每平方米将新增产能38千克；建设循环温室10家，每亩新增产能1.3吨；改造标准化基地11家，每亩新增产能0.33吨。

5年来，全市共建设菜篮子工程渔业高产高效生产基地136家。改造的总占地面积582.44公顷，养殖面积424.68公顷；改造前产能为7 000吨，改造后产能为22 000吨，新增总产能为1.5万吨，占去年养殖总产量的22%。节水能力大幅提升。其中标准化池塘比传统池塘节水20%，温室循环养殖模式节水73%，工厂化养殖模式节水95%。

4. 推广示范，效果倍增 组织开展了湿地生态净水循环、净水微孔增氧循环两项高效节水养殖技术规范标化工作；宣传、推广10家创新、高效、节水、生态的典型，使上千户主动登门，求经学艺；许多养殖大户自费到先进省市考察高效节水具体范例；全行业学典型、自觉"调转节"正在兴起。

5. 加强监管，成效显著 进一步强化了全市水产品质量安全、水生野生动物经营利用和水生生物资源保护执法。其中，水产品质量安全执法，全年开展渔业执法检查次数1 772次，检查养殖场（户）2 863个（户），出动检查人次5 268次，发放整改通知书113份，查处养殖场7个，罚款金额1 600元，无害化处理0.02吨；水生野生动物经营利用执法，全年共开展605次，立案31起，结案28个，罚没6.3万元；水生生物资源保护执法，全年共查处案件233起，没收渔竿1 140根、非法网具4.3万米、船只64条、电捕工具36套，罚款2.6万元。通过强有力的执法行为，震慑了违法分子，维护了渔业安全。

6. 严格审批，加强监管 渔业类行政审批共16个事项，包括：国家一级水生野生动物的捕捉、经营利用、驯养繁殖的审核；二级国家水生野生动物的捕捉、经营利用、驯养繁殖的审批等。全年共接受行政审批申请520件，其中，受理513件，不受理7件。在受理件中，涉及水生野生动物利用特许证件审核75件，审批47件，进出口水生野生动物及其产品审核61件，船舶检验330件。全年从美国和我国台湾省等6个国家和地区进口红珊瑚159.5千克、各类毛皮（包括：海狮皮、海狗皮、水獭皮）8 509张、鲟鱼受精卵611.25万粒、哺乳动物（包括：水獭、海豚、海狗）22只、花龟109.5万只、欧洲鳗鲡750千克。向日本和我国台湾省等4个国家和地区出口鲟鱼受精卵和苗532万粒、鱼苗5.17万尾；宫廷金鱼1 678万尾（含草金鱼），创汇1 694万元；海马制品580万片。另外，全年年审77个特许证件，涉及鲟鱼、大鲵、海狮及红龙等8个物种。

积极探索水生野生动物制品的全链条监管模式。制定并实施了《关于加强水生野生动物制品监管工作的通知》，明确了市区（县）渔业行政主管部门及所属渔政监督管理机构的职责，严格事前审批管理、事中现场审查及事后监管的工作内容及流程，确保监管措施得到全面落实。

7. 生态建设，依法落实 贯彻执行《中华人民共和国渔业法》、《中国水生生物资源养护行动纲要》和《北京市实施〈中华人民共和国渔业法〉办法》，办法中明确规定："市和区、县人民政府及渔业行政主管部门应当加强渔业资源增殖工作，采取措施，促进渔业资源增殖"。为此，首次出台了《北京市农业局关于强化水生生物资源养护工作的意见》，强化了依法建设生态渔业的重要性，进一步明确了各级渔业主管部门的职责任务。

该意见的发布和实施调动了区县渔业主管部门的积极性，全年增殖放流资金达到了1 326.46万元。其中，国家财政688.46万元，市级财政338万元，密云县300万元。有5个区县积极争取将增殖放流所需经费列入本级财政预算，为在全市实现各级财政逐年加大投入制度化奠定了基础。

放是基础，护是关键。加大了自然水域的违法捕捞行为的监管力度，开展了有针对性的联合执法；启动了申报白河水生野生动植物自然保护区项目，初步明确了自然保护区范围、水域面积和主要保护物种种类。

8. 积极调研，完善思路 在主管局长的带领和组织下，重点学习国务院发布的《关于促进海洋渔业健康发展的若干意见》、农业部出台的《关于贯彻落实〈国务院关于促进海洋渔业健康发展的若干意见〉的实施意见》和北京市委、市政府出台的《关于调结构转方式发展高效节水农业的意见》等重要文件。同时，深入14个区县、60多个水产养殖企业，了解情况。分两次赴山东、广东、福建等8个省份的二十几家养殖场、加工厂、观赏鱼养殖基地考察、观摩和座谈。在认真学习、深入调研的基础上，有针对性地提出了以"调结构、转方式、发展节水渔业"为主线，以改造设施为抓手，以发展"生态、籽种、休闲、精品"为业态，为实现都市现代渔业创新的发展，提供了思想保证。草拟了《关于促进北京都市渔业发展的意见》、制定了《北京市渔业发展意见》、《调整农业结构发展高效节水渔业的实施方案》等一系列指导渔业发展的重要文件。

9. 存在的主要问题

一是资源配置不合理。都市渔业的四大功能是生产、生活、生态、示范。渔业资源仍主要集中在解决水产品供给的生产方面，在生态、生活、示范等领域配置不足；

二是籽种产业在做强做优上不足。目前，本市鲟鳇鱼、观赏鱼、鲑鳟鱼，无论是亲鱼数量、孵化能力还是生产水平，在国内都占有较大份额。但核心技术、自主品牌不突出；

三是执法领域短板较多。机构、装备、编制、经费等方面均不能满足日益增长的渔业执法需求。

【重点渔业区（县）基本情况】

北京市重点渔业区（县）基本情况

区（县）	渔业人口（人）	渔业产值（万元）	水产品产量（吨）	其中		养殖面积（公顷）
				捕捞	养殖	
平谷区	3 171	20 784.3	14 852	382	14 470	834
怀柔区	3 295	19 043.8	3 921	85	3 836	106
通州区	2 630	18 696	9 061		9 061	1 045
密云县	14 375	11 280	4 600	2 050	2 550	192
顺义区	1 487	19 208.8	11 000		11 000	666
房山区	1 159	10 300	3 504		3 504	295

【大事记】

[1]4月17日，由北京和广西两地渔政部门在广西北部湾涠洲岛共同举行的“送海龟回家”主题放生宣传活动，北京水生野生动物保护形象大使、两届奥运冠军杨凌，市农业局副局长李全录、广西水产畜牧兽医局副巡视员梁师华等领导，一起将北京市渔政执法人员解救的一只绿海龟、一只玳瑁放归大海。

[2]4月24～25日，北京市水产技术推广站联合全国水产技术推广总站举办了“水产养殖节能减排技术培训班”，京津冀三地共120余名水产技术人员参加了培训。对于促进水产养殖节能减排新技术、新模式的推广应用、推动京津冀地区水产养殖业健康发展具有重要意义。

[3]7月26日，农业部水产品质量安全风险评估实验室(北京)技术委员会成立大会暨第一次工作研讨会在北京召开，技术委员会专家出席大会并就水产品中存在的风险隐患和危害因子进行综合评价和分析。

[4]9月12日，北京市渔业站制定的《北京市重点保护渔业资源品种及其可捕标准、渔获物中幼鱼比例的规定》通过专家评审。

[5]10月18日，2014北京·金鱼锦鲤大赛颁奖仪式在全国农业展览馆隆重开幕。本次大赛共有来自全国31个省、自治区、直辖市105家参赛单位的2 000尾精品金鱼、锦鲤争夺34个奖项。全国水产技术推广总站站长魏宝振、北京市农业局副局长马丽英、马荣才、北京市农林科学院副院长李云伏、中国水产协会副秘书长曲宇风等领导出席。

[6]10月31日，北京市农业局以《印发强化水生生物资源养护工作意见的通知》，要求以分级养护为职责，以三级政府(中央、市、区县)投入为主，扎实落实年度增殖养护任务，促进北京生态文明建设，构建国际一流和谐宜居之都。

[7]11月14日，北京市渔政系统执法技能比武在朝阳区举行，全市14个区县分别组队参加。农业部渔业船舶检验局局长李杰人、副局长钟小金、市农业局及各区县农委和农业局领导现场观摩此次活动。

[8]12月25日，北京市农业局以《关于加强水生野生动物制品监管工作的通知》，要求在全市范围内对国家重点保护水生野生动物制品加强经营利用审批(核)工作，促进行政审批与执法监管无缝衔接，提升服务和监管水平。

(北京市农业局)

天津市渔业

【概况】 2014年，天津市渔业生产继续保持了持续稳定发展态势，水产品产量40.80万吨，同比增长2.36%；渔业产值81.9亿元，同比增长8.8%；渔民人均纯收入2.24万元，同比增长8.8%。水产养殖面积4.06万公顷，与上年基本持平，工厂化养殖面积100万平方米，同比增长16.3%。共生产各类水产苗种140.97亿尾，与上年基本持平。其中：淡水苗种27.74亿尾，海水苗种113.23亿尾。

1.渔业发展方式转变 将加快产业结构和养殖结构调整作为转变渔业发展方式的重要举措。

拓展远洋渔业，提高远洋捕捞生产能力。全市4家远洋渔业企业共投产渔船21艘，运回自捕水产品1.57万吨，是上年的2.75倍。发展休闲、观赏渔业。累计创建“全国休闲渔业示范基地”10处。全市开展垂钓池塘4 133.3公顷、建成垂钓大棚32万平方米，观赏鱼养殖面积300公顷，养殖数量达到3.7亿尾。

建设渔业设施提升工程项目20个，市支持资金3 400万元，拉动企业投入2.2亿元。共改造池塘1 400公顷，建设工厂化车间4.2万平方米，实现产量3.1万吨，产值3.6亿元。新建“菜篮子”项目5个，创建全国现代渔业种业示范场1家。支持在建的中国对虾良种场、乌克兰鳞鲤良种场、褐牙鲆原种场良种繁育，保种量逐步增加。增加虾类精养面积3 333.3公顷、鱼虾套养面积6 666.7公顷，全市虾类养殖面积达到2.53万公顷。

2.渔业资源养护 一是加大增殖放流力度，全年投入资金3 675万元，共放流中国对虾、三疣梭子蟹、梭鱼和趋礁性鱼类、底栖贝类等各类苗种17.07亿尾(只、粒)，完成年度任务的130%。二是加强海洋牧场建设。共使用资金1 608万元，投放人工鱼礁2 345个，约1.05万空方，牡蛎礁(附着基)6万袋。三是不断完善渔业资源损害补偿机制，组织了“液化天然气(LNG)工程”“大港港区10万吨级航道”“天津港东疆集装箱码头二期工程”等涉海工程补偿项目的合同签订及实施方案的论证。

3.水产健康养殖 新增农业部水产健康养殖示范场15处。无公害水产品产品认证新增36个，总数达到256个；产地认定131家，面积占全市养殖面积的56%。推进渔业物联网建设，25家企业安装了水质在线监控系统68套、视频监控系统96套，现已全部投入使用。无规定疫病苗种场建设试点工作圆满完成，水生动物养殖病害远程诊断网络建设试点工作持续推进，现已在3个区县建立了20个远程诊疗点。

4.水产品质量安全监管 坚持日常监管与专项整治相结合，加强宣传培训服务，完善配套监管手段，持续加强水产品质量安全监管工作。2014年，全市水产品质量安全形势稳步向好，水产品质量安全水平稳中有升，全年未发生重大水产品质量安全事故。全面扩大检测覆盖面，检测样品数是上年的2倍。产地水产品实验室检测样品933个，合格率99.4%，较上年同期提高近2个百分点；快速检测样品12 714个，合格率99.8%，与上年基本持平；市场水产品例行监测检测样品180个，合格率97.2%，较上年同期提高近4个百分点。检疫苗种1 128批次、324.59亿尾。

5.渔政管理 初步建立起与地方海警、区县渔业主管部门密切配合的联动执法机制，严格实施海洋伏季休渔，开展了违规渔具清理专项整治行动、海河清理违规渔船执法行动。全年出海检查170余天，航行877小时，航程8 639海里，查处违规作业渔船23艘次，收缴罚款21.75万元，没收及销毁小拖网40余条、地笼网1 000余条。加强涉外渔业管理。通过开展宣传教育，组织涉外船员、船长培训，集中发放韩国捕捞许可证书等多项措施加强管理，保障了83艘涉朝韩水域渔船没有发生越界捕捞事件。开展海上突发险情救助6起，救助渔船5艘、渔民10人。组织10余次水生野生动物执法检查，严厉打击非法交易、加工、经营、食用行为。

6.渔业科技与培训 全年共实施各类渔业科技项目121项；建立花鲈养殖技术试验示范基地等12处、推广养殖面积1 341公顷、工厂化养殖4 300平方米；建立科技示范户192户，新增经济效益1.79亿元。设立天津市水产局青年科技项目，新立项目30项。加强与“四院两校”的合作，引进了5种冷水性鱼类和耐盐碱养殖品种；与中国水产科学研究院长江水产研究所共同开展青鱼、中华胭脂鱼技术问题研究；建立了天津市海水养殖种业技术工程中心、中国海洋大学水产学科（天津）科研教学基地等平台机构。全年共举办各类培训班35期，培训3 530人次。编印了《天津市生态循环渔业典型技术模式汇编》。

7.存在的问题 一是产业结构调整还不够优、力度还不够大，水产养殖、增殖渔业和休闲渔业等产业在发展上还有很大空间。良种化程度低，种业发展有待进一步提高。二是渔业发展的政策支持和投入不足，养殖池塘淤积严重，水产品质量安全存在隐患，渔业生产设施、设备条件差，科技创新驱动力不强。三是渔业法律法规建设相对滞后。渔政执法条件和水平还有待进一步提高。

【重点渔业区（县）基本情况】

天津市重点渔业区（县）基本情况

区（县）	总人口（万人）	渔业产值（万元）	水产品总产量（吨）	其中				养殖面积（公顷）	
				海洋捕捞	海水养殖	内陆捕捞	内陆养殖	海水	内陆
武清区	94.94	98 571	72 338				72 338		7 170
宁河县	41.61	114 318	63 435		950	735	61 750	233	7 055
汉 沽	21.71	92 074	58 149	37 555	7 778		12 816	691	440
宝坻区	79.91	71 947	42 912			2 102	40 810		3 586
西青区	68.47	44 942	32 730			1 320	31 410		3 981

【大事记】

［1］2月25日，2014年天津市渔业工作会议召开。会议总结了天津市2013年渔业工作情况，部署了2014年重点工作安排。市农委副主任沈欣就落实天津市农村工作会议精神，加快现代都市型渔业建设提出了要求。

［2］2月25日，2014年天津市水产品质量安全监管工作会议召开。全面总结全市水产品质量安全监管工作，明确2014年重点工作任务。

［3］4月23日，农业部全国水产技术推广总站站长魏宝振、副站长王德芬等一行到天津市西青区水产养殖病害诊疗服务工作站进行调研。

［4］6月23日，天津市渔政渔港监督管理处组织召开伏季休渔海陆联合大检查工作部署会。总结了全市休渔前期工作情况，面临的主要问题，部署了下一步行动计划及方案。

［5］7月15日，全国水产技术推广总站副站长王德芬、农业部渔业渔政管理局副处长曾浩等一行6人，到天津市西青区凯润淡水养殖有限公司调研“天津市

水生动物无规定疫病场”建设试点工作。

[6]天津市渔政渔港监督管理处所属中国渔政12001船和12002船开展多次海上救助,成功救助渔船渔民脱险。8月16日、8月18日和9月11日,中国渔政12001船分别救助渔船1条、渔民2人。3月13日,中国渔政12002救助渔船1条。

[7]9月21～23日,第四届水产工业化养殖技术暨封闭循环水养殖技术国际研讨会在天津召开。会议围绕“工业化养殖—变革与创新”这一主题进行了研讨。来自国内外的250余位专家、企业家和技术人员参会,

[8]9月27日至10月26日,天津市渔政渔港监督管理处联合天津市海昌极地海洋世界发起“2014年水生野生动物保护科普宣传月”活动。

[9]12月9日,农业部办公厅公布第三批全国休闲渔业示范基地名单,天津燕王湖湿地生态旅游管理有限公司获此称号。

(天津市水产局)

河北省渔业

【概况】 2014年,河北省渔业工作按照全国渔业工作会议和全省农业工作会议的安排部署,认真落实《国务院关于促进海洋渔业持续健康发展的若干意见》、全国现代渔业建设工作电视电话会议精神和《河北省人民政府关于促进海洋渔业可持续发展的实施意见》文件要求,结合省农业厅重点工作任务分解的要求,坚持以科学发展观为指导,以发展现代渔业和促进渔民增收为目标,积极转变渔业发展方式,大力推进现代渔业建设,渔业规模化、标准化、产业化、组织化水平不断提高,全省渔业保持了健康稳定的发展态势。全年水产品总产量达到126.39万吨,同比增长2.7%,渔业总产值达234.8亿元,同比增长4.27%,渔业增加值128.6亿元,比上年增长3.61%,渔民人均纯收入12 200元,同比增长10%。

1.产业结构调整 一是海洋捕捞业。以渔船改造为抓手,发展新型专业化渔船,配套发展渔具、渔机、冷藏等相关产业,使之成为渔业产业结构调整和发展的战略重点之一。远洋渔业发展取得突破性进展,三家企业获得农业部远洋渔业生产审批,建成远洋渔船9艘,在建12艘;狠抓海上渔业生产秩序和渔事纠纷隐患排查、应急处置与调处工作,渔船编队生产水平提高,涉外渔船无恶性违规事件发生。二是水产养殖业。着重培育对虾、贝类、海珍品、中华鳖、冷水鱼等特色主导产业,大力推行工厂化、生态立体混养等标准化健康养殖模式,新创建农业部健康养殖示范场27个,总数达到121个,辐射带动养殖面积6万公顷;新创建2个全国现代渔业种业示范场和4个省级水产良种场,繁育各类水产苗种达950亿单位。高标准完成12个水产品“菜篮子”生产建设项目。三是水产加工流通业。大力推进渔业品牌建设,青虾、草鱼、鲤鱼三个品种新列入省名牌培育计划,共有康态牌中华鳖、恒行牌河蟹、金博蓝牌青虾等14个产品被评为省名牌产品。积极为水产加工出口企业搭建展销平台,组织18家水产出口企业参加了第19届中国国际渔业博览会,全省水、海产品及其制品实现出口4.47万吨,同比增长17.69%;实现出口额4.56亿美元,同比增长63.28%,水产品出口额位居全国第八位,成为全国水产品出口的主要省份。

2.水产品质量安全 一是加强水产品质量安全监管工作,严格生产过程和投入品使用环节的监管,加大水产品质量抽检力度,未发生等级以上水产品质量安全事故,全年组织省级以上水产品质量安全抽检793个样品,总体合格率为98.0%,其中水产苗种、渔用投入品和暑期水产品抽检合格率均为100%,产地水产品抽检合格率达99.3%,不合格样品追溯查处率达到100%。二是加强“三品一标”认证工作。全年新认定无公害产地18个、复查换证6个;新认证无公害产品30个、复查换证(含扩项认证)8个;全省无公害产地覆盖197个生产单位、136.6万亩养殖水域,有204个产品获得无公害水产品认证,产量达到14.6万吨。三是加强水产品质量安全执法工作,深入开展水产品禁用物质专项治理行动,全省各级渔政机构以企业“三项记录”制度的建立执行情况、渔药及饲料等投入品的使用情况为重点,组织对水产养殖场、苗种场进行执法检查,对发现违法问题的处理率达100%。水产养殖病害测报、重水生动物疫病专项监测和水产苗种产地检疫工作有序推进,为水产品质量安全提供了有力保障。四是继续实施贝类养殖区域划型工作。2014年划型面积为7 150公顷,其中,5 653.43公顷为一类生产区,占79.07%;1 496.57公顷为二类生产区,占20.93%;无三类区。

3.渔业资源养护 一是加大渔业资源增殖放流工作力度。全省各级累计投入财政资金、资源补偿、企业和渔民自筹资金等共计4 900多万元,在沿海和内陆各大中水域增殖放流各类水产苗种54亿单位。二是落实各项渔业资源管理措施。认真落实捕捞许可、伏季休渔、内陆大水面禁渔期(区)等资源养护和管理制度,扎实开展鲅鱼、鲈鱼苗、对虾亲虾、海蜇、毛虾以及水生野生动物保护等专项资源管理工作。三是深入

开展渔业水域生态环境保护工作。加大渔业水域生态环境保护力度，积极参加涉海工程环境影响评价评审，依法开展渔业资源生态补偿（赔偿）金收缴工作。全省各级渔业部门共计落实涉海工程项目渔业资源损害补偿金1 429.5万元。四是大力开展清理违规渔具专项行动。坚持日常检查与专项检查相结合的方式，在重点省辖海域开展3次海陆专项联合执法行动，在白洋淀、潘家口等跨界内陆大水面开展2次专项联合执法行动，共出动渔政检查员9 927人次，执法车1 762辆次，渔政执法船艇756艘次，查获违法渔船553艘次，清理违规渔具6 365套（张）。五是海洋牧场示范区建设进展顺利。利用溢油补偿资金和国家转产转业资金1 500万元，建设海洋牧场4处，投放人工鱼礁9 000余空方，新增建设面积173公顷，移植和底播藻类贝类苗种610万单位。

4.渔业科技与推广 一是渔业科技支撑能力进一步提升。围绕全省重点养殖品种、特色渔业发展要求，着力强化技术推广能力建设，加速科技成果转化，实施科研项目6项，推广计划2项。推介全省渔业主导品种4个、主推技术4项的工作，进一步提高了全省渔业科技水平，促进了产业的快速发展，为现代渔业发展奠定了基础。二是加强标准化示范区建设，提高了全省水产品安全质量。通过按标准化组织实施和管理，采用先进技术提高养殖水平。组织创建省级渔业标准化示范区15个，示范区面积达到730多公顷，工厂化养殖面积30万平方米。全省已累计创建渔业标准化示范区60个。组织申报2014年渔业地方标准制修订计划10项，审定2013年省渔业的地方标准2项。

5.水生野生动物保护 一是严格落实水生野生动物利用特许制度。加强水生野生动物利用监管，全年共办理特许许可事项52项，包括水生野生动物经营利用证件42项、水生野生动物驯养繁殖证件7项、水生野生动物特许运输证3项。并审核水生野生动物国家一级经营利用许可证申请6项、水生野生动物及其制品进出口审核类事项12项。二是开展水生野生动物保护宣传月活动。组织相关单位开展“关爱水生生物，共建生态文明”主题的科普宣传月活动，深入河北农业大学海洋学院秦皇岛校区，采取悬挂展板、横幅，张贴宣传画，发放水生野生动物保护知识手册、宣传T恤、宣传气球等方式，宣传水生野生保护知识。三是继续加强水生野生动物展馆管理。办理秦皇岛圣蓝皇家海底世界有限公司等4家水生野生动物新建展演场馆评估项目。对重点驯养繁殖及经营利用场所进行实地审查，完成了相关单位特许证件的年度审验。四是积极救助水生野生保护动物。全年共救助幼年雌性斑海豹2头，经山海关欢乐海洋公园救治，状况良好。

6.渔业法制建设 一是对《河北省休闲渔业管理办法》（草案）进行了再修订，吸纳了基层和渔民的意见，被列入省政府法制办2015年立法调研计划。二是开展对海洋伏季休渔执法管理和违规网具专项整治行动的督查，推进海洋伏季休渔管理规范化、违规网具专项整治常态化。三是集中清理现有的23项渔业行政审批事项，取消5项非行政许可，下放1项行政监管事项。承接国务院下放的涉渔审批事项7项。整体上对下放的6项审批主动与市县主管部门沟通协调，严格按程序做好衔接；对取消的8项审批做好监管，防止违规审批或变相审批。对保留的7项审批，按照机关标准化管理要求进行规范，正式受理至做出决定的期限由原20个工作日缩短为10个工作日，全年共办理渔业审批事项320项。四是抓规范化建设。大力推进“平安渔业”建设，按照农业部和国家安监总局的要求部署，深入开展了“全国平安渔业示范县”“文明渔港”和“全国休闲渔业示范基地”创建活动。

7.渔业综合管理 一是争取并落实惠渔政策。完成2013年度6.19亿元渔业油价补助资金发放的渔船数据审核汇总。渔业政策性保险工作迈出新步伐，承保规模和保障额度逐步提高。2014年承保渔民35 835人，同比增长3.2%，渔船2 881艘，同比增长6.3%；渔民雇主责任险保障金额人均保额达到20万元，同比增长25%。远洋渔船互助保险业务实现零的突破，承保沧州渤海新区福海渔业有限公司远洋渔船4艘，互保总金额3 072万元。各级财政对渔民保费补贴取得了新突破，省、市、县三级配套补贴制度逐步建立。水产养殖保险试点工作稳步推进，在唐山市承保海参养殖池塘5个，承保面积15.47公顷，承保金额162.4万元。二是加强渔业生产安全管理。河北省海洋渔业船舶安全救助信息系统建设稳步推进，为全省渔船配备AIS避碰设备1 800套，渔船信息化管理水平大大提高，最大限度的减少了渔船海难事故损失。省农业厅联合农业部渔业渔政管理局、黄渤海区渔政局、省直有关部门及秦皇岛市人民政府开展水上突发事件应急演练，动用3艘渔船、7艘渔政船，170余人参加，全面检验了渔业应急机构、应急处置人员对水上突发事件的应急处置能力。累计救助渔船事故32起，救助渔民113人，挽回经济损失400余万元。全年共培训考试考核渔业船员6 185人次。三是积极组织开展水产养殖执法检查。加大联合执法力度，多次组织各地开展执法行动，共检查苗种生产企业453家，水产养殖场3 492家，查处违规案件78起，处理“三项记录不完整”单位151家，发出责令整改通知书229份。

8.渔业宣传 全省各级渔业行政主管部门围绕现代渔业建设工作重点，加强政务信息采集与报送、新闻宣传报道、“一报两刊”发行工作，渔业信息宣传工作取得积极成效。一是不断加大通联力度，与《中国渔业报》《河北日报》《河北经济日报》、河北电视台、河北人民广播电台等新闻媒体保持良性互动，多角度、全方位的宣传展现河北渔业发展的成果和风貌，在《中国渔业报》登载稿件74篇，省级以上媒体刊物发表信息19篇。二是精心打造“自媒体”宣传平台，“河北渔业”专题网站集政务公开、信息宣传为一体，影响力日益扩大，成为多个水产专业网站和综合门户网站的信息源。全年在河北渔业网站共编发各单位上报信息396条，报送农业部渔业渔政管理局网站信息100多条。三是专题宣传取得可喜成绩，代表省农业厅参加省直工委组织的“中国梦·燕赵情”系列专题片大赛的宣传专题片《浪里飞歌》，全景式呈现河北渔业近年来的发展成就和渔业工作者的精神风貌，获得大赛特等奖（全省仅有10个专题片获此殊荣）。

9.存在的问题 一是资源环境约束趋紧，渔业发展空间受到极大影响。受极端天气、水域污染、地方政府调控（水源地、特殊要求水域）和工程占海等各种因素影响，渔业发展空间逐步萎缩。二是基础设施建设滞后，基层水产品检疫体系、推广体系改革推进难的问题及良繁体系、病害防治体系缺失和不足严重制约了渔业的进一步发展。三是渔业产业化程度不高，规模型龙头企业少，对行业的引领带动作用发挥不明显，需要从政策、资金上加大集中扶助力度，充分发挥利用好龙头企业的集聚、带头作用。四是渔业立法工作亟待加强。休闲渔业是新兴产业，没有上位法做依据，处于自发无序的发展状态，存在着许多亟须解决的问题，特别是以渔船为载体的休闲渔业，涉及海上安全问题，需要尽快立法规范。

【重点渔业市(县)基本情况】

河北省重点渔业县(市、区)基本情况

市（县、区）	渔业人口（人）	水产品产量（吨）	其中				养殖面积（公顷）	其中	
			海洋捕捞	海水养殖	内陆捕捞	内陆养殖		海水	内陆
北戴河新区	25 320	197 892	7 293	190 340		259	25 641	25 535	106
乐亭县	10 565	135 011	36 787	94 584	623	3 017	28 653	28 319	334
唐海县	23 110	92 507	17 327	11 144	15	64 021	12 576	5 774	6 802
滦南县	12 217	85 152	33 455	27 641	1 130	22 926	14 929	13 302	1 627
昌黎县	14 000	83 272	2 998	79 994	15	265	20 381	20 281	100
黄骅	49 700	77 548	66 594	8 238		2 716	6 340	4 965	1 375
唐山市丰南区	10 910	74 795	24 502	530	1 218	48 545	4 467	999	3 468
抚宁县	9 310	60 284	6 903	51 240	824	1 317	6 784	5 058	1 726
迁西县	2 200	43 250			3 500	39 750	1 128		1 128
芦台农场	587	41 524	16 055	20 144	2 737	2 588	10 309	10 080	229

【大事记】

[1]2月18日，河北省水产学会第九届理事会常务理事扩大会议在石家庄市召开。

[2]3月14日，河北、辽宁渔政管理工作座谈会在秦皇岛市召开，会议对河北、辽宁海上春季渔业生产秩序稳控工作进行了分析研讨。

[3]3月19～20日，全国水产技术推广总站站长魏宝振一行到冀州市考察指导水生动物保护、衡水湖增殖放流等工作。

[4]3月20日，由省水产局和中国联盛投资集团共同研发的河北省首艘渔业船舶“油改气”改造渔船试航仪式在秦皇岛市昌黎县新开口渔港举行，标志着全省渔业船舶“油改气”改造进入全面实施阶段。

[5]3月31日，河北省渔业互保协会与唐山市乐亭县一海参养殖户签订《海参养成互助保险合同》，标志着河北省海参养殖保险成功开展。

[6]4月2日，全国水产技术推广总站站长魏宝振应邀参加安新县全国基层水产技术推广示范站揭牌仪式。

[7]4月3日，河北任丘四大家鱼良种场以高分通

过全国水产技术推广总站站长魏宝振、副站长邓伟带领的全国水产原种和良种审定委员会专家组的国家级水产良种场资格复查。这是该场自2003年3月12日挂牌后的第二次国家级资格复查验收。

[8]4月3日，河北省政府印发关于2013年度河北省农业技术推广奖励决定，水产技术推广系统"对虾健康养殖技术集成与信息化管理"项目荣获农技推广合作奖、"海水工厂化和池塘生态化养殖技术集成与推广"项目获农业技术推广项目奖三等奖，河北省水产技术推广站李中科、鹿泉市水产技术推广站张玉金、安新县水产技术推广站罗念涛荣获农技推广贡献奖。

[9]4月21日，河北省机构编制委员会办公室印发《关于省农业厅有关职责和机构编制调整的通知》，不再保留省农业厅内设副厅级机构省水产局，其机构和职能并入省农业厅。

[10]4月22~23日，农业部渔业船舶检验局局长李杰人、副局长信德利一行3人到河北调研渔船检验管理工作，并现场视察了大型渔政船建造及检验工作开展情况。省水产局副局长闫建民陪同调研。

[11]4月26日，省农业厅副厅长吴更雨一行3人到省渔船检验渔港监督管理处视察渔业信息化系统建设工作。

[12]5月7日，全国水产技术推广总站站长魏宝振应邀参加黄骅市全国基层水产技术推广示范站揭牌仪式。

[13]5月27日，河北省2014年海洋伏季休渔管理工作会议在秦皇岛市召开。省农业厅副厅长吴更雨到会并讲话，秦皇岛市副市长王亚洲应邀参会并致辞，黄渤海区渔政局秦皇岛站副站长沈永福出席会议并做指示。省水产局副局长闫建民主持会议。

[14]6月1日，黄渤海区渔政局驻秦皇岛督导组在秦皇岛市组织召开海警、渔政海上执法协调会。黄渤海区渔政局驻秦皇岛督导组、河北省渔政处、河北海警一大队等单位参加会议。

[15]6月7日，河北省渔业互保协会第二次会员代表大会在秦皇岛召开。省农业厅副厅长吴更雨到会并讲话。岳振奎当选理事长、李建军当选监事会主席、张建刚当选秘书长。

[16]6月9~10日，省农业厅副厅长吴更雨、厅长助理闫建民以及水产养殖处、省海洋与水产科学研究院有关同志到承德市围场县调研督导细鳞鱼资源保护工作。

[17]6月25日至7月4日，全省海洋违规渔具清理整治专项行动第一次海上联合执法行动实施，共抽调各级渔政船14艘，有力地维护全省伏季休渔秩序。

[18]7月13日，海洋伏季休渔中后期管理工作会议在唐山市召开。

[19]7月14~23日，全省海洋违规渔具清理整治专项行动第二次海陆联合执法行动实施。

[20]7月31日至8月1日，省农业厅副厅长吴更雨带领厅水产养殖处、渔业资源保护处和省水产技术推广站负责同志，到邯郸市考察调研了邯郸渔业发展情况。

[21]8月6~7日，农业部副部长牛盾带领农业部国际合作司、农业部渔业渔政管理局和农业部机关服务局有关负责同志等一行5人到河北调研渔业工作。河北省副省长沈小平、省政府办公厅巡视员曹振国、省农业厅厅长魏百刚、副厅长吴更雨陪同调研。

[22]8月7~8日，农业部渔业船舶检验局局长李杰人、副局长钟小金一行到唐山市丰南区开展"农业部渔业船舶检验局、河北渔业船舶检验局基层服务型党组织共建活动"。省农业厅厅长助理闫建民参加活动。

[23]8月11日，2014年冀津渔政管理工作座谈会在秦皇岛市召开。

[24]8月12日，全省水产养殖生产形势分析会在承德市召开。省农业厅副厅长吴更雨出席会议并讲话，省农业厅厅长助理李建军主持会议。

[25]10月9日，全国增殖放流规划编制建议座谈会在石家庄市召开。省农业厅厅长助理李建军参加会议并讲话。

[26]10月16~31日，为期半个月的内陆跨界大水面专项执法行动在白洋淀及潘家口水库等省辖内陆水域开展。

[27]10月30日，2014年度渔业海上突发事件应急演练在秦皇岛市举办。省农业厅厅长魏百刚及农业部渔业渔政管理局、黄渤海区渔政局、省发改委、省应急办等单位相关领导应邀观摩指导。

[28]12月12日，由省农业厅渔业资源保护处组织拍摄的专题片《浪里飞歌》荣获省直工委举办的"中国梦·燕赵情"专题片大赛特等奖。

[29]12月18日，农业部渔业船舶检验局副局长张锋一行到河北调研指导工作。

[30]12月23~24日，全国水产技术推广总站副站长李可心一行到任丘市进行水产养殖主推技术及池塘存量调研。

[31]12月28日，河北省渔业互保协会二届二次常务理事会在秦皇岛市召开。

（河北省水产局 崔校武 马志敏）

山西省渔业

【概况】 2014年是我国开启全面深化改革新征程的开局之年，也是决定“十二五”规划能否顺利实现的关键之年。一年来，山西省渔业系统认真贯彻落实现代渔业建设电视电话会议和《农业部关于贯彻落实〈国务院关于促进海洋渔业持续健康发展的若干意见〉的实施意见》精神，深入践行党的群众路线教育实践活动，继续加大转方式、调结构、增投入、强科技、促增收力度，努力破解制约全省渔业发展的瓶颈问题，全力推进现代渔业建设，各项渔业工作取得新突破、新进展，渔业生产和经济继续保持较快平稳发展态势。全省水产品总产量51 248吨，较上年增长12.3%，其中：养殖产量50 188吨，同比增长12.8%，捕捞产量1 060吨，较上年减少5.53%；养殖产量中池塘产量33 870吨，同比增长13.2%，占养殖产量的67.49%，位居第一；水库产量14 338吨，同比增长5.87%，占养殖产量的28.57%，位居第二。水产养殖总面积15 814公顷，同比增长2.28%；渔业经济总产值8.1亿元，同比增长10.47%，其中：渔业产值5.98亿元，同比增长13.08%，渔业工业和建筑业产值0.22亿元，同比增长6.15%，渔业流通和服务业产值1.91亿元，同比增长3.47%；渔民人均纯收入7 269元，较上年增长3.62%。

1. 水产健康养殖

一是水产健康养殖示范场创建活动深入开展。向农业部择优推荐了5家农业部第九批水产健康养殖示范场创建单位，经考核验收，有2家创建单位获得农业部水产健康养殖示范场称号；择优遴选了18家养殖单位为2014年省级水产健康养殖示范场创建单位，经考核验收，有15家创建单位获得省级水产健康养殖示范场称号。委托各个市级渔业行政主管部门完成了2011年省级水产健康养殖示范场复查工作。

二是池塘标准化改造建设工程顺利实施。按照《山西省池塘标准化改造建设标准》和《山西省池塘标准化改造建设项目考核验收暂行办法》的要求，采取“先建后补”的方式，结合中央财政扶持渔业标准化健康养殖项目和黄河小北干流滩涂渔业建设项目的实施，持续推进池塘标准化改造建设工程。全年改造老旧池塘219.47公顷，新建池塘114.6公顷，对提升池塘养殖业发展档次，保障水产品安全有效供给起到了积极的推动作用。

三是水产养殖节能减排取得成效。以实施农业部渔业节能减排项目为“助推器”，大力推广和试验示范以节约养殖池塘用水，减少池塘淤积，增加池塘养殖容量为核心内容的池塘网箱清洁高产养殖模式，有效改善了传统池塘养殖模式对渔业生态环境的不良影响，对保护渔业环境、提高水产品质量和供给能力起到了积极的促进作用，不仅受到农业部的充分肯定，还入选全国水产学会节能减排推荐技术，并获得发明专利一项。

2. 水产品质量安全监管

一是水产品质量安全抽检力度不断加大。2014年，全省水产品质量安全抽检范围进一步扩大，抽检数量进一步增加，对水产良（苗）种场、水产健康养殖示范场、无公害水产品产地“三类基地”的监督抽查覆盖率达到100%。省水利厅委托省水产品质量安全检测中心开展了4批产地水产品质量安全监督抽查，总体合格率98.9%，较上年下降0.3个百分点。其中：抽检产地水产品243个样，合格率98.8%，较上年下降0.1个百分点；抽检产地水产苗种30个样，继续保持100%的合格率。共抽检水产品药物残留5项、728项次，其中氯霉素、喹乙醇、甲基睾酮的抽检合格率均为100%，孔雀石绿合格率99.6%，与上年持平，硝基呋喃类代谢物合格率97.8%，较上年下降1个百分点。农业部对山西省的产地水产品质量安全监督抽查合格率继续保持100%，市场水产品质量安全例行监测合格率为94.5%，较上年下降1.1个百分点。

二是水产品质量安全专项整治不断深化。以水产养殖主产区为重点区域，以水产良种场、水产健康养殖示范场、无公害水产品产地为重点对象，以主养水产品和问题隐患突出的水产品为重点品种，持续深入开展水产品质量安全专项整治行动，严厉打击养殖环节非法添加和滥用孔雀石绿、氯霉素、硝基呋喃类代谢物、喹乙醇、甲基睾酮、己烯雌酚等违禁药物的行为，着力加强苗种、渔药、饲料三大关键节点和“三项记录”的监管。分管厅领导亲自带队，于8月上旬至9月下旬，采取分组包片的形式，分赴全省11个市集中开展了水产品质量安全大检查活动。省、市、县三级渔政执法机构共出动执法人员1 195人次，检查水产养殖生产单位（户）509家。

三是无公害水产品认证工作质量不断提高。在稳步扩大认证产品规模和总量的同时，进一步规范认证程序、严格认证条件、明确工作职责，加大获证产地、产品的证后监管和跟踪检查力度，有效维护了无公害水产品的权威性和公信力，切实保证了无公害水产品认证工作的质量。全年新认定无公害水产品产地16个，认定面积143.338公顷，新认证无公害水产品35个，认证产量1 805.5吨。无公害水产品产地和产品复查换证率均达到85%以上。无公害水产品质量安全监督抽查合格率达到100%。

3.水产种业建设 按照《山西省水产原良种场资格认定管理办法》的要求，积极推进省级水产原良种场建设和规范管理，全年共有3家水产苗种场通过山西省水产苗种审定委员会验收，取得省级水产良种场资格，继续对取得国家级、省级水产良种场资格的12家水产苗种场实施良种补贴。继续实施福瑞鲤养殖技术研究与示范项目，在永济市温流水良种繁育场和沁县樊村鱼种场2家鲤鱼良种场开展了福瑞鲤2个品系亲本电子标记，成功选育出福瑞鲤亲本，培育出福瑞鲤水花，为实现鲤鱼品种的更新换代和福瑞鲤苗种的自给自足奠定了良好基础。与黑龙江水产研究所合作，开展了鲟鱼规模化繁育和养殖技术示范与推广，孵化鲟鱼受精卵100万粒，培育苗种30万尾，有效解决了全省鲟鱼养殖苗种短缺问题。

4.水生动物防疫 针对全省草鱼产量高，但养殖病害多发、质量安全难以保证这一突出问题，与中国水产科学研究院珠江水产研究所合作继续在草鱼主产区永济市开展草鱼无规定疫病区建设试点，试点面积200多公顷，推广使用草鱼疫苗近33公顷，草鱼免疫覆盖率达到85%以上，草鱼出血病得到有效控制，发生率下降10%左右，基本实现草鱼区域内疫病可控。积极开展水生动物防疫检疫知识培训，全年共组织开展水生动物防疫技术培训3次，培训人数300余人。

5.渔业资源与环境保护 完成了"山西运城至灵宝高速公路运宝黄河大桥跨越国家级水产种质资源保护区影响论证"和"晋蒙大桥山西晋蒙黄河大桥水生生态环境现状与影响评价"两个建设项目对水生生物影响评价，在全省历史上首次争得渔业生态补偿资金220万元。按照全国渔业生态环境监测网实施方案，对汾河二库、漳泽水库、小浪底水库开展了渔业环境监测工作，共监测水域8 600公顷，完成水质检测等项目680项次。完成了全省国国家级/省级水产种质资源保护区摸底工作，对山西省的3处国家级水产种质资源保护区基础信息情况与保护区所在地渔业行政主办部门进行了核实。稳步推进放流活动开展。全年放流各种经济鱼类1 333.5万尾，有效地扩大了增殖放流活动的社会影响。编纂出版了《山西渔业资源》一书。

6.渔政执法和渔船管理 一是在元旦、春节期间，组织省级渔政执法力量，对吕梁市文水县文峪河渔场、晋中市昔阳县水磨头冷水鱼养殖场两家受检样品超标单位处理情况进行了现场督查，对晋中市、吕梁市渔政执法部门的执法情况进行了全程监督。二是加大渔业安全检查，防范各类渔业生产安全风险。全省共开展渔业执法行动82次，出动执法人340人次，检查渔船329艘次，检查养殖单位300余家，查封三无渔船18艘，查获电鱼工具2套，非法网具1万余米，有效地维护了正常渔业生产秩序。三是严格船用产品检验。全省船用产品生产企业共生产产品4 113台，省水利厅渔业局组织相关技术人员对产品进行出厂检验，共检验产品205台，产品合格率达到了100%。四是严格渔船检验监督。共检查已登记注册渔业船舶245艘，对存在安全隐患的8艘渔业船舶下达了"渔船安全隐患整改及船用产品质量整治通知书"，并广泛开展各类实用知识和技能培训，受训渔民和渔业养殖户累计达到1 563人次。

7.渔业科技与推广 在厅直渔业单位组织开展了以人员下基层、项目向基层、资金惠基层，促进渔业人才队伍建设、促进科技创新和先进实用技术推广、促进渔业增效和渔民增收为主要内容的"三基三促"活动。着力解决当前全省渔业发展中存在的科技人才断层、科技人员实践经验欠缺、技术服务水平不高、科研项目针对性不强、科技创新能力不足、科技贡献率不高等问题。实现科研与生产的无缝衔接，达到基层单位得实惠，科研单位出成果，技术人员有提高，行业发展有后劲的目的。根据《农业部办公厅 财政部办公厅关于做好2014年基层农技推广体系改革与建设工作的通知》精神，继续扎实推进全省基层水产技术推广体系改革与建设工作，择优遴选了22个项目县实施该项目，进一步完善了县级水产技术推广体系绩效考核和动态管理机制。组织举办了全省基层水产技术推广骨干人员培训班，全年共培训基层渔技人员、试验示范基地、示范户代表256人次。

8.存在的问题 一是水产品质量安全隐患依然突出，制约水产品质量安全的深层次问题没有得到根本解决，水产品质量安全监管长效机制不健全、不完善；二是随着城镇化建设的不断加快，城郊养殖水域滩涂被挤占、侵占的现象时有发生，渔业发展的空间不断受到挤压；三是渔业生产资料成本持续上涨，养殖品种更新换代慢，特色渔业发展滞后，养殖者投融资能力、抗风险能力和市场竞争能力不强，增产容易、增收难；四是水生动物疫病防控和水产苗种产地检疫工作滞后，渔业环境和水域污染未能得到有效遏制；五是渔业科技创新能力不强，对渔业发展的贡献率不高，渔业二、三产业比例偏低，转变渔业发展方式的内生动力不强。

【重点渔业县(市)基本情况】

山西省重点渔业县(市、区)基本情况

市(区、县)	总人口(万人)	渔业产值(万元)	水产品产量(吨)	其中		养殖面积(公顷)
				内陆捕捞	内陆养殖	
永济市	44.6	16 263.23	14 522		14 522	908
万荣县	44	5 857	5 206	6	5 200	400
长治市郊区	28.59	918	2 122		2 122	2 003
曲沃县	24.29	2 150	1 805		1 805	337
临汾市尧都区	96.58	1 820	1 540		1 540	226
垣曲县	23	1 689.19	1 414	722	692	46
清徐县	34.96	2 148	1 349		1 349	314
襄汾县	45.55	1 550	1 290		1 290	155
洪洞县	74.89	1 533	1 283		1 283	108
芮城县	39	1 511.92	1 092	30	1 062	256

【大事记】

[1]3 月,永济市水产技术推广站、曲沃县水产技术推广站被全国水产技术推广总站授予"全国基层水产技术推广示范站"称号,为今后全省进一步深化县级水产技术推广体制改革,加强制度建设、队伍建设、能力建设起到了积极的示范带动作用。

[2]6 月 9 ~ 11 日,省无公害水产品业务知识暨无公害水产品检查员、内检员培训班在太原举办。省水利厅副巡视员李润山出席开班典礼并讲话。农业部农产品质量安全中心渔业产品认证分中心副主任刘巧荣为培训班授课。来自全省 11 个市的 120 余名无公害水产品认证业务骨干和水产养殖企业内部质量安全管理人员参加了培训。

[3]10 月 15 ~ 16 日,由省水利厅渔业局主办,省水产技术推广站具体承办的全省基层水产技术推广骨干人员培训班在太原举办。省水利厅副巡视员李润山出席开班仪式并讲话。培训班特邀全国水产技术推广总站副站长李可心、宁波大学海洋学院钱冬研究员、中国农业大学位耀光副教授为培训班授课。来自全省 11 个市、22 个渔业项目县的水产技术推广骨干参加了培训,大家一致认为:本次培训对加强全省水产技术推广队伍建设,提高水产技术推广人员素质具有非常重要的意义。

[4]11 月 27 日至 12 月 5 日,省水利厅会同省财政厅组织财务管理、项目管理、水产养殖等方面的专家组成验收考核组对 2014 年中央财政扶持渔业标准化健康养殖项目申报单位分别就项目执行完成情况、项目资金使用和管理情况、是否存在违规违纪行为等进行了现场验收考核。最终 8 家项目单位全部通过验收考核,并分别获得 50 万元中央财政补助资金支持。

(山西省水利厅渔业局 丁秋生 蓝天慧)

内蒙古自治区渔业

【概况】 2014 年,在内蒙古自治区党委、政府和自治区农牧业厅党组的正确领导下,渔业系统紧紧围绕现代渔业建设,以渔业增产增效和渔民增收为目标,以现代渔业建设为主攻方向,积极推进水产健康养殖、加强水产品质量安全管理、加大渔业资源养护力度、强化渔政执法、构建平安渔业,渔业生产稳步发展,2014 年全区水产品产量达 14.8 万吨,比 2013 年增长 4.7%,渔民人均收入 1.1 万元,比 2013 年增长 11.3%。

1. 认真贯彻落实"国务院意见"和全国现代渔业建设工作电视电话会议精神 为贯彻落实国务院《关于促进海洋渔业持续健康发展的若干意见》和"全国现代渔业建设工作电视电话会议"精神。在广泛的调研的基础上,起草了关于加快全区现代渔业发展的实施意见,征求自治区相关厅局和盟市渔业主管部门意见后报自治区人民政府审定,6 月 16 日自治区人民政府下发了《关于加快现代渔业发展的实施意见》,该意见明确了全区现代渔业建设的目标任务和政策措施。

8 月 22 日,自治区渔业局组织召开了全区水产站(科、所)长座谈会,对贯彻落实全国渔业厅局长座谈会精神和内蒙古自治区人民政府《关于加快现代渔业发展的实施意见》进行了部署。9 月 3 ~ 4 日,农业部渔业渔政管理局局长赵兴武一行来内蒙古调研现代渔业建设情况，对全区认真贯彻落实国务院促进意见，及时出台《关于加快现代渔业发展的实施意见》，大力开发沿黄宜渔低洼盐碱荒地，发展生态健康养殖，养护渔业资源，强化渔政管理，构建平安渔业等工作给予了充分肯定。全区各地都在积极贯彻国家和自治区有关现代渔业建设文件会议精神。包头市人民政府办公厅10月30日印发了《包头市人民政府办公厅关于印发包头市加快现代渔业发展实施意见的通知》。

2. 大力发展水产健康养殖 全区大力推进宜渔低洼盐碱荒地渔业生态开发，2014年新建池塘309公顷，改造池塘508.67公顷，基础设施建设得到改善。

积极组织开展科技培训。自治区渔业局与自治区水产技术推广站组织举办了"全区水产养殖新技术培训班"，中国水产科学研究院淡水渔业研究中心研究员谢骏等多名国内知名专家分别主讲了水产病害（动物）应激防控体系、健康养殖新技术等新知识，全区举办培训班近50期，培训人员近4 000人次，进一步提升了渔业从业人员的技术素质。

积极创建水产健康养殖示范场、示范县。包头市天佑生态农业科技有限公司等17个单位通过了验收，获得了农业部水产健康养殖示范场称号，全区已创建农业部水产健康养殖示范场68个。巴彦淖尔市磴口县开展了健康养殖示范县创建活动，使水产健康养殖示范从点上创建向整县创建推进。

推广渔业适用技术。一是大力推广"淡水牧场"养殖技术，发展中小水面人工养殖，全区推广面积1.06万公顷。二是发展大中型湖泊水库生态增养殖。因地制宜，合理投放有利于水质改良的鲢、鳙、草以及其他经济鱼类苗种，充分挖掘水面生产潜力，生产绿色水产品。乌梁素海根据水域内水草数量大的情况，开展草鱼围栏养殖0.3万公顷，有效减缓了水体富营养化。三是推广稻田养殖，全区稻田养殖达0.33万公顷。四是发展盐湖生物养殖加工。鄂尔多斯市、阿拉善盟利用本地盐碱水域丰富、碱液配制原料充足、光照条件好的优势，发展螺旋藻、盐藻等盐湖生物养殖与加工生产。鄂托克旗建成了水、电、气、路等基础设施完备的现代螺旋藻养殖园区，年产螺旋藻近2 000吨，产品出口欧、美、日等国家和地区。

因地制宜，发展休闲渔业。通过垂钓、特色餐饮、渔业生产体验等经营活动，形成了特有的"休闲养殖"模式，促进了农牧民增收，2014年巴彦淖尔市纳林湖农林水产科技有限公司、杭锦后旗金沙湾渔业有限公司2家单位被农业部命名为全国休闲渔业示范基地。

3. 积极推进呼伦湖生态综合治理 为了落实习近平总书记的批示精神和国务院副总理张高丽关于休渔补贴的指示，推进呼伦湖生态综合治理，全面落实渔业生态休渔各项工作，加大了执法力度，开展了增殖放流，实施了良种场建设项目，参与了呼伦湖生态治理专项督查检查，及时向自治区党委、政府报告工作进展情况。起草了"呼伦湖生态休渔补助资金方案"，并及时向自治区党委政府、农业部渔业渔政局汇报相关工作情况。

4. 养护渔业资源，促进渔业可持续发展 积极贯彻落实《中国水生生物资源养护行动纲要》和自治区提出建设我国北方重要生态安全屏障的精神，1月27日，自治区人民政府印发了《内蒙古自治区水产资源繁殖保护实施细则》，进一步强化了渔业资源保护。6月6日，自治区农牧业厅和包头市人民政府在包头市九原区黄河岸联合举办了"2014年黄河内蒙古包头段水生生物资源增殖放流活动"。沿黄6盟市同步在黄河开展了增殖放流活动，此外，自治区农牧业厅还分别与兴安盟行署、呼伦贝尔市政府、呼和浩特市政府联合开展了增殖放流活动。全区在黄河、额尔古纳河、嫩江、西辽河等外流水系，达里湖、岱海等内陆水域，贝尔湖、额尔古纳河等边境水域开展了增殖放流活动，累计放流鱼类苗种3.7亿尾。促进了全区水生生物资源恢复，改善了水域生态环境，加强了生态文明建设。牙克石市大雁河哲罗鱼细鳞鱼水产种质资源保护区已通过国家级水产种质资源保护区的评审，使全区国家级水产种质资源保护区达到9个。

5. 强化渔政管理，维护正常渔业生产秩序 组织开展了《渔业法》宣传月活动，强化了渔业法律法规的宣传，发布禁渔通告，开展渔政执法检查，严厉打击非法捕捞行为。按照农业部和自治区部署，开展了违规渔具清理整治专项活动，继续加强捕捞管理。积极组织开展渔政执法人员培训和"文明执法窗口"创建活动，提升了执法队伍素质，推进了文明执法。

6. 开展专项整治，确保水产品质量安全 按照自治区农牧业厅统一部署，开展了水产品质量安全专项整治，强化了养殖执法，加大了产地水产品抽检和隐患排查力度，进一步落实了水产品质量安全责任制，完善了生产单位内部管理制度，2014年没有发生大的水产品质量安全事故。

7. 强化监管，构建平安渔业 按照农业部渔业渔政局和自治区的部署，开展了平安渔业示范县、文明渔港创建、安全生产月、渔船管理三大行动等活动，进一步落实了渔业安全生产责任制，渔业安全生产的宣传、隐患排查、渔船检验、船用产品检查、应急演练、检查督导等各项工作顺利开展，有效地保护了渔民生命财产安全。

【重点渔业市(县)基本情况】

内蒙古自治区重点渔业市(县)基本情况

市(旗、县)	总人口(人)	渔业经济总产值(万元)	水产品产量(吨)	其中		养殖面积(公顷)
				养殖	捕捞	
呼和浩特市土默特左旗	364 859	9 879.84	6 136	6 136		2 885
鄂尔多斯市达拉特旗	362 444	12 362.73	5 572	5 537	35	1 243
包头市九原区	212 800	8 246.57	4 473	4 286	187	516
鄂尔多斯市准格尔旗	314 673	7 102	2 530	2 472	58	1 473
赤峰市克什克腾旗	253 143	7 171	3 175	2 710	465	5 456
巴彦淖尔市临河区	555 995	6 064.9	4 937	4 819	118	1 534
呼伦贝尔市新巴尔虎右旗	35 201	4 788	3 334	1 234	2 100	1 974
巴彦淖尔市杭锦后旗	309 764	6 284.67	5 120	4 800	320	2 145
鄂尔多斯市鄂托克旗	97 023	7 856.5	2 048	1 968	80	1 162
呼伦贝尔市莫力达瓦旗	33 0527	9 987	8 696	5 494	3 202	5 000
巴彦淖尔市磴口县	122 482	6 466	4 300	3 089	1 211	2 256
呼和浩特市托克托县	207 912	8 072.54	4 440	3 818	622	637
呼伦贝尔市陈巴尔虎旗	58 732	5 971	4 039	2 453	1 586	7 808
兴安盟扎赉特旗	397 489	5 750	3 820	3 205	615	10 620
巴彦淖尔市五原县	291 549	4 832.41	3 528	3 012	516	1 006
呼伦贝尔市阿荣旗	331 146	5 280	3 190	2 200	990	1 349
呼伦贝尔市新巴尔虎左旗	42 592	4 239	3 178	2 060	1 118	1 162

【大事记】

[1]1月27日,内蒙古自治区人民政府印发了《内蒙古自治区水产资源繁殖保护实施细则》。

[2]2月5~7日,自治区农牧业厅渔业局与自治区水产技术推广站组织举办了“全区水产养殖新技术培训班”,中国水产科学研究院淡水渔业研究中心研究员谢骏等专家主讲了水产病害(动物)应激防控体系、健康养殖等新技术、新知识。

[3]3月16日,自治区渔政渔港监督管理局组织开展了农业部水产健康养殖示范场、示范县创建活动,全区18个单位开展了农业部水产健康养殖示范场创建,17个单位通过了验收,巴彦淖尔市磴口县开展了农业部水产健康养殖示范县的创建活动。

[4]3月31日,自治区渔政渔港监督管理局组织开展了《渔业法》宣传月活动。

[5]4月25日,自治区农牧业厅印发了《内蒙古自治区二〇一四年禁渔期禁渔区渔政管理通告》,组织开展了禁渔活动。

[6]5~10月,自治区渔政渔港监督管理局与自治区渔业船舶检验局,先后赴12个盟市,开展渔业安全生产、水产品质量监管和渔业船舶检验工作督查。

[7]6月6日,自治区农牧业厅和包头市人民政府在包头市九原区黄河岸联合举办了“2014年黄河内蒙古包头段水生生物资源增殖放流活动”,沿黄6盟市同步在黄河开展了鱼类增殖放流活动。

[8]6月16日,自治区人民政府印发了《关于加快现代渔业发展的实施意见》。

[9]6月26日,自治区农牧业厅和兴安盟行政公署在察尔森水库举办了“2014年内蒙古兴安盟察尔森水库水生生物资源增殖放流活动”。

[10]7月18日,中国水产科学研究院淡水渔业研究中心主任徐跑一行赴鄂尔多斯市准格尔旗考察调研现代渔业建设情况。

[11]7月26日,自治区农牧业厅和呼伦贝尔市人民政府在呼伦贝尔市呼伦湖举办了“2014年呼伦湖渔业资源增殖放流活动”。

[12]8月22日,自治区渔政渔港监督管理局在呼和浩特市组织召开了全区渔业站科长座谈会。

[13]9月3日,农业部渔业渔政管理局局长赵兴武一行来内蒙古自治区考察调研现代渔业建设情况。

[14]9月17日,呼伦贝尔市农牧业局在中蒙界湖

贝尔湖举办了“2014 年贝尔湖鱼类增殖放流活动”。

[15]9 月 18 日，自治区农牧业厅和呼和浩特市人民政府在哈素海举办了“2014 年黄河内蒙古呼和浩特段哈素海水库水生生物资源增殖放流活动”。

（内蒙古自治区农牧业厅渔业局　陈春雷　刘　巍）

辽宁省渔业

【概况】 2014 年，面对严峻复杂的经济形势和前所未有的经济下行压力，面对海洋渔业外部环境发生的新情况和新变化，在辽宁省委、省政府的正确领导下，全省海洋与渔业系统紧紧把握稳中求进的总基调，以建设海洋强省为总目标，不断强化海洋资源科学管控，服务沿海经济带开发建设，努力加大依法行政工作力度，推进科技创新，不断加快发展方式转变，全力实施现代渔业建设，实现了海洋渔业经济的平稳增长。全省渔业经济增加值 796 亿元，同比增长 6%。渔民人均纯收入实现 16 000 元，同比增长 9.7%。

1. 现代渔业建设有序推进

（1）海洋牧场建设典型引路。投资 2.5 亿元的长海县现代海洋牧场示范区建设已全面启动。海水增殖放流投入资金 9 810 万元，规模达到 59.8 亿个单位，再创历史新高，投入产出比达到 1∶ 10。人工鱼礁示范区已达 23 处。

（2）结构调整进一步优化。新增农业部健康养殖示范场 49 家，标准化健康养殖项目 22 个，省级水产原良种场 5 家。引进示范推广新品种 22 个。创建现代渔业园区 6 个。新增全国休闲渔业示范基地 6 家，省级休闲渔业示范点 33 家。大力推介“辽宁十大渔业品牌”，7 个产品获第十二届中国国际农交会金奖。

（3）外向型渔业发展壮大。远洋渔业企业已达 28 家，新建远洋渔船 82 艘，新增项目 3 个，外派渔船 423 艘。开展了南极磷虾资源探捕。中韩入渔渔船 597 艘。完成了 8 个水产品出口示范区的建设工作。出口水产品 76.3 万吨、28.9 亿美元，同比分别增长 6.1% 和 12%。出口额占大农业的 54%，继续保持全省大宗农产品出口首位。辽渔国际水产品批发市场被评为国家级水产品批发市场。

（4）水产品质量安全监管能力提高。开展对各市政府绩效考评，推进县乡镇监管体系建设。建立企业承诺制度。重点加强海参苗种、违法违规用药的整治和贝类安全监测等工作。全年完成抽检 3 165 批次，总体合格率达 98% 以上。开展快速检测能力培训考核。认证无公害水产品 75 个，评选认证管理示范基地 4 家，获批地理标志产品 2 个。通过了农业部病毒性疫病能力验证，取得历史性突破。

2. 科技支撑作用明显增强

（1）科技管理进一步创新。编制了《辽宁省海洋科技产业发展规划》，制定了海洋科技产业发展战略研究工作方案。

（2）科技项目有了新成果。申报国家公益性科研项目 14 项，2 项“948”项目合同顺利签订。获批省博士启动基金项目 1 项、省自然科学基金项目 2 项、省科技攻关项目 2 项。国家海洋公益性科研重大项目“基于生态系统的海洋牧场关键技术研究与示范”通过鉴定。省海科院承担科研项目 116 项，科研成果 20 余项，经费和创收连续四年双双超千万。

（3）科技推广服务广泛有效。推荐立项地方标准 12 项，遴选标准化示范县 10 个，认定科技型企业 33 家。基层水产技术推广体系改革与建设项目县达 22 个，培训基层技术人员和养殖户近万人次。刺参优质健康苗种生态繁育推广和北方池塘鱼类安全越冬集成技术推广项目取得阶段性成果。

3. 渔政管理举措不断创新

（1）渔业资源管理力度加大。进一步加大了渔业资源的保护力度，全省 2.2 万艘渔船、12 万捕捞渔民执行伏季休渔，辽东湾海蜇连续 12 年统一开捕。认真落实农业部的通告要求，加大对“绝户网”等各种违禁网具的清理力度，查处违规渔船 60 余艘、渔具 8 000 余块，有力地保护了渔业资源。现场为渔民换发新版捕捞证 1.4 万本。制定了《辽东湾斑海豹资源管理暂行办法》，建立盘锦科研救助中心和观测站，斑海豹资源恢复到 2 000 头。

（2）渔船渔港装备水平提升。推进安全生产隐患防控技术和管理机制创新，投入资金 5 129 万元建设渔船船位监控信息系统。渔船电子身份证安装率达到 80%。全省渔船监管平台已可读取 3.2 万余艘渔船信息，初步实现了渔船动态管理。开展了全省渔港普查，持续推进渔用航标更新改造与维护。

（3）渔业安全监管成效显著。坚持安全第一理念，落实监管措施，开展了“渔业船员持证上岗专项整治年”活动。实施了基层安全员制度，在沿海所有渔村聘用渔业安全员 540 名，为基层渔港监督配备电动自行车 120 辆。全年开展各级渔业安全生产督查检查 4 000 次，检验渔船 2.9 万艘。渔业生产安全事故、死亡（失踪）渔民、直接经济损失各项指标大幅下降，分别为同期的 44%、55.7% 和 35.7%，全年未发生重大以上渔业安全生产事故，切实保障了渔民的生命财产安全。实施渔业海难救助 40 起，救助渔船 29 艘、渔民

193人,挽回经济损失6 351万元。2014年省海洋与渔业厅被省政府评为省中直安全生产目标考核先进单位。

(4)非法越界捕捞有效遏制。全面落实外交部、农业部的部署,严厉打击非法越界捕捞,组织督查组对沿海各市制捕工作进行督查,集中开展两次联合执法巡航检查。制定了合作捕捞渔船监管措施,严格规定进出航道和时间。加强宣传,教育渔民遵章守法生产作业。全省被韩国海警抓扣渔船总数和罚款比上年有较大幅度下降。

【重点渔业市(县)基本情况】

辽宁省重点渔业市(区、县)基本情况

市(区、县)	渔业人口(人)	渔业产值(万元)	水产品产量(吨)	其中				养殖面积(公顷)	
				海洋捕捞	海水养殖	内陆捕捞	内陆养殖	海水	内陆
长海县	40 004	1 049 073	589 859	218 220	371 639			511 883	
庄河市	55 912	1 207 002	570 035	100 001	469 034		1 000	57 071	579
普兰店市	13 456	507 654	219 064	54 189	160 727		4 148	14 964	6 184
瓦房店市	16 860	560 000	139 861	65 000	72 861		2 000	17 839	1 941
大连市金州区	40 874	469 483	368 453	77 211	291 242			27 360	
大连市旅顺口区	8 469	277 008	198 005	70 000	128 000		5	13 906	1
东港市	37 943	382 021	310 151	88 542	184 837	231	36 541	39 686	5 945
凌海市	6 129	188 816	179 203	20 044	151 416		7 743	65 707	667
盖州市	16 500	207 500	196 000	48 025	143 325		4 650	6 590	1 100
大洼县	114 650	389 550	202 791	46 000	35 757	5 000	116 034	18 931	38 332

【大事记】

[1]1月7日,《关于开展严厉打击非法捕捉、猎杀、经营利用斑海豹行为专项执法行动的通知》下发。

[2]1月22日,省海洋与渔业厅副厅长刘荣杰对春节期间沈阳市水产品质量安全监管工作进行督查。

[3]1月22日,省长陈政高在省海洋与渔业厅《关于贯彻全国海洋工作会议精神的报告》上做出重要批示:海洋工作任重道远。建设海洋大省使命光荣。各项工作应全面启动并有突破才好。

[4]1月24~25日,省海洋与渔业厅副厅长荆南进在丹东市检查指导春节期间渔业安全生产工作。

[5]1月,省海洋与渔业厅召开会议,议定了《长海县现代海洋牧场建设试点示范项目实施方案》,标志着长海县现代海洋牧场示范建设启动。

[6]2月11日,全省海洋与渔业工作电视电话会议在沈阳召开。

[7]2月20日,省海洋与渔业厅厅长何焕秋与分管厅长、厅直单位和厅机关处室主要负责人签订了2014年党风廉政建设责任状和责任书。

[8]2月23日,推进辽宁现代海洋牧场建设专家咨询会在大连召开,省海洋与渔业厅厅长何焕秋出席会议并向专家介绍省政府建设长海县现代海洋牧场的总体要求和期望目标。

[9]2月23~24日,省海洋与渔业厅厅长何焕秋一行到省海洋水产科学研究院对渤海辽东湾渔业资源现状和辽宁省近岸海洋环境污染状况等问题进行专项调研。

[10]2月,农业部公布了2013年全国现代渔业种业示范场名单,獐子岛集团股份有限公司大连海珍品原良种场、大连棒棰岛海参发展有限公司、大连壹桥海洋苗业股份有限公司、大连天正实业有限公司、盘锦光合蟹业有限公司等5家单位获此殊荣。

[11]3月3日,2014年全省海洋渔业安全生产工作电视电话会议召开,省海洋与渔业厅厅长何焕秋作讲话。

[12]3月4日,全省海洋捕捞渔具管理工作会议在沈阳召开。

[13]3月5日,省蓬莱溢油生物资源养护与渔业生态修复项目工作领导小组第三次会议在沈阳召开。

[14]3月10日,渔业科技型企业认定评审会在沈阳召开,此次评审会共认定22家企业为全省第一批渔业科技型企业。

[15]3月13日,辽宁、河北两省渔政管理部门在

河北秦皇岛市召开了维护2014年春季海上渔业生产秩序座谈会。

[16]4月2日，省海洋与渔业厅厅长何焕秋、副厅长荆南进到盘锦市盘山县双台河口实地考察斑海豹栖息地保护工作。

[17]4月3日，全省水产种质资源保护区建设座谈会在盘锦召开。

[18]4月4日，辽宁省政府办公厅转发省海洋与渔业厅《关于在渤海实施海洋生态红线制度意见的通知》，辽宁渤海海域划定34个生态红线区、生态红线区总面积5 920.80平方公里。

[19]4月17日，全省渔业船舶检验工作会议在丹东召开。

[20]4月22日，省海洋与渔业厅厅长何焕秋深入第二批教育实践活动联系点省海洋水产科学研究院，对教育实践活动开展情况进行调研。

[21]4月，发展海洋经济、建设海洋经济强省、海洋工程渔业资源损害补偿等涉海工作写入省委落实《中共中央关于全面深化改革若干重大问题的决定》文件之中，海洋事业发展成为省委重要议题。

[22]5月8日，全省贝类产品质量安全监管工作会议暨2014年第一次贝类产品卫生监测任务部署会在大连市召开。

[23]5月12日，省海洋环境预报与防灾减灾中心围绕"城镇化与减灾"主题，在沈阳举办了海洋防灾减灾宣传活动。

[24]5月16日，"辽宁省海洋经济运行监测与评估系统建设(一期)项目"自验收会议在沈阳召开。

[25]5月19～21日，农业部渔业船舶检验局副局长信德利一行3人在大连调研玻璃钢渔船标准船型研发和渔船检验执法监督"三大行动"。

[26]5月20日，省海洋与渔业厅在沈阳组织召开伏季休渔暨海蜇资源管理和网具整治工作研讨会。

[27]5月22日，省海洋与渔业厅组织全省沿海六市一县同时开展中国对虾增殖放流活动，标志着全省海洋生物资源增殖放流全面启动。全省计划放流中国对虾40.65亿尾，同比增幅20%。

[28]5月23日，全省海洋伏季休渔暨辽东湾海蜇资源管理工作电视电话会议召开。

[29]5月，辽宁省海洋牧场锦州第三期人工鱼礁建造工程启动。

[30]6月1日，全省渤海海域(辽东湾海蜇保护区除外)、黄海海域(北纬35度以北)除钓具外所有作业类型渔船全面进入为期3个月的伏季休渔期。

[31]6月24日起，全省渔业捕捞许可证换发工作正式启动。工作人员深入基层换发新版证书，为渔民提供一站式服务。

[32]6月25日，全省贝类产品卫生监测暨风险监测结果会商会在葫芦岛召开。

[33]6月30日，锦州市新建300吨、100吨级渔政执法船在锦州市海洋与渔业综合执法码头交接入列。

[34]6月，省海洋与渔业厅开展了违规渔具清理整治专项行动。

[35]6月30日至7月3日，农业部农产品质量安全中心专家组，对辽宁省无公害水产品质量安全认证追溯监管体系建设进展情况进行调研。

[36]7月8～9日，农业部渔业船舶检验局副局长钟小金一行对辽宁省渔船检验执法监督三大行动工作的进展情况进行检查。

[37]7月10日，辽宁渔业品牌评选标准研讨会在沈阳召开。

[38]7月14日，省政府批复辽宁省蓬莱19－3油田溢油生态修复工作资金分配方案，生态修复工作全面进入实施阶段。

[39]8月14～16日，由省政府办公厅、省海洋与渔业厅等部门组成的联合督查组，对锦州、盘锦市"三无"船只情况进行现场检查督导。

[40]8月，省海洋与渔业厅厅长何焕秋到丹东市对远洋渔业生产、海水池塘立体生态养殖和海水三文鱼养殖情况进行现场调研。

[41]9月18～20日，蓬莱19－3油田溢油事故生态修复赔偿款项目实施方案专家审查会在大连召开，通过了12个赔偿款项目。

[42]9月23～26日，全国水产技术推广总站副站长王德芬一行到盘锦市和葫芦岛市调研指导河蟹病害网络测报及渔业物联网建设试点工作。

[43]9月28日，"2014盘锦大米河蟹(北京)展销会"在北京全国农业展览馆隆重启幕。副省长赵化明、省海洋与渔业厅厅长何焕秋参加了开幕式并参观展会。

[44]9月29日，韩国全罗南道议会农水产委员会委员长金孝南一行18人莅临省海洋与渔业厅，就两国渔业生产相关问题进行研讨交流。

[45]10月11日，海南省海洋与渔业厅厅长张军一行5人来辽宁省调研，就海洋与渔业经济发展等方面情况与省海洋与渔业厅进行交流。

[46]10月15～22日，省海洋与渔业厅厅长何焕秋带队赴台湾省开展海洋渔业技术交流与合作。

[47]10月19～20日，农业部渔业渔政管理局副局长李书民一行到庄河市开展水产养殖及加工等方面

调研。

[48]10月21日，农业部农产品质量安全中心督导组于福清一行4人对辽宁省无公害水产品审查工作质量开展督导检查。

[49]10月25日，第十二届中国国际农产品交易会在山东青岛国际会展中心开幕。辽宁省重点做好“辽宁十大渔业品牌”的推介，派出獐子岛集团等13家大型渔业企业参加了展会。

[50]11月，2014年辽东湾渔业资源养护和生态修复项目任务全部完成。

[51]12月10日，农业部办公厅公布农业部水产健康养殖示范场（第九批）名单，共793家，其中辽宁省有35家。

[52]12月11日，省海洋与渔业厅厅长何焕秋一行到锦州市义县稍户营子镇五台沟村调研，了解困难，检查扶贫项目，走访慰问贫困户。

[53]12月20日，省海洋与渔业厅启动开展严厉打击非法捕捉、猎杀、运输和经营利用斑海豹行为专项执法行动。

[54]12月29日，省政府办公厅副主任、省海洋维护权益暨涉外渔业纠纷应急处置办公室主任于国安一行7人到省海洋与渔业厅就涉外渔业管理有关工作进行调研。

（辽宁省海洋与渔业厅）

吉林省渔业

【概况】 2014年，吉林省共开展水产养殖面积30万公顷，比上年增长1.76%；完成水产品产量19万吨，比上年增长2.31%，其中养殖产量16.95万吨，增长2.72%，捕捞产量2.05万吨，下降0.94%。水产品加工出口3.03万吨、创汇1.04亿美元，分别增长50.65%和24.11%，连续13年排在全国内陆省份前3位。

2014年，全省渔业系统认真落实中央和省委、省政府“三农”工作决策部署，以转变渔业发展方式为主线，以加快推进现代渔业建设为主攻方向，圆满完成了全年各项目标任务。渔业经济保持良好发展态势，渔业生产稳定增长，水产品市场平稳运行、质量安全稳步提高，渔民收入保持较快增长，生态建设大踏步前进，为全省农村经济发展和社会生态文明建设做出了重要贡献。

1. 产业结构进一步优化，渔业经济持续健康发展 各地因地制宜、突出重点，着力调整优化渔业结构，渔业经济继续保持平稳发展。养殖业方面，以查干湖、松花湖、月亮湖等为代表的湖库渔业发展迅速，主打有机品牌，开展冬季捕捞，实现效益提升；以河蟹、鳜鱼等为代表的名优水产品养殖方兴未艾，如通榆县2014年生产河蟹15万千克、实现产值634万元，镇赉县开展稻田养蟹0.56万公顷、产蟹76万千克。加工业方面，通过招商引资、扩大规模、提升档次，进一步提高了以延边鳕鱼等海产品来料加工为代表的水产加工能力和水平，如珲春国际示范区渔业加工企业达到40余家，产值40亿元左右，长春市新立城水库2014年生产加工大银鱼500吨，实现销售收入1 300万元。休闲渔业方面，月亮湖水库等4家单位被评为全国休闲渔业示范基地，全省以渔为特色的休闲、餐饮、旅游场所过千家，产值或营业额近10亿元。总体看，2014年全省渔业经济呈现出规模不断扩大、结构不断优化、基础不断夯实、效益不断提升的显著特点。

2. 投入创历史新高，渔业基础设施加快改善 全年争取中央及省级渔业投资接近亿元，达到9 505万元，其中基础设施建设资金3 071万元、燃油补贴资金2 835万元、资源养护资金850万元、渔业管理及科技经费2 749万元，重点加强了水产良种繁育、推广体系建设、渔业资源养护、渔政执法装备、“菜篮子”水产品生产基地等领域的建设，2014年仅渔政船艇就新增39艘，为提高渔业综合生产能力、增加渔民收入、改善生态环境创造了有利条件。“菜篮子”水产品生产项目，建成标准化养殖基地25处，有效改善了养殖渔区生态环境和持续发展能力，提高了产品品质，增加了渔农民收入。

3. 管理力度加大，水产品质量再上新台阶 完成制（修）订地方标准15项，创建农业部水产健康养殖示范场26处，认定无公害水产品产地33处、认证产品64个，认定省级水产良种场8家，水产健康养殖技术得到更大范围的推广应用。加强了对水产养殖场的监管，集中开展了水产品专项整治、渔需物资打假、苗种专项整治和“健康水产品上餐桌”等行动，全省累计出动检查人员4 937人次、执法车辆984辆（次），排查养殖企业和养殖户3 736户，监测水产批发市场667个，整治重点区域127个，发放宣传资料近10万份。开展了水产养殖病害测报工作，参与县市达43个，监测面积0.89万公顷。强化了水产品抽检，先后组织省内自检、省际互检和与工商联检等多次抽检活动，累计抽检水产养殖场、批发市场、超市等水产品样品2 355个。

4. 养护生物资源，生态文明建设取得明显成效 继续深入贯彻实施《中国水生生物资源养护行动纲要》，广泛动员，大力推进水生生物资源养护工作由部门行为上升为社会行动。加快推进渔业保护区建设，新建3处国家级、2处省级水产种质资源保护区，保护区总数位居全国前列。加大了濒危水生生物保护力度，对长春中泰海洋世界等11家单位经营利用海豹、红珊瑚、鳄鱼等水生野生动物进行了前期审查，开展了水生野生动物保护宣传月和专项执法活动，查处了一批非法经营利用水生野生动物案件。大力开展水生生物增殖放流，严格放流活动组织管理，先后在松花江、鸭绿江、图们江、查干湖、云峰水库、二龙湖等重要水域组织增殖放流活动59次，放流各类鱼苗2.7亿尾，投入资金超千万元。通过多年持续努力，增殖放流活动效益初步显现、社会影响不断扩大，全省水生生物资源状况得到了一定改善，全民水生生物资源保护意识有了明显提高，"水里放鱼"与"陆上植树""空中护鸟"一样，成为重要的生态公益工程，逐渐深入人心。图们江大麻哈鱼的放流得到了俄罗斯渔业署的高度评价，不仅是生物资源养护课题，更重要的是巩固鱼源国地位，维护渔业权益的问题。

5.科研推广并进，渔业科技硕果累累 围绕渔业健康可持续发展目标，加快渔业科技创新，在水产科研、技术推广、科技服务等领域取得了较大成绩。全年完成渔业科技攻关重点项目21项，获省科技进步奖、标准创新贡献奖等奖项4项；深入实施了大宗淡水鱼产业技术体系建设，进行了新品种扩繁与养殖技术示范，松浦镜鲤、长丰鲢、异育银鲫"中科3号"等优良品种示范面积达到0.2万公顷。组织开展了渔业科技服务活动，广泛开展了送科技下乡、科技入户、技术咨询培训，累计办班178期、培训农渔民7 600余人次，发放各类技术资料4.2万份。开展了"鲤春病毒血症"等重大水生动物疫病专项监测和池塘养殖渔情动态信息采集工作，完成监测采样55个，监测面积87公顷。加强了基层水产技术推广体系建设，在33个县实施了补助项目，落实补助资金530万元。渔业科技成果转化应用方面，开展水产技术推广及试验示范项目14项，推广面积1.33万公顷，重点实施了"稻田综合种养技术"推广项目，当年共推广稻田综合种养面积0.8万公顷，实现综合增收4 600万元，取得显著经济效益。与省公务员局联合开展了水产技术推广奖励工作，对近3年来优秀推广人员进行了表彰奖励。

6.强化行政执法，渔业生产秩序井然 以渔业资源保护管理为重点，实行专项执法与日常监管相结合，不断加大执法力度，有效维护了正常的渔业生产秩序。严格执行禁渔期、禁渔区制度，根据全省主要自然水域鱼类繁殖特点，及时发布了2014年禁渔通告，在全省组织开展了违规渔具清理，通过组织开展涉外渔业、重点湖库、自然保护区等渔业专项执法行动，加强了松花江、嫩江、鸭绿江、图们江等主要江河及边境水域的渔业管理，严厉打击了各类破坏渔业资源的违法行为。加强了渔政队伍建设，指导基层渔政机构进行了事业单位分类改革申报；建立健全了全省渔政指挥信息系统。组织开展了水产养殖业专项执法行动，推动了以养殖证制度和水产苗种生产许可制度为核心的养殖业规范化管理，2014年全省新登记发证763本、确权面积2.1万公顷。

7.管防结合，渔业安全生产形势稳定 各地严格贯彻执行安全生产的有关规定，狠抓渔业安全生产责任制的落实，坚持"安全第一、预防为主"，结合渔船检验监督执法"三大行动"，认真开展渔业安全生产宣传检查、渔船应急演练和"平安渔业示范县"创建活动，并针对存在的薄弱环节，重点落实整改措施，规范渔业安全生产行为，有效杜绝了渔业安全生产事故的发生。全年共培训渔业船员475人，检验渔业船舶4 829艘，组织3 012名渔民、48个渔业单位、223艘渔船参加了渔业互助保险，并在全国率先组织开展了养殖渔业冬季保险试点。组织开展了冬季冰上捕鱼安全生产专项检查活动，督促生产单位从严落实从业人员安全知识培训、安全责任制度建立、安全预案制订和演练、生产区管理等工作措施，保证冬捕期实现了安全生产。

8.存在的主要问题 当前吉林省渔业发展还存在不少困难和问题：一是资源衰退与环境恶化，难以满足渔业作为经济和生态产业发展的需要；二是市场化、产业化水平较低，难以满足现代渔业建设和发展的需要；三是科技创新水平不高，难以满足渔业发展方式转变的迫切需要；四是水产品质量安全保障能力有限，难以满足消费市场对水产品质量安全的更高要求；五是投入不足，难以满足支撑保障体系服务渔业发展的需要。

【重点渔业县（市）基本情况】

吉林省重点渔业县（市）基本情况

县（市）	总人口（万人）	渔业产值（万元）	水产品总产量（吨）	其中		养殖面积（公顷）
				捕捞	养殖	
前郭尔罗斯蒙古族自治县	57.798 8	39 179.00	16 670	1 349	15 321	41 279

（续）

县（市）	总人口（万人）	渔业产值（万元）	水产品总产量（吨）	其中		养殖面积（公顷）
				捕捞	养殖	
镇赉县	27.537 2	20 084.00	16 000	2 900	13 100	21 333
扶余市	72.562 8	14 465.00	13 150	3 985	9 165	7 105
大安市	40.456 6	13 274.00	8 125	940	7 185	32 101
舒兰市	64.303 0	7 149.00	7 285	360	6 925	4 885

（吉林省渔业局）

黑龙江省渔业

【概况】 2014 年，黑龙江省各级渔业行政主管部门认真贯彻落实国务院全国现代渔业建设工作视频会议精神，紧紧围绕渔民增收的工作目标和任务，超前谋划，强化措施，抓好落实，收到了较好的效果。全省放养面积达到 59.89 万公顷，比 2013 年增长 11.4%；全年水产品总产量达到 69.1 万吨，同比增长 22.7%；渔业经济总产值达到 136.8 亿元，同比增长 22.8%；渔民人均纯收入实现 12 350 元，同比增长 20.3%。

1. 注重苗种繁育工作，推进名特优养殖发展 全省把发展具有北方寒地特色、畅销价高的鲟鳇鱼、兴凯湖大白鱼、泥鳅、方正银鲫和黄颡等鱼类品种的养殖作为重点工作，同时不断加大省外名优品种的引进力度，以地产名贵鱼类为主的名特优水产品养殖规模不断扩大。2014 年，全省名优鱼类养殖面积发展到 24.83 万公顷，同比增长 10.7%。全省繁育鲟鳇鱼、兴凯湖大白鱼、怀头鲶、方正银鲫等地产名贵特产优质鱼类苗种达 4.9 亿尾，同比增长 11.4%，不但为全省名特优水产品养殖生产发展提供了苗种支撑，还远销湖北、辽宁等全国十几个省（自治区）。

2. 加大技术推广力度，提升现代渔业发展水平 全省各地加大了池塘驯化养鱼和网箱养鱼等高产实用技术的推广力度。2014 年，全省投入资金 450 多万元，举办各类培训班 260 多期，培训渔民 1 万多人。推动了全省驯化养鱼持续发展，面积达到 6.37 万公顷，比 2013 年增长 11.2%。与此同时，驯化养鱼的科技水平不断提高，投饵机、增氧机、浮性饵料等先进生产要素得到普遍应用，一些渔场还安装了信息管理监控系统，渔业生产管理向着自动化、现代化方向发展。同时，各地把发展网箱特色养殖作为增加渔民收入、提高水域资源利用率的主要措施，强力加以推进。

3. 全面落实监管责任，确保水产品质量安全 2014 年，全省各级渔业主管部门出动执法人员 3 657 人次，对 2 809 家经销点进行了检查，对发现问题的 75 个经销单位进行了处罚。进一步规范了养鱼生产行为，基本杜绝了违禁药物的使用，提高了水产品的质量安全水平。哈尔滨市以长岭湖渔业公司和方正银鲫原种场为试点，开展了生产基地、投入品及生产全过程的质量检测监管示范，并将逐步实现渔业重点区县质量可追溯和药物残留快速检测全覆盖。加大水产健康养殖的推进力度，不断提高水产品质量安全水平，在农业部组织开展的两次产地和四次市场检测中，产地水产品合格率达到 100%，市场水产品合格率达到 93.5%。为充分发挥已建成的水生动物疫病防治站的功能，在前两年集中进行培训的基础上，2014 年组织师资力量深入到有关县（市、区）一对一地对水生动物疫病检测人员进行培训，进一步提高了检测人员的实际操作能力。

4. 推进边境水域管理，有效遏制涉外渔业事件 全省各级边境水域渔业行政主管部门及其渔政执法机构，以宣传教育渔民为前提，以渔政执法检查为手段，以强化责任落实为重点，加强协同配合，严打违规船舶，维护了边境地区和谐稳定。一是深入实地督察，强化责任落实。2014 年，先后两次组织工作组深入到抚远、同江、饶河、虎林、兴凯湖、勤得利及二九〇农场等地，重点督察监管责任、防控措施、安全管理落实情况。同时，结合中俄春秋两次渔政联合检查，进一步强化管理措施，维护边境水域渔业生产秩序，得到俄方高度认可。二是突出重点时段，加大执法力度。各有关市县渔业行政主管部门及其渔政执法机构，在两个流冰期、两个生产期和两个禁渔期，加大执法检查力度和密度，严防跨界生产、越界捕捞和禁渔期非法作业行为。抚远县对各类违法违规捕捞行为，始终保持高压态势，共计查处没收违法渔船 60 只，销毁违规渔具 1.2 万余件，起到了震慑作用。三是联合有关部门，严打违规渔船。抚远县、兴凯湖特殊的地理位置和特色的鱼类资源，导致过去大马力快艇越界捕捞行为十分猖獗，通过当地边防部队、外事、渔政联合作战，采取水上查、湖（江）边堵等措施，切断非法捕捞船只外界联系和给养,兴凯湖得到有效治理,抚远县全年共计查获大马力快艇14只。

5.注重工作实际效果,着力提升资源养护水平 一是加大增殖放流力度。2014年,在全面规范增殖放流活动的基础上,突出抓好苗种数量、规格质量、检疫检验、投放方式、渔政监管等关键环节,注重实际效果。全省在自然江河、湖泊共计增殖放流各种鱼类苗种1.32亿尾,其中濒危物种73万尾。二是推进保护区建设。2014年,新建国家级水产种质资源保护区1处,全省总数达到23个。同时,认真开展涉渔工程影响评价工作,牡丹江水源地建设、逊别拉河自然保护区护坡和建桥、三江治理工程、中俄原油管道二期等,通过专家评审,加大了生态补偿力度,尽力减少工程建设对渔业生态环境的影响。三是继续清理违规渔具。在2013年全国开展专项行动的基础上,继续将清理违规渔具作为保护渔业资源的重要措施来抓,全省查处电鱼24起,其中哈尔滨市有5起进入司法程序;拆除土梁子206处,清理密眼箔508处,其他违规渔具4 589件。并通过新闻媒体广泛宣传,起到了震慑作用,保护了渔业资源,也维护了渔民合法权益。

6.采取各种有效措施,扎实推进平安渔业建设 黑龙江省水域广阔、环境复杂、人员作业分散,渔业安全管理难度大。因此,各地始终坚持"安全第一、预防为主、综合治理"的工作方针,深入开展渔业"安全生产年"活动。一是加强宣传教育。全省共计举办渔业安全生产培训班168期,培训渔民15 064人。同时,通过设立宣传牌、悬挂标语、发放宣传资料等形式,营造社会舆论氛围,着力解决了作业渔民的侥幸心理和管理部门的轻视观念两个关键问题,在治本上下功夫。二是开展执法检查。全省开展渔业安全检查1 500多人次,628船次,查处有安全隐患的渔船379只,限期整改率达到100%。通过执法检查排查安全隐患,开展专项治理,严禁渔船"带病"作业。重点检查"三证"是否齐全,救生、消防设施是否配齐,并严厉打击恶劣气候冒险作业和超载、载客行为。三是强化责任落实。各地普遍采取签订《渔业安全生产责任书》的方式,对作业时间、作业人数、气候条件、消防及救生设施进行具体规定,明确管理部门的监管责任和渔民的主体责任,将各项安全管理措施落到实处。四是依法强制检验。各级渔船检验机构认真开展检验,严把第一关口,严防渔船"带病"出航。同时,积极推进互保工作,提供风险保障,维护了渔民的切身利益。佳木斯市对渔船全部实行强制性检验,签状率和检验率均达到100%,并全部参加了互助保险。

【重点渔业县(市)基本情况】

黑龙江省渔业重点市(县、区)基本情况

市(县、区)	总人口(万人)	渔业总产值(万元)	水产品产量(吨)	其中		养殖面积(公顷)
				捕捞	养殖	
肇东市	93.6	46 112	40 213	303	39 910	15 333
绥化市北林区	87	30 014	31 063	60	31 003	7 417
杜尔伯特蒙古族自治县	25	27 100	29 800	7 800	22 000	28 000
密山市	43.9	43 500	27 400	2 000	25 400	24 666
哈尔滨市区	398.6	28 940	26 278	1 340	24 938	9 549
肇源县	45.1	24 800	24 300	4 300	20 000	26 000
大庆市区	132	23 500	21 400	1 800	19 600	13 915
巴彦县	69.6	11 500	16 088	400	15 688	4 860
安达市	45.4	17 300	15 835	1 400	14 435	15 000
同江市	17	13 500	14 000	800	13 200	6 667

【大事记】

[1]3月11日,全省边境水域渔政工作座谈会在哈尔滨召开,省渔政局局长张侃与各市(地)渔业行政主管部门负责人签署了边境水域渔政管理责任状。

[2]3月11日,全省渔业工作会议在哈尔滨市召开,全省各市(地)、部分重点县(市、区)、农委直属水产事业单位、省农垦总局、省水利厅及中国水产科学研究院黑龙江水产研究所负责同志参加了会议。省农委副主任邢志广到会并做了重要讲话。

[3]3月13日,黑龙江省农业委员会发布2014年禁渔期通知和禁渔期通告,并印刷禁渔期通告5 000

张,发至各市(地)、县(市),广泛张贴宣传。

[4]3月31日至4月4日,中俄黑龙江和乌苏里江边境水域渔政工作会议在哈尔滨市召开。中华人民共和国农业部渔业渔政管理局国际合作处处长刘小兵为团长的中方代表团和俄罗斯联邦渔业署阿穆尔州局副局长克雷洛夫·杰尼斯为团长的俄方代表团举行了会谈。

[5]5月14日,黑龙江黑河段河床大面积缩水显露出江底。进入5月中旬,中俄界江－黑龙江黑河段河床大面积"缩水",中方江岸一侧纵深出现100～200米不等河床干涸显露江底现象,流水量和储水量均是近10年来历史平均水平的1/2左右。导致这一现象的主要原因是中国北部2013年冬季和2014年春季气候变暖,致使中俄界江整体冰期缩短和水位下降。

[6]6月9～21日,中俄渔政联合代表团在中俄边境水域的黑龙江和乌苏里江进行了渔政联合检查。检查的重点江段:俄方黑龙江中段自下斯巴斯克起,沿下列宁斯阔耶(犹太自治州)方向,中方黑龙江同江江段及抚远江段。为确保抚远和同江江段联合检查富有成效,中方使用了两艘新造的渔政船。联合检查期间未发现违规情况。

[7]7月4日,黑河市水产局在中俄界江黑龙江黑河段放流黑龙江野鲤300万尾。通过多年增殖放流,黑龙江黑河段鱼类资源大幅度增长,资源的恢复有效地促进了渔民增收。

[8]8月25日,209农场渔工白文杰("三合一"捕捞渔船证书编号为绥滨渔捕垦宝037)在黑龙江朱兰通滩地用三层淌网捕获一尾268.5千克重雌性鳇鱼,并逐级上报至农垦宝泉岭管局畜牧兽医局。经渔政机构负责人、渔政人员和记者现场验证、录像后,鱼体无伤痕,符合放生条件,将其放流黑龙江,回归大自然。

[9]9月15～27日,中俄渔政联合代表团在中俄边境水域的黑龙江和乌苏里江进行了渔政联合检查。检查的重点江段有:俄方黑龙江段自下斯巴斯克起,沿下列宁斯阔耶(犹太自治州)方向及乌苏里江0～32公里,中方黑龙江同江至抚远段、乌苏里江乌苏镇区域。在黑龙江和乌苏里江边境水域联合检查期间,中俄双方未发现违规情况。

(黑龙江省农委渔业局　郭政学)

上海市渔业

【概况】 2014年,上海市水产品总产量达34.05万吨,比2013年增长13.98%,其中养殖产量15.75万吨,同比减少1.66%;捕捞产量18.30万吨,同比增长32.05%。渔业总产值达68.86亿元,同比增长5.13%。渔民人均收入达24 670元,同比增长15%。

一是水产养殖基础设施持续改善。2014年共批复标准化水产养殖场项目15个,总面积为336.75公顷,总投资为6 641.36万元,全市已累计批复建设标准化水产养殖场302个,面积达11 240公顷,总投资达17.22亿元。2014年共组织市级验收项目17个,抽验区级验收项目8个,全市共有200个标准化水产养殖场项目通过验收,验收率达66.2%。2013年在金山区、奉贤区批复建设的4家标准化家庭水产养殖场试点项目,已完成池塘改造并投入了2014年的养殖生产。自2011年本市开展新一轮水域滩涂养殖使用权登记发证工作以来,至2014年11月本市共发放新版水域滩涂养殖证519本,持证的池塘养殖面积达20 766.67公顷,持证率达96%,完成了发证登记率达到95%以上的工作目标。为确保本市近20 000公顷水产养殖面积,按照市农委的统一部署,启动了水产养殖业布局规划的编制工作。积极推进水产养殖机械购置工作,加强新型、适用渔机和装备推广,2014年度本市渔民共获得606万元渔业机械购置补贴。

二是渔业科技支撑和保障能力不断增强。有序推进水产原(良)种场建设,本市已建成国家级水产原(良)种场1家,市级水产良种场7家,区级水产苗种场33家。完成了水产原(良)种保种补贴工作情况调研,起草了《上海市水产原良种保种选育专项资金使用管理办法(试行)》,2014年本市下拨良种补贴专项资金216.5万元。积极推进中华绒螯蟹国家级良种资质认定,顺利向国家水产良种和原种审定委员会进行了申报。河蟹产业技术体系经过4年的努力,形成了池塘养殖大规格河蟹的"松江模式"和"崇明模式",在技术体系的强力支撑下,本市中华绒螯蟹养殖技术大大提高,大规格的成蟹数量2014年达到了质的飞跃,比例高达70%,在2014年全国河蟹大赛上本市有9家获得金蟹奖,其中最重要的"最佳种质奖"和"最佳口感奖"的第一名均为本市企业所获。虾类产业技术体系已正式启动,并进展顺利,尤其在2014年多雨低温的情况下,产业技术体系发挥了关键作用,确保了虾农的养殖效益。2014年本市水产系统获得市科技兴农项目资金2 000多万元。市水产研究所刀鲚全人工繁育技术日趋成熟,在全国范围内首次实现了可控的、稳定的苗种规模化生产,2014年产苗26万尾,其中10万尾放归长江,并通过了由院士领衔的专家团队的成果鉴定。渔业科技入户和产学研对接工作扎实开展。全市科技人员"入户、入场、入社",为水产养殖户提供悉心的指导服务，一批水产良种良法得到推广，2014 年在上海市标准化水产养殖场建设项目培训、农民师资培训、水产行业农民培训等方面共计培训渔民 1 756 人。在对第一轮产学研工作进行考核的基础上，引入优胜劣汰机制（中止并解除了 6 对单位的产学研对接关系），启动了第二轮产学研对接工作，38 位专家与 44 家养殖场签约建立了 49 对产学研对接关系（其中新增 25 对对接关系），有力提高了对接紧密度和渔业科技成果的转化及综合应用能力。农业部健康养殖示范场创建工作扎实开展，至 2014 年本市共有 27 家养殖场获得“农业部健康养殖示范场”称号。2014 年全市合计承保淡水养殖面积达 17 320 公顷，计划完成率达 123%，其中南美白对虾养殖保险面积为 9 100 公顷，保费收入 6 653.96 万元，平均赔付率为 69.8%。南美白对虾互助保险面积达 2 553.33 公顷，保费收入达到了 1 600 多万元，互助保险的简单赔付率为 52.2%，比非互助保险的南美白对虾保险赔付率低了 21.4 个百分点。会同安信农保公司制定并完善了《本市南美白对虾养殖保险互助运作模式大灾准备金管理办法》等文件，对保险条款进行了适当修改，延长了保险期限。会同上海海洋大学开展了对本市渔业专业合作社的调研，目前全市渔业专业合作社已超过 400 家，带动非成员渔农户约 14 000 户，养殖面积覆盖率达到 75%，46% 的合作社被评为各级示范合作社，其中 3 家为国家级示范合作社，27 家为水产龙头企业，本市渔业专业合作社发展形势喜人。上海市水产标准化技术委员会以及有关单位申报的《水产品中药物残留快速检测规则》、《水产养殖用药规范》、《淡水池塘养殖水质标准》、《上海市地产水产品抽样要求》、《36 米桁杆拖网渔船船型参数》等标准项目 2014 年通过市农委验收。

三是水产品质量和渔业生产安全监管长抓不懈。地产水产品质量处于可控状态。大力推进地产水产养殖准出制度，203 家水产养殖场通过审核、公示，取得水产行业协会颁发的准出证明，覆盖水产养殖面积约 9 733.33 公顷。重点推行地产水产品产地证明制度，确保直供市场地产水产品质量可追溯。开展了地产水产品运输环节监管工作的调研。加大地产水产品抽检力度，全年抽检各类地产水产品 632 件，合格率达 99.2%；此外，2014 年农业部在本市共抽检地产水产品 105 件，合格率为 100%。组织开展水产苗种专项整治和水产品质量安全专项督查行动，共抽查各类苗种生产单位（养殖场）72 家，苗种生产许可证持证率达 100%。加强了水生动物疫病防疫和水生动物苗种产地检疫工作，组织检测检疫 26 个批次、3.54 亿尾出上海市的水产苗种，检疫 54 个批次、近 7 000 万尾增殖放流水产苗种；2014 年农业部在上海共采集 22 个鲤春病毒血症（SVC）样品，合格率为 81.8%。2014 年组织对本市各区（县）及有关市属企业的地产养殖水产品质量安全监管工作进行绩效考核，崇明县、奉贤区、嘉定区列入全市考核前三名。渔业安全生产形势进一步好转。2014 年本市共发生各类渔业事故 6 起，伤残 1 人，直接经济损失 53.3 万元，无人员死亡和船舶沉毁。认真落实渔业安全生产责任制，市农委、区县农委、乡镇、渔业村（合作社）、船东船长等层层签订了渔业安全生产责任书。加强对捕捞渔民宣传教育和培训，伏休期间举办各类船员培训班 13 期，培训渔民 637 人。加强渔业船舶检验，2014 年本市船检部门共检验渔业船舶 972 艘次，检验渔船船用产品 20 351 台（件、套），审查渔业船舶设计图纸及产品图纸 37 套，船用产品型式（工厂）认可（初审）25 类。协调全市渔政、渔监等部门，全面执行和落实力量，确保了“中俄海上联合军演”和“亚信上海峰会”期间本市水域渔业安全生产和渔场生产秩序。会同渔监、渔政部门开展了 2 次渔业安全生产大检查，对市郊 9 个区县的渔业安全生产工作和清理整治违规渔具行动、海洋伏休管理以及各区县非法捕捞综合治理等情况进行了督察，并重点督察了“凤凰”台风登陆上海期间的渔船安全措施落实情况。海洋捕捞渔船标准化更新改造工作顺利推进，计划建造的 34 艘标准化渔船已基本建成，并根据杭州湾作业渔民的需求，又推出了 16 米的标准化船型。加快推进渔港建设，横沙国家一级渔港基建基本完工，长兴岛开发办正着手开展项目预验收准备工作；芦潮港渔港项目正在开展前期准备工作。

四是渔业产业拓展稳中有进。成功组织举办了 2014 第九届上海国际休闲水族展览会，吸引了 1.5 万多消费者和专业观众前来观展，现场销售额达 300 多万元，订单约 1 300 万元。结合标准化水产养殖场建设，2014 年在本市交通便利、管理到位、环境较好的养殖场重点推进休闲垂钓场建设，本市已有不等规模休闲垂钓场 60 多家，每年吸引了逾百万市民前往垂钓，经营收入超过 1 亿元。2014 年上海宝岛蟹业有限公司“蟹文化”基地、上海淀山湖金龟岛渔村、上海彰显渔业专业合作社休闲基地获得农业部“全国休闲渔业示范基地”称号，本市获得该称号的休闲垂钓场已达 7 家。按照国家“走出去”战略要求和总体部署，稳步推进本市远洋渔业发展，上海水产集团“产业外扩、产品回国”战略实施取得重大突破。2014 年上海远洋捕捞产量达 15.97 万吨，同比增长 38.71%，本市远洋渔业企业全年共回运自捕水产品 72 227 吨，同比增长

76.75%,占远洋捕捞总产量的45.23%。上海水产集团首次实施海外项目并购取得成功,投资2 200万美元成功收购了阿根廷阿特玛渔业公司100%股权,包括一座加工厂和4艘渔船。上海和顺渔业有限公司作为本市唯一一家民营远洋渔业企业,2014年完成3艘鱿鱼钓船更新改造并投入远洋捕捞生产。市水产研究所《水产品鱼皮(鱼鳞)加工制备医用胶原蛋白的研究》和《从鱼软骨中提取II型胶原蛋白的研究》2个水产品精深加工研究项目取得新进展。光明集团海丰总公司的水产品加工项目已进入实质性启动阶段。

五是渔业生态资源养护扎实开展。在2013年开展打击非法捕捞专项整治行动取得阶段性成果的基础上,2014年注重建立长效机制,组织开展了相关课题的调研,建立了渔政系统两法衔接联络员制度;打击非法捕捞专项整治工作力度进一步加大,2014年共查处各类案件1 819起,罚没款138万余元。2014年打击非法捕捞取得"实刑"案件突破,奉贤、青浦2名当事人因犯非法捕捞水产品罪分别被判处拘役5个月和6个月。此外,本市还公开销毁了收缴的1600多件违禁违规渔网具。顺利实施了2014年本市水生生物增殖放流计划,各级渔业管理部门共投入中央财政、市区两级财政总资金1 662.86万元,共在淀山湖、黄浦江上游、杭州湾上海海域、长江上海段等重要渔业水域放流各类苗种近1.5亿尾(只),取得了良好的社会和生态效益。鉴于社会人士无序放生活动的日益活跃,会同市民宗委和佛教协会共同举办了科学放流知识讲座,受到了佛教界人士和信众的欢迎。海洋牧场示范区项目建设成效渐显;《青草沙水库邻近水域生态修复专项》和《东海大桥海上风电场邻近水域生态环境调查》项目任务有序开展。《浦东机场外侧滩涂促淤圈围工程渔业生态修复方案》开始实施。2014年完成水生野生动物进出口初审20件,审核水生野生动物经营利用许可证19张、驯养繁殖证8张、运输证7张,年审特许证件35张。组织有关单位开展了本市保护区及红珊瑚、大鲵、美丽硬仆骨舌鱼等管理有关情况调查和水生野生动物特许利用专项检查,进一步规范了本市水生野生动物及其产品的市场秩序。推进中华鲟保护区崇明基地项目建设,2014年中华鲟保护区崇明基地建设项目已正式开工,并进展顺利。

六是渔业行政和执法工作有序推进。2014年在长江禁渔期间全市共计发放刀鲚专项捕捞许可证125张、凤鲚专项捕捞许可证59张,审核发放鳗苗捕捞许可证369张,共计取缔、查没鳗苗网、深水张网各类违规网具近2 000顶,浮具2 858只,有效确保了长江渔业生产有序、深水航道畅通和重点工程顺利实施。本市2014年伏季休渔工作进展顺利,应休渔船372艘,实际休渔372艘,无渔船在外违规航行作业。推进渔政执法队伍和装备建设,会同上海海洋大学成教学院组织对全市水产系统中层以上干部进行了培训,组织开展了本市渔政摩托艇驾驶员考试培训,组织开展了对长江禁渔、海洋伏季休渔等执法管理工作的专项督察,完成了农业部2015年渔政装备储备项目的预申报工作。市渔政处31001船历时近3个月,圆满完成了南海护渔维权任务,受到了指挥部的表彰。上海海洋大学远洋渔业资源调查船项目按计划完成初步设计方案,并通过评审。崇明县100吨级渔政船目前已建造完工,并通过初步验收。认真做好渔业油价补助工作,2013年全市群众渔业和远洋渔业企业共有1 104艘渔船申报渔业油价补助,主机总功率158 090.76千瓦,合计补助用油量102 058.99吨,补助资金3亿余元。《上海市志·农业分志·渔业卷》编纂工作扎实推进,2014年完成了对各区县(单位)的走访和资料摸底调查工作,组织召开了《渔业卷》编纂工作阶段性汇报会,《渔业卷》编纂资料收集量超过70%,已进入资料长编撰写阶段。初步完成了渔业发展"十二五"规划梳理及"十三五"规划基本思路的起草工作。

【重点渔业区(县)基本情况】

上海市重点渔业区(县)基本情况

区(县)	渔业人口(人)	渔业产值(万元)	水产品产量(吨)	其中				养殖面积(公顷)	
				海洋捕捞	内陆捕捞	长江捕捞	内陆养殖	海水	内陆
崇明县	10 347	163 841.71	63 234	18 097	195	82	44 860		5 586
奉贤区	7 716	80 377.4	19 001	617	696		17 688		3 300
青浦区	4 686	51 317.64	19 500		1 011		18 489		2 802
浦东新区	3 437	40 480	21 383	943	80	95	20 265		2 951
金山区	3 002	35 996.02	10 050	288	676		9 086		1 292

【大事记】

[1]3月11日,上海市委农办、市农委主任孙雷到上海市水产研究所(上海市水产技术推广站)苗种技术中心,考察长江刀鲚人工繁育和养殖工作。

[2]4月24日,农业部副部长牛盾、上海市政协副主席张恩迪、市政府副秘书长吴建融、市农业委员会主任孙雷等参加了在长江口中华鲟自然保护区附近水域举行的主题为"鲟回碧水蓝天"的2014年长江口珍稀水生生物增殖放流活动,并考察了即将动工建设的长江口中华鲟自然保护区基地。

[3]4月24日,农业部副部长牛盾率农业部人事劳动司副司长潘学峰、渔业渔政管理局副局长李彦良、东海区渔政局局长李富荣、副局长韩旭及上海海洋大学党委书记吴佳敏等到上海横沙一级渔港项目建设工地考察,上海市人民政府副秘书长吴建融、市委农办、市农委副主任邵林初、上海市长兴岛开发建设管委会办公室主任姜亚新等陪同。

[4]5月5日,上海市委农办、市农委主任孙雷到上海市渔政监督管理处就加强本市渔政管理,坚持依法行政,规范执法行为,提高执法能力等开展调研。

[5]5月9日,农业部渔业渔政管理局局长赵兴武、中国水产科学研究院院长张显良一行,到上海市水产研究所科研基地考察了已获成功的长江刀鱼人工繁殖与养殖科研项目实施情况。

[6]6月25日,市纪委驻市委农办纪检组组长房忠桥深入崇明县奚家港渔业村,参加上海渔港监督局(上海渔业船舶检验局)党总支开展的"送医下乡,服务三农"城乡共建活动并慰问渔监船检人员。

[7]7月30日,市委农办、市农委主任孙雷、秘书长邵启良一行来到复兴岛码头,视察了中国渔政31001船,亲切慰问了市渔政监督管理处执行南海特定海域重要任务的全体同志。

[8]9月16日,市农业委员会副主任邵林初、崇明县人民政府副县长冯志勇、农业部长江流域渔业资源管理委员会副主任委员韩旭等领导出席了在崇明举行的主题为"科技创新服务渔业,增殖放流造福万代"的长江口刀鲚增殖放流活动,活动中共放流了由上海市水产研究所全人工繁育的刀鲚苗种10万尾。

[9]9月24日,农业部副部长牛盾携农业部有关司局领导一行在上海市农委副主任邵林初等陪同下来到上海市水产研究所苗种技术中心,调研了上海市水产研究所(上海市水产技术推广站)科研、推广及基地工作。

[10]10月10~13日,以"缤纷水族、和谐生活"为主题的2014第九届上海国际休闲水族展览会在上海农业展览馆举办。上海市委农办、市农委主任孙雷、副主任邵林初和上海水产(集团)总公司董事长汤期庆等先后观展。

(上海市水产办公室)

江苏省渔业

【概况】 2014年,江苏省渔业系统深入贯彻落实国务院关于促进海洋渔业持续健康发展的若干意见和全国现代渔业建设电视电话会议精神,开拓创新,狠抓落实,大力推进现代渔业建设,克服宏观经济下行压力加大等不利因素,渔业经济实现了平稳较好发展。全省水产养殖面积76.11万公顷,保持稳定。全省水产品总产量达到518.84万吨(其中养殖产量429.38万吨,捕捞产量89.46万吨),比上年增长1.86%;渔业产值1 480亿元,同比增长5.8%;渔业经济总产值2 600亿元左右,同比增长6%;渔民人均可支配收入19 542元,同比增长8.17%。

1.省政府出台推进现代渔业建设政策文件 1月17日,江苏省人民政府正式印发《关于推进现代渔业建设的意见》,为今后几年全省现代渔业建设提供了顶层设计和政策扶持。《意见》提出的目标任务是:到2015年,全省现代渔业产业体系框架基本形成,支撑保障体系明显增强,水产品质量安全水平显著提高,渔业生态环境有所改善,渔民收入稳步增长;全省水产品产量530万吨,渔业经济产值2 400亿元,渔民人均纯收入超过2万元。到2020年,全省渔业经济结构和产业布局优化,基础设施完善,物质装备先进,科技支撑有力,经营管理高效,渔业生态环境明显改善,产业可持续发展能力和竞争力达到先进水平,现代渔业发展新格局基本形成,基本实现渔业现代化。

2.加快高效设施渔业建设 扎实推进标准化池塘改造,推广应用微孔增氧、渔业物联网等新技术,全省共新建与改造池塘面积7.72万公顷,其中标准化池塘5.13万公顷,新增微孔增氧面积超过8 400公顷,新增物联网应用面积6 667公顷。加强现代渔业"四个一批"建设,新认定省级现代渔业精品园7个、现代渔业示范场7个。加快推进生态健康养殖,省内47家养殖单位获得了第九批农业部水产健养殖示范场称号,总数已达501家,位居全国前列。新认定公布了江苏省第二批"菜篮子"水产品生产基地50个,全省总数达到100个。全省共新增设施渔业面积2.187万公顷以上,累计达到18.13万公顷,占水产养殖总面积的23.8%。

3.提升渔业产业化经营水平 推进水产品加工业发展,水产加工品总量161.85万吨,比上年增长4.19%。加大水产品国内外市场开拓力度,组织江苏优质水产品参加了第十二届中国国际农产品交易会(青岛)和第十二届江苏名特优农产品(上海)交易会等推介展会活动,在南非、澳大利亚和我国台湾省等地举办推介会。全省水产品出口贸易总量6.03万吨,贸易总额4.54亿美元,同比分别增长11.9%和14.6%。推进渔业组织化建设,全省渔民专业合作组织已有3 800个,渔户参加合作经济组织的比例达56%。推动休闲渔业发展,新增全国休闲渔业示范基地13家,总数已有27家,居全国前列。

4.加强渔船改造和渔港建设 继续实施万船更新改造工程,省级财政扶持改造资金达8 400万元,更新改造渔船322艘。与民生银行在江苏启东推出"渔网贷"支渔贷款产品,渔民更新改造渔船可凭"船网工具指标批准书"获银行100万以下贷款支持,此举为全国首创。立项支持启东吕四、赣榆海头、连云区高公岛、宜兴滆湖湖丰、金湖白马湖、泗阳卢集等沿海与内陆渔港建设项目6个,省级以上财政补助资金达2亿元。

5.推动现代水产种业发展 支持35家省级以上良种场和繁育场开展育繁能力建设、保本和亲本更新工作,复查认定与新认定省级以上水产良种(繁育)场31家,其中国家级原种场1家,取消了9家不合格单位的省级称号。江苏培育的新品种"长江1号"河蟹、"太湖1号"青虾、"苏通1号"条斑紫菜推广面积迅速扩大。

6.加快渔业科技进步 深化渔业科技创新体系建设,重点培育了47家省级渔业科技创新平台。加快新品种、新技术、新模式研发推广,全省推广"长江1号"河蟹1.93万公顷,建成"长江2号"河蟹育苗基地17.33公顷,"太湖1号"青虾推广面积3.33万公顷。积极引进创新,建设池塘工业化生态养殖示范系统试点项目2万平方米,取得了明显成效;示范推广蟹池多品种主养模式400多公顷;四腮鲈人工繁殖、小黄鱼繁殖、刀鱼驯养等关键技术取得突破。着力推进渔业科技入户工程,全省68个涉渔县(市、区)、636个乡镇和4 184个行政村、1 742名各级专家和渔技推广人员参与项目实施,累计培育渔业科技示范户和辐射户35万户,示范户先进实用技术入户率和到位率达90%以上。组织省域内10家涉渔科研教学推广单位与10个县(市、区)挂钩对接,开展挂县强渔富民工程。认定8个单位为首批江苏省省级渔业教育与培训定点机构。加强渔民培训,培训职业渔民4.8万人。"青虾池塘生态高效养殖关键技术集成与推广""条斑紫菜新品种(系)培育及应用配套技术集成推广"两个项目分获江苏省农业技术推广奖一、二等奖。

7.积极发展远洋渔业 江苏省与文莱远洋渔业合作成功纳入中国—东盟海上合作基金项目。新增远洋渔业企业2家,1家企业新获农业部船网工具指标批准书,批准建造10艘总功率7 350千瓦、总吨位2 380吨的单拖网渔船。现有46艘各类远洋渔船分布在北太平洋、东南太平洋、西南太平洋、缅甸、文莱、几内亚、摩洛哥等海域作业,捕获各类远洋水产品2.24万吨,产值2.16亿元。

8.强化水产品质量安全监管 推进渔业标准化生产和品牌建设,新增全国农业标准化示范县1个,省级渔业标准化示范区2个,新增无公害水产品产地6万公顷,无公害水产品479个,地理标志水产品1个,江苏名牌产品24个,全省无公害水产品产地规模和产品有效数位居全国前列。在全省54个渔业重点县(市、区)和南京众彩农副产品批发市场建成快速检测室335个,水产品质量安全追溯体系不断扩大。深入开展水产品质量安全专项整治行动,严厉打击添加禁用药物等违法行为,2014年全省共出动执法人员11 779人次,检查生产经营单位4 379家,查处问题194起。加强了南京青奥会水产品质量专项治理工作,组织了应急实战演练,提高了应急处置能力。江苏中洋集团荣获省政府质量奖。全省水产品质量安全抽检合格率稳定在较高水平,2014年,农业部监督抽检江苏产地水产品合格率为99.81%。

9.加大水生动物疫病防控力度 加强水生动物防疫体系能力建设,省水生动物疫病预防控制中心完成实验室改造,县级疫病防控机构新增3家通过了省实验室资质认定。组织开展全省水生动物重大疫病监控工作,在39个县开展水产病害测报工作。承办了全国水生动物官方兽医师资培训班,全省40余名学员经培训取得师资证书。

10.加强渔业资源环境保护 严格落实海洋、长江及主要湖泊休渔禁渔期制度。开展水产种质资源保护区建设,新增国家级水产种质资源保护区2个,分别是宜兴团氿东氿翘嘴鲌水产种质资源保护区、洪泽湖秀丽白虾水产种质资源保护区,全省国家级水产种质资源保护区总数已达30个。开展海洋牧场建设,全年共投放人工鱼礁50 230个,海州湾海域新增调控渔场面积约50平方公里。加大渔业资源放流力度,全省共投入放流资金7 590万元,放流各类苗种16.31亿尾(只、颗),其中放流海洋经济物种8.02亿(只、颗),放流内陆经济物种8.28亿尾(只、颗),放流珍稀濒危物种77万尾。争取省级2 000万元"太湖抑藻净水"项目,探索出"以渔抑藻、以渔净水"的生态治湖新路。编制并发布了"江苏省重点保护水生野生动物名录(第一批)"。

11.推动长江豚类保护 适应长江深水航道建设

需要，为加强长江江苏段江豚保护，提升生态文明建设水平，根据《中华人民共和国自然保护区条例》等相关规定，省政府批复同意建立南京长江江豚省级自然保护区，对镇江长江豚类省级自然保护区功能区进行优化完善，使江苏的长江豚类保护区数量增加，面积扩大，投入加大，各项措施得到落实。新建的南京长江江豚省级自然保护区，位于江苏省南京市长江江段，保护区总面积86.92平方公里，其中，核心区面积30.25平方公里，缓冲区面积23.66平方公里，实验区面积33.01平方公里。对镇江长江豚类省级自然保护区功能区进行优化完善，保护区整体范围和边界不变，总面积57.3平方公里，其中，核心区面积14.9平方公里，缓冲区面积22.8平方公里，实验区面积19.6平方公里。

12. 强化渔业安全生产工作 高度重视安全工作，省海洋与渔业局专门成立了"水产品质量安全、渔业生产安全、环境安全""三大安全"工作委员会，进一步加强了组织领导。强化了安全生产工作责任落实，建立健全了季度分析例会、警示通报、发函、约谈和派员驻点督办5项制度，加强了隐患排查和督查暗访，全省共发生渔业安全生产事故11起，死亡（失踪）6人，同比分别下降15.4%和25%，实现了事故起数和死亡（失踪）人数双下降目标。省海洋与渔业局会同省安全生产监督局在全省组织开展省级平安渔业示范县创建活动，射阳县、海门市、大丰市和泰州高港区被评定为2013—2014年度"江苏省平安渔业示范县"。

13. 加强海洋与渔业执法工作 加强执法装备建设，新建的600吨级海监船1艘，300吨级渔政船4艘、100吨级3艘、50吨级4艘、30吨级1艘执法船正式列装，26艘100吨以上海洋渔业执法船完成北斗定位系统升级。重点组织开展了维权、海盾、碧海、海岛保护、国际海底光缆巡护等专项执法行动，全年海监执法共立案150宗，实施处罚金额4 272万元。江苏所属中国海警2113船完成了8个航次东海区专项维权执法行动。全省渔政机构组织开展了以海洋伏季休渔、清理整治违规渔具和打击涉渔"三无"船舶为重点的海洋渔业执法行动；以长江禁渔期、打击外籍违规渔船越界捕捞和清理整治违规渔具为重点的长江渔政执法行动；以打击电力捕鱼和湖泊水产养殖专项整治为重点的内陆渔业水域非法捕捞专项整治行动；水产品质量安全执法行动等。全省渔政执法共立案12 052宗，罚赔金额7 000余元，行政处罚9 928人次，移送刑事处罚60人。

14. 推进水域滩涂养殖证制度建设 在全国率先出台了《江苏省国有渔业水域养殖权流转管理办法》及示范性合同文本，该办法对于建立全省水域滩涂流转机制、完善养殖权物权体系、规范养殖管理有重要作用。全省已有11个省辖市、64个县（市、区）级人民政府颁布实施本行政区域水域滩涂养殖规划。全省应发养殖证水域发证率超过90%，有效保护了渔业生产阵地和渔民权益。

15. 渔业水域生态环境状况 省海洋与渔业局组织对省内主要湖泊、长江干流江苏段、海洋重要渔业水域进行了渔业生态环境和渔业资源监测，共设监测站位330个。监测结果表明，2014年，江苏省渔业生态环境状况总体良好。

（1）省内主要湖泊。水质状况总体良好。铜、砷、铅、镉、总汞符合渔业水质标准，与2013年相比，湖泊水质总氮、总磷、石油类含量有所降低。湖泊底质状况良好。浮游生物资源丰富，鱼类群落结构基本稳定，水生生物资源养护效果明显。鱼类资源仍呈现低龄化、小型化特征。

（2）长江江苏段。水质状况总体良好，石油类、铜、砷、铅、镉、总汞符合渔业水质标准，总磷符合地表水三类标准，与2013年相比，含量有所降低。底栖动物生物多样性水平较低，鱼类群落结构逐步改善，水生生物资源效果逐步显现。鱼类资源仍呈现低龄化、小型化特征。

（3）海洋重要渔业水域。水质状况总体良好。粪大肠菌群符合海水水质一类标准；化学需氧量大部分符合海水水质一类标准；部分增养区无机氮、磷酸盐较高。沉积物及海洋生物质量状况基本良好。浮游植物生物密度较高，浮游动物、鱼卵、仔稚鱼、底栖生物密度基本稳定，滩涂潮间带贝类等生物资源丰富，游泳生物资源量较平稳。吕泗渔场大黄鱼、海州湾渔场中国对虾和蒋家沙竹根沙海域大竹蛏等水生生物资源养护效果明显。

【重点渔业市（县）基本情况】

江苏省重点渔业市（县、区）基本情况

市（区、县）	水产品总产量（吨）	其中				养殖面积（公顷）	其中	
		海洋捕捞	海水养殖	内陆捕捞	内陆养殖		海水	内陆
赣榆县	458 299	128 790	233 654	1 270	94 585	25 031	19 468	5 563

（续）

市（区、县）	水产品总产量（吨）	其中				养殖面积（公顷）	其中	
		海洋捕捞	海水养殖	内陆捕捞	内陆养殖		海水	内陆
启东市	360 154	194 440	122 011	8 161	35 542	37 533	25 211	12 322
如东县	309 703	50 406	193 054	7 457	58 786	57 529	48 551	8 978
兴化市	292 912			9 955	282 957	34 349		34 349
射阳县	209 494	34 368	70 009	7 992	97 125	16 927	6 927	10 000
东台市	181 091	28 590	68 140	13 269	71 092	28 370	21 070	7 300
大丰市	174,062	13 020	62 020	14 010	85 012	27 150	17 750	9 400
高邮市	161 243			5 197	156 046	26 482		26 482
宝应县	150 192			16 669	133 523	23 949		23 949
盐城市盐都区	100 600	300		11 000	89 300	8 333		8 333

【大事记】

[1]1 月 22 日，省海洋与渔业局召开党的群众路线教育实践活动总结大会，局党组书记、局长唐庆宁代表局党组作教育实践活动工作总结报告。省委第四督导组组长赵顺盘出席会议并讲话。

[2]2 月 14 日，全省海洋与渔业工作会议在南京召开。会议全面贯彻党的十八届三中全会和省委十二届六次全会精神，按照全国海洋和渔业渔政工作会议的要求，回顾总结 2013 年全省海洋与渔业工作，研究部署 2014 年重点工作任务，扎实推进海洋与渔业强省建设。省海洋与渔业局党组书记、局长唐庆宁作工作报告，党组成员、副局长汤建鸣主持会议。会议期间，省海洋与渔业局发布了《2013 年江苏省渔业生态环境状况公报》和《2013 年江苏省海洋环境质量公报》。

[3]3 月 12 日，江苏省委副书记石泰峰率省委农工办、省海洋与渔业局等部门负责同志，到连云港市调研海洋与渔业发展情况，要求进一步加快渔业转型升级，大力发展现代渔业，推动海洋经济持续快速健康发展；进一步加强海洋管理，做好海域使用规划，规范海域使用行为，强化海洋环境和生态保护，确保海洋资源环境可持续利用。

[4]4 月 1 日，由省海洋与渔业局、南京市人民政府联合主办，南京市农业委员会、江宁区人民政府共同承办的"2014 年江苏省暨南京市长江渔业资源增殖放流活动"在长江南京段江宁渔业港区举行。江苏省委副书记石泰峰、省人大常委会副主任赵鹏、副省长徐鸣、省政协副主席何权，省海洋与渔业局局长唐庆宁、副局长夏前宝，南京市委副书记靳道强等省市领导，以及渔民代表、社会各界人士共 100 余人参加了活动。此次增殖放流活动共投放胭脂鱼 3 万余尾，鲢鱼、鳙鱼、草鱼 100 万尾。

[5]4 月 15 日，省海洋与渔业局和省气象局在南京签署防灾减灾工作合作框架协议，省海洋与渔业局党组书记、局长唐庆宁和省气象局局长翟武全出席签字仪式并讲话。

[6]4 月 20 日，庆祝江苏省水产技术推广站建站三十周年座谈会在南京召开，全国水产技术推广总站站长魏宝振、省海洋与渔业局局长唐庆宁、副局长沈毅和相关处室负责人出席会议，省站老领导代表、现任站领导班子全体成员一起参加了会议。

[7]5 月 24～29 日，省海洋与渔业局副巡视员林建华率团赴台湾省参加江苏省人民政府组织的第三届台湾江苏周活动。

[8]6 月 5 日，省海洋与渔业局举行世界海洋日新闻发布会，局新闻发言人、副局长沈毅发布了江苏海洋经济发展及海洋经济创新示范区建设筹备等情况，并回答了记者提问。

[9]6 月 11 日，省海洋与渔业局召开干部大会，传达省委关于省海洋与渔业局主要领导调整的决定。省委常委、副省长徐鸣出席会议并作重要讲话。省委组织部常务副部长王奇在会上宣布了省委决定：汤建鸣任省海洋与渔业局局长、党组书记，唐庆宁不再担任省海洋与渔业局党组书记、局长职务。

[10]7 月 15 日，全国渔业科研院所建设工作会议在江苏南京召开。农业部副部长牛盾和江苏省委常委、副省长徐鸣出席会议并分别讲话和致辞，农业部渔业渔政管理局局长赵兴武参加会议并讲话。

[11]7 月 15～16 日，农业部副部长牛盾一行在江苏省委常委、副省长徐鸣的陪同下，到南通调研现代渔业工作。江苏省政协人口资源环境委员会副主任唐庆宁、省海洋与渔业局局长汤建鸣、副局长沈毅，南通市

委常委秦厚德，副市长单晓鸣等陪同考察。

［12］7月17日，江苏省渔政监督总队和长江航运公安局在南京正式签署《保护长江渔业资源，打击非法捕捞生产》合作协议。

［13］11月18日，省海洋与渔业局与中国邮政储蓄银行股份有限公司江苏省分行在南京签署了《金融支持全省海洋与渔业发展全面战略合作框架协议》。省海洋与渔业局汤建鸣局长、邮政储蓄银行江苏省分行党委书记彭作刚代表各自单位在合作协议上签字。

［14］12月16日，省海洋与渔业局在如东县召开全省学习新《安全生产法》暨冬季渔业安全生产工作会议。省海洋与渔业局局长汤建鸣参加会议并讲话，并与13个省辖市和3个省管县的负责同志分别签订了《2015年渔业安全生产目标管理责任书》。

（江苏省海洋与渔业局）

浙江省渔业

【概况】 2014年，浙江省水产品总产量575.06万吨，同比增长3.5%。其中国内海洋捕捞产量324.27万吨，同比增长1.2%；远洋渔业产量54.15万吨，同比增长34.4%；海水养殖产量89.79万吨，同比增长3%；淡水捕捞产量9.1万吨，同比减少5.2%；淡水养殖产量97.74万吨，同比减少0.36%。全省渔业经济总产出达到1 845.96亿元，同比增长8.45%。其中渔业总产出675.13亿元，同比增长4.04%。全省水产品出口数量45.13万吨，同比增长1.64%；水产品出口贸易额20.02亿美元，同比增长6%。全省渔民人均纯收入19 735元，同比增长11%。

1.水产养殖 积极实施渔业转型促治水三大工程，即池塘生态化改造工程、稻鱼共生轮作工程和水产禁限养区划定和整治工程。2014年全省完成池塘生态化改造任务1.93万公顷，稻鱼共生轮作1.91万公顷，水产养殖禁限养区划定和整治3.35万公顷，其中关停甲鱼温室640万平方米，整治甲鱼温室241万平方米，拆除网箱19.6万平方米。全年整合省以上财政资金1.48亿元用于渔业转型。2014年浙江省继续实施现代渔业园区建设，经省级验收挂牌的渔业主导产业示范区、特色渔业精品园达67个。通过验收的省级水产良种场3家，认定省级规模化优质种苗繁育基地4家，累计建成2家国家级水产遗传育种中心、4家国家级现代渔业种业示范场、6家国家原良种场、35家省级原良种场、75家省级优质种苗规模化繁育基地。

2.海洋捕捞 2014年全省海洋捕捞总产量324.3万吨，同比增长1.21%；总产值257.4亿元，同比增长2.72%。从主要捕捞品种产量来看，梭子蟹、梅童鱼、小黄鱼产量分别比上年增长52.87%、11.45%、7.33%，但大宗传统经济鱼类产量均有不同程度下降，带鱼、鮸鱼、鲳鱼、虾类、头足类产量分别比上年下降5.79%、14.55%、5.41%、4.69%和1.91%；另外、白姑鱼、鲐鱼、蓝圆鲹产量也比上年分别下降12.94%、3.86%和7.78%。为优化渔船设施装备和经营作业模式，构建资源节约、环境友好型的现代捕捞渔业，继续实施以“一更新二调整三改造”为主要内容的国内海洋捕捞渔业转型升级示范工程。全年实施作业调整和卫生设施改造船数208艘，安全设施改造渔船1 353艘，节能改造渔船485艘。

3.渔业二三产业 通过大力拓展和提升休闲渔业，鼓励发展集渔业生产、农渔文化、休闲旅游为一体的现代休闲渔业综合体。全年认定公布省级休闲渔业精品基地11家；全省5家休闲渔业基地获第三批全国休闲渔业示范基地称号。扶持建设开化县清水鱼休闲渔业综合体1家。2014年全省共有各类休闲渔业经营主体1 698个，同比增长5.5%；总投资26.12亿元，同比下降9.7%；接待游客人数1 180.2万人，同比下降6.2%；创造休闲渔业总产出18.24亿元，同比增长5.2%，税后利润5.1亿元，同比增长8.5%。组织企业参加第十二届中国国际农产品交易会等多场国内外展会，取得了良好的业绩。积极帮助企业利用淘宝网等平台，开展网上电子商务，鼓励企业、合作社等发展水产品配送中心、专卖店、水产精品商场。

4.初级水产品质量安全管理 制定并落实水产品质量安全监测计划，认真开展省级主要水产投入品监督抽检、农业部产地水产品监督抽检、国家和省级水产原良种场苗种抽检以及海洋捕捞水产品专项监测、市场例行监测等工作，共组织落实各类抽检约12 000批次，并对抽检中发现的问题及时移交和组织追溯处理。扎实开展专项整治行动。在百日严打期间，全省渔业系统共组织出动检查人员4 872人次，约谈养殖企业216家，开展水产品监督抽检1 185批次，新发现重大隐患3大类，责令整改不规范行为311起，立案查处以违法用药和出售病死水产品为主的较严重违法行为16起，执行罚款10.5万元，监督无害化处理不合格水产品3.4万千克，有力打击了违法违规行为，保障了全省初级水产品质量安全。

5.渔业安全生产监管 开展全省渔业安全生产大排查大整治专项行动，共组织渔船安全执法检查199次，参加人员683人次，检查各类渔船1 316艘次，整改隐患 88 处。下半年在全省集中开展了渔业领域"打非治违"专项行动，组织 13 个督查组对取缔涉渔"三无"船舶任务 100 艘以上的沿海 35 个重点乡镇(街道)开展蹲点督查。2014 年全省共发生渔船水上生产安全事故 80 起、死亡(失踪)88 人、沉船 15 艘、直接经济损失 2 085 万元，事故起数、死亡(失踪)人数、沉船数同比分别下降 24.53%、14.56%、11.76%，直接经济损失上升了 70.48%。发生较大事故 1 起，死亡 6 人。实现了事故起数、死亡人数、沉船数"三下降"；较好地完成了省安委会下达给浙江省渔业领域事故控制目标，各类事故死亡人数占省控指标的 34.78%、较大事故起数占省控指标的 7.69%。全省海难救助 496 次(其中渔船救助 416 起)，被救 3 489 人(其中被渔船救起 2 913 人)，挽回经济损失 2.9 亿元。

6. 标准渔港建设 2014 年全省标准渔港建设进展顺利。全年共完工 12 个项目(岱山县大衢一级渔港、大衢渔港防波堤工程、象山县石浦番西渔港、三门县健跳一级渔港、温岭市温岭中心渔港一期工程、玉环县鸡山渔港、瑞安市北麂渔港、洞头县洞头中心渔港东防波堤工程、东沙渔港、乐清市杏湾渔港、平阳县下厂渔港、上虞市虞北渔港)，12 个项目通过竣工验收(普陀区虾峙一级渔港、沈家门中心渔港、台门渔港，三门县洞港渔港、定海区西码头渔港小园山西防波堤工程、长白渔港、岱山县高亭中心渔港江南段工程、玉环县坎门中心渔港、路桥区金清一级渔港工程、金清渔港二期工程、临海市红脚岩渔港扩建工程、苍南县渔寮渔港)。全年累计完成投资 5.6 亿元，完成年度计划的 124%。

7. 渔船安全救助信息系统建设 利用系统平台的组合功能，实时监测钓鱼岛周边、韩朝敏感水域附近浙江省渔船动态，完成海上维稳工作，同时参与防台 3 次，完成渔船回港避风实时监控工作，全年系统各类短信通信量达 1 200 余万条；启动实施 5 186 套渔船用北斗卫星终端更新项目，更新北斗终端数量占全省北斗终端数量的 1/3，占全国北斗海洋渔业应用示范项目的 46.5%；实施了含终端设备年检、维保短波岸台网络化改造等项目的安全救助信息系统提升工程，总投资 3 456.78 万元，省财政补助 1 382.71 万元，占总投资额的 40%；完成系统服务器迁移，新增 12 座 AIS 基站；推进救助信息系统民生版，移动终端版建设，进一步完善渔船安全救助信息系统综合平台功能；规范月度核查制度、月度工作例会制度和年度交叉检查制度，切实提高系统开机率和利用率；编制完成《浙江省海洋与渔业信息化基础框架体系建设工作方案》；推进虚拟化平台、安全体系、数据中心等项目建设；完成渔船电台执照行政审批权限下放，推进实施电台执照与终端设备一体化管理。

8. 水生生物资源增殖放流 为贯彻落实省委、省政府关于"五水共治"和浙江渔场修复振兴的战略决策，浙江省启动"生态修复百亿放流"行动，大幅增加水生生物增殖放流资金投入力度，提升增殖放流工作水平。全年共投入增殖放流资金 9 096.07 万元，与上年同比增长54.2%；放流各类水生生物苗种 287 662.9 万尾(粒)，其中海洋苗种 203 251.1 万尾(粒)，淡水苗种 84 411.8 万尾(粒)，与上年同比分别增长 98.4%、77.0% 和 280.0%，全面超额完成年度任务。同时还加大宣传力度，组织"舟山海域增殖放流""太湖放鱼节""开化小鱼治水""洞头生态修复"等公益活动，宣传增殖放流对水环境治理和保护生物多样性的作用，弘扬正能量，提高社会公众的保护意识。

9. 渔业科技与推广 组织开展水产养殖节能减排技术集成示范与推广。为促进全省大力推行渔业健康养殖，在萧山、德清、海宁、嘉善、三门、普陀、绍兴、柯桥、婺城、兰溪等 10 个县(市、区)落实省级水产养殖节能减排技术示范基地 12 个，核心示范面积 492.7 公顷，重点开展鱼塘综合种养减排模式、虾鳖新型能源控温养殖模式以及池塘多品种生态混养模式的集成示范与推广，并在全省范围内推广了鱼塘综合种养减排模式 1 万多公顷；推广虾鳖混养模式与技术 2 780 公顷、虾鱼混养模式与技术 2.302 万公顷、围塘虾蟹贝混养与技术 2.16 万公顷；推广虾鳖设施太阳能与生物质能互补加温养殖模式 35.2 公顷，地源热泵加温模式26.6 公顷，应用底部增氧技术 0.7 万公顷、池塘水质微生态制剂调控技术 6.41 万公顷。有效地推进了全省渔业节能减排模式和技术的示范应用和普及率，加快了浙江省现代生态渔业建设进程。

10. 渔业互助保险 2014 年，全省互保费总量 4.61亿元，承担风险保额 861.21 亿元，其中参保渔船 13 176 艘，互保费 16 417.79 万元；雇主责任互保 125 647人，互保费 29 215.03 万元，分别占可保渔船和下海捕捞渔民总数(宁波除外)的 96% 和 95% 以上，除一些小舢板渔船外，44.13 千瓦以上渔船及其渔民船员已经实行基本全覆盖。会员享受各级财政补贴 8 362.21万元，其中，中央补贴 189.59 万元、省级补贴 6 344.23万元、市县级补贴 1 828.4 万元。全省已决理赔案件 5 453 起，赔付金额 19 840.04 万元，综合赔付率 68.73%，为受灾渔民能够及时恢复生产和灾后重建以及生活提供了强有力的保障和经济支撑。

11. 渔业综合执法 2014 年全省各级渔政执法机构加大执法力度，通过强化执法监管、健全机制手段、狠抓安全保障等手段，围绕“一打三整治”核心工作，在开展违规网具整治、加强伏休执法管理、维护浙北渔场平安稳定、水生野生动物保护、水生野生动物保护、水产品质量安全执法监管、水产品质量安全执法监管等领域，开展各类执法检查 22 138 次，全年海上出动船艇 3 041 艘次、检查航程 139 550.6 海里，投入执法人员 88 763 人次，查处各类渔业违法案件 7 772 起，收缴罚没款 4 504.51 万元。

12. 渔业防灾减灾 2014 年浙江省主要受 1416“凤凰”台风风暴潮，1419“黄蜂”台风风暴潮灾害为害，风暴潮灾害直接经济损失 43 297 万元，无人员伤亡。全年近岸海域共发生有害赤潮 5 次，累计造成渔业直接经济损失 700 万元。各级海洋与渔业主管部门以《浙江省海洋灾害应急预案》《浙江省海洋与渔业局渔业防台减灾应急预案操作手册》为行动指南，扎实开展汛期渔业灾害防御工作。一是提高渔业防台应急处置能力。台风汛前组织开展代号为“玉兔”的海洋与渔业防台演习，以检验省、市、县三级防台应急指挥体系，突发事件应急处置能力。二是提升渔业防台应急部署能力。全面动员各地启动相应的海洋渔业防台应急预案，及早部署，精心组织，狠抓各项措施的落实。三是发挥渔业防台应急指挥能力。在防御 1416“凤凰”等台风过程中，充分发挥全省渔船安全救助信息系统的作用，对海上作业渔船进行全程监控，随时掌握渔船航行作业动态和避风动向。通过卫星短信发布平台发送台风预警信息，要求渔船提前避风，消除安全隐患。

13. 渔民技能培训 2014 年全省共举办各类渔民素质培训班 977 期，共培训渔民 71 290 人次，其中职业技能培训共举办 441 期（包括四小证、职务船员），培训 35 785 人次，通过培训后已取得各类职业技能资格证书的渔民为 31 499 人次。2014 年共举办“金蓝领”培训班 8 期，共培训渔业行业中、高级技能人才 627 人次。举办了 2 期养鱼稳粮增收工程培训班，共培训人数 160 人。举办无公害水产品检查员培训班 1 期，40 人参加了考试并取得了证书，举办无公害水产品内检员培训班 7 期，参训人员 308 人次，并取得内检员资格证书。完成渔业行业职业技能鉴定 552 人。

【重点渔业县(区)基本情况】

浙江省重点渔业县(区)基本情况

县(市、区)	总人口(万人)	渔业产值(万元)	水产品产量(吨)	其中					养殖面积(公顷)	
				海洋捕捞	海水养殖	内陆捕捞	内陆养殖	远洋渔业	海水	内陆
杭州市	706.61	549 399	273 990			11 373	174 653	87 964		59 616
富阳市	65.86	27 336	11 790			780	11 010			1 503
桐庐县	40.59	21 635	8 457			362	8 095			1 430
建德市	50.89	22 421	11 737			2 666	9 071			1 960
淳安县	45.75	22 819	12 887			2 480	10 407			41 054
临安县	52.7	8 389	4 852			584	4 268			2 712
余杭区	90.33	152 629	62 849			1 458	61 391			4 381
萧山区	124.38	200 794	87 756			760	47 274	39 722		3 895
西湖区	65.39	42 787	28 159			1 407	21 014	5 738		2 015
宁波市	580.15	1 243 361	1 010 556	609 748	282 118	9 603	70 991	38 096	35 918	22 178
象山县	54.38	576 655	584 940	443 211	111 827		10 717	19 185	10 748	2 703
宁海县	62	208 136	150 816	8 916	136 491	217	5 192		15 192	2 086
奉化县	48	159 775	151 212	141 863	6 257	911	2 181		1 621	1 545
慈溪市	104	177 085	52 191	3 544	22 459	2 078	24 110		7 229	6 709
鄞州区	84	43 732	19 225	3 202	4 840	3 058	8 125		1 020	4 065
江北区	24	28 850	12 670	5 750		620	506	13 684		486
北仑区	39	84 496	2 562	939	192	373	181		91	334
余姚市	84	54 958	23 763	2 148	52	2 253	19 310		17	3 786

（续）

县（市、区）	总人口（万人）	渔业产值（万元）	水产品产量（吨）	其中					养殖面积（公顷）	
				海洋捕捞	海水养殖	内陆捕捞	内陆养殖	远洋渔业	海水	内陆
温州市	807	616 781	586 513	461 335	100 163	4 283	20 732		19 237	11 985
洞头县	13	99 762	168 650	153 129	15 441		80		2 912	23
苍南县	132	242 410	194 413	170 492	17 047	810	6 064		4 892	2 213
平阳县	88	60 264	59 033	53 501	1 949	904	2 679		1 286	1 601
瑞安市	122	77 324	85 761	80 382	2 666	88	2 625		464	2 034
乐清市	128	110 664	69 021	2 749	61 624	1 370	3 278		9 410	2 365
嘉兴市	326	424 462	163 514	1 209	828	26 866	134 611		280	11 329
秀洲区	18	54 858	25 358			3 073	22 285			5 057
海宁市	67	104 842	94 019		125	1 282	28 494			1 005
平湖市	49	48 326	32 079	814	164	13 917	10 278		49	515
嘉善县	39	149 157	80 044			2 975	23 224			1 835
海盐县	38	65 275	41 097	395	539	2 437	10 276		231	1 317
桐乡市	68	42 426	16 076			2 404	13 672			423
湖州市	262	661 555	305 810			13 161	292 649			24 896
吴兴区	61	118 930	56 957			3 130	53 827			3 633
南浔区	49	182 450	97 706			1 078	96 628			5 947
德清县	44	228 642	95 258			5 120	90 138			4 687
长兴县	63	94 339	42 752			2 957	39 795			6 377
绍兴市	442	252 600	103 023	1 217		10 553	89 186	2 067		20 234
柯桥区	64	44 502	18 363			855	17 508			2 975
诸暨市	108	67 500	20 240			200	20 040			4 450
越城区	74	6 765	4 955			1 113	1 775	2 067		956
上虞市	78	100 399	37 899	1 217		4 258	32 424			7 142
新昌县	44	6 920	2 700			380	2 320			1 180
金华市	473	156 260	76 151			5 688	70 463			20 260
兰溪市	67	61 803	20 303			1 762	18 541			3 515
浦江县	39	4 127	3 265			68	3 197			1 733
衢州市	254	118 311	59 072			4 347	54 725			12 416
柯城区	44	12 608	7 524			613	6 911			1 099
衢江区	40	20 013	11 830			855	10 975			2 233
江山市	61	18 720	12 938			728	12 210			2 947
开化县	36	9 570	4 548			489	4 059			700
舟山市	97	1 298 327	1 669 397	1 137 881	130 218		7 799	393 499	5 864	1 601
定海区	38	112 334	148 899	53 968	3 832		2 702	88 397	748	925
普陀区	32	646 610	800 226	462 204	33 009		4 107	300 906	2 370	452
岱山县	19	359 376	389 262	376 271	10 805		990	1 196	1 250	224
嵊泗县	8	180 007	331 010	245 438	82 572			3 000	1 496	
台州市	594	1 394 803	1 483 914	1 031 334	384 613	3 468	44 614	19 885	26 879	11 211

（续）

县（市、区）	总人口（万人）	渔业产值（万元）	水产品产量（吨）	其中					养殖面积（公顷）	
				海洋捕捞	海水养殖	内陆捕捞	内陆养殖	远洋渔业	海水	内陆
椒江区	52	152 769	251 078	226 078	3 376		1 739	19 885	137	66
路桥区	45	67 201	60 262	41 282	10 380	380	8 220		1 657	415
玉环县	43	218 264	262 015	168 996	90 304	318	2 397		6 253	720
三门县	44	267 082	226 292	16 460	206 021	400	3 411		12 439	971
温岭市	121	552 992	554 866	483 148	64 482	365	6 871		5 166	1 097
临海市	118	118 946	120 004	95 370	10 050	1 420	13 164		1 227	3 052
丽水市	264	35 436	18 639			1 610	17 029			14 161
云和县	11	1 953	1 395			470	925			2 370
龙泉市	29	4 015	2 380			360	2 020			1 802
景宁县	17	2 503	1 260			55	1 205			2 820
青田县	53	5 620	2 970			280	2 690			2 964

注：重点渔业县（区）划分标准，沿海地区水产品总产量20 000吨以上，内陆地区水产品总产量2 000吨以上，山区水产品总产量1 000吨以上。

总人口系2013年年末数。

【大事记】

［1］3月4日，美国密歇根州立大学湖沼学与生态系统合作研究所副所长Thomas H. Johengen博士和张鸿雁博士到省淡水水产研究所开展学术交流访问，商讨水环境治理、生态修复合作等事项。

［2］3月6日，加拿大驻上海总领事馆领事戴慕杰一行两人到省淡水水产研究所交流访问。双方相互介绍渔业发展和研究概况，共商渔业合作领域、方式及途径等事宜。

［3］5月16日，省人大常委会副主任程渭山在温州主持召开接待代表日活动，邀请部分温州籍的省人大代表进行座谈，征求建议答复初稿意见。省海洋与渔业局副局长陈远景参加活动。

［4］5月28日，省委、省政府在绍兴柯桥召开“浙江渔场修复振兴计划实施暨海洋伏季休渔管理工作会议”。省委副书记王辉忠、省政府副省长黄旭明出席会议并作重要讲话。省海洋与渔业局局长彭佳学布置当前浙江渔场修复振兴主要工作任务。

［5］6月10日下午，加拿大纽芬兰省创新、企业和乡村发展部贸易和出口发展处处长琳达·斯普雷尔一行7人，在省外办有关人员陪同下访问省海洋与渔业局，相互交流海洋科技合作事宜。

［6］7月4日，省委、省政府召开浙江渔场修复振兴暨“一打三整治”协调小组第一次会议。省委副书记、协调小组组长王辉忠出席会议并讲话，省政府副省长、协调小组副组长黄旭明主持会议。省政府副秘书长陈龙，协调小组28家省级成员单位及沿海市委负责人参加会议。省海洋与渔业局局长、协调小组办公室主任彭佳学汇报浙江渔场修复振兴暨“一打三整治”行动前阶段工作情况。

［7］7月17日，农业部渔业船舶检验局局长李杰人一行3人来浙江调研“全国三大行动”落实情况及渔船身份标签开发工作。省海洋与渔业局副局长陈远景参加座谈。

［8］7月28日，省委副书记王辉忠在副秘书长张才方陪同下莅临省海洋与渔业局检查指导浙江渔场修复振兴暨“一打三整治”工作。省海洋与渔业局局长彭佳学等参加汇报会。

［9］8月4日上午，泰国驻上海总领事馆农业领事春提萨·曹白楠先生一行5人走访省海洋与渔业局，重点协商泰国农业部渔业局副局长一行计划赴浙江访问行程安排。曹白楠领事一行还赴省淡水水产研究所访问。

［10］8月6~7日，副省长黄旭明带领副秘书长陈龙、省海洋与渔业局局长彭佳学等有关人员赴苍南检查指导修复振兴浙江渔场暨“一打三整治”工作，实地核查被查扣的涉渔“三无”船舶，专题听取温州市、苍南县修复振兴浙江渔场暨“一打三整治”工作情况汇报。

［11］8月10~13日，挪威农业与环境研究所所长尼尔斯·瓦格斯特德先生一行4人访问省海洋水产养

殖研究所。

[12]8月20日下午,肯尼亚参议院农牧渔业委员会委员长基拉伊图·穆伦吉参议员一行9人访问省海洋与渔业局。省海洋与渔业局副局长林东勇等参加会谈与交流。

[13]8月26日,副省长黄旭明带领省财政厅、省海洋与渔业局等单位有关负责人,赴农业部、财政部专题汇报浙江海洋渔业暨浙江渔场修复振兴有关情况。

[14]9月1日下午,澳大利亚西澳州渔业部办公室主任特莱沃·惠廷顿一行5人在省外办美大处工作人员的陪同下访问省海洋与渔业局,就浙江省与西澳州加强渔业领域合作进行交流。

[15]9月3日~7日,台湾水产学会理事长、台湾海洋大学校长张清风一行7人,赴浙江省参加由浙江省水产学会和台湾水产学会在舟山共同举办的"浙台现代渔业发展论坛"。9月3日和4日,张清风一行7人先后访问省海洋与渔业局和省淡水水产研究所。省海洋与渔业局副局长林东勇、省水产学会理事长俞永跃巡视员等参加局座谈会。

[16]9月17日上午,在副省长黄旭明指令下,舟山普陀区螺金船厂内11艘涉渔"三无"船舶被逐一拆解。据统计,伏休以来,浙江省共查处672起各类涉渔违法违规案件,取缔(拆解)涉渔"三无"船舶424艘,这是浙江省启动"一打三整治"专项行动取得的初步成果。

[17]10月8日,中科院苏纪兰院士一行来访省海洋与渔业局,就钓鱼岛附近海域渔业资源及浙江省渔船赴钓鱼岛捕捞作业的历史及其现状等相关课题开展调研。省海洋与渔业局副局长林东勇出席座谈会。

[18]10月10日,美国密歇根大学(University of Michigan)许逸如教授访问省海养所,并参加省海水养殖研究所举办的"海藻抗氧化防光剂研究与开发"技术交流会。

[19]10月14日,省委副书记王辉忠一行到平阳、苍南等地调研"一打三整治"工作,温州市委、市政府领导,省海洋与渔业局副局长张明等陪同调研。

[20]10月13~15日,省委副书记王辉忠在温州督查调研"一打三整治"工作时强调,浙江渔场修复振兴暨"一打三整治"行动正从"预热"转入"攻坚"、从"浅水"迈向"深水",各级各部门要按照过好"五个关"的要求,痛下决心、严打开路,一鼓作气"抓打击",一以贯之"抓联动",一个声音"抓氛围",一马当先"抓长效",毫不动摇地将"一打三整治"进行到底,把渔场修复振兴不断引向深入。

[21]10月22日,副省长黄旭明一行到临海市、温岭市调研现代渔业园区建设和"一打三整治"工作。省海洋与渔业局副局长张明等领导陪同。

[22]10月22日,全国人大代表建议办理工作座谈会在象山召开。会议围绕"建立捕捞准入制度和海洋限额捕捞制度""海洋捕捞渔船'双控'制度和渔具管理制度"等内容开展座谈、征求意见。全国人大代表、省人大常委会党组书记、副主任茅临生等出席会议。

[23]11月4~6日,日本长崎县水产部部长下山满宽为团长的水产访问团一行7人,赴省海洋与渔业局进行渔业合作交流,并签署《2015年浙江省与长崎县渔业交流备忘录》。期间,访问团一行还赴舟山考察舟山国际水产城、省海洋水产研究所等。

[24]11月7日,加拿大纽芬兰省渔业与养殖部部长沃根格兰特先生(Mr. Vaughn Granter)一行3人访问省海洋与渔业局,交流浙江与加拿大纽芬兰省开展渔业合作事宜。省海洋与渔业局巡视员俞永跃参加会谈。

[25]11月11日下午,省长李强一行到中国海监东海总队维权基地舟山长峙岛码头,检查指导舟山市海洋行政执法工作。

[26]11月26日,农业部渔业渔政管理局副局长李书民一行莅临省淡水水产研究所调研指导工作。

[27]11月28日,农业部渔业船舶检验局局长李杰人一行莅临省海洋与渔业局指导渔船综合管理信息化工作。

[28]12月8~10日,匈牙利国家农业研究与创新中心水产与渔业研究所(NARIC - HAKI)访问团一行2人到省淡水水产研究所进行工作访问。

[29]12月12日,省委副书记王辉忠在副秘书长张才方陪同下莅临省海洋与渔业局检查指导工作。省海洋与渔业局局长彭佳学等局领导参加汇报会。

(浙江省海洋与渔业局 方康保 谢雷宁)

安徽省渔业

【概况】 2014年,安徽省各地认真贯彻落实全省农村、农业工作会议和省政府关于加快发展现代渔业发展的意见精神,深入推进水产跨越工程,调整优化产业结构,着力推进水产健康养殖,加强渔业基础设施建设和渔业资源保护工作,加大水产品质量安全监管力度,全省渔业经济保持稳定健康发展态势。

全省水产养殖面积57.6万公顷,同比增加0.5万公顷;水产品总量223.7万吨,同比增长3.78%;全省渔业经济总产值690.4亿元,同比增长9.5%;渔民家庭人均纯收入为12 333元,同比增长14.97%。

1.主要工作与成效

(1)积极发展水产健康养殖。一是开展农业部水产健康养殖示范场创建活动。新创建了74家部级水产健康养殖示范场,全省农业部水产健康养殖示范场达到342家。二是推进规模化水产养殖基地建设。利用财政资金引导社会资本投入水产养殖基地建设,着力规模化养殖池塘改造,全省共筹措各类资金2.9亿元,改造老旧池塘0.38万公顷。三是推进湖泊生态渔业发展。优化湖泊渔业利用模式,向增养殖为主、围栏网养殖为辅方向转变,以渔养水,和谐发展。四是积极推进池塘循环流水养殖试点,节能减排。

(2)着力推进良种体系建设。一是抓好水产良种生产基地建设。新创建1个国家级、9个省级水产良种场,全省省级以上水产良种场达到34个。二是积极培育现代渔业种业示范企业,促进水产种苗生产规模化、品牌化和产业化,新创建2家"育繁推"一体化全国现代渔业种业示范场。三是加大良种选育科技创新力度。池州市秋浦特种水产开发有限公司与上海海洋大学合作,培育的"秋浦杂交斑鳜"新品种通过全国水产良种委员会审定,填补安徽自主培育水产品种的空白。同时,组织有关专家团队,启动淮河水系鲤鱼和中华鳖、滁州多倍体鲫鱼、长江水系青虾等品种选育工作。

(3)大力发展渔业产业化经营。一是积极培育渔业龙头企业、渔民专业合作社、家庭渔场等新型生产经营主体。水产龙头企业规模稳步扩大、经营领域拓展、带动能力增强。全省水产专业合作组织达1 600余家,养殖大户近6万户,规模养殖达到30.7万公顷。二是发展水产品加工。产业链条稳步延伸,大宗淡水鱼类深加工能力提升明显。全年水产品加工产值超过46亿元,同比增加6亿元。三是推进渔业标准化生产。积极支持各地开展水产品"三品一标"和著名商标、名牌产品、地理标识等认证认定工作。全省累计认证无公害水产品608个,认证基地18.27万公顷,认定绿色食品123个,有机水产品62个;全省渔业获省名牌产品12个,省著名商标23个,国家地理标志保护产品9个,中国驰名商标1个。四是积极发展休闲、观赏渔业。创建了12家国家级、30家省级休闲渔业示范基地,全省省级以上休闲渔业示范基地达72家,其中国家级24家。全年休闲渔业总产值超过23亿元,其中观赏鱼产值达3亿元。

(4)加强水产品质量安全监管。一是加强水产品产地质量安全监管与整治。各级渔业部门以推进水产健康养殖、推行责任主体质量安全承诺制度、建立健全生产单位质量安全员管理制度、加强水产品质检体系建设为重点,全面推进水产品质量安全监管工作。二是扩大水产苗种产地检疫试点范围。在2013年3个试点县的基础上,扩大试点范围至11个县,全年实疫苗种70亿尾,开具86份产地检疫证明。三是开展常见疫病测报。全省登记备案水产养殖病害测报点93个,测报面积达1.44万公顷。四是实施增殖放流鱼苗统一检验检测,确保增殖放流鱼苗质量合格。

(5)强化渔业资源养护。认真落实省政府《实施中国水生生物资源养护行动纲要方案》,增殖和保护水生生物资源。一是深入实施禁渔期管理。长江和巢湖、太平湖等水面禁渔进入常态化,加强重点水域禁渔期(区)管理,严厉打击违法捕捞行为。在长江刀鲚、河蟹特许捕捞期间,组织实施长江渔政执法分段管理,保障刀鲚、河蟹特许捕捞有序开展,有效维护长江禁渔秩序。二是规范开展渔业增殖放流。年初,省农委就做好年度水生生物增殖放流工作做出部署,并对精简节约、简化仪式、注重实效等事项提出了统一要求。3月25日,副省长梁卫国参加了巢湖渔业资源增殖放流活动。据统计,全省各地共投入资金3 104万元,在长江、淮河、巢湖等各大水域共组织放流经济鱼苗3.56亿尾,同比增长3.5%。三是加强水产种质资源保护区建设。新增国家级和省级水产种质资源保护区各1处。四是推进建立涉渔工程生态补偿机制。年内在长江、淮河等几项重大航运、码头、煤电工程,共落实渔业资源生态补偿资金1 500多万元。

(6)扎实推进解决以船为家渔民上岸安居工程。省委、省政府召开加快解决以船为家渔民生产生活困难问题电视电话会议,要求各地把解决以船为家渔民生产生活困难问题作为第二批教育实践活动重点解决的突出问题,加强组织领导,落实工作责任,严格督促检查,确保年底前基本完成渔民上岸安居工程任务。省农委和省住建厅联合开展了3次省级督查。各地渔业主管部门在党委、政府的统一部署下,立足部门职责,紧扣工作节点,创新工作方法,加快工作进度,有序推进渔民上岸安居工程实施。截止到年底,全省19 981户以船为家渔民上岸安居工程任务基本完成。

(7)两项全国试点工作取得成效。一是内陆地区淡水养殖保险试点取得突破。中国渔业互保协会与国元农业保险股份有限公司合作在安徽推进淡水养殖保险试点工作一年来,各试点市、县渔业主管部门按照省农委统一部署,积极争取政府重视和财政支持,抓好宣传发动，注重典型示范，扎实推进淡水养殖保险试点工作，建立了由各级农业、财政部门统一领导，国元农险等相关机构和市、县级渔业互保机构为实施主体，渔业技术推广部门为技术支撑的合作共保体系。全省共有9个市22个县(市、区)开展了试点工作，承保养殖水面0.93万公顷，为320个水产养殖大户提供了2.42亿元风险保障。二是内陆渔船证书“三证合一”改革和管理系统推广应用试点圆满完成。各地建立了渔政、渔监、船检机构协同配合的高效运转工作机制，精心制订实施方案，认真开展渔船数据库清理和整合工作，确保程序规范、档案完善和管理信息化。截止到年底，全省渔业船舶换发新版“三证合一”证书20 875本，换证率为98.6%，完成设定目标。

(8)加强渔业安全生产管理。一是建立健全安全生产责任体系。认真落实渔业安全责任制，明晰监管职责，健全自上而下、严密的责任体系，用制度落实、责任落实推进渔业安全生产监管落实。二是排查、消除安全隐患。开展渔业安全生产大检查活动，加强渔业安全生产隐患排查，对重大安全隐患、重大危险源实施监控。三是加强预警。加强与气象部门沟通联系，及时有效预报预警灾害天气，最大限度减少灾害损失。四是深入开展平安渔业创建。各地借鉴平安渔业示范县创建经验，广泛宣传，营造政府和全社会支持关心渔业安全生产工作的良好氛围，不断夯实渔业安全生产基础。五是加强长江刀鲚、河蟹捕捞期安全生产监管。深化与长江海事部门合作，切实加强安全生产监管和执法检查。

2. 存在的主要问题

(1)养殖池塘老化依然严重。一是全省20万公顷养殖池塘中老化、淤积、进排水系统等设施不配套的占2/3，直接影响水产品安全有效供给和渔农增收。

(2)水产养殖效益下降。大宗淡水鱼类、河蟹、黄鳝等主要养殖品种价格持续走低，生产成本居高不下，效益总体下降，养殖户生产积极性受挫。

(3)渔业安全生产存在隐患。全省渔船数量大且分散，天然水域渔业资源日趋枯竭，渔民受利益驱使，冒险作业现象时有发生，渔业安全生产存在较大隐患，渔船安全监管任务艰巨。

【重点渔业县(市、区)基本情况】

安徽省重点渔业县(市、区)基本情况

县(市、区)	总人口(人)	渔业总产值(万元)	水产品总产量(吨)	其中		养殖面积(公顷)
				养殖	捕捞	
巢湖市	880 412	579 611	38 018	24 632	13 386	5 217
枞阳县	973 581	363 165	85 000	78 700	6 300	25 800
宿松县	847 733	295 150	82 820	76 740	6 080	49 330
庐江县	1 193 081	269 625	53 500	47 800	5 700	13 300
当涂县	473 654	257 195	56 993	52 638	4 355	10 025
明光市	635 318	251 411	74 536	65 364	9 172	16 442
天长市	632 049	250 596	72 100	67 900	4 200	13 386
无为县	1 308 769	248 015	61 007	54 897	6 110	15 000
望江县	632 675	224 221	66 500	60 840	5 660	23 633
寿县县	1 387 135	174 947	98 210	80 080	18 130	25 780

注：1. 以渔业总产值取前10名的县(市)；
2. 渔业数据采集于2014年渔业统计年报；
3. 人口数(2013年末数)由省统计局提供。

【大事记】

[1]1月27日，农业部和国家安全监管总局确定庐江县、明光市为第二批“全国平安渔业示范县(市、区)”。

[2]3月6日，省农委召开全省渔业渔政工作视频会议，部署全面启动内陆渔业船舶证书“三证合一”改革试点工作。农业部在安徽省率先开展渔业船舶证书“三证合一”改革试点，为全国下一步全面推广积累经验与做法。

[3]3月25日，以“发展净水渔业，修复巢湖生态”为主题的巢湖渔业增殖放流活动在巢湖举行，此次活

动由合肥市畜牧水产局、巢湖市人民政府共同主办。省政府副省长梁卫国、副秘书长孙正东等领导出席活动。

［4］4月23日，中国科学院院士桂建芳研究员与安徽长江水生野生动物保护中心（无为县）签约合作建立水产院士工作站，重点开展长江流域的长吻鮠繁育、黄缘盒龟规模化繁育、大规格河蟹养殖等技术攻关研究。

［5］5月7日，省委、省政府召开加快解决以船为家渔民生产生活困难问题电视电话会议。

［6］7月25日，第13届中国（合肥）龙虾节开幕。同时，第八届中国（合肥）龙虾经济论坛在合肥举行。论坛以“生态养殖 产业升级 科学发展”为主题，围绕龙虾养殖及加工关键技术、龙虾经济发展现状及前景展望进行了研讨。

［7］8月17日，省农委、芜湖市农委、无为县政府联合组织开展胭脂鱼增殖放流活动。本次放流水域为长江胭脂鱼保护区，共放流胭脂鱼32.415万尾，其中，首次标记放流胭脂鱼4 147尾，平均体长40.6厘米、体重719克。放流鱼种全部来自农业部定点胭脂鱼增殖放流供苗单位——安徽省长江水生动物保护研究中心。

［8］10月31日，“秋浦杂交斑鳜”新品种通过全国水产良种委员会审定。

［9］11月23日，中国渔业协会授予宁国市“中国休闲渔业之乡”称号。

［10］12月3日，由中国渔业报社与中国渔业互保协会联合举办的“中国渔业互保协会成立20周年十件大事评选”活动结果揭晓，安徽“互助＋商业”的内陆地区水产养殖保险新模式入选。

［11］12月5日，以“缤纷水族、美好生活”为主题的安徽合肥第二届水族展在合肥市裕丰花市举办。来自江苏、湖北及省内40余家企业携100多个观赏鱼类品种参展。

（安徽省农委渔业局　王永东）

福建省渔业

【概况】 2014年，福建省全面贯彻落实全国现代渔业建设电视电话会议精神，按照国务院《关于促进海洋渔业持续健康发展的若干意见》和农业部实施意见、省政府十二条措施的要求，转变发展方式，创新经营体制，优化产业结构，落实惠渔政策，促进渔民增收，现代渔业建设取得明显成效。2014年全省实现渔业经济总产值2 329亿元，同比增长6.02%；水产品总产量698万吨，同比增长5.7%；远洋渔船投产规模达到500艘，远洋渔业总产值33.6亿元，同比增长16.5%；水产品加工产值647亿元，同比增长6.1%；水产品出口创汇55.92亿美元，同比增长9.45%。

1. 主要工作成效

（1）产业规模持续壮大。做大做强远洋渔业，省政府出台加快远洋渔业发展六条措施，全省远洋渔业企业发展到29家，新增外派远洋渔船101艘，全省远洋渔船投产规模达到500艘，还有近50艘远洋渔船正在建造。创新发展渔业种业，持续推进标准化、规模化、现代化的渔业种业工程建设，加强认定管理，新认定省级良种场8家、市级良种场6家；大力实施水产种业创新和产业化工程，深化石斑鱼、罗非鱼种业创新，菲律宾蛤仔、牡蛎、鲍鱼等重要经济贝类和坛紫菜、黄姑鱼等优势品种列入省政府第二轮渔业种业创新与产业化工程。规模发展水产养殖业，传统养殖转型升级，新建标准化水产养殖池塘700公顷、新增“菜篮子”基地100公顷、新创健康养殖示范场20家；工业化养殖迅速崛起，全省工厂化养殖企业达66家、养殖车间54万平方米；在印度尼西亚、缅甸建立6个对虾、石斑鱼养殖基地和海水网箱养殖基地，建成养殖池塘350公顷、大规格养殖网箱8 000多口。扶持壮大休闲渔业，全年新增20家“水乡渔村”，全省“水乡渔村”规模达到120家。水产加工业强劲发展，年产值10亿元以上的水产加工企业达12家，20亿元以上的2家；完成《福建十大渔业品牌》宣传片的拍摄和制作，9月初开始在所有福建动车组上播放；落实渔业品牌扶持政策，共下达品牌补助资金1 700万元，补助品牌37个。全面推进园区建设，开展现代渔业产业园区创建工作，全省新增现代水产养殖产业园区20家。

（2）渔业安全持续加强。抓渔业生态安全，开展“百姓富、生态美”2014年福建海洋生态·渔业资源保护十大行动；在全省13个海湾及闽江、九龙江等内陆干支流增殖放流鱼虾贝藻20亿尾（粒）；有效防控赤潮灾害9起，未发生因赤潮导致水生生物死亡现象；科学处置“茉莉花”号油轮溢油等5起涉渔污染事件；抓水产品质量安全，全省没有发生大的水产品质量安全事故，产地水产品质量安全监督抽查合格率为99.4%，连续8年保持在97%以上；深化水产品质量安全追溯体系建设，全年新增省级追溯企业50家；推广水产品药物残留快速检测技术，出台《福建省水产品中禁用药物残留快速检测工作暂行规定》，实现全省10个设区市（含平潭）、40个县（区、市）均能配备一套水产品药残快速检测设备的目标；推动渔业标准化建设，6项渔业标准通过省质量监督局地方标准制（修）订立项，

3项渔业标准通过农业部农业行业标准制(修)订立项。抓渔业生产安全,制定出台《安全生产委员会工作规则》,修订完善《福建省渔业防台风应急预案》,编制《2014年福建省避风渔港、避风锚地、海上养殖渔排集中区防台责任人名册》,确保在汛期避风渔港、避风锚地、海上养殖渔排集中区的防台工作部署有力、责任到位;重新登记各地的渔船渔排底数,做好汛期防台基础工作,为台风渔船人员撤离工作部署提供依据;全省渔业船舶水上生产安全事故死亡失踪人数、较大事故起数较往年有明显下降,分别占省政府年度指标数的40%、25%。

(3)对外合作持续拓展。紧紧围绕国家建设"一带一路"的战略构想,主动融入,找准定位,发挥海洋渔业在"海上丝绸之路"建设中的作用,推动与东盟国家的渔业合作,实施中国—东盟海上合作基金项目,"印尼金马安渔业综合基地更新改造项目""中国—东盟渔业产业合作及渔产品交易平台(包括建立中国—东盟海产品交易所)"以及"印尼纳土纳渔业基地综合改造项目"等获外交部、财政部、农业部等有关部委批准,"中国东盟海产品交易所"正式开业试运营,中国—东盟渔业产业园同时启动。积极搭建对外合作平台,第十二届"6.18"对接海洋与渔业项目123个,总投资202.5亿元,同比增长10.5%;组织省藻类协会参加2014韩国国际藻类博览会;组织5家涉渔企业参加在印尼和斯里兰卡召开的中国"福建周"活动;组织10家涉渔企业参加第十九届澳门国际投资贸易展览会和福建—澳门葡语国家经贸交流会,组织6家涉渔企业参加在印度尼西亚、马来西亚举办的福建省经贸合作推介会。参加第六届海峡论坛,福建省水产学会和台湾水产学会联合主办第四届闽台水产学术研讨会暨"2014海峡两岸海洋渔业资源与生态养护学术研讨会",13位海峡两岸知名专家学者在会上演讲。

(4)机制体制持续创新。公众开放形式多样,每月举办一次"公众开放日"活动,向群众开放省海洋与渔业维权码头、省海洋环境与渔业资源监测实验室、应急指挥中心、台风会商室等,广泛征集与现代渔业建设有关的建议意见。金融扶持力度加大,先后与建设银行、中国银行、民生银行等10多家金融机构签订战略合作协议,由省政府安排资金5 000万元参股设立福建省现代蓝色产业创投基金,首期募集资金2亿元,主要投向海洋渔业等相关产业;引导社会资本组建福建省海洋实业股份有限公司、北海洋实业股份有限公司、南海洋实业股份有限公司,推动渔业经济发展。针对远洋渔船多在境外生产,船员回国培训考试、渔船回国年检不便的现状,积极创新思路,主动走出国门,设立境外渔业船舶检验点,探索境外远洋渔业船员培训、考试、发证模式。

(5)防灾能力持续提升。渔港建设速度加快,将渔港建设作为省委、省政府为民办实事项目,全年立项30个,其中开工建设20个,完成主体工程建设5个。应急管理扎实有效,通过电视、广播、网站、短信、LED显示屏等载体为公众提供灾害预警信息服务;根据台风可能登陆区域及时发布区域预警短信,共发送预警报短信1 000万条,有效减少海上作业渔民伤亡和财产损失;有效应对和防范"海贝思"等6个台风,全省共指挥渔船撤离避风83 544艘次,转移渔排人员10.71万人次,实现了"不伤亡、少损失"的目标。有效应对海上船舶应急突发事件,处置船舶突发事件72起,其中本省海域闽籍渔船52起,外省船籍船舶10起,三无船舶8起,远洋渔船2起;处置涉外涉台渔业船舶事件18起。推进应急管理工作标准化建设,出台全省海洋与渔业系统开展应急管理标准化建设活动的实施意见,升级改造渔业安全应急指挥系统,在莆田市荔城区东甲二级渔港、秀屿区南日岛浮叶一级渔港和福州市连江县黄岐中心渔港建设3个LED彩色显示屏。

(6)执法能力持续增强。全力推进"渔船基本数据普查行动""渔船安全风险隐患排查与整治行动"和"渔船船用产品质量监督整治行动"等渔船检验执法监督三大行动,发现安全风险隐患356项,发放整改通知书287份。开展集中打击整治包括非法采捕红珊瑚在内的海上违规作业、违法生产经营活动,查获违法违规渔船78艘,发放整改通知书110多份,没收电缆2 200米,清理各类违规渔具1 187张,通过集中整治,违法活动的猖獗势头得到有效遏制和扭转。严格养殖执法查处,将部省级监督抽查中检出禁用药物超标的生产单位全部纳入水产养殖执法的督办范畴,切实做到100%查处,全年检查育苗场、养殖场4 000多家,现场查获禁用药物16件,全省立案查处违法违规案件20起,责令整改案件54起,无害化销毁"问题"苗种195万尾,有效遏制水产养殖过程违法使用禁用药行为。

2.存在主要问题 一是局部海域生态系统遭到损害,沿海滩涂和海湾面积减少,渔业资源苗种繁育等生态功能下降,海洋生物多样性受到影响。二是清理整顿违规渔具任务艰巨,由于渔具管理法规不健全,加上海上渔业执法的局限性,对涉及量大面广的一些违规行为处置监管的力度仍然不够。三是发展空间受限,水产养殖业因城市建设和工业化发展需要,传统的池塘养殖区被征用、近海湾内养殖区被退养，规模化工厂化养殖项目因土地问题无法落地，原有的养殖项目因担心海域被征用，目前都不敢加大投入；远洋渔业因国际渔业组织和入渔国加强对渔业资源的管理，新渔场开发难度不断加大。四是渔业生产效益下滑，尤其是受市场因素影响，鲍鱼、海参等主要名优水产品价格大幅下跌，有的产品与同期相比下降幅度达50%以上，同时渔业生产资料和劳资等要素成本不断上涨，渔业生产比较效益明显下降。效益下滑造成部分养殖企业和群众亏本经营，发展生产的积极性受挫。五是赤潮灾害频繁发生，时有造成沿海养殖水生生物死亡，给渔民带来损失，制约了渔业发展，如何变被动受灾为主动防灾，尽量避免或减少赤潮灾害损失，在赤潮监视、预警、应对和灾后生产方面还需要加强。

【重点渔业市(县、区)基本情况】

福建省重点渔业市(县、区)基本情况

市(县、区)	总人口(万人)	渔业产值(万元)	水产品总产量(吨)	其中				养殖面积(公顷)	
				海洋捕捞(含远洋)	海水养殖	淡水捕捞	淡水养殖	海水	淡水
福清市	127.5	799 346	402 123	20 903	280 544	120	100 556	14 441	5 768
连江县	57.6	1 752 180	887 690	329 526	551 288	748	6 128	18 177	450
莆田市秀屿区	58.4	515 827	460 773	75 120	384 435	527	691	10 889	322
霞浦县	46.3	688 660	372 338	99 289	272 612		437	19 246	189
东山县	21.7	456 219	358 074	158 564	189 217		10 293	7 273	575
平潭县	42.0	544 258	429 410	220 360	208 860		190	4 824	51
惠安县	98.4	311 677	242 790	126 620	115 058	468	644	3 256	305
石狮市	67.6	373 496	398 201	363 859	34 033		309	1 168	35
龙海市	92.5	466 720	398 144	118 634	167 706	6 187	105 617	4 840	4 613
漳浦县	81.2	537 024	391 825	62 767	27 7509	3 428	48 121	16 920	3 380

【大事记】

[1]1月26日，农业部渔业渔政管理局向福建发来贺信，对2013年福建省省水产品出口创汇跃居全国第一表示祝贺。

[2]3月21日，福建省远洋渔业协会在福州成立。

[3]5月4日，省政府副省长陈荣凯到省海洋与渔业厅调研海洋与渔业工作。

[4]5月22日，第九届中国国际(厦门)渔业博览会在厦门国际会展中心拉开序幕。

[5]5月22日，首届藻类营养与人体健康论坛在厦门举办。

[6]6月14日，第四届闽台水产学术研讨会即“2014海峡两岸海洋渔业资源与生态养护学术研讨会”在厦门召开，

[7]6月26日，全国渔业厅局长座谈会在福州召开。

[8]6月27日，全国产地水产品质量安全状况中期会商会在福州召开。

[9]7月15日，福建省召开违规渔具清理整治专项行动现场推进会。

[10]7月31日，省人民政府出台《福建省人民政府关于加快远洋渔业发展六条措施的通知》。

[11]8月21日，福建省渔港建设工作推进现场会在宁德市召开。

[12]9月1日，《福建十大渔业品牌》宣传片在福建省所有动车组上同时开播。

[13]9月15日，世界银行贷款福建渔港项目启动会在霞浦县召开。

[14]9月10日，省人民政府办公厅印发《关于加强我省海洋捕捞渔具管理工作的通知》。

[15]9月23日，2014年海峡(福州)渔业周·中国(福州)国际渔业博览会在福州举办。

[16]10月23日，以“水产养殖与加工技术发展趋势和市场潜力”为主题的海峡两岸渔业交流合作研讨会在福州召开。

[17]10月24日，海峡两岸渔业资源增殖放流启动仪式在福州举行。

[18]11月25日上午，全国渔业安全生产暨《渔业船员管理办法》贯彻工作座谈会在厦门召开。

[19]12月12日，福建省召开2014年全省水产品质量安全工作视频会。

[20]12月17日，福建省水生野生动物福州罗源湾海底世界救护站成立。

（福建省海洋与渔业厅 廖信宁 汤兴福）

江西省渔业

【概况】 2014年，江西省渔业系统大力推进渔业"良种化、规模化、标准化、产业化"建设，切实加强渔业资源养护，不断改善水域生态环境，努力促进产业转型升级，全面提升综合生产能力，渔业生产稳中有进，渔政管理负压奋进，湖区渔业生产稳定有序，全年水产品产量253.66万吨，同比增长4.54%，其中，特种水产品产量82.64万吨，同比增长6.13%，渔业经济总产值达872.1亿元，同比增长8.17%，实现增加值482.03亿元，渔业产值占农林牧渔业总产值比重14.68%；渔民人均年纯收入为11 565元，同比增长10.9%；水产品价格基本稳定，"三大市场价格"（零售市场价格、批发市场价格和塘边起水价格）的综合平均指数为97.94，下跌2.03个百分点；在全年抽检的各类水产品中，合格率达99.07%，没有出现重大水产品安全事故。

1. 水产养殖 一是推进池塘改造。2014年，全省对《现代渔业建设规范》进行了修改和完善，在增加《特色水产养殖标准化健康养殖示范场建设规范》基础上，对池塘改造标准进行提高，确保项目建设质量。共投入资金1.735亿元，改造池塘0.3万公顷。为进一步促进全省渔业基础设施改造，经与省财政厅的沟通，确定2015年全省标准化池塘改造建设项目标准由原来的2.25万元/公顷提高到3万元/公顷，池塘建设起点由33.3公顷连片降低到20公顷。二是逐步完善水产原良种繁育体系。全省以国家级和省级水产原良种场为重点，完善繁育基础设施建设及亲本更新。2014年，累计投入2 200万元，对11个规模化良种繁殖场进行改扩建，投入中央资金100万元更新四大家鱼等主导品种亲本56吨。截止到2014年，全省累计改造65家规模化良繁场，水产良种自给率和覆盖率达70%。三是积极开展健康生态养殖。继续开展农业部水产健康养殖示范场创建活动，共申报示范场65家，面积0.3万公顷，使全省部级水产健康养殖示范场数量达487家，健康养殖示范面积近9万公顷。此外，还启动健康养殖示范县创建，使健康养殖从点上示范向整县推进。

2. 产业集群 坚持"控制捕捞、发展养殖、主攻加工、搞活流通、确保安全、拓宽功能"的发展方针，通过对全省渔业产业集群调查及根据各地区位优势，确定了11个重点渔业产业集群、12家渔业产业化龙头企业、13个标准化与特色养殖基地、5家省级水产示范园、6个省著名商标、6家渔业产业集群研发基地等为重点，进一步强化了对重点企业的培植与帮扶、省级专业合作社的培育与壮大、家庭渔场的发展与扶持，特别在信息服务、基地建设、原料供应、技术创新、市场开拓、产业延伸等方面加大了服务和引导。2014年，11个重点渔业产业集群销售水产品（含苗种）近17万吨，收入近61亿元，占全省水产品产量的6.5%、渔业经济总产值的7.5%；带动养殖户5万户，户均增收1.1万元；形成农业企业248家，带动8万人次就业，完成利税超11亿元。

3. 唱响名牌 会同省发改委、省财政厅等单位，按照区域化、规模化、生态化发展要求，坚持"高起点、高标准、适度超前"的原则，科学合理制定产业发展目标与布局，引导区域集中、连片开发，创建产业发展优势区域，形成区域特色产业。截止到年底，已打造南丰甲鱼、宜春棘胸蛙、九江彭泽鲫、上高鳙鱼、赣南鳗鱼等优势特色产业。其中，南丰甲鱼产业已成为全国闻名的种鳖养殖和种蛋供应基地，成为该县继蜜橘之后的又一农业支柱特色产业。省长鹿心社对此高度重视，亲自调研，多次作出重要批示，省发改委、省农业厅等部门按照省长指示精神，组织编制了《抚州市甲鱼产业发展规划》，将扶持政策落到了实处。预计到2020年，南丰甲鱼养殖面积可达0.53万公顷，年培育优质鳖种3 500万只，年生产优质"鄱阳湖"牌商品甲鱼2万吨，产品加工产值1亿元，市场贸易年交易额可达50亿元。

4. 做强产业链 一是渔业产业化带动能力持续增强。全省市级以上龙头企业有165家，其中，国家级龙头企业2家、省级龙头企业54家、市级龙头企业106家，除养殖型企业外，一大批加工型龙头企业快速发展，增强了产业后劲。2014年，省级以上产业化龙头企业销售额达60多亿元，带动农户近7万余户。二是制订方案规范休闲渔业建设。制定了《江西省休闲渔业示范基地创建标准和评分标准》，向农业部渔业局推荐了10家国家级休闲渔业示范基地，创建12家省级休闲渔业示范基地。截止到年底，全省有休闲渔业基地达528个，比上年增加近70家，全年休闲渔业基地的产值超过25亿元。三是鄱阳湖品牌再添活力。完善"鄱阳湖"品牌系列产品质量管理和内部控制措施，继续统一和规范"鄱阳湖"系列产品包装标识和产品形象,2014 年,“鄱阳湖”水产品牌授权企业达到 8 家,年销售额达 5.67 亿元。

5. 外向型渔业 一是出口企业稳定。全省现已有通过江西出入境检验检疫局注册的水产品出口企业 31 家;与之配套的出口备案注册养殖基地达 118 个,加工出口产品达 20 多大类,鲜活出口品种达 8 个,全省已形成了较为完善的出口水产品产业发展体系。二是出口市场稳定。以烤鳗为例,除日本市场外,还扩大到俄罗斯、欧盟、美国、东南亚及我国香港特区和台湾省等国家和地区,其中,俄罗斯占 36%,美国占 23%,日本占 19%,乌克兰及其他国家以及我国香港特区占 22%。三是自控能力增强,质量安全可靠。截止到 2014 年年底,全省所有的加工出口企业和部分出口企业已建立了企业自检体系,对原料和产品可以进行自检和预检。养殖基地已推行了标准化养殖和 GAP 认证,加工企业均已实施了 HACCP 生产体系认证和 ISO 质量管理体系认证,2009 年以来,全省出口企业出口产品没有出现被召回的现象。

6. 科技创新 一是借助“赣鄱英才 555 工程”项目的支持,全省成功引进唐启升院士开展“碳汇渔业”试点,围绕实现渔业的两大功能(食物供应和生态环境保护)在新余市仙女湖开展基础数据的持续周年监测。至此全省先后与曹文宣、唐启升、赵法箴院士签订院士工作站合作协议,极大地推动了渔业科普基地的建设和水产科技人才的培养。二是无规定疫病区通过农业部渔业局验收。2011 年 10 月省农业厅和珠江水产研究所共同启动江西无草鱼出血病区建设,到 2014 年 5 月,通过确立三个阶段目标即:可控、控制、无疫,最终实现连续 2 年检测不到草鱼出血病原。2014 年通过农业部渔业局组织的专家验收,一致认为该试点区是全国首个无草鱼出血病疫区,已实现第一阶段目标,成为全国建设的典范,这将为江西省乃至全国水产品质量安全保障提供新的理念。

7. 拯救江豚 一是加强江豚栖息环境和饵料资源保护。强化休渔禁港制度和人工增殖放流,保障江豚饵料资源和生态环境。二是加强江豚救护保护。不断完善以省渔政局为中心,沿江滨湖各级渔政部门为分中心的江豚救护体系和以渔民为主体的群众性救护网络,制定《江西省长江江豚救护奖励暂行办法》。三是鼓励渔民群众江豚保护。积极开展“我为江豚来奔跑”和“水生野生动植物进社区、进校区、进渔村科普宣传”等宣传活动,大力宣传江豚科普知识,提高社会各界和渔区渔民的保护意识。三是积极支持江豚科研调查。支持中国科学院水生生物研究所和省水产科学研究所,对鄱阳湖江豚开展监测和迁地保护研究,建立鄱阳湖江豚监测救护研究中心,积极培育本省江豚科技人才。

8. 执法与保护 2014 年,进一步强化重点水域、重点时期、重点对象的执法检查,据不完全统计,全年组织开展专项执法行动 203 次,出动执法检查车 437 辆次,执法船艇 2 336 艘次,执法人员 12 656 人次,查获违法捕捞船数 1 281 艘,查获电捕鱼案件数 50 多起,取缔销毁迷魂阵 2 226 部,行政处罚 260 余人,刑事拘留 5 人。科学实施渔业增殖放流,全省共举办放流活动 100 余次,投入放流资金 2 300 余万元,投放鱼苗近 4 亿尾,其中棘胸蛙,胭脂鱼、大鲵等珍稀物种22 万余尾。强化渔业水域环境监管,主动介入涉渔工程环境评价并建立相应的监督机制,指导各地对 5 个涉渔工程项目进行了涉渔环境影响评价,取得生态补偿资金 5 000 余万元。积极推动水生生物保护区建设,新增 3 个省级水生生物自然保护区、2 个国家级水产种质资源保护区和 2 个省级水产种质资源保护区。

9. 安全生产 按照“化解矛盾、减少纠纷、避免冲突、杜绝群体事件”的工作思路,强化预防意识,努力做到早发现、早预防、早处置,避免因小事酿成重大安全事故和突发群体事件。一是加强渔业纠纷信息收集和形势研判工作。建立渔政协管员,加强渔业纠纷信息的收集。建立信息报告制度,定期上报的渔政纠纷安全工作情况,形势研判及应对措施。二是强化安全纠纷预防和处置。建立安全纠纷县际协同机制,进一步强化安全维稳的预防,及时处置突发事件,把矛盾和纠纷化解在萌芽状态,防止和杜绝事态扩散升级。据不完全统计,全年共处理信访件 15 起,调处重要渔业生产纠纷 13 起,有效杜绝了重大安全生产事故和群体事件发生。

【重点渔业县(市)基本情况】

江西省重点渔业县(市)基本情况

市(区、县)	总渔业人口(万人)	渔业产值(万元)	水产品总产量(吨)	其中		养殖面积(公顷)
				捕捞	养殖	
鄱阳县	19.25	814 903	167 394	22 312	145 082	31 435.33

（续）

市(区、县)	总渔业人口（万人）	渔业产值（万元）	水产品总产量（吨）	其 中		养殖面积（公顷）
				捕捞	养殖	
余干县	6.51	584 611	144 687	15 807	128 880	27 508
南昌县	4.82	616 506	137 187	17 220	119 967	11 668.8
进贤县	5.41	475 463	123 924	25 089	98 835	30 769.67
丰城市	1.88	241 368	102 797	5 128	97 669	15 989.67
新建县	1.39	300 677	84 063	12 613	71 450	8 026.67
都昌县	2.87	246 215	81 280	18 600	62 680	12 848.53
九江县	0.81	178 244	51 210	1 917	49 293	12 930.6
彭泽县	0.77	158 025	51 150	3 289	47 861	7 800
永修县	2.09	164 891	48 030	4 100	43 930	10 009.53

【大事记】

[1]1月11日，江西省政府省长鹿心社调研南丰甲鱼产业，实地察看各种生产设施，了解甲鱼场生产经营状况。并要求发展县域经济，关键要突出特色。要发挥比较优势，依托科技，打响品牌，开拓市场，延伸产业链，提高附加值，促进特色产业做大做强，推动县域经济发展迈上新台阶。

[2]5月29日，江西省无草鱼出血病区建设示范验收会议在南昌举行，与会专家认为“无疫区建设”项目的构建可以逐步实现疫病的可控甚至无疫。从源头上保障因病导致的水产品质量安全，为水产养殖业的可持续发展提供保障。经过三年探索研究，无疫区内全面实施屏障措施的示范点未发生草鱼出血病，耐药率亦大幅降低，草鱼产品6种药残抽检合格率100%，平均每亩增收600～800元，效益提高20%～22%。

[3]6月25～26日，全省渔业统计软件暨渔民家庭收支调查培训班举办，来自全省的160余名学员参加了培训。

[4]3月22日，农业部组织有关专家对“珍珠养殖技术研究与示范”科研专项进行业务验收。该项目取得了90项技术成果；申请（授权）专利53项；轻简化、集约化生产技术9项；开发了26个新产品，建立了珍珠产业信息管理系统，建立珍珠产业信息平台；发表论文专著88篇，取得了较好的研究示范效果。

[5]10月24日，在台湾省苗栗县举行的“第二届海峡两岸大闸蟹评鉴竞赛”中，来自上海、安徽、湖北、江西、江苏五省养殖团队接受挑战。进贤县军山湖清水大闸蟹代表江西队参加竞赛，并分别以重达472.2克和330克荣登蟹王、蟹后宝座，并荣获“头等奖”称号。

[6]10月27～29日，“碳汇渔业专题研讨暨科技发展战略咨询”学术会议在江西新余、南昌召开。中国工程院唐启升院士参加会议，并对《江西省碳汇渔业工作方案》提出建议。

[7]11月23日，2014中国·南昌“军山湖杯”第十三届鄱阳湖螃蟹节在南昌国际展览中心开幕。作为第七届中国绿色食品博览会的重要活动之一，现场还举办特色产品展等一系列活动。

（江西省渔业局）

山东省渔业

【概况】 2014年，山东省实现渔业经济总产值3 590.1亿元（初步核实数），水产品总产量达902.6万吨（其中远洋渔业产量36.5万吨，同比增长223.0%），渔业产值1 552.2亿元，分别比上年增长5.4%、4.6%和4.7%，渔民人均纯收入为1.6万元，同比增长11.3%，高于全省农民人均收入3 000元以上。全省水产品对外贸易总体保持稳定，全年水产品进出口总量254.6万吨，进出口总额75.5亿美元，同比分别增长1.9%和3.5%。其中，出口量115.5万吨，同比增长5.6%，居全国首位；出口额48亿美元，同比增长2.8%，居全国第二位。进口量139.1万吨，同比下降1.1%，进口额27.5亿美元，同比增长4.5%。贸易顺差27.6亿美元。

1.“海上粮仓”建设战略 2014年1月8日，省委书记姜异康在全省农村工作会议上首次提出建设“海上粮仓”的战略构想。这是省委、省政府基于大资源、大食物理念，统筹粮食安全和现代渔业发展，作出的一项重要战略部署。省海洋与渔业厅积极推进“海上粮仓"建设战略制定实施，向省政府提交了《关于实施"海上粮仓"建设战略的报告》；联合省委政策研究室、省发改委、省财政厅等部门赴省内外开展专题调研，形成了《"海上粮仓"建设研究报告》，报省委常委参阅。2014年底，省政府出台了《关于推进"海上粮仓"建设的实施意见》，提出培育五大主导产业、实施五大重点工程、构建五大支撑体系，建设全国优质高端水产品生产供应区、渔业转型升级先行区、渔业科技创新先导区、渔业生态文明示范区。到2020年，力争全省水产品产量达到1 000万吨，蛋白质当量相当于粮食2 000万吨，让人民群众吃上更多绿色、安全、放心的海洋食品。

2. 海洋牧场建设 开展以海洋增殖放流、人工鱼礁和藻场建设为主要内容的海洋牧场建设，恢复渔业资源，改善海域环境，把海洋牧场打造成为"海上粮仓"核心区。以经济型鱼礁为基础的近岸海洋牧场基本框架已形成。2014年，省海洋与渔业厅印发《山东省人工鱼礁管理办法》，全省新增扶持生态型人工鱼礁项目26个，山东省列入省级以上财政扶持的人工鱼礁建设项目已达102个，涉及用海面积6 373公顷。财政扶持力度不断加大，总体进展顺利。重点建设以"聚鱼养藻"为主的生态型人工鱼礁，放流黑鲪、黑鲷等恋礁性鱼类，为全省调整渔业资源利用开发模式，增强财政投资的公益性，发展海上旅游、休闲海钓等新型用海模式打下基础。在扶持项目的带动下，沿海各市县人工鱼礁蓬勃发展，全省人工鱼礁总投礁规模已超过1 300万空方，位居全国首位，用海面积1.7万多公顷。随着大批2010年前后建设的鱼礁项目进入收获期，聚鱼增殖作用日渐显现，礁区海产品总产量大幅增加。

3. 园区与合作社建设 传统养殖坚持用工业化理念，实施渔业园区化发展，以发展现代渔业的组织载体和空间载体为抓手，积极引导各地探索"三新一优一美"园区建设，通过开展水域滩涂流转，在黄河滩区、黄河故道、采矿塌陷地、滨湖涝洼地等进行规模化开发，发展适度规模经营。2014年新认定现代渔业园区77处，全省已建立省级现代渔业园区223处，园区内实现水产品产量230多万吨、产值430亿元，分别占全省同类产业产量和产值的37.9%、43.3%。大力推进渔业组织化建设，着力培育渔民专业合作社等组织载体，向农业部推荐了16家国家级渔民专业合作社，认定了24家省级示范社。全省新增渔民合作社137余家，渔民专业合作社达到1 561家，入社成员7.3万户。召开了全省渔民专业合作社暨现代渔业园区建设现场会议，推广了莱州市泽潭渔业合作社园区实行"海面、海底使用权分离"、海域使用权大规模流转，发展大规模"贝、藻、参"立体生态养殖，实现全生态链、全产业链、全服务链生产经营，以及最大规模的物联网覆盖等经验做法。以园区和合作社载体，加强现代渔业金融保险制度创新，发挥水域滩涂养殖证用益物权作用，在垦利、微山、泗水、鱼台等地已开展了水域滩涂养殖证抵押贷款，全省合计抵押贷款达6亿元，拓宽了渔业企业融资渠道。名优新特水产品养殖取得可喜进展，胶东刺参、黄河口大闸蟹等名优品种的市场美誉度进一步提升，聊城的甲鱼、泰安的螭霖鱼、枣庄的泥鳅、济宁的乌鳢、临沂的大银鱼等地方特色品种养殖渐成气候。

4. 增殖放流 2014年，山东省增殖放流工作富有成效、可圈可点。2014年，全省海洋公益放流包括渔业资源修复行动和渤海溢油生物种群恢复两大项目，共投入海洋增殖资金2.5亿元，同比增加9 998万元。其中渔业资源修复行动投入资金1.88亿元，同比增加4 048万元，渤海溢油生物种群恢复项目（2014—2015年度）投入资金5 930万元。全年共组织放流海洋增殖种类24种，同比增加4种，共放流苗种59.5亿单位，同比增加9.6亿单位。全省回捕对虾、海蜇、梭子蟹等增殖资源5.2万吨，产值16.3亿元。水生生物资源养护活动的海湖河联动，城市水系和水源地"放鱼养水"工程的实施，群众参与度空前提升，"放鱼养水"已成为像陆地"植树造林"一样的群众性生态文明建设行动，有的地方群众参与度已超过"植树节"，临沂、济宁、淄博、济南、枣庄、泰安、莱芜、德州、聊城、菏泽等市开展了丰富多彩的"放鱼养水"活动，参与群众超过10万人。全年共增放海淡水苗种54.26亿尾，"放鱼养水""保护生态"理念进一步深入人心。

5. 休闲渔业建设 休闲渔业成为山东省现代渔业新的增长点。2014年35家省级休闲渔业园区，15家国家级休闲渔业示范基地得到认定。临沂市人民政府被中国休闲垂钓协会授予"中国休闲垂钓之都"称号；中国（高唐）"海豚杯"锦鲤大赛、山东（淄博凤凰山）首届若鲤大赛等大型休闲活动相继举办，吸引了日韩以及我国香港特区和台湾省等众多国内外同行参与，成为国内同类最大规模赛事之一，产业链条不断拉长，社会影响力不断扩大。

6. 远洋渔业建设 自2012年国家实施海洋渔船更新改造项目以来，通过建造、改造和引进，山东省远洋渔船以每年100多艘的规模不断增长，远洋渔船规模连年上新台阶。2014年全省专业远洋渔船419艘，总功率43.6万千瓦、24.8万总吨。2014年全省外派远洋渔业生产渔船发展到391艘，实现产量36.5万吨、产值32.24亿元，产量、产值均创历史新高，同比分别增长223%、138%。远洋渔业主要经济指标从2012年的全国第4位跃居至全国第2位。山东省远洋渔业作业海域涉及太平洋、大西洋、印度洋三大洋公海及印尼、摩洛哥等20个国家的管辖海域，海外渔业基地建设有序推进，取得可喜进展。2014年，全省朝鲜东部海域远洋渔业项目暂停一年后重新启动，共有564艘渔船经批准赴朝鲜东部海域作业，占全国的92%，总产量7.05万吨，实现产值5.25亿元，有效缓解了近海捕捞压力，在渔民就业、渔业增效方面取得了显著成效。全省超低温储存能力超过6万吨，占全国75%以上。筹备成立海峡两岸渔业合作交流示范基地，推动了鲁台双方渔业深度合作。在全国率先开展远洋渔业产品精深加工及冷链物流基地创建活动，对打造从"渔场到市场"的全产业链条，示范带动全省水产品精深加工冷链物流事业向纵深发展、加快推进现代渔业转型升级具有重要意义。

7. 水产品质量安全监管 2014年，全省共完成1 286个部级、3 141个省级监督抽查和风险监测抽检任务，省级监督抽检总体合格率97.9%，分别比2012年、2013年提高4.4个、0.9个百分点；产地水产品监督抽检合格率98.8%，分别比2012年、2013年提高1.8个、0.7个百分点，创近年来历史最好水平。济南、青岛、德州等10市产地水产品合格率100%，"胶东刺参质量保障联盟"成员海参产品抽检合格率均为100%。全年新认定无公害产品（含复查换证）200个、无公害产地102处，新获证地理标志产品4个（另外1个已公示）。全省累计认定无公害产地648个、认证产品1 379个，认证规模33.2万公顷，认证产量201.4万吨；获得地理标志登记保护产品37个，山东省无公害产品认证、地理标志产品登记数量继续位居全国首位。

8. 市场经贸 中国水产商务网上线运行再创"食安山东品牌引领"新模式。积极应用现代化网络信息技术，组织技术支撑单位完成了中国水产商务网改版、网上展厅和网上商城软件开发等工作，2014年8月正式上线运行，入网水产品加工企业150多家，展示渔业品牌产品近500多个，完成了水产龙头企业和品牌产品网上展示第一步目标。初步实现了企业产品展览展示和推介模式、质量监管和品牌打造监管模式的两大转变。水产品加工物流基地建设取得新进展，认定了10大远洋渔业产品精深加工及冷链物流基地，冷藏储存能力超过90万吨。2014年全省水产品对外贸易总体保持稳定，全年水产品进出口总量254.6万吨，进出口总额75.5亿美元，同比分别增长1.9%和3.5%。其中，出口量115.5万吨。同比增长5.6%，居全国首位；出口额48亿美元，同比增长2.8%，居全国第二位。进口量139.1万吨，同比下降1.1%，进口额27.5亿美元，同比增长4.5%。贸易顺差27.6亿美元。

9. 渔业科技创新能力建设 新增贝类产业技术体系创新团队，渔业创新团队总数达到4个，共设置33个岗位专家，16个综合试验站，28个试验示范基地，每年财政支持资金超过1 000万元，实现了国家和省产业技术体系的有效承接、互为补充。区域示范支持建设的"山东省海水健康养殖工程技术创新示范平台"等9个平台，支撑服务海洋生物产业发展的效应正逐步显现。山东半岛蓝色经济区海洋装备联盟、山东海洋牧场工程与技术研究院等平台相继设立，对建立产学研用长效合作机制，提升企业自主创新能力将发挥积极作用。"牡蛎高产优质新品种选育与应用"和"多性状新品种的选育与应用"入选泰山学者种业人才团队支撑计划，为水产种业创新奠定了坚实基础。

10. 渔业科技成果 突破了海蒿子人工苗种繁育和栽培技术，完善了循环多营养级生态养殖、人工鱼礁选材及表面处理技术工艺，设计出了近海海域生物修复模式下养殖容量评估模型。刺参、牙鲆、魁蚶等近20个主要经济品种初步建成基因发掘、良种培育、安全评价、产业开发等生物育种创新和产业开发体系，选育出具有生长快、抗逆性强等家（群）系182个，突破了牙鲆优良品种干细胞识别等8项关键技术，形成了半滑舌鳎高雌性率苗种制种等12项配套技术。贝、藻、棘皮类等经济生物种质资源收集保存与评价稳步推进，海带、许氏鲆鲉等多品种资源保存技术规范初步建立，收集保存各类标本1 000余个。"黄海3号"中国对虾、"海大1号"长牡蛎等8个新品种通过国家审定，全省审定新品种已达15个，占全国的21%。"大宗经济贝类新品种选育及应用"等13个项目获2014年省良种工程支持。

11. 渔业科技推广 实用智能信息化技术逐步推广应用，渔业技术远程服务与管理系统建设2个省级信息化建设示范县，开通运行省、市、县、企业互联互通的平台104个，注册应用手机客户端15 285人，有效解决了渔业技术推广最后一公里问题。面向全省发布了刺参、大菱鲆等28个主导品种和海水工厂化及循环水养殖技术等10项主推技术。基层渔技推广体系改革与建设补助项目在82个渔业重点县（市、区）实施，培育渔业科技示范户1.3万户，辐射带动养殖户6万户，建设渔业科技试验示范基地90个。省海洋与渔业厅被农业部评为2013年度强农惠农富农政策落实(基层农技推广体系改革与建设)延伸绩效管理优秀单位。全年举办各类技术培训班近600期,培训7.5万人次,发放技术资料3.5余份。在4市13县建立病害精准测报机制,取得数据1 973条,有效诊断防控鱼病35次。设置338个水产养殖动植物病害测报点,测报对象涵盖刺参、对虾等27个养殖主导品种,测报面积达3.83万公顷,同比增长6.7%。

12. 法制建设 《山东省渔业船舶管理办法》已通过省政府常务会研究,将于2015年4月1日颁布实施。该办法对山东省渔业船舶的制造、改造与维修、航行、作业与停泊、事故应急与调查处理及法律责任等进行了法律规定。制定实施了《山东省海洋与渔业行政处罚裁量权基准》,对违法行为处理的法律依据、违法程度的界定及处罚裁量的标准进行了规定,使过大的自由裁量权得以规制。

13. 渔业执法 2014年,山东省全面贯彻中央要求,认真组织实施海洋捕捞最小网目尺寸制度及禁用渔具制度,在全省开展海洋捕捞渔具专项整治,共查处违法违规渔船、筏338艘,清理违规渔具4.3万余套。严格落实伏季休渔制度,强化宣传教育,创新管理措施,严格执行船籍港停靠等七项制度,组织海陆联合执法行动,共查处各类违法违规渔船1 326艘,切实保障了伏休秩序稳定。进一步加强涉外渔船管理,认真开展船位排查,做好渔船定位监控,及时召回、处理涉嫌越界渔船,积极应对突发事件,依法严惩涉外违法违规行为,保持了涉外渔业秩序稳定。加大水产品质量安全执法力度,认真做好水产苗种、养殖水产品抽检和阳性样品案件执法工作,全年共完成1 286个部级、3 141个省级抽检任务,检查企业5 977家次。

14. 存在问题

一是渔业经济从高速增长转向中高速增长。渔业经济增加值由2006年的616亿元增加到2013年的1 634亿元,年均增长14.9%,但2010年以来年均增长14%,也呈减缓之势。海洋与渔业经济的增长速度,略高于整个国民经济增长速度,但增速趋缓,这将成为一种新常态。

二是渔业资源环境出现了刚性约束。近海传统渔业资源持续衰退短时间内难以根本逆转。捕捞产量下降,渔船停港歇业,将成为新常态。海洋与渔业资源环境的刚性约束,将倒逼发展方式不得不转变,走绿色低碳循环发展的路子。

三是渔业产业结构需要进一步调整,新兴业态发展空间巨大。"量大值低"的问题一直比较突出,提质增效的潜力巨大。山东省900多万吨水产品中,贝类和低值鱼类、藻类占了近50%,真正高价值的产品并不多。名优新特水产品养殖业有很大潜力,如"山东锦鲤第一县"高唐实现了"条鱼吨值",南美白对虾养殖正在形成一大产业。远洋捕捞产品运回加工增值空间也很大,休闲垂钓、渔业旅游、水产品精深加工业发展前景十分广阔。因而必须适应渔业这些新情况、新变化,加快渔业转方式、调结构。

四是渔业管理的复杂性、风险性加大。山东省面临可预见和不可预见的自然、经济和管理风险明显增多,需要协调解决的矛盾问题错综复杂,工作压力空前之大。渔业管理方面,渔业生产安全、水产品质量安全、水域生态环境安全、涉外渔业安全,条条都是高压线,稍有不慎,就要出事担责。

【重点渔业市(县)基本情况】

山东省重点渔业市(县)基本情况

市(区、县)	渔业产值(万元)	水产品产量(吨)	其中				养殖面积(公顷)	
			海洋捕捞	海水养殖	内陆捕捞	内陆养殖	海水	淡水
荣成市	1 649 880.00	1 193 513	442 665	737 939		12 909	36 810	755
长岛县	704 673.00	434 278	131 500	302 778			51 700	
胶南市	613 454.95	257 699	57 802	193 078		6 819	7 558	2 030
文登市	423 211.32	429 613	116 364	290 951		22 298	13 121	3 169
乳山市	377 791.00	406 124	48 507	350 807		6 810	10 906	420
莱州市	377 654.00	300 056	110 736	188 505		815	49 282	1 333
即墨市	376 971.00	298 190	65 048	231 143		1 999	10 889	1 174
海阳市	371 440.00	318 033	121 516	192 742		3 775	12 424	1 132
威海市环翠区	366 349.00	351 685	111 880	239 805			9 200	

（续）

市(区、县)	渔业产值（万元）	水产品产量(吨)	其中				养殖面积(公顷)	
			海洋捕捞	海水养殖	内陆捕捞	内陆养殖	海水	淡水
微山县	328 603.00	125 478			20 507	104 971		32 567

【大事记】

[1]1 月 8 日，山东省委书记姜异康在全省农村工作会议上首次提出建设“海上粮仓”的战略构想。

[2]8 月 27 日，中国水产商务网正式上线视频会在济南召开，山东省海洋与渔业厅厅长王守信作了题为《依托信息网络，推动现代渔业经济发展》的重要讲话，确立了“立足山东，面向全国，网络全球，打造知名水产品购物搜索平台”的发展目标，并宣布中国水产商务网正式上线运行。

[3]11 月 27 日，山东省渔民专业合作社暨现代渔业园区建设现场会议在烟台莱州市召开。会议现场观摩了莱州市泽潭渔业合作社园区，总结推广典型经验，明确加快渔民专业合作社和现代渔业园区建设的工作思路和重点任务。省海洋与渔业厅厅长王守信，省委农工办副主任杨炳平，省政府有关部门负责人，烟台市政府分管市长，莱州市委、市政府主要负责人，17 市和重点县（市、区）海洋与渔业（主管）局局长，部分渔业企业和渔民专业合作社负责人参加了会议。省海洋与渔业厅副厅长宋继宝主持会议。

（山东省海洋与渔业厅）

河南省渔业

【概况】 2014 年，河南省水产养殖面积 28.93 万公顷，水产品总产量 120 万吨，渔业经济总产值 232 亿元，渔民人均纯收入 10 985 元，分别比上年增长 5.3%、3.2%、4.1%、5.9%。全省未发生水产品质量安全事件和渔业安全生产事故，实现了水产品安全有效供给。

1. 生产稳步发展 2014 年，全省新建鱼池 3 200 公顷，改造鱼池 1.8 万公顷，生产苗种 72 亿尾。成功申报农业部第九批水产健康养殖示范场 34 家，部级水产健康养殖示范场 173 家。开展了渔业标准化健康养殖基地（菜篮子）建设，19 家水产养殖企业或合作社通过项目验收。新增了洛阳昌盛水产有限公司等 4 家省级农业产业化重点龙头企业，省重点龙头企业总数达到 11 家。水产养殖再添新品种，黄颡鱼全雄 1 号、长丰鲢、抗病草鱼、新疆白斑狗鱼等成功引进、养殖。稻田养鱼（泥鳅、甲鱼、河蟹）试点不断扩大，小网箱养殖黄鳝逐步得到推广。

2. 严格落实惠渔政策 一是顺利完成渔船柴油补贴发放工作。国家下达我河南省渔船柴油补贴资金 1 895 万元，做到了补贴资金专款专用、按时到位、足额发放。二是落实以船为家渔民上岸安居工程。积极与省发改、国土部门协调，成功为 243 户以船为家渔民争取国家补助，力争 2015 年将这一惠民工程落到实处。三是渔业互助保险工作稳步推进。2014 年共收保费 144 万元，全年共发生理赔案件 25 例，赔付 47.8 万元，越来越多渔民认识到渔业互助保险的优越性。四是进一步完善渔业经营制度。大力推动养殖证发放，依法保护渔民水域滩涂合法权益。扶持发展渔民专业合作社、生产大户等新型经营主体，提高渔业组织化、社会化水平。

3. 水产品质量安全得到有效保障 各级水产主管部门狠抓投入品质量管理和风险控制点，对水产品质量安全保障起到了至关重要作用。争取到省财政 200 万元专项资金，主要开展了水产品产地准出试点、鱼病示范医院建设试点、水产品质量安全监督抽检和风险评估等工作。为保障全省水产品质量安全，在郑州、洛阳等 8 市设水产品产地准出试点，逐步探索出一套适合本省水产品产地准出管理的模式。全年接受国家水产品质量监督检验中心在河南省开展水产品产地抽检，抽检 70 个样品，加上省农业厅水产局安排的由省渔业检测中心抽检成鱼样品 127 个，苗种样品 68 个，检测合格率均为 100%。全省水产品产地抽检合格率已连续多年保持较高水平。

4. 渔船安全监管水平逐步提高 一是省农业厅水产局组织全省船检力量，完成 4 115 艘机动渔船年度检验、383 台（件）船用产品检验，成功开展内陆渔船“三证合一”试点工作。二是渔业安全生产工作坚持“分级负责，属地管理”原则，层层签订安全生产目标管理责任书，完善落实渔业安全生产管理制度。加大宣传力度，印发《渔业安全生产须知》，各地借助电视、宣传车、短信平台等各种途径向渔民宣传安全生产的重要性，提高渔民的安全意识，防患于未然。三是开展渔船检验执法监督三大行动。全省成立了领导小组，制定了工作方案，组织开展了三大行动（渔船基本数据普查行动、渔船安全风险隐患排查与整治行动和渔船船用产品质量监督整治行动)，取得了良好效果。

5. 资源养护进一步加强 一是开展鱼类增殖放流活动。全年共开展增殖放流活动58次，放流经济鱼类8 351万尾(只)，濒危物种大鲵1 700尾、黄缘闭壳龟250只。二是继续实施禁渔制度。4月1日至6月30日，在黄河、淇河、汉江干支流河道、水库等天然水域实行了春季禁渔。三是积极开展清理整治违规渔具专项行动。按照农业部统一部署，结合本省现状，下发了清理整治违规渔具专项行动实施方案，开展了专项清理整顿活动，取得明显成效。四是妥善处理涉渔工程项目建设。在经过严格环境影响评价和采取相关护渔措施的前提下，全年共审核批准4个涉渔工程项目，一定程度上减少了工程建设对渔业资源及生态环境的影响。五是开展水生野生动物保护科普宣传月活动。分别在开封、郑州等地相继举办科普宣传活动启动仪式，组织宣传活动进社区、进学区、进渔区、进景区，广泛宣传水生野生动物保护知识，提升公众保护意识。

6. 科研推广能力不断提升 一是继续实施基层水产技术推广补助项目。2014年，全省基层水产技术推广补助资金为1 775万元，支持64个县(市、区)水产技术推广体系建设。全省参与专家256名，技术指导员441人，遴选科技示范户1 740个，辐射带动1.8万户，建立试验示范基地65个、面积4 533公顷。二是加强技术培训和基层水产人员继续教育。针对水产品质量安全、水生动物检疫、水产技术指导员、渔政渔船检验、统计互保等举办了一系列培训班。组织基层技术人员开展水产专业继续教育。7人被河南师范大学农业推广硕士录取；136人将参加河南师大、信阳农林学院本专科学习，为培养基层水产技术推广领军人才和技术骨干提供了有力支持。三是组织实施水产科技下乡联合行动。省水产技术推广站、省水产科学研究院、河南师范大学水产学院等单位副高以上专家分别联系18个省辖市和10个直管县，重点帮扶64个渔业大县。四是成功申报首届河南省农业推广奖，获得成果奖2项，合作奖1项，贡献奖2人。五是启动实施了河南省大宗淡水鱼产业技术体系，作为国家体系的延伸和补充，进一步提高了科技支撑能力。六是加强学习调研，开展广泛合作。围绕加快现代渔业发展，先后赴省内外进行专题调研，并与中国水产科学研究院等单位开展科技合作交流，达成合作共建河南渔业科研平台的共识。

7. 休闲渔业较快发展 河南省成功申报了2个国家级休闲渔业示范基地，全省国家级休闲渔业示范基地达到11家。10月中旬由河南省渔业协会牵头，洛阳市嵩县陆浑休闲渔业基地承办，成功举行了河南省首届“陆浑杯”休闲垂钓大赛。来自全省21个市(县)88名参赛选手，经过激烈角逐，最终评出优秀选手16名。此次比赛是全省水产行业首次组织举办的垂钓大赛，扩大了休闲渔业示范基地的影响力，提升了“陆浑”渔业品牌知名度。

【重点渔业县(市)基本情况】

河南省重点渔业县(市)基本情况

市(区、县)	总人口(万人)	渔业经济总产值(万元)	水产品产量(吨)	其中		养殖面积(公顷)
				捕捞	养殖	
中牟县	47.4	101 428	74 998		74 998	3 837
固始县	173.41	76 536	49 411	5 531	43 880	12 130
潢川县	85.36	72 920	41 500	1 340	40 160	8 750
汝南县	84.57	41 957	35 970	5 036	30 934	12 716
济源市	71.5	52 263	35 216	440	34 776	10 103
商城县	78.87	36 400	32 000	2 780	29 220	6 930
信阳平桥区	86.1	68 460	30 300	2 900	27 400	6 590
罗山县	75.35	31 740	28 800	760	28 040	7 334
淅川县	67	65 954	28 223	3 312	24 911	36 682
光山县	83.81	53 551	27 675	22	27 653	8 290

【大事记】

[1]8月份，农业部渔业渔政管理局局长赵兴武对黄河滩区渔业生产及现代渔业建设进行了专题调研，

对河南省黄河滩区渔业发展及现代渔业建设成就给予了充分肯定。

[2]11 月份,农业部渔业渔政管理局班子成员专题听取了河南省对内陆地区现代渔业创建试点工作汇报,集体决议表示对河南省创建国家现代渔业示范区试点工作给予大力支持。

[3]《河南省人民政府办公厅关于推进"菜篮子"工程建设和加快现代渔业发展的意见》印发,为今后一个时期全省渔业发展确定了方针,指明了方向。

[4]作为全国三个试点省份之一,河南省开展了内陆渔业船舶证书"三证合一"改革试点工作。经过扎实工作,100% 完成新证换发,圆满完成了全省"三证合一"试点任务,得到了农业部渔业渔政管理局的充分肯定。

(河南省农业厅水产局)

湖北省渔业

【概况】 2014 年,湖北省水产养殖面积 68.7 万公顷,全省淡水水产品总产量 433.3 万吨,其中养殖产量 412.49 万吨、捕捞产量 20.81 万吨。淡水产品总量占全国总量的 13.7%,连续 19 年稳居全国第一;渔业经济总产值 1 948.8 亿元,逼近 2 000 亿元大关;渔业生产产值占农林牧渔业总产值比重达到 15.48%;渔业加工和流通服务业产值 1 005.2 亿元,首次突破千亿元大关。全省渔民人均纯收入 13 559.8 元。2014 年,小龙虾、黄鳝产量分别占到全国的 57% 和 46% 以上,小龙虾产量达 38.8 万吨,综合产值达 490 亿元,直逼 500 亿大关,河蟹产量达 17.2 万吨,养殖产值达到 106.6 亿元,继 2013 年小龙虾产值率先突破百亿元大关后,河蟹养殖产值突破百亿元大关,河蟹出口量连续六年全国第一。黄颡鱼养殖产量 8.1 万吨,占全国总产量的 27.1%。全省现有渔民合作社 3 784 家,家庭渔场 1 535 家,养殖大户 5.35 万户、国家级龙头企业 8 家,省级龙头企业 50 家,出口注册企业 24 家。在国际市场需求不旺的背景下,湖北省水产品出口势头强劲。据海关统计,全省水产品出口 3.09 万吨、同比增长 10.19%,创汇 3.79 亿美元、同比增长 25.29%、占农产品出口总额的 18.99%,位居全省农产品出口第二位。

1. 产业发展

(1)政策资金扶持。争取省政府印发《湖北省人民政府关于加快现代渔业发展的意见》,出台 22 条含金量较高的扶持政策和 11 条推进措施。争取各级领导重视。部省领导多次调研水产,并作出重要批示,充分肯定我们的好做法、好经验。湖北省先后在全国渔业厅局长座谈会、农业财务工作座谈会、渔业科研院所建设工作会上作典型发言。项目资金争取再创新高。全省共争取省级以上财政专项支渔资金 7.55 亿元,同比增长 19%。

(2)水产品出口贸易。在国际市场需求不旺的背景下,湖北省水产品出口势头强劲。据海关统计,全省水产品出口 3.09 万吨、同比增长 10.19%,创汇 3.79 亿美元、同比增长 25.29%、占农产品出口总额的 18.99%,位居全省农产品出口第二位。

(3)现代渔业种业建设。新创建水产原良种场国家级 1 家、省级 16 家,国家级水产原良种场累计达 10 家,省级水产原良种场达 58 家,建成全国现代渔业种业示范场 9 家,占全国总量 15%。整合力量,开展河蟹、小龙虾、黄鳝、泥鳅等品种的人工繁育技术攻关,取得重大进展。

(4)特色渔业发展。2014 年,小龙虾、黄鳝产量分别占到全国的 57% 和 46% 以上;小龙虾产量达 38.8 万吨,综合产值达 490 亿元,直逼 500 亿大关,同比增长 21.8%。河蟹产量达 17.2 万吨,同比增 30.9%,养殖产值达到 106.6 亿元,继 2013 年小龙虾产值率先突破百亿元大关后,河蟹养殖产值突破百亿元大关,河蟹出口量连续六年全国第一。

(5)稻田综合种养。大力推广稻田生态种养,拓展种植业和养殖业发展空间,实现"一水两用,一田双收,稳粮增效,渔粮共赢",打造了新的经济增长点,稻田综合种养面积达到 15 万公顷以上。稻田生态种养模式推广得到了省委副书记张昌尔的充分肯定,专门作出批示,要求各级党委、政府要充分认识推进稻田综合种养的重要意义,将其作为发挥优势抓"三农"的有力之举,因地制宜、突出重点,加大总结推广力度。

(6)品牌建设。第十二届中国国际农产品交易会上,湖北水产展团拿下 20 个金奖,金奖总数第一。新创建中国驰名商标 2 个,现有省级以上著名商标 22 个。"三品一标"认证稳步推进,新认定绿色食品产地 3 家,产品 38 个;无公害产地 100 家,无公害水产品 166 个;有机水产品生产企业 1 家;地理标志产品 4 个。

(7)新型市场主体。按照"放开市场主体,善待市场主体,依靠市场主体"的思路,积极培育出更多的优质新型市场主体,全省现有渔民合作社 3 784 家,家庭渔场 1 535 家,养殖大户 5.35 万户、国家级龙头企业 8 家,省级龙头企业 50 家,出口注册企业 24 家。有序推动养殖水面经营权流转,全省新流转养殖水面 3.06 万公顷。

2. 渔业科技

(1)科技下乡。2月中旬在浠水县举办了2014年全省水产系统送科技下乡活动启动仪式,拉开了全省水产系统送科技下乡活动序幕,利用省、市、县、乡四级水产技术推广体系,在全省整体推进渔业科技进村入户工程。全省有1 000多名渔技人员活跃在湖边池头,实现"科技人员直接到户、良种良法直接到池、技术要领直接到人",全省共投入培训经费1 200多万元,举办培训班2 090期,开展现场培训或指导1 459场次,发放技术资料61.3万余份,培训渔民及渔业技术推广服务人员51.5万人次。

(2)示范推广。一是注重试点示范。支持各地依托养殖企业、合作社等实体,在重点乡镇、大型基地创办高效养殖示范点,并强化了对示范点的政策资金扶持力度,有效提高了渔民对新品种新技术新模式的接纳吸收能力。全省组织实施各类示范推广项目576项,扶持建立科技示范户2.2万户。二是加强品种模式推广。年初发布了全省水产10大主导品种和10大主推技术,引导渔民调整养殖结构,指导各地遴选适宜本地的品种、模式和实用技术,全省特色品种、高效模式的养殖规模不断扩大,推广总面积超过5.4万公顷。三是加快现代渔业示范基地建设。2014年全省争取中央现代农业水产发展专项资金1.55亿元,全省15个县新建现代渔业示范基地17个。

(3)科技创新。一是狠抓"产学研"合作平台建设。协调56个单位组建"长江中游水产业技术创新战略联盟",开展长江中游特色水产品产业技术研究与示范。深化产学研合作,在黄冈、孝感、荆州、荆门等地设立水产院士工作站7家,新建院企合作项目100多个,建设企业科技研发中心10家,切实提高渔业科技自主创新能力。二是开展技术攻关,攻克了一系列苗种繁育难题。武汉市水科所"杂交鲌先锋1号"获得了全国水产新品种认证;洪湖市河蟹全人工繁育和扣蟹本土化培育,获得国家发明专利和省重大科技成果。

(4)科技服务。参与建设湖北12316农业综合信息服务平台,为平台网站和"产业通""鱼大夫"等手机终端服务功能提供技术支撑,该平台不仅实现了水产养殖基地物联网远程智能监控和管理、鱼病远程诊断和专家咨询、养殖技术远程推广和培训,还提供政策、市场、科技成果等全方位的信息。武汉、黄冈、咸宁、仙桃等地与电信部门联合创建水产公共信息服务平台,开发了"水产E通"等手机软件,为广大渔民提供便捷服务。

(5)稻田综合种养技术。全省大力推广"虾稻共作""鳖虾鱼稻共作""稻鳅共作"等稻田生态种养模式,单位面积平均效益提高3倍以上,实现水稻和水产优势互补,拓展了种植业和养殖业发展空间。2014年8月,组织召开了全省稻田综合种养推进现场会,掀起新一轮稻田综合种养发展的高潮。2014年全省新发展稻田综合种养面积1.95万公顷,仅潜江市就新建近4 700公顷集中连片的虾稻共作示范区,全省稻田综合种养面积达到15.33万公顷以上,同比增长15%。

3.水产品质量安全

(1)质量监测。全年部省抽检13次,从64个县(市、区)共抽取样品923批次、13个品种,检测孔雀石绿、氯霉素、硝基呋喃类代谢物、五氯酚钠、磺胺类、喹诺酮类、喹乙醇等8种(类)禁用药物残留,水产品抽检总体合格率达99.24%,其中农业部水产苗种和水产品产地抽检合格率均为100%。

(2)健康养殖。2014年新认定无公害产地100家,复查换证128家,全省无公害产地达609家,规模超过33万公顷。新认证无公害水产品82个,全省无公害水产品达1 154个,认证产量超100万吨。

(3)专项整治。开展了苗种和禁用药物专项整治。在苗种生产重点时段,组织全省开展苗种企业自查、县市普查、市州互查、省级督查活动,重点检查证后管理、生产用药、"三项记录"和违法案件查处等内容,集中治理了生产过程中的违法违规行为。各县市也分别采取了宣传培训、制度入场上墙、普查登记换证、兼并重组、统一记录、执法查处等一系列措施,苗种生产更加规范,生产者质量安全意识明显增强。对养殖过程中违禁药物进行了专项整治,针对孔雀石绿、氯霉素、硝基呋喃类代谢物、磺胺类、喹诺酮类等重点禁(限)用药物开展了专项监测,严厉打击了超剂量、超范围、不执行休药期等违法行为。

(4)质量监管。在全国率先开展了水产品产地准出和可追溯试点示范,于探索中迈出了实质性步伐。通过确立试点范围、制订试点方案、推进试点工作,各试点县(市、区)水产品质量安全管理制度基本形成,网络体系基本建成,信息管理智能平台已投入使用,质量安全可追溯链条已正常运转。选取的5个试点县(市、区)连片133公顷以上养殖企业基本建立了水产品质量安全可追溯平台监测点,试点单位水产品基本上达到了产前有记录、产中有监督、产后有检测、全程可追溯的要求。

4.渔业资源与环境保护

(1)水生生物资源增殖放流活动。从规范制度与流程着手,以大型活动为示范,不断深化增殖放流工作。制发了《湖北省水生生物增殖放流管理暂行办法》,启动了《湖北省四大家鱼增殖放流技术规范》地方标准制定工作，组织承办了南水北调中线水生生物增殖放流、四大家鱼亲本标志放流等具有影响力的活动，其中南水北调中线水生生物增殖放流由农业部与国务院南水北调工程建设委员会办公室联合鄂豫陕三省人民政府共同主办，农业部副部长牛盾，省人民政府副省长曹广晶出席活动。据不完全统计，全省组织开展各种放流活动105起，共投入资金3 160多万元，放流经济鱼类超12.2亿尾，中华鲟、达氏鲟、大鲵、胭脂鱼等濒危物种10.9万尾。

(2)实施长江禁渔期制度。新批准荆门、随州3个水库与长江同步实施禁渔期制度，连续13年完成全省禁渔任务。据统计，全省各级政府发布禁渔文件、通告64个，利用媒体发禁渔稿541篇，发放宣传资料10万余份。组织统一行动731次，出动执法车船艇2 671台次，执法人员10 200多人次，共查获违规违法行为1 100余起，行政处罚235人，刑事处罚64人。

(3)护渔执法行动。除开展禁渔期专项执法外，还相继组织了农资打假、打击非法捕捞、清理整治违规渔具等全省性的渔政执法行动，护渔执法基本覆盖全年，净化了渔资市场，维护了捕捞秩序，保护了渔业资源。期间，省水产局抽调武汉、宜昌、洪湖等地渔政船，对长江、汉江重点江段进行了不定期拉网式检查，对一些影响较大的举报信息进行现场督办和处理。

(4)保护水产种质资源。启动了《湖北省水产种质资源保护规划》编制工作。新申建了11个国家级水产种质资源保护区，占全国总数的近1/3，监利何王庙故道豚类省级自然保护区已通过省级论证，全省已建水产种质资源保护区63个、水生生物自然保护区13个。同时兼顾地方经济发展需要，全年完成6宗涉渔工程对渔业生态环境影响评价评审工作。

(5)渔业生态环境监测。在两个白鳖豚国家级自然保护区，以及洪湖、梁子湖等重点水域设立31个监测点，开展生态环境监测。组织7个省级以上自然保护区开展了水质监测和排污口排查，水质检测结果总体良好。在长江新螺段保护区保护区试点开展"保护区豚类数字化监测"工作，目前数据收集运行较正常。对天然水域发现的水葫芦等有害外来物种，配合有关单位及时打捞清除。

(6)处置渔业水域污染事故。2014年全省渔政机构配合有关部门依法调查鉴定了9起渔业污染死鱼事故，事故污染面积84.21公顷，死亡各类养殖鱼类约90吨，渔业损失121万元。通过渔政部门和有关方面共同努力，已为渔业生产者共索赔23.8万元。

(7)渔业生态环境治理。根据《湖北省湖泊保护条例》相关规定，制发《关于推进湖泊拆围工作的意见》，启动了湖泊围栏养殖退出拆除工作。梁子湖、斧头湖、长湖等湖泊已启动该项工作。丹江口库区启动了库区网箱养殖退出拆除工作。继续在洪湖、大冶湖、淤泥湖、赤东湖、武湖、涨渡湖、长江天鹅洲故道等水域开展了江湖连通暨长江灌江纳苗活动。

(8)救治救护水生野生保护动物。组织开展了以"关爱水生动物，共建生态文明"为主题的水生野生动物保护科普宣传月活动。全年共救治救护中华鲟、江豚等67尾(头)，其中集中救治的16尾娃娃鱼千里放归神农架、11.15中华鲟救护等行动社会反响强烈。

5.渔船管理和渔业水上安全

(1)水上安全管理。对长江、汉江渔业水域非法违规造船、渔船违章载客等行为进行严厉打击，深入排查渔船通信、救生、消防、信号等安全设备配备及使用情况、船员配备及其安全技能实操情况、安全生产责任制及突发事件应急值班和处置措施落实情况，重点查处"三无"船舶、套牌、假船牌、涂改渔船船名号等违法行为。渔业安全生产责任全覆盖，落实渔船安全生产主体责任，逐船签订水上安全生产责任书，进一步明确了渔船船东主体责任和船长水上作业第一责任人的责任，确保渔业安全生产责任落到实处。全省开展渔业应急救援演练3次，排查机动渔船5万艘，排查率100%以上，整改隐患47处。创新性在监利县召开送安全产品下乡活动，免费发放医疗及安全救生产品2 800套，共计30万元。

(2)"平安渔业示范县"创建。全省渔业水上安全继续保持零责任事故，渔民生命财产安全得到有效保障。监利、嘉鱼获得"全国平安渔业示范县"称号，公安县、汉川市、钟祥市、枝江市、谷城县等5县市获省级"平安渔业示范县"称号。

(3)渔船检验。一是开创了湖北省远洋渔船检验的先河，首次受农业部渔业船舶检验局委托完成了6艘远洋渔船的检验任务。二是扎实开展"渔船基本数据普查行动""渔船安全风险隐患排查与整治行动"和"渔船船用产品质量监督整治行动"三大执法行动，全省共检验渔业船舶7.6万艘(其中机动渔船5.1万艘)，新增养殖渔业船舶210艘；受理18家船用产品生产企业48次报检，检验渔船产品890台件、13 100吨。

(4)渔业保险。召开了全省渔业互保工作会议。举办全省渔业互保理赔培训班。全省船东人身平安险机动渔船覆盖率达到100%，参保渔民5.1万人，上缴保费近600万元，保险金额达30亿元。全省全年共受理70多起理赔案件，理赔率100%，理赔金额200万余元。组织开展水产养殖保险工作。促成中国渔业互保协会与中国人民财产保险股份有限公司湖北分公司共同签署了湖北省水产养殖保险共保合作协议。在潜江试点小龙虾养殖保险,投保面积1 687公顷,承保风险金达2 300万元,实现湖北省水产养殖保险零的突破,对增强渔民抗风险能力进行了有益探索。

(5)强农惠农服务。根据《省农业厅省财政厅关于印发湖北省渔业成品油价格补助专项资金管理实施细则的通知》要求,对补助对象、范围、补助标准进行了测算,2014年,全省发放渔业燃油补贴资金3.011亿元。同时,积极推进全省燃油补贴数据库建设,规范了申报、审核和发放程序,做到发放公正、公开。积极建立全省燃油补贴核查机制,防范虚报冒领等行为发生,切实维护渔民正当权益。

【大事记】

[1]1月10日,省水产局组织湖北天鹅洲白鱀豚国家级自然保护区、武汉极地海洋世界、武汉东湖海洋世界等单位以及17名经验丰富的渔民,顺利将天兴洲夹江中被困4头长江江豚成功转运至湖北天鹅洲保护区故道水域。

[2]1月13日,省水产局召开湖北省水产养殖保险工作座谈会。省农业厅党组成员、省水产局局长李胜强,中国渔业互保协会副秘书长杨斌,中国人保财险总公司农险部副总经理魏柏林、湖北公司副总经理雒勇,中国渔业互保协会、中国人保财险总公司、中国人保财险湖北公司、湖北省互保办事处和专家参加座谈会。

[3]1月14日,农业部召开全国渔业渔政工作电视电话会议。省农业厅副厅长焦泰文,中国水产科学研究院长江水产研究所所长邹桂伟,省农业厅党组成员、省水产局局长李胜强,省水产局领导班子成员、机关处室和局直单位主要负责人在湖北分会场参加会议。

[4]2月11日,农业部召开全国渔业安全生产工作视频会。省农业厅副厅长焦泰文,厅党组成员、省水产局局长李胜强,局领导班子成员、渔政处和船检处全体人员在湖北分会场参加会议。

[5]2月18日,省水产局在黄冈市浠水县召开全省水产工作暨现代渔业建设现场会。省农业厅党组书记、厅长戴贵洲出席会议并讲话。厅党组成员、副厅长焦泰文主持会议,厅党组成员、省水产局局长李胜强作主题报告。同时举办了2014年全省水产系统送科技下乡活动启动仪式。

[6]3月21日省人民政府下发《省人民政府关于加快现代渔业发展的意见》。

[7]3月26日,全省渔政船检港监工作会议在宜昌市召开。

[8]4月2日,省水产局在鄂州市召开学习贯彻《省人民政府关于加快现代渔业发展的意见》暨全省水产宣传信息工作座谈会。

[9]4月8~30日,省水产局在沙洋县石桥镇桥河村开展"驻渔村、知渔情、接地气、转作风"主题实践活动,先后7次派出7个工作组49名机关工作人员、水产专家对渔民进行帮扶指导。

[10]4月24日,全省水产技术推广工作会议在武汉召开。

[11]5月16日,省水产局在荆州市监利县举办送安全产品下乡活动并召开了全省平安渔业暨渔业互保工作会议。

[12]5月27日~28日,中国水产学会在武汉市召开2014年度全国水产品批发市场信息采集体系信息员培训交流会。农业部渔业渔政管理局处长陈家勇、中国水产学会副秘书长曲宇风出席会议并讲话,孝感市南大水产品批发市场作了典型发言。

[13]6月5日,农业部与国务院南水北调工程建设委员会办公室联合湖北、河南、陕西三省人民政府在丹江口市组织开展了大型水生生物增殖放流活动,1 000多万尾滤食性和杂食性鱼苗入库。农业部副部长牛盾、湖北省副省长曹广晶出席活动并讲话。

[14]6月10日,由省水产局、荆州市人民政府、交通运输部长江航道局主办,以"生态长江、和谐荆州"为主题的2014年长江湖北荆州段渔业资源同步增殖放流活动在荆州市成功举行。

[15]6月11日,省水产局组织东湖海洋世界、武汉市渔政部门,将武汉市集中救治救护的16条体长0.5~0.8米的娃娃鱼送往神农架自然保护区,放归自然。

[16]6月12日,"第五届中国湖北潜江龙虾节"在潜江开幕。省农业厅党组副书记、副厅长王敦胜,党组成员、省水产局长李胜强等领导出席龙虾节,并在刘冰副市长陪同下参观了精品农产品展览。

[17]7月15日,省水产局参加在南京召开的全国渔业科研院所建设工作会议,作为内陆地区的唯一代表,省农业厅副厅长焦泰文代表湖北省以"加强科研体系建设,突出科技成果转化,切实促进湖北渔业又好又快发展"为题作典型发言。

[18]7月17~18日,农业部渔业渔政管理局副局长李书民率调研组,对湖北省以船为家渔民上岸安居和渔政执法工作情况进行了调研。

[19]7月29~30日,省水产局在公安县召开全省水产上半年经济形势分析暨特色种业建设现场会。

[20]8月1日，中国渔业互保协会与中国人民财产保险股份有限公司湖北分公司在中国人民财产保险股份有限公司湖北分公司会议室共同签署了湖北省水产养殖保险共保合作协议。

[21]8月5日，省农业厅在潜江市召开全省稻田综合种养推进现场会。省农业厅党组书记、厅长戴贵洲出席会议并讲话，潜江市委副书记、市长黄剑雄致辞，省农业厅党组成员、副厅长焦泰文宣读省委副书记张昌尔重要批示，省农业厅党组成员、省水产局局长李胜强主持会议。

[22]9月27日，省水产局和武汉市农业局联合在武汉海昌极地海洋世界，举行"湖北省2014年水生野生动物保护科普宣传月活动"启动仪式。

[23]10月16日，全国人大环资委副主任委员王鸿举、省人大常委会副主任王玲、农业部长江流域渔政监督管理办公室副主任韩旭一行，就《野生动物保护法》修订事宜赴湖北长江新螺段白鳖豚国家级自然保护区调研。

[24]10月17日，湖北省龟鳖产业协会第一届理事会第二次会议在京山县召开。

[25]10月17日，农业部长江流域渔业资源管理委员会组织有关专家在武汉召开会议，对中华鲟自然繁殖监测情况、现有资源状况及保护对策等进行了研讨。中国科学院曹文宣院士、长江流域渔政监督管理办公室主任李彦亮出席会议。

[26]10月18日，中国科学院水生生物研究所桂建芳院士与京山盛昌乌龟原种场共建院士工作站授牌仪式在京山县举行。

[27]10月25~28日，由农业部和山东省政府共同主办的第十二届中国国际农产品交易会在山东青岛国际会展中心开幕。湖北水产展团在此次农交会上一举拿下20个金奖，成功摘取农交会全国渔业产品金奖总数第一的桂冠。

[28]11月2~6日，农业部渔业船舶检验局在武汉举办湖北、湖南、重庆等内陆三省、市渔业船舶初级验船师上岗资格培训班。农业部渔业船舶检验局副局长信德立出席开班典礼。

[29]11月13日，"全省无公害渔业内检员暨水产品质量安全快速检测及可追溯体系建设工作培训班"在武汉举办。

[30]11月15日，省水产局组织武汉渔政人员、中国水产科学研究院长江水产研究所专家，成功将新洲渔民误捕的受伤中华鲟转运至长江水产研究所荆州中华鲟基地。这条长3.43米，体重310千克的中华鲟，为近20年来难得一见的野生亲本资源，此次抢救行动获得成功，对丰富我国中华鲟人工群体多样性具有重要意义。

[31]12月1日，由农业部长江流域渔政监督管理办公室主办，湖北省水产局和武汉市农业局共同承办的2014年清理整治违规渔具同步执法行动在武汉市汉阳门码头正式启动。农业部长江流域渔政监督管理办公室主任李彦亮，湖北省农业厅党组成员、副厅长焦泰文，湖北省农业厅党组成员、省水产局局长李胜强，武汉市政府副秘书长雷勇生，武汉市农业局副局长王德立，江苏省渔政监督总队直属支队副支队长张文龙等出席活动。活动由农业部长江流域渔政监督管理办公室赵依民处长主持。

[32]12月12日，全省水产品质量安全工作会议在钟祥市召开。水产品产地准出和可追溯体系建设工作全面展开。

[33]12月15~16日，由中国水产学会渔业资源与环境分会主办，湖北省水产学会、水利部中国科学院水工程生态研究所和三峡大学承办的2014年度中国水产学会渔业资源与环境分会学术年会在宜昌市三峡大学举行。会议开幕式由水利部中国科学院水工程生态研究所所长常剑波主持，农业部长江流域渔政监督管理办公室主任李彦亮，三峡大学党委书记李建林，湖北省农业厅党组成员、省水产局局长李胜强，中国水产学会渔业资源与环境分会秘书长李纯厚等分别致辞。

（湖北省水产局　王　勇　成　专）

湖南省渔业

【概况】 2014年，湖南省水产品总产量248万吨，比2013年增长6.03%，增幅居全国淡水水产品主产省首位，并连续两年保持6个百分点以上的高位增速。据中国水产学会发布全国渔民家庭收支调查数据显示，2014年湖南省渔民人均纯收入13 417.88元，较2013年增长11.88%。

1. 推进水产品规模化健康养殖 一是强化现代渔业扶持政策。省人民政府办公厅出台《关于加快全省现代渔业建设的意见》，明确湖南渔业发展目标，提出推进现代渔业发展的十四条措施，确保到2020年湖南渔业实现总产值1 000亿元，基本形成现代渔业新格局。启动水产养殖政策性保险试点，在常德市汉寿县、岳阳市岳阳县开展甲鱼养殖保险试点，每亩投保费210元，由投保养殖户承担55%、省县财政分别补贴30%和15%，其中岳阳县甲鱼养殖投保水面17.2公顷。二是发展新型经营主体拓展养殖规模。完善渔业经营体制，推进养殖水域使用权合理流转，培育渔业养殖大户和现代渔业经营企业等新型经营主体,截止到至2014年,全省发展渔业规模养殖户2.1万户,渔业经济合作组织1 100多个,吸纳社员4.2万户,占全省养殖渔民的14.6%。2014年全省水产养殖面积454 346公顷,较上年增加6 714公顷,增长1.5%。其中池塘232 901公顷,增加6 008公顷;水库131 747公顷,增加3 242公顷;湖泊87 140公顷;河沟等其他水面2 558公顷,增加80公顷。三是推进水产健康养殖示范创建。组织9个县(市、区)参加农业部水产健康养殖示范县创建活动。标准化升级改造养殖池塘,省财政投入专项资金800万元,启动8个33.33公顷以上集中连片养殖池塘升级改造试点项目;总投资4.28亿元,完成池塘标准化升级改造22 500公顷,其中新开挖池塘31 270公顷。继续组织开展部省级水产健康养殖示范场创建活动,新增53个部级水产健康养殖示范场,涵盖养殖水面2 800公顷。制(修)订养殖业地方标准30项,增创畜禽水产品质量安全监管示范县11个。推进汉寿甲鱼、安乡淡水鱼标准化养殖试点县建设。

2.调整优化渔业结构 一是打造水产区域特色经济。推进水产品特色产业园建设,省人民政府将渔业纳入"百千万"工程扶持范围,投入专项资金600万元,启动6个产业园建设。各地根据水产养殖资源优势,办点示范带动,着力打造"一县一品""一乡一品""一村一品"的渔业区域特色经济,全省引进推广水产养殖新品种30多个,发展"一村一品"水产特色村400多个,面积160 000公顷,打造了一批甲鱼、珍珠、大口鲶、黄鳝、鳜鱼、乌鳢、银鱼、斑点叉尾鮰等特色明显的水产品优势产区。二是发展名特优水产品养殖。2014年湖南发展名特优水产养殖面积307 667公顷,较上年增加32 150公顷,增幅11.67%,占全省养殖水面的67.7%,产量192.6万吨,占全省水产品总量的76.16%。三是扶持引导休闲渔业发展。2014年湖南新创建国家级休闲渔业示范基地9家总数达到20家、省级休闲渔业示范基地23家总数达到117家,垂钓水面52 000公顷,接待游客3 591.18万人次,产值41.6亿元,占渔业总产值的12.4 %。四是推进水产品市场流通体系建设。支持和鼓励大湖股份、顺祥水产等产加销龙头企业发展连锁超市、物流配送、订单销售、电子商务等现代营销模式,辐射带动周边养殖户。举办第五届湖南省畜牧渔业暨饲料工业博览会,推广水产品生态健康养殖和精深加工,拓宽产销对接,推动外向型渔业经济发展。

3.推进依法治渔 一是严格水产品质量安全监管。组织开展水产品违禁物质专项整治。在农业部组织的产地水产品质量安全监督抽查中,湖南抽检合格率达98.5%。抓好水产苗种质量安全整治,重点检查生产资质、"三项记录"、违法违规用药等情况。加强水生动物疫病防控,截止到2014年年底,湖南省建成42个县级水生动物疫病防治站,有35个县启动了水产苗种检疫,共检疫水产苗种2 077批次,检疫苗种11.97亿尾。二是推进养殖权证制度建设。拓展水域滩涂渔业持证养殖覆盖面,截止到2014年年底,全省已发放水域滩涂养殖证20 984本,涵盖水域面积400 000公顷。省级编制完成《湖南省水域滩涂养殖规划》,并通过专家组审定。市(县)有98个单位制订了水域滩涂养殖规划,规划出台率达72.3%。三是加强水产苗种良繁体系建设。修订《湖南省水产原良种场建设与生产管理规范》和《湖南省水产原良种场资格验收办法》,规范水产原良种场的建设管理。严格水产苗种生产许可证制度,检查更换水产苗种审批许可证137本。升级改造4家省级水产良种场,完成5个县的亲本更新项目,更换水产原良种亲本1 205吨。四是加快修复渔业生态环境。2014年湖南省开展鱼类人工增殖放流活动170多次,放流各类鱼苗鱼种6.8亿尾,同比增长23.3%,其中珍稀物种38.58万尾。落实渔业生态补偿机制,组织土谷塘航电枢纽工程项目指挥部在衡阳市常宁市大渔湾放流"四大家鱼"亲本1 000组,开启湖南由涉渔工程项目企业全额出资实施人工增殖放流的先河。保护野生水生资源,建立湖南张家界大鲵国家级自然保护区工作联席会议制度,大鲵人工孵化年出苗2万多尾。2014年,全新增3个省级、6个国家级水产种质资源保护区,省级以上水产种质资源保护区达到39个。加强渔业生态环境监管,主动介入涉渔工程环评,2014年征收涉水工程项目渔业生态补偿资金5 614万元;国家重点项目黔张常铁路通过农业部环评。加强洞庭湖江豚保护巡查,推动岳阳市东洞庭湖江豚自然保护区升格省级工作。五是强化渔政管理执法。继续在洞庭湖、湘江干流及长江、珠江湖南段,湘、资、沅、澧四水流域实行禁渔期制度,各地根据实际对辖区重点天然水域实施禁渔,全省禁渔覆盖面逐步扩大。开展"一湖四水"渔政专项执法护渔行动,省政府组织开展"洞庭湖矮围网围违法违规捕捞养殖专项整治行动",功能性摧毁清除湖内一切违规捕、养设施,实施拖网最小网目尺寸制度,据湖南省水产科学研究所监测评估,2013年洞庭湖渔获物中"四大家鱼"比例提升至11.66%。严厉打击电炸毒、滚钩、迷魂阵等违规渔具渔法,查处渔业水域污染案件,打造"平安渔业示范县",形成"地方政府负责、相关部门协作、渔业部门实施、公共舆论监督"的渔政管理长效机制，禁渔护渔成为社会新常态。夯实渔业渔政管理体系，一批渔政船、快艇、码头等装备投入使用，重新核发渔政执法证500本，经培训考核70人取得甲等渔业职务船员证。

4.湖南出台加快全省现代渔业建设意见 2014年6月12日，省人民政府办公厅下发《关于加快全省现代渔业建设的意见》。《意见》指出，要大力推进渔业产业结构调整，加强渔业基础设施建设和技术装备升级改造，健全现代渔业产业体系和经营机制，提升渔业综合生产能力和市场竞争能力，建设资源节约型、环境友好型、质量安全型、规模效益型渔业，形成"生态良好、生产发展、装备先进、产品优质、渔民增收、平安和谐"的现代渔业发展新格局。《意见》明确，湖南省现代渔业建设的目标，到2020年全省水产品总量达到400万吨，渔业总产值1 000亿元，渔民人均纯收入20 000元以上。《意见》提出了14项发展重点和推进措施，全面规划了湖南省现代渔业发展蓝图。

5.湖南启动现代渔业特色产业园建设 2014年，湖南省将水产纳入省政府现代农业建设"百千万"工程建设范围，下发《关于实施两个"百千万"工程加快现代农业建设的意见》，制定了《湖南省现代渔业特色产业示范园建设标准》，计划用5年时间打造100个现代渔业特色产业园。2014年全省有汉寿县甲鱼生态养殖产业园、大通湖天泓河蟹养殖产业园、资兴市鲟龙鱼养殖产业园、张家界雪峰大鲵生态养殖产业园、衡东县白衣港水产养殖特色产业园、华容县注滋口同丰泆网箱养鳝产业园6个产业园达到创建标准，省农业委员会、省财政厅联合授予其"湖南省现代农业特色产业园省级示范园"荣誉称号，并奖励每个产业园100万元。

6.湖南启动养殖池塘标准化升级改造工程 2014年，省畜牧水产局认真贯彻落实省人民政府办公厅《关于加快全省现代渔业建设的意见》，着力改善渔业基础设施条件，提升渔业装备水平，启动养殖池塘标准化升级改造工程。年初，组织制定《全省养殖池塘标准化升级改造方案》，按照改造方案，组织岳阳、常德、益阳、长沙4市申报养殖池塘标准化升级改造试点项目。按照"自力更生为主、财政补贴为辅"原则，省财政预算800万元，采取"以补代投"的方式，对8个33.3公顷以上连片池塘改造试点项目实施了补贴。

7.湖南首次人工放流植入芯片标签大鲵 2014年5月29日，由湖南省水产科学研究所、湖南省大鲵救护中心技术人员植入电子芯片的10组大鲵亲本、140尾大鲵苗，分别在湖南张家界大鲵国家级自然保护区武陵源区金鞭溪、索溪河，慈利县大峡谷放归大自然。对大鲵植入芯片是给放流的大鲵注入身份信息，以便于进行有效跟踪，开展大鲵的科学研究及野外考察，为大鲵人工增殖放流效果的评估提供有力的数据。

8.湖南开展湘江及洞庭湖鱼类资源监测 2014年，湖南省水产科学研究所组织对湘江、洞庭湖及长江城陵矶江段渔获物进行了监测，内容包括鱼类名录、渔获物组成、年龄、湘江"四大家鱼"早期资源等；对其水域鱼类人工增殖放流进行效果评估，除常规的渔获物监测外，还采取分子遗传标记（亲子鉴定）、物理标记等方法进行评估。根据监测评估出具的《湘江及洞庭湖鱼类资源监测报告》显示，湘江增殖放流的"四大家鱼"鱼种对湘江下游和洞庭湖"四大家鱼"捕捞产量贡献率由2013年的2.83%提高到4.84%，放流亲本对湘江"四大家鱼"卵苗发生量贡献率为6.48%，表明湘江、洞庭湖渔业资源呈恢复迹象。

9.湖南人工增殖放流鱼苗鱼种6.8亿尾 2014年3月31日，湖南省畜牧水产局组织在湘江橘子洲举行"2014年湘江干流春季禁渔暨人工放鱼活动"，现场将190万尾鱼苗鱼种放入湘江。4月15日，省畜牧水产局组织在衡阳市常宁市大渔湾放流1 000组"四大家鱼亲本"，原种亲本由国家级湖南鱼类原种场历经5年以上精心培育而成。本次放流由土谷塘航电枢纽工程项目指挥部全额出资，是该工程项目指挥部兑现渔业生态补偿承诺，履行社会环保责任，实施渔业生态修复的系列措施之一，也是全省涉渔工程项目首次由企业出资开展的人工增殖放流活动。据统计，全省全年组织向长江珠江湖南段、洞庭湖、湘江、湘资沅澧等天然水域投放各类鱼苗鱼种6.8亿尾，其中放流银鱼受精卵3.47亿粒；放流大鲵、胭脂鱼、背瘤丽蚌等珍稀物种38.58万尾，有力改善了水域生态环境。

10.湖南开展洞庭湖渔业生产秩序整治 2014年6月，省人民政府下发《关于整治洞庭湖渔业生产秩序的通告》，印发《洞庭湖矮围网围违法违规捕捞养殖专项整治行动工作方案》。按照"政府负责、部门联动、源头治理"的原则，省人民政府组织省畜牧水产局、林业厅、水利厅、环保厅、国土资源厅、公安厅，以及相关市县（市区）人民政府建立了专项整治工作联席会议制度，全面查处洞庭湖区非法侵占国有天然水域资源、违法违规捕捞养殖的矮围网围，功能性摧毁湖内一切违规捕捞、养殖的矮围，全面清除违法违规圈湖开展养殖的网围设施，切实保护洞庭湖渔业资源和生态环境，促进渔业经济可持续发展，维护洞庭湖水利、湿地功能。

（湖南省畜牧水产局 唐湘北 江为民 刘 懿 李书庚）

广东省渔业

【概况】 2014年,广东省按照“建良港、造大船、闯远海、捕大鱼、养好鱼”的发展思路,全面深化渔业体制机制改革,努力强化渔业基础,加快调结构、促转型,扎实推进现代渔业建设。现代渔业保持了快速、健康发展态势,全省渔业经济总产值达2 350亿元,同比增长10.6%;渔民年均纯收入13 300元,同比增长8.6%。水产品总量836.50万吨,同比增长2.49%。各项渔业经济指标继续居于全国领先地位。养殖产量667.56万吨,同比增长3.06%,捕捞产量168.94万吨,同比增长0.33%,养殖产品与捕捞产品的产量比例为79.8:20.2;海水产品产量450.76万吨,同比增长3.37%,淡水产品产量385.74万吨,同比增长3.22%,海水产品与淡水产品的产量比例为53.9:46.1。全省水产品批发市场73个,水产品交易量295万吨,交易额469亿元。据海关统计,全年水产品进出口总量55.46万吨,进出口总额33.53亿美元,同比分别减少7.37%和1.64%。其中:出口量31.95万吨(出口主要品种中对虾排全省第一位),出口额22.94亿美元,同比分别减少6.08%和4.46%;进口量23.51万吨,进口额10.59亿美元,进口额同比增长5.06%,贸易顺差12.35亿美元。渔业信息化建设迈上新台阶,实现对渔船、渔港和海域实时动态监管。组织全省1万多艘渔船、11万多名渔民参加渔业政策性保险,建成安居工程500户,发放渔业柴油补贴32亿元。渔船更新改造步伐加快,新建大型钢质渔船284艘,创历史新高。获得省财政重大支持,翻开了渔港建设新篇章。省属海警3112船获得“全国边海防工作先进单位”称号,该船政委获得习近平总书记亲自接见,是广东省海洋渔业系统首次获得这一殊荣。

1.水产健康养殖 新建农业部水产健康养殖示范场20个,使全省水产健康养殖示范场达152个,面积达2.5万多公顷。扎实推进健康生态养殖,扶持发展渔业标准化健康养殖项目16个,加快发展工厂化养殖、循环水养殖。稳步推进“菜篮子”基地建设,累计建设“菜篮子”基地72家,面积达2 333公顷。重点加快对虾、罗非鱼与鳗鱼等主导产业的优化升级。大力发展内陆特色渔业,全省淡水养殖水产品373.16万吨,产值523.6亿元,养殖面积达37.13万公顷。清远市加快发展娃娃鱼、鳜鱼养殖,举办首届“稻田养鱼节”。梅州、河源等地依托绿色生态环境,大力发展休闲垂钓渔业和乡村旅游渔业。韶关、云浮、肇庆市生态渔业、江河渔业迅速兴起,仅韶关市龟类养殖业产值就达3亿元。大力发展现代水产种业。经省人民政府同意向各市(县、区)人民政府印发《广东省现代水产种业发展规划(2014—2020年)》。新建3个国家级现代种业示范场、3个国家级水产良种场、7个省级良种场。全省已建成5个国家级水产良种场、57个省级水产良种场、7个现代渔业种业示范场,初步形成了布局合理、种质优良、品种多样、管理规范的水产良种体系。新建深水网箱420个,全省深水网箱数量发展到2 035口,产量达2万多吨。全省共核发养殖证75 304本,发证面积37.7万公顷,占应发证面积的83.2%。其中国有水域发证6 600本,发证面积15万公顷,占应发证面积的88.8%;集体水域发证68 704本,发证面积22.7万公顷,占应发证面积的79.7%。

2.远洋和外海渔业 按照省委书记胡春华“充分发挥广东优势,组建远洋和南沙船队,为渔业维权做贡献”的指示,推动出台广东省远洋渔业和外海捕捞业扶持政策,建设一批带动作用大、竞争力强、管理规范的远洋渔业龙头企业和外海捕捞船队。制订《广东省远洋渔业发展规划(2015—2020年)》与《广东省外海捕捞业发展规划(2015—2020年)》,开展远洋渔船标准化船型设计开发工作。结合现代渔港建设,高标准建设远洋渔业后勤保障基地。全省17家远洋渔业企业派出155艘渔船,在泰国、斐济、马绍尔等15个国家和地区生产,执行25个远洋渔业合作项目;全年远洋渔业产量69 922吨,产值98 915万元。其中深圳市远洋渔业取得迅猛发展,全年在外生产远洋渔船达106艘,占全省的68.39%;远洋渔业产量33 263吨,产值78 596万元,分别占全省的47.57%和79.46%。

3.渔船更新改造 2014年国家和省财政共投入1.26亿元,支持更新改造大型钢质渔船284艘(远洋渔船33艘、南沙骨干渔船8艘),其中湛江市开工建造200吨以上大型钢质渔船30艘,茂名市建成钢质渔船75艘,江门市承建钢质渔船104艘。全面推动渔船交易服务中心建设,阳江市作为试点地区现有688艘渔船进场挂牌交易,交易涉及功率指标共79 977千瓦,涉及交易总金额5.24亿元。共采集录入基础信息渔船29 229艘,占拟录入渔船总数的78.2%。探索建立金融支持渔船更新改造机制。总结推广茂名、湛江、阳江等地开展与商业银行合作的经验,采用渔船、船网工具指标抵押等方式,引导金融资本支持渔船更新改造。根据《农业部关于做好大型拖网围网渔船国内捕捞许可证核发有关工作的通知》要求,修改制定了渔船捕捞证的程序、权限和办理时限有关规定,进一步提高了审批效率。全年办理船网工具指标申请1 520份,渔业捕捞许可证申请115份,审查渔船资料1 635份。

4.建设现代渔港 根据省领导指示,省政府发展研究中心与省海洋与渔业局组成联合调研组，于10月8～11日到江门、阳江、湛江、茂名等市开展现代渔港建设调研，先后实地考察了江门广海渔港、烽火角避风塘，茂名博贺渔港，湛江硇洲渔港、江港渔港、乐民避风塘，阳江闸坡渔港，分别听取了各市以及县(区)对现代渔港和区域性避风锚地建设的具体意见，组织编制现代渔港建设规划和实施方案，起草《广东省人民政府关于进一步加快现代渔港建设的意见》。副省长邓海光专题听取现代渔港建设汇报，牵头召开现代渔港建设工作会议，明确要求构建多层次的现代渔港体系，在全省建设6大区域性避风锚地和10大示范性渔港。省财政安排11亿元用于现代渔港建设，打破渔港建设长期以来重视不够、缺乏投入的僵局。督促在建渔港加快工程建设，阳江沙扒一级渔港已通过农业部组织的竣工验收，汕头海门中心渔港、潮州三百门一级渔港均已通过初验。50个重点渔港视频监控系统建成投入使用，提升渔港管理信息化水平。

5. 惠渔民生工程 按照《2014年省政府重点工作实施方案的通知》要求，广东省共安排以船为家渔民安居500户，作为省海洋与渔业局任务列入省十件民生实事。组织10 056艘渔船和11.27万名渔民参加渔业政策性保险，完成500户渔民安居房建设指标。基本完成渔民转产转业议案第二阶段任务，扶持建设渔民安居房5 000户、现代渔业产业基地100个、渔民专业合作社193个。琼州海峡清障达到预期目标，已经具备结案条件，省政府同意启动结案程序。省政府已正式启动渔民转产转业议案结案工作，并起草《议案案办理情况的报告》。全年为1.39万艘渔船、3.42万名渔民发放休(禁)渔生活补助达4 500万元。渔用柴油补贴发放工作进展顺利，通过与财政部、农业部沟通，积极推进改革完善渔业油补政策。广东省海洋与渔业局网上办事大厅建设位居全省前列，全年网上受理审批事项9 808件，累计发放证书9 580件，极大方便了基层群众办证。省纪委书记、常务副省长在全省网上办事大厅现场会上给予高度肯定。

6. 水产品质量安全 广东省始终把确保水产品质量安全摆上首要位置，创新监管思路，狠抓制度落实，水产品质量安全保持了平稳向好的良好态势。认真落实《国务院办公厅关于加强农产品质量安全监管工作的通知》，建立健全水产品质量安全地方政府负总责、生产经营者负主责、有关监管部门各负其责的工作责任制。2014年完成水产品抽检监控任务9 934个，省级抽检合格率达97.5%，其中优势品种罗非鱼、对虾、鳙鱼、鳗鲡等合格率都在99%以上；截止到2014年年底，全省共制(修)订省级地方渔业标准274项，在全国率先建立省级水产品标准化数据库和可查阅网站，对62个渔业标准化项目进行绩效自评；对80个无公害产地和127个产品进行了认定和认证；培训各类检查员、内检员、抽检员292名；建立全省294家水产品出口基地备案制度，协助相关部门有效应对美国FDA对广东省水产品出口基地的调查；申报109个水产品获国家或省农产品名牌称号；全年出动水产品质量安全执法12 862人(次)，抽查各类养殖场6 912家，立案查处79家，行政处罚36家，罚没款23.8万元，有效管控各类违法违规行为；监控体系和能力建设取得长足发展，全省未发生重大水产品质量安全事故，保障了食用水产品舌尖上的安全。全省已建立74个乡镇快速检测试点，中山、东莞市分别有24和36个乡镇正在建立水产品快速检测站，初步形成了省市县三级水产品质量安全检测网络。全省水产品质量总体趋好，未发生重大水产品质量安全事故。121个产品获国家或省农业名牌产品称号。全省渔业部门整合质量安全、执法、检测、技术推广等部门单位资源，深入摸查本地区质量安全隐患，实施养殖场生产记录、生产用药及标识管理等检查行动，重点打击非法使用硝基呋喃类代谢物、孔雀石绿等违法行为和使用假冒伪劣渔资的行为。全省共出动执法人员10 417人次，检查养殖生产、经营单位5 666个，发现并纠正各类水产养殖违法行为65起，立案27宗，罚没款14.3万元。通过专项整治和执法大检查，严厉打击了各种违法行为，滥用药物和使用违禁药物的行为得到有效遏制。

7. 渔船安全生产 广东省政府办公厅于5月27日印发《关于进一步加强渔船安全生产管理的通知》，要求通过落实渔船安全生产责任、提升渔船安全生产保障能力、科学防范和应对渔船安全风险、加大渔船安全生产监管力度、严格渔船安全生产责任追究、加强渔船安全生产管理领导六大措施，提高渔船安全生产水平，促进渔业健康发展。省海洋与渔业局成立局渔业安全生产责任领导小组，明确要求各单位领导全面履行安全生产"一岗双责"制度，开展渔船基本数据普查、渔船安全风险隐患排查与整治、渔船船用产品质量监督整治三大行动，全年共普查渔业船舶41 264艘，对8 346艘渔船进行了安全隐患排查。对全省102艘远赴西南沙作业渔船进行"地毯式"安全隐患排查和整治。完善广东省渔业安全生产通信指挥系统，通过实施"渔村通"、信息化整合等工程，实现船位实时监控、通信联络、进出港统计、渔港视频监控等功能。筹措2 300万元资金支持"渔村通"建设及省渔政总队信息化整合工作，争取200万元资金建设"金视通"项目及应急保障。积极争取省财政补贴73.55千瓦以上渔船配备北斗终端。省海洋与渔业局与中国电信广东分公司合作，采取"以租代建"形式，租用中国电信"全球眼"高清视频监控服务，在全省50个重点渔港建设渔港实时监控系统，已有40个渔港，155个监控点开通，初步实现渔港远程实时监控。建立渔船安全生产监管措施与柴油补贴发放挂钩制度。全面开展渔船安全生产大检查，深入开展"八打八治"专项行动，全年出动检查人员9 600多人次，检查渔船4.4万艘次，整治安全隐患1 700多宗。

8.渔业防灾减灾 2013年"9.29"台山渔船西沙遇险事件发生后，重新修订《广东省海洋与渔业局防御热带气旋应急预案》和《广东省海洋与渔业船舶水上安全突发事件应急预案》，并于2014年2月发布实施。各级海洋渔业主管部门认真贯彻落实广东省人民政府办公厅4月15日发出的《关于进一步落实三防工作责任的通知》有关精神，联合辖区相关部门，督促指导制订渔船防台"一船一预案"工作。全省44 001艘海洋渔船全部完成"一船一预案"工作。认真落实渔业防台两个100%防御措施，组织渔船回港避风106 342艘次，渔排养殖人员上岸186 000人次，发送防台信息23 100余条。年内成功抗御"威马逊""海鸥"等超强台风，取得防台抗台零死亡的成绩。各级海洋渔业主管部门继续加强与海事、边防等部门沟通合作，建立健全应急救援工作机制，全力协调组织开展海上遇险渔船救助工作，共参与或协调组织应对处置渔船险情191起，救起渔民614人，救助渔船214艘，挽回经济损失2 500万元。

9.防御"威马逊"超强台风 超强台风"威马逊"于7月18～19日袭击广东，这是近年来吹袭广东的最强台风。台风到来前，根据广东省委、省政府、省防总的统一部署，省海洋与渔业局成立以局长为组长的防台工作领导小组，并多次召开防台工作会议，进行联合会商，分析可能造成的影响，指挥协调各地落实防御措施；下发《进一步做好今年第9号台风"威马逊"防御工作的紧急通知》，要求提前24小时全省沿海渔船全部回港避风，船上及渔排人员全部上岸；专人跟踪在东沙、西沙、南沙、中沙海域和海南省东部海域作业的渔船，逐船落实防台避风措施；积极做好渔港、码头、渔船停泊点防风设施的安全隐患排查工作。同时，派出2个防台工作组赴一线，按照"出海（渔船）百分之百回港、渔排人员百分之百上岸、回港船只百分之百落实防御措施"的要求全力以赴做好防御工作。截止到17日15时，全省沿海45 197艘（其中休渔渔船14 446艘，应回港渔船30 751艘）渔船已全部回港避风，海上鱼排作业人员17 246人已全部上岸避风。18日12时，省海洋与渔业局启动防台Ⅰ级应急响应，要求全省海洋与渔业各级防台机构安排双人24小时应急值班，带班领导和值班人员24小时不间断值班。各种应急队伍严阵以待，密切监控港内停泊避风的渔船情况，随时准备救援。据统计，"威马逊"造成全省渔业经济损失28.42亿元，其中，漫顶和冲毁养殖池塘1.84万公顷，珍珠养殖面积1 407公顷，打散打沉网箱4.62万个，养殖产量损失28.93万吨；受损渔船462艘、沉没49艘；码头、防波堤、护岸损坏3 770米。"威马逊"超强台风过后，省海洋与渔业局主要负责人带队赶赴灾区，指导救灾复产。此前派出的两个防台工作组就地转为救灾工作组，开展灾情统计和组织协调有关工作，同时迅速派出两个省渔业互保协会工作组赴受灾地区了解灾情、核实损失并办理赔偿。受灾地区的各级海洋渔业主管部门迅速行动，及时组织力量对死鱼、死虾、死贝进行填埋，做好消毒处理，防止发生次生灾害；加强养殖水域环境监测，坚持每2天检测一次，及时把监测结果反馈给当地政府和养殖户；帮助渔民抢修受损渔船、网箱和鱼塘等；联系水产种苗和消毒药物供应，为灾后复产工作顺利开展做好准备。副省长、省防总总指挥邓海光受省委书记胡春华、省长朱小丹委托，7月21～22日带领省有关部门深入湛江市受灾地区察看灾情，了解房屋、海堤、农业、渔业等损失情况，慰问受灾居民，指导救灾复产工作。雷州乌石渔港200多条渔船因风受损，当地渔民受灾惨重，护港海闸也因此遭到破坏，邓海光对此进行了深入察看，关切渔民生活生产情况。

10.渔业生态环境保护 制定省级海洋生态文明示范区管理办法和评价指标，推动省级生态文明示范区的选划和建设。完成全省人工鱼礁议案十年建设任务，建成46个人工鱼礁区，总面积达286平方公里，规模和面积居全国首位。推动海洋与渔业保护区划建升级，目前我省已建海洋与渔业自然保护区88个，国家级水产种质资源保护区16个。珠江口中华白海豚等国家级保护区基地建设逐步完善。5月12日，由全国水生野生动物保护分会主办，广东汕头大学承办的中华白海豚保护联盟成立暨签约仪式在汕头大学举办。厦门珍稀海洋物种国家级自然保护区、广东珠江口中华白海豚国家级自然保护区、广东江门中华白海豚省级保护区、广西壮族自治区合浦儒艮国家级自然保护区四家保护区签署协议，成立中华白海豚保护联盟，构建和完善中华白海豚保护网络，共同推进中华白海豚物种保护。省海洋与渔业局在肇庆市召开人工鱼巢示范与评价总结交流研讨会，总结和推广西江、东江河段人工鱼巢建设经验，进一步落实水生生物资源养护行动实施方案，专家们研讨了项目选址、资源调查、器材选取、施工工艺、(集鱼、产卵)观察记录、效果评估等问题,对人工鱼巢建设工作提出合理化建议,为开展人工鱼巢建设工作做好了科研技术支撑。汕尾市在红海湾原遮浪角东省级生态公益型人工鱼礁区基础上,再建设一个混凝土空体结构,空方体积9 396立方米、礁体实体表面积约35 000平方米的人工鱼礁区,建设海洋牧场示范区。项目来源于2013年中央渔业资源保护和转产转业补助资金项目,建设资金为360万元。10月24日,汕尾市海洋与渔业局组织海洋牧场示范区人工鱼礁工程设计、监理和施工等单位代表召开了工程施工图纸审查会,经修改、补充和完善后的《汕尾市海洋牧场示范区鱼礁工程施工图》,作为施工方制作人工鱼礁礁体标准。

11. 赤潮监视监测 2014年,广东省管辖海域共发现赤潮事件12起,赤潮累计面积近390平方公里。由于防治措施合理、及时到位,12起赤潮均未造成直接经济损失和人员中毒事件。赤潮监视监测工作,为各级海洋行政主管部门的赤潮灾害管理工作提供了科学可靠的参考依据,达到良好的社会效益、经济效益和生态效益。11月11日,江门市海洋与渔业局联合新会区海洋与渔业局在新会区崖门渔港对开海域首次举办海洋赤潮灾害应急演练。演练主要分灾情通报、监测判断、实施消除、总结交流等四个方面内容。通过近4个小时演练,有效检验了江门市赤潮应急预案及各项应急措施的可行性,提升了海洋主管部门的应急处置能力。随后,省海洋与渔业环境监测中心有关专家讲解了赤潮灾害应急处置办法及相关知识,并交流了海洋环境突发事件风险防范措施,起到了很好的科普、宣教效果。12月在惠州市大亚湾区举办2014年全省赤潮灾害防治与应急监测培训班,通过专家授课和业务交流等办班形式,进一步提高各级海洋、渔业行政主管部门对赤潮监管工作的关注度,强化赤潮监管业务的能力建设。

12. 人工鱼礁议案结案 2014年,广东完成全省人工鱼礁议案十年建设任务,2002年以来,省财政下达资金5亿元,市、县(区)投入资金1.652 1亿元,全省建成46个人工鱼礁区,总面积达286平方公里,规模和面积居全国首位。通过建设人工鱼礁,广东省重点海域、海湾的海洋环境质量得到恢复和改善,取得了良好的生态、经济和社会效益。3月27日,省第十二届人民代表大会常务委员会第七次会议审议批准了议案办理情况报告,同意予以结案。

13. 禁渔休渔开渔工作 4月1日12时,一年一度的珠江禁渔开始,至6月1日12时,为期两个月,禁渔水域范围包括珠江在广东的干流、重要支流及通江湖泊。全省渔业部门在各个渡口、码头、渔船停泊点等地点竖立警示牌,明确警示珠江禁渔时间、范围及法律责任。在南海伏季休渔期间,全省应休渔船实现了100%进港休渔,广大渔民自觉遵守伏季休渔有关规定。省委、省政府统筹安排专项资金妥善解决禁渔休渔期间渔民生产生活困难问题。各级党委、政府也采取有效措施,多渠道筹集资金,为渔民群众排忧解难。各级海洋与渔业主管部门和渔政执法队伍切实加强执法监督检查,有效维护了伏季休渔秩序。禁渔休渔期间全省水产品市场供应基本正常,群众"菜篮子"并未受到明显影响,渔区经济社会保持稳定。渔政机构顺利完成珠江禁渔和伏季休渔执法任务,休禁渔期间,开展执法行动3 670次,查获违法案件1 106宗。第12届南海(阳江)开渔节于7月29日起在海陵岛拉开帷幕,通过当地政府发动社会、企业参与,市场运作,这届开渔节的举办时间将延长至6天,持续到8月3日结束。这届开渔节活动由阳江市人民政府、广东省海洋与渔业局共同主办,以"风正千帆竞,丝路谱新篇"为主题,安排有10项活动,除了传统的渔家婚嫁庆典巡游、民间增殖放流、开船仪式之外,又增加了众多新的特色活动,岛内的数家大型企业将举办开渔节专场表演,包括风筝帆船表演、沙滩篝火音乐节、夏威夷风情狂欢嘉年华等极具滨海特色的文娱活动,力争为来宾们奉上一场丰盛的渔家文化盛宴。10项活动中有6项活动的经费来自于企业和社会,使得主办方的运行经费却降至往年的一半。活动融入了传统特色的渔家婚嫁庆典巡游、渔家大宴、民间增殖放流、祭海、开船仪式等群众喜闻乐见的内容。特别是首次举行的万人渔家大宴,由于提早谋划,1万个席位全部订出,其中3 000个席位被外地游客预订,3 000余游客与当地渔民一起共享美食。

14. 加强渔业执法 采取异地用警、集中用警、交叉检查等方式,组织开展伏季休渔、珠江禁渔、"护渔2014"等专项执法行动,加大水产品质量、电炸毒鱼和"三无"涉渔船舶等专项执法力度,全年出动渔政船、艇1.8万艘次,执法人员9.2万人次,检查渔船7.9万艘次,查处渔业案件3 582宗,罚款1 765万元。顺利完成珠江禁渔和伏季休渔执法任务,休禁渔期间查获违法案件1 106宗。进一步规范渔政执法自由裁量权,探索建立违法企业黑名单制度。强化渔船安全监管和水产品质量安全执法,不断提升行政执法整体效能。推动海洋渔业行政执法与刑事司法衔接,共向公安、检察机关移送渔业涉嫌犯罪案件50宗,刑事拘留77人,有力打击非法捕捞等违法行为,有效破解了暴力抗法、电炸毒鱼等"老大难"问题。派出省属两艘千吨级海警船执行维权巡航任务 8 航次、多艘渔政船执行 200 海里专属经济区护渔巡航任务 6 航次，出色完成了捍卫黄岩岛、仁爱礁等维权巡航任务，有力捍卫了国家海洋主权，得到了中央有关单位和省委、省政府充分肯定。省渔政总队海监处荣获“人民满意公务员集体”称号，省属海警 3112 船获得“全国边海防工作先进单位”称号，参会代表陈加林同志获得习近平总书记亲切接见。粤中、粤西维权执法基地建设有序推进，粤东基地重新选址在南澳县南澳大桥头；推进直属二支队高栏港后勤补给基地、横琴岛基地建设和省总队广州执法指挥基地建设工作；指导深圳、惠州、大亚湾等基层队伍执法基地建设。启动新建广州东江仓和珠海高栏、横琴等省属执法基地。省总队 1 500 吨级海监执法船入列，广州支队 300 吨级、惠东大队 100 吨级渔政船交付使用，茂名、汕头濠江、湛江徐闻等地开工建造百吨级渔政船。

15. 港澳流动渔民工作　完成省港澳流动渔民办公室和港澳流动渔民接待站管理体制调整交接有关工作，实现工作顺畅和平稳过渡。全年派出 12 批次人员赴港澳参加流动渔民交流活动，接待、服务流动渔民近千人次。多次组织港澳流动渔民社团联谊活动，推动解决流动渔船检验、柴油补贴发放、网具指标管理等问题。积极向农业部请示汇报，协调解决事关流动渔民切身利益的流动渔船更新改造、职务船员配备标准、捕捞许可证审批权限等问题。升级完善港澳流动渔船信息管理系统，推行网上审批制度，提高对流动渔船和随船人员的管理服务水平。进一步深化与海关、边防、打私等部门的合作，防范和打击假冒及利用流动渔船走私活动。广东省港澳流动渔民协会第七次代表大会于 3 月 11～12 日在广州召开，来自香港特区、澳门特区，以及广东省有关地区的代表共计 200 余人参加大会。会议选举产生了省流渔协会第七届委员会，副省长邓海光当选会长，省政府副秘书长颜学亮当选常务副会长，香港立法会（渔农界）议员何俊贤先生、香港渔民团体联会主席张少强先生、香港渔民互助社主席林根苏先生、澳门渔民互助会理事长冯金喜先生等当选为副会长。邓海光在会上讲话，要求继续把港澳流动渔民工作作为落实“一国两制”、促进港澳繁荣稳定的重要内容，各有关地区和部门要高度重视港澳流动渔民工作，加大扶持力度，争取政策扶持，解决港澳流动渔民生产生活困难，为保障渔民安全生产保驾护航。农业部副部长牛盾应港澳流动渔民团体邀请，于 6 月 19～25 日率领考察团赴港、澳考察港澳流动渔民工作，深入渔港、渔船，了解流动渔民的实际生产生活情况，倾听渔民提出的各种诉求。考察期间，牛盾分别会见了中央政府驻港、驻澳联络办及港澳特区政府有关部门官员，同时参加港澳流动渔民举行的一系列庆祝回归和休渔期活动。牛盾指出，港澳流动渔民队伍作为一支爱国爱港爱澳的重要力量，是全国最早实施“一国两制”的特殊队伍，应给予更多的关心和支持，进一步加强与港、澳特区政府的沟通和合作，全面推进港澳流动渔民工作。

16. 渔业交流合作　成功承办了 2014 中国海洋经济博览会、2014 海峡两岸海洋经济合作交流会，充分展示了广东海洋渔业的丰硕成果和良好风貌。其中，海博会入场参观人数超过 30 万人次，签约企业 20 多家，达成交易成果或合作意向金额 210 多亿元。与马来西亚合作建设水产养殖示范园区，促进双方渔业生产合作，助力海上丝绸之路建设。推进的马来西亚远洋渔业基地建设、马来西亚水产加工厂、中马合作水产养殖示范园区等 3 个项目进展顺利。加强与南太平洋岛国在渔业领域的合作交流，汤加首相两次来粤访问，专程考察省渔业种质保护中心。

17. 协同创新体系　深化合作共建，提升渔业科技水平。加强与科研院所及高校的合作，加快建设科技兴渔产业示范基地，深化省属海洋渔业科研机构合作共建。探索省部共建海洋与渔业科技协同创新模式，推动中国水产科学研究院在南海水产研究所和珠江水产研究所分别加挂广东省海洋渔业研究所、广东省淡水渔业研究所牌子，充分发挥广东省海洋渔业研究所、广东省淡水渔业研究所的科技支撑作用。认真做好重大科技专项组织实施和审计督查工作，与省财政厅联合制定海洋渔业科技推广等 6 个专项资金管理办法和项目申报指南。完善项目信息化管理，启动“海洋与渔业科技专项项目库”的建设工作，年内入库项目已有 147 个。认真组织实施省海洋渔业科技推广专项等重大项目。创新强化科技项目监督管理机制，确保资金安全，切实提高项目管理绩效和水平。推进跨层级网上办事大厅建设，推动信息资源共享，强化安全保障，不断提高决策支撑服务水平。

18. 海洋与水产高科技园　省海洋与渔业局建设广东省海洋与水产高科技园，充分发挥优势，认真谋划发展，紧密与广东海洋经济综合试验区和南沙自贸区建设有机结合、融合发展，推动海洋科技产业做大做强。同时，积极争取国家部委支持，加强产学研企合作，大力发展海洋生物技术产业，建设高水平的海洋科技创新服务平台。要强化海洋意识，突出海洋特色，加强顶层设计，进一步明确园区功能定位和布局，提升完善园区规划，抓紧制定园区建设实施方案，加快园区基础设施建设，努力打造高标准的国家级海洋产业示范园区。加强与施工队及有关部门的沟通，加快高科技园基建工程建设。按计划全面实施科技园各项工程，完成了科技园主体结构工程、外立面装饰、给排水工程、景观工程、永久用电工程、发电机安装工程等。主体结构建设和景观、外电工程均达到验收要求。

19. 实施科技推广项目 9月2日，省财政厅和省海洋与渔业局联合印发《广东省省级海洋渔业科技推广专项资金管理办法》。9月16日，省海洋与渔业局和省财政厅联合印发《关于印发2014年广东省海洋渔业科技推广专项资金申报指南的通知》，省海洋与渔业局组织开展专项项目的申报工作，至10月20日共收到专项科技攻关与研发申报项目166项。根据《广东省省级海洋渔业科技推广专项资金管理办法》，对申报的科研项目进行了合规性审核，通过合规性审核的科研项目160项。11月17～18日，省财政厅和省海洋与渔业局联合召开2014年海洋渔业科技推广专项项目评审会议。依据专家组的评分，根据各专题申报具体情况，按照重大、重点和一般的评分排序拟定科研项目与资金安排计划。

20. 水产技术推广 开展基层推广体系改革与建设绩效检查，创建"乡镇水产品质量安全监管公共服务机构示范点"。通过手机信息平台为渔民提供渔业公共信息服务，全年共发送信息60余万条次。强化水产苗种产地检疫和水生动物疫病防控，扶持30个县（市、区）开展水产苗种产地检疫工作，建设4个县级水生动物防疫检疫实验室和5家鱼病医院。组织召开专题研讨会，寻求南美白对虾早期死亡综合症的有效防控方法，与会专家从病原、病因、养殖环境、养殖模式及管理等方面对南美白对虾早期死亡综合症进行了深入分析，介绍了有关研究进展，提出了相关防控对策，具有很强的针对性和实用性。省海洋与渔业局承办了由省总工会、省人力资源和社会保障厅、省经济和信息化委员会、省科技厅主办的2014年全省水产养殖技能竞赛，选手来自于全省基层水产技术推广系统，以市为单位组队，共有19支参赛队伍，每队由3名队员组成。竞赛内容分为理论笔试和技能实操两部分。经过紧张而激烈的角逐，东莞市水生动物防疫检疫站、肇庆市水产技术推广中心、清远市水产技术推广站及中山市水产技术推广中心站分别获得此次竞赛的团体第一、二、三、四名；竞赛个人分数前五名，分别被授予"广东省职工经济技术创新能手"称号，其中获得竞赛第一名的李春枝同志由省总工会按程序审批颁发"广东省五一劳动奖章"。

21. 省领导到海洋与渔业局调研 5月13日，副省长邓海光到省海洋与渔业局进行调研，专题研究梳理当前全省海洋渔业发展现状、路径和对策措施，听取省海洋渔业系统有关意见和建议。邓海光强调，全省海洋渔业系统要进一步改革创新，突出重点，强化渔业管理。加大力度扶持培养现代化渔民、建设大型渔港和发展专业渔村，鼓励深海养殖和远洋捕捞，科学制定支持发展远洋渔业的政策措施。12月30日下午，省委副书记、省委农村工作领导小组组长马兴瑞，副省长邓海光到省海洋与渔业局调研。马兴瑞、邓海光先后考察了省海洋环境专题预报室、省海洋环境监测中心、省海洋与渔业局总值班室，与工作人员亲切交谈，详细了解省海洋防灾减灾、海洋环境监测、渔业安全生产管理有关情况，并主持召开座谈会，听取全省海洋渔业工作情况汇报。马兴瑞对全省海洋渔业工作给予了充分肯定。他说，省委、省政府高度重视海洋渔业工作。胡春华书记多次就加快推进海洋强省建设作出重要部署，朱小丹省长对"推进海洋经济强省建设，打造现代产业黄金海岸"工作提出了具体要求。海洋是广东宝贵的资源，要牢记职责使命，从广东未来发展战略的高度，扎实做好海洋这篇大文章，不断提升经略海洋的意识和能力，开创我省海洋渔业工作新局面。马兴瑞强调，推动海洋强省建设，要充分发挥四个支点作用：一要提升海洋综合管控能力，进一步提高海洋维权执法装备及信息化水平。二要着力发展远洋渔业，减少近海资源压力。三要将渔港建设作为重点民生工程，建设一批布局合理、功能完善的现代渔港。四要坚持陆海统筹，加强海洋生态环境保护。邓海光强调，当前我省海洋渔业事业任务艰巨，各地各部门要进一步强化海洋意识，加大对海洋工作的政策资金支持力度。全省海洋渔业系统要围绕马兴瑞同志的讲话精神，进一步加强海洋机构、人才队伍建设，不断提高海洋综合管控能力和科技支撑水平。

【重点渔业市（县）基本情况】

广东省地级市渔业基本情况

市别	总人口（万人）	渔业产值（亿元）	水产品产量（万吨）	其中				养殖面积（万公顷）	
				海洋捕捞	海水养殖	内陆捕捞	内陆养殖	海水	内陆
广州	1 292.8	78.0	47.8	2.9	5.8	4.5	34.6	0.4	2.5

（续）

市别	总人口（万人）	渔业产值（亿元）	水产品产量（万吨）	其中				养殖面积（万公顷）	
				海洋捕捞	海水养殖	内陆捕捞	内陆养殖	海水	内陆
深圳	1 062.9	8.7	4.3	4.0	0.2		0.1	0.02	0.01
珠海	159.0	67.0	28.1	1.1	3.2	0.2	23.7	1.1	1.5
汕头	547.9	47.6	42.7	16.1	19.3	0.4	7.7	1.2	0.4
佛山	729.6	114.1	61.3			0.7	60.6		3.7
韶关	289.3	8.5	8.0			0.3	7.7		2.0
河源	303.7	4.4	4.4			0.2	4.2		0.7
梅州	430.7	11.0	10.6			1.0	9.7		1.4
惠州	470.0	22.1	16.2	2.3	5.8	0.1	8	0.4	1.7
汕尾	298.6	55.7	61.5	26.0	30.2	0.3	5.0	2	0.7
东莞	831.7	8.3	7.3	1.0	0.4	0.2	5.7	0.1	0.9
中山	317.4	49.6	34.3	0.2	1.6	0.2	32.3	0.2	2.2
江门	449.8	126.3	74.6	10.8	22.9	1.2	39.8	2.4	4.2
阳江	248.0	118.2	118.5	38.0	68.8	0.8	10	2.5	1.6
湛江	716.7	140.2	122.8	29.5	76.0	0.6	16.6	6.3	3.2
茂名	601.3	57.2	82.1	16.2	40.0	0.4	25.5	1.5	2.2
肇庆	402.2	40.2	40.2			0.6	39.6		3.4
清远	379.1	14.4	11.9			0.2	11.7		1.7
潮州	270.0	21.8	19.6	2.6	11.5	0.2	5.2	0.7	0.6
揭阳	599.5	19.4	15.7	5.7	2.2	0.4	7.4	0.2	0.9
云浮	242.8	11.8	10.8			0.1	10.7		0.9

注：人口数据来源于《广东年鉴2014年卷》中的各市年末常住人口数，渔业数据来源于广东省海洋与渔业局编写《广东省2015年渔业统计年报》。

【大事记】

[1]1月29日，省海洋与渔业局局长文斌一行前往广州黄沙水产交易市场，调研春节前水产品市场供应和水产品质量安全监管情况，确保水产品市场消费安全，让广大市民吃上“放心鱼”。

[2]2月12日，省海洋与渔业局副局长洪伟东率队赴湛江调研进口亲虾情况，针对当前进口苗种免税审批工作存在的突出问题，查明原因，缩短审批时间，真正做到急企业之所急。

[3]2月25～27日，省人大常委会会同省政府办公厅、省财政厅和省海洋与渔业局，赴珠海、惠州、汕尾、江门、阳江、湛江市进行了人工鱼礁建设议案办理情况检查调研。省人大常委会副主任陈小川，省人大环资委主任委员陈耀光、副主任委员房庆方、副主任委员黄诚宽，省府办公厅副巡视员张敬，省海洋与渔业局局长文斌等参加调研。调研组要求各地进一步提高认识，加快进度，加强监管，做好议案结案工作，并研究议案结案后，继续完善人工鱼礁建设，切实保护海洋资源环境。

[4]3月4日，省海洋与渔业局局长文斌带队参加广东电台“民声热线”节目上线直播，与节目特邀评议团、媒体观察团就群众关心的社会热点、投诉的难点问题进行面对面交流讨论。副局长屈家树、白桦参加了上线节目。

[5]3月11～12日，广东省港澳流动渔民协会第七次代表大会在广州市召开，省流渔协会香港、澳门、广东地区代表共200余人参加大会，大会选举产生了新一届委员会委员。副省长邓海光出席并讲话。

[6]3月25日，省海洋与渔业局局长文斌在省第十二届人民代表大会常务委员会第七次会议上代表省人民政府作《关于建设人工鱼礁保护海洋资源环境议案办理情况的报告》。3月27日，省第十二届人民代表大会常务委员会第七次会议审议批准了议案办理情况

报告,同意予以结案,并形成了关于批准省人民政府《关于建设人工鱼礁保护海洋资源环境议案办理情况的报告》的决议。

[7]4月8日,省海洋与渔业局局长文斌率队拜访省安监局,与省安监局局长黄晗等举行座谈。双方就推进渔船安全生产管理、落实渔业乡镇和渔村渔船安全生产属地管理责任、实施渔船安全通信系统和渔业船员培训项目进行交流。

[8]4月15日,省府办公厅印发《关于进一步落实三防工作责任的通知》,对完善渔船防台应急预案作出明确规定,要求广东省海洋与渔业主管部门要组织所有出海作业在册登记的渔船制定防台风应急避险预案,实现"一船一预案",实施梯度撤离计划。明确渔船安全生产责任人、回港避风启动条件、应急救援电话、渔船归属乡镇(街道)联络员、船主、船长的联系电话。

[9]4月15~18日,省海洋与渔业局局长文斌带头蹲点调研,深入江门台山市川岛镇,专题调研渔船安全生产管理情况。调研组先后到台山市川岛渔政中队、港澳流动渔民协会等单位与一线工作人员座谈,走访沙堤村渔民群众,并登上"三沙"作业渔船、港澳流动渔船、近海作业渔船、中国海监9060船,与渔民群众和渔政海监执法人员面对面交流。

[10]4月21日,省政府召开全省海洋与渔业工作电视电话会议,贯彻落实中央农村工作会议、全国海洋工作和渔业渔政工作会议精神,总结上年广东省海洋与渔业工作,部署2014年工作任务。副省长邓海光出席会议并讲话。

[11]5月8日,省海洋与渔业局局长文斌和副局长陈良尧、白桦率有关业务处室负责人到江门台山市川岛镇召开南沙渔业安全生产现场办公会,现场核查有关南沙渔船落实安全规范要求情况,并与渔民、船东代表进行互动交流。

[12]5月13日,副省长邓海光到省海洋与渔业局进行调研,专题研究梳理当前全省海洋渔业发展现状、路径和对策措施,听取省海洋渔业系统有关意见和建议。邓海光强调,全省海洋渔业系统要进一步改革创新,突出重点,强化渔业管理。加大力度扶持培养现代化渔民、建设大型渔港和发展专业渔村,鼓励深海养殖和远洋捕捞,科学制定支持发展远洋渔业的政策措施。

[13]5月26日,省海洋与渔业局局长文斌会见了香港特区渔农署高级渔业主任李慧红和渔业主任林言霞一行,双方就加强海洋与渔业合作情况有关事宜进行深入交流。

[14]5月27日,省府办公厅印发《关于进一步加强渔船安全生产管理的通知》,通过落实渔船安全生产责任、提升渔船安全生产保障能力、科学防范和应对渔船安全风险、加大渔船安全生产监管力度、严格渔船安全生产责任追究、加强渔船安全生产管理领导六大措施,提高渔船安全生产水平,促进渔业健康发展,维护渔区和谐稳定。

[15]6月5日,全省海洋渔船安全生产工作现场会在阳东县东平镇召开。与会代表现场参观东平镇渔船安全生产基层组织建设情况。会议要求,推进渔船安全生产基层组织化建设,解决渔船安全监管"最后一公里"问题,落实责任制,做好渔业安全生产工作。省海洋与渔业局副局长、省渔政总队总队长白桦等参加会议。

[16]6月10~11日,副省长、省防总总指挥邓海光与省府办公厅,省水利、海洋渔业、民政等部门负责同志一起到阳江、江门两市重点检查大中型水库工程和渔船渔港防风防汛工作,及早谋划和落实下一步的防汛防灾应对准备工作。邓海光专程来到阳江市东平国家中心渔港以及东平镇太阳升渔委会,就如何加快建设高标准现代化渔港、加强渔船安全生产和防灾能力建设,与当地干部以及渔民进行了广泛深入的交流。

[17]6月11~13日,省海洋与渔业局局长文斌率队到阳江、茂名、湛江市调研,先后到阳江市粤海渔船交易服务中心,茂名市滨海新区、博贺渔港、放鸡岛和湛江市海东新区现场考察,重点调研渔船更新改造、渔港建设、项目用海规划及审批、无居民海岛保护与开发等情况。

[18]6月19日,省防总副总指挥、省水利厅厅长林旭钿率队到省海洋与渔业局与局长文斌等座谈,双方就加强渔港防汛防台基础建设,加大渔船安全生产监管力度,推动三防信息共享等内容进行深入交流。林旭钿一行参观了省渔政总队总值班室、省海洋环境专题预报室等,深入了解渔业安全生产管理、海洋防灾减灾等工作。

[19]6月21日,《南方日报》报道:副省长邓海光近日到湛江市,现场考察南柳河综合治理工程、广东海洋大学、湛江农垦局及相关渔港,就农业现代化、渔港建设及水利防汛等工作进行调研。邓海光要求,加强珍珠等海产品质量检测,扶持南珠品牌,研发渔业信息化系统设备,促进渔业生产安全。做好渔港规划,加快渔港码头等基础设施建设,做好疏浚清淤,积极鼓励近海养殖向深海养殖转型,加快渔船升级改造,促进冻库、冷藏链生产服务业发展,大力推动现代渔业发展。

[20]7月18日12时，省海洋与渔业局根据《广东省海洋与渔业局防御热带气旋应急预案》，启动防御2014年第9号超强台风“威马逊”Ⅰ级应急响应，成立以局长文斌为组长，其他局领导为副组长，相关单位主要负责同志为成员的防御“威马逊”领导小组。下午，文斌主持紧急召开领导小组防台工作会议，对防御超强台风进行会商，分析可能造成的影响，指挥、落实各地应急防御措施。

[21]7月18～19日，广东省遭受“威马逊”超强台风袭击，粤西地区尤其是湛江的渔港码头、护岸、渔船、网箱和鱼塘塘基等遭受不同程度损毁，渔业损失严重。据不完全统计，“威马逊”造成全省渔业经济损失28.42亿元。

[22]7月29日，广东水产学会第八次会员代表大会在广州召开，各地级以上市和有关科研院所、高等院校、企事业单位共120多名代表出席了会议。会议选举产生了由61位理事组成的广东水产学会第七届理事会，吴灶和当选为理事长。

[23]8月1日，由阳江市人民政府、广东省海洋与渔业局共同主办的第十二届南海（阳江）开渔节在阳江海陵岛举行。这届开渔节活动以“风正千帆竞，丝路谱新篇”为主题，活动融入了传统特色的渔家婚嫁庆典巡游、渔家大宴、民间增殖放流、祭海、开船仪式等群众喜闻乐见的内容。省海洋与渔业局局长文斌、副局长陈良尧、白桦等参加了活动。

[24]8月5日，省渔政总队根据“护渔2014—2”行动部署，调集执法力量，凌晨开展突击行动，于当天凌晨在台湾浅滩海域查获6艘涉嫌无证捕捞的南澳籍渔船，重拳打击南澳海域出现的“三无渔船”非法捕捞行为。

[25]8月6日，农业部渔业渔政管理局副局长李彦亮率调研组到省海洋与渔业局座谈，了解广东省现代渔业以及渔船在北部湾生产作业管理工作情况，听取加强渔业行政执法检查等建议。省海洋与渔业局局长文斌主持座谈会，副局长陈良尧作工作汇报。农业部南海区渔政管理局局长吴壮，机关有关处室、省渔政总队有关负责人参加了座谈。

[26]8月28日，省海洋与渔业局在广州组织召开专题研讨会，寻求南美白对虾早期死亡综合症的有效防控方法。与会专家从病原、病因、养殖环境、养殖模式及管理等方面对南美白对虾早期死亡综合症进行深入分析，介绍有关研究进展，提出相关防控对策，具有很强的针对性和实用性。

[27]9月4日，省海洋与渔业局局长文斌带队到省供销社，与省供销社主任李朝明座谈，双方就加快推进省渔政总队广州执法指挥基地建设，加强广远集团与省供销社开展合作等内容进行深入探讨。

[28]9月9日，省海洋与渔业局局长文斌率队拜访省财政厅，就改善渔业民生工作、保障维权执法经费、建设现代化渔港及深水网箱专项资金使用等问题与省财政厅进行交流讨论。

[29]10月8～11日，省政府发展研究中心与省海洋与渔业局根据省领导指示，组成联合调研组，到江门、阳江、湛江、茂名等市开展现代渔港建设调研。调研组在省政府发展研究中心副主任陈圣河、省海洋与渔业局副局长洪伟东的带领下，先后实地考察江门广海渔港、烽火角避风塘，茂名博贺渔港，湛江硇洲渔港、江港渔港、乐民避风塘，阳江闸坡渔港，分别听取各市以及县（市、区）对现代渔港和区域性避风锚地建设的具体意见。

[30]10月14日，省海洋与渔业局局长文斌率队拜访省科技厅，学习“科技业务管理阳光再造行动”，省科技厅厅长黄宁生会见了文斌一行。双方参观了科技业务管理阳光再造行动项目成果，并就加强海洋渔业重大科技创新与服务平台建设；加大海洋渔业领域前沿与关键技术创新力度，共同推动建设一批海洋渔业创新与成果应用推广的园区和基地，推动海洋渔业产业做强做大等进行了深入交流。

[31]10月17日，省海洋与渔业局根据2014年全国水生野生动物保护科普宣传月关于开展走进“四区”（社区、学区、渔区和景区）的活动要求，在广州市第五中学举办了一场别开生面的“水生野生动物科普宣讲活动”，共370多名中学生参加活动。

[32]10月28～29日，由省总工会、省人力资源和社会保障厅、省经济和信息化委员会、省科技厅主办，省海洋与渔业局承办，省水产技术推广总站和省海洋与渔业局工会协办的2014年全省水产养殖技能竞赛在广州顺利举办。东莞、肇庆、清远和中山市分别获得此次竞赛的团体第一、二、三、四名；竞赛个人分数前五名分别被授予“广东省职工经济技术创新能手”称号，其中获得竞赛第一名的李春枝由省总工会按程序审批颁发“广东省五一劳动奖章”。

[33]11月22日，广东广远渔业集团有限公司新建造的广远渔338、339号两艘金枪鱼延绳钓渔船在厦门市渔港码头正式起航，赴太平洋海域生产。省海洋与渔业局局长文斌等来到码头为即将远航的两艘新船送行，并登上两艘新船，亲切慰问船上作业渔工，询问船员生活保障、安全作业、渔船功能和对外联络等情况。

[34]11月26～27日，农业部安委会办公室、渔业

渔政管理局会同国家安全监管总局二司组成督查组，由渔业渔政管理局副局长崔利锋带队，赴广东台山开展渔业安全生产和“六打六治”打非治违专项行动工作督查。

[35]12月30日，省委副书记、省委农村工作领导小组组长马兴瑞，副省长邓海光到省海洋与渔业局调研。马兴瑞、邓海光先后考察了省海洋环境专题预报室、省海洋环境监测中心、省海洋与渔业局总值班室，与工作人员亲切交谈，详细了解全省海洋防灾减灾、海洋环境监测、渔业安全生产管理有关情况，并主持召开座谈会，听取全省海洋渔业工作情况汇报。

（广东省海洋与渔业局 姚国成 钟小庆）

广西壮族自治区渔业

【概况】 2014年，广西水产品总量332.14万吨，同比增长4.1%；其中，淡水养殖144.5万吨，同比增长6.90%，海水养殖109.1万吨，同比增长3.29%；淡水捕捞13.5万吨，同比增长3.92%，海洋捕捞65.1万吨，同比增长-2.4%。全年渔业总产值437.85亿元，同比增长10.33%；渔民人均纯收入1.88万元，同比增长10.80%，是沿海渔民人均收入超万元省（自治区）之一。

1.水产良种体系建设 组织建设了石斑鱼良种繁育场4个、海淡水特色养殖品种良种场5个、罗非鱼越冬繁育场15个。全年水产苗种产量830多亿尾（只、粒），增长14.5%。成功引进中华绒螯蟹、淡水石斑鱼、笋壳鱼、澳洲宝石鲈、大鳞副鳅等新品种，部分品种已推广养殖，部分品种还在进行人工繁育技术的研究。全年水产苗种年产量达830多亿尾（只、粒）、产值达15多亿元，选育繁育的水产良种包括罗非鱼、对虾、罗氏沼虾、锯缘青蟹、马氏珠母贝、近江牡蛎、龟鳖等10多个品种，有效地确保了水产养殖对苗种的需要，有力地支撑了水产养殖业的发展。

2.渔业基础设施建设 年内标准化示范改造池塘3 300多公顷，带动完成池塘改造6 700多公顷，全区累计完成池塘改造2万多公顷，池塘单位养殖面积产量增长40%～50%。在沿海地区安排深水抗风浪网箱养殖示范基地项目资金440万元，重点扶持企业新扩建深水抗风浪网箱，发展金鲳鱼、石斑鱼等海水鱼类养殖，新增养殖水体11万立方米，新增海水鱼类产量0.4万吨。实施大水面渔业开发项目。在大水面资源丰富的地区安排大水面渔业开发项目5个，重点扶持企业改扩建淡水普通网箱，发展优势品种养殖。全年安排专项资金扶持企业改扩建大水面网箱10万平方米，大水面网箱养殖面积累计达到700万平方米，同比增长8%以上，大水面养殖总产量100万吨，增长8%。

3.远洋渔业 全区共有远洋渔业企业2家、远洋生产渔船9艘，总吨位1 803吨，主机总功率3 705千瓦，捕捞总产量2 787.4吨，产值3 132万元人民币，同比增长5.2%。全年新开工建设专业远洋渔船4艘，正在筹建专业远洋渔船6艘。一是做好远洋渔业调研考察工作。组织有关企业和渔民、船主对斐济、马来西亚和文莱等国进行了渔业考察，基本摸清情况，增强信心，推动远洋渔业的恢复性发展。二是指导开展远洋渔业项目申报工作。指导广西海洋投资集团、东兴鸿生远洋渔业有限公司分别申报“马来西亚海域远洋渔业项目”和“东南太平洋鱿鱼钓捕项目”两个远洋渔业项目，并积极联系跟踪项目进展情况。三是开展远洋渔业服务和监管工作。除做好日常工作外，重点抓好远洋渔业项目指导服务、项目前期准备、政策跟踪落实、项目和企业资格年度审核、船位监控和远洋渔船油价补贴等工作。

4.水域滩涂养殖规划 全区各地不断完善并严格实施养殖水域滩涂规划，加快水域滩涂养殖权证登记与核发工作。自治区本级、14个市级和111个县（区）级渔业行政主管部门已编制（修订）了本行政区域《养殖水域滩涂规划》，其中自治区本级、10个市级和104个县（区）级人民政府颁布实施了本行政区域规划；全区累计核发《水域滩涂养殖证》6 251本，其中通过养殖证系统核发新版养殖证3 687本；确权登记面积8 168公顷（不含已过期养殖证的面积）；查处无证非法养殖案例670起，涉及养殖面积204公顷。在沿海3市组织开展海水贝类养殖生产区域划型工作，划型区贝类大肠杆菌含量检测合格率达100%，生产区域全部达到二类以上生产区域标准，贝类产品质量安全状况良好。

5.水产苗种生产监管 严格核发水产苗种生产许可证，全区水产苗种场执证率达100%。在4县开展水产苗种产地检疫试点工作，举办1期全区水生动物检疫员认证培训班。水产苗种检疫工作取得了初步成效：共培训认证水生动物检疫员170人；4个试点县基本理顺了职能关系，工作得到了推动：全年共对36个苗种场进行了277批次检疫，共检疫苗种16 169.4万尾；共在98个苗种场采集107个苗种样品和35个病样送实验室检测；对98个苗种场检测水样1 362次。组织完成了《广西水产苗种场建设与管理要点》（讨论稿）编制，进一步规范苗种场的发证、质量管理等工作。

6.水产养殖动物疫病防控 组织开展对虾白斑

病、罗非鱼链球菌病等重点养殖品种的病害监测，对虾白斑病监测采样299个，罗非鱼链球菌病监测采样200个。在全区10个县开展水产养殖动物病情常规测报，在25个县（区）65个乡镇115个自然村设置精准测报点，监测池塘面积616公顷、网箱15 648平方米、水库94公顷、滩涂35.6公顷，监测病害32种，并将监测测报结果定期编印水产养殖动物病情测报公告，在《南方科技报》和《广西水产畜牧信息》上向社会发布，对当前病情进行了分析，对今后病害流行趋势进行了预测，提出了病害防治的措施建议。

7.水产健康养殖 组织开展2014年健康养殖示范场创建工作，组织开展督促检查和考核验收。全区全年共申报创建农业部和自治区水产健康养殖示范场76家，其中，有40家养殖场通过专家的现场考核验收，其中，农业部28家，自治区12家。截止到年底，全区共获得健康养殖示范场称号182家，其中，农业部150家，自治区级32家。

8.优势品种养殖 继续在全区8个市组织实施2013年现代农业生产发展项目，开展罗非鱼越冬培育场建设和养殖池塘标准化改造。全区全年共建设罗非鱼越冬培育场15个，使罗非鱼越冬苗种年产量达4 300万尾，同比增长43.3%；支持发展大蚝、文蛤、象鼻螺、巴菲蛤等海水贝类吊养或底播养殖，全区全年罗非鱼新增产量约达5万多吨，总产量约达33万多吨，增长15%左右，产值35亿多元；对虾新增产量约达1.5万多吨，总产量约达23万多吨，增长4.5%左右，产值达85亿多元；文蛤等海水贝类总产量达25万吨左右，平均增长5%左右；大蚝总产量约达49万吨，增长4%左右；四大家鱼总产量达75万吨左右，增长7.5%左右；鲤鱼总产量达16万吨，增长8%左右。

9.特色品种养殖 全年共安排龟鳖项目4个、亚冷水性鱼类项目3个、禾花鲤项目2个、石斑鱼设施化池塘养殖项目9个、石斑鱼深水抗风浪网箱养殖项目1个、中华绒螯蟹项目2个，通过项目示范引导，带动特色品种养殖发展。全区全年龟鳖养殖约达10万户，同比增加近0.3万户，产量2.5万多吨，平均增长10%左右，产值约达80亿元；亚冷水性鱼类产量约达0.3万吨，增长15%左右，产值约达1.5亿元以上；禾花鲤产量约达1.5万吨，增长约达6%左右；石斑鱼产量约0.25万吨，产值约3.5亿多元。

10.水产品加工 2014年，全区水产加工企业得到了快速发展，水产品加工企业181个，水产品年加工能力为94.71万吨。全区2014年水产加工品总量为73.22万吨，淡水产品为16.53万吨，海水产品为56.69万吨。其中，对虾年加工量为8.93万吨，罗非鱼年加工量为12.72万吨。

11.休闲渔业 组织开展创建全国和全区休闲渔业示范基地活动，共评选出全区休闲渔业示范基地10家，推荐评选全国休闲渔业示范基地6家；组织举办第4届中国—东盟（南宁）渔业文化周活动。全区共有休闲渔业基地2 000多处，累计有14家单位被评为全国休闲渔业示范基地，20家单位被评为自治区休闲渔业示范基地。预计全区全年钓鱼活动产值约达15亿元，休闲渔业综合产值约达50亿元，带动就业约50多万人。

12.渔政执法 一是组织实施珠江禁渔和海洋伏季休渔。2014年4月1日至5月31日和5月16日至8月1日分别实行珠江禁渔和北部湾海洋伏季休渔。禁渔期间，组织相邻省际间或市际间联合执法8次，组织珠江流域巡航执法检查1 356次，海洋巡航执法8航次，查处违规捕捞船舶134艘，取缔迷魂阵139个，没收高压水枪抽沙虫船1艘、利用地笼进行偷捕“三无”船舶1艘、违规渔具12 719张、电鱼机50台、渔获物506千克，实现了“江上无生产渔船、水中无作业网具、市场无捕捞江鱼”的珠江禁渔管理目标和“船进港、证集中、人上岸、网封存”的海洋伏季休渔管理目标。二是开展海洋违规渔具清理整治专项行动。于2014年6月6日至9月6日、2014年11月26日至12月26日分别组织沿海三市和内陆各地渔政机构开展了违规渔具清理整治专项行动，对渔政、海警人员300余人和渔民4 000余人分批进行了捕捞准用渔具和过渡渔具最小网目尺寸制度的学习培训。联合工商、海警、公安边防等部门对渔具生产、经营和使用开展集中检查行动1 398次，检查渔船1 676艘次，共查处违规渔船242艘次、清理违规渔具2 892张（套）。三是超额完成巡航护渔任务。年内共组织实施巡航护渔行动22航次，超额完成年度10航次的预期目标，累计参加巡航护渔行动的渔政船35艘次、渔政人员1 269人次、巡航时间256天、航程9 961.6海里、消耗柴油209.1吨，观察我国渔船285艘次、外国渔船296艘次，登临检查我国渔船1 188艘次、外国渔船6艘次，查处违规渔船26艘、没收渔船1艘、渔具4具、渔获物20千克。中国渔政45001船于2014年4月8日至5月5日前往黄岩岛执行巡航任务，负责黄岩岛周边8海里范围警戒，参加巡航渔政人员23人，巡航天数28天，巡航航时463小时，航程2 562海里，观察记录飞机5架次，观察记录中国籍渔船15艘次，驱赶中国籍和不明国籍渔船各1艘次。

13.水生生物资源养护 继续执行农业部下达海洋牧场示范区项目，北海市在增殖型人工鱼礁区投放藻类2吨多,放流了日本对虾、长毛对虾、鲷科鱼类、石斑鱼、马氏珠母贝等恋礁性生物;防城港海洋牧场示范区项目正式动工,已经落实建设用海面积约360公顷,约2.2万空方人工鱼礁正在建设。桂平市利用航运工程生态补偿款55万元,分别在郁江、浔江、黔江等重要鱼类栖息江段投放了浮挂式人工鱼巢2 300平方米、鱼笼式人工鱼巢1 000个、构件式人工鱼礁1 200个。据统计,年内全广西共举办增殖放流活动69次,投入总资金1 052.35万元,其中中央财政资金759.03万元、地方财政资金10.89万元、社会各界投入282.43万元,投放水生生物和珍稀濒危物种苗种约2.4亿尾(只)。

14.水域生态修复 年内参与和实施涉渔工程项目环境影响评价或评审30项次,其中海洋28项次、内陆2项次。初步落实生态修复、资源赔偿等资金约2.61亿元,其中海洋2.47亿元、内陆0.147亿元;共发生渔业污染事故20起,其中海洋1起、内陆19起,造成直接经济损失1 385.8万元,共计调查渔业污染事故17起,处理结案的10起,已获损失赔偿558.15万元。

15.水生野生动植物保护与管理 在全区范围内开展为期2个月的非法经营濒危物种及其制品清理整顿专项联合行动,开展联合大检查25次、专项检查150次,查处销售国家二级重点保护动物"玳瑁"案件12起,查获"玳瑁"标本14个、海龟1只、"玳瑁"制品和库氏砗磲螺壳等一批。组织开展保护水生野生动物宣传放生活动。与北京市渔政站在北海市涠洲岛共同开展"送海龟回家"主题放生宣传活动,放生海龟1只、玳瑁1只;与中华人民共和国濒危物种进出口管理办公室驻广州办事处在南宁市动物园共同举办了全国第五届"关爱水生生物,添彩美丽中国"水生野生动物保护科普宣传月广西壮族自治区启动仪式;防城港、南宁等地对查获的大鲵、地龟、花鳗鲡等水生野生动物进行了救护和放生。开展水生野生动物经营利用审批工作,共计发放水生野生动物运输证54本。

16.渔业安全生产监管 据统计,年内全广西发生渔船水上事故35起,同比增加11起,其中,涉亡事故4起,死亡6人,同比减少5人,是近5年来死亡人数最少的一年,全年无较大级以上事故发生。自治区水产畜牧兽医局与各市局签订了渔业安全生产监管目标责任状,各级机构与2.2万艘渔船签订了安全生产责任书,累计开展督查行动90余批次,共举办培训班70多期,培训渔民6 500多人,发放安全生产宣传资料3万多份。完善广西海洋渔船安全救助信息系统功能,全区98%的海洋捕捞渔船安装了具有定位和报警功能的渔船船载终端,全区渔船安全设施配备达标率达90%以上。开展安全隐患治理和打非治违活动,全区各级渔业渔政部门开展渔船安全检查2.8万艘次,治理整改一般安全隐患385项,已完成整改361项,整改率94.5%;开展渔业安全监管执法行动500多次,执法巡航里程2万多千米,查处渔船安全领域违法违规行为365起。全年组织协调渔船参与海上遇险救助行动23起,救起渔民55人,救助渔船8艘。

17.渔民上岸安居工程 2014年8月27日,自治区水产畜牧兽医局与自治区发改委、自治区住建厅联合下达了2014年以船为家渔民上岸安居工程项目投资计划。2014年,广西计划安排以船为家渔民上岸安居工程建设1 139户,项目补助投资3 380万元,其中中央预算内投资2 253万元,地方预算内投资1 127万元。目前,实施2013年以船为家渔民上岸安居工程项目的11个市均已下达了项目任务及投资计划,河池市、百色市进展较快,已完成了补助对象的筛选工作和新建房址的选定,部分补助对象已开工建设,广西以船为家渔民上岸安居工程项目进一步推进。

(广西壮族自治区水产畜牧兽医局)

海南省渔业

【概况】 2014年,海南省渔业经济保持平稳增长。渔业总产值310.64亿元,同比增长7.8%;渔业增加值231.22亿元,同比增长7.6%;水产品总产量197.2万吨,同比增长7.7%。

2014年,全省渔业生产着力强化两方面工作:(1)坚决完成省委、省政府部署的重大任务。一是圆满完成"中建南"专项维权工作任务;二是实施国有钢质渔船建造与渔船更新改造项目;三是完成渔船普查与2012年度油补发放工作。(2)扎实抓好各项业务工作和基础性工作。一是加强基础设施建设,筑牢海洋与渔业发展根基,渔港项目整改和建设工作稳步推进,加快执法基地建设和渔政执法船等执法能力项目建设;二是加快产业转型升级,拓展现代渔业的发展路子,开展渔业资源调查工作,积极开发具有海南特色的生鲜捕捞特色产品,打造具有海南特色的捕捞产业,着力打造现代养殖业,开拓国内外水产品市场,积极发展休闲渔业,建设美丽渔村;三是加强维权执法和渔业管理,维护海洋经济发展秩序,加强南海维权巡航和护渔巡航,维护南海权益,加强伏季休渔管理工作,加强伏季休渔管理工作,开展渔业日常生产秩序执法工作;四是加强服务体系建设,为海洋与渔业发展提供有力支撑,开展渔业日常生产秩序执法工作,加强渔业安全生产服务,提升保险服务能力,提升保险服务能力,组织开展科技兴海活动。

1. 海洋捕捞 2014年,全省海洋捕捞总产量122.01万吨,占水产品总量的61.87%,其中外海捕捞产量52.74万吨;捕捞作业以流刺网作业为主,流刺网作业捕捞产量58.72万吨,占总产量的48.13%;捕捞产品以鱼类为主,鱼类捕捞产量108.85万吨,占总产量的89.21%,其中优质鱼类46.49万吨。扶持建造大中型渔船,推进170艘南沙生产渔船更新改造项目;实施压小造大工程,报废旧、小渔船后建造30艘大中型渔船;开展扶持壮大外海捕捞能力工作,安排470万元渔业产业化资金扶持47艘已建造的80吨以上外海捕捞渔船,引导渔民赴外海捕捞。开展渔业资源调查,掌握近海渔业资源状况和重点渔场渔汛渔业资源情况,指导渔船科学生产。

2. 渔船普查 开展全省渔船普查工作,一是审验渔船,逐船进行"对人、验证、登船、拍照、签字"审验,确保渔船真实存在;二是按照"一船一档"的要求逐艘清理整合渔船档案,理清渔船现状和来源等情况,建立全省渔船电子档案库;三是对通过审验的渔船将统一制装船牌和船用防伪标识,明确渔船身份,杜绝套牌套证现象。通过渔船普查,摸清了全省渔民渔船的底数和具体情况,目前全省渔船数量25 452艘、40吨位万吨、总功率120万千瓦;海洋捕捞渔船以小型渔船为主,小型渔船占渔船总数的80%以上;海洋捕捞渔船作业类型以刺网为主,刺网渔船占渔船总数的50%以上。

3. 水产养殖 2014年,全省水产养殖面积5.39万公顷,同比减少6.9 %,其中淡水养殖3.72万公顷,海水养殖1.67万公顷;水产养殖产量73.22万吨,同比增长6.3%,其中海水养殖产量27.00万吨,淡水养殖产量46.21万吨;水产养殖产值136.12亿元,同比增长13 %,其中海水养殖产值87.97亿元,淡水养殖产值48.14亿元。主要做法:第一,大力推进深水网箱养殖产业的发展。实施《深水网箱养殖发展规划》,2014年,全省共发展深水网箱3 060口。第二,积极做好水产养殖池塘标准化改造工作。全省累计完成池塘改造面积648.8公顷,安排扶持资金500万元。第三,推动全省热带水产苗种产业发展。组织开展全省热带水产苗种基地建设专题调研,完成《关于开展海南省热带水产苗种产业调研的报告》和《海南省热带水产苗种产业建设未来发展目标及规划设想》,组织编制《海南省热带水产苗种产业发展行动计划》。第四,抓好水产健康养殖示范场的创建。全省共有有2家养殖场经考核验收合格并获农业部授予"农业部水产健康养殖示范场"称号。第五,做好水产苗种日常管理。加强对水产苗种场的行政检查,复查和验收通过3家省级水产良种场,协助企业申请农业免税进口苗种。第六,加强水产养殖病害测报体系建设。每月定期发布病害测报信息,给养殖户提供较为准确、有利的指导信息。

4. 渔业资源增殖 2014年农业部下达海南省渔业资源保护项目资金990万元,其中增殖放流690万元,海洋牧场建设300万元。省财政配套增殖放流资金100万元,各市县配套资金44.65万元。全省投放海水苗种5种,包括斑节对虾、红鳍笛鲷、紫红笛鲷、青石斑鱼共计4 200万尾,投放于文昌清澜、万宁港北、陵水新村、东方八所等海域;投放淡水鱼苗4种,包括鲮鱼、草鱼、鲢鱼、鳙鱼共计266.84万尾,投放于万泉河加积河段和南渡江松涛水库;珍稀濒危大珠母贝原计划投放20万粒在白蝶贝省级自然保护区和三亚梅山附近海域,但由于2014年受强台风影响较大,所育苗种死亡,该部分推迟到明年适合季节投放;同样因为强台风影响,卵形鲳鲹亦推迟至2015年投放。斑节对虾和青石斑鱼招标有结余资`金27.3万元,结转至2015年实施。

5. 水产品质量安全 2014年,全省完成水产品监督抽样760个,总合格率达97.8%。农业部在海南省水产苗种监督抽查合格率连续两年保持100%、产地抽样合格率连续5年保持100%,配合农业部首次在海南省开展了捕捞产品抽样,共抽取样品100个,合格率100%。在全省产地抽样中,专门抽取农业部没有抽过的中小以及偏远、监管不容易到位的养殖场,全年共抽样300个,合格率达94.3%。为确保水产品质量安全,采取以下措施:一是积极筹划,开展水产品质量安全追溯体系建设。该项工作目前已进入实施阶段,将完成1个省级控制中心、19个市县分中心、10个养殖场布点建设。二是加强水产品质量安全监管。每季度开展1次水产品质量安全督查,同时让各市县相互学习交流,取长补短,推动了全省水产品质量安全工作稳步发展。三是快速反应,及时处理水产品质量安全事件。洋浦、白马井、昌江因赤潮近海出现死鱼的应急事件及屯昌用死猪肉喂养龟鳖的举报案件都得到了及时处理。四是开拓创新,做好食品安全宣传周活动。2014年"食品安全宣传周"活动期间,组织养殖户开展了水产品质量安全参观见学活动,进一步加强水产品质量安全的宣传教育。五是推进无公害水产品产地认定和产品认证一体化及渔业标准化工作,促进渔业经济可持续发展。

6. 渔业基础设施建设 一是稳步推进渔港建设

项目。临高新盈、三亚崖州中心渔港、万宁港北、乐东岭头一级渔港分别累计完成投资 6 391 万元、47 914 万元、3 635 万元、3 644 万元，占总投资的 70%、65.5%、95%、95.4%。琼海潭门中心渔港码头、护岸、防波堤等主体工程已完工，剩余部分港池疏浚未完成。儋州白马井中心渔港项目主体工程基本完成，预计 2015 年完成全部建设工作。昌江海尾一级渔港建设完工。文昌铺前中心渔港和乐东莺歌海一级渔港已完成项目建议书审批立项。二是推进水产原良种场建设，鞍带石斑鱼良种场项目已经农业部批复立项并下达投资，正在积极推进项目建设工作。三是推进水生动物疫控系统建设，完成省级水生动物疫控中心项目建设工作。

7. 水产品加工与流通 2014 年，海南省口岸水产品出口量 12.31 万吨，同比减少 2.67%，出口额 5.45 亿美元，同比增长 4.19%，居全国第七位。其中，罗非鱼出口量为 10.25 万吨，同比减少 2.16%，占同期海南口岸水产品出口总量 83.26%，出口量居全国第二，出口额 3.78 亿美元，同比增长 6.69%。全省有水产品加工出口企业 29 家，水产品年加工能力近 60 万吨。主要做法：一是组织编制《海南省水产品品牌战略规划》和《海南省水产品加工与流通产业发展规划》，2015 年将进入实施阶段。二是制订下发了《2014 年海南省品牌渔业发展资金申报指南》，共审核奖励金额 4 000多万元。三是对华中、西北、东北市场进行调研，了解当地水产品市场销售的主要品种、供应渠道、消费习惯、产品价格以及物流情况。四是加大组织企业参展力度。全年共组织企业参加 2 次国际食品展、3 次国际渔业博览会，6 次推介活动。五是不放弃本土市场。首次组织企业参加海南国际海洋产业博览会；首次采取"市场化运作"模式招商招展，36 家企业参加了冬交会。

8. 科技兴渔 2014 年，海南省积极推动渔业科技工作，取得了丰硕成果。一是科技支撑体系进一步完善。海南省海洋与渔业科学院挂牌成立，该院在原省水产研究所、省海洋开发规划设计研究院和省水产技术推广站基础上组建的全额拨款事业单位，编制 95 人，下设淡水渔业研究所、海水渔业研究所、水产技术推广站等 5 个科研机构。二是渔业科技成果丰硕。一批重大渔业科技项目获奖，获得国家专利局授权实用新型专利 3 项；18 项科研项目通过验收，完成技术咨询 30 项，登记科研成果 5 项，制订并获准发布省级地方标准 4 个。其中：省海洋与渔业科学院"南海区新型网箱研制及无公害健康养殖技术集成与示范"项目获海南省省科技进步奖一等奖。三是积极开展渔业科技示范、推广工作。推广石斑鱼、对虾、罗非鱼、菲律宾鳗鲡等主导品种的健康养殖技术，示范面积累计达到 3 700多公顷，实现产值 2.4 亿元，辐射面积逾 1.79 万公顷，实现产值 31 亿元。四是加强渔民技术培训。借助海南省第十届科技活动月，开展多项活动，发放科普技术手册和养殖图书 2 000 多册，积极配合各市县开展实地培训，通过专家讲解、技术传授、材料发放等方式提高水产养殖从业者的技能与素养。在 10 个市县举办渔业适用技术培训班 16 期，培训人员 1 686 人次。

9. 护渔执法 2014 年，继续加强渔业综合执法，维护渔业生产秩序。稳步推进海洋渔业执法工作，有效保护海洋渔业资源。以"海盾 2014""碧海 2014"和"护渔 2014"专项执法行动为主线，强化监管。2014 年，全省海洋执法立案 86 宗，结案 65 宗，上缴金额 447.936 万元，同比增长 10%；查处违规渔业案件 87 宗，查获并处罚了进入底拖网禁渔区线以内违法捕捞作业的拖网渔船 17 艘。渔业通信条件进一步完善，实现全省 13 个超短波基站和值班室联网，提高了应急事件响应速度；推进北斗二期项目临高试点安装工作；省值班中心电台 2014 年共处理遇险求助报警 29 次，涉险渔船 29 艘次，涉险人员 58 人次，处理播发各种信息 3 158 次，有力地保障了渔业安全生产。

10. 伏季休渔 按照农业部关于做好 2014 年海洋伏季休渔工作的要求，省海洋与渔业厅针对休渔特点，认真分析休渔形势，及时成立休渔工作领导小组组织指导海洋伏季休渔工作，制订了海洋伏季休渔实施方案。各市县渔业行政主管部门积极落实管理人员与经费，建立伏休目标管理责任制，责任落实到人。各市县采取封港口、海上查、陆地堵、市场巡的管理方法，加大执法力度，强化海上监管，加强执法检查。利用北斗监控平台加强对伏季休渔渔船的监控，落实 24 小时值班制度，防止渔船违规出海。积极发动广大群众参与打击违法活动，共受理举报电话 9 起及时查处 9 起。2014 年全省休渔的渔船有 8 995 艘，，总功率 628 400 千瓦，休渔船员 34 080 人。休渔期间全省共开展执法行动 365 次，出动执法渔政船 500 艘次，参加海上行动执法 3 500 人次，共检查渔船 3 857 艘，处理违规渔船 95 艘，拆除违规网具 103 张，罚款 17.5 万元。

11. 渔业防风防汛 2014 年度影响南海的热带气旋共有 5 个，虽比常年偏少，但强度强。7～9 月，超强台风"威马逊"和强台风"海鸥"连续在海南登陆，风力大，速度快，雨量大，对全省渔业产业造成重创。由于措施得力，汛风期全省渔船 100% 回港避风，无 1 起渔民死伤发生。主要开展工作如下：一是按照"早动员、早部署、早检查、早落实"的防风要求及早部署防风防汛工作。二是做好预警报工作。三是抓好督促检查。四是做好应急队伍和物资储备工作。五是加强值班，确保政令畅通。

12. 渔业安全生产 2014年全省发生涉及渔船亡人事故9起，渔民死亡(失踪)9人，与上年同期相比，渔船事故持平，渔民死亡人数(失踪)减少3人。渔业安全生产形势保持稳定。主要得益于五项措施：(1)加强安全教育培训，夯实思想根基。各级采取多渠道、多形式的海洋与渔业防灾减灾宣传与培训，紧紧围绕"安全发展"主题，宣传贯彻海洋防灾减灾知识。一是积极开展"5·12防灾减灾日"和"第25个国际减灾日"活动。二是借助传统节日，渔船休渔回港等时机，深入渔村、渔港、渔船进行了广泛宣传，进一步提高渔民防灾救灾意识。三是加强渔民培训，各类安全培训班33期，培训渔民4 000多人。(2)加强监督检查，以定置网渔船及老旧渔船，琼州海峡、西南中沙作业为重点，突出检查通讯、救生、消防设备配备，提高事故防范能力。全省各级渔业部门开展渔业安全生产执法行动42次，调动渔政船(艇)124艘次，共检查渔船4 832艘，查出隐患582项，现场整改268项，到期整改314项，整改率100%。(3)加强协调配合，提高应急救助能力。6月5日，协调省搜救中心和海军，在西沙海域成功救助起琼洋浦13073号渔船上14名船员。2014年，全省共救助救起遇险渔船79艘，救助渔民400余人，挽回经济损失1 900余万元。(4)提升保险服务能力。发挥渔业保险转移社会管理的职能，积极争取财政保费补贴，降低承保费率，扩大承保范围，保障全覆盖广大渔民，进一步转移渔民风险。实施快速理赔机制，保证渔民及时恢复生产。全年全省渔业互保系统总保费收入5 585.96万元，总赔付金额1 577万元。(5)2014年4月在海口召开全省渔业安全生产工作会议，主要回顾2013年全省渔业安全生产工作情况，分析当前渔业安全生产形势，部署2014年渔业安全生产工作。

13. 南沙渔业生产管理 加强对南沙渔业生产的管理工作。对申请赴南沙生产作业渔船的"四证"情况和违规生产情况进行审核，全省258艘渔船通过年审和申请审批，持有效证件赴南沙海域生产。为进一步加强涉外渔业管理，确保南沙渔业生产安全，切实维护渔民生命财产安全，要求各沿海市县要采取措施加强管理，在南沙海域生产的渔船全天候开启北斗船位监控设备，执行值班制度，严格落实渔船跟帮、进出港签证、值班报告等制度，充分利用北斗渔船监控终端对出海渔船进行管控，随时掌控渔船动态，确保南沙渔业生产安全。及时处置了海南渔船在南沙生产发生的被抓扣事件，防止引发涉外事故。

14. 海上公共服务平台 启动海上公共服务平台建设，为海洋与渔业发展提供有力支撑。建立集海洋观测预报、海洋灾情预警、海洋渔业安全生产指挥、渔船管理、海上执法指挥等多功能为一体的全省海洋与渔业指挥管理系统，为建设南海海上丝绸之路服务基地夯实基础。积极推进北斗二期工程，扩大北斗在海上作业船舶的覆盖面。加强海洋预报台基础能力建设，抓好海洋灾害预警预报、预报应急会商、海洋灾害实况速报、信息发布和服务等工作，争取国家海域使用金7 000余万元投入以上项目。开展警戒潮位核定工作，加强海洋预警会商，拓宽信息发布渠道，利用北斗系统、渔信通、海洋短信预警平台和LED户外电子显示屏系统等及时向社会及渔民发布海洋预警预报信息服务。年内累计发布10万余条海洋灾害信息，在省电视台新闻频道和综合频道滚动播报灾害预警报信息30条，发送实况速报325份。

15. "中建南"专项维权 参与南海重大维权活动，派出中国海监2艘公务执法船和59名执法人员，赴中建南分别遂行专项维权72天、医疗救护保障36天；配合上级和相关部门做好维权渔船的征集工作，分批征集维权渔船98艘，组织渔船技术检测和安全检查，做好后勤保障补给工作，开展安全教育培训。参与制订了维权行动中各项物资的补偿标准和船舶、人员及物资补偿办法，确保各项活动有序开展。协调各方做好后勤保障，补给燃油、副油、淡水、各类食品等物资共计1 000吨以上，连续2个多月落实24小时专项维权值班，确保指挥管理顺畅，圆满完成了各项任务，受到省委省政府表彰。

【重点渔业市(县)基本情况】

海南省重点渔业市(县)基本情况

市(县)	渔业产值(万元)	水产品产量(吨)	其中			养殖面积(公顷)	
			海洋捕捞	海水养殖	内陆养殖	海水	内陆
临高	963 641	566 022	517 720	38 452	8 984	1 813	1 475
儋州	813 890	417 468	318 478	59 125	3 5612	3 871	2 234

（续）

市(县)	渔业产值（万元）	水产品产量（吨）	其中			养殖面积(公顷)	
			海洋捕捞	海水养殖	内陆养殖	海水	内陆
文昌	615 332	209 903	30 656	34 530	14 3363	2 571	8 277
澄迈	264 662	116 121	60 656	7 918	40 812	622	2 767
琼海	221 138	111 802	58 225	7 546	38 714	553	3 703

（海南省海洋与渔业厅）

重庆市渔业

【概况】

1. 主要渔业经济数据 2014 年，重庆市在渔业发展上按照五大功能区定位，围绕《全市渔业工作要点》，坚持增效强能的方向，以群众路线教育实践活动为契机，开拓创新，攻坚克难，克服了暴雨洪涝灾害的不利影响，实现了产量效益双增，"三大安全"达标，产业发展保持较快增长，保障能力得到巩固加强。据统计，2014 年全市水产品总产量 44.3 万吨，渔业经济总产值 108 亿元，渔民人均纯收入 12 736 元，同比增幅分别为 9%、14.5% 和 18.5%，实现了超预期增长。

2. 产业发展的主要举措、成就与特点

(1)增加财政资金投入。据不完全统计，全市新增渔业建设总资金达 8 亿元，其中，财政性资金 3 亿元，分别高出上年 1 亿元和 1.3 亿元。财政性资金中特色效益渔业切块资金 5 892 万元，高出上年 1 392 万元。部级和市级财政性资金中，铜梁等区县实施农业部渔业标准化健康养殖示范项目 10 个，财政性补助资金 400 万元，北碚等区、县和市级有关单位实施增殖放流项目 18 个，财政补助资金 700 万元，武隆等区、县和市级有关单位实施市级特色效益渔业产业链项目 17 个，财政性补助资金 1 155 万元。山坪塘整治资金增加较多，开县等区、县水利部门对每口山坪塘给予 5 万元补助。

(2)争取惠渔政策支持。启动全市渔业养殖保险试点工作，在 19 个区、县开展 3 333 公顷规模化养殖保险，降低病害和自然灾害对渔业养殖的风险。据初步了解，安诚保险重庆分公司已与合川区渔户签单，承保面积 12.33 公顷，收取保费 1.48 万元，提供保额 74 万元。其余区、县正陆续召开动员和工作推进大会。江津、沙坪坝和梁平等 3 区、县将渔业新增纳入主导产业，全市将渔业作为特色效益农业主导产业的区、县增至 12 个，政策支持面扩大，渔业地位提升。配合推进市人大常委会修法将原由市农业委员会承担的市级重点保护水生野生动物驯养繁殖、经营利用等审批权限下放到区、县渔业主管部门，实现了便民高效。协调渔民上岸安居政策的落实工作，争取国家补助资金和各级配套资金 2 804 万元，惠及 19 个区、县 900 余户渔民。实施机动渔船燃油补助项目，发放补助资金 2 852 万元，涉及渔船 5 365 艘。

(3)加大科技推广力度。实施了"三峡地区(重庆)特色水产业关键技术集成及产业化""稻田综合种养产业化配套关键技术集成与示范""池塘养殖节能减排综合技术集成与示范推广"等 3 个部级专项项目以及"池塘吨鱼万元集成养殖技术推广应用""池塘鱼菜共生池塘综合种养技术推广应用""稻田综合种养技术推广应用"等 3 个市级推广项目，开展了"中科三号"异育银鲫、长丰鲢、松浦镜鲤等 3 个新品种养殖试验示范，推广了微孔增氧机、涌浪机、太阳能底质改良机等新型渔业机械设备，提高了科技含量，促进了增产增效。其中，池塘吨鱼万元集成养殖技术推广应用项目推广面积 1.06 万公顷，平均每公顷产量达20.52吨，远高于全市池塘平均单产。池塘鱼菜共生综合种养技术推广应用项目在浮床制作、蔬菜作物种植上又有了新的突破和发展，特别是研发成型的鱼菜共生专用"定制浮床"，为进一步推广鱼菜共生技术和产业化发展提供了关键支撑。永川、荣昌等区(县)引进"365"健康养殖模式，南川、万盛等区(县)积极开展技术培训，丰都、秀山等区(县)借助"农民田间学校"平台有效开展技术服务，取得良好成效。

(4)实施三大创建活动。积极开展渔业健康养殖示范创建、全国休闲渔业示范基地创建和平安渔业示范县创建活动。按照农业部关于开展农业部渔业健康养殖示范县创建活动和水产健康养殖示范场创建活动的通知要求以及创建标准积极开展工作，指导区(县)从养殖证制度建设、推行养殖生产记录、落实健康养殖技术措施等方面引导业主提高渔业健康养殖水平。申报农业部水产健康养殖示范场 35 家，潼南县久顺淡水养殖股份合作社等 23 家单位创建成功，全市累计达到 85 家。按照农业部办公厅关于开展全国休闲渔业示范创建活动的通知以及创建标准指导区县从设施、环境、管理等方面引导业主加快休闲渔业发展步伐。申报全国休闲渔业示范基地10家，重庆春施兰生态农业发展有限公司（渝北区）等4家企业创建成功，全市累计达到10家。健康养殖示范和休闲渔业示范创建活动推动了渔业规模化和组织化发展。3.3公顷以上养殖大户新增94家，达到2 556家；渔业专业合作社新增99家，达到621家。组织开展平安渔业示范县创建活动，以制度健全、责任落实、管理规范、运行安全为目标，指导区（县）建立管理机制，创新监管方式，提高全市渔船安全管理和服务水平。累计创建市级平安渔业示范县9个，其中国家级示范县2个。

（5）推动产业园区建设。各区（县）积极推动渔业园区建设，拓展和提升了渔业产业发展平台。江津区投入财政资金600余万元，在现代农业示范区等积极布局富硒渔业。巴南区投入2 000余万元，启动月亮湾渔村建设，完成了《重庆月亮湾渔村》总体规划及一期项目建设性方案编制工作，实施渔村入口大道、沿河休闲观光道、鱼池生态改造及民房改造等基础设施项目。万州区长滩大鲵养殖基地已投入建设资金近亿元，完成大鲵生态养殖场、工厂化养殖场、万方蓄水池、饵料储养池等主体工程建设和场内道路及水系配套工程建设，形成万亩规模、30万尾产能的产业化基地雏形。秀山县和武隆县的渔业园区建设和示范基地建设成为渔业发展的新载体。

（6）加强产品质量监管。加强抽检工作，查找安全隐患。实施部级、市级两个层面的水产品质量安全抽查，共抽取样品884个，超计划2.6%，涉及23个区（县）、210个养殖场、批发市场9批次、超市27批次、农贸市场13批次。注重沟通衔接，推动安全认证。邀请农产品质量安全中心召开水产品质量安全研讨会，向重点养殖场宣传“三品”认证知识，推动质量水平提高。全市新增“三品一标”认证54个，其中大洪湖水产有限公司、长寿区浩湖渔业有限公司和三峡生态渔业有限公司认证有机渔场6 000多公顷。开展安全承诺，明确主体责任。巴南、永川等区（县）与生产业主签订水产品质量安全承诺书，强化业主责任主体意识。完善业主数据库，突出监管重点。及时完善更新水产苗种生产单位数据库和规模养殖场数据库，确保信息真实有效，便于进行抽检排查。坚持检打联动，做到违法必究。对于市级监督抽检发现的某区县样品违禁药物超标事件，市农委督促该区县严肃查处。

3. 存在的主要问题

（1）产业发展风险不减。一是自然灾害风险首当其冲。据统计，全市因暴雨洪涝等灾害损失水产品1.8万吨，高出上年灾害损失总量0.7万吨。长寿等区（县）单个业主损失数百万元。二是市场风险不可小觑。渔业投入成本持续增长与水产品价格长期稳定形成强烈反差，渔业效益增加受到抑制。水产品数量不断增长的势头，将会对水产品价格形成反压。我国东部省份已经出现水产品价格走低态势。

（2）行业监管难度不减。渔政执法能力与执法难度不相匹配。违法人员常在深夜出动作案，以礁石险滩、急流、河湾河汊等复杂地形作掩护，利用沿江熟人通风报信，而渔政执法人员少、管理战线长、执法手段落后、没有强制措施、经费严重不足等现状使执法难度加大。合川等区（县）出现的相邻区（县）渔民进入境内跨区作业现象时有发生，给渔业资源保护和渔船安全监管造成较大难度。

【重点渔业区（县）基本情况】

重庆市重点区（县）渔业基本情况

区（县）	总人口（万人）	渔业产值（万元）	水产品总产量（吨）	其中		养殖面积（公顷）
				捕捞	养殖	
合川区	155.74	63 474.00	39 184	817	38 364	3 864
永川区	113.15	53 248.18	39 002	121	38 881	5 638
铜梁区	84.09	33 320.00	28 580	1 920	26 660	3 982
长寿区	90.67	46 068.00	26 500	1 100	25 400	12 480
潼南县	95.22	28 435.47	26 144	424	25 720	7 631

【大事记】

［1］1月10日，重庆市水产产业技术创新战略联盟在创世纪宾馆召开了理事扩大会议。会议总结了联盟上年工作情况，讨论通过了拟入盟的盟员单位，研究了联盟网站建设，提出了下年工作计划。

[2]3月20日，市农委印发了《2014年全市渔业工作要点》，明确了全市渔业工作总体要求和工作重点。

[3]3月26日，重庆市池塘鱼菜共生综合种养技术获中国水产科学研究院科技进步奖三等奖。

[4]4月10日，国家标准化管理委员会批准重庆市三峡生态渔业发展有限公司"国家三峡鱼生态养殖综合标准化示范区"为第八批国家农业综合标准化示范区增补项目。

[5]5月14日，奉节县九盘河大鲵裂腹鱼市级水产种质资源保护区获批。

[6]7月4～5日，农业部渔业局组织四川省、湖北省、重庆市的渔业专家到忠县调研重庆市三峡库区水域牧场示范工程。

[7]7月8日，市水产学会第四次会员代表大会在重庆蓝箭宾馆召开。会议审议通过了重庆市水产学会第三届理事会所的工作报告，选举产生了市水产学会第四届理事会。

[8]8月5日，重庆市现代渔业发展培训会在梁平召开。会议总结了近几年重庆渔业发展的成效及方向，进行了关于"重庆渔业发展的理论和实践"的专题培训。

[9]8月5日，市政府副市长张鸣一行对地处开县的重庆艏鲵冷水鱼养殖有限公司进行了调研。

[10]8月18日，潼南县探索发展稻鱼轮作种养模式，第一批试验示范项目正式投产。

[11]8月30日至9月1日，渝东北和渝东南局地发生暴雨洪涝灾害，巫溪、开县、云阳、巫山、奉节、石柱等6县(自治县)渔业生产损失严重，受灾面积730多公顷，损失水产品4 618吨。

[12]9月22日，重庆市发布洪涝灾后渔业恢复生产技术措施。

[13]10月9日，重庆市水生野生动物保护宣传月活动在西南大学荣昌校区正式启动。

[14]10月10日，中国水产学会副秘书长陈恩友、中国水产学会信息处处长赵文武一行到巴南区调研渔业统计工作。

[15]10月10日，重庆首家绿色水产蔬菜直销店开张营业，"鱼菜缘"水生蔬菜直销窗口建立。

[16]11月3～7日，重庆市水产专业技术人员知识更新培训班在荣昌县举行，来自全市38个区(县)的70多个水产技术推广骨干人员参加了培训。

[17]11月17日，重庆市渔业养殖保险试点工作正式开展。首批试点在涪陵、北碚、渝北、巴南、长寿、江津、合川、永川、綦江、铜梁、璧山、潼南、荣昌、梁平、垫江、开县、云阳、奉节、巫溪19个区(县)实施，计划投保面积3 300多公顷。

[18]11月28日，重庆市特色效益渔业发展形势专家咨询会在永川召开。

[19]12月9日，市农委、长江三峡集团公司科技与环保部联合开展三峡库区大宁河流域增殖放流活动，现场放流青、草、鲢、鳙、胭脂鱼、岩原鲤、厚颌鲂等10种鱼类750万余尾。

[20]12月10日，市农委主任夏祖相赴大足区穗源渔业养殖基地调研特色效益渔业。

[21]12月16日，重庆市水产学会组织专家开展了《重庆市冷水鱼发展对策研究》课题研讨会。

（重庆市农业委员会渔业发展处 任 军 妙晓东）

四川省渔业

【概况】 2014年，面对错综复杂的国内外经济形势，四川省水产行业认真贯彻中央和省委、省政府关于"三农"工作的决策部署，紧紧围绕"保供给、促增收、护生态"核心目标，以加快现代水产业发展为主攻方向，扎实推进各项重点工作，水产经济继续保持了平稳较快发展势头。全省水产品产量达到132.6万吨，比上年增产6.54万吨，增长5.19%。全省人均水产品占有量达到16.36公斤，比上年增加0.75千克，增长4.8%。全省渔业经济总产值达到323.83亿元，比上年增加23.31亿元，增长7.76%。全省农民人均渔业收入498元，比上年增长8.26%，人均增收42元。全省渔民人均实现纯收入1.22万元，比上年增收1 200元，增长10.9%。

1.水产养殖

(1)水产养殖面积稳步增加。全省水产养殖面积达到19.94万公顷(不含稻田养鱼面积)，比2013年增加0.19万公顷，增长0.96%；其中，池塘10.36万公顷，水库7.16万公顷，河沟1.97万公顷。稻田养殖面积30.69万公顷，比2013年增加0.53万公顷。

(2)水产养殖产量平稳较快增长。全省水产养殖产量达到126.62万吨，比2013年增产6.56万吨，增长5.46%，占总产量的95.49%。其中，池塘63.56万吨，水库23.22万吨，河沟7.73万吨，稻田31.06万吨。

(3)养殖品种受市场导向明显。常规养殖品种产量持续增长，占总产量的比重略有上升。鳊鲂、泥鳅、鲶鱼、黄颡鱼、鲈鱼、鲑鳟鱼、斑点叉尾鮰、长吻鮠等名优品种养殖稳步发展，继续成为渔业增效、农民增收的新亮点。常规品种产量95.57万吨，比上年增加4.91万吨，增长5.42%，占总产量比重71.92%，比上年提高

0.2个百分点；名特优水产品产量35.40万吨，比上年增加1.78万吨，增长5.30%，占总产量比重28.08%。

(4)水产苗种生产能力稳步增强。新增省级水产良种场6个，改造提升省级良种场5个、国家级良种场2个，省级以上良种场累计达到38个；水产良种覆盖率达到60%以上。全年生产鱼苗超过220.84亿尾，同比增长9.21%；投放大规格鱼种19.74万吨，同比增长4.11%。

(5)水产养殖灾害损失明显减轻。全省受灾面积0.96万公顷，同比下降42.80%；损失产量2万吨，同比下降36.07%；直接经济损失2.56亿元，同比下降66.95%。

2.水产捕捞 扎实推进渔业生态文明建设，继续控制捕捞强度，全省水产捕捞产量6.02万吨，占总产量比重5%。

3.水产产业化 全省渔业三次产业产值分别达到210.24亿元、27.75亿元、85.85亿元，占渔业经济总产值的比重分别为64.92%、8.57%、26.51%。全省渔用饲料产值25.43亿元、渔药产值1.19亿元。渔业第三产业呈加速发展态势，其中：水产加工突破亿元大关，达到1.12亿元，同比增长26.66%；水产流通、运输和休闲渔业产值分别达到52.75亿元、11.19亿元、20.72亿元，同比分别增长9.01%、4.09%、11.46%。水产龙头企业和专业合作社等新型经营主体取得新发展，全省水产企业超过1 500个，其中省级水产龙头企业9个。新增国家级水产示范合作社11个，累计达到14个；全省水产专业合作社累计达到1 516个，其中省级以上水产示范合作社达到75个。新增全国休闲渔业示范基地5个，总计达到13个。

4.水产品质量安全 大力推广标准化生产，加强无公害水产品基地建设和水产品认证，新增无公害水产品基地30个、面积0.27万公顷、水产品认证92个。大力开展水产品违法添加禁用物资专项整治行动，出动执法人员1.69万人次，检查生产经营单位9 185家，查处并责令整改78起。强化水产品产地监测，全省共抽检水产品样本10 559个，总体合格率99.80%。加强质检队伍建设，培训养殖生产单位安全内检员141人，培训各级安全检查员132人。推进重大水生动物疫病检测实验室能力建设，成都市水生动物防疫检疫站、四川农业大学、四川大学获得农业部授予检测资质。

5.水产科技与推广 强化标准体系建设，争取制(修)标项目13项，制订水产地方标准23项，新发布水产地方标准8项。实施创新驱动战略，加强水产科技攻关，《鲟鱼产业化成套技术研究》《池塘养殖水质改良关键技术与应用》等4项成果通过省科技厅鉴定。申报省科技进步奖5项、中华农业科技进步奖2项。积极组建四川省大宗淡水鱼创新团队并取得实质性进展。新增引智基地1个，引智项目完成实施验收4个，新申报引智项目5项。深入推进基层水产技术推广体系改革，落实项目资金，强化能力建设，积极开展工作，主推节能减排、稻田综合种养、池塘高效增氧等11项技术和大口鲶、大口黑鲈、泥鳅等24个名优品种，水产科技贡献率超过60%。在蓬溪、射洪、江油、隆昌等县大力开展稻田综合种养技术示范，建立核心示范面积近300公顷。积极开展以涉渔法律法规、水产健康养殖技术、科学用药知识等为重点的技术培训，全省培训农渔民超过20万人次。举办渔业技能鉴定考核4期，鉴定385人次，合格375人次。

6.新农村水产示范村 按照省委、省政府建设幸福美丽新村的部署和要求，扎实推进新农村水产示范村建设，新增示范村55个，累计达到725个，示范村农民人均水产收入达到5 000元，养鱼农民人均收入超过万元。

7.渔政管理及资源养护 认真履行法定职责，严格落实春季禁渔制度，严厉整治违禁行为。禁渔期间：在各类媒体宣传报道1 306次，发放宣传资料23.7万份；组织统一检查行动2 159次，出动执法人员1.65万人次，查获违禁捕捞渔船373艘，查处电鱼器352台(套)，没收违法捕捞渔获物4 067千克，查处违法销售渔获物2 214千克，没收"三无"渔船52艘，行政处罚352人，罚款20万元。持续开展人工增殖放流，全省投入资金4 105万元放流各类鱼苗种1.17亿尾。规范行政权力运行，承接农业部下放行政审批项目3项，细化行政审批项目子项10项。修正《四川省渔业行政处罚自由裁量实施标准》，新增2项、修正34项、取消26项。强化水生野生动物经营利用监管，办理经营利用、驯养繁殖、捕捉、运输证227个，年检110个。积极推进保护区建设，农业部、省政府分别批准建立平通河国家级水产种质资源保护区和汉王山东河湿地省级自然保护区。积极开展水下工程作业涉渔影响评价及补救工作，全年组织项目评价30余个。

8.灾后重建 芦山地震渔业灾后恢复重建17个项目全部开工，其中12个项目完成建设任务，完成投资4 373万元，其中中央资金1 407万元。

9.安全生产 深入开展"平安渔业示范县"创建活动，以抓好渔船安全生产为重点深入开展渔船检验执法监督三大行动，切实做好船用产品检验登记工作，强化汛期渔业船舶安全生产管理。全年发生渔船安全事故1起，死亡1人。

10. 渔业互保 全年参保渔民 1.03 万人，收取渔民人身平安互保费 203.56 万元、保额 1.04 亿元，参保渔船 159 艘、收取渔船互保费 1.43 万元、保额 103.8 万元，全年支付理赔金 46.05 万元。

【重点渔业市(县)基本情况】

四川省重点渔业市(县、区)基本情况

市(县、区)	总人口(万人)	渔业产值(万元)	水产品产量(吨)	其中		养殖面积(公顷)
				养殖	捕捞	
仁寿县	160.2	124 154	42 650		42 650	42 650
眉山市东坡区	87.2	180 031	33 189	106	33 083	33 083
泸县	108.9	38 182	30 600	640	29 960	29 960
简阳市	148.6	53 790	29 664	868	28 796	28 796
井研县	42	47 963.12	29 333	30	29 303	29 303
内江市市中区	60	45 512	28 010	354	27 656	27 656
资中县	130.6	56 560	25 453	905	24 548	24 548
内江市东兴区	85	56 629	23 935	830	23 105	23 105
隆昌县	79	69 909	23 415	1 602	21 813	21 813
安岳县	162.6	35 098	21 878	1 428	20 450	20 450

【大事记】

[1]1 月 6 日，省水产局局长卿足平带领有关部门负责人先后深入到宜宾市翠屏区宋家乡丘陵村、自贡市富顺县东湖镇山林村调研水产养殖。

[2]1 月 6～8 日，省水产局派出工作组，联合德阳市、绵阳市两市渔业主管部门组成检查组，开展了春节前水产品质量安全专项检查。

[3]1 月 7 日，四川省人民政府批准建立平通河省级水产种质资源保护区。该保护区位于绵阳市平武县、北川县、江油市境内的平通河干流及支流平南河，范围在东经 104°18′57″～104°43′49″，北纬 31°42′37″～32°11′22″之间，包括平通河干流平武县宽坝林场—豆叩镇—平通镇—北川县桂溪镇—江油市大康镇—彰明镇班竹园涪江汇合口，支流平南河平武县平南乡—平通镇新园村，全长 160 千米，总面积 1 919 公顷，其中核心区面积 1 139.4 公顷，实验区面积 779.5 公顷。

[4]1 月 7 日，省水产局在德阳市罗江县金山镇千鱼欢村举办了水产品质量安全进农村、进渔场宣传活动。

[5]1 月 9 日，成都市水务局在崇州市西河段河滩地上举行了“成都市 2013 年度违规渔具集中销毁现场会”，对全市各级渔政部门收缴的违禁网具、电捕鱼器等违规渔具进行了集中销毁。省渔政处、成都市水务局和崇州市等 10 个渔业重点区(市)县近 70 名渔政执法人员参加了现场活动。

[6]1 月 27 日，省政府副省长曲木史哈在《四川省水利厅关于 2013 年全省渔业经济发展情况的汇报》上作出重要批示：渔业经济上台阶值得充分肯定，望在改革中保持发展势头。

[7]2 月 1 日，《四川省渔船渔港管理办法》(四川省人民政府令第 274 号)开始施行。

[8]2 月 17 日，四川省政府办公厅印发了《关于加快发展现代水产业的通知》，就贯彻落实国务院现代渔业建设工作电视电话会议精神，大力发展现代水产业、带动农(渔)民增收、促进水域生态建设作出了全面部署。

[9]2 月 20 日，省水产局副局长何强带领省渔政处、眉山市及东坡区水务局渔政执法人员到眉山岷江流域检查春季禁渔工作。

[10]3 月 19 日，省水产局在绵阳市举办了全省水产品质量安全检测技术培训班，各市、州及部分县(区、市)水产品质量安全监管部门共 150 余人参加了此次培训。

[11]3 月 24 日，四川省政府以川府函〔2014〕42 号文批复同意建立四川汉王山东河湿地省级自然保护区，这是全省首个水生生物湿地省级自然保护区。保护区地处广元市旺苍县境内，属嘉陵江水系，辖东河干流及以上宽滩河、盐井河，辖区面积 2 600 平方公里。根据省政府批复，该保护区地理位置介于东经 106°15′3″～106°33′590″、北纬 32°16′802″～32°35′763″之间，面积 585.94 公顷，其中核心区 307.58 公顷，缓冲区

183.08 公顷,实验区 95.28 公顷。保护区以河流湿地生态系统、珍稀水生生物及物种多样性为主要保护对象。

[12]4 月 12 日,以"走进三水.感受湔江文化"为主题的中国.三水乡村文化钓鱼节在全国休闲渔业示范基地三水镇友谊村易家河坝开幕,活动持续至 4 月 27 日。

[13]4 月 17 日,省水产局联合绵阳市水务局、盐亭县水务局在盐亭县麻秧乡胜利村西部水产园区组织开展了渔资打假暨放心渔资下乡活动。

[14]4 月 17 ~ 18 日,上海浙江水产商会企业家考察团一行 20 人,考察了简阳市大华国际优质农产品交易中心在建现场、成都青石桥海鲜批发市场和海霸王冻品市场,与简阳市大华国际相关负责人进行了交流并签订意向合作协议。

[15]4 月 22 ~ 25 日,省水产局在成都市举办了 2014 年全省基层水产技术推广人员培训班,150 余名基层水产技术推广人员参加了培训。全国水产技术推广总站副站长李可心亲临指导并授课,省水产局副局长漆乾余到会讲话。

[16]4 月 26 日,川台农业合作论坛水产业发展与合作论坛在成都举行,60 余位来自四川省、台湾省相关机构、水产企业、科研单位、专合组织代表参加了论坛。

[17]4 月 29 日,农业部渔业渔政管理局副局长李书民、科技处处长于秀娟在省水产局局长卿足平陪同下调研了四川冷水鱼产业发展。

[18]4 月 24 ~ 29 日,全国水产技术推广总站副站长李可心一行先后到成都、绵阳两市调研水产技术推广工作,省水产局副局长漆乾余陪同调研。

[19]5 月 20 ~ 21 日,省水产局副局长何强带渔政处负责人一行 4 人到巴中市通江县调研诺水河珍稀水生动物国家级自然保护区建设与管护工作。

[20]5 月 23 日,四川省委常委、农工委主任李昌平来到全省推进幸福美丽新村建设工作流动现场会议现场点——通江县大兴乡东郡村,考察新村建设,参观农民新居、水产养殖基地,详细询问了解当地村民、养殖业主生产生活情况。

[21]5 月 28 日,全省水产工作会议在成都召开。会议全面总结了 2013 年全省水产工作,部署了 2014 年水产工作,成都等 6 个典型单位作了交流发言。省政府副省长曲木史哈出席会议并作重要讲话,省农业厅党组书记、厅长任永昌主持会议,省水产局局长卿足平作工作报告。

[22]6 月 4 ~ 5 日,省水产局局长卿足平带领有关部门负责人到遂宁、资阳两市,深入到水产养殖基地和水产专业合作社,调研全省水产工作会议精神贯彻情况和水产发展工作。

[23]6 月 17 日,韩国海洋水产开发院本部长郑明生等一行 3 人于来川考察。

[24]6 月 17 日,内江市委书记彭宇行到市中区黄河镇水库和内江市乡渔水产养殖专业合作社观赏鱼养殖基地进行调研。

[25]6 月 18 ~ 20 日,省水产局、省水产学会联合在江油市贯山乡、隆昌县龙市镇举办了全省粮经复合稻田综合种养培训班,当地及周边各区县的养殖渔民共计 300 余人参加培训。

[26]7 月 15 ~ 17 日,省水产局副局长何川带队深入雅安各灾区县督查渔业地震灾后恢复重建工作。

[27]9 月 2 ~ 5 日,省水产局副局长孟庆刚率队到泸州、宜宾、自贡、内江市检查渔业安全生产工作。

[28]9 月 23 ~ 24 日,省水产局在成都举行了全省水生生物保护区建设与管理培训,来自全省 21 个市(州)、8 个水生生物自然保护区、37 个水产种质资源保护区、3 个水生生物湿地保护示范区及拟申报保护区的相关县(市、区)渔政部门负责人共 120 多人参加了培训。

[29]10 月 3 ~ 5 日,俄罗斯科学院生物细胞物理研究所生物学博士安德烈耶夫·阿列克赛一行 4 人到内江市考察渔业发展情况,并与内江市水产渔政局签订了渔业经济文化技术交流战略协作协议。

[30]10 月 21 日,省农业厅党组书记、厅长任永昌带领省水产局局长卿足平一行到成都市、广汉市调研现代渔业发展工作。

[31]10 月 27 日,在西南大学荣昌校区,内江市水产渔政局、内江市水产良种场与西南大学荣昌校区水产系签订共同推进内江现代渔业发展——产学研合作协议。

[32]11 月 4 日,全省渔业大县渔业部门负责人培训会在蓉举行,全省水产品年产量超万吨的 57 个县(市、区)渔业部门负责人参加培训会。

[33]11 月 25 日,农业部批准建立平通河裂腹鱼类国家级水产种质资源保护区。保护区位于四川省西北部绵阳市平武县、北川县、江油市境内的平通河干流及支流平南河,范围在东经 104°18′57″ ~ 104°43′49″,北纬 31°42′37 ″ ~ 32°11′22 ″ 之间,包括平通河干流平武县宽坝林场—豆叩镇—平通镇—北川县桂溪镇—江油市大康镇—彰明镇班竹园涪江汇合口,支流平南河平武县平南乡—平通镇新园村,全长 160 千米,总面积 1 918.9 公顷。保护区主要保护对象为重口裂腹

鱼、中华裂腹鱼、细痣疣鳅、大鲵、青石爬鮡、黄石爬鮡、刺鲃，其他保护物种包括鳖、壮体鮡、前臀鮡、华鲮、大鳍鳠、黄颡鱼、鲤、鲫、鳜等。

[34]11月25日，全省水产品菜篮子体系建设研讨培训会在成都召开，省农业厅副厅长涂建华出席并作重要讲话，省水产局局长卿足平主持会议。

[35]12月2～4日，省水产局组织两个督查组对雅安市雨城区、眉山市洪雅县和青神县、广安市武胜县、达州市万源市开展清理违规渔具专项执法情况进行了督查。

[36]12月8～9日，农业部长江流域渔政监督管理办公室主任李彦亮一行到四川省检查了清理整治违规渔具和长江上游珍稀特有鱼类国家级自然保护区管理工作情况，省水产局局长卿足平陪同检查。

[37]12月18日，省农业厅副厅长杨朝波，科教处处长陈开勇、副处长陈德全，兽医兽药处处长李淳一行到省水产局机关、长吻鮠原种场，听取工作汇报，调研水产工作。

（四川省水产局）

贵州省渔业

【概况】 2014年，贵州省水产品产量20万吨，同比增长19.7%；养殖面积5.9万公顷，同比增长5.3%；渔业经济总产值达到45.9亿元，增长21.7%，大鲵存池数达70万尾，同比增长16.7%。渔民收入持续增长，全省渔民人均纯收入达到9 800元，同比增长8.6%。

1.渔业投入增加 2014年，中央财政对贵州省渔业投入达5 671万元，同比增长1.5倍.其中，基本建设资金投入1 225万元；农业财政资金804万元；落实中央财政渔船柴油补贴资金3 642万元，发放范围涉及9个市（州）的34个县（市），惠及渔民近万人，渔船5 116艘，让广大渔（农）民得到了实惠。

2.特色渔业发展保持良好态势 2014年共有214个乡镇333个村发展大鲵养殖，养殖户数3 128户，养殖企业242家，大鲵存池数70万尾。冷水鱼养殖产量8 800吨，同比增长11%，占全国冷水鱼产量的10%，增速居全国首位。在铜仁引进台商企业建成了河蟹、澳洲龙虾、鲟鱼养殖基地；在贵阳引进企业建成了“公司＋农户”泥鳅养殖基地。2014年全省河蟹养殖面积达467公顷。

3.产业结构进一步调整 一是在大中型渔业水域，发展不投饵网箱养殖和大水面放养滤食性鱼类等生态养殖，实行“内养外增”生产模式。网箱养殖面积达到380万平方米，产量达11.8万吨，同比增长6%。二是水产健康养殖示范场及休闲渔业示范基地创建有新发展。2014年，全省有17家养殖单位被评为农业部水产健康养殖示范场。锦屏县被选为农业部渔业健康示范县候选单位。5个休闲渔业基地被评为全国休闲渔业示范基地。三是水产种业基地建设进一步扩大，建设鲤鱼、鲟鱼、泥鳅、裂腹鱼、鲫鱼、大鲵等特色渔业水产种业基地24个。四是渔业园区建设初具规模。全省共建设渔业园区9个，集苗种生产、水产养殖、饲料加工、水产品加工为一体，实现了产业链有效延长。四是投资300万元建成标准化渔业示范基地6个。

4.渔业科技推广成效明显 一是渔业推广部门以试验示范为主导，加强产学研结合，开展了现代水产种业、大鲵繁殖与产业化研讨，编制了《大鲵养殖资源调研总结》，出版了《大鲵实用技术指导》。二是加强渔业科技推广工作。重点推广了30个主导品种和大水面生态网箱、稻田综合种养技术，组织开展了水生生物疾病远程辅助诊断服务、稻田综合种养技术示范、阳光工程渔民培训、冷水鱼养殖培训等工作。

5.水产品质量安全监管进一步加强 开展了水产苗种专项整治行动和水产品质量安全整治专项行动，加强对产地无公害养殖场、健康养殖示范场和重点养殖区的整治，强化制度建设，规范用药行为。在9个市（州）实施了产地药残抽检工作，全年抽检样品量达到545批（次），快速筛查1 300批（次），抽检合格率达100%。举办了水产品质量安全培训班。邀请了农业部、中国水产科学院、重庆等省专家到全省为渔政执法人员、水产技术推广人员进行授课。培训人数400余人次。在32个县（市）建立了66个测报点，对网箱养殖、冷水鱼养殖、大鲵养殖进行监测，监测面积1 067公顷，发布监测报告10期。

6.资源环境养护有新举措 在9个市（州）32个县（市）实施了渔民转产转业和渔业增殖放流项目，投入资金564万元，投放鱼种1 820.7万尾。长江上游珍稀特有鱼类国家级自然保护区（贵州段）已全面完成建设内容，建省级保护区管理局1个、地区保护区管理处2个、县级站保护区4个、渔业增殖放流场1个，保护区监测观测点1个。道真县芙蓉江黄颡鱼种质资源保护区、沿河县乌江大口鲶种质资源保护区划定为国家级水产种质资源保护区。完成了《贵州省夹岩水利枢纽及黔西北供水工程对水生生物的影响评价》和《江津（渝黔界）经习水至古蔺（黔川界）高速公路赤水河大桥工程对长江上游珍稀特有鱼类国家级自然保护区影响评价》等报告编制工作。全年共落实水生生物生态补偿经费2 200多万元。

7. 渔船管理取得成效 开展全省渔业船舶规范化建设年活动、"六打六治"打非治违专项行动和除大隐患防大事故安全生产大检查，确保全年无渔业安全事故发生。对全省内河小型渔船实行统一着色着标、统一标准化船型设计的三统一活动。完成5 990艘渔船基本数据普查。开展了渔船安全风险隐患排查与整治行动、渔船船用产品质量监督整治行动及打非治违专项行动。开展"平安渔业示范县"创建活动。评选出遵义县、罗甸县、册亨县、剑河县、锦屏县为省级"平安渔业示范县"。2014年全省共设立渔业互保机构51个，各级渔业主管部门参加中国渔业互助保险协会"团体意外伤害及附加医疗保险"人数56人，保险费总额17 280元。与中国渔业互保协会联合举办贵州省渔业互保业务培训班，培训渔业互保分支机构业务人员共120余人。选送20名骨干赴广东参加验船员培训。

8. 渔政工作进一步加强 巩固禁渔成果。扎实推进"两江"禁渔期制度。开展清理整治违规渔具专项行动。在交界水域和违法违规渔业案件高发水域开展联合检查、交叉检查、驻守检查，查处电炸毒鱼、迷魂阵、地笼网、深水张网等有害作业方式，查办制造、销售电捕鱼器等非法捕捞工具，查处无证捕捞、违规捕捞，共查获违禁捕捞船137艘，查处电炸毒鱼案36起，没收电渔具151（套、台），拆除和销毁各种网具共1 547张，没收违法捕捞渔获物4 661.5千克，没收违法销售渔获物369.2千克，行政处罚139人，罚款10.3万余元，刑事处罚5人。开展长江上游国家级珍稀特有鱼类自然保护区涉水工程执法检查。对在赤水、习水、仁怀等（市）县保护区内开展的桥梁工程、公路改建、河堤建设、河道采砂等工程建设项目进行专项执法检查，对未按程序进行申报批准建设的单位给予了责令停工，限期整改处罚。组织开展渔政执法人员素质培训和业务培训，培训人数达100余人。完善渔政执法船舶注册登记。对全省86艘渔政执法艇、3艘渔政船进行了注册登记。协助省政府做好7.17洪灾受损养殖户补助救助工作。乌江流域7.17洪灾造成5个市（州）12个县，773户水产养殖户93.6万平方米网箱被冲毁，30艘渔船及3艘渔政执法船受损，累计造成经济损失2.61亿元。按照省政府要求，渔业部门积极开展受损调查核实，参与补助救助相关工作，帮助渔民恢复灾后生产。

9. 存在问题 贵州省特色渔业规模较小，龙头企业不多，产业链条短，带动能力弱，产业化水平还较低，大鲵等特色产品市场还有待于进一步开拓。大水面养殖规划工作较滞后，开发与资源利用矛盾较为突出。

【重点渔业市（县）基本情况】

贵州省重点渔业市（县）基本情况

市（县）	渔业产值（万元）	水产品产量（吨）	其中		养殖面积（公顷）
			捕捞	养殖	
兴义市	54 829	24 293	1 431	22 862	230
遵义县	40 886	18 374	373	18 001	6 377
安龙县	32 040	14 196	1 200	12 996	475
罗甸县	18 900	9 374	980	7 394	254
息烽县	12 029	5 111	129	4 982	268

（贵州省渔业局 高 敏）

云南省渔业

【概况】 在云南省委、省政府的高度重视和农业部的大力支持下，2014年，全省认真贯彻落实中央农业农村工作会议、国务院现代渔业建设会议和国务院办公厅印发《中国食物与营养发展纲要（2014—2020年）》精神，积极营造良好的政策环境，大力发展健康养殖，全力推进二、三产业发展，不断推动科技兴渔措施，突出做好水生生物资源养护，切实加强渔政监督管理，认真抓好渔业三大安全，实现了高原淡水渔业又好又快的发展。

1. 主要渔业经济数据 2014年，全省水产养殖面积达13.9万公顷，比上年增加了0.4万公顷，同比增长3%。水产品总产量达87万吨，比上年增加了9万吨，同比增长12%。渔业经济总产值达195亿元，比上年增加了24亿元，同比增长14%。渔业人口人均纯收入分别达8 503元，比上年增加了731万元，同比增长9%。

2.产业发展的主要举措、成就与特点

(1) 积极争取各方支持。积极向省委、省政府请示、汇报,并借助社会各界力量、利用各种平台呼吁加快淡水渔业发展,争取省委、省政府领导对渔业的重视和支持。副省长张祖林和时任省委书记秦光荣等领导相继多次对渔业发展作出重要批示,批准成立了云南省渔业局,为加快淡水渔业发展营造了良好的政策环境。根据省委、省政府领导的指示,省渔业局先后草拟了《云南省人民政府关于加快高原淡水渔业发展的意见》(代拟稿)、《云南省淡水渔业发展规划(2015—2020)》(初稿)和《云南省人民政府关于加快罗非鱼产业发展的意见》(代拟稿),临沧市委、市政府出台了关于推进渔业产业跨越发展的意见,昭通市人民政府出台关于大力发展渔业产业的意见。2014 年共争取中央财政资金 1 803 万元(其中:渔业标准化健康养殖基地建设项目 300 万元,增殖放流经费 710 万元,水生生物保护区建设管理经费 440 万元,渔业用油价格补贴及渔业机械购机补贴 353 万元),同比增加了 400 万元,增幅达 29%;争取省级财政资金 1 200 万元(其中:水产技术推广经费 1 000 万元,水生生物资源养护经费 200 万元),州市、县级财政投入进一步加大,拉动社会投资达 2.8 亿元,有力地促进了云南高原淡水渔业的发展。

(2) 大力发展健康养殖。一是积极以绿色、生态、安全、高效为目标,大力推动养殖证制度建设,优化布局养殖区域,科学控制养殖密度,合理搭配养殖品种,保护渔业权益保障和水产养殖基地;二是积极推进万吨级水产品基地县建设,加大库区、冷流水资源开发力度,改善池塘生产条件,建设水产良种基地 5 个、罗非鱼养殖基地 19 个、冷水鱼基地 10 个、大宗淡水鱼基地 15 个、特色渔业基地 12 个和休闲渔业基地 4 个,累计建成库区网箱近 107 公顷、冷流水池塘 153.3 公顷,改造中低产 10 000 多公顷,建成万吨级水产品基地县 38 个;三是积极以创建水产健康养殖示范场为抓手,推进水产健康养殖,首次在全省开展省级示范创建活动,建设水产健康养殖示范场 10 个,有效地助推了水产养殖健康发展。

(3)全力推进二、三产业发展。一是着力突破加工薄弱的瓶颈制约,将水产品加工由罗非鱼、鲟鱼拓展到藻类、虾类和常规品种,提升鱼片、鲟鱼籽酱、鱼油、鱼粉等产品质量,开发胶原蛋白、生物材料等高端产品,逐步形成了以罗平、墨江、富宁、景洪、芒市为中心的罗非鱼加工园区,以华宁为中心的冷水鱼加工园区,全年水产品加工达 8.6 万吨、产值超过 16 亿元、实现创汇 1.4 亿美元。二是大力发展休闲观光渔业,积极引导有条件的养殖场(区)实行水产养殖、休闲垂钓、餐饮娱乐、旅游观光综合经营,大力发展不同类型的休闲渔业模式,建设休闲渔业示范基地 4 个,累计培育年产值 500 万元以上的休闲渔业示范户 100 户,建设垂钓基地 100 个。三是加强流通体系建设,采取连锁经营、鱼市对接、水产品配送等方式,形成了多层次多形式多功能的水产品交易市场。加强水产品市场监管快速检测能力建设,提高了水产品质量市场监管能力。

(4)推动渔业科技进步与创新。一是积极实施现代产业技术体系研发示范工程、渔业科技入户示范工程、新型渔民科技培训工程,充分发挥大宗淡水鱼、罗非鱼、土著鱼三个产业技术体系的作用,推广了池塘健康养殖技术、网箱集约化养殖技术、流水高产高效养殖等十项适用技术,努力提高渔业综合生产能力,淡水养殖单产水平由上年的 386 千克增加到 2014 年的 415 千克,增长 7.5%。二是坚持"继承、改进、提升"的原则,积极推广和普及池塘健康养殖、库区生态增殖、网箱集约养殖、流水设施养殖、稻田工程化养殖、名特优特种养殖等先进适用技术,分别在昆明、曲靖、普洱、玉溪、大理、保山、红河、丽江、楚雄等 9 个州(市),引进大宗淡水鱼类 7 个新品种共计 3 988 万尾,培训技术人员和养殖户 1 000 多人次,发放技术资料 1 200 余份,取得了良好的效果。三是主动与外界沟通,引进中国科学院水生生物研究所桂建芳院士在云南省建立院士工作站,加大对"六大名鱼"为主导品种的土著鱼开发研究,经过 5 年的艰苦努力和刻苦攻关,后背鲈鲤人工繁殖首次在国内取得成功,并于 2014 年 6 月 6 日在金沙江功果桥电站库区成功举行了人工增殖放流活动。

(5)突出做好水生生物资源养护。一是进一步加大水生生物增殖放流力度,全年累计筹集各级财政和社会资金 3 010 万元,放流经济物种和珍稀濒危物种 6 010万尾,形成产量约 3.5 万吨,创造经济价值约 9 亿元,其中滇池金线鲃和抚仙湖鱇浪白鱼种群初步恢复,分别形成产量约 7 吨和 10 吨,取得了良好的经济、社会和生态效益。二是毫不松懈地抓好长江、珠江禁渔。禁渔期间,全省出动禁渔宣传检查车辆 1 637 台次,通过广播、电视、报刊宣传禁渔期制度和禁渔工作 800 次,张贴禁渔通告 2 000 份,刷写禁渔标语 3 000 条,发放禁渔宣传资料 46 000 份;统一组织禁渔检查行动 120 次,接受禁渔举报 204 起,查处禁渔举报案 229 起,收缴电捕鱼器具 172 台套,没收非法渔获物 216 千克,查获违法捕捞和"三无"船只 33 艘次,有效地保护了渔业种质资源。三是进一步建立健全涉渔工程生态补偿机制，严格工程影响评价专题报告审查制度，审查评价涉渔工程专题报告18个，争取生态补偿资金7 580多万元，分别同比增长20%和9%；其中：水产种质资源保护区11个、涉及生态补偿资金4 200万元，水生生物自然保护区7个、生态补偿资金3 300万元，有效地保护了保护区的种质资源及生境，实现了人与自然和谐发展。

(6)加强渔业“三大安全”监管。一是抓紧抓好渔业安全生产。通过参加全国渔业安全生产视频会议、签订了2014年渔业安全生产管理责任书、强化安全执法检查、抓好安全生产教育、改进强化管理服务、开展了全省渔业安全生产大检查等措施，全省渔业生产继续保持平安和谐发展形势，实现了自2009年以来连续6年实现零死亡。二是强化水产品质量安全监管。积极下发了2014年水产品质量安全整治实施方案，积极在全省组织开展了水产品质量安全整治行动，抓好产地水产品质量监督抽查，加强了主要水产品批发市场和交易集散地的监管，指导市场建立了水产品质量快速检测室并派出执法人员对市场检测员进行手把手培训，做到了全年没有发生水产品质量安全事件。三是抓好水生生态安全。严格执行增殖放流物种鉴定、苗种检疫制度和效果评价制度，杜绝外来物种、杂交种、转基因种等不合格物种放入天然水域；严格执行渔业污染事故报告制度，严厉查处渔业水域污染事故，保护了渔业资源和生态环境，确保了水生生态安全。

3.存在的主要问题 2014年渔业继续保持了平衡、健康发展，总量持续增长、效益持续增加、结构持续优化、增收持续增长、生态持续改善，但是长期制约渔业发展的关键问题仍无根本改观，制约着淡水渔业的快速发展。一是资源开发利用率低，2014年水产养殖面积达到13.67万公顷，仅为宜渔水面的34%；二是综合生产能力低，淡水养殖单产水平低于全国平均水平；三是科技贡献较小，水产良种覆盖率低和水产养殖病害发生率高并长期并存；四是水产品加工仍然滞后，产业化发展水平低，促农增收渠道单一。

【重点渔业县(区)基本情况】

云南省重点渔业县(区)基本情况

县(区)	渔业人口(人)	渔业产值(万元)	水产品产量(吨)	其中		养殖面积(公顷)
				捕捞	养殖	
罗平县	5 295	49 736	35 595	2862	32 733	4 153
景谷傣族彝族自治县	9 732	35 288.93	31 033	3194	27 839	2 134
富宁县	4 186	40 151.25	28 000	3000	25 000	3 140
景洪市	13 436	38 850	25 486	2892	22 594	2 272
墨江哈尼族自治县	4 820	27 779	23 800	2762	21 038	480
勐海县	7 890	28 794	21 732	758	20 974	1 403
双江县	662	24 540.8	20 200	4500	15 700	604
普洱市思茅区	3 150	22 488.5	19 935	350	19 585	2 767
澜沧县	3 780	21 146.3	16 133	7538	8 595	828
景东县	4 620	21 970	15 500	100	15 400	688

【大事记】

[1]4月13日，省农业厅下发《云南省农业厅关于做好2014年全省渔业工作的意见》，对2014年渔业工作进行了部署。

[2]5月8日，省农业厅下发下发了2014年水产品质量安全整治实施方案，部署了2014年全省渔业安全生产工作。

[3]5月10日，云南省编制委员会办公室批准成立云南省渔业局。

[4]5月23日，中科院桂建芳院士到云南省楚雄考察指导工作，为云南高原淡水渔业发展建言献策，与省水产技术推广站签订了建设院士工作站合作协议，并举办了专题讲座。

[5]6月6日，省渔业科学院经过5年的艰苦努力和刻苦攻关，后背鲈鲤人工繁殖首次在国内取得成功，在金沙江功果桥电站库区举行了人工增殖放流活动。

[6]7月17日，省委书记秦光荣在中国科学院昆

明动物研究所《关于云南特有鱼类保育与高原特色渔业新品种研发建议》上批示指出："淡水渔业是云南高原特色产业的重要产业，云南也完全有条件把这一产业做大做强。"，要求"依靠科技、培育特色、扩大规模、促使云南渔业上一个大台阶"。

[7]7月24日，省农业厅、丽江市政府在永胜县程海管理局联合举办了"2014年杞麓鲤增殖放流活动"，放流云南特有经济物种杞麓鲤苗种10万尾和鲢鱼25万尾。省渔业局局长张穆出席了放流活动。

[8]7月6日，农业部渔业渔政管理局批复同意了云南省开展渔船证书"三证合一"改革试点工作，揭开了全省内陆渔船证书"三证合一"改革的序幕。目前，"三证合一"新证已开始发行，改革工作正稳步推进。

[9]9月11日，副省长张祖林在省农业厅报送的《云南省人民政府关于加快高原淡水渔业发展的意见》(代拟稿)上批示指出："要把做大做强我省渔业产业作为高原特色农业的重要内容，用3～5年时间，作出特色、作出水平"。

[10]10月28日，省委农村工作领导小组下发了关于印发《起草云南水体经济发展有关文件和规划的工作方案》的通知，随后，省农业厅牵头调研起草了《云南省水生经济发展规划》。

[11]12月2日，省水产技术推广站在成功推荐芒市、通海县、江川县水产技术推广站为"全国基层水产技术推广示范站"的基础上，参照全国示范站审核确认方式，通过县级自愿申报、州级推荐、省级专家审核，确认会泽县水产工作站、开远市水产技术辅导站、大理市水产技术推广站、保山市隆阳区水产工作站、丘北县渔业工作站为"省级水产技术推广示范站"，并举行了授牌仪式。

(云南省农业厅　梁剑鸿)

西藏自治区渔业

【概况】 2014年，西藏渔业管理工作在自治区党委、政府的正确领导和农业部渔业局的关心支持下，认真贯彻落实《中国水生生物资源养护行动纲要》、国务院《关于促进海洋渔业持续健康发展的若干意见》中资源养护工作要求和环境保护部、农业部《关于进一步加强水生生物资源保护严格环境影响评价管理的通知》精神，着力加强渔业生态环境保护，继续严格执行禁渔制度，严厉打击非法捕捞、经营、运输水生野生动植物及其产品的行为；加大渔业资源增殖放流力度，科学评估资源增殖保护效果，渔业生产继续保持了平衡发展，2014年全区水产品产量340吨，其中捕捞产量279吨、养殖产量61吨。淡水养殖面积31公顷。渔业经济总产值为1 360.06万元，其中淡水捕捞产值418.2万元，淡水养殖525.74万元；渔业流通和服务业产值416.12万元(水产流通319.3万元，休闲渔业156.67万元)。

1.淡水生物资源增殖放流 西藏增殖放流品种主要是亚东鲑、黑斑原鮡、尖裸鲤等经济型鱼类，也是青藏高原的特有优良品种。近年来，受过度捕捞和外来鱼类竞争双重威胁，特有渔业资源日益萎缩。为恢复西藏水生生物资源量，保护渔业资源，2014年，根据农业部渔业局要求，全区继续在拉萨河、尼洋河、麻曲河等重点渔业开发河段实施鱼苗增殖放流。6月6日，亚东县在亚东麻曲河流域放流5.5万尾亚东鲑小鱼苗，成鱼139千克。同时，开展为期3天的专项执法巡逻，打击非法捕捞者，确保亚东鲑增殖放流的效果。7月底，自治区畜牧总站在拉萨河曲水段完成黑斑原鮡、尖裸鲤、拉萨裸裂尻鱼、拉萨裂腹鱼、异齿裂腹鱼等西藏土著鱼类60万尾夏花鱼苗(3厘米鱼苗)的增殖放流；8月17日，林芝地区农牧局在林芝县布久乡举行了以"养护水生生物资源，共建生态文明林芝"为主题的2014年水生生物增殖放流活动，向尼洋河流域放流异齿裂腹鱼、拉萨裸裂尻等鱼苗75万尾。8月底，西藏大学农牧学院在尼洋河放流3厘米以上双须叶须鱼鱼种5万尾。对快速补充尼洋河水生生物群体，稳定渔业种类数量，保持物种多样，改善水域生态环境有重要意义。

2.渔业资源保护 为加强高原湖泊生态保护工作，增强高原湖泊鱼类资源的可持续发展能力，西藏从2002年11月以来，全区所有湖泊鱼类实行禁渔，12年来，在区、地、县三级人民政府的领导下，在各级渔政管理部门的监督管理下，在渔业行政执法人员的努力工作下，在广大农牧民群众的积极参与下，禁渔工作取得较好成效，确保了全区高原湖泊生态环境得到了有效保护，实现了预期的管理目标，促进了渔业资源养护和水域生态保护。

为加强渔业资源保护和合理利用，进一步强化渔业执法工作，确保资源永续利用，2014年，各地(市)渔政行政主管部门继续狠抓禁渔工作，高度重视，明确任务，利用各种媒介，广泛宣传禁渔期制度的目的、意义，宣传养护渔业资源、保护渔业水域生态环境的必要性。林芝地区按照《2014年林芝地区禁渔通知》的要求，与各县密切配合，共出动执法车50余台次，采取集中宣传、随机宣传等方式，广泛宣传《渔业法》《西藏自治区实施<中华人民共和国渔业法>办法》及禁渔期的相关规定，切实增强群众对渔业资源知识的了解和禁渔工作重要性、紧迫性地认识，共发放禁渔宣传资料3 000余份。

3. 渔政执法管理 从4月1日开始，林芝地区渔政执法人员对所辖水域开展日常巡查，特别对农贸市场、鱼庄、饭店等野生鱼交易重点区域实施不定期的突击检查，对在检查中发现的非法捕捞、收购、销售野生鱼类等违法行为，分别给予了批评教育和警告，对依法没收的野生鱼当场放生。各县执法人员还对河道内的非法捕鱼行为实施了不定期的清理行动。禁渔期内，在全地区主要河道、水产品市场等禁渔重点区域组织专项执法行动30余次（其中夜间行动8次），共依法没收并放生野生鱼4 000多千克；收缴渔网9付；查处违法捕鱼行为7起，收缴渔船2艘，电捕鱼器3台、上缴罚没款8 000元。

6～8月份，拉萨市和山南地区渔政行政主管部门联合公安、工商等部门，分别对所辖区域水域、湖泊开展一次全面执法行动，主要针对在禁渔河流水域湖泊等非法捕捞行为，无证捕捞、使用禁用的渔具在江河捕捞的违法行为，共查处违法行为3起，处理3起。同时，重点对水产品批发市场和各菜市场水产摊位开展检查，严厉打击非法捕捞特别是电鱼、毒鱼、炸鱼等严重破坏渔业资源的行为；严厉打击非法捕捉和经营利用水生野生动物，强化市场监管。

4. 水产种质资源保护区 为加大宣传力度，提高社会对设立"国家级特有鱼类种质资源保护区"的意义，林芝地区工布江达县渔政执法大队举办了首届"西藏渔业资源保护公益活动"。6月9日，工布江达县渔政执法大队及11名志愿者在巴松错"国家级特有鱼类种质资源保护区"顺利启动公益活动。活动期间，志愿者协助执法人员开展了渔业法规宣传，并发放宣传册300余份。同时，查获收缴了46袋400余千克价值2万余元的外来放生鱼（鲫鱼、鲤鱼、草鱼），对查获的68条病死鱼实施了销毁及无害化处理。

5. 积极开展水生生物资源调查工作 2014年，自治区畜牧总站积极参与科技部工作专项"藏北湖泊水生生物资源本底调查"野外考察工作。主要对基础数据匮乏的藏北高原湖泊开展全面、深入的水生生物资源及水环境综合考察，系统采集、收集和获取本区域水环境、水生生物本地资料，为国家战略生物资源储备、区域资源开发利用、可持续发展和地方经济建设提供决策和基础数据支持。考察队员对那曲、阿里、日喀则地区包括色林错、扎日南木错、当若雍错、班公错、鲁玛江冬错等22个湖泊的水环境、水生生物进行了初步考察，行程达10 550千米，考察时间近两个月，对了解全区湖泊水体环境、水生生物本底资源等极为重要，为下一步开发利用湖泊资源提供了科学依据。

6. 存在的问题 近年来，全区渔业生产有了一定发展，但总量很小，资源优势也没有得到有效利用，与其他地区相比差距很大，存在的问题也比较突出，主要表现在：

（1）渔业机构设置严重滞后。目前，西藏没有单独的渔业管理机构，也没有水产技术推广机构，全区仅林芝市工布江达县成立了渔政执法大队。渔业工作与畜牧工作、草原工作设在一个处（科）室，人员少，均是兼职。渔业专业技术人才严重缺乏，从水产院校毕业从事渔业管理、科研、生产的专业人员不足10人，典型示范、新技术引进和实用技术推广面临极大的困难。

（2）投入严重不足。全区渔业建设项目主要依靠农业部支持。受地方财力的限制，西藏各级财政尚未设立渔业发展专项资金，渔业基础设施条件差，原良种生产体系不健全，水产苗种生产能力仍较低，自繁总量不足，缺乏发展后劲；地方政府对水产养殖的支持政策仍显不足，地区特色水产养殖尚未形成规模，效益较低。

（3）执法难度大。西藏地广人稀，县乡之间距离远，执法成本高；各县渔政执法没有人员编制，绝大部分是县兽防站人员兼管，队伍不稳定；财政也未将渔业执法部门经费纳入预算，执法经费不足，渔业执法设备简单，手段落后，执法水平低。一些执法人员对执行程序的重要性认识不够，存在简化或省略执法程序的现象。渔业执法受执法条件的影响，对群众举报的违法事件往往不能在第一时间赶到现场，大大影响了执法效果。

（西藏自治区农牧厅畜牧草原水产处）

陕西省渔业

【概况】

1. 主要渔业经济数据 2014年，陕西省渔业工作在农业部和省委、省政府的关心支持和省水利厅党组的坚强领导下，深入学习贯彻国务院现代渔业建设工作电视电话会议精神，以保障水产品安全有效供给和促进渔民持续增收为中心，按照"提质、扩量、增效、生态、安全"的总体要求，深化体制机制改革创新，调整优化产业体系部局，强化渔业资源养护，不断完善强渔惠渔政策贯彻落实，渔业始终保持了快速的发展态势。2014年完成水产品总产量16.5万吨、渔业经济总产值61.5亿元，分别超额完成全年目标任务的16.2%和11.8%，分别高出上年度1.4万吨、2亿元，提前完成了"十二五"规划目标。

2. 产业发展成效

(1)渔业结构调整。充分发挥资源优势,调整产业结构,优化产业布局,突出区域特色,因地制宜开发沿黄河及陕北、渭北低洼盐碱滩地,升级改造关中、陕南老旧池塘设施,发展名优水产品养殖;以开发秦巴山区冷流水资源为重点,推进冷水性鱼类集约化养殖,大力发展大鲵等特色水产养殖;在全省城市郊区充分挖掘渔业休闲功能,发展集垂钓、餐饮、观赏、旅游、度假等都市休闲渔业,以渔为主带动多种产业互动发展的新格局,实现渔业发展,渔民增效。渔业一、二、三产业协调发展,现代渔业建设稳步推进。

(2)基础设施建设。重点实施了水产原(良)种建设改造、池塘标准化改造、休闲渔业、渔业示范园区建设、支撑能力建设、渔业科技创新与推广、服务保障体系建设、"菜篮子"水产品生产等基础设施和服务体系建设,全年池塘标准化改造面积267公顷,渔业标准化健康养殖扶持项目32个,加快推进现代渔业园区建设,已建成省级园区4个、市级园区50多个,全省渔业龙头企业和渔业专业化合作经济组织达到200多个;渔业资金投入力度不断加大,融资渠道不断拓宽,有力推动了渔业经济快速发展,渔业各项政策在全省逐步得到落实,渔业发展势头良好。

(3)水产苗种生产。强化水产苗种生产管理,开展水产苗种场执法检查,杜绝使用违禁药物,严格落实生产记录、用药记录和销售记录等管理制度和苗种生产行政许可制度,2014年全省共产销淡水鱼苗19.26亿尾,虾类鱼苗73万尾,大鲵苗434.22万尾,良种覆盖率达到60%以上,初步形成以新民国家级家鱼原种场为引领,覆盖陕南、陕北、关中地区水产良种体系,基本能满足本地区苗种供应,为全省渔业发展奠定了坚实的基础。

(4)渔政管理。继续开展"打非治违"和清理"绝户网"专项行动,切实维护渔民的合法权益和保护渔业生态资源环境。相继开展了水生野生动物保护、水产品质量安全、渔船安全管理、渔业水域污染事故查处等专项执法活动,重点针对非法捕捞、使用违禁药品和滥用添加剂、渔船安全设施配备等方面加大执法力度。特别是针对汉江、嘉陵江、渭河及其支流非法捕捞、使用违规捕捞渔具和电鱼、毒鱼、炸鱼等行为十分猖獗的问题,重拳出击严厉打击,收缴电捕渔船、橡皮艇、电捕鱼逆变器、电瓶、地笼网、拦河密眼丝网、抄网、围网、粘网、底拖网等各类非法捕捞渔具6 000余件(套),有效打击了非法捕捞器张气焰。

(5)水产品质量安全。水产品质量监管成效显著,省、市、县三级水产品质量安全监管体系基本形成,食药、水利、农业三家之间的监管职能分工进一步明确。开展了为期3个月水产品质量安全专项整治行动,有效遏制了违规生产不合格水产品行为。由省农业厅、省水利厅、省食药局三部门联合出台了《关于加强食用农产品质量安全监管工作的意见》。农业部在陕西省开展了产地养殖环节抽检2批次90个样品、省质检中心开展产地养殖环节抽检120个样品、市县开展养殖生产环节6 000多个样品的快速定性检测,合格率均达到100%。全省10个地(市)和107个县(区),按照地(市)级40万元、县(区)级5万元的标准,配备了快速检验检测和渔政执法取证设备仪器,全省基本形成了省、市、县三级完善的水产品质量安全监管体系。

(6)渔业生态环境保护。加强了保护区建设和管理。丹江武关河、周至黑河珍稀水生野生动物自然保护区晋升国家级已通过环保部初审,申报建设南郑西流河国家级水产种质资源保护区已经农业部公示;陇县国家级保护区762万元建设项目初步设计、周至黑河保护区510万元、丹凤武关河保护区551万元的建设项目可研报告通过农业部审查批复;开展了自然保护区管理和专项执法检查,完成了各类保护区基础资料的统计和填报工作。扎实开展了水生生物增殖放流活动。组织在5个国家级、省级水生动物自然保护区开展了珍稀物种大鲵的增殖放流活动,放流20厘米以上大鲵17 000尾、秦岭细鳞鲑1 000尾;省(市、县)分别组织在黄河、丹江、汉江、渭河及其支流放流苗种970万尾。由农业部、南水北调办公室和湖北、河南、陕西等省政府联合主办的丹江口库区千万尾水生生物增殖放流活动于6月5日在丹江口市成功举行。国家二级保护动物秦岭细鳞鲑在太白、凤县等地人工培育成功,繁育苗种达到30余万尾,世界濒危水生物种"桃花水母"在安康瀛湖首次发现,黄河陕西段新发现多处鱼类产卵场,阳安二线铁路穿越湑水河、汉江西乡段2个水产种质资源保护区落实生态补偿资金410多万元。开展了大鲵资源及发展状况调研。向社会发布了2014年度《渔业生态环境状况》和《水产养殖病害监测及防治状况》2个公报。

(7)水生生物病害检测防治。首次开展鲤春病毒血症专项检测,全年先后在合阳、大荔等7县(区)采集检测样品30个,有效提升和推动了全省水生动物疫病防控工作。认真开展渔业病害测报、预警工作,通过对全省28个测报县(区)2 800公顷养殖面积的渔业病害开展为期8个月的测报、分析、预警、提出防治措施和建议,有效地减少了渔业病害的发生,同时,加强和控制渔业疫病和污染事故，对全省渔业发展起到有力地保障作用。全省年检疫各类水产苗种共计72批次，5.5亿尾，超年计划任务96.4%，出具增殖放流水产苗种检疫报告11份。扎实开展了陕西省2014年水产养殖规范用药科普下乡活动。

（8）渔业科技推广。落实基层渔业技术推广体系改革与建设补助经费共计800万元，充实和加强32个县（区）级水产技术推广站能力建设。全年申报各类科研项目10大类36个、立项9个、16个在研重大科研项目进展顺利，“盐碱滩涂生态农业综合开发利用技术示范与推广”项目获得陕西省第十六届农业技术推广成果一等奖。重点组织实施了“陕西省不同地域大鲵规范化养殖技术模式研究与示范推广”“网箱养殖匙吻鲟等名优品种技术示范与推广”“黄河滩区及陕北库区养殖河蟹等名优品种技术示范与推广”项目，累计推广面积11.63万平方米。开展健康养殖技术、规范用药、苗种培育等各类培训50余期，渔民科学养殖水平明显增强。

（9）渔业船舶检验。按照农业部渔业船舶检验局要求，成立活动领导小组，下发了“渔船检验执法监督三大行动方案”，全面组织开展工作，完善了渔船基本数据，开展了渔船安全风险隐患排查与整治行动、渔船船用产品质量监督整治行动。进一步加强渔业船舶船用产品监督管理工作，全年共受理渔船船用产品检验申请8个，设备1 250台套。经过多方努力，农业部渔船检验局下发了《关于陕西渔业船舶检验局安康检验处和安康瀛湖检验站业务核定和使用对外名称的批复通知》，标志着陕西省基层渔业船舶检验机构建设取得新的突破，也为全省依法治渔、依法兴渔工作开启了新的篇章。在安康市瀛湖水库组织了对全省12米以上渔业船员的培训考核，共有92人通过了渔业船舶船员资格的培训考核。重点指导西乡县石泉水库、安康市瀛湖等重点渔业水域小型渔业船舶规范化管理试点工作。

3.存在问题

（1）大鲵价格下降幅度大，销售渠道不畅通，产业链条还未形成，大鲵养殖和发展受到一定影响。

（2）渔政执法任务越来越重，人员编制少，执法经费严重紧缺，执法装备十分落后，难以满足当前繁重的渔业执法任务。

（3）中、省渔业建设项目地方配套和自筹部分资金难以落实，给项目的实施带来一定影响，部分项目不能按批复建设内容和时限完成建设任务，导致一些项目不能及时竣工验收。

【重点渔业市（县）基本情况】

陕西省重点渔业地区基本情况

地区	总人口（万人）	渔业产值（万元）	水产品产量（吨）	其中		养殖面积（公顷）
				捕捞	养殖	
汉中市	34 110	231 114.3	35 100	1 608	33 492	7 615
安康市	21 396	209 085.1	42 356	4 835	37 521	14 955
渭南市	7 537	62 167	39 823	518	39 305	5 973
西安市	3 445	60 643.2	14 168		14 168	1 540
榆林市	2 943	10 734.46	8 310		8 310	12 114

【大事记】

［1］1月14日，《陕西省水产种苗管理办法》（以下简称《办法》）经省政府2013年第22次常务会议通过，正式发布，自2014年3月1日起施行。《办法》于2001年4月30日起颁布施行，由于历经12年施行，暴露出一些问题和不足。修订自2011年启动，2012年7月13日省政府法制办、省水利厅联合举行了立法后评估启动仪式，成立了立法后评估工作领导小组及办公室，2013年列入省政府法制办修法计划，历时三年。此次《办法》修订，严格按照修法程序，经基层调研、召开专题座谈会、行业问卷调查、征求省政府有关部门及各设区市人民政府意见、专家立法咨询等程序，经过六次大的修改，形成送审稿，报省政府常务会议审议。这次修订进一步明确了政府职责，增加了水产种业发展的扶持措施，完善了相关法律责任，强化了现代生态、环保、安全理念，将为今后我省水产种业的发展奠定良好基础。

［2］1月26日，省渔业局下发了《关于加强“春节”和“两会”期间渔业安全生产工作的紧急通知》。

［3］2月25日，农业部水生动植物自然保护区评审委员会在西安对“陕西黑河珍稀水生野生动物自然

保护区”和“陕西丹凤武关河珍稀水生动物自然保护区”申报国家级自然保护区材料进行了评审,评审委员会一致同意其申报国家级自然保护区,农业部渔业渔政管理局局长赵兴武、陕西省水利厅副巡视员参加会议并作了重要讲话。

[4]3月10日,按照省科协开展“科技之春”宣传月活动要求,省渔业局认真安排部署相关工作,成立了关中、陕南、陕北三个宣传组,由主要领导亲自带队,组织全省渔业系统单位积极开展“科技之春”渔业科技宣传活动。组织渔业专家、技术人员和群众展开互动,宣传陕西省现代渔业发展概况、水产养殖知识、水产品质量安全和水生物种资源养护等多方面渔业科技知识,针对渔民反映突出的大鲵养殖技术和市场发展问题,举办了专题讲座,现场发放渔业科普和渔业法律法规知识读本和图册,切实增强了群众对渔业的认知、对促进我省现代渔业发展起到了积极作用。

[5]3月14~15日,由陕西省饲料工程技术研究中心、陕西华秦农牧科技有限公司共同举办的第二届西北水产养殖业发展研讨会在杨凌召开,来自西北农林科技大学、陕西省水产研究所以及广东、四川著名水产养殖企业等6位专家和甘肃、宁夏、四川等地的300多家水产养殖企业、养殖户,共同就水产养殖业目前面临的问题,如何调整发展模式,实现精宜化管理等,进行交流研讨。本次会议对陕西省广大养殖户增产增效和对推动全省水产养殖业健康发展起到了积极的促进作用。

[6]3月17日,陕西省渔业协会在西安市召开了一届五次常务理事会议和全省渔业互保工作座谈会。会议同期举办了由省渔业公司和协会主办的“陕西水产网”开通仪式。协会各副会长以及市站、重点区县常务理事,市级渔业互保代办处负责人参加了会议。

[7]3月18~20日,省渔船检验管理局局长贺玉良一行3人,赴宝鸡进行渔船安全检查和船用产品检验。对宝鸡市7艘12米以上渔船的安全性能和400台船用蓄电池进行了全面检查,要求切实加强渔船安全监管,确保渔船安全和渔民人身安全,确保渔业生产安全、有序推进。

[8]3月31日,农业部淡水渔业与种质资源利用综合性重点实验室主任徐跑研究员一行4人到黄河水产研究所进行实地考察,检查指导农业部黄河中上游渔业资源环境科学观测实验站建设工作。

[9]4月18~19日,由农业部水生动植物保护分会秘书长周晓华等一行6人组成的大鲵资源调研组来陕进行大鲵资源及产业发展状况调研。调研组先后走访了汉中、安康两市及相关县区,听取了大鲵保护、养殖、加工、销售等方面汇报,实地考察了大鲵自然保护区、仿生态养殖场以及加工、销售等设施建设情况。

[10]4月23~25日,为认真落实农业部大鲵现代化养殖技术创新试验项目,由省水产总站主任张树明带队,陕西师范大学梁刚教授等项目组一行8人,对宁陕、汉阴和城固三个项目实施点进行调研检查、落实实施方案。

[11]5月份,陕西省水产技术人员在黄河小北干流水域进行科学考察期间,发现多个经济鱼类产卵场。通过调查,在禹门口和芝川(河心滩)等处发现多个经济鱼类产卵场,现场采集到黏附在水生植物及根系上的批量卵粒并打捞到批量鱼苗。近年来,中央和沿黄各级地方政府加大对黄河综合治理的力度,同时沿黄各省区加大人工增殖放流力度,黄河生物多样性再次显现,鱼类产卵场逐步得到恢复。

[12]6月10日,“陕西省不同地域大鲵规范化养殖技术模式研究与示范推广项目”启动会召开。会议解读了项目总体目标、技术路线和实施方案,介绍项目管理工作,讲解大鲵在全省自然分布区域及相关养殖技术。参会人员进行了讨论,对项目如何实施进行研讨,提出对策与建议。省水产工作总站分别与汉中、西安、安康市水产站,陕西龙泉大鲵养殖有限公司分别签订了项目协作合同书,渔业系统相关的负责人、企业代表等40多人参加了会议。

[13]6月16日,陕西太白湑水河珍稀水生生物国家级自然保护区成功育成秦岭细鳞鲑鱼种。秦岭细鳞鲑人工繁育成功,必将对湑水河保护区乃至整个秦岭区域秦岭细鳞鲑种群的恢复起到极大的推动作用。同时为秦岭细鳞鲑的产业化发展以及天然水域秦岭细鳞鲑的人工增殖与放流提供可靠的种苗来源。

[14]6月16日,安康瀛湖库区发现一种其如指甲盖大小、通体透明的水生物,并且有几千只之多。渔政执法人员通过取样观察,并进行相关资料和图片查阅比对,发现这就是被称之为“水中大熊猫”的桃花水母。因其活体罕见而被列为世界最高级别的“极危生物”,为世界级濒危物种,是中国一级保护动物。

[15]8月15日,省渔业局和省食品药品监督管理局举行座谈会,共商水产品质量安全市场监管工作衔接有关问题。省渔业局、西安市水务局渔政处和省食药局有关领导10余人参加座谈。

[16]8月20~23日,全省渔船船员培训班在安康市举办。培训分为理论学习和实际操作两部分,特邀安康海事局的有关专家授课。全省70多名渔船船员

经过了理论学习、实操培训和考试，达到了预期的效果。

[17]8月21~23日，中国水产学会秘书长司徒建通、副秘书长陈恩友和赵文武处长一行深入西安、渭南、汉中等地市的重点渔业县（区）养殖企业和养殖户现场，召开座谈会，调研指导渔业统计调查工作开展情况。

[18]8月27日，全省渔业行政审批工作培训班在渭南市华县举办。培训班结合渔业行政审批下放事项，从渔业行政审批的主要内容、目标、必备法律知识、配套制度、具体程序等五个方面对如何履行好渔业行政审批工作进行了详尽的讲解和释疑，在讲解的过程中还进行了业务交流讨论，进一步提高渔业行政执法人员的素质，推动了依法行政能力。来自全省各市县渔业主管部门、渔政站负责人和具体工作人员120余人参加了培训。

[19]9月3日，由全国水生野生动物保护分会主办，陕西省渔业局、陕西省水产工作总站和汉中市水野保护协会协办的大鲵养殖及病害防治培训班在汉中举办。来自湖南、四川、重庆、贵州及本省的230名大鲵养殖从业人员参加了培训。培训班聘请农业部渔业病害防治委员会专家成员、华中农大教授陈昌福讲述了大鲵病害防治有关知识；中国水产科学院长江水产研究所研究员肖汉兵系统讲解了大鲵生物学习性、养殖管理及苗种繁育技术。

[20]9月26日，2014·西安·济宁市微山湖渔业品牌推介会在西安召开，本次推介洽谈会由山东省海洋与渔业厅、陕西省水利厅、济宁市人民政府、西安市人民政府主办，济宁市渔业局、西安市水务局等单位承办。陕西省水利厅副巡视员马景国，山东省海洋与渔业厅巡视员王瑗及相关单位领导出席会议。会议以“牵手济宁、关注渔业、合作共赢”为主题，展示了“微山湖乌鳢、大闸蟹”等济宁市微山湖系列渔业品牌产品，为西安和济宁两市渔业发展相互学习、合作共赢，提供了交流机会。西安市有关企业和济宁市10多家企业在现场签约。《陕西日报》、陕西广播电视台等媒体现场报道。出席会议的各界代表160多人。

[21]9月26日，“2014年渔业专家走基层活动”圆满结束。省级渔业部门围绕“专家走基层，传送新技术，解决实际问题，帮助渔民增产增收”的活动主题，深入基层进场入户及面对面服务指导、向基层发放水产科技书刊，共组织专家下基层服务100人次，培训水产技术干部、渔民410人，走访服务渔企30个，渔民150户，发放实用技术资料200余册。

[22]10月22日，副省长祝列克带领省级有关部门负责同志先后到渭南大荔现代渔业产业园区和合阳沿黄现代渔业观光园区和奶山羊基地进行调研，详细了解奶山羊产业和水产养殖发展情况。

[23]10月30日至11月1日，农业部渔业渔政管理局副局长崔利锋调研陕西渔业，先后深入西安市渔场、汉中市大鲵仿生态驯养繁殖基地、人工养殖基地、大鲵产品加工基地，与省、市、县渔业主管部门负责人、大鲵驯养繁育负责人、销售及加工企业负责人进行座谈。针对大鲵产业存在的人工养殖数量大、销售渠道不畅、加工滞后等问题，崔利锋副局长提出五点要求：一是要正确处理好保护与开发利用之间的关系；二是要进一步规范大鲵人工驯养繁殖管理，探索建立大鲵人工养殖产品质量可追溯体系；三是要做好大鲵人工养殖病害防治等基础性研究工作；四是要加强监管管理，进一步完善制度；五是要提升大鲵养殖组织化程度，延伸产业链条，解决好瓶颈制约和障碍等问题。陕西省渔业局、汉中市政府及水利局有关负责人陪同调研。

[24]11月14日，省食品药品监督管理局、省水利厅、省农业厅三部门联合召开电视电话会议，动员部署为期三个月的水产品质量安全专项整治活动，旨在进一步建立健全日常监管机制，健全水产品质量安全监管长效机制。

[25]11月27日，由中、日、韩三国近30位渔业资源与环境保护、水产养殖等领域的专家组成的代表团到访省水产研究所，就渔业资源与环境保护技术进行了学术交流。省水产研究所有关领导向专家团介绍了陕西省水产科研发展的基本情况、科研条件、主要研究领域及取得的成果。专家团饶有兴致地观看了秦岭细鳞鲑繁育视频，并就珍稀水生野生动物保护、黄河渔业资源调查及资源环境保护措施、建立农业资源大数据库等问题与本省水产专家进行了探讨交流。

[26]12月9日，农业部办公厅公布了全国休闲渔业示范基地（第三批）名单，陕西省有4家位列其中，分别是西安市秦水渔业养殖有限公司、西安裕丰现代渔业良种有限公司、靖边县鑫达水产开发养殖专业合作社、靖边县义夫水产养殖有限公司。至此，陕西省荣获全国休闲渔业示范基地称号的共有12家单位。

[27]12月17~19日，环境保护部在北京主持召开了国家级自然保护区评审委员会会议，对各省市申报的22个省级自然保护区晋升国家级自然保护区项目进行了评审。陕西省商洛市丹凤武关河珍稀水生生物自然保护区顺利通过评审，将晋升为国家级自然保护区，对商洛市生态资源保护、建设美丽商洛具有里程

碑意义。

（陕西省渔业局 倪德强 段荣娟）

甘肃省渔业

【概况】 2014年,甘肃省各级渔业部门认真贯彻中央和省委1号文件精神,积极推进渔业结构调整,大力发展现代渔业,不断提高渔业产业化水平,渔业经济保持了平稳发展的良好态势。全省养殖水面1.38万公顷,与上年基本持平;水产品总产量1.43万吨,增长3%;渔业产值2.01亿元。经过积极协调,2014年4月,省人民政府办公厅发布了《关于进一步加快现代渔业发展的意见》,明确了今后一个时期全省现代渔业发展的指导思想、工作目标、重点任务和扶持措施。

1.水产养殖 一是苗种投放较好。据统计,全省水产苗种投放1.6亿尾,和上年基本持平。其中常规经济鱼类苗种投放1.4亿尾,鲑鳟鱼苗种投放2 000万尾。鲑鳟鱼苗种投放2 000万尾,其中本省自繁鲑鳟鱼苗种约1 200万尾。临夏国家级鲑鳟鱼良种场繁殖鲑鳟鱼发眼卵800万粒;碧泊公司繁殖鲑鳟鱼发眼卵100万粒;陇南自繁鳟鱼、裂腹鱼苗250多万尾。二是特色养殖取得新发展。网箱养殖、流水池塘养殖等现代渔业养殖方式继续发展。全省网箱养殖面积达到22.73公顷,其中陇南市文县7.87公顷,临夏回族自治州永靖县10.67公顷,甘南藏族自治州卓尼县3公顷。大鲵养殖户超过500户,存塘数量超过11万尾。休闲渔业经营企业700多家,经营面积超过1 733公顷。向农业部渔业渔政管理局推荐陇西县浩发、临夏市九眼泉、武山县金水湾、金塔县鸳鸯湖、秦州区金海湾等5个休闲渔业经营企业参与"全国休闲渔业示范基地"评选。三是普通水产品价格平稳运行,高端产品价格下降幅度较大。根据部分水产品零售市场价格调查,草鱼、鲤鱼、鲫鱼等大众消费品价格与上年基本持平。省内主养品种虹鳟鱼河西价格同比下降20%;中部价格同比下降32%;陇南价格同比下降33%。

2.技术推广 完成甘肃临夏鲑鳟鱼良种场1套循环水系统建设,良种场生产水量增加了40%,鲑鳟鱼培育能力增加30%。进行三倍体虹鳟养殖关键技术研究开发,研制了船用喷气式投饵机,解决了深水网箱面积大、人工投饵不均匀的问题;研发的全低温加工工艺,解决了三倍体虹鳟加工保鲜问题。应用激素人工催产技术和静水池塘肥水发塘技术规模化培育极边扁咽齿鱼苗种,显著提高了苗种培育成活率和生长速度,土著鱼苗种年产量达到30万尾。对人工培育的极边扁咽齿鱼苗种进行挂牌标志放流,野外放流的鱼苗具有明显的生长优势。在全省示范推广了黄辣丁池塘高效养殖技术、团头鲂池塘养殖技术,微生态制剂调节水质技术、生物絮团降解氨氮技术、草鱼灭活疫苗防病技术、新型微孔曝气增氧技术、水生植物浮床调节水质等一系列养殖技术。依托大宗淡水鱼产业技术体系优势,引进了芙蓉鲤鲫水花500万尾,福瑞鲤水花1 000万尾,开展新材料浮床水生蔬菜栽培试验。加强疫病监测,在全省设12个测报区域,将重点渔业县和水产健康养殖示范场、国家级大宗淡水鱼类产业技术体系白银综合试验站各示范点纳入病害测报监测范围,完成虹鳟、锦鲤的送检样品75个。积极开展科技培训,在白银召开了国家大宗淡水鱼高效健康养殖技术培训班,培训专业技术人员100多人。印发科技明白纸,发放到广大养殖户手中,累计发放各类科技资料6 000份。

3.良种体系 完成了高台县、肃州区、永登县、临夏市4个水产良种场建设项目的验收工作,泾川县水产良种场建设项目已完成投资计划的65%,漳县鲑鳟鲟鱼良种场、甘肃文祥鲑鳟鱼良种场建设项目已下达投资计划,项目建设正在有序进行。按照农业部渔业渔政局要求,上报白银鱼类良种试验站实施甘肃省兰州鲶水产保种场项目,项目已通过专家初审。按照《甘肃省省级水产原种场资格验收办法》的规定,高台县鱼种场、永靖县玉水舫渔业农民专业合作社两个良种场晋升为省级水产良种场。向酒泉市万聚、永靖县玉水舫、酒泉市月亮湖、临泽县祁连雪、甘南玛曲渔场、张掖市新世纪等5家企业发放省级水产苗种生产许可证5本。

4.质量安全 印发了《关于做好两节期间水产品质量安全监管工作的紧急通知》,组织对临夏、甘南、陇南抽检产地虹鳟鱼样品20个,合格率100%。制定了《2014年甘肃省水产品违法添加禁用物质专项整治行动方案》、《2014年甘肃省水产品质量振兴工作计划》及《2014年第一二次产地水产品质量安全抽检计划》,配合农业部渔业环境及水产品质量监督检验测试中心(武汉)在临夏、定西、陇南等7个市(州)开展了2次产地水产品质量安全异地交叉抽检,共抽检60个样品,合格率为100%。组织省农产品质量安全监督检测中心在甘南、张掖等4个市(州)开展了2次产地水产品质量安全本地抽检,共抽检30个样品,合格率均为100%,并对农业部抽检的15个样品进行了自检,分两次公开通报了抽检结果。各级渔政机构开展以水产养殖业为主的水产品质量安全执法检查活动68次,出动执法人员426人次,检查水产养殖企业和个人178家,水产苗种生产企业18家。对未建立健全

"三项记录"和相关台账的6家养殖企业和个人进行了限期整改处理。举办各类水产养殖质量安全培训班30余次,培训养殖人员486人次。组织开展了第九批农业部水产健康养殖示范场和渔业健康养殖示范县创建活动,按照农业部的考核标准和要求,组织专家组对申报创建的8家养殖场进行了考核验收,共有4家养殖场通过了验收。在全省选择8家养殖场实施渔业标准化健康养殖项目,每场补助45万元。

5. 渔政执法 加强渔业法律法规宣传工作,在重点渔业水域、水产养殖基地、水库网箱养殖基地等场所开展渔业法律法规宣传活动,积极开展水生野生动物保护科普宣传月活动,走进四区(社区、学区、渔区、景区)发放水生野生动物保护的宣传海报、宣传彩页、宣传小图册26 300余份,开展宣传活动32余次,出动宣传车船44台(艘)次。在黄河刘家峡段、白银段,黑河张掖段,洮河临洮段,白龙江和白水江文县段开展检查和督察禁渔执法检查工作14次,出动执法人员89人次,出动执法车船14台(艘)次,查获非法捕捞的渔获物28条,查处非法捕捞人员12人次。按照农业部考核标准,组织专家对全省6个水生生物自然保护区建设管理情况进行了考核评价。在全省范围内推广应用渔业行政执法处理系统及渔业行政执法数据统计系统软件,举办了全省渔政执法人员岗前培训班,培训新进入渔政机构的渔政执法人员53名,先后有44人次参加了农业部举办的各类渔政执法和渔船检验培训班,提升了渔政执法队伍的能力。

6. 生产安全 组织渔政管理机构开展渔业安全生产执法大检查52次,排查渔业安全隐患16起,预防和制止破坏渔业生产执行、干扰正常渔业生产活动的行为15起,查处破坏渔业生产秩序的不法行为6起,成功调解渔事纠纷21起,全年未发生一起渔业安全事故。在渔业船舶集中分布的刘家峡水库、汉坪咀水库、鸳鸯池水库和九甸峡水库组织开展了渔船检验执法监督行动4次,对分布在4座水库的23艘渔业船舶安全隐患进行了拉网式的排查和检查,对存在安全隐患的5艘养殖用船依法督促限期进行了整改。积极组织开展渔业水上事故救助演练培训和渔业水上事故救助工作,先后组织在刘家峡水库、汉坪咀水库开展渔业水上事故救助演练培训5次,培训渔政人员102人次,培训渔民99人次。积极开展渔船登记管理工作,对申请检验的26艘渔船全部进行了登船检验,对船用产品特别是救生和消防设备持证情况进行了系统全面的检查,渔船检验率达到100%,受理完成了1艘新建渔船的建造检验工作,受理完成了136批次353台(件)渔船船员产品的检验工作。

7. 生态安全 甘肃秦州珍稀水生野生动物自然保护区成功晋升为国家级自然保护区。加快了漳县珍稀水生动物国家级自然保护区和康县大鲵省级自然保护区项目建设,两个项目投资已下达。组织黄河白银平川段特有鱼类省级水产种质资源保护区申报建立第八批国家级水产种质资源保护区。组织对黄河刘家峡段花斑裸鲤、兰州鲶产卵索饵场等5个水产种质资源区进行了渔业生态环境监测。组织检查组对文县、康县、漳县和疏勒河保护区生态补偿项目进行了"回头看"。完成了玛曲县至久治黄河大桥、玛曲县至青海玛沁公路对黄河上游特有鱼类国家级水产种质资源保护区(甘肃段)影响专题报告及迭部多儿水电站工程、两当县竹林水电站工程对国家级水产种质资源保护区影响专题论证报告,开展了涉渔工程建设环境影响评价。争取中央渔业增殖放流经费480万元,10月底完成了增殖放流苗种供应单位招标,并将放流经费下拨到各个市州的主管部门,全省各地陆续放流苗种1 806万尾。

8.基础设施 全年共争取中央和地方配套资金3 019.93万元,其中水生动物保护项目1 210.93万元;水生生物增殖放流项目480万元;渔政船、渔政快艇资金152万元;水产原良种场建设项目投资439万元;渔业资源保护和渔政管理项目资金345万元;渔业生产损失救助项目18万元;渔业"菜篮子"产品生产项目投资360万元;水产品质量安全监管项目15万元。这些基础项目的建设,提升了全省渔业发展后劲,促进了全省渔业更好更快发展。

9.主要问题 鲑鳟鱼疫病形势依然严峻。根据对永登、永昌、临泽三县送样监测结果显示,虹鳟鱼传染性造血器官坏死病(IHN)依然存在,疫区上浮鱼苗患病死亡率高达90%,二龄鱼种患病死亡率高达60%,疫情依然十分严重,2014年产量损失预计达1 700吨以上。

【重点渔业市(州)基本情况】

甘肃省渔业重点市(州)基本情况

市(州)	水产品总产量(吨)	渔业产值(万元)	养殖面积(公顷)
张掖市	2 330	3 495	1 793

（续）

市（州）	水产品总产量（吨）	渔业产值（万元）	养殖面积（公顷）
酒泉市	1 780	2 610	2 154
白银市	1 658	2 256.35	1 68.3
临夏回族自治州	1 798	2 359.15	6 537
陇南市	1 150	1 945	2 050

【大事记】

［1］1 月 16 日，省农牧厅发布《关于公布甘肃省第二批全国休闲渔业示范基地名单的通知》，甘肃省天水九华山生态农业实验场（澎海娱乐园）、平凉市崆峒区休闲渔业示范基地、陇西永昌生态园、酒泉市铧鑫荷花园休闲渔业示范基地 4 家单位获得了“全国休闲渔业示范基地”称号，有效期自发文之日起至 2017 年 12 月 31 日止。

［2］1 月 16 日，省农牧厅发布《关于公布农业部水产健康养殖示范场（第八批）甘肃省名单的通知》，甘肃省渔业技术推广总站（所属刘家峡水库渔场）、白银区金锋刘玉甫渔场、镇原新海养殖专业合作社（所属水产养殖场）、庆阳景宏鑫养殖农民专业合作社（所属水产养殖场）、武山县金水湾冷水鱼养殖专业合作社、康县田竹源大鲵养殖有限责任公司 6 家养殖场获得农业部水产健康养殖示范场称号，有效期自 2014 年 1 月 1 日至 2018 年 12 月 31 日。

［3］3 月 5 日，省农牧厅与青海省农牧厅在兰州召开联合打击非法运输、贩卖表海湖湟鱼座谈会，甘肃省农牧厅副厅长妥建福与青海省农牧厅副厅长都茂廷签订了在甘肃省境内联合打击非法偷捕贩运青海湖湟鱼合作协议。

［4］3 月 17 日，《2014 年甘肃省水产品质量振兴工作计划》发布。

［5］3 月 25 日，全省渔业技术推广工作会议在兰州召开。省农牧厅渔业处负责人、14 个市（州）水产技术推广站负责人、50 个县渔业站负责人和省渔业技术推广总站有关人员共 80 人参加了会议。会议上对农业部授予“全国基层技术推广示范站”“农业部水产健康养殖示范场”的 8 个单位举行了授牌仪式。

［6］4 月 1 日，《甘肃省人民政府办公厅关于进一步加快现代渔业发展的意见》发布。

［7］4 月 2 日，《2014 年甘肃省水产品违法添加禁用物质专项整治行动方案》发布。

［8］6 月 17 ~ 19 日，甘肃省渔政管理总站在刘家峡水库举办了 3 天全省渔业水上事故救助演练培训班，来自省刘家峡水库渔政管理站、兰州、临夏、甘南、白银、陇南、酒泉、张掖、永靖等市（州）、县渔政机构负责人和渔政业务骨干及养殖户代表共 49 人参加了本次培训班，省农牧厅渔业处、临夏回族自治州海事局应邀现场指导了培训工作。

［9］7 月 30 日至 8 月 1 日，国家级水产种质资源保护区培训班在兰州举行，全国各省、市、区渔业主管部门 180 多人参加了培训。

［10］9 月 24 日，甘肃省渔业技术推广总站在白银市举办了全省“国家大宗淡水鱼高效健康养殖技术培训班”，全省 14 个市（州）及 34 个县（区）的渔业（水产）技术推广站的负责人、专业技术人员、养殖场（渔场）的养殖技术骨干、重点示范户等 90 余人参加了培训班。培训班特邀国家大宗淡水鱼产业技术体系岗位科学家、中国水产科学研究院淡水渔业研究中心研究员董在杰和中国水产科学研究院黑龙江水产研究所研究员徐奇友担任主讲。

［11］10 月 11 日，省农牧厅召开全省渔业“十三五”发展规划编制工作启动会议，会议决定成立全省渔业“十三五”发展规划编制工作领导小组，下设 3 个具体编写小组，分别编制全省渔业“十三五”发展规划、全省特色渔业“十三五”发展规划和全省水产良种工程“十三五”发展规划。

［12］12 月 10 日，《农业部办公厅关于公布农业部水产健康养殖示范场（第九批）名单的通知》公布，甘肃省金塔县万聚渔业开发有限责任公司（所属水产养殖场）、武山东胜养殖专业合作社（所属水产养殖场）、陇西县永昌生态养殖农民专业合作社（所属水产养殖场）、白银渔水人家养殖农民专业合作社（所属水产养殖场）4 家养殖场被评为农业部水产健康养殖示范场，有效期自 2015 年 1 月 1 日 至 2019 年 12 月 31 日。

［13］12 月 12 日，《农业部办公厅关于公布全国休闲渔业示范基地（第三批）名单的通知》公布，甘肃省临夏市九眼泉虹鳟鱼养殖场、甘肃省陇西浩发生态山庄 2 家养殖企业被评为“全国休闲渔业示范基地”，有效期自农业部发文之日起至 2018 年 12 月 31 日。

（甘肃省农牧厅渔业处　李　琦）

青海省渔业

【概况】 2014年,青海省渔业工作认真贯彻全国渔业电视电话工作会议和青海省委农村牧区工作会议精神,坚持保护与发展并重的原则,紧紧围绕年度工作目标,在开展渔业资源保护的同时,大力发展以鲑鳟鱼为主的冷水鱼网箱养殖,渔业资源保护得到进一步加强,养殖渔业呈现出了强劲的发展势头,开创了高原现代渔业工作的新局面。全年水产品产量达到9 037.3吨,渔业产值达到22 000万元。

1. 渔业资源保护 2014年,继续以青海湖裸鲤资源保护为核心,辅助于黄河长江流域水生动物资源保护工作,年内通过执法队伍的培训、强化执法和宣传教育力度以及加大土著鱼类放流等措施,渔业资源保护工作取得了显著成效。到2014年年底,全省重点保护的青海湖裸鲤资源量已由保护初期的2 592吨,恢复提高到45 000吨,是保护初期的16.36倍。

2. 渔业环境监测 2014年,开展三江源区、国家级水产种质资源保护区、柴达木盆地、黑河及渔业养殖水域等渔业生态环境监测,共设监测点76个,全年监测频次达2次以上。

3. 增殖放流 2014年,加大土著鱼类增殖放流力度。根据年初制定的增殖放流任务,依托青海湖裸鲤救护中心沙流河增殖放流站和黄河流域苏只增殖站,共组织举行10次放流活动,放流土著鱼苗880万尾,其中,青海湖裸鲤750万尾;花斑裸鲤130万尾。

4. 养殖渔业 2014年,渔业生产在各项惠农政策的支持下,养殖渔业显现出了强劲的发展势头,全省水产品产量达到9 037.3吨,其中池沼公鱼1 400吨、鲑鳟鱼6 641吨、河蟹136.3吨、鲤科鱼类860吨。总产量比上年同期增加3 037.3吨,增长50%。鲑鳟鱼增加3 000吨,增长82%。

(1)积极争取资金加大渔业投入。2014年,渔业发展总投入达到2 119.6万元。其中,中央投资1 419.6万元,地方投入700万元。

(2)网箱建设发展迅速。积极推进水产健康养殖示范场创建活动,鼓励各养殖场按照创建标准积极参与创建活动,全省获得农业部水产健康养殖示范场称号的养殖户(企业)达到42家。2014年新增网箱养殖面积21 474平方米,实现了年度网箱建设的预期目标。网箱建设面积累计达到160 629平方米。

(3)苗种繁育规模逐步扩大。2014年,强化了良种繁供体系建设,继续实施"水产良种补贴"惠农政策。年内向养殖户(企业)提供大规格的鱼苗607万尾,基本解决了沿黄库区冷水鱼网箱养殖苗种短缺的问题,良种覆盖率达到95%。

5. 水产品产地检测 2014年,在共和、尖扎、化隆、循化、贵德5县的养殖场,对从苗种质量管理、养殖环境监测、养殖模式选择、疫病检疫及病害防治、投入品质量管理、水产品质量检测及养殖水产品质量可追溯制度等7个方面进行了水产品质量安全全程监控,确保产地水产品质量安全。

6. 疫病防控 2014年,对鲑鳟鱼苗种输入输出实现严格的管理,并及时进行检测,建立检疫备案制度和可追溯制度。同时对沿黄流域鲑鳟鱼养殖区域设立30个测报点,及时控制养殖病害发生,年内未出现疫情,确保了养殖安全。

7. 科技推广和技术培训 2014年,继续依托鲑鳟鱼网箱养殖实训基地,组成专家服务团,在实训基地对全省鲑鳟鱼网箱养殖的技术人员进行现场操作手把手的培训,全年共组织举办"深水网箱养殖技术""鲑鳟鱼养殖技术""鲑鳟鱼养殖模式与药残检测技术""鲑鳟鱼良种选育""专用饲料应用""鱼病防治"等培训班10期,培训350人次。通过技术培训,提高了养殖户的科学养鱼水平。

【大事记】

[1]1月14日,农业部召开渔业渔政电视电话会议,省农牧厅副厅长都茂庭、厅渔业局全体成员、省渔业环境监测站、省渔政管理总站、青海湖裸鲤救护中心的领导参加了会议。

[2]1月26日,省农牧厅副厅长都茂庭、省渔业局、省渔政管理总站负责人一行4人到海北藏族自治州检查指导青海湖封湖育鱼工作。都茂庭一行先后到海北州农牧局、刚察县渔政站、哈尔盖水上派出所,详细了解青海湖封湖育鱼工作情况。听取了海北州政府副州长马占德、农牧局局长游海洪、刚察县政府县长晁世海、副县长尕玛才让和州、县渔政站负责人的工作汇报,并深入青海湖沙岛附近冰面上查看湖区的情况。

[3]2月25~27日,省渔业局牵头组织相关专家、领导对2013—2014年地方债券扶持渔业项目执行情况进行了为期3天的督导检查。

[4]3月5日,青海省农牧厅和甘肃省农牧厅在兰州召开"联合打击非法运输、贩卖青海湖湟鱼"座谈会,青海省农牧厅副厅长都茂庭、甘肃省农牧厅副厅长妥建福及两省渔业主管部门、渔政机构的领导参加了会议。

[5]3月31日至4月3日,全省渔政执法人员法律知识培训班在青海畜牧兽医职业技术学院举办,省

农牧厅副厅长都茂庭参加了开班仪式并讲话。本次培训是全省渔政工作提升年活动的重要组成部分，也是提高渔业执法人员执法水平和业务素质的一项重要举措。

[6]4 月 16 日，在贵德县举办 2014 年黄河土著鱼类增殖放流活动，在贵德县河阴镇红柳滩黄河湿地放流平均体长 8 厘米花斑裸鲤 3 万尾，贵德县农牧局、渔政站及当地干部群众参加了放流活动。

[7]5 月 4 日，青海省人民政府办公厅印发《关于加快现代渔业发展实施意见》。

[8]5 月 23 日，《青海省人民政府办公厅转发农牧厅等部门关于青海省 2014 年农业保险实施方案的通知》，首次将冷水鱼养殖保险纳入保险试点。

[9]6 月 17 日，省农牧厅直属机关党委关于厅办公室等党支部换届选举结果的批复，省渔业局党支部由于立中同志任支部书记。

[10]7 月 21 ~ 24 日，中国水产学会秘书长陈恩友副一行 5 人，来青海调研渔民家庭收支情况。

[11]10 月 26 至 11 月 12 日，省农牧厅副厅长刘青元，省渔业局局长王海等领导赴北欧三国考察。

[12]11 月 20 日 ~ 21 日，省渔业局举办 2014 年度渔业统计培训班，全省 14 个县的渔业统计人员、主管统计工作的领导 28 人参加了培训。

（青海省渔业局）

宁夏回族自治区渔业

【概况】

1. 主要渔业经济情况 2014 年，宁夏渔业按照“一特三高”的总体要求，以“提质、扩量、增效、生态、安全”为目标，坚持同步推进池塘标准化养殖和大水面生态养殖，强基础提质量，保安全增效益，突出重点区域，培育示范基地，优化产业结构，大力推进现代渔业建设，渔业规模化、标准化、信息化和产业化水平稳步提高，全区渔业经济呈现持续增长的良好发展态势。全区水产品产量 16.2 万吨，水产养殖面积达到46.7 千公顷，渔业经济总产值 31.1 亿元，产地水产品抽检合格率达 100%，全区从渔农民人均纯收入 9 568元。

2. 产业发展的主要举措、成就及特点

一是水产养殖基地建设进一步加强，渔业效益稳步提高。以自治区产业化政策为支撑，加强对养殖池塘进行整理、标准化改造与开发，推广运用水质智能化实时监测等信息化管理技术、机械化抬网捕捞等现代渔业机械化生产技术、微孔曝气增氧等高效养殖技术和池塘循环水生态净化等节能新技术。全区新建、改造标准化养殖池塘 2.33 千公顷，亩均增产 200 千克以上，净增效益 500 元以上。渔业养殖基础得到进一步巩固，实现池塘养殖增产、增收能力双提升。

二是稻田养蟹基地规范化建设加强，综合效益稳步提升。以稻田养成蟹与培养蟹种并重，引导各类企业、合作组织、种养大户通过土地流转等方式积极参与稻田养蟹（鱼），按照品种优质化、生产标准化、操作规范化、管理集约化、经营产业化方式，实现集中连片规模化经营。在贺兰、青铜峡等重点区域实施稻蟹生态种养 11.33 千公顷，生产“稻田蟹”1 871 吨，建设集中连片千亩以上的稻田养蟹基地 60 个，建设稻鱼、稻鸭、水生植物种植等宜渔水体立体综合种养基地 6 个。据示范点测产计算，“稻田养蟹”亩均增收 1 120 元，连续 6 年亩增效 1 000 元以上，化肥、农药使用量下降，实现稻田生态、经济效益双提升。

三是水产良种体系建设加强，现代水产种业发展稳步推进。以省级水产苗种场和黄河鲤等 6 个主导养殖品种为重点，继续加强水产良种保种、选育等基础条件设施建设，提高水产良种自给率，实现了鲤鱼、鲫鱼等主导品种良种的本地化生产，水产种业保障能力进一步增强。保存和选育黄河鲶良种亲本 2 000 组，选育与培育黄河鲤、异育银鲫“中科 3 号”良种亲本17 000组，更新换代黄河鲤良种亲本 7 000 组，并建立亲本档案。全区水产良种覆盖率、苗种自给率分别达到 67%，实现水产苗种自给、良种生产能力双提升。

四是名优水产品养殖示范带动作用加强，养殖效益稳步提升。以自治区水产研究所、贺兰、平罗、青铜峡、大武口区等为主，建设黄河鲤、黄河鲶、斑点叉尾鮰、丁鲹、泥鳅、南美白对虾等特色和新品种池塘健康高效养殖示范基地 15 个，亩养殖效益普遍在 6 000 元以上，最高达到 20 000 元。以金凤区、石嘴山市、平罗县、中卫市、农垦等为主，开展鲤鱼、草鱼、河蟹、鲟鱼、鲈鱼等大水面生态养殖，带动全区名优水产品健康养殖面积达到 17.33 千公顷，建立水产健康养殖示范点 185 个，落实科技入户 714 户。水产养殖结构进一步优化，实现名优品种集约化养殖、大水面生态养殖效益双提升。

五是水产品质量管理继续加强，水产品质量安全水平稳步提高。全面落实养殖户的主体责任和属地主管部门的监管责任，深入开展水产品质量安全专项整治，加大养殖过程中饲料、渔药等投入品的使用监管力度。以全区 94 个渔业合作经济组织、53 家涉渔企业、51 家家庭渔场、235 个休闲渔业场点和 62 个农业部水产健康养殖示范场为重点，以9个水产品质量安全可追溯平台为依托，全面深入开展水体环境监测、水产品质量检测、水产苗种检疫、养殖病害测报与防控，加大健康养殖培训。全年检疫外调和本地生产水产苗种13.6亿尾，外调水产苗种和产地水产苗种检疫鉴评率分别达到98.6%和85%，从源头上保障了水产品质量安全。全区共设置水产养殖病害预测预报点66个，测报面积7.93千公顷，测报养殖品种15个，监测到水生动植物病害18种，对养殖病害防控起到了很好的指导作用。全年监测水产养殖面积20千公顷，检测水体、水产品、水产苗种等样本613个，农业部和自治区例行抽检产地水产品，药残合格率均为100%。

六是生态渔业和休闲渔业加快发展，渔业品牌效应逐步显现。结合标准化水产健康养殖基地、湖泊生态养殖基地建设，建立腾格里湖、阅海等生态化渔业养殖示范区，新创建水产品品牌5个，价格高于普通水产品1~4元/千克，市场需求旺盛。结合全国休闲渔业示范基地创建工作，引导有资源条件、有资金实力的规模养殖大户及各类合作组织配套完善设施设备，因地制宜地建设了一批不同类型的生态渔业和休闲观光渔业示范基地，2014年新增各类休闲渔业场点11个，创建全国休闲渔业示范基地3个，有效拓展了渔业功能。

七是渔业资源和安全生产管理加强，渔业可持续发展。继续加强黄河及天然水域渔业资源管理。在5月1日至7月31日对黄河宁夏段397千米及其附属河沟湖渠实行休渔，严厉打击各类非法捕捞行为和各类非法经营、利用水生野生动物行为，实现了“水上无渔船、水下无网具、市场无销售”的休渔目标。以“涵养资源、修复生态、促进增收”为目标，进一步加大增殖放流力度，在黄河宁夏段、泾河宁夏段及其附属湖泊水域放流各类经济鱼类3 300万尾，严格规范放流程序，加大放流后执法监管力度，深入开展增殖放流效果评估，全社会保护资源、爱护环境的意识显著增强。全面落实渔业安全生产责任制，开展了为期4个月的渔业打非治违专项行动，重点加强对公共水域、休闲渔业场点垂钓、6.7公顷以上养殖场及渔具商店的安全生产管理，全年没有发生渔业安全生产事故，渔业安全形势良好。

3.存在的主要问题

一是养殖基础设施依然落后。突出表现为精养池塘淤积、老化现象依然呈加剧趋势，而水资源量减少、商品鱼季节性均衡上市及食品安全对池塘容载量要求却越来越高。因精养池塘需要经常性改造，且改造投入大，养殖户改造积极性不高，池塘改造进度缓慢，改造标准也不高。

二是水产种业建设依然滞后。突出表现为传统养殖品种种质混杂、退化严重，市、县级水产良种场建设滞后，名优品种苗种自给率不足，水产良种覆盖率低，与全国平均水平差距较大。

三是结构调整力度依然不够。名优品种养殖规模依然偏小，没有形成规模化、产业化；鱼用饲料生产、休闲渔业等二、三产业发展速度缓慢，产业链条短，增值空间小，跟自治区特色产业“高质、高端、高效”要求不相适应。

四是科技支撑能力依然不强。突出表现为科研推广力量薄弱，不能满足产业发展的需求；科技人员知识老化、人才断层现象严重，服务、指导生产的能力不强；从业者思想落后，先进的发展理念、养殖技术得不到及时引进与应用。

【重点渔业市（县）基本情况】

宁夏回族自治区重点渔业市（县）基本情况

市（县、区）	总人口（万人）	渔业产值（万元）	水产品总产量（吨）	其中		养殖面积（公顷）
				捕捞	养殖	
贺兰县	24.66	40 307.11	37 362	108	37 254	7 488
平罗县	30.33	38 767.09	35 935	77	35 858	11 470
青铜峡市	27.68	17 813.71	16 512	39	16 473	4 803
石嘴山市大武口区	28.67	15 966.74	14 800		14 800	4 066
中卫市沙坡头区	39.75	14 563.53	13 500		13 500	2 915
银川市金凤区	28.52	9 771.58	9 058	45	9 013	2 933
永宁县	23.10	8 652.52	8 021	2	8 019	1 328
银川市兴庆区	69	6 505.62	6 030	10	6 020	1 888

（续）

市(县、区)	总人口(万人)	渔业产值(万元)	水产品总产量(吨)	其中		养殖面积(公顷)
				捕捞	养殖	
灵武市	23.95	5 623.35	5 213		5 213	1 328
石嘴山市惠农区	18.96	4 428.87	4 106		4 106	2 677

【大事记】

[1]1 月 22 日，宁夏水产研究所被农业部授予首批全国现代渔业种业示范场。

[2]2 月 17 日，自治区农牧厅渔业局印发《2014 年全区渔业安全生产工作要点》，要求各地进一步强化渔业安全生产培训培育，完善渔业安全生产责任体系，扎实开展渔业安全生产大检查和隐患大排查，加强渔业生产用船、渔政执法船舶安全管理和渔业安全生产监管，深入开展“平安渔业示范县”创建活动，完善渔业安全生产应急和救助预案以及渔业安全管理制度，加强渔业安全监督管理队伍建设。

[3]3 日 20 日，自治区农牧厅渔业局印发《关于做好 2014 年全国水产健康养殖示范创建活动的通知》，同时印发了农业部水产健康养殖示范场（第九批）创建标准。

[4]4 日 15 日，自治区农牧厅渔业局印发《关于开展水产苗种检疫、鉴评工作的通知》，要求各地深入开展水产苗种检查，加大对苗种生产、经营过程中违法违规使用禁用鱼药行为的查处力度，强化水产苗种检疫，确保全区水产苗种生产安全、有序进行。

[5]5 月 29 日，自治区农牧厅印发《关于做好 2014 年全国现代渔业种业示范场创建活动工作的通知》，安排部署各地开展此项工作。

[6]7 月 3 日，自治区农牧厅渔业局印发《关于开展全国休闲渔业示范基地创建活动的通知》，要求各地积极支持具备全国休闲渔业示范基地标准的经营主体参与创建活动。

[7]7 月 15 日，由农业部渔业渔政管理局和自治区农牧厅联合举办的 2014 年黄河宁夏段渔业资源增殖放流活动在灵武市黄河边举行。农业部渔业渔政管理局副局长李彦亮、自治区农牧厅副厅长金万宏、副巡视员韩学仁参加活动。共向黄河放流黄河鲤、黄河鲶、鲢鱼、鳙鱼等 740 万尾。灌区渔业、渔政人员及当地群众参加了活动。

[8]7 月 14～16 日，农业部渔业渔政管理局副局长李彦亮，带领农业部稻渔综合种养课题研究组一行 5 人来宁夏开展渔业调研。李彦亮一行先后实地调研了宁夏水产研究所基地、青铜峡叶升镇稻渔综合种养基地、贺兰县常信乡稻渔综合种养基地、宁夏沙湖生态渔业养殖基地、泰嘉渔业名优养殖基地及石嘴山市星海湖大水面增养殖基地。详细了解了宁夏稻渔综合种养模式发展基本情况，适宜发展稻渔综合种养的区域、品种资源及发展潜力预测，稻渔综合种养基础设施、主导模式及运行机制，稻渔综合种养扶持保障条件与政策建议。重点就当前稻田综合种养的发展规模、不同稻田综合种养模式的经济生态社会效益、资源潜力、发展特点及存在的问题，各地发展稻田综合种养的组织方式、运行机制，促进稻田综合种养发展的政策保障及对进一步推进稻田综合种养在产业扶持政策、基础建设等方面的扶持需求等，与各地农牧部门及种养大户进行了座谈交流。

[9]7 月 23 日，贺兰县人民政府和中国水产科学研究院直属所签订了院县合作协议。该县和中国水产科学研究院直属所将发挥在各自领域的优势，大力发展高产高效、优质安全现代渔业，共同加快渔业科技成果转化推广，提升贺兰县渔业现代化发展水平。双方将联合实施重大科技项目攻关，共同开发科技成果，实现资源共享。

[10]8 月 19 日，自治区农牧厅渔业局印发《关于开展渔业打非治违专项行动的通知》并制定了全区渔业打非治违专项行动实施方案，要求各地深入开展渔业安全隐患排查治理，加大渔业安全生产监督检查和执法力度，严厉打击非法违法生产经营行为。

[11]9 月 30 日，自治区农牧厅渔业局印发《宁夏 2014 年渔业标准化健康养殖项目实施方案》，方案明确了 2014 年宁夏实施渔业标准化健康养殖项目的目标任务、建设内容、建设地点、建设时间、补助方式及标准、工作进度、保障措施和检查验收等。

[12]11 月 12～14 日，宁夏举办了全区渔业行政执法培训。全区渔业行政执法骨干人员、各市（县、区）农牧局分管负责人参加了培训。

[13]12 月 11 日，农业部办公厅公布了全国休闲渔业示范基地名单，宁夏吴忠市利通区扁担沟镇吉水湾度假村、吴忠市利通区扁担沟林枫生态园和宁夏农垦沙湖生态渔业有限公司三家被农业部办公厅授予“全国休闲渔业示范基地”称号，有效期自 2014 年 12 月 12 日至 2018 年 12 月 31 日止。截止到 2014 年年

底，宁夏全国休闲渔业示范基地达到10家。

[14]12月25日，农业部办公厅公布了农业部水产健康养殖示范场（第九批）名单，宁夏5家水产养殖场获得该称号，分别是宁夏兴胜水产养殖专业合作社、贺兰县富荣源渔业养殖专业合作社、贺兰县兆丰生态渔业有限公司、灵武市大泉湖吉成渔业专业合作社和青铜峡市永盛水产养殖专业合作社，有效期自2015年1月1日至2019年12月31日。截止到2014年底，宁夏农业部水产健康养殖示范场达到67家，面积16.93千公顷，占全区水产养殖面积的36.3%。

（宁夏回族自治区农牧厅渔业局）

新疆维吾尔自治区渔业

【概况】 2014年，新疆维吾尔自治区水产养殖克服生产成本增加、市场不景气等不利因素，努力巩固渔业工作取得的成果，积极加快渔业经济发展方式转变，渔业结构进一步优化，渔业生产和经济继续保持较快发展态势，渔民收入稳定增长。全区水产品总产量144 007吨，同比增加8 807吨，增长6.5%，其中养殖产量130 881吨，增加8 834吨，增长7.2%，捕捞产量13 126吨，减产27吨，下降0.2%，养殖产量占总产量的91%。渔业经济总产值24.43亿元，同比增加2.08亿元，增长9.3%，渔民人均纯收入13 704元，增加1 295元，增长10.4%，全疆水产品人均占有量6.6千克。

2014年，新疆有22家单位获得国家级健康养殖示范场称号，获得国家级水产健康养殖示范场的单位得到了中央和自治区财政资金补助，近1 000公顷池塘得以改造，改造后的池塘单产提升15%，这是水产品产量增加的主要原因。同时加强水产品质量的跟踪调查，强化健全养殖技术规范，实现生产管理制度化，努力扩展养殖技术服务，增强示范辐射规模化，促使其真正发挥健康养殖示范带动作用。

1. 水产健康养殖水平再上台阶

——养殖池塘标准化改造、健康养殖示范场创建工作稳步推进。新创国家级健康养殖示范场22个、“全国休闲渔业示范基地”1个，截止到2014年年底，累计创建国家级健康养殖示范场124个，“全国休闲渔业示范基地”6个；累计投入池塘标准化改造资金2 900万元，改造池塘3 200公顷。

——继续实施渔业适用人才培训工程。全年组织水产健康养殖技术、水产品质量安全管理、冷水鱼养殖技术、渔政执法等各类培训班20余期，培训专业技术人员2 000余人次。

——实施渔业科技入户工程，加大主导品种和主推技术的示范、推广力度。渔业科技入户60户，辐射面积730多公顷，为各地（州）市免费发送冷水鱼及虾苗2 765万尾。

——抓好水产养殖标准化建设。编制并印发《自治区渔业标准汇编》《水产健康养殖质量安全管理手册》《水产养殖病害防治指南》800册，《自治区水产养殖日志》2 000余册，免费向各地赠送，指导各地编制水产养殖技术操作规范，加强标准化建设和规范化管理。

——认真贯彻落实《新疆维吾尔自治区水生动物防疫检疫办法》。以乌鲁木齐市、昌吉回族自治州、阿勒泰地区为重点启动防疫检疫工作，联合兵团水产局对阿勒泰、塔城地区开展专项检查，进一步强化苗种生产管理。

2. 名特优新水产品比例逐年加大 一是名优水产品质优价高，团头鲂、罗非鱼、虹鳟、加州鲈、鳜鱼、中华绒螯蟹、南美白对虾、鲶鱼、斑点叉尾鮰等养殖已形成规模；二是特有土著经济鱼类开发利用成为新疆渔业发展的热点，白斑狗鱼、丁鱼岁、河鲈等养殖在乌鲁木齐市、昌吉州、巴音郭楞蒙古自治州、石河子市等地已形成规模，三是养殖形式多样化及养殖技术提高，新疆湖泊渔业、水利渔业、池塘渔业、设施渔业等全面发展，各地在养殖业的发展过程中，积极引进资金、技术，学习外地先进经验，养殖技术日趋成熟，养殖效益不断提高；四是天然水域渔业资源开发利用力度逐年加大，冷水渔业发展呈较快增长态势，以“三大湖区”为依托、以山区型水利工程发展为契机，引进企业和资金，加大冷水鱼及特有土著鱼类的开发力度；五是发展综合养殖、休闲渔业，以垂钓、旅游、餐饮、观光为主的休闲渔业日渐成为新的渔业经济增长点，效益显著。

3. 水产品质量安全监管力度进一步强化

——抓好水产品质量安全监督抽查工作。以元旦、春节、五一、国庆、亚欧博览会等重要节假、活动日为重要时点，加强水产品监督检查，组织开展养殖业专项执法行动4次，各类水产品质量抽检8次，累计出动执法人员280人，抽取样品400个，对外省不合格样品开展追溯；组织参加全区农产品质量宣传周——水产品质量安全宣传周活动，发放宣传材料1万余份，进一步增强了养殖生产单位（个人）依法生产、规范用药意识。连续2年，地产水产品抽检合格率全部达到100%。

——加强水产养殖投入品监管。对全区渔药、渔用饲料经营主体进行全面摸查清理，严格登记，建档管理。规范完善投入品使用记录，坚决杜绝非法添加禁用药物及非法添加物行为。

4. 渔业产业化进程进一步加快

——加快无公害、绿色、有机水产品认证步伐，积极推进水产品地理标志登记和GAP认证。着力塑造

"绿色新疆、品质渔业"的整体品牌形象，新认证无公害水产品16个，认定产地8个。目前，全疆养殖主产区共计75个产地、342个产品通过无公害认定。

——以水产总公司原有出租门面为基础设立了自治区特色水产品展示中心；组织乌鲁木齐县利用水西沟农家乐开展水产品推介活动；对各类展销、促销、品牌培育、推介等活动予以扶持。

——加快发展水产品加工和流通。加强对水产品加工龙头企业的支持和投入，新疆"蓝翔""赛湖""冰川"等龙头企业发展态势良好。

5. 坚持依法治渔、依法兴渔，渔业资源养护取得初步成效

——组织开展天然水域禁渔期联合执法检查行动。对额尔齐斯河、伊犁河、博斯腾湖、乌伦古湖等重要水域进行执法检查。共查处渔业违法案件105起，有力打击了非法捕捞行为。

——按照《全国水生生物增殖放流总体规划》的要求，争取项目资金，规范增殖放流活动。2014年共计放流各类鱼苗（种）2.7亿尾，其中：国家Ⅰ级濒危保护物种扁吻鱼6.5万尾，扁吻鱼子Ⅰ代的人工繁殖技术获得成功，并向博斯腾湖首次放流子Ⅱ代5 000尾。

——开展涉渔工程监督检查。2014年，在各地渔政部门的监督下有4家涉渔工程业主单位分别在伊犁河、额尔齐斯河、开都河开展了人工增殖放流活动，放流塔里木裂腹鱼等新疆特有鱼类鱼苗14.3万尾，使天然水域的渔业资源得到了有效的补充。

6. 强化渔业船舶监管，扎实推进"平安渔业"建设

按照"分级管理、属地负责"的原则，进一步建立健全渔业安全生产责任制，促进安全管理各项责任落实到位。完成了博斯腾湖、福海等重点渔业生产县的渔业船舶检验，检验率已达到95%。扎实开展全区渔业船舶证书"三证合一"改革和管理系统推广应用试点工作，研究制定了《自治区渔业船舶证书"三证合一"改革试点实施方案》，组织各地全面清理核查在册渔船，进一步摸清自治区渔业船舶的真实情况，确保渔船数据资料真实、规范、有效。

7. 渔业项目管理更为规范 进一步强化渔业专项资金的监管，严格执行可研报告及其资金预算的分类、汇总、筛选和审核论证程序，使有限的资金发挥最佳效益。加强渔业发展专项资金的使用、项目实施及发挥项目建成效益方面的检查监管工作，对重点地（州）2013年、2014年渔业专项资金20个项目的进行专项检查。进一步完善项目建设管理工作。加强项目前期申报立项，在建项目信息报送，完工项目竣工验收等环节的监督管理。强化专项资金绩效评价和监督检查，逐步实现了从偏重争取和分配资金向实行项目全过程监管的转变。

8. 强化信息服务与宣传 加强与新闻媒体合作，充分利用新疆渔业网、中国渔业政务网及其他网络媒体强化对新疆渔业优势资源、优质水产品及其食用方式的推介宣传，不断拓展水产品市场空间，为渔业健康快速发展营造良好的舆论氛围。通过新疆渔业网短信平台，定期向渔民发送技术服务、法律法规知识等服务信息。2014年，各地州在新疆渔业网发表政务信息86篇，在中国渔业政务网发表27篇，在水利厅网站发表21篇，发送服务短信1万余条。博尔塔拉蒙古自治州邀请北京电影学院拍摄博尔塔拉蒙古自治州渔业专题宣传片，扩大渔业影响力。

【重点渔业县（市）基本情况】

新疆维吾尔自治区重点渔业县（区）基本情况

县市	总人口（万人）	渔业产值（万元）	水产品产量（吨）	其中		养殖面积（公顷）
				养殖	捕捞	
昌吉市	36.76	26 593	10 160	10 160		1 286
伊宁县	44.85	18 276	9 022	9 022		641
温宿县	25.41	11 176	8 940	8 940		576
博湖县	6.18	13 647	8 118	3 088	5 030	1 720
福海县	6.67	15 500	6 220	3 919	2 301	6 990
拜城县	23.81	7 967	5 600	5 600		500
呼图壁县	21.87	8 607	5 360	5 360		867
乌鲁木齐市新市区	59.7	4 708	3 676	3 676		284
泽普县	21.53	5 586	3 224	3 224		374
莎车县	79.87	5 346	3 034	3 010	24	2 164

【大事记】

[1]5月，自治区水产局为切实落实为渔民办实事，组织开展"送良种、惠渔民"送良种下乡活动，为渔民提供优质冷水鱼苗，向伊犁哈萨克自治州、阿勒泰地区、博尔塔拉蒙古自治州、塔城地区、昌吉回族自治州、阿克苏地区的7个养殖场，18户渔民养殖户，共送虹鳟、金鳟良种鱼苗65万尾，旨在推广普及良种，提高水产生产水平，改善渔产品质量，增加渔民经济效益。

[2]2014年，自治区水产局与中国水产科学研究院合作在无锡淡水渔业研究中心联合举办水产健康养殖培训班，来自全疆养殖户45人参加了培训。培训期间，还组织参观了无锡市渔业养殖基地、饲料加工厂、休闲渔业等地。

[3]11月，自治区水产局同北京市水产技术推广站联合举办了水生动物防疫检疫培训，来自全疆各级渔业病害防治中心(站)、水产技术推广站技术骨干及国家级水产养殖健康示范场负责人共计41人参加了培训。此次培训邀请了北京市水产技术推广站殷守仁研究员、潘勇等六位高工授课，培训内容包括：鱼病的初步诊断和控制，水生动物防疫检疫实验室技术规范、水产健康养殖—标准化养殖、我国冷水鱼养殖及发展等6个方面，培训期间，还参观了北京市水产技术推广站鱼病实验室和北京市怀柔区虹鳟鱼养殖基地。

[4]7月，自治区水产局邀请农业部农产品质量安全中心的两位教授来乌鲁木齐市授课，对无公害检查员、内检员进行培训。全疆共有33人获得了检查员证书，96人获得内检员证书，基本覆盖了全疆农业部水产健康养殖示范场。

[5]4月，水域滩涂养殖发证登记系统操作培训班在乌鲁木齐市举办，各地、州渔业主管部门负责此项工作人员共计80余人参加了培训。

[6]4月，贯彻落实《新疆维吾尔自治区水生动物防疫检疫办法》座谈会召开，决定把乌鲁木齐市、昌吉州、阿勒泰地区作为水生动物防疫检疫试点并开展相关工作。

[7]9月23～24日，自治区水产局局长古力努等相关人员一行，赴阿克苏地区就新疆扁吻鱼保护工作、渔业专业合作组织建设、现代渔业发展及水利渔业开展调研。

(新疆维吾尔自治区水产局　杨小蕾)

大连市渔业

【概况】 2014年，大连市实现渔业(不含辽宁省属企业在连分支机构)经济总产值893.1亿元，比上年增长6.6%，其中渔业产值442.1亿元(含苗种)，增长6.5%；渔业经济增加值443亿元，增长6.6%。渔业产值中，海洋捕捞产值91.7亿元，海水增养殖产值292亿元，淡水养殖产值1.2亿元，苗种产值57.2亿元，分别比上年增长8.6%、6%、26.3%和5.1%。全市地方渔业水产品产量237.5万吨，比上年增长3%；出口水产品56.8万吨，比上年增长4%；出口贸易额21.4亿美元，比上年增长8.6%；渔民人均收入25 600元，比上年增长6.7%。

2014年大连市地方渔业产量及产值

地　区	产量(万吨)	产值(亿元)
大连市	237.5	442.1
长海县	59.0	104.9
庄河市	57.0	120.7
金州区(金州新区)	36.8	46.9
普兰店市(普湾新区)	21.9	50.8
旅顺口区	19.8	27.7
瓦房店市	13.9	56.0
高新技术产业园区	9.5	7.0
甘井子区	5.8	6.9
花园口经济区	3.5	5.9
中山区	2.2	3.2
市直	5.8	6.1
长兴岛经济区	2.2	5.9

2014年大连市地方渔业生产基本情况

项目	数量	比上年增长(%)
渔业经济总产值(亿元)	893.1	6.6
渔业(含苗种)(亿元)	442.1	6.5
渔业工业和建筑业(亿元)	270.0	6.4
渔业流通和服务业(亿元)	181.0	7.4
水产品总产量(万吨)	237.5	3.0
海洋捕捞(万吨)	77.8	4.7
海水养殖(万吨)	159.0	2.3
淡水养殖(万吨)	0.7	5.7
养殖面积(万公顷)	67.0	-0.7
海水养殖(万公顷)	66.1	-0.7
淡水养殖(万公顷)	0.9	-0.1
渔业船舶拥有量(万艘)	2.7	
渔业船舶总吨位(万吨)	37.9	13.1
渔业船舶总功率(万千瓦)	75.0	2.3

1.渔业基础设施建设 2014年，大连市继续加强渔业基础设施建设。投入4 995万元，扩建金州新区杏树国家中心渔港，其中市财政拨付2 000万元，企业

自筹2 995万元;投入5 445万元,建设海洋岛红石国家一级渔港,其中国家财政拨付2 723万元,市财政拨付1 361万元,企业自筹1 361万元;投入1.56亿元,维修扩建棉花岛、獐子岛2座维权执法基地,其中棉花岛基地维修改造项目国家财政拨付5 000万元、市财政拨付1 500万元,獐子岛基地维修改造及续建项目国家财政拨付5 000万元、市财政拨付4 092万元;投资2 488万元,维修改造普兰店市老龙头、瓦房店市望海、庄河市寿龙岛、旅顺口区扇子石、旅顺口区西湖嘴、旅顺口区南湾、旅顺口区郭家沟7座渔港,其中市财政补贴738.1万元,地方自筹1 749.9万元。至年末,全市有各等级渔港196座,其中国家中心渔港3座、国家一级渔港5座、国家二级渔港44座、国家三级渔港74座,自然渔港70座。加强渔港监督港口站建设,为渔港监督人员配备电动摩托车57台,强化港航安全巡查监管。开展沿岸小型渔船升级改造,研发建造玻璃钢渔船样船10艘并通过专家评审,进入对比试验阶段。继续推进渔船安全管理信息服务系统中心平台建设,完成3 446艘渔船身份射频识别信息系统(RFID)终端装配工作。加强海上执法力量,将600吨、1 500吨级海监执法船纳编入列,使全市海上执法船艇达97艘,总吨位6 000多吨,总功率近3万千瓦,成为大连有史以来力量最强的海上执法船队。

2. 渔业监督执法 2014年,大连市各级渔业执法部门加强渔业监督管理,不断提高执法水平。严格执行伏季休渔制度。6月1日至9月1日休渔期期间,成立政府领导、属地为主、渔业部门具体负责、公安边防等部门密切配合的组织机构,推行渔业乡镇政府、村委会、边防派出所、渔政基层管理站"四位一体"的包保责任制。继续实行"海查陆处"管理手段,实施"执法程序公开、处罚标准公开、处罚对象公开"的三公开制度。广泛利用新闻媒体,宣传伏季休渔的重大意义,深入渔港渔村,张贴标语、送发资料3 000余份。采取海陆巡查、联合检查,严格港船管控,及时督促本地渔船按时回港休渔。伏季休渔期间,共有10 050艘渔船休渔;渔业执法部门出动检查人员1.5万人次,出动执法船艇1 740航次、航程6万余海里,出动执法车辆1 900余台次、行程9万余千米,登临检查渔船3 800余艘次,查处违规渔船460艘次,收缴罚款119万元;没收拆解"三无"(无船名船号、无船舶证书、无船籍港)渔船2艘,移交海上公安分局渔业警察大队渔船8艘,取保候审9人。制止非法越界捕捞,强化综合巡查,落实属地管理制度,健全完善信息网络,加强重点港口、重点船只、重点区域和重要时间节点渔船监管,防止因渔船非法越界捕捞而发生涉外事件。参加黄渤海区渔政管理局组织的200海里专属经济区巡航。完成7次巡航任务,航程2 400余海里,登船检查渔船44艘次,扣押回港7艘,驱离外国渔船1艘。

3. 渔业管理 2014年,大连市各级海洋与渔业主管部门加强渔业管理。发放养殖证515本,发证面积3.67万公顷,至年末,全市累计发放养殖证8 852本,发证面积34.8万公顷。新发、换发市本级以上水产苗种生产许可证172本,发证水体100.4万立方米,至年末,全市累计发放水产苗种生产许可证709本,发证水体426万立方米。发放职务船员证书6 613本,发放普通船员证书10 569本,全年共发放船员证书17 182本。年审渔船26 209艘次,检验渔船19 478艘次。继续实施渔业生产损失救助项目,向1 750艘渔船发放渔船救生筏检修费用补贴105万元;根据国家相关政策,向18 189艘渔船发放渔业油价补贴9.86亿元。

4. 渔业安全生产监管 2014年,大连市加强渔业安全生产监管,定期召开全市渔业安全工作季度例会。出台《大连市人民政府办公厅关于进一步加强海上渔船安全管理工作的意见》,建立安全生产"党政同责、一岗双责和齐抓共管"的责任体系,实行渔船重大安全事故"一票否决"。修订完善《渔业安全管理规范》,将18个海上渔业安全管理制度、19个海上渔业安全操作规程、29个海上渔业安全生产规章法规、6个安全管理方案预案汇编成册,发放到各级渔业管理部门及基层渔民组织。与市气象局签署海洋气象防灾减灾合作协议,实现海上灾害性气象信息提前预警和研判会商。牵头组织市海事局、北海第一救助飞行队、北海救助局大连基地等部门,开展基层安全管理、海上求救、防灾避险技能专项培训,受训渔业安全员和船东、船长近1 600人。举办2014年大连市渔业安全月咨询日活动,开展安全生产宣传教育活动258场次,受教育渔民3.8万人次。开展渔船安全设施设备配备和人员持证情况的专项整治,对渔船超风级出海、超定员作业、超航区生产、超荷载运输等"四超"违规行为和无证驾船违法生产行为进行安全执法检查、隐患排查和专项督查。全年对渔船安全设施设备配备、人员持证上岗情况、无证驾船违法生产及渔船"四超"违规行为进行执法检查4 493次,检查渔港185座、检查渔船47 044艘次,纠正违章1 525艘次,配备救生、消防等安全设备3 573件。继续开展渔业互助保险工作,涵盖渔业船舶险、渔业船舶雇主责任险、渔业雇主附加医疗险3个险种。至年末,参加渔业船舶险会员2 631个,入保渔船2 632艘;参加雇主责任险会员9 620个,入保渔民人身险和附加医疗险26 532人。全年保险公司为受灾渔民支付人身及财产赔偿金近1 800万元。市海洋与渔业局组织开展海上抢险救援行动22起，化解海上较大险情9次，救助遇险渔民90人、渔船16艘，挽回经济损失近4 000万元。在全省率先制定并实施《大连市基层渔业安全员补贴费管理办法》，为全市333名基层渔业安全员发放省市两级工作补贴经费近250万元。

5. 渔业科技 2014年，大连市继续加快发展渔业科技，服务渔业生产。建立健全大连渔业地方标准体系。相关渔业单位承担国家、省、市渔业科技项目50余项，申请专利35项，授权发明专利20项，发表论文100余篇，制定、修订地方标准13项，企业标准27项；市海洋与渔业局与市质量技术监督局联合发布实施《近岸渔业水域潜水调查技术规程》《离岸抗风浪金属网箱养殖操作规程》《裙带菜腌渍加工技术规范》等9项大连渔业地方标准。市海洋与渔业局与市质量技术监督局联合推荐并颁布实施《近海湿地滩涂翅碱蓬》《沙蚕资源建群和增殖技术规范》《工厂化海水鱼类养殖废水处理技术规程》《红鳍东方鲀采捕、运输及配送技术规程》等辽宁省渔业地方标准12项。完善大连市渔业标准化体系，构建大连市渔业标准化体系服务与决策系统，建立渔业标准数据库。开展渔业标准宣传贯彻培训，参训300余人次。大连市推进渔业标准化工作经验在农业部全国农业标准化工作会议上推广。

开展国家级红鳍东方鲀健康高效养殖综合标准化示范区建设，在红鳍东方鲀产前、产中、产后的全过程中引用各类技术标准30余项。《红鳍东方鲀采捕、运输及配送技术规范》和《红鳍东方鲀工厂化循环水养殖技术规范》2项标准被推荐为辽宁省地方标准，《离岸深水抗风浪网箱标准化养殖操作规范》被推荐为大连市地方农业规范。

推广渔业新技术。推广“海参生态育苗技术”“海水池塘海参生态健康养殖技术”渔业新技术2项，其中推广“海参生态育苗技术”1.58万箱、“海水池塘海参生态健康养殖技术”7.47万公顷；推广由中国海洋大学和獐子岛集团共同开发的扇贝新品种“海大金贝”6.67万公顷、“獐子岛红”16.67万公顷。深入区市县举办水产技术推广培训班30期，累计培训基层水产技术人员和渔民5 700余人次。

年内，大连獐子岛渔业集团股份有限公司、大连天正实业有限公司、大连汇新钛设备开发有限公司、大连海宝渔业有限公司、大连非得生物产业有限公司、大连海晏堂生物有限公司、大连海宝生物科技有限公司、辽宁省大连海洋渔业集团公司等8家企业获评辽宁省第一批渔业科技型企业。大连市渔业生产企业获辽宁省科学技术奖4项、大连市科学技术奖3项。其中，海水养殖网笼水下自动清洗技术示范推广获省科学技术发明三等奖，刺参健康养殖综合技术研究及产业化应用、海参加工新技术与配套装备的研究及产业、北方典型河口滩涂生物资源恢复与生境修复关键技术研究与示范3个项目获辽宁省科技进步一等奖，沙蚕生物滤池研制及其在海珍品循环养殖中应用获市技术发明一等奖，刺参疾病无公害防控技术的研究与应用获市科技进步一等奖，刺参营养和配合饲料的研究与应用获市科技进步二等奖。

6. 科技兴海基地建设 2014年，大连市继续推进国家级“大连现代海洋生物产业示范基地”建设。完善组织机构。成立大连现代海洋生物产业示范基地管理办公室，以及海水养殖生物种质改良与培育工程中心、海水养殖生物病害防控技术中心、水产加工副产品综合利用技术中心3家科技创新与服务中心。加强管理制度建设。制定《大连市科技兴海专项资金管理暂行办法（试行）》《大连国家科技兴海产业示范基地科技创新与服务中心认定管理办法（试行）》《大连国家科技兴海产业示范基地核心企业认定管理办法（试行）》《大连现代花园生物产业示范基地专家咨询委员会章程》《大连市科技兴海专项资金项目管理办法（试行）》等文件。认定核心企业。认定大连医诺生物制药有限公司、大连海晏堂生物有限公司、大连非得生物产业有限公司、大连海洋岛水产集团股份有限公司、大连汇新钛设备开发有限公司等25家企业被认定为第一批示范基地核心企业。

开展技术开发和成果转让。首次启动科技兴海专项资金项目，市财政投入专项预算资金260万元，立项“替代抗生素的微生物制剂研发及刺参养殖保障新技术创建与示范”“节能环保休闲游钓船研发”等5大类9个项目。年内，替代抗生素的微生物制剂研发及刺参养殖保障新技术创建与示范项目开发出微生物菌剂、壳寡糖、海藻寡糖等生物制剂5种，所建立的参虾混养模式应用于海水增养殖海域86.7公顷，带动示范海域366.7公顷，共增产对虾19.5吨，增加销售收入290万元。市海洋与渔业局与大连海洋大学签署《共建新农村发展研究院综合服务示范基地合作协议》，将大连现代海洋生物产业示范基地列入大连海洋大学新农村发展研究院的综合服务基地；与大连海洋大学联合举办大连市海洋经济发展战略与海水养殖新技术高级研修班、大连现代海洋牧场建设高层管理研修班12期，培训600人。

7. 苗种增殖放流 2014年，大连市继续开展渔业资源增殖放流工作。全年投入增殖放流资金5 351万元,比上年增长12.1%,其中争取国家资金580万元。全年实际放流苗种幼体30.7亿尾(只),比上年增长16.1%。其中,中国对虾20.9亿尾,日本对虾7.18亿尾,三疣梭子蟹2.43亿只,牙鲆鱼1 172万尾,淡水鱼630万尾。放流海域为庄河市、花园口经济区、普兰店市(普湾新区)、金州区(金州新区)、高新技术产业园区、旅顺口区、甘井子区、瓦房店市的黄海或渤海海域。据统计,全市实现放流增殖产量6 454吨,增加产值5.9亿元,分别比上年增长40.3%和55.3%。年内,渔业生产部门对2009—2014年中国对虾、日本对虾和三疣梭子蟹3个品种放流后捕捞情况进行评估与汇总,3个品种累计放流苗种125亿尾,投入资金1.73亿元,实现增殖产量2.18万吨,增加产值18.13亿元,增殖放流投入产出比在1∶10以上。

8.海洋牧场示范区建设 2014年,大连市大力发展海洋牧场,推进现代渔业建设。当年,市政府印发《大连市促进海洋渔业持续健康发展实施方案》,计划到2017年,全市实现海洋渔业经济总产值1 200亿元,年均增长10%,渔民人均收入3.7万元,年均增长12%,海水产品产量稳定在240万吨,海水增养殖面积稳定在60万公顷;市海洋与渔业局启动全市海洋牧场总体规划编制工作。年内,金州瀛海人工鱼礁区获批农业部海洋牧场示范区,普兰店市标准化养殖园区和庄河市综合型园区被辽宁省海洋与渔业厅确定为首批省现代渔业园区。市海洋与渔业局重点推进国家资金扶持的大连财神岛海洋牧场项目、大连海宝渔业海洋牧场示范区项目、大连昌海全福海洋牧场示范区建设项目和大连蚂蚁岛海洋牧场示范区建设项目4个海洋牧场建设项目,共投入资金8 175.7万元(含国家财政拨付1 200万元、企业自筹资金6 975.7万元),投入人工鱼礁礁体折合34.74万立方米(含预制构件鱼礁45 925块折合12 400立方米、石料礁33.5万立方米),建设人工鱼礁区4处,改造海域面积1 044.6公顷。其中,大连财神岛海洋牧场项目投资3 339.8万元(含国家财政拨付700万元),投放预制构件鱼礁15 925块折合5 200立方米、石料礁10万余立方米,改造海域面积333.3公顷,发展藻场培植建设区33.3公顷;大连海宝渔业海洋牧场示范区项目投资1 036万元(含国家财政拨付280万元),投放预制构件鱼礁30 000块折合7 200立方米,改造海域面积38公顷,发展藻场培植建设区33.3公顷;大连昌海全福海洋牧场示范区建设项目投资2 150万元,投放石料礁7万余立方米,改造海域面积266.7公顷、发展藻场培植建设区66.7公顷;大连蚂蚁岛海洋牧场示范区建设项目投资1 650万元(含国家财政拨付220万元),投放石料礁16.5万立方米,改造海域面积273.3公顷。当年,全市共投入资金7.27亿元(含国家财政拨付1 200万元),投放预制构件鱼礁和石料礁317.2万立方米,改造海域面积6 978公顷。其中,长海县投入资金7亿元(含国家财政拨付700万元),投放预制构件鱼礁和石料礁300万立方米,改造海域面积6 666.7公顷;金州区(金州新区)投入资金1 650万元(含国家财政拨付220万元),投放人工鱼礁礁体16.5万立方米,改造海域面积273.3公顷;旅顺口区投入资金1 036万元(含国家财政拨付280万元),投放人工鱼礁7 200立方米,改造海域面积38公顷。

9.水产品出口示范区建设 2014年,市海洋与渔业局加强和扩大全市水产品出口示范区建设。联合市农村经济委员会,组织有关区市县,针对全市水产品产业特色及分布、出口情况,加强标准化体系、产品追溯体系、化学投入品控制体系、预警通报与应急体系、企业诚信体系、保障体系等6大体系建设。当年,国家质检总局发布《质检总局关于公布2014年国家级出口食品农产品质量安全示范区名单的公告》,大连市旅顺口区国家级出口水产品质量安全示范区、长海县国家级出口海产品质量安全示范区名列其中。至年末,全市有国家级出口食品农产品质量安全示范区3个,分别为大连市旅顺口区国家级出口水产品质量安全示范区、长海县国家级出口海产品质量安全示范区、旅顺口区出口裙带菜质量安全示范区;省级农产品出口示范区4个,分别为长海县贝类出口示范区、旅顺口区裙带菜出口示范区、长海县海水鱼出口示范区、旅顺口区海水鱼出口示范区。

10.无公害水产品 2014年,大连市以无公害水产品产地认定和产品认证为重点,继续推进渔业标准化生产。全市新认定无公害水产品产地18个,面积3.4万公顷;复查换证产地51个,面积20.67万公顷。全市共认定无公害水产品产地245个,海上养殖面积29.96万公顷,陆地工厂化养殖面积59.18万平方米。其中长海县、庄河市、瓦房店市产地数量最多,分别为53家、47家和42家,海上养殖规模分别为24.9万公顷、1.9万公顷、5 521公顷,陆地工厂化养殖面积分别为4 000平方米、8.5万平方米、4.9万平方米。其中,全市最大的无公害产地是位于长海县的大连海洋岛水产集团股份有限公司所属养殖海域,养殖规模为12.7万公顷,以底播增养殖方式,养殖海参、鲍鱼和扇贝。新认证无公害水产品27个,复查换证无公害水产品32个,无公害水产品总数212个,复查换证率80%,当年无公害水产品产量17.84万吨。其中长海县、庄河市、旅顺口区拥有无公害水产品最多,分别为89个、32

个和22个,产量分别为3.8万吨、2.8万吨和7.1万吨。

11.水产品质量安全监督管理 2014年,大连市各级海洋与渔业主管部门加强水产品质量安全监督管理。制定《2014年大连市水产品质量安全专项整治方案》,开展以海参为重点品种、硝基呋喃类为重点禁用渔药整治对象的水产品质量安全专项整治。全年出动执法人员1 000多人次,组织水产品质量安全全面执法检查两次,定期开展养殖企业拉网式检查,共检查企业1 000余家,处理违规企业20余家。加强水产品质量安全检测监控。制定《2014年大连市水产品质量安全监控计划》,全市主要养殖品种监测覆盖面100%。全年市县两级监测中心共抽检裙带菜、海带、海参、贝类、对虾、牙鲆、大菱鲆、河豚等养殖品种2 678样次,检测药残、重金属、贝毒等15 000多项次,检测药残合格率98.5%。在2014年辽宁省农产品质量安全检测技能竞赛中,大连市水产品质量安全检验检测中心获水产业团体竞赛第一名,2人分获个人竞赛第一名和第三名。开展海水贝类生产区划型工作。制定《大连市贝类生产区划型工作方案》,在长海县、庄河市、普兰店市(普湾新区)、金州区(金州新区)、甘井子区的35.33万公顷贝类生产区设立监测站位44个,实施定点、定期贝类抽样检测,增加夏季高温时间监测频率,全年抽检11批次594个样次。依据贝类检测及划型标准,完成贝类生产区的划型管理,将全市贝类生产划为一类区30.89万公顷,划为二类区4.44万公顷。市海洋与渔业局编印《水产品质量安全知识100问》,组织开展水产品质量安全培训。全年举办水产品质量安全知识培训班30余期,培训生产技术人员、养殖从业人员、业户5 000多人次,发放宣传材料1万余份。

12.海洋捕捞 2014年,大连市有渔业船舶26 681艘,比上年增加48艘,增长0.2%,其中机动渔船26 264万艘,非机动渔船417艘。机动渔船中,生产渔船25 714艘(含捕捞渔船11 536艘、养殖渔船14 178艘),辅助渔船550艘。全市拥有远洋项目渔船317艘,比上年增加53艘。全年海洋捕捞产量77.7万吨,比上年增长4.6%。其中,近海捕捞产量66.4万吨,增长6.2%,远洋捕捞产量11.3万吨,下降4.2%;海洋捕捞产值91.7亿元,比上年增长8.6%,其中近海捕捞产值79.1亿元,增长11.2%,远洋捕捞产值12.6亿元,下降5.3%。

13.远洋渔业 2014年,大连市有远洋渔业企业22家,拥有远洋项目渔船317艘。其中,当年新获批农业部远洋渔业资格的企业5家,分别为大连亿祥渔业有限公司、环球金枪渔业(大连)有限公司、大连洋铭远洋渔业有限公司、大连海欣水产有限公司、大连金生水远洋渔业有限公司;新建造远洋项目渔船53艘。全市远洋项目渔船总数达317艘,其中金枪鱼钓船34艘、流网渔船2艘、专业鱿鱼钓船4艘、围网船8艘、单拖网船267艘、运输船2艘。捕捞区域新增加阿曼和斯里兰卡海域,捕捞作业涉及印尼、斐济、乌拉圭、阿根廷等17个国家和地区的南北太平洋、大西洋及东南太平洋海域。全年远洋渔业产量11.3万吨,产值12.6亿元,分别比上年下降4.2%和5.3%;运回国内水产品产量5万吨,比上年下降26.9%。

14.入韩渔船管理 2014年,大连市有获批赴韩国专属经济区管理海域从事捕捞生产资格的渔船300艘,比上年增加14艘,其中拖网船148艘、流网船121艘、围网17艘、运输船14艘。入韩渔船按照中韩两国渔业协定进行捕捞作业。市各级渔业行政主管部门加强对入韩渔船日常生产作业管理,汇总上报渔船进出通报4 500艘次,每日生产作业通报3.3万艘次,通报准确率100%;组织具有进入"中韩协定水域"捕捞作业资格船长、船东进行集中培训,开设培训班4个班次,培训船长、船东近350人。

15.海水增养殖 2014年,大连市海水养殖面积66.1万公顷,比上年下降0.7%;海水养殖产量159万吨,比上年增长2.3%;实现产值(不含苗种)292亿元,比上年增长6%。鱼、虾、贝、藻、参、蜇6大类30多个品种的苗种实现产值57.2亿元,比上年增长5.1%。

16.水产原良种场建设 2014年,大连市有水产原良种场71家,其中国家级原良种场3家、省级原良种场32家、市级原良种场36家;新增良种场育苗水体4.7万立方米,总规模60.2万立方米,涵盖刺参、皱纹盘鲍、虾夷扇贝、黄海胆等品种13个。新增国家级水产良种场1家,为大连獐子岛渔业集团股份有限公司虾夷扇贝良种场,该良种场投资700万元,育苗水体4 000立方米,年可选育和保存虾夷扇贝良种2万枚,年可生产虾夷扇贝良种苗种15亿枚。新增省级原良种场2家,为大连玉兔岛海珍品有限公司刺参良种场、大连长海振禄水产有限公司栉孔扇贝原种场。其中,大连玉兔岛海珍品有限公司刺参良种场总投资5 000万元,育苗水体4万立方米,年可生产海参良种苗种100吨,实现效益4 000万元;大连长海振禄水产有限公司栉孔扇贝原种场总投资2 250万元,育苗水体3 000立方米,年可生产栉孔扇贝原种苗种8亿枚,实现效益2 000万元。启动市级良种繁育基地认定工作。制定并下发《大连市市级水产原良种繁育基地认定办法(试行)》,大连獐子岛渔业集团股份有限公司、大连长海振禄水产有限公司、大连万众海洋生物科技股份有限公司、大连天正实业有限公司、大连海宝渔业有限公司、大连壹桥海产有限公司等36家企业苗种场被评为市级良种繁育基地,总育苗水体60万立方米。实施水产苗种疫病检测检疫,检疫水产苗种疫病500批次,海参、扇贝等产品各项疫病检测指标均合格,全市未发生重点养殖品种重大疫情。

17. 水产健康养殖示范场建设 2014年,大连市有水产健康养殖示范场364家,其中国家级151家、省级130家、市级83家;新增水产健康养殖示范场面积3 600公顷,总面积3.36万公顷。加快水产健康养殖示范场建设。大连市金州区大魏家金林水产种苗厂、大连旅顺星乐养殖场、瓦房店市仙浴湾镇润兴养殖场、大连润德源水产品有限公司、大连长海益得水产养殖有限公司等14家水产养殖场符合农业部水产健康养殖示范场创建条件,已通过验收并上报农业部渔业局待批;大连荣昌大海经贸有限公司、大连大福海珍品有限公司、大连上岛水产养殖有限公司、大连绿力水产有限公司、大连德润生物科技发展有限公司、大连青鸿水产有限公司6家企业被评为市级水产健康养殖示范场。实施海水池塘标准化改造。市海洋与渔业局制定并下发《2014年大连市海水池塘标准化改造指导意见》,全年改造老旧海水池塘1 424.6公顷,经改造的海水池塘单产水平提高20%以上。

18. 水产品加工 2014年,大连市有水产加工企业595家,比上年下降1.3%;加工能力193.7万吨,比上年增长0.7%。用于加工的水产品213.2万吨,比上年增长2%;水产品加工产量160.4万吨,比上年增长2.8%。水产品加工产值244.2亿元,比上年增长6.6%;出口加工水产品56.8万吨,比上年增长4%;水产品出口贸易额21.4亿美元,比上年增长8.6%。

19. 水产品加工企业发展 2014年,大连市有水产加工企业595家,全年水产品加工产量160.4万吨,实现水产品加工产值244.2亿元。当年,新建东霖水产科技园、宏晟水产、申和食品等水产加工项目17个,投资总额4.6亿元。其中,大连东霖食品股份有限公司的大连东霖水产科技园建设项目位于大连普湾新区,总投资1.5亿元,计划建设3万吨冷库1座、海洋食品深加工车间、研发中心、办公大楼及相关配套设施,总建设面积约10万平方米,年内完成投资1.5亿元;大连宏晟水产食品有限公司的新建水产品加工厂项目位于金州新区杏树冷链物流及食品加工园区,总投资8 000万元,计划建设水产品加工车间5 000平方米、4 000吨冷库1座,年内完成投资8 000万元;申和食品(大连)有限公司的水产品加工项目位于普兰店市丰荣工业园,总投资6 000万元,计划建设水产品加工车间3 000平方米,3 000吨冷库1座,年内完成投资6 000万元。积极推进品牌战略。年内,在辽宁省首次十大渔业品牌推荐评选中,大连市的"辽参""大连鲍""大连裙带菜"3个产品获"辽宁省十大渔业品牌"称号。至年末,全市累计有辽宁省名牌水产品11个、大连名牌水产品14个。

(大连市海洋与渔业局 叶 勇 方平伟)

青岛市渔业

【概况】 2014年,青岛市渔业经济总产值419亿元,水产品产值137.3亿元。立足于渔业转方式、调结构,保障水产品安全、有效供给,充分满足市民日益增长的多样化水产品消费需求,经广泛深入调研,全面分析研判全市发展现代渔业的现状、优势、存在问题和发展潜力,对全市现代渔业的发展思路、目标进行重新定位,明确思路目标、具体措施和政策保障,市政府研究出台了《关于加快建设蓝色粮仓的实施意见》,编制了蓝色粮仓建设规划,科学谋划建设环境友好型、质量效益型、创新引领型、统筹发展型蓝色粮仓,全力打造全国一流的水产良种繁育基地、水产健康养殖基地、渔业资源养护基地、远洋渔业生产基地、水产加工出口基地、水产冷链物流基地"六大基地",山东省政府在青岛市召开海上粮仓建设调研现场会。

1. 远洋渔业 充分发挥远洋渔业政策叠加效应,落实远洋渔业发展专项资金管理办法,争取中央扶持资金8 750万元,总吨位8 000吨亚洲最大的拖网加工船"明开"号获得农业部批准。积极推进远洋渔业开发合作,与马来西亚渔业部开展合作,成功争取马方50艘远洋渔船配额,获批14艘大马力渔船朝东入渔项目。全市发展远洋渔业企业25家,获批远洋渔船109艘,其中,正在作业57艘,已批在建32艘,已批待建20艘。全年完成远洋自捕产量7万吨,实现产值7.5亿元,同比增长4倍,为市民提供了优质深海水产品。全力推进中国北方(青岛)国际水产品交易中心和冷链物流基地项目建设,年内项目一期拆迁、补偿工作全部完成,产业规划和控制性详细规划编制完成正在报批。

2. 渔业资源修复 健全增殖放流生产监管和验收监督制度,加大增殖放流资金投入,科学安排增殖放流品种和放流水域,全年各级财政投入资金3 347万元,社会认捐近210万余元,完成放流15亿单位,近海对虾、梭子蟹等渔获物明显增多。以人工鱼礁建设为载体，结合生态养殖、增殖放流和水产种质资源保护区建设，加快建设海洋牧场，全年新完成投资1亿元、礁体投放17万空方，累计完成投资3亿元、礁体投放137万空方。

3.水产健康养殖 突出抓好养殖设施设备和池塘标准化升级改造，新改造标准化养殖400万平方米，全市70%池塘完成标准化改造。全市发展工厂化养殖110万平方米、深水抗风浪网箱350个、大型藻类养殖240万平方米。积极推广生态健康养殖模式和先进技术，推行“十大水产良法”为主的水产健康养殖5 300多公顷。大力推进渔业标准化进程，新通过农业部无公害农产品21个、无公害农产品基地13个。

4.水产良种繁育 启动蓝色种业发展规划编制，开展水产良种成果转化专题研究。加强良种研发培育，强化特色良种选育，大力推广应用“十大水产良种”，培育“黄海一号”对虾等优良苗种6亿尾，示范推广3 350公顷。规划建设高水平的水产良种繁育示范园区，集中培育了贝宝、明晓等年育苗能力1亿单位以上的10家水产良种繁育基地，新创2家国家级水产种业示范基地、3家省级水产良种场。

5.水产加工 稳定发展来料加工，积极发展地产品加工，突出发展精深加工，集中推进城阳水产品出口加工基地、黄岛海藻加工基地、西海岸特色水产品加工园区建设。加大渔业品牌宣传推介，成功举办中国国际渔业博览会，以“蓝色粮仓”为主题组团参展第十二届中国国际农产品交易会成为展会亮点。全市水产品进出口总额31.3亿美元，同比增长1.4%，其中出口创汇额16.6亿美元，居全国城市领先。

6.平安渔业建设 全面开展渔船普查工作，完成全市近9 000艘渔船普查。优化渔业安全管理体制，强化渔业安全生产工作调度，编制了渔业安全生产监督管理指导手册和制度汇编，开展了“三无”渔业生产泡沫船筏专项清理整治，组织了渔船资质专项检查行动，渔船检验和登记证书合格率达到100%。实施渔业安全生产基础保障工程，为全市1 700余艘渔船更换救生配套设备，全年渔业安全生产事故率明显下降。完成标准化笼壶作业渔船船型设计并示范推广。制定了远洋渔业安全生产管理办法和远洋渔业突发事件应急预案，认真执行船位监测规定，加强远洋渔船规范管理，维护涉外渔业生产秩序。全面落实强渔惠渔政策，共落实中央渔船油价补助2.92亿元。扎实推进政策性渔业互保，全市入保渔民1.55万名，渔民入保率达到95%，平均保额36万元，渔民保费补贴比例达60%，居全国领先。深入推进渔业科技“双百工程”，全年培训渔民1 000人次。

7.渔业行政执法 加强捕捞规范化管理，认真贯彻落实海洋捕捞渔具最小网目尺寸制度，全面开展禁用渔具清理整治，查办渔业违法案件439起，清理非法网具3 200余套，有力维护渔业生产秩序。实施海陆联动，以最严密的巡查、最严格的措施、最严厉的执法，切实强化伏季休渔管理，全年查获违规偷捕渔船385艘，行政处罚330万元，是打击违规偷捕力度最大的一年。全力配合海泊河河道综合整治工程，对73艘渔船拆解、转港。积极开展水产品质量专项整治行动，加大水产品安全抽检力度，完成监督抽查和风险监测887批次，全力保障水产品质量安全。

【重点渔业市(区)基本情况】

青岛市重点渔业市(区)基本情况

市(区)	渔业产值(万元)	水产品产量(吨)	其中			养殖面积(公顷)	其中	
			海洋捕捞	海水养殖	淡水养殖		海水	淡水
青岛市	4 193 191.09	1 094 459	267 756	780 992	45 711	50 088	33 829	16 259
崂山区	107 010.00	73 002	50 217	22 785		1 600	1 600	
黄岛区	1 016 533.90	347 712	82 614	257 354	7 744	13 927	11 518	2 409
城阳区	2 111 898.00	245 955	41 432	202 658	1 865	9 690	7 934	1 756
胶州市	148 928.00	108 057	28 445	67 052	12 560	4 332	1 888	2 444
即墨市	549 698.00	298 190	65 048	231 143	1 999	12 063	10 889	1 174
平度市	10 155.00	11 006			11 006	3 800		3 800
莱西市	11 051.49	10 537			10 537	4 676		4 676

【大事记】

[1]1 月 17 日,全市海洋与渔业工作会议召开,会议总结了全市 2013 年海洋与渔业工作情况,通报表彰了先进单位和个人,部署了 2014 年海洋与渔业工作。市海洋与渔业局局长于成璞主持会议。

[2]3 月 6 日,全市渔业安全工作会议召开,会议研究部署了 2014 年渔业安全生产和水产品质量安全工作。市海洋与渔业局局长于成璞主持会议。

[3]4 月 2 日,市政协副主席王修林调研全市海洋生态文明示范点。

[4]4 月 11 日,市委常委、副市长王晓方检查积米崖渔港,督导检查渔业安全隐患整治情况。

[5]4 月 29 日,市政协召开“推动国家海洋生态文明示范区创建工作”主题双月协商座谈会,市政协主席王书坚主持会议,副市长徐振溪出席会议。

[6]5 月 9 ~ 12 日,亚太经合组织(APEC)第三届海洋与渔业工作组会议在青岛市香格里拉酒店举行。

[7]5 月 28 日,副市长徐振溪主持召开中国北方(青岛)国际水产品交易中心和冷链物流基地建设专题会议,调度冷链物流基地项目建设进展情况,研究和解决项目存在的问题。

[8]5 月 29 日,市政府副秘书长张新竹主持召开市浒苔应急处置指挥部第一次工作会议,市浒苔应急处置指挥部成员单位有关负责同志参加会议,会议部署了 2014 年浒苔灾害应对处置工作。

[9]6 月 5 日,市政府组织召开第 45 次常务会议,讨论研究了《关于加快建设蓝色粮仓的实施意见(汇报稿)》。

[10]6 月 8 日,市海洋与渔业局联合山东省海洋与渔业厅、市委宣传部等 16 家单位在青岛市奥帆中心举行 2014 年世界海洋日暨海洋生物资源增殖放流公益活动启动仪式。本次公益活动认捐苗种资金 210 余万元,中国船长、国际知名航海家郭川先生被聘请为“青岛市海洋公益形象大使”。

[11]6 月 9 日,省委政研室和省海洋与渔业厅在青岛召开海上粮仓建设调研座谈会,省海洋与渔业厅厅长王守信、省委政研室副主任苏建华出席会议。

[12]6 月,青岛市远洋捕捞有限公司“明开”号大型拖网加工渔船获得农业部远洋渔业项目批准。该捕捞船总投资 2.66 亿元,年最大捕捞产量 3 万吨,为亚洲最大的拖网加工船,也是全省最大的远洋渔船。

[13]6 月 19 日,市人大常委会副主任张锡君带领农业与农村委员会一行,调研和视察现代渔业发展情况工作。

[14]6 月 25 日,市长张新起调研全市海上浒苔处置情况,副市长徐振溪参加调研活动。

[15]7 月 3 日,农业部渔业渔政管理局局长赵兴武、中国水产科学研究院院长张显良等一行渔业科技调研组来青岛调研渔业科技工作。

[16]7 月 3 日、16 日,由青岛福瑞渔业有限公司投资建设的 6 艘超低温金枪鱼延绳钓船从蓬莱港顺利出航,赴南太平洋海域作业。

[17]7 月 7 日,省政协副主席焉荣竹在青岛参加省政协推进“海上粮仓”建设提案办理协商活动,并考察黄岛区“海上牧场”建设。省海洋与渔业厅厅长王守信陪同参加活动。

[18]7 月 7 日,青岛市政府出台《关于加快建设蓝色粮仓的实施意见》,确定努力打造水产良种繁育基地、水产健康养殖基地、渔业资源养护基地、远洋渔业生产基地、水产加工出口基地、水产冷链物流基地“六大基地”,率先建成环境友好型、质量效益型、创新引领型、统筹发展型蓝色粮仓。

[19]7 月 16 日,市政府召开会议专题研究部署胶州湾海域设施养殖清理整治工作,副市长徐振溪主持会议。

[20]7 月 24 日,青岛中泰远洋渔业有限公司“鲁黄远渔 105”“鲁黄远渔 107”“鲁黄远渔 108”三艘渔船捕捞的阿根廷鱿鱼顺利回运,这批渔船为青岛市出台《关于加快远洋渔业发展的意见》以来建成的首批远洋渔船。市委常委、副市长王建祥出席返航仪式。

[21]8 月 14 日,山东省省长郭树清在省政府人民来访接待室接待日照市上访渔民,就日照市部分渔民因“西太平洋海军论坛”活动期间渔网被清理引发的上访问题进行接访并提出办理要求。

[22]8 月 14 日,省委常委、市委书记李群在青岛市海洋与渔业局关于浒苔灾害处置工作情况的报告上做出批示:“成效明显,应予以祝贺、表扬!”

[23]8 月 27 日,省人大常委会委员、农业与农村委员会主任委员战树毅调研青岛市现代渔业建设情况工作。

[24]9 月 30 日,副市长徐振溪督查青岛浩源集团、红岛西大洋渔港码头安全生产情况,检查渔业安全生产工作。

[25]10 月 23 日,全省海上粮仓建设座谈会在青岛召开,副省长赵润田主持会议。

[26]10 月 25 日,第十二届中国国际农产品交易

会在青岛国际会展中心开幕,农业部部长韩长赋、山省省常务副省长孙伟等领导出席开幕式。青岛市渔业代表团参展的“蓝色粮仓”展区成为展会亮点。

[27]11月5日,第十九届中国国际渔业博览会在青岛开幕,农业部副部长牛盾、农业部渔业渔政管理局局长赵兴武出席开幕式。

[28]12月18日,全国海洋渔船管理暨渔船交易试点现场会在青岛市黄岛区举行。

(青岛市海洋与渔业局)

宁波市渔业

【概况】 2014年,宁波市渔业发展加快转型升级,全市渔业经济保持平稳运行的发展态势。据统计,全市水产品总产量突破100万吨大关,达到101.06万吨,比上年的99.21万吨增长1.87%;渔业经济总产出254.25亿元,比上年增长2.4%,其中渔业总产值124.34亿元,比上年增长3.41%;全市渔民人均纯收入24 530元,比上年的22 557元增长8.75%。

1.渔业经济运行情况

(1)捕捞。国内海洋捕捞产量和产值比上年略增,捕捞整体形势略差于上年。全年实现国内海洋捕捞产量60.97万吨,比上年略增0.37%;产值51.97亿元,比上年增长1.09%。产量增加主要是奉化、象山渔船升级改造,拉动海洋捕捞产量增加。产值增加主要是因为水产品售价略有上涨,海洋捕捞产品平均售价为8 522元/吨,比上年的8 462元/吨上升了60元/吨,上涨0.71%。淡水捕捞产量、产值减少。2014年全市淡水捕捞产量9 603吨,比上年的10 503吨减少900吨,同比下降8.57%;实现产值17 338万元,比上年下降3.05%。全市淡水捕捞产地主要在慈溪、余姚、鄞州等地的一些内陆水域,产量下降主要是“五水共治”推行,放流河流减少,加上从事内陆捕捞的渔民逐年减少,使得淡水捕捞产量减少,引起产值下降。

(2)养殖。淡水养殖面积减幅较大,产量产值减少。据统计,全市淡水养殖面积为22 178公顷,比上年减少1 458公顷,减幅达6.17%。面积减少导致产量减少,全年淡水养殖产量7.10万吨,比上年减少2.95%。主要原因是河沟等外荡大水面退出养殖区域,全市河沟退养减少养殖面积1 489公顷,减幅达30.75%,仅余姚市就退减1 480公顷;一些水库列为引用水源地保护,不再进行放养,水库减少274公顷,减幅为3.2%。海水养殖业继续遭遇困境,多数养殖产品效益下降。全年海水放养面积35 918公顷,基本与上年持平;收获海水养殖产量28.21万吨,比上年略增188吨。但海水养殖业继续疲软,养殖总体效益不佳。

(3)远洋。远洋渔业增产增收。2014年,宁波有7家农业部远洋资格的企业和30余艘远洋渔船在外生产,作业区域主要位于东南太平洋、西南太平洋、北太平洋等海域。全年远洋渔业产量达到38 096吨,比上年增加18 994吨,增长100.6%;产值29 699万元,比上年增加15 351万元,增长107%。远洋产量大丰收主要是西南大西洋渔场阿根廷鱿鱼资源有所回升,使产量上升;另外2012年农业部补助兴建的远洋渔船陆续建成投入生产,新造渔船装备设施大幅提升。

(4)出口。水产品出口总量和出口总额增长明显。据宁波海关提供的最新数据:2014年全市水产品出口总量22.45万吨,同比增长12.75%;出口创汇7.75万美元,同比增长5.01%。水产品出口名列全市农产品出口前茅,成为全市农产品出口中最具活力的产业。

2.现代渔业发展情况 启动新一轮水产养殖池塘标准化改造,全年完成池塘标准化改造面积1 325公顷。创建南美白对虾省外繁育试验基地,推进南美白对虾政策性保险试点工作,全市水产养殖政策性互助保险总承保面积达3 000公顷。抓好水产种子种苗工程建设,积极创建国家级水产良种场。

初级水产品质量安全监管体系建设进一步加强,苗种、药残、牛蛙、海捕虾等四大专项整治扎实有力,无公害、标准化健康养殖进一步扩大,全市初级水产品质量安全保持总体平稳、逐步趋好的发展态势,产地抽检合格率同比提高0.5%。全市渔业安全生产形势基本稳定。全年度开展安全教育培训8 078人次;发布气象及预警信息178万条次。

建立国家海洋科技创新项目库,组织实施海洋经济创新发展区域示范项目13个,申报各类科技项目15项。推进渔业标准化示范区建设,加大科研攻关力度,在大黄鱼选育、青蟹土池繁育、马鲛鱼人工养殖、南美白对虾、梭子蟹养殖病害测报预警、海洋牧场、增殖放流等关键领域取得良好成效。加强海洋科技合作交流,建立浙台渔业合作示范区,举办两岸渔业产业项目合作对接会。做好渔业科技推广服务,开展基层公共服务中心建设,实施基层农(渔)技推广体系改革项目,组织开展“渔业科技三下乡”专题活动。

实施志愿船观测系统更新及改造、渔船北斗船位监控终端更新、船载卫星电话配备和象山县海洋灾害风险评估与区划等9个项目,共计投入资金1 500万元。开展全市渔船防台动态信息上报和海上突发应急事件处置演练,防台应急处置能力进一步提升。

加快重大项目建设。梅山应急救助基地组织验收,600吨级海监维权执法船7028船投入使用,海监维权执法基地完成投资7 500万元,科技创新基地工程部分基本完成,石浦番西一级渔港开工建设,象山县和北仑区2艘沿海渔政船基本建造完成,国家级三疣梭子蟹良种场建设项目竣工,国家级泥蚶原种场建设项目开工建设。

全市渔政、海监开展执法检查2 500多次,航程46 500海里,检查海域使用项目、海洋工程建设项目、海岛等1 965个、船舶(采砂船、倾废船、渔船等)5 681艘,水产养殖单位379家、渔船修造企业270家,参与海上安全搜救35次,救回渔船6艘、渔民19人。中国海监7028船圆满完成南海维权护航任务,受到中国海警局表彰,荣立集体三等功,2人荣立三等功、5人受嘉奖。

3. 资源保护

(1)开展"一打三整治"专项行动。成立市渔场修复振兴暨一打三整治行动协调小组,出台贯彻落实《省委省政府关于修复振兴浙江渔场的若干意见》相关文件,制定失渔渔民转产转业政策,建立部门分工、上下联动的机制;全面核查涉渔"三无"船舶,开展渔船勘验工作,全市共核查涉渔"三无"船舶3 183艘,勘验渔船5 946艘;加大海上、港口和码头等区域的执法检查,加强伏休管理,严厉打击涉渔"三无"船舶非法偷捕和其他非法行为;加大涉渔"三无"船舶取缔力度。截止到12月31日,全市涉渔"三无"船舶核查数3 343艘,其中船主愿意主动上交的2 697艘,占涉渔"三无"船舶的80.68%,共取缔涉渔"三无"船舶2 718艘,完成年度取缔任务的204.2%;完成"船证不符"渔船整治2 048艘,占"船证不符"船数(2 918艘)的70.2%;查处各类渔业违法案件204起;全市累计清理滩涂违规渔具27 018顶(张),查处非法制售禁用和违规渔具190顶(张);完成海水生物增殖放流73 822.6万尾(颗)。

(2)做好海洋资源管理。出台《宁波市人民政府关于调整建设用围填海招拍挂出让收入市级统筹办法的通知》等一系列文件。切实加强海洋管理机构建设,各县(市)区组建财政全额拨款的独立事业单位县级海洋资源综合管理中心。深入推进海域使用市场化配置,同时加快海域使用权招拍挂工作,杭州湾新区3个区块出让方案得到省政府批准。统筹安排围填海计划指标,优先保障杭州湾新区和梅山省级产业集聚区、象保合作区等省市重大区块和重点项目,全市2014年累计安排建设用围填海888.715公顷、农业用围填海计划指标598.986公顷。同时,认真做好功能区划修编、动态监管、审批规范、中介服务管理等各项工作。

(3)加强海洋环境保护。完善海洋环境监测预报体系,近海监测站位比2013年增长22%,海洋环境趋势性监测频率从2013年的2次增加到3次;开展宁波市入海污源(入海排污口和入海河流)普查,推动近岸海域浮标实时监测系统建设,完成三门湾岳井洋海域和渔山列岛保护区两个生态自动监测浮标的投放;全市形成了市、县级二级全海域监测网络,初步构建了以船舶、浮标、岸站组成的、多种监测技术集成的近岸海域立体化监测技术体系。实施系列海洋环境整治与生态修复工程,"象山港海洋生态修复示范区建设项目"进展顺利,奉化市桐照海岸带整治修复项目等9个海域海岛海岸带整治修复项目有序推进,蓝点马鲛鱼国家级种质资源保护区开展了建立管理委员会等工作,象山港海域表层废弃物清理专项行动取得了较好的社会效益,甬江口及周边海域海底整治工程进入第二阶段。从陆源工业污染治理、生活污染治理、农业面源污染治理、海洋污染防治、生态保护修复、监管体系建设六个方面,推进浙江省"两湾一港"区域污染综合整治工程,积极配合"五水共治"工程。

【重点渔业市(县)基本情况】

宁波市重点渔业市(县、区)基本情况

县(市、区)	水产品产量(吨)	其中				养殖面积(公顷)	其中	
		海洋捕捞	海水养殖	内陆捕捞	内陆养殖		海水	内陆
象山县	584 940	443 211	111 827		10 717	13 451	10 748	2 703
宁海县	150 816	8 916	136 491	217	5 192	17 278	15 192	2 086
奉化县	151 212	141 863	6 257	911	2 181	3 166	1 621	1 545

（续）

县（市、区）	水产品产量（吨）	其中				养殖面积（公顷）	其　　中	
		海洋捕捞	海水养殖	内陆捕捞	内陆养殖		海水	内陆
慈溪市	52 191	3 544	22 459	2 078	24 110	13 938	7 229	6 709
余姚市	23 763	2 148	52	2 253	19 310	3 803	17	3 786
鄞州区	19 225	3 202	4 840	3 058	8 125	5 085	1 020	4 065
江北区	20 560	5 750		620	506	486		486

（宁波市海洋与渔业局　刘御芳）

厦门市渔业

【概况】 2014年，厦门市认真贯彻落实国务院现代渔业建设电视电话会议精神以及省、市关于加快海洋经济发展的任务目标，在“突出重点、科技创新、政策引导、项目带动”原则推动下，以“创业增收、增殖环保、保障供给、确保安全”为目标，重点发展水产种苗产业，促进远洋渔业发展，推动加工流通升级，提升休闲渔业水平，拓展两岸渔业交流，做好渔港经济规划，促进了渔业增效、渔民增收和渔业经济的可持续发展。

1.主要经济指标　2014年，全市水产品总产量4.19万吨，比上年增长33%。

（1）水产养殖业。全市养殖产量2.51万吨，同比减少7%。其中海水养殖产量1.24万吨，同比上年减少18%；淡水养殖产量1.27万吨，同比增长8%。水产养殖面积3 322公顷，同比减少7%，其中海水养殖面积1 749公顷，同比减少16%；淡水养殖面积1 573公顷，同比增长7%。

（2）水产捕捞业。全市海洋捕捞1.68万吨，同比增长265%。2014年增加远洋捕捞产量1.09万吨；近海捕捞0.59万吨，同比增长28%。全市有机动渔船1 902艘，比上年增加2艘，渔船总功率63 410千瓦，比上年增加21 795千瓦；按功率分441千瓦以上的船32艘，比上年增加10艘；44千瓦以下渔船1 171艘，比上年减少10艘。

（3）水产苗种。水产苗种产量2 965亿尾，同比增长15%；产值4.61亿元，同比上年增长10%。

（4）水产加工业。全市拥有水产品加工企业约12家，规模以上加工企业9家，水产加工量15.53万吨，同比减少6%；水产品加工产值27.33亿元，同比增长8%。

（5）水产品流通。厦门中埔水产品批发市场总交易量8.54万吨，同比减少8%，交易额36.32亿元，同比减少3%。

（6）水产品进出口。水产品出口总量8.16万吨，同比减少3%；出口额25 739万美元，同比减少7%。水产品进口总量9.75万吨，同比增长15%；进口额11 476万美元，同比增长15%。其中对台出口量8 357吨，对台出口货值5 986万美元。

（7）渔业经济。全市渔业经济总产值预计为60.58亿元，同比增长13%。第一产业产值（包括苗种）预计11.52亿元，同比增长8%。其中捕捞产值2.92亿元，养殖产值3.99亿元，苗种产值4.61亿元。第二产业产值32.25亿元，同比增长4%，其中水产品加工产值27.33亿元，同比增长8%。第三产业水产流通和休闲渔业产值11.01亿元，同比增长9%，其中水产流通值10.89亿元，同比减少9.45%；休闲渔业1 200万元，同比增长38.41%。水产进出口贸易增值约5.8亿元，进出口贸易总额37 215万美元（扭转率按25%计算，汇率按6.265计算）。

2.发展特点

（1）远洋渔业快速发展。2014年，厦门市已有13家远洋渔业企业注册成立，其中3家获得农业部批准33艘远洋渔船船网工具指标。2014年厦门海顺20艘渔船投入印度尼西亚阿拉弗拉海域生产，产量10 928吨。厦门海信天4艘渔船于11月初到北太平洋生产，厦门永迅6艘渔船于12月初到西太平洋生产。同时，厦门市政府于2014年12月份出台《关于加快远洋渔业发展八条措施的通知》，将会吸引更多远洋渔业企业落户厦门，鼓励建造和购买大型远洋捕捞及渔产品运输船舶，运回自捕水产品，为市民菜篮子提供优质丰富海产品。

2014年12月，倪超副市长率领海洋渔业经贸团出访斯里兰卡、印度尼西亚和新加坡，拓展了厦门市与东盟国家城市政府间交流合作的空间，推动一批海洋渔业项目达成协议或意向。

(2)海水养殖逐步退出。2014年海水养殖产量1.24万吨,比上年减少18%,海水养殖面积约1 750公顷,比上年减少17%。养殖品种主要有对虾、菲律宾蛤、牡蛎和海带、紫菜等。主要原因是:一是厦门海域近海养殖全面退养,海面及近岸池塘等养殖场地全面清理。二是现存的渔业养殖池多是临时用地,养殖生产者因使用年限的不确定性而不做设施改造,导致池塘条件差,养殖形式多为粗养,养殖技术相对落后,单产低。三是2014年雨水增多,造成紫菜、海带基本绝收,蛤类单产降低。四是部分海水鱼虾类养殖户改养淡水虾类。

2014年,淡水养殖产量1.27万吨,同比增长8%,淡水养殖面积1 573公顷,同比增长7%。养殖品种主要有罗非鱼、鳗鲡、鲢鱼、草鱼、鳙鱼、鲤鱼、鲫鱼,以及南美白对虾、牛蛙等。主要原因是:生猪退养造成牛蛙养殖增加,加上海水鱼虾养殖户改养淡水虾,淡水养殖总面积增加,但2014年对虾养殖病害多,虾类产量降低,加上牛蛙价格比上年大幅降低,所以淡水养殖产量略有增加,产值反而减少。

随着健康养殖技术的培训和推广,2015年水产养殖户从以追求产量最大化的养殖模式转变为以追求养殖环境保护、生产安全食品、产业可持续发展的健康养殖模式上来,更加注重水环境保护、水质调控、饲料、药品等投入品科学投喂,确保养殖产品质量安全。

(3)水产苗种业稳中有升。2014年,厦门市水产苗种产量2 965亿尾,同比增长15%;产值4.61亿元,同比增长10%。主要原因:2013年南美白对虾价格高,导致多数南美白对虾育苗场扩大生产规模,故育苗产量增加,产值随之增加。特别是海沧区多数南美白对虾育苗场扩大生产规模,故而产量增幅较大。翔安区所处地理条件水质优良,广西的"桂海一号"、广东的海茂、黄海所以及正大等全国白对虾优质品种,纷纷落户翔安,营造厦门白对虾产业良好的竞争格局,具备发展潜力。

(4)水产流通交易有所下降。2014年,水产批发市场交易量及交易金额与上年环比有所下降,主要原因是:政府取消及控制"三公"消费,还有总体经济下滑,一些高档水产品如龙虾、大鲍鱼、东星斑、活虾(蟹)等水产品销量明显减少,价格有所下跌。经济鱼类中,由于进口鱼数量较大,如阿根廷鱿鱼、秋刀鱼等价格有所下降,部分养殖水产品如南美白对虾和小鲍鱼由于养殖产量不高,比上年相比价格有所上升。

(5)休闲渔业稳定发展。

一是成功举办2014第七届中国国际(厦门)休闲渔业博览会暨海峡两岸水族钓具展。此届展会规模空前,面积超过1万平方米,共设标准展位550个,有来自福建、江西、广东、浙江、山东、江苏、河北、河南、北京及台湾等全国十多个省市的休闲渔业企业、贸易商、经销商等参展企业160多家,携带众多国内国际知名品牌参展。设有"观赏水族展示区、垂钓及户外运动产品区、海洋旅游区、休闲渔业模式与文化区"等四大主题展区,以及配套亲子活动、第二届厦门市海洋与渔业摄影展、金鱼名品展示、锦鲤大赛、水草造景等展示内容,全方位带来集"观、赏、评、玩"为一体的现场体验。

二是规范管理厦门小嶝休闲渔村,推动休闲渔村品质的提升。自2009年底厦门小嶝休闲渔村建成投入运营后,2014年小嶝休闲渔村再次荣获"十佳生态旅游景区""最受厦门市民喜爱的十佳旅游线路""中国最美休闲乡村"和"国家AAA级景区"等荣誉称号。目前,小嶝休闲渔村已成为一座"旅游、休闲、度假、娱乐"为一体的综合旅游度假景区,年产值达1 200万元。

(6)水产加工出口呈下降趋势。厦门市有加工企业12家,其中规模以上加工企业9家,加工量15.53万吨,较上年有所下降,其中下降幅度较大的是加工出口。2014年加工出口量8.16万吨,同比减少3%;出口额25 739万美元,同比减少7%。据了解,其主要原因包括部分企业还处于产业调整中,原料基地外移,基建投入需要大量资金,加上融资比较困难,直接影响企业正常运作;受国际市场影响;企业税费多,成本增加,比较效益下降。

(7)对台渔业合作交流进一步深化。一是2014年休闲渔业博览会突出对台休闲渔业产业合作与交流的主题。同时,首次引入台湾省休闲渔业协会等相关协会共同承办展会。二是推动对台水产品贸易发展。2014年共引进台湾省水产品23 668吨,货值2 082万美元;出口台湾省水产品8 357吨,货值5 986万美元;进口主要品种为秋刀鱼、午仔鱼,出口主要品种为海带、紫菜、鲍鱼,厦门对台区位优势在水产品物流上的效果得到进一步体现。三是与金门水试所建立了良好的联络机制。发挥与金门水试所良好的联络机制,积极探讨开展厦门与金门两岸联合增殖放流活动,共同改善恢复金厦海域渔业资源。四是渔业交流持续热络。厦门市海洋与渔业局林怀远总工应台湾渔业经济发展协会的邀请,带队赴台湾省开展渔业经贸交流与合作,并为2014年在厦门市举办的中国(厦门)国际休闲渔业博览会暨海峡两岸水族·钓具展进行招展。

（8）水产品质量安全水平持续提升。2014年，厦门市不断完善长效监管机制，强化产地水产品安全监管，加强监测抽检，妥善处置赤潮、甲醛、染色甲鱼、注水黄花鱼等安全事件，全年未发生一起重大水产品质量安全事件，水产品质量安全水平稳步提升。特别是2014年1月1日《厦门市水产品批发市场管理规定》颁布实施后，厦门市批发市场水产品质量安全监管更加规范有序。一是加强市场巡查监管，把好源头关。二是督促建立交易台账，使水产品可追踪溯源。三是形成四级检测制度，跟踪检查质量安全。四是建立规章制度，严格规范管理。

3.行业重点发展领域

（1）远洋渔业。根据厦门市渔业发展实际，在贯彻福建省委、省政府相关文件精神和借鉴其他地方经验的基础上，制订《厦门市人民政府关于加快远洋渔业发展八条措施的通知》。积极指导帮助远洋企业申报项目、组建船队、促进项目落地，已有13家远洋渔业企业落户厦门市，截止到2014年，厦门市已获得农业部批准33艘远洋渔船船网工具指标，其中，1艘运输船在建造中，20艘拖网渔船在印尼阿拉弗拉海域作业，10艘灯光围网渔船在西、北太平洋作业，产量1万多吨、产值近亿元。

（2）水产品加工流通业。

一是推动产学研相结合，引导水产加工业向精深化升级。2014年全市水产加工企业43家，规模以上水产加工企业9家，精深加工项目17个，总投资4.9亿元，各级财政扶持4 800多万元。加快推进产业转型升级，引导企业加大科技投入，其中福建安井食品股份有限公司构建了"海洋营养食品精深加工技术研发中心"产业化平台；源水"功能性胶原蛋白"、新阳洲"紫菜降血压肽功能饮料"等创新产品已进入产业化生产。

二是引导推进规范化建设水产产销专业合作社。推进规范管理鲜之源水产产销合作社、舟和兴水产产销合作社和欣辉能等渔民专业合作社建设，2014年舟和兴合作社被评为厦门市农民专业合作社示范社，并获得15万元的奖励。

（3）水产苗种业。积极推动水产种苗产业结构进一步升级，向质量型发展。一是引导水产苗种场强强联营。鼓励苗种场整合，引导实现公司化经营，与广东海茂、山东海壬等品牌苗种企业合作，开展品牌苗种生产经营，经济效益初步显现。二是稳步提升厦门种苗质量。以前埔基地为平台，以研究所和良种场为基础，以在厦科研院所为技术支撑，稳步推进海马、石斑鱼、观赏鱼研发和南美白对虾等种苗的提纯复壮，不断提升苗种质量。三是加强技术培训和宣传教育。提高育苗技术水平，规范水产苗种生产，改善苗种质量，促进水产苗种向品牌化发展。

4.科技培训与推广 一是加强渔业科研人才队伍建设。以具有基层工作经验的24名专业技术人员组成考评员队伍为基础，通过不断组织进修学习，提升队伍的业务和技术指导能力；同时，聘请具有行业实践经验的专家、教授组成教师队伍，服务于渔业科研和技术推广工作。二是加强基层镇、村二级渔业养殖技术人才培训。对56名村级渔技员开展知识更新培训，以点带面示范推广新品种、新技术、新工艺。三是开展渔业科技培训。开展健康养殖培训18期、入场宣传培训120场，培训人员1 400人次，有效提升渔民养殖生产技术。四是深化培鉴工作，开展专项职业能力鉴定。有146人获得中级工职业技能鉴定培训并即将获得技能证书。针对虾苗种质下降情况，重点培训亲本复壮、遗传育种等知识。五是针对已形成产业化的大宗地方品种种质退化问题，开展良种选育研究和健康养殖模式的推广，有力保障地方养殖业的可持续发展。六是创新培鉴模式。通过开展单一品种的专项专业技能的鉴定培训，有效推广良种养殖的覆盖面，促进科研成果的转化。

5.行业管理

（1）水产品质量安全监管。2014年，厦门市水产品质量安全水平整体逐步提升，本地养殖水产品药残检测合格率100%；农业部对厦门市场水产品质量开展例行监测4次、抽样100批次，检测6批次不合格，合格率为94%。

一是强化监管的组织领导。制订并落实2014年度监管工作方案、监测计划和质量安全专项整治方案，召开水产品质量安全季度例会。

二是强化产地水产品安全监管，特别是在重要节点、重点区域、重大节日及应急突发状况有针对性开展专项整治，严厉打击水产品质量安全违法行为。

三是加大水产品监测力度。全年组织水产品药残、有毒有害物质和重金属及应急监测367批次，甲醛检测3 686批次。开展水产品风险评估调研和渔业环境水质监测，及时掌握水产品质量情况和渔业环境现状。

四是依法开展批发市场监管。坚持每月不少于8次对批发市场进行巡查，督促市场开办者和经营者强化进货查验和建立交易台账、落实水产品溯源制度，并定期抽样检测药残和重金属等有毒有害物质是否超标。

2014 年 12 月 29 日,农业部专门致信刘可清市长,就厦门市海洋与渔业局积极配合农业部对厦门市水产品市场例行监测情况予以表扬。

(2)渔业对台合作交流。

一是推动台湾省水产品登陆厦门。积极引导企业引进台湾远洋捕捞水产品直航厦门,同时通过大嶝小额贸易平台、小三通等渠道,批量从台湾引进秋刀鱼、鱿鱼、石斑鱼等水产品、观赏鱼和水产苗种等。2014 年 6 月份,台湾省远洋渔船直接从大洋开赴厦门港靠泊卸货,开创厦门市引进台湾远洋水产品先例,2014 年引进台湾省水产品 2.4 万吨,货值 2 082 万美元;出口台湾省水产品 8 357 吨,货值 5 986 万美元;厦门对台区位优势在水产品物流上的效果得到进一步体现。

二是与台湾省行业相关协会建立常态化的联络机制。特别突出的是与台湾省水族协会、台湾休闲渔业发展协会、中华台北水族协会、屏东观赏水族养殖协会等联系密切,共同举办 2014 第七届中国(厦门)国际休闲渔业博览会暨海峡两岸水族·钓具展。推动引进台湾水产新技术、新产品,目前厦门已经成为大陆最大的水晶虾生产基地。与金门水试所探讨开展厦门与金门两岸联合增殖放流活动,共同改善恢复金厦海域渔业资源。

(3)渔港与渔船建设管理。2014 年,厦门市登记在册渔业船舶 1 871 艘,其中捕捞渔船 1 177 艘,总吨位 2 670 吨,主机总功率为 9 927.5 千瓦。捕捞渔船按作业类型分:拖网渔船 2 艘,灯光围网 4 艘,刺网渔船 831 艘,张网渔船 3 艘,钓业渔船 92 艘,其他杂渔具渔船 245 艘。现有渔港 4 个,中心渔港一个,群众渔港三个。全年共检验渔业船舶 1 792 艘次,办理进出港签证 4 317 艘次,办理职务船员证书发证、审换证 279 人次。

2014 年,厦门市稳步推进渔业安全生产标准化建设活动。全市 42 艘 44.1 千瓦以上国内渔业船舶均已完成等级认定,其中,二级 32 艘,三级 10 艘。3 家投入运营的远洋渔业企业均已完成三级评定。

(4)渔业安全生产与防御台风。2014 年,厦门市认真贯彻落实《安全生产法》以及国家、省、市安全生产会议精神和相关工作部署要求,以确保"两节"和"两会"期间安全保障为重点,以继续深化"安全生产年""责任落实年"为主线,严格落实渔业安全生产责任制,大力开展防汛防台风渔业安全检查,扎实开展渔港渔船安全监管,深入开展渔业安全生产隐患排查治理,全面开展"六打六治"打非治违专项行动,加大海上安全执法检查力度,严厉打击各类违法生产行为,保障了全市渔业安全生产形势稳定,没有发生渔业安全生产事故。

(5)渔业支农惠农。

一是继续发放渔业船舶燃油补贴。严格按照上级燃油补贴发放对象,测算发放标准,与市财政局联合下文将 1 659 万元下达到有关区,及时将油价补贴足额发放到渔民手中。

二是开展渔工和渔船政策性保险。按照省局有关规定,结合厦门实际,提高渔工保额。办理渔工保险 3 693 人(包括远洋渔工 350 人),保费 203.8 万元;办理渔船保险 73 艘(其中远洋渔船 27 艘),保费 317.4 万元。

三是完善 AIS 系统岸台安装调试。在加大海上渔船手持终端不开机查处力度基础上,开展 AIS 系统岸台安装调试,协调省信息中心扩大对邻近地区进入厦门海域渔船安全监管,促进全市应急指挥平台备用系统的建设。

(6)渔业资源增殖放流。

一是组织开展增殖放流苗种公开采购。按照政府公开采购程序,最后以竞争性谈判形式展开,成交价为 95 万元,比原采购价 100 万元降低了 5 万元,达到了预期效果。

二是组织实施增殖放流活动。在厦门海域开展增殖放流 5 批次,投放平均规格 7.36 厘米真鲷 18.673 万尾;投放平均规格 7.62 厘米黄鳍鲷 12.828 万尾;投放平均规格 7.76 厘米黑鲷 35.153 万尾;投放平均规格 1.135 厘米长毛对虾 1.701 亿尾。按规定实行放流苗种的病毒和药残检测,通过专家、公证处收集证据保全等认定,检测合格程序完整,超额完成年度增殖放流任务指标。

(厦门市海洋与渔业局)

深圳市渔业

【概况】 2014 年,深圳市渔业工作深入贯彻落实科学发展观,加快转变渔业发展方式,以"调结构、扩内需、保增长、惠民生"为工作目标,发展现代渔业建设,全力推动远洋渔业健康发展,推动资源节约、环境友好型渔业结构的调整,取得了一定成绩。全市渔业经济总产值 86 965 万元,水产品总产量 42 850 吨,其中养殖水产品产量 2 816 吨,远洋捕捞产量 40 034 吨,拥有远洋渔船 106 艘,积极贯彻落实远洋渔业扶持政策,远洋渔业得到快速发展。占广东省远洋渔船的 80% 。

1. 远洋渔业快速发展 一是海洋渔船更新改造

项目开展顺利。2012 年至 2013 年经省发展改革委批复深圳市建造远洋渔船 51 艘，项目总投资 4.59 亿元，目前已完工 47 艘，完工率为 92%。2014 年 5 月，国家发改委和农业部批复深圳市建造远洋渔船 15 艘，项目总投资 1.48 亿元，到年底已下达中央预算内投资计划 1 500 万元，进一步提升远洋渔船装备水平及远洋渔业竞争力。二是出台《深圳市农业发展专项资金扶持远洋渔业发展暂行办法》，为促进远洋渔业持续健康发展提供政策和资金保障。

2. 落实各项渔业扶持政策 一是落实渔业油价补助政策。经上级渔业主管部门核定，共安排深圳市 2014 年国内渔业油价补助和远洋渔业油价补助共 1.17亿元；二是落实伏季休渔补助政策。2014 年拟安排休渔船员 369 人补助 55.35 万元；三是落实远洋渔业项目专项补贴政策。2014 年拟安排 5 家企业 9 个远洋渔业项目专项资金补贴 745 万元。

3. 落实海洋伏季休渔及渔业资源增殖放流工作

（1）做好伏季休渔管理工作。为确保全市伏季休渔工作顺利进行，保证渔区社会稳定，促进南海渔业资源的养护与合理利用，一是制定《2014 年深圳市海洋伏季休渔管理工作方案》，成立休渔工作领导小组，明确各有关单位的职责分工，确保休渔工作有序开展。二是认真界定休渔渔船。经市渔政处及市流渔办统计，全市 2014 年应休渔渔船 816 艘（其中本港渔船 301 艘，港澳流动渔船 515 艘），同时对休渔渔船进行登记造册，张榜公布。三是加大宣传工作力度。通过竖立休渔倒计时牌、制作休渔旗、悬挂宣传横幅、发放宣传资料等方式向渔民宣传休渔政策，强化渔民保护渔业资源的意识。四是加强渔船安全管理。休渔期督促各区、各级渔政部门认真做好“三防”工作，开展渔业安全大检查，严格执行 24 小时值班制度，加强渔港渔船巡查，确保渔民群众生命财产安全。五是做好休渔补助实施方案制定及发放工作。

（2）抓好海洋渔业资源保护和增值工作。一是做好伏季休渔管理工作。全市 2014 年应休渔渔船 816 艘（本港渔船 301 艘，港澳流动渔船 515 艘），休渔效果良好；二是开展渔业资源增殖工作。6 月 6 日，市经济贸易和信息化委员会组织的休渔放生活动，共放流 144 万尾鱼苗、785 万尾虾苗，超额完成 2014 年的放流任务；三是推进人工鱼礁建设。1.43 平方公里的东冲 - 西冲人工鱼礁区建设项目已经市发改委批复，投资总概算为 6 650.30 万元，计划投放 3 900 个礁体，总空方量为 27.77 万立方米。到年底已完成施工图设计工作；四是加大渔业执法及宣传工作力度。重点强化禁渔区日常监管及部门联动执法，严查重罚禁渔区内各类非法捕捞行为，积极开展捕捞网具最小网目尺寸及禁用渔具宣传以及水生野生动物保护大型宣传活动。

4. 抓好渔业安全生产管理工作 一是落实安全生产责任。召开了全市渔业安全生产工作会议，层层签订安全生产责任书，严格落实“一岗双责”制度，强化船东、船长安全生产主体责任。二是抓好渔船安全生产监管工作。执行封港查船行动，全年检查各类渔船 3 200 余艘次，查获违规渔船 58 艘，发出限期整改通知书 56 份；结合“打非治违”“八打八治”和“护渔 - 2014”等专项执法行动，积极开展渔船安全隐患系统治理；加强休闲渔船管理，严厉查处渔船非法载客行为；按照两个“百分百”要求，全力以赴开展防台抗风工作，及早部署防御强台风。三是积极推进渔船信息化工作，对渔船登记、过户等信息实时更新，实行动态监管。四是加强船检工作，全年共检验渔船 1 051 艘次，确保渔船安全适航。五是制定《深圳市政策性渔业保险实施方案（试行）》，减轻渔业经营者负担，提高渔业防灾抗灾保障率。

5. 渔政执法管理 全年共出动海监渔政执法人员共 3 500 余人次，执法船艇 850 余艘次，检查各类渔船 3 200 余艘次，获违规渔船 58 艘，发出限期整改通知书 56 份。开展渔船安全隐患治理，结合“打非治违”“八打八治”和“护渔 - 2014”等专项执法行动，联合边防等部门开展了渔船安全隐患系统治理。加强休闲渔船管理，严厉查处渔船非法载客行为。加强海上救助工作。加强与南海海救助局深圳基地协作，提高海上救助成效，全年在 22 宗渔业海难事故中，成功救助遇险渔民 60 人。全年均无行政复议及行政诉讼行为。未发生安全生产责任事故，较为出色地完成了全年各项工作任务。

6. 渔政队伍建设

（1）队伍建设取得明显成效。一是廉政建设常抓不懈。每日向工作人员（包括临聘人员）发送廉政警言，开展“纪律教育学习月”活动，邀请市检察院领导举办警示讲座等。严格执行廉政预警和风险防控制度，全年未发生违反廉政建设问题。二是督察工作常态化开展。确立“每周三”督察日制度，督察工作覆盖全面，发挥了重要作用。三是“渔政队伍建设年”活动成绩突出。购买服务 24 人，基层力量得到扩充。盐田大队成为全省先进大队。

（2）海监基地项目建设稳步推进。目前该项目已获得深圳市发改委可行性研究报告的批复，完成了工程勘察招标并签订合同，正开展陆域配套工程建筑概念设计和初步设计。

【重点渔业区基本情况】

深圳市重点渔业区基本情况

重点渔业区	渔业总产值(万元)	水产品总产量(吨)	其中		养殖面积(公顷)	
			海洋捕捞	海水养殖	内陆养殖	海水养殖
大鹏新区	6 983	5 013	3 082	1 900	11	232
宝安区	1 385	759	689	17	12	10
南山区	16 580	3 235	3 000	200	3	28

(深圳市经济贸易和信息化委员会)

新疆生产建设兵团渔业

【概况】 2014 年,新疆生产建设兵团渔业以转变渔业发展方式为主线,以建设现代渔业为方向,加快渔业基础设施和支撑保障体系建设,推进水生生物养护工作,深化养殖品种结构调整,大力发展本地特色鱼类养殖和休闲渔业,努力转变渔业经济增长方式,着力推进水产健康养殖行动,提高水产品质量安全水平,实现了渔业经济的稳定发展。水产品总量 4.42 万吨,比上年增加 4 904 吨,增长 12.5%,其中养殖产量 43 476 吨,增加 4 873 吨,增长 12.6%;淡水捕捞产量 762 吨,增加 31 吨,增长 4.2%;养殖水面面积 37 462 公顷,增加 1 020公顷,增长 2.8%;渔业产值 6.79 亿元,增加 12 961万元,增长 23.6%;渔业职均收入 34 000 元,增加 2 000 元,增长 6.3%;人均水产品占有量 16.19 千克,增长 8.3%;繁育各类鱼苗 10.89 亿余尾,减少 1.3 亿尾,减少 10.7%,生产各类鱼种 1 668 吨。

1. 养殖证制度建设 养殖证制度是渔业信息化管理的基础工作。2014 年共发放新版养殖证 11 本,发放面积 6 377.44 公顷,水产苗种许可证换(发)证 8 本。

2. 水产品质量安全监管 围绕水产品质量安全监管"两个千方百计,两个努力确保"目标,继续强化监管,严厉打击非法添加和违规使用禁限用渔药行为,规范养殖行为,制定了《2014 年兵团水产品质量安全监管工作要点》,开展水产禁用药物和有害物质残留专项治理,重点加强育苗环节监管和查处违法用药行为。5 月,联合自治区水产局,对塔城、阿勒泰、八师、九师、十师的水产苗种场进行苗种质量安全专项检查,加强育苗环节监管和查处违法用药行为。6~8 月,赴二师、六师、七师等有关重点渔业产区,对养殖生产环节投入品和"三项记录"进行检查,全年兵团未发生水产品质量安全事故,水产品市场价格保持平稳。

3. 农业部健康养殖示范场创建 为做好水产品安全有效供给,从源头规范渔业生产和管理,确保水产品质量安全,继续开展农业部健康养殖示范场创建和管理工作,组织兵团第八师水产技术推广站、第十师 183 团创建农业部健康养殖示范场,获得了农业部第九批健康养殖示范场称号。兵团现已有 16 个农业部健康养殖示范场,创建面积 2 431 公顷。

4. 全国休闲渔业基地创建 为加强对兵团休闲渔业示范基地的指导,充分发挥创建活动的示范带动作用,促进渔业产业转型升级,推动休闲渔业又好又快发展,兵团继续开展全国休闲渔业示范基地创建工作,经过农业部的综合评审、公示,二师天格尔旅游开发有限公司获得农业部"全国休闲渔业示范基地(第三批)"称号。

5. 水生生物资源增殖放流 在农业部的大力支持下,兵团继续开展以淡水鱼类资源增殖放流为重点的水生生物资源养护工作,10~11 月,一师胜利水库、二师恰拉水库、三师小海子水库、六师猛进水库、七师柳沟水库、八师大泉沟水库和蘑菇湖水库、九师乌什水水库、十师阿克达拉水库、十二师冰湖水库、十四师皮墨水库分别开展鱼类增殖放流,除以上 11 座水库外,兵团还有其他十余座水库自筹资金开展鱼类增殖放流活动,共投放鲢、鳙、草、鲤、鲫及河鲈、丁鲹、江鳕等各类鱼种 800 万尾,投入资金 650 万元,促进了水域生态环境的改善和渔业的可持续发展。

6. 水产品认证 积极推进水产品无公害、绿色、有机水产品的认证,2014 年有 10 家较大规模渔场取得无公害水产品产地、产品认证,认证品种 40 个,认证养殖规模 8 879 公顷。

7. 渔业油价补助 根据《渔业成品油价格补助专项资金管理暂行办法》的要求,兵团、师水产局认真组织符合油价补助条件的渔业生产者完成了补助申请、初核、汇总、公示、提供分配方案和确定补贴标准工作。国家补贴 2013 年度兵团渔业用油量 641.76 吨,补贴金额 243 万元。

【重点渔业生产单位基本情况】

新疆生产建设兵团重点渔业师基本情况

单位	总人口（万人）	渔业产值（万元）	水产品产量（吨）	其中		养殖面积（公顷）
				捕捞	养殖	
第一师	31.01	8 312	4 576		4 576	8 483
第二师	19.09	7 463	4 778		4 778	954
第四师	22.82	12 868	9 643	392	9 251	960
第八师	59.09	7 346	5 807		5 807	2 762
第十师	8.63	16 973	8 055	370	7 685	10 000

〔新疆生产建设兵团水利（水产）局　王雪梅〕

全国渔业重点事业单位

农业部渔业船舶检验局

【概况】 2014年是深入贯彻落实党的十八届三中全会精神、全面深化改革的第一年，也是渔业船舶检验改革、发展的重要一年。一年来，面对渔船安全监管新形势，面对深化渔船检验改革、加快促进现代渔业建设新要求，在农业部党组和农业部副部长牛盾的正确领导下，在农业部人事劳动司、渔业渔政管理局等有关司局的指导和帮助下，在各渔业船舶检验机构及全局同志的共同努力和辛勤工作下，全国渔业船舶检验系统按照年初确定的2014年总体工作思路，以党的十八大和十八届三中全会精神为指导，按照中央农村工作会议、全国农业工作会议、全国现代渔业建设工作电视电话会议、全国渔业厅局长座谈会以及渔业安全生产要求，紧紧围绕农业、渔业中心工作，以改革创新的精神，以服务和保障渔业安全生产为目标，突出抓安全监管，突出抓制度创新，突出抓队伍作风能力建设，突出抓教育实践整改兑现和基层党组织建设，为海洋渔业持续健康发展奠定牢固基础，渔船检验事业改革发展取得新的明显成效。截止到12月31日，共完成渔业船舶检验702 444艘，新建渔业船舶21 819艘，255项船用产品认可审批，开展751项柴油机型谱审核，完成39家新建渔业船舶检验机构业务核定，组织开展了14期验船师1 200人次培训，渔船检验保障渔业安全生产、保护渔业资源环境骨干作用有效发挥，服务渔业行业管理大局、支撑现代渔业建设成效凸显。

【重点工作】

1. 大力推进渔船检验执法监督“三大行动”，强化安全监督管理职责和工作力度 2014年4月，农业部办公厅下发了在全国开展“渔船基本数据普查、渔船安全风险隐患排查与整治、渔船船用产品质量监督整治”渔船检验执法监督三大行动的通知，要求用2年左右时间，在全国范围内，针对我国渔业船舶的基本数据、渔船安全技术状况以及船用产品质量状况等方面存在的突出问题进行核查与整治。这是切实发挥渔业船舶检验工作在保障渔业安全生产和渔民生命财产安全的骨干作用、促进渔船法定检验工作有效、有序开展的重要举措。农业部渔业船舶检验局把这项工作作为年内船检工作的重点之重加以部署和落实，制定下发了“三大行动”具体的工作方案，明确具体工作要求，并加大对“三大行动”督办管理；召开了全国渔船检验执法监督三大行动工作推进会议，对三大行动工作进行了再动员、再部署、再落实。各地渔业船舶检验机构在渔业主管部门的领导下，结合辖区渔业船舶特点，抓紧贯彻落实全国统一行动工作部署和工作要求，因地制宜，制定了详细行动工作方案，明确了工作要求，强化了任务责任，全面推进三大行动，并取得了阶段性成果。截止到2014年12月底，共完成渔船基本数据核查436 249艘，查出船证不符38 153艘，“套牌船”4 462艘，“克隆船”272艘，“有证无船”659艘；渔船安全风险隐患排查与整治行动，共排查渔船309 054艘，发出整改通知书35 261份，排查出存在A类隐患渔船23 317艘，整改后签发证书20 519艘；渔船船用产品质量监督整治行动中，开展专项检查2 584次，查处假伪产品11 895件，检查生产、经销企业1 635家，检查救生设备414 552件、消防设备178 448件、通信设备92 381件。三大行动取得了阶段性成果，为今后继续深入推进三大行动打下坚实基础。

（1）积极将“三大行动”纳入渔业行业管理的整体工作中，提升行动的重要性。在渔业主管部门领导高度重视和大力支持下，按照农业部渔业船舶检验局制定的《全国渔船检验执法监督三大行动工作方案》和工作要求，各地迅速以渔业主管厅局委文件印发了本省三大行动工作方案，并成立了以渔业行政主管部门领导为组长的“三大行动”领导小组，召开专题会议，加强对三大行动的领导和协调。山东省将三大行动列入省渔业厅2014年度主要工作，并作为2014年“渔业安全生产百日安全攻坚行动”的主要内容来抓。浙江抓住省委、省政府"修复振兴浙江渔场"暨"一打三整治"活动开展的有利时机,结合该省实际,在"三大行动"基础上,增加"渔船检验队伍素质提升行动"和"新建渔船质量保障行动",形成"五大行动"。上海、江苏、内蒙古等地多方联动,会同当地农委、渔政等部门,有力推动行动深入开展,保证排查与整治行动取得实效。

(2)加强对三大行动的宣传和业务培训,提高行动的广泛性。为加强对各地渔船检验部门的典型做法、工作亮点宣传报道力度,在政务网站和《中国渔业报》上专门设立了"全国渔船检验执法监督三大行动专栏",在渔业报上制作了10期专题报道。各地也充分利用伏季休渔、渔船停港维修等有利时机,在渔村、渔港码头和进港路等地,通过广播、电视、报纸、手机短信、互联网、电子显示屏等媒体,向渔民普及渔船安全操作技能及渔业安全生产法律法规知识,提高船主和渔民的安全意识,促使渔民主动配合普查工作,为活动开展营造良好氛围。同时,各地加强对三大行动具体操作方法、数据核准、表格制作和时间节点等要求的贯彻培训和解读。据统计,全国各地共召开各类部署会议25场次,举办验船人员三大行动培训班42期,1 590人次参加培训。

(3)加强船检信息化建设,保障普查行动的准确性。为进一步加强渔船检验管理部门对整个渔船安全检验环节监察能力,提高对渔船身份识别及重要船用产品的监管能力,实现渔船现场监管信息的数字化及智能化采集与确认,从源头上保证渔船检验监察信息的准确性与实时性,农业部渔业船舶检验局先行在部分沿海省选择了1 600艘海洋渔船,启动了以渔业船舶身份标签和移动检验终端应用为主的全国"数字船检"信息系统试点运行工作。各试点地区省级渔业船舶检验局按照农业部渔业船舶检验局要求,精心组织,统一部署,采取多项措施开展了试点工作,有效推动三大行动的快速进行。广东通过研发"广东渔业船舶信息管理系统",增加了船长、渔船照片、安全设备配备、安全生产检查、有关证件、采集现场经纬度信息,以及渔船网格化安全监管等核查采集内容;还配置了移动3G业务终端500台和手持激光测距仪220台等核查执法装备,确保三大行动的快速性。江苏全面梳理省渔船管理信息系统数据库,删除重复数据和应当注销的船舶数据,对有疑问的船舶数据进行分类处理。四川研发了"四川省渔船检验监督管理系统",结合数据普查行动,对全省渔业船舶进行了一次全面登记核查。

(4)以老旧渔船为重点,突出隐患排查行动的针对性。我国老旧渔船数量众多,安全形势严峻,结合农业部加强对老旧渔业船舶的安全管理工作,农业部渔业船舶检验局在"三大行动"中,要求重点对船长12米以上老旧渔船的稳性、构造、防火防爆、遇险设施等存在的重要安全隐患进行全面排查。各地结合渔船营运检验,针对老旧渔船特点进行排查,并指导渔民自查自纠,排除安全隐患。广东对海洋老旧渔船加大检验的频次。广西把"三大行动"作为解决历史遗留问题的有利契机,突出解决木质渔船隐患问题。山西在渔船安全风险排查中,重点对稳性、水密舱、救生设施等进行严查。福建通过批量、流水线方式和"三查三看"工作方法集中开展行动。山东把"三大行动"和渔船安全评价工作相结合,并计划实施"百千万海洋渔船"更新改造工程。浙江结合省政府加强渔船安全管理的有关要求,增加图纸和稳性资料核查、氨制冷设施、无线电通信、救生设备、防止污染等设备的隐患排查。

(5)加大产品质量监督抽查力度,突出产品监管的强制性。针对2013年全国渔船船用产品整治工作中产品抽查质量存在问题的船用产品企业和渔用气胀式救生筏检修站违规企业,农业部渔业船舶检验局研究提出了处理意见,并对救生设备生产集中地江苏省东台市救生设备企业存在的问题,联合江苏渔业船舶检验局与东台市政府加强救生设备生产企业及其产品的监管,东台市技术监督局印发了整治方案,在全市开展了为期半年的救生设备生产企业排查整治行动,取得较好效果。在此基础上,农业部渔业船舶检验局专门制定了《关于开展2014年渔船救生设备安全性能监督抽查的通知》,组织各省局和检测机构加大对渔船救生设备的监督抽查力度,着重对救生设备安全性能开展监督抽查;同时对救生设备上船后简易识别方法进行研究,从持证、标识、质量状况等几个方面研究现场识别方法,组织编印完成了《渔船救生设备质量现场判别手册》,方便一线验船师开展"三大行动"。

(6)积极出台相关推进措施,提高行动的可操作性。针对本次行动救生衣的配备、现有船特别是木质渔船图纸资料不齐全等问题,农业部渔业船舶检验局从依法行政、强化监管手段出发,根据救生衣的特性,研究提出按作业区域配备救生衣的要求,并起草了《现有渔船图纸资料补充工作方案》(研讨稿),以保障三大行动执行可操作。各地渔业主管部门出台了相关渔船安全管理措施和办法,保障行动有效进行。广东省海洋与渔业局印发了《关于加强渔船安全生产监督管理的通知》,制定了老旧渔业船舶进行分类检验管理要求;福建出台《福建省黑名单渔船通报和处理办法》,对两年未申请检验的渔业船舶,提出了处置规定。山东省制定了《渔业安全生产专家组管理办法》,组织专家参与渔业安全隐患排查整治和渔业安全政策的研究制定。上海下发了《关于进一步加强气胀式救生筏配备和检修工作的通知》,加强了对船上救生设备的质量监管,提高了渔船的安全能级。青海在对部分市、县渔业船舶数量进行摸底基础上,省农牧厅下发了《关于加强渔业船舶检验的通知》,强化渔船基本数据普查工作。

2. 完善检验制度顶层设计,推进渔船检验监督管理机制改革 按照深化行政管理改革、建设法治政府的总要求,以渔船检验管理制度和技术法规修订为切入点,扎实开展渔船检验管理制度改革,突出方法手段创新和事中事后监管,推进渔船检验管理机制创新和法治能力提升。

(1)坚持整体推进、重点突破,全面启动渔船检验法规制度体系的修订工作。

一是启动《渔业船舶检验管理办法》起草。以部门规章形式明确检验机构、检验人员的设置、职责及管理,明晰渔船检验技术支撑机构以及第三方检测机构的法律地位和作用,规范各检验类别的申请、受理与处置程序,厘清渔船质量安全各环节中的企业责任、检测责任和检验监管责任,确保渔船检验管理各项改革始终在法治轨道内运行,切实发挥渔船检验在保障渔业船舶和渔民生命财产安全、防止污染环境工作中的骨干作用,目前经过四易其稿的《办法》即将进入征求意见阶段。结合当前行政管理体制改革新要求和渔船检验监督管理发展新形势,启动开展了针对《中华人民共和国渔业船舶检验条例》修订必要性和可行性的研究。

二是突出重点热点完善技术法规体系。修订发布《渔船船舶法定检验规则2000(远洋渔船检验发证修改通报)》,完成了适用于船长12米以上国内海洋渔船、船长12米以上内河渔船2部《渔业船舶法定检验规则》送审稿及《图纸审查管理规定》《渔业船舶船用产品法定检验规则》征求意见稿,完成《12米以下国内海洋渔船验船师指南》送审稿,开展了《钢质海洋渔船建造规范(2014)》制(修)订工作,进一步明确突出了渔船法定监管重点项目,完善了质量安全各环节主体责任,形成了以检验条例为核心,以法定检验规则为主干,以规范、规程、标准等为支撑,以指南、验船师须知为补充,既接轨国际海事公约,又符合中国渔船经济技术发展现状,体现渔船法定检验特点的技术法规框架体系。

三是改革创新船用产品检验管理制度。发布实施《渔船船用产品检验管理规定》,依据渔船船用产品特性和与渔船安全环保相关度,科学划分船用产品类别,实现了认可检验由"一刀切"向突出重点的"差异化监管"转变提升,更加突出重点、更加突出可操作;针对2013年全国渔船船用产品专项治理情况和抽查结果,对4家违规企业进行了注销认可证书处理,对年内救生筏抽查存在安全隐患的上海存宏公司作出责令召回处罚决定,加大了事中事后监管的力度,逐步构建常态化的船用产品监督抽查机制;编制了《渔业船舶船用产品认可操作指南》,启动修订《渔业船舶船用产品检验规程》,改革细化检验标识管理要求,进一步规范跨辖区异地受理船用产品检验工作,理顺中央和地方船用产品检验事权的划分,及时发布更新船用产品认可信息,推动新形势下产品检验制度改革有序实施。

(2)科学布局技术支撑体系建设,推动形成渔船检验执法监督工作合力。从引入社会化、专业化力量和市场化机制着手,整合利用现有行业力量和社会资源,构建布局科学、衔接协调的渔船检验及监督管理支撑保障格局,为各项工作开展提供了有效支撑。

一是科学布局"三大中心",充分发挥"外脑"作用。与中国船舶重工第701研究所合作共建渔船规范研究中心,结合国际公约和国际国内渔船技术发展开展技术法规研究,承担了《天然气燃料动力渔船检验指南》起草、《氨制冷安全技术标准》修订、国内渔船法规与国际稳性规则对远洋渔船完整稳性要求对比分析等多个项目;联合中国水产科学研究院渔业机械仪器研究所建立局审图中心(上海),聘请多位业内资深专家及专业人员开展图纸审查,并结合审图开展技术法规支撑研究,现已完成对6艘渔政船、海南4种船型渔船、上海2种船型渔船的图纸技术审查。依托大连海洋大学共建渔船安全研究中心,借助高效科研力量开展渔船安全评价、安全管理和装备安全技术研究,年内完成了山东2艘和河北1艘LNG-柴油双燃料渔船改造实验的安全评价,推动新能源、新材料、新技术上渔船。这些技术支撑机构发挥自身优势,从规则规范、图纸审查、安全评价等不同角度,为我国渔船安全管理和现代渔船装备技术快速发展提供了全方位的技术支撑。

二是开展跨部门跨区域合作,延伸监管服务链条。创新完善远洋渔船境外检验管理措施,充实加强境外检验工作点建设和管理,印发了《远洋渔船境外检验工作点管理办法》,新增印度尼西亚、缅甸、乌拉圭、阿曼4个检验工作点,实现我远洋渔船维修停靠主要港口国全覆盖,推动斐济检验工作点增设救生筏检修站和GMDSS设备岸上维修站,拓展工作点维修服务功能。在指导远洋渔船船东企业自查、加强计划管理的基础上探索建立"船东声明""远洋协会协检""证书展期及互认"等境外现场检验补充机制,有效应对了年内因"埃博拉"疫情导致验船师无法前往的我驻西非作业渔船检验困难,为远洋渔业企业境外安全生产提供便利,远洋渔船检验工作质量不断提高,远洋渔船安全管理水平明显提升。针对产品质量专项整治中暴露的救生设备监管薄弱环节和高发地区,与国家质量监督检验检疫总局进行沟通协调,敦促地方船检机构加强与有关部门联系,共同推动解决;参加内地与我国香港、澳门三方渔船检验管理合作会议,深化港澳流动渔船检验和技术监督合作,实现渔船安全生产监管体系全面覆盖。

三是探索引入第三方检测运行机制。创新船用产品质量第三方检测运行和管理机制,组织开展《渔业船舶船用产品检测机构能力评估》专题研究,对全国具有省部级认可资质的99家检测机构进行了全面摸底,按照工作人员、测量与试验设备、检测环境、计量等评价要素对各机构的检测能力进行评估开展了能力评估,启动在日本设立船用产品境外检验点前期工作,为规范有序开展第三方检测机构认可、引入产品检测市场化运行机制打下基础。根据渔船技术安全特点及基层检验工作需求,按照不同安全管理要求对渔船进行分类管理,重点对24米以上及远洋渔船的检验项目进行分级,构建验船师现场监督、船厂/专业机构第三方检验检测、船东安全状况声明三级全方位技术安全保障体系。

3. 努力改进工作作风,提升渔船检验支撑行业中心工作和服务渔民的能力

(1)围绕渔船监管难点,服务现代渔业管理。

一是全力推进《渔船用柴油机型谱与标识管理办法》贯彻落实。针对长期以来渔船用柴油机功率型谱和标识管理混乱导致的"大机小标""小机大标"问题,配合农业部渔业渔政局反复调查研究、广泛征求意见,制定出台《渔船用柴油机型谱与标识管理办法》,联合发布柴油机检验管理和船网工具指标管理的过渡期管理办法,面向各省船检机构、渔船用柴油机制造企业、渔船设计及修造单位广泛开展宣传贯彻,确保《办法》生效后渔船用柴油机型谱与标识监督管理工作平稳实施,畅通政策执行"最后一公里"。组建型谱审核专家库,成立了型谱审核专家委员会及秘书处,制定了《渔船用柴油机型谱申报审核公布实施细则》和《渔船用柴油机型谱审核专家委员会审核指南》,规范渔船用柴油机型谱申报、审核和公布工作要求及程序,编制了审核公布工作进度表,通过《柴油机型谱审核工作动态》及时发布,组织召开4次专家审核和2次追加审核,对全国27家柴油机企业申报的44千瓦以上共751个型号柴油机型谱进行了评审,审核通过328个型号,其余型号待补充材料再次审核。型谱审核工作有力有序开展,为破解柴油机管理难题、保障渔业"双控"政策有效执行奠定了坚实基础。

二是推进全国渔船动态管理系统渔船检验监督管理子系统上线。积极做好子系统海洋渔船检验发证工作运行维护,完成验船师管理系统、机构管理系统升级工作,实现与海洋渔船检验发证系统相关数据的实时衔接和机构数据库清理;完善远洋渔船检验发证系统上线功能,指导支持各地开展海洋渔船检验系统发证工作,开展了两期远洋渔船检验试运行测试和上线前培训,实现了全国远洋渔船初次检验及浙江、福建营运检验正式上线;协调中国水产科学研究院渔业工程研究所在渔船检验监督管理子系统二期中开发产品检验监督管理功能,实现证书发证打印、业务流程管理和系统查询统计与农业部行政审批大厅无缝对接。配合农业部渔业渔政局指导协助安徽、河南、新疆等地开展内陆"三证合一"检验发证试点工作。

三是精心组织实施大型渔政船建造检验和北斗应用示范项目任务。发挥大型渔政船建造检验牵头职能,组织专家圆满完成渔政船图纸审查,及时协调船东方、检验机构、建造企业及监理研究检验工作实施中出现的问题,加强建造检验关键环节督导巡视,并就渔政船划归海警局后的载重线、检验发证等具体问题多次主动上门与海警局沟通衔接,得到了有关方面广泛好评。编制了《北斗海洋渔业应用示范项目实施方案》,组织专家对《北斗海洋渔业应用示范项目初步设计》评审并报部批复,组织辽宁、山东、浙江及大连三省一市有关单位对项目实施进行了集中研讨,并会同农业部计划司、渔业局和解放军总装备部航天设备总体研发中心对辽宁省项目资金使用范围和大连市调增项目资金事宜进行了专题研究。完成了与各示范省(市)建设单位分合同签订工作,下拨了第一笔1 380万元项目资金,指导督促项目建设单位按规定、按进度开展项目实施,目前辽宁省和山东省已完成项目招投标工作,浙江省和大连市招标工作已有序开展。

(2)围绕渔船科技进步,服务渔船行业安全发展。

一是充分发挥渔船标准引领推动作用。按照"统筹规划、因地制宜、重点突出、分步实施"的思路,加快推进渔船标准化工作,会同农业部渔业渔政局发布《关于开展远洋渔船船型标准化工作的通知》,组织起草了《远洋渔船船型标准化工作方案》,明确了近期和中长期工作目标,2014年先期评定金枪鱼、鱿鱼、秋刀鱼3类渔船标准化船型，到2020年实现远洋渔船标准船型覆盖主要远洋作业区域，新建远洋渔船标准化率达到80%。目前已接受辽宁、山东、浙江、福建4个省份推荐的30余个船型，并配合农业部渔业局开展船型分析，完成初步评选工作，推动加快远洋渔船专业化、标准化、现代化进程。组织成立全国渔船标准化技术委员会玻璃钢渔船标准工作组，召开了工作组会议，落实了9项玻璃钢渔船标准制修订工作任务，有效调动了各方参与标准体系建设的积极性。探索开展小型渔船船型标准化工作，推动大连市政府拨款180万元专项支持船型研发。

二是推动成立玻璃钢渔船产业发展联盟。充分挖掘并深度整合玻璃钢行业产学研检资源，为玻璃钢企业搭建沟通平台，促进各方增进交流，取长补短，打破此前行业企业"自弹自唱"和"单打独斗"无序混乱发展局面，引导形成举行业之力，集行业智慧，共同谋划、共同发展、共同突破的良性健康发展格局。组织召开了玻璃钢渔船产业技术发展联盟组建暨现场交流研讨会，审议通过了《玻璃钢渔船产业技术发展联盟章程》，选举产生了联盟理事会，确立了联盟的组织机构和职责以及联盟的宗旨，充分发挥行业自律作用，推动玻璃钢渔船产业发展步入良性发展轨道。

三是推进渔船建造技术能力提升。针对2013年取消的渔业船舶修造、设计单位资格认定行政审批事项，通过加强开工前检查和图纸审查工作，强化落实设计修造单位安全主体责任，制订《渔业船舶生产企业生产条件基本要求》行业标准，指导行业协会组织开展造船企业技术能力评价试点工作，组织编制《钢质渔船建造质量证明文书》《玻璃钢渔船建造质量证明书》及《钢质渔船建造质检员培训教材》，充实完善行业管理标准，推动建造过程质量管理由粗放型向精细化标准化转变，加强渔船设计修造企业质量技术能力提升引导和监管，在确保行政审批项目取消后续衔接监管落实到位的同时，推动渔船设计修造行业提质升级健康发展。

(3)围绕船检政风行风建设，服务全国渔船检验系统发展。

一是强化行业系统执法监管指导。为加强渔业船舶检验机构政风行风建设，制定了《渔业船舶检验(工作)执法督察规定》，在全国各省市建立渔业船舶检验工作督察制度组织开展督察活动，强化对渔业船舶检验机构和验船师在依法履行职责、行使职权、廉政建设和遵纪守法方面的监督检查。强化机构建设指导管理，赴海南省就渔船检验机构建设和检验工作当前突出困难进行专题调研，协调有关地区给予检验力量支持；针对江苏省宿迁精简行政审批、暂停船检工作情况，及时指导协助，推动地方政府充分认识渔船检验职能作用，保障渔业船舶法定检验和渔船安全生产工作正常开展；研究制定《渔业船舶检验机构业务能力核定标准》，创新完善以检验能力核定检验机构业务范围的管理模式，提高机构业务核定管理科学化水平。继续开展渔业船舶检验机构间"结对发展"活动，全国有28个省(自治区、直辖市)结成"一帮一""一帮二"对子，通过制定帮扶计划、签订结对发展协议、对口交流锻炼，带动内陆等检验力量相对薄弱地区业务提高，实现了各地优势互补、均衡发展，形成了全国一盘棋的良好局面，全国结对代培训检验人员150名，协助开展图纸审查20套，协助开展大型渔船检验30艘。

二是持续提升机构队伍依法履职能力。针对渔船法定检验工作任务重、责任大、人手不足的现状，强化验船师培训工作，研究起草《验船师培训管理办法》《验船师资格考评管理办法》，组织开展了7期全国骨干县(市)验船师基础专业长训班、1期大型渔政船建造检验培训班、1期青年验船师建造检验实践培训，并指导有关省组织多期上岗资格培训；开展师资人才优选活动，140名行业内优秀人才入选全国第一批渔业船舶验船师师资人才库，创新视频授课培训形式，完善资格考试题库，加强培训基地建设认定工作，为提高渔船检验执法队伍履职能力打下基础。按照农业部行政审批标准化创建活动统一部署，组织编写完成远洋渔船检验及船用产品认可等8个审批子项审批服务标准及服务规范编写，从审批依据、审批程序、审批内容、办理时限、结果公开等方面对审批行为进行梳理规范，经农业部办公厅审核原则通过后报农业部渔业渔政局统一发布，推进行政审批依法、廉洁、透明、高效开展。

三是加强服务型基层党组织建设，上下联动共同培育和践行社会主义核心价值观。为提高全系统基层党组织建设水平，推动作风建设落地生根，全面落实农业部党组关于加强基层服务型党组织建设的要求，农业部渔业船舶检验局面向全国各级渔业船舶检验机构发出《推进全国渔业船舶检验系统基层服务型党组织建设倡议书》，号召全国各级渔船检验机构基层党组织和党员牢记使命、学习先进人物事迹，增强热爱"三农"、服务"三农"、奉献"三农"的责任感和使命感，树立刚正廉明的依法行政形象、可亲可信的为民服务形象，共同开展基层服务型党组织建设活动。农业部渔业船舶检验局还与分别与北京市渔业船舶检验局、河北省渔业船舶检验局共同开展基层服务型党组织共建活动，举办庆"七一"主题演讲，组织全局干部开展"当一天验船师"活动，面对面倾听基层验船人员和渔民心声，肩并肩体会一线检验工作，进一步巩固落实群众路线教育实践活动成果，解决群众反映的突出问题，强化践行群众路线、服务基层渔民的能力和意识。通过这些活动的开展，实现了加强基层组织建设同解决“四风”问题、维护渔民群众利益、做好渔船检验工作的有机统一。

（农业部渔业船舶检验局）

中国水产科学研究院

【**概况**】 2014 年，中国水产科学研究院围绕农业部“两个千方百计、两个努力确保、两个持续提高”的目标，坚持“深化改革，创新机制，突出重点，狠抓落实”的工作思路，转变工作作风，狠抓工作落实，推动了渔业科技创新和支撑保障能力持续提升，全院各项事业取得了新的发展。

1. 科研项目与成果产出 2014 年，全院共获得各级科技成果奖励 56 项次，其中省部级奖励 24 项次，以第 1 和第 2 完成单位包揽水产领域全部 2 项国家奖；开展了首届大渔创新奖评审，3 项“顶天立地”成果获得奖励。“大项目”争取实现重大突破，“973”项目成功立项。牵头承担了一批重大科研任务，44 个项目获得国家自然科学基金资助，首次获得 1 项“优秀青年科学基金项目”。全院有 5 个水产新品种通过审定；获得专利授权 466 项；出版专著 26 部；发表学术论文 1 554篇，SCI(EI)期刊收录 469 篇，其中 SCI 一区和二区期刊收录 173 篇。半滑舌鳎性别决定机制和鲤鱼遗传多样性 2 项基础研究成果相继发表于国际顶级期刊《自然 o 遗传学》。《中国水产科学》自 2013 年入选“全国百强科技期刊”后，2014 年入选“第三届中国精品科技期刊”，该刊发表的 1 篇论文作为水产领域的唯一 1 篇论文入选“中国百篇最具影响优秀国内学术论文”。

2. 科技支撑与公益服务 一是深入一线开展科技推广服务。开展“院士、专家（博士）走基层送技术解难题”活动，一批院士、专家深入渔区、企业和养殖户广泛开展科技服务，全年共派出科技人员 1 500 多人次，举办各类培训班和现场技术指导 500 多场次，培训人员 4.2 万人次。加快实施“122 推广工程”，推进实用成果产业化，大口黑鲈“优鲈 1 号”等多个主导品种良种覆盖率达 50% 以上。二是全力支撑行业管理。积极承担水产品质量安全监管、渔业污染事故调查处理等技术支撑工作，为行业主管部门提供有效支撑。开展南极磷虾探捕和高效捕捞技术攻关，配合农业部渔业渔政管理局编制《全国海洋捕捞准用渔具目录》，协助行业主管部门积极应对台风“威马逊”等灾情开展科技抗灾救灾。三是积极支持地方渔业发展。全院共签订科技合作协议 78 项，进一步拓展合作区域，服务地方渔业发展。支持北京市、山东济宁市等地方政府编制一批渔业发展规划。加大援藏工作力度，通过项目带动、人员培训、装备提升等多种方式提升西藏渔业科技水平。

3. 开放办院与国际交流 全面加强同美洲、欧洲、中亚国家以及日韩的渔业科技交流，与丹麦、荷兰、塔吉克斯坦、厄瓜多尔、乌拉圭等国家的相关渔业科研机构签订了合作备忘录，建立了稳定的合作关系。2014 年两岸合作取得新进展，首次成功举办海峡两岸增殖放流研讨会，双方在资源养护、冷水鱼养殖等方面深入开展项目合作研究。全院共承办 7 项国际培训项目，培训 118 名国际学员。新上国际合作项目 19 项，合同总经费 1 023 万元，成功争取到自然科学基金国际合作重点项目“李国鼎基金”2 项，获得项目经费 300 万元。

4. 财政支持与条件建设 全院 2015 年预算盘子继续扩大，基本支出增长为历史最好水平，比 2014 年预算增加 4 600 多万元，增幅超过 15%。科学组织申报修缮购置专项经费和重大设施系统运行费，2015 年分别获得 6 800 万元和 3 849 万元支持。加强科学调查船体系和渔业生物种质资源库建设研究，编制完成《全国渔业资源调查船体系建设规划（2013—2020 年）》和《全国渔业生物种质资源库建设规划》并通过农业部审定。2 艘 3 000 吨级科学调查船项目建议书获得国家发展和改革委员会批复，总投资近 5 亿元，堪称“农业航母”，4 艘 400 吨级近海调查船即将进行建造招标。14 项建设项目获得立项，争取投资总额超过 6 亿元。年度到位基本建设投资超过 2 亿元，为历史最高水平。

5. 人才队伍建设 紧抓落实“5511 人才工程”这条主线，院所两级在“用好现有人才、稳定关键人才、引进急需人才、培养未来人才”4 个环节细化工作措施，在人才培养和引进方面积极探索并取得了实效。选派 13 名高端人才赴海外进行为期 6 个月以上的深造学习，选派 15 名“百名科技英才培育计划”人选赴国内外高校和科研机构进行短期培训研修，加快培养造就领军人才和中青年拔尖人才。唐院士领衔的“海洋渔业资源与生态环境”创新团队荣获“全国专业技术人才先进集体”称号，王清印荣获第十届光华工程科技奖“工程奖”，孙大江、李来好荣获“全国优秀科技工作者”称号，马爱军入选国家创新人才推进计划“中青年科技创新领军人才”。

【黄海水产研究所】

（1）科研项目与成果。2014 年共主持、承担各级各类科研课题 461 项，其中：主持“973”计划课题 4 项，参加 6 项；主持“863”计划课题 7 项，参加 11 项；主持科技支撑计划项目 1 项；承担科技支撑计划课题 20 项；主持国家自然科学基金重点项目 1 项，面上青年等各类项目 49 项；承担科技部国际合作项目 4 项。全年新上项目 159 项，新上项目合同总经费 6 219.11 万元。发表论文合计约 390 篇，其中 SCI 收录期刊论文 123 篇，1 篇文章发表在 Nature Genetics（影响因子为 35.209），1 篇文章发表在 Genome Research（影响因子为 14.4）；出版专著 6 部；申请专利并受理 60 项；获国家授权专利 83 项；获软件著作权 5 项；中国对虾“黄海 3 号”2014 年获原良种委员会新品种证书；南美白对虾“壬海 1 号”、大菱鲆“多宝 1 号”通过原良种委员会评审。发布国家标准 5 项，农业行业标准 11 项，地方标准 4 项。获各级科技奖励 12 项，其中：国家技术发明二等奖 1 项；山东省科技进步二等奖 1 项，技术发明二等奖 1 项；青岛市科技进步一等奖 1 项；海洋科学技术二等奖 1 项；潍坊市科技进步三等奖 1 项；大渔创新奖 1 项；中国产学研合作创新成果奖 2 项；河北省农业技术推广奖 1 项；中国机械工业科学技术奖 1 项；蓬莱市科技进步一等奖 1 项。

（2）成果转化与科技服务。采取“科技人员 + 项目 + 示范基地 + 示范户”和“专家组 + 龙头企业 + 示范户 + 农户”等多种有效的成果转化推广模式，集中推介中国对虾“黄海 3 号”、三疣梭子蟹“黄选 1 号”、半滑舌鳎、耐高温海参“高抗 1 号”、海带“黄官 1 号”等新品种及对应技术、专利，转让相关专利技术 7 项；3 人被聘为第一批水产学科科学传播专家，极大地提升了水产学科科普服务水平和社会影响力。发挥“黄海所渔业技术宣讲团”专家的作用，制定以鲆鲽类和虾蟹类养殖为主题的标志性活动，通过座谈交流、技能培训、现场指导、扶植示范户等方式，分专题、有针对性地帮助解决渔业主产区生产实践中的难点问题，共举办或参加各类讲座、培训班、现场指导等科技兴渔活动 130 余次，培训渔民与技术人员 6 200 多人次。

（3）学术交流与国际合作。2014 年承担国际科技合作项目 9 项，其中科技部国际合作专项 4 项，农业部“948”项目 2 项，农业部国际合作交流项目 1 项，欧盟第 7 框架计划课题 1 项，农业部出国（境）培训项目 1 项，年到位经费 384 万元。开展专家互访和国际学术交流，参加国内外学术活动并做报告 50 余个，接待国外知名专家来所交流近 50 人次，组织各种类型的学术交流活动 20 余个。

（4）人才队伍建设。获省部级以上称号 8 人次，“海洋渔业资源与生态环境创新团队”获中共中央组织部、中共中央宣传部、人力资源和社会保障部、科技部联合授予的“全国专业技术人才先进集体”称号，1 人获第十届光华工程科技奖（工程奖），1 人入选泰山学者攀登计划人选，1 人泰山学者期满考核优秀获滚动支持，2 人获山东省有突出贡献中青年专家称号，1 人获青岛市创业创新领军人才称号，1 人获青岛市青年科技奖，1 人获院中青年拔尖人才称号，1 个团队获中国水产科学研究院优秀科技创新团队表彰。组织完成国家公派出国留学基金和留学人员科技活动项目择优资助 8 人次的申报，2 人获国家公派出国留学资助；选派 3 名青年科技人员赴法国、加拿大进行为期 1 年或半年的留学，2013 年派出留学人员中已有 6 人完成研修任务按期回国。

（5）科研条件建设。3 000 吨级海洋渔业综合科学调查船建设项目建议书获国家发展和改革委员会批复（批复预算资金 2.48 亿元），完成可研报告书的修改、上报工作；积极开展 5 000 吨级“极地综合调查研究船”项目建议前期调研与论证工作。3 项农业基本建设项目建设任务全面完成且通过竣工验收，1 个项目完成初步设计、概算及图纸的编制和上报工作，初步申报建设资金 2 572 万元。积极推进“国家级海洋渔业生物种质资源库项目”立项进程。完成 2014 年修缮购置专项资金“即墨科研基地基础设施改造项目”相关施工工作并已通过四方验收；2013 年度农业部科学事业单位修缮购置专项资金项目——“碳汇渔业实验室仪器设备购置项目”通过竣工验收。此外，完成农业部海洋渔业与可持续发展重点实验室大型仪器（单台价格 200 万元以上）实验室改造设计，项目总投资 1 259万元。

【东海水产研究所】

（1）科研项目与成果。在研项目共 425 项，其中主持 370 项、参加 55 项，包括“973”计划 2 项、国家科技支撑计划 10 项、“863”计划 7 项、国家自然科学基金 26 项、科技基础条件平台专项 2 项、科技基础性工作专项 2 项、产业技术体系建设 1 项、行业科研专项 9 项、948 引进计划 1 项、国家和部级其他项目 49 项、标准制（修）订项目 4 项、省级计划项目 51 项、地方其他项目 9 项、国际合作项目 8 项、基本科研业务费专项项目 82 项、其他项目计划 162 项。共新上项目 157 项，其中主持 135 项、参加 22 项，包括国家自然科学基金 7 项、科技基础条件平台专项 1 项、科技基础性工作专项 1 项、“948”引进计划 1 项，新上项目合同总经费

7 911.69万元。共获得各项奖励13项,其中国家科技进步二等奖1项,上海市科技进步二等奖1项、上海市自然科学三等奖1项、上海海洋科学技术一等奖2项、上海海洋科学技术二等奖1项,中国水产科学研究院科技进步二等奖2项、中国水产科学研究院科技进步三等奖2项、海洋工程科学技术二等奖1项、海洋科学技术一等奖1项、山东省科技进步二等奖1项。发表专著3部,论文255篇,其中SCI58篇、EI23篇、国外期刊4篇、核心期刊155篇;获授权专利125项,其中发明专利42项,实用新型83项;获软件著作权8项。

(2)技术支撑与科技服务。开展长江口渔业资源可持续利用关键技术研究与示范,进行东海渔业资源调查评价与养护。做好水产品质量安全例行、专项监测与复查,产地水产品质量安全监督及苗种质量监督抽查,水产品潜在危害因子摸底排查评估,以及上海市水产品质量安全监测等工作。积极组织科研人员做好渔业科技入户示范、试点工作,先后深入到浙江、江苏、山东、福建、新疆、甘肃以及上海本地以科技服务、咨询、培训、指导等方式开展渔业科技服务活动,共派遣科技人员50余人次,举办讲座、培训班、现场指导等科技服务活动20余次,培训技术人员和渔民3 307人次。

(3)学术交流与国际合作。在研国际合作项目共8项。共派出19人次前往加拿大、美国、瑞典等,就取得的最新研究成果与国外专家进行学术交流。为营造良好的学术氛围,举办出国留学人员和南极考察回国人员学术交流活动3次。3位科研人员分别赴加拿大卡尔加里大学、美国加州理工学院、美国加州大学旧金山分校开展访学工作均已学成归国,继续开展研究工作。完成了2014年度留学人员科技活动项目择优资助申报工作,申报3人,获批1人。积极组织科研人员参加了各类学术会议,累计约200人次。

(4)人才队伍建设。截止到2014年年底,已拥有博士生导师4人、硕士生导师55人。申报上海海洋大学博士生导师1人,硕士生导师6人,均获批导师资格。与各高等院校和研究所联合培养在读研究生113人,其中博士研究生6人,硕士研究生107人。招收2014级上海海洋大学博士研究生1人、硕士研究生27人,南京农业大学硕士研究生2人,中国海洋大学硕士研究生1人。博士后工作站新进站1人。共推荐各类专家、先进集体(个人)90人次。

(5)科技条件建设。3 000吨级海洋渔业综合科学调查船建设项目通过国家发展和改革委员会项目建议书评审,300吨级渔业资源调查船建设项目进入建造准备阶段,100吨级长江口渔业资源调查船建设项目完成申报,东江号科研监护艇正式投入使用。海南研究中心技术支撑能力进一步增强,福建福鼎养殖试验中心完成建设投入使用,江苏赣榆试验基地进入建设准备阶段。海洋渔业可持续发展学科群科技创新能力条件建设规划的实施已全面启动。

【南海水产研究所】

(1)科研项目与成果。全年主持和承担各类科研项目370项,合同经费达到3.3亿元,到位经费8 967万元,其中新上项目153项,合同经费1亿元。获得省部级科技成果奖励11项,其中"人工鱼礁关键技术研究与示范"成果获得2013年度广东省科学技术奖一等奖,保持了5年来以第一完成单位连续获得省部级以上科技奖励的记录。全所在中外期刊公开发表学术论文238篇,其中SCI 71篇,EI 12篇,核心期刊149篇;出版专著5部,获授权专利58项,获软件著作权1项,颁布国标、地标等标准20项。

(2)技术支撑与科技服务。在抗击超强台风"威马逊"过程中第一时间派出专家组冲在工作第一线,为南海三省(自治区)抗灾和灾后复产提供了切实可行的指导意见和实施方案。"南锋"号调查船已先后赴西太、南海中部和北部陆坡区等海域执行4个航次调查任务,实现了既科考又维权。圆满完成了2014年农业部及广东省水产品质量安全监控5大类11项任务,为各级渔业主管部门及时了解和应对食品安全问题提供了有力支撑。全年组织举办水产科技培训活动34场次,培训人员3 630人次,发放技术资料5 300余份,其中联合承办了"2014渔业院士、专家广东行"系列活动反响强烈。编写了国内第一本海洋渔具培训材料《南海区海洋渔具分类管理培训材料》,开展海洋捕捞准用渔具和过渡渔具最小网目尺寸制度专题培训8期,人员超过1 000人。

(3)学术交流与国际合作。全年接待国内外领导、专家来所考察、调研、参观、访问和学术交流200多人次,主办小型学术交流会23次,组织参加学术交流会18次、100人次。进一步密切了与美国、澳大利亚、挪威及中国海洋大学、厦门大学、海洋所等国内外海洋渔业高校、科研机构同行的联系和交流,营造了浓厚的学术氛围。创建了广东省水产标准信息网,该网站是我国第一个水产标准信息网站(http://www.gdscbz.cn/),也是一个国内外水产标准信息资源共享的交互平台,现已正式运行。

(4)人才队伍建设。接收1名博士进站工作,使在站从事博士后研究科研人员累计达到7人;规范人才公开招聘,择优录用26人进所工作,其中博士、硕士

22 人;新上正高 5 人、副高 11 人;新录取联合培养研究生 39 人,又有 15 名专家获得硕士研究生导师资格。通过加强全所各类人才梯队建设,进一步夯实了人才保障基础。此外,还在粤东地区举办了两期共 300 多人的"渔业病害防治员和水产养殖工"资格认证培训班,为培养新型农村实用型人才做出了贡献。

(5)科研条件建设。300 吨级渔业资源调查船建设项目总投资 2 775 万元,进入公开招标阶段。投资分别为 744 万元和 670 万元的"农业部水产品加工重点实验室建设项目"和"深圳基地 2014 年修购项目",分别已完成项目总投资的 60% 和 75%。热带中心新址地块完成了地界测量。农业部南海渔业资源开发利用重点实验室建设项目获得批准立项,中央预算投资 778 万元。申报的 2015 年修购项目已有 3 项通过专家现场评审,已获项目立项的有"花都基地基础设施改造项目",项目总经费 630 万元。

【黑龙江水产研究所】

(1)科研项目与成果。在研项目总计为 143 项,合同总经费为 11 146 万元。新上科研项目 68 项,其中国家及有关部委项目 5 项,新上项目合同总经费 3 641万元。首次获批国家自然科学基金国际合作项目和黑龙江省自然科学基金留学归国人员基金项目各 1 项。共 15 项课题通过专家鉴定与评价,申报各级各类科技奖励 7 项,获得科技进步奖励 5 项,分别为黑龙江省科技进步二等奖 1 项,黑龙江省农业科技进步一等奖 2 项、二等奖 1 项,水科院科技进步三等奖 1 项。发表科技论文 124 篇,出版专著 2 部,其中 SCI 收录论文 37 篇,以孙效文研究员率领的国际合作研究团队在线发表于《自然—遗传》(Nature Genetics)杂志上的《鲤鱼全基因组序列与遗传多样性》一文影响因子达到28。申报专利25 项;获得授权专利40 项;出台地方标准 3 项;申报软件著作权 2 项,获批 1 项;经全国良种审定委员会评审认定鱼类新品种 1 个。"松浦镜鲤新品种培育及产业化"项目获得黑龙江省省长特别奖。

(2)技术支撑与科技服务。质检工作支持社会公益事业开展,全面完成城市例行监测和 2 次产地质量抽查任务,新承担黑龙江、吉林和辽宁三省的主要渔用投入品(渔用兽药及其他投入品)的隐患排查任务和对东北三省池塘养殖的鲤鱼和鲶鱼中重金属(铜、铅、锌、镉、汞、砷)、有机氯和多环芳烃等危害因子的风险评估任务。接受社会各类委托检验样品 456 个,出具检验报告 93 份。完成两次黑龙江流域渔业生态环境监测任务,获得检测数据 1 500 个。全年共开展科技下乡活动 29 次,举办冷水性鱼类健康养殖、养殖新品种推介、冷水鱼病害防治技术等培训 20 次,科技入户及现场指导农户 27 次,总计培训人员 1 000 余人次,有力地支撑了地方渔业的健康发展。持续开展科技援疆工作,推动新疆额河流域冷水性鱼类产业发展再上新台阶。

(3)国际合作与学术交流。首次成功举办了科技部国际培训项目"冷水性鱼类养殖技术国际培训班"。先后派出各学科研究人员 11 人赴蒙古、韩国、澳大利亚、厄瓜多尔、乌拉圭、塔吉克斯坦、美国及我国台湾省等国家和地区参加国际学术交流与研讨,通过引智项目等邀请,俄罗斯、美国、瑞典多所大学及研究所的 8 名教授来所考察访问,推动和加强了与世界渔业水平发达国家间的合作研究。2014 年争取并执行全额资助出国培训项目 1 项,引进国外技术、管理人才项目 2 项。

(4)人才队伍建设。向美国印第安纳大学生物系派出访问学者 1 人,开展生物技术育种方面的学习与交流;通过国家外专局项目选派 1 人赴美国威斯康星大学斯托德分校生命科学学院学习培训及开展合作交流;1 人赴我国台湾省"中央研究院"就鱼类耐盐碱生理及遗传机制开展了为期一个半月的合作研究。组织申报的黑龙江省省内领军人才项目"鱼类育种研究团队"荣获"黑龙江省领军人才梯队"荣誉称号,"北方鱼类遗传育种创新团队"获院创新团队荣誉称号,1 人被评为第六届"全国先进科技工作者"称号。博士后工作站有 3 人顺利出站,3 人在站工作。在站博士后申报国家博士后科学基金,获得国家第 56 批面上资助。组织上海海洋大学和宁波大学导师遴选工作,1 人取得博士生导师资格,3 人取得硕士研究生导师资格。

(5)科研条件建设。在建项目"农业部黑龙江流域水产品质量安全监督检验中心"进展顺利,项目建设已全部完成,进入验收收尾阶段;总金额为 800 万元的"农业部淡水水产生物技术与遗传育种重点实验室建设"基建项目获得批准立项;"宽甸鸭绿江渔业资源环境保护究中心项目"建设项目完成了基础建设土建任务和实验室仪器设备招标工作。完成 2011 年、2012 年 7 个仪器设备购置项目的验收;2014 年新立项的"呼兰水产试验站基础设施改造项目"按计划顺利进行;组织申报 2015 年修购项目 4 项,获批 1 项。

【长江水产研究所】

(1)科研项目与成果。承担各类科技项目 187 项,项目合同经费 16 474.83 万元,年度到位经费 4 095.66万元。承担科研项目中,主持国家自然科学基金13项、"十二五"科技支撑计划4项、"863"计划课题2项、国家科技基础条件平台1项、国家科技基础性工作专项2项。新上项目74项,新上项目合同经费2 794.30万元。共发表论文152篇,其中SCI/EI收录期刊发表论文82篇,以第一作者或通讯作者发表的论文114篇(SCI/EI收录57篇)。申请专利25项,其中发明专利16项;获得授权专利32项,其中发明专利16项;完成专著3部;颁布标准9项,其中国家标准6项,行业标准3项。申报成果奖励7项次,获得湖北省科学技术奖励科技进步二等奖1项、三等奖1项,获得院科技进步一等奖1项、二等奖1项、三等奖1项。

(2)技术支撑与科技服务。承担了江西省2014年水产品质量安全例行监测任务等,共奔赴湖北、四川、广东、江西、安徽等省,完成508个样品、2 123个指标。继续承担湖北省水产局下达的湖北省无公害产品及产地的检测任务,承担湖北省水产局委托的湖北省产地水产品质量安全监督抽查及湖北省水科所检测中心部分数据的验证工作。共承担社会委托60个,其中种质检测26个。积极发挥全国水产标准化技术委员会淡水养殖分技术委员会秘书处的工作平台作用。持续开展珍稀濒危水生动物保护工作,有序开展渔业资源与环境的监测与保护工作。依托国家大宗淡水鱼类产业技术体系岗位科学家,在江苏泗洪县、湖北荆州、陕西汉阴县涧池镇等地开展科技入户和科技下乡活动65次,派出科技人员50人次,培训农(渔)民1 107人次,扶持渔业示范户17户,辐射带动示范户182户,发放技术资料2 550份。按照计划,实施第四期援古巴淡水养鱼技术合作项目。

(3)国际合作与学术交流。与东京大学海洋研究所、日本北极研究所、捷克南波西米亚大学、韩国姜尚国立大学、新加坡国立大学加强科学研究、人才培养等方面的合作。其中,引智项目"藻—气联用改善养殖水环境关键技术引进与示范"获批并进展良好;与英国伦敦动物学会合作的"中国大鲵可持续未来"项目按计划开展工作。进一步开展"水产创新讲座",2014年共组织举办水产创新讲座13场,邀请国内外专家20名,其中17名为外籍,讲座内容涉及到环境修复、鱼类群落模式、鱼类增殖放流等方面,扩大了科研人员的专业视野,增进了同其他单位、相关专家的联系和交流。《淡水渔业》杂志继续向学术期刊、规范化发展方向努力。(4)人才队伍建设。2014年新进人员中有5名博士、9名硕士等。招收研究生27人,其中博士研究生3人,硕士研究生24人。毕业研究生博士4人,硕士19人。办理完成2个博士后出站手续,按期完成了1个博士后开题、1个博士后中期评审、1个博士后的出站评审。获批设立博士后创新岗位1个,该创新岗位研发项目为"中国大鲵虹彩病毒的感染机制与病理学研究";获中国博士后科研基金二等资助项目1个。积极组织实施各类竞争性人才、科研团队申报,1人获批享受2013年度湖北省政府专项津贴。

(5)科研条件建设。农业部淡水生物多样性保护重点实验室建设项目已获批,总投资840万元。鲤鲫鱼类新品种生产性能测试中心建设项目、农业部淡水鱼类种质监督检验测试中心水产品质量安全风险监测与预警能力建设项目、长江上游渔业资源调查船建设项目和长江中游渔业资源调查船建设项目已上报可行性研究报告。"长江所窑湾试验场(路北)房屋和温棚修缮项目"和"中国水产科学研究院池塘生态工程研究中心(荆州)修缮项目"已通过土建工程竣工验收。长江中上游渔业资源环境重点野外科学观测试验站项目和长江上游珍稀特有鱼类国家级自然保护区监测能力项目投资已全部到位,经费进度按计划执行。

【珠江水产研究所】

(1)科研项目与成果。新上纵向项目64项,合同经费1 220万元;新上横向项目66项,合同金额557.9万元;延续项目101项,到位经费981.9万元;在研项目合同总经费7 623.7万元,年度到位总经费2 369.3万元。全年完成项目50项,其中结题12项,验收36项,成果评价2项。组织编报42项项目建议,积极争取项目入库。发表论文156篇,其中SCI47篇、核心期刊98篇;申请专利和软件著作权29项,获得授权28项,其中国家发明专利9项;出版著作6部,其中主编5部。组织申报了各类成果奖励16项,已公示获奖7项,其中4项获得广东省农业技术推广一、二、三等奖;1项获得广东省科技进步二等奖;1项获院科技进步奖。发现了细身金线(鲃 *Sinocyclocheilus gracilis* Li&Li)和短臀金线(鲃 *Sinocyclocheilus brevifinus*)两个鱼类新物种,人工驯养繁殖成功国家一级重点保护水生野生动物鼋;"大口黑鲈种质创新和产业关键技术开发与应用"获中国水产科学研究院"大渔奖","乌斑杂交鳢"通过国家水产原、良种审定委员会年会审定;"淡水鱼类细菌性败血症免疫防控技术关键及产业化应用"通过科研成果评价,该成果整体技术处于国际先进水平;我国首个无规定水生动物疫病区建设示范通过阶段验收;大口黑鲈"优鲈1号"和"草鱼人工免疫防疫技术"2项科技成果入选2014年农业部主导品种和主推技术。

(2)技术支撑与科技服务。共组织各类培训班及技术指导91次,派出科技人员超过85人次,培训渔民和养殖户5 647人次，现场指导渔业生产61次，扶持示范户24户，辐射带动294户，发放各类技术资料、书籍超过2 682份。联合中国水产科学研究院南海水产研究所和广东水产技术推广总站构建"两所一站"推广平台，以"高产高效健康养殖"为主题共同承办"2014渔业院士、专家广东行"系列活动。加强与水产专业镇、推广机构、龙头企业和专业合作社联合进行产学研合作，有计划推广新技术新模式，支撑区域特色产业发展。与地方政府、企业签订了科技合作协议10项。

(3)学术交流与国际合作。组织申报国际合作项目5项，签订国际合作协议4项，围绕国际外交战略部署积极提出合作建议近10项。推进中国水产科学研究院与美国俄亥俄州立大学共建联合实验室，承办中国水产科学研究院在广州组织中国－东盟(国家)海洋渔业科技合作研讨。邀请来自国内外高校、研究机构的学者多名来所进行学术交流，共举办22场次的学术交流活动，累计800多人次参与。共接待来自法国、日本、巴基斯坦、马来西亚、新加坡、印度尼西亚、文莱、越南等8个国家和地区的科技人员或渔业代表团共20余人次，共4个团组。主办或承办各类学术研讨会3次，组织科技人员参加国内学术研讨会27人次。

(4)人才队伍建设。招收新职工11人，其中博士8人，比例达73%，呈逐年增长趋势。招收博士后人员2人，新增6名兼职硕士导师，成功引进日本东京海洋大学先端技术中心博士后研究人员1名。联合招收研究生21名，其中博士研究生2名。组织申报出国留学基金项目2项，其中1项获资助，留学人员科技活动项目1项。共10人利用留学基金项目、出国培训项目等平台进行中长期海外进修、交流，其中3人已学成归来。推荐各类高级人才人选4人，推荐各类专家6人，向各级专家库推荐科技专家67人次。

(5)科研条件建设。形成珠水产研究所所区总体建设规划初步方案，促进了各学科发展的合理布局。完成"中国水产科学研究院珠江水产研究所所区基础设施建设项目""50吨级珠江中上游渔业资源调查船建设项目"及"100吨级珠江下游及河口渔业资源调查创建设项目"可研报告编制及申报工作。热带亚热带渔业生物综合实验室建设项目2 573万元，已完成全部工程建设内容。广州芳村试验基地建设项目前期准备工作已完成，预计2015年12月完成全部建设内容。此外，完成了"农业部热带亚热带水产资源利用与养殖重点实验室"建设项目838万元的可研报告编制和初步设计方案编制与上报，以及"农业部渔用药物创制重点实验室"833万元可研报告的编制并获得批复。完成3项财政专项修缮工作并通过验收，2个修缮项目已进入施工阶段。

【淡水渔业研究中心】

(1)科研项目与成果。在研项目239项，合同总经费11 175.09万元，到位经费3 277.07万元。新上项目75项，其中：国家自然科学基金3项、省部级36项，新上项目合同经费2 207.05万元，到位经费1 653.86万元。4项成果通过中国农学会科技成果评价。获得成果奖励5项，其中：江苏省科技进步三等奖2项，中国水产科学研究院科技进步一等奖2项、二等奖2项，无锡市科技进步一、三等奖各1项。发表学术论文185篇，其中SCI收录46篇、EI收录3篇，核心期刊76篇，出版专著1部。申报专利84项，其中发明专利64项；获得专利授权48项，其中发明专利32项。

(2)成果转化与科技服务。在广西南宁、河南商丘，以及江苏的苏州、淮安、大丰、东台等地开展技术培训和现场技术服务。举办基层渔技术人员培训班等各级培训班16个，共有711名各市(县)级水产技术推广站、农业委员会、渔政站及水产局的主要负责人及基层渔技推广骨干人才参加培训。组织以虾、蟹健康养殖，病害防治等为主的技术培训班共计59次，共培训6 830人次，发放技术资料4 604份；通过"基地＋农户""项目＋农户"等方式，抓好科技示范户及技术辐射工作，并定期进行检查监督。推广杂交青虾"太湖1号"亲本5 000千克，福瑞鲤、建鲤2 690万尾，其中水花1 720万尾，鱼苗970万尾；生产奥利亚罗非鱼"夏奥1号"、吉富罗非鱼49.5万尾。

(3)学术交流与国际合作。中心被联合国粮农组织(FAO)正式授牌为"水产养殖及内陆渔业研究培训参考中心"，是目前FAO认定的唯一一家"水产养殖及内陆渔业研究培训参考中心"。承办了国际培训项目6项，培训了来自36个国家的101名国际学员。建立健全各学科内部学术交流机制，邀请国内外专家作学术报告11次，组织科技人员参加学术交流活动5次。全年共接待21批159人次来中心访问交流，派出19批37人次访问了16个国家。执行了农业部、商务部、科技部、国际组织等资助的8项境外技术指导等项目。"中匈鱼类免疫与药理联合实验室"与日本九州大学、酪农学园大学合作，开展模式动物斑马鱼肝损伤研究；"中—美淡水贝类联合实验室"邀请了弗吉尼亚理工大学和弗吉尼亚州野生动物与渔业部的2位专家来华交流指导紫黑翼蚌苗种人工繁育关键技术，填补了国内外相关研究空白；完成了世界淡水贝类标本室的设计工作，采集了来自世界各国的淡水贝类标本130多种。主办的《科学养鱼》发行量和影响力持续增强。

(4)人才队伍建设。贯彻落实水科院"5511"人才工程，完善人才培养机制，加强科技创新团队建设，着力培养中青年学科带头人。研究生导师队伍不断壮大，新增5人获得硕导资格，2人博导资格；1人入选无锡市突贡中青年专家、院中青年拔尖人才，4名博士公派留学；4名职工考取了南京农业大学、华中农业大学和中国科学院地理研究所攻读博士研究生，2名职工考取了南京农业大学硕士研究生。招聘引进新职工5人，其中博士4人。南京农业大学无锡渔业学院(水科院研究生中心)被认定为首批8家江苏省省级渔业教育与培训定点机构之一。与扬州永业罗氏沼虾良种繁育有限公司、扬中市现代渔业产业园区、江苏红膏大闸蟹有限公司共建"博士后科研工作站"。

(5)科研条件建设。完成"农业部淡水渔业与种质资源利用重点实验室建设项目""农业部水产动物营养与饲料科学观测试验站建设项目"可研报告的编制工作。"FAO淡水养殖实验基地建设项目"通过竣工验收。编制申报修购项目"大浦科学试验基地改造项目"的实施方案并获得批复。组织开展了内陆渔业资源调查船建设研讨，重点研讨了内陆渔业资源调查船的船型设计及科学调查系统设计，包括船只吨位、功率、节能性、甲板布置、实验室和舱室布置等方面的内容，推动了内陆渔业资源调查船的可行性研究，对促进内陆渔业资源调查船的建设具有重要意义。

【渔业机械仪器研究所】

(1)科研工作。新上各类科研项目(课题)27项，其中国家级课题1项，省部级课题8项，合同总经费916万元；延续项目(课题)30项，其中国家级项目12项，省部级项目11项，合同总经费12 128万元。全年成果鉴定1项，成果评价1项、课题验收5项、项目结题1项，审定标准8项，申报各类奖项6项次。发表论文72篇，其中EI收录9篇；申报发明专利44项，获得授权发明专利46项。在标准化渔船和海水工厂化养殖领域的主要研究成果获得2014年中国水科院科技进步一等、二等奖各1项；在海参加工装备方面的研究成果获2013年山东省科技进步一等奖(第二完成单位)；在池塘生态工程和工厂化养殖领域有2项成果申报了中华农业科技奖与上海市科技进步奖。

(2)技术支撑。依托公益性行业专项"渔业节能减排关键技术研究与装备研发"研究成果，进一步服务于推进上海市渔船标准化更新改造工作，以及江苏省万艘渔船更新改造工程，加大电力变频推进节能技术的推广应用。以行业专项"淡水池塘工程化改造与环境修复技术研究与示范"研究成果，支撑江苏、江西、上海、新疆、宁夏、内蒙古、广东、福建8个省(自治区、直辖市)推广标准化鱼池改造项目。以科技成果支撑北京市渔业"节水、节地、节能、高端、高效"生产基地建设。承担农业部渔业船舶检验局救生设备监督抽查，饲料机械、渔业机械产品等农机补贴购置鉴定检验，国内外各级船用产品管理机构委托船用产品认可检验等检验业务，上海市渔船通讯导航设备质量抽查等工作。农业部渔船检验局挂靠渔机所共同建设"农业部渔业船舶检验局审图中心(上海)"，主要承担全国渔船检验监督管理机构委托的渔船设计图纸审查和渔船检验技术法规研究等工作，已正式挂牌成立。

(3)科技服务。与76家企业建立合作关系，为其规划现代渔业产业空间布局，建立渔业装备科技示范基地。支撑西部地区现代渔业建设，科技人员23人次赴新疆开展鱼类增殖站设计与标准化池塘改造设计工作。全年派出科技人员70人次在渔业第一线举办各类大型技术指导活动及培训班31次，培训渔民1 370人，扶持渔业示范户70户，辐射200多户。

(4)人才队伍建设。加大培养力度，大胆启用80后年轻同志，扶持他们走上中层领导岗位。向各类人才计划共推荐遴选各类人才19人次，1人入选"上海市领军人才"，1人入选"上海市农业领军人才"，2人参加中国水科院新一轮首席科学家评选，促使科研人才的研究能力较大提升。博士后科研工作站步入正轨，1名博士后进站开展渔业生态工程研究工作。继续加强研究生联合培养，从培养注重环节来提高研究生的培养质量，目前在所学习的研究生共9人。

(5)科研条件建设。"水产养殖生态工程实验研究基地"项目通过竣工验收并完成设备的购置、安装、调试与试运行，现已开展相关学科实验研究工作。积极申报农业部渔业装备与工程技术重点实验室建设项目并获得立项批复，总投资781万元，建设期2年。应对学科发展与科研需要，细致谋划重点条件建设项目，加快推进"海洋渔业船舶与装备研究实验基地"建设前期调研和论证工作。

【渔业工程研究所】

(1)科研工作。在研课题项目共11项，合同金额490万元，其中：农业行业专项1项、国家标准1项、行业标准1项、国家基础平台项目1项，院基本科研业务费科研项目3项。新上各级各类项目4项，合计合同经费247万元，其中：工业和信息化部科研项目1项、院级基本业务费项目2项、院本级基本业务费项目1项。"渔业船舶标准体系顶层研究"项目正式启动，

"单船港内首尾双锚锚泊泊稳条件试验研究"课题获得了宝贵的试验数据。组织申报专利2项,获批实用新型专利4项;组织申报咨询设计成果奖5项,获批成果奖4项,其中设计二等奖1项、咨询二等奖2项、咨询三等奖1项。合计发表学术文章11篇,其中SCI检索论文1篇、CSCD收录3篇;取得软件著作权2项。

(2)技术支撑。"农业部渔港工程质量监督中心"的组建工作取得新进展,渔港工程质量监督工作正式委托渔工所承担。承担的"中国渔政管理指挥系统"技术支撑工作在强化渔业信息技术与渔业政务管理业务融合方面取得突破,支撑能力显著提升。协助行业主管部门编制完成了《全国渔港建设规划(2014—2020年)》和《全国渔政装备设施建设规划(2014—2020年)》项目实施方案。承担了全国渔港申请列入规划项目5项基础指标的分类汇总统计工作,绘制完成了沿海九省市全国沿海渔港布局图。全年召开评审会3次,完成了农业部计划司和渔业渔政管理局委托的渔政船、自然保护区等建设项目评审100余个,其中可行性研究报告62项,初步设计6项,为农业部行业主管部门科学决策提供了有力的技术支撑。

(3)交流合作。2014年,承担国家"援纳米比亚哈达普水产养殖中心改造项目"和"援埃及苏伊士运河大学水产教学与培训中心项目"技术服务工作。委派2人前往纳米比亚进完成了施工前的协调谈判工作,签署了项目的对外施工合同。派遣1人参加瑞士国际电联学术交流会议,掌握了国际科技前沿趋势;派遣1人赴日学习考察,学习了国外先进管理经验。安排10多人次参加国内学术研讨交流活动。

(4)人才队伍建设。协助培养责任人,为入选"院百名科技英才"的3名科研人员制定年度计划,安排参加"百名科技英才总结汇报",组织选定国内高校、科研院所研修和出国学习等工作。招录应届毕业生3人,社会招聘1人,其中硕士研究生2人,本科生2名,组织完成了新入职职工培训和指定培养导师等工作。

(中国水产科学研究院)

全国水产技术推广总站

2014年,全国水产技术推广系统紧紧围绕现代渔业建设中心任务,以贯彻落实《农业技术推广法》为主线,积极推进国家水产技术推广体系改革与建设,不断提升推广队伍依法履职的能力和水平,各项工作全面有效完成。

【《推广法》宣传贯彻】 各地结合相关渔业、推广工作会议和培训,组织开展了一系列针对渔业主管和推广部门主要负责人的集中宣讲活动,向基层推广人员宣讲《推广法》要点解读,保证了推广人员受训率达到100%。针对各地在《推广法》落实中遇到的关键问题,全国水产技术推广总站组织开展了公益性推广服务、基层推广机构基础设施建设标准、基层推广机构工作经费保障情况等课题研究,相关研究成果即将发表。同时,全国水产技术推广总站还在"全国水产技术推广网"和《中国水产》杂志上刊发专题内容,广泛宣传《推广法》及各地落实《推广法》的典型经验。

【体系改革与建设】 一是示范站建设活动积极推进。2014年,全国水产技术推广总站印发了《关于做好全国基层水产技术推广示范站建设的通知》,继续组织开展示范站创建,并举办了专题培训班。河南等省还组织开展了省级示范站建设工作。通过近两年的工作,各地初步形成了"示范先行、区域带动、整体考核、连续推进"的工作思路,在宣传贯彻落实《推广法》中发挥了重要示范和带动作用。二是加强推广队伍建设。各地积极落实推广人员轮训的有关要求,采取多种方式,有计划、分步骤地开展推广机构负责人和技术骨干的轮训。全国水产技术推广总站印发了《2014年全国水产技术推广体系人才培训工作要点》,指导全国体系人员培训工作的开展。据统计,2014年,全国推广人员自身培训为25 000人次;完成了"农业部万名农技推广骨干人才培养计划"的培训任务,2013—2014年举办培训班2期,培训推广人员200多人。广西依托基层农技推广体系改革与建设补助项目,联合高校举办了水产专业人员培训班,建立推广培训的新机制。此外,为推动各地推广人员继续教育,全国水产技术推广总站在充分调研的基础上,联合有关科研教育单位,举办了针对水产技术推广人员学历教育的招生推荐工作,得到了各地的积极响应。2014年全国推广人员继续教育8 211人次,较2013年的5 866人次,增长近40%。三是"一个衔接,两个覆盖"政策进一步落实。在各级渔业主管和推广部门的积极督导落实下,农技推广体系改革与建设补助项目进一步落实。据初步调查,2014年全国渔业系统共落实项目经费2.4亿元,其中有13个省(自治区、直辖市)实行了渔业行业的切块管理。陕西首次落实补助资金800万元,占全省补助经费10%。目前,多数渔业重点县落实了水产技术推广工作的补助经费。全额拨款事业单位比例进一步提升,超过80%。全额拨款单位的水产技术推广人员实现了与当地基层事业单位收入水平相衔接。从效果看,2012年中央出台"一个衔接,两个覆盖”扶持政策和2013年颁布新修订的《推广法》以后，政策效果明显，各地国家水产技术推广体系改革与建设稳步推进。

【技术示范】 一是开展渔业节能减排技术服务。在14个省(自治区、直辖市)启动了鱼菜共生、底排污、综合增氧、多营养层次养殖等多项水产养殖节能减排技术集成与示范推广项目，组织编印了《水产养殖节能减排技术》。二是开展渔业主导品种和主推技术遴选。组织开展了2014年渔业主导品种和主推技术遴选、编印及培训工作，联合中国农业出版社、有关省级站，组织出版了《全国水产养殖主推高效技术丛书》《2014年水产新品种推广指南》等技术资料。吉林、山东等省的主导品种和主推技术入户率达90%以上；辽宁省“刺参优质健康苗种生态繁育技术示范推广”在全省形成了较大的影响。三是开展先进适用技术示范推广。继续在13个示范省(自治区)组织了稻田综合种养技术集成与示范，制定了《稻田综合种养产业化关键技术集成与示范联合实施方案》，启动了稻渔综合种养技术行业标准的研究，促进了项目的深入开展。目前，稻田综合种养技术推广面积达52万公顷，在全国建立了一批有较大影响力的示范区。四是组织实施“现代渔业数字化及物联网技术集成与示范”公益性行业专项，组织了渔业物联网技术关键设备研发、技术集成与示范，建立了现代渔业云服务平台，取得了一批阶段性成果。在江苏、山东、辽宁、湖北等19个省开展了技术示范，建立了一批在全国有较大影响力的渔业物联网示范基地。

【病害防治】 一是组织开展水产养殖病害测报。组织30个省(自治区、直辖市)及新疆生产建设兵团开展了水产养殖动植物病情测报和预警预报工作，编发《水产养殖动植物病情月报》9期，预警预报信息7期；组织12个省(直辖市)25个县(市、区)开展了河蟹养殖病害测报信息手机网络报送试点工作。目前，全国共有测报点4 000余个、测报人员8 000余人，测报面积逾30公顷，占全国水产养殖面积的3.5%。二是组织开展水生动物疫病监测。组织23个省(自治区、直辖市)对5种重大疫病进行专项监测，共采集检测样品2 099个，样品质量明显提高，明确了5种重大疫病首席专家和相关技术支撑单位，及时并妥善处置了相关突发疫情，做好了疫病风险评估、流行病学调查等工作，出版了《2013年中国水生动物卫生状况报告》。三是组织开展2014年水生动物防疫国家标准和2015年水产行业标准的申报，完成了12项水生动物防疫标准的审定、报批；组织起草了《水产养殖动植物病情测报规范》行业标准。四是在北京和天津开展了“水生动物无规定疫病苗种场”建设试点，取得了预期的效果。五是首次组织开展全国水生动物防疫系统实验室检测能力测试，对全国43个实验室申请的129个测试项目进行了测试。六是首次举办了全国水生动物官方兽医师资培训班，培训师资180人，为水产官方兽医师制度的实施和苗种产地检疫工作的顺利开展打下了基础。

【质量安全服务】 一是组织开展水产品养殖全程质量监控技术服务。在15个省份的60多个县(场、企业)建立了监控技术示范试点60多个，涉及养殖品种46种，监控水面4万多公顷。二是组织开展养殖水产品质量追溯。在19个省(自治区)安装并运行了以水产品质量追溯以为主要内容的水产养殖信息服务系统，建立服务终端800多个，全年发布信息15万条，消费者查询5万多次，初步形成了“来源可查询，去向可追溯，责任可追究”的水产品质量监管服务模式。三是组织开展水产品质量安全监管服务。部分省市推广机构充分发挥体系优势，承担了水产品质量安全监管服务工作，如农业部监督抽查、无公害水产品认证、市场监督检查、产地抽检等。江苏产地认定规模和产品推荐认证数量均创2004年以来最高水平。河南在省内主要养殖区域不仅开展了水产品质量检测，对饲料、渔药等养殖投入品也进行了抽检。湖南在长沙试行凭证入市制度，探索建立质量安全监管新模式。四是在31省(自治区、直辖市)组织开展了水产养殖规范用药科普下乡活动，共印发技术资料50余万份，举办培训班3 000次，组织专家下乡服务1万人次，服务受益对象30万人次。五是组织全国20个省(自治区、直辖市)，开展了饲料、饲料添加剂中非法添加物的专项排查，形成的专题报告为渔业主管部门提供了决策依据。

【水产种业】 一是继续组织开展重要水产养殖品种原种、良种选育技术示范推广。浙江省组织实施了《浙江省水产种业工程建设行动方案》；云南组织实施土著鱼类繁育及推广养殖协作项目，保护了云南濒危土著鱼类资源。全国水产技术推广总站继续组织实施了斑点叉尾鮰联合育种工作，这些工作的开展有力地推进了水产良种规范化生产和示范推广。二是协助农业部渔业渔政管理局，组织审定了26个水产新品种，完成了16家国家级水产原良种场复查、验收，组织召开了水产苗种质量安全研讨会。

【资源养护】 各地水产技术推广部门积极发挥技术

优势，拓展渔业资源养护服务职能，参与水域生态修复、环境监测、灾害应急处置等资源养护有关工作，取得显著成效。全国水产技术推广总站协助部渔业渔政管理局组织开展了增殖放流物种名录、供苗单位准入条件认定等技术规范的调研和编制工作；组织完成了蓬莱溢油生物资源养护与渔业生态修复项目，在山东、河北放流牙鲆250多万尾、半滑舌鳎20多万尾，在上海组织放流长江刀鲚鱼苗10万尾；在宁波、深圳参与了当地海洋牧场实验区设计、建设；在安徽、青海、厦门、大连等省、市组织开展了生态环境监测调查采样与水质检测、渔业污染事故调查、鉴定与评估工作，为渔业生态环境管理提供了技术支撑。

【信息服务】 一是组织开展远程信息服务。目前27个省（自治区、直辖市）建立了水生动物疾病远程辅助诊断服务平台，全国用户终端达1 892套，全年仅国家级专家网上会诊1 227人次，累计访问24万余人次。天津开展了“远诊网”诊疗网络化试点，设立诊断服务工作站21个，向养殖户发放养殖IC服务卡722张，初步形成了“市—县—乡”三级诊疗服务网络，建立了水生动物疫病监测及预警预报的快速通道。二是组织开展渔情信息采集工作。在全国16个渔业主产省（自治区）的200个县，建立了747个信息采集点、6 000多个采集终端，采集分析队伍达1 300人，对76个养殖品种、9种主养模式进行全年信息动态采集。每年采集信息500多万条，编写各类报告1 500多篇，提供信息服务6万多人次。养殖渔情信息已经成为各级渔业管理部门和广大生产者把握水产养殖形势的重要参考，对各地区水产养殖健康发展起到了积极的指导作用。三是以《中国水产》杂志为水产技术推广的主要公益性平台，通过专题宣传、展会等多种方式，宣传了渔业政策，报道了渔业动态，推广了水产新技术新品种。

【渔民培训】 一是各地结合农技推广体系改革与建设补助、阳光工程等项目，以及科技入户、专家下乡等活动，积极组织开展渔民培训，2014年累计培训225万人次。二是加强了对职业技能鉴定指导站的建设与指导，强化专家队伍和考评师资队伍建设，加快了国家职业分类及标准、试题库、培训教材的编制工作。2014年，组织职业技能鉴定1万多人。

【休闲渔业】 各地水产技术推广机构积极承担各类休闲渔业活动，逐步形成了一些影响较大的休闲渔业文化品牌。北京主办的“北京金鱼锦鲤大赛”、广西主办的“全国龟鳖大赛”已形成全国最具影响力的休闲渔业品牌赛事。广东也举办了多项休闲渔业赛事。另外，全国水产技术推广总站积极参与全国休闲渔业示范基地创建标准、农业部休闲渔业示范基地的审定、评审等工作。

（全国水产技术推广总站）

渔业社会团体

中国水产学会

【概况】 2014年，在农业部和中国科协的正确领导下，中国水产学会继续坚持以邓小平理论、“三个代表”重要思想、科学发展观为指导，紧密围绕中心工作，以服务“三农”，促进农业和农业经济科学发展为主线，以实现“两个千方百计、两个努力确保、两个持续提高”和“三服务一加强”为目标，较好地完成了2014年的工作任务。

【渔业统计】 统计数据质量取得了新保障。在圆满完成2014年度月报、半年报及2013年度年报数据采集、汇总工作基础上，通过建立和实施统计数据定期专家会商制度、渔业统计数据质量岗位责任制和联审制度等一系列质量控制方法，极大地提高了统计数据质量。根据《渔业统计工作规定》，第一时间向农业部渔业渔政管理局和国家统计局等单位提供月度、年度渔业生产统计情况报告。

统计队伍素质取得了新提升。为培养和造就一支坚持原则、业务精通、作风扎实的统计队伍，9月份在武汉举办了渔业重点县渔业统计工作人员第16期培训班。26个省(自治区、直辖市)渔业重点县负责渔业统计工作人员共109人参加了培训。截止到2014年年底，已培训了1 850人次基层渔业统计工作人员。通过培训，提升了统计人员的业务水平，更主要的是强化了做好渔业统计工作的责任意识。

统计标准规范取得了新突破。为进一步保障渔业统计数据的准确性、及时性，提高渔业统计资料的可比性、适用性与共享性，2014年启动了《渔业统计技术规范》标准研究工作，目前完成了起草、征求意见工作，处于审批阶段。与国家统计局合作开展了渔业主要统计指标数据质量控制办法研究。

统计服务水平取得了新进展。为满足目前不断提高的统计数据使用需求，除正式出版《2014年中国渔业统计年鉴》外，开发了“2013年度全国渔业统计手册”“2013年各省、自治区、直辖市主要渔业统计指标情况手册”“2013年度全国主要统计数据卡片”等系列渔业统计产品，此外，学会还组织编撰了《中国渔业统计》工具书，供广大渔业统计工作者参考使用。

【渔业信息监测】 认真完成水产品市场信息采集工作，数据采集质量稳步提升。每天对信息员上报的数据进行检查和纠正，每月完成水产品市场信息简报和水产品批发市场月度数据报表，每季度完成一篇水产品季度分析报告。

成功组织信息员培训会议。为保证信息采集报送质量，5月份在武汉召开了全国水产品批发市场信息员培训班。来自全国各地水产品信息采集定点批发市场的信息员和部分水产品市场信息分析专家组成员近90名代表参加。

召开市场形势分析会商会。8月份在哈尔滨召开上半年全国水产品市场形势分析会。各省(自治区、直辖市)水产市场分析专家共计30人出席会议。

【水产贸易研究】 开展渔业对外贸易跟踪研究。3月份与国际贸易专家组成员讨论2014年度渔业国际贸易重点研究内容和研究计划。设立“水产品贸易出口市场国政策及本国产业政策监测研究”等共9个课题供专家研究。

开展水产品贸易研究。学会先后撰写了《2013—2022中国水产品供给、需求与贸易预测研究报告》《中国—拉美渔业研究报告》《2014年上半年水产品对外贸易形势分析报告》等研究报告和《中国农产品贸易发展报告(2014)》水产品分报告。

开展渔业对外贸易形势分析。9月份在丹东召开2014年上半年水产品对外贸易形势分析座谈会，渔业国际贸易跟踪研究专家以及地方各有关渔业主管部门专家一起分析上半年我国水产品进出口贸易波动原因，预测下半年水产品贸易走势，提出进一步促进水产品贸易发展的有效建议。

【学术期刊】 2014 年，《水产学报》正值创刊 50 周年，编辑部开拓办刊思路，多渠道提高影响力，加快学术论文传播速度和范围，缩短出版周期，在中国知网实现优先出版，同时做好信息推送、优秀论文推介、开通微信平台、过刊溯源、建立英文网站增加英文可阅读信息等工作，总被引频次、影响因子有进一步提高，综合排名在水产类期刊中位列第一，在全国 1 995 种核心期刊中位列第 36 位，较 2013 年上升了 9 位。《水产学报》2014 年荣获第三届“中国精品期刊”“中国百种杰出学术期刊”“中国国际影响力优秀学术期刊”、RCCSE 中国权威学术期刊、上海市高校精品科技期刊奖等 5 个奖项，并获得中国科协精品期刊持续资助。《科学养鱼》积极组织参加学术会议及业务培训，提高编辑队伍水平，被江苏省科技期刊学会评为金马奖优秀期刊、金马奖创意策划奖。《海洋渔业》提高了发表论文的时效性，建立和完善了期刊网站的英文版页面，为对外交流和合作提供了通道。《淡水渔业》认真保证质量，差错率极低。

【决策咨询】 鱼病专业委员会的专家积极参与中国科协组织的决策咨询工作。与其他相关学会的专家一起出色地完成了“中国科协生物灾害防治报告”。

水产动物营养与饲料专业委员会组织专家完成了中国工程院委托的“中国海洋工程与科技发展战略研究”重大咨询项目第四课题“海洋生物资源工程发展战略研究”的研究报告，具体负责海水养殖工程技术与装备研究报告的编写。

学会积极参与“十三五”科技发展计划决策咨询工作。2014 年不少地方科技主管部门、行业主管单位都启动了“十三五”渔业科技发展计划编写工作，学会各分支机构的专家积极为当地产业科技事业发展建言献策，参与地方“十三五”计划和科技发展计划的制订工作，受到当地行业主管部门的好评。

【国际学术会议】 学会与中国优质农产品开发服务协会联合主办了 2014 品牌农业发展国际研讨会。农业部副部长陈晓华、联合国粮食与农业组织助理总干事王韧等出席会议并致辞。研讨会围绕“品牌红利：信任创造价值”的主题，探讨国际品牌农业发展理念及趋势，学习借鉴国际先进经验，开阔中国农业品牌发展的国际视野，探索品牌建设可能释放的红利空间以及实现中国农业现代化的途径及策略。来自 7 个国家驻华大使馆的农业参赞和外交官参加了会议和研讨，共有 17 个国家和地区以及国际组织的代表，农业部有关司局和单位负责同志，有关地方政府部门领导、农业品牌方面专家、企业界代表等共 200 多人参加。

5 月 13 ~ 14 日，学会与中国海洋大学共同主办，亚洲水产学会支持的中日韩及东南亚“2014 水产品加工与质量安全”国际研讨会暨中国水产学会水产品加工与综合利用分会年会在青岛召开。30 多名国际知名学者和 240 多位国内学者参加了本次大会。会议报告 50 多个，集中展示了当今亚洲水产加工领域的最新科研成果，会议对进一步发挥亚洲水产业的核心地位作用，促进亚洲水产加工的发展，保障水产品的质量和安全将起到推动作用。会间，中国水产学会理事长贾晓平、亚洲水产学会理事长黄硕琳、中国水产学会副理事长兼秘书长司徒建通与日本水产学会国际交流委员会佐藤秀一就加强中日水产学术交流举行了会谈。

【国内主要学术会议】 2014 年中国水产学会学术年会于 10 月 29 ~ 30 日在长沙召开，来自全国各地的 500 多名水产科技工作者参加了会议。年会以“科技创新与产业升级”为主题，邀请中国科学院院士、中国科学院水生生物研究所研究员桂建芳，黄海水产研究所研究员陈松林，美国水产学会主席 Donna Parrish 和湖南文理学院教授杨品红作大会主题学术报告。会议设水产生物技术等 6 个专题分会场，交流论文 445 篇。会上颁发了 2013 年中国水产学会学术年会优秀论文奖，20 篇优秀论文受到表彰。期间举办了“《水产学报》创刊 50 周年暨科技期刊创新与发展研讨会”。

中国科协第 98 期新观点新学说学术沙龙于 2014 年 11 月 26 ~ 27 日在珠海举行，沙龙的主题是“海洋渔业的现在和未来”。沙龙由中国水产学会承办，中国水产学会理事长、南海水产研究所贾晓平研究员，亚洲水产学会理事长、上海海洋大学黄硕琳教授为领衔专家，21 位专家做了主题发言，并就海洋渔业资源与环境、海洋捕捞、海洋渔业管理展开了热烈的研讨和辩论，沙龙文集将结集出版。

水产动物营养与饲料专业委员会主办的“第四届华东地区水产动物营养与饲料科技论坛”共有 400 多位来自全国各地院校和企业的相关人士参加；海水养殖分会年会共有 340 多名代表参加，交流论文 40 多篇；水产生物技术专业委员会年会暨基因组时代的水产种业学术研讨会有 200 多名代表参加，发表口头报告 84 个；渔业资源与环境分会年会有 150 多名代表参加，交流论文 40 余篇；捕捞分会学术年会共有 80 余名代表参加，交流学术报告 36 个。

【两岸交流】 9月15~17日,由中国科协主办,中国水产学会承办,“台湾水产学会”、福建省水产学会共同协办的海峡两岸海水养殖科技创新发展青年科学家研讨会在厦门举行。会议以“创新驱动两岸海水养殖科技共同发展”为主题,共同探讨海峡两岸海水养殖的技术创新、海水养殖品的质量安全。来自“台湾海洋大学”等5所台湾高校的14位青年科学家,以及来自中国内地20多个水产高校和水产科研院所、渔业管理和科技推广单位的150余位青年科学家和科技工作者参加了研讨,会上共交流了60篇学术报告。

【国际交往】 学会积极与俄罗斯、匈牙利和波兰等三国水产科研单位建联系,成功与俄罗斯水产基因与选育中心签署学术交流协议书。

8月份举办渔业节能减排高层研修班,邀请西澳驻京办首席代表介绍西澳渔业节能减排先进经验。9月初接待了西澳渔业代表团,就人工鱼礁项目的进一步合作进行了协商。

维护与各国学会之间的正常交流渠道。近年来,学会与英美等多个国家的水产学会建立了学术和科普合作关系,并定期与之进行交流和沟通。2014年成功推荐了学会资深会员刘家寿成为英国水产学会的国际专家。

完成国际休闲渔业相关管理规范的收集、翻译与汇编工作。学会与有关单位合作,着重收集了美、英、澳、加、日等国的休闲渔业相关管理法律、法规,并翻译成中文。

【科普活动】 围绕中心、注重生态、认真做好科技惠渔工作。一是组织专家深入6个省份渔村企业进行水产养殖生态修复调研,特别是对养殖生态进行调研;对山东海水工厂化养殖、山西黄河滩养殖和江苏盐碱地规模化养殖以及贵州少数民族稻田养鱼进行了调研,帮助当地谋划相关产业发展计策。二是与淡水渔业研究中心合作整理、编辑印刷了水产养殖生态修复技术指导手册和水产养殖产品质量安全指导手册,宣传生态养殖知识,推广健康安全的养殖技术。三是在溧阳举办水产养殖生态修复培训,共200多名基层技术人员参加。

开展关注食品安全重点宣传活动。4月份,由学会上海海洋大学学生会员工作站承办,以“推广水产知识,关注食品安全”为主题的活动在上海芦云路社区开展。通过宣传新鲜水产品具有的特征等知识,让市民能够买到新鲜、健康、安全的食品,保障健康的生活质量。

重视科普队伍建设,2014年,学会先后成立了两批科学传播专家队伍,共有7个团队,并推举了王武、戈贤平、庄平、刘雅丹、徐跑、李家乐、柳学周等7位专家为全国科学传播首席专家,开展了丰富多彩的科普活动:水产学科科普宣讲团队开展水产生态养殖与水产品质量安全等系列宣讲活动,开展生态修复水环境技术培训、河蟹生态养殖新技术等系列培训,累计培训人数1 420人次,开展科学放生宣传活动,参加人数120人;全国水产学科养殖实用技术传播团队开展水产新品种养殖技术、水产病害防控和健康养殖技术等系列培训,累计参加人数近300人次;水产学科社会热点应急科普团队开展了“山东文登海水生态健康养殖宣传日”“生命长江自然生态影像展”等活动,接受“长江口水域生态环境保护”专题采访报道;水产学科科普策划与创作团队创作了《国内外渔业节能减排案例与分析》《渔业节能减排知识宣传手册》《水产品质量安全生活知识宣传手册》及6本水产实用技术丛书。

为了适合信息化时代的发展,学会科普工作开拓了两种新方式。一是通过修订和增补百度百科渔业词条的方式,向大众传播渔业科技知识,修正不科学的互联网上渔业词条。2014年学会认领1 500条百科词条编写以及审核上传任务。二是建立了渔业信息服务社会平台。平台的主要内容包括两个方面,九大板块,主要是信息服务方面和渔业科学知识传播方面。通过网上平台建设,提高学会利用信息化为渔业发展服务和科学知识传播能力。

【表彰举荐优秀科技工作者】 根据中国科协关于开展第六届全国优秀科技工作者推荐评选工作的通知要求,学会按程序成功推荐中国海洋大学包振民教授、新疆维吾尔自治区水产科学研究所郭焱研究员、大连汇新钛设备开发有限公司孙建明教授级高级工程师等3人作为全国优秀科技工作者候选人并获得批准。12月20日,学会在中国海洋大学举办2014会员日主会场,表彰和宣传全国优秀科技工作者事迹,鼓励青年学者学习先进。

【党建强会】 2014年,学会在河南省孟津县和江西省鄱阳县,因地制宜开展了技术培训、捐赠书籍、建立服务站等工作。在河南孟津,向当地渔民赠送水产养殖系列丛书、病害防治挂图500余册(张),邀请了中科院院士桂建芳等知名专家为广大渔民针对当地养殖品种的健康养殖和鱼病防治进行理论讲解,与百余名养殖户开展互动,现场解答养殖户在养殖过程中遇到的实际问题。在江西鄱阳,在当地先后举办了3期水产骨干技术培训班、10期区域特色水产研讨班和50次塘头式季节热点解析班,就水产养殖鱼类病害发生流行的主要原因、发病特点、预防措施、诊断与防治技术等进行了详细讲解,累计辐射带动全县约1万户农民开展渔业生产。此外,学会通过选址、建设、装修,在当地建立了"鱼病检测及诊治示范服务站",配备鱼病检测实验室所需设备,并聘请当地水产专家进行现场长期指导,建立了渔业专业服务窗口,公布水产120救急电话,建立了巡回流动渔业服务站和电子网络服务平台。中国科协党组成员、书记处书记王春法在考察参观后对此项工作予以高度赞扬。

【会员服务】 2014年,学会的会员服务方式创新,会员服务质量和水平不断提高。一是深入调研、了解会员需求。就会员服务工作走访了厦门水产学会、浙江省水产学会、重庆市水产学会、贵州省水产学会、山西省水产学会和云南省水产学会以及西南大学、中国海洋大学、上海海洋大学等学生会员工作站,征求了有关提高会员服务质量的意见和建议。二是创新了支持基层会员服务工作的方式,如帮助浙江省水产学会争取项目,与上海海洋大学、中国海洋大学学生会员工作站联合开展活动,通过活动,不仅提高会员服务水平,也提高学会调动人才资源的能力。三是成立了中国海洋大学学生会员工作站。四是以赠书刊等形式支持省级学会和学生会员工作站开展工作。

【水产科技周】 成功举办2014水产科技周。在科技周的启动仪式上特别邀请了联合国教科文组织卡林伽科普奖获奖者李象益教授前来授课,来自全国各地的中国水产学会科普工作委员会委员、水产科学传播专家、上海海洋大学师生代表等共计350多人参加活动。同时举办主题为"水产科技梦与中国梦"的水产科技创新展览和"海洋科技梦·中国少年梦"为主题的科普活动。

【渔业节能减排】 为促进产业节能减排稳步推进,让渔业企业树立节能减排理念,了解节能减排新技术,8月份,学会面向企业和广大科技人员,在烟台市举办了渔业节能减排科技创新研修班。120多名科技人员参加了研修,培训效果很好,得到培训学员的一致好评。

【单耗标准研究】 5月初,学会与海关和国际交流中心及项目有关专家赴烟台开展调研,分别参观了山东永康食品有限公司和东方海洋股份有限公司。2014年,学会组织专家完成了3个进出口水产品单消耗指标研究项目:冻鳑鱼块单耗标准(修订)项目、海水蟹制品加工贸易单耗标准、制作或保藏罗非鱼加工贸易单耗标准研究与探索。还完成了《农产品加工贸易单耗标准制定指导手册》的编写工作和《我国与拉美国家对虾产业贸易格局与合作潜力研究》《南美白对虾养殖国际合作研究与合作项目建议报告》。

(中国水产学会 李利冬)

中国渔业协会

2014年,中国渔业协会秘书处在理事会的领导和支持下,注重协会自身能力建设,提倡创新服务,不断扩大服务领域,提升为行业、为会员、为政府的服务能力,较好地完成了各项工作。

【秘书处】

1.受农业部渔业渔政管理局委托,承担《中韩渔业协定》《中日渔业协定》及《中越北部湾渔业合作协定》的日常管理工作

(1)办理相互入渔渔船许可证手续。协助农业部渔业渔政管理局办理我国渔船在韩国、日本管辖海域作业的许可证申请手续和相关事宜,协助办理韩国、日本渔船在我国海域的入渔许可证。

(2)组织制作共同管理水域渔船名册。会同有关地方渔业部门制作到北部湾共同渔区越方一侧海域、中日暂定措施水域作业的我国渔船名册。

(3)负责相互入渔渔船的进出水域报告。负责为进入韩、日管辖海域生产的我国渔船向对方指定机关报告进出水域情况(入域、出域报告),接受韩、日相关机构有关韩、日渔船进入我国管辖水域作业的进出水域报告。

(4)负责相互入渔渔船的作业报告和统计分析。负责为进入韩、日管辖海域生产的我国渔船进行作业报告(作业日报、季报),接受韩、日相关机构有关韩、日渔船进入我国管辖水域作业的作业报告,并对相关报告进行统计分析。

(5)协助办理其他有关实施协定的事宜。根据需要承担农业部渔业渔政管理局委托或交办的有关实施3个渔业协定的其他日常管理工作。

2.承担涉韩违规渔船罚金担保工作 中国渔业协会作为我国政府指定窗口,2014年开展了涉韩违规渔船罚金担保业务。截止到11月上旬,已为近20起违规渔船案件进行了担保,并为之提供了必要的咨询、协调等服务工作,确保了船主缴纳资金的安全,努力实现迅速处理、快速放船。还为被扣押船员提供必要帮助,维护了我国渔民的合法权益。也为主管部门掌握有关违规渔船情况,加强渔船管理提供了有力支持。

3.积极发展渔船会员 为了更好地开展涉外渔船管理和服务工作,秘书处从2014年起积极发展渔船会员,并在信息咨询、事故处理与救助、违规担保等方面提供针对性服务。在地方有关协会和基层渔民组织的大力支持和协助下,已有247艘渔船会员入会。目前正在进一步研究更多的服务项目和优惠措施。

4.加强协会机构建设 为了进一步推动我国原生水生资源研究和保护利用工作的开展,协会于1月份在北京成立了原生水生物种及水域生态专业委员会;为了提高大黄鱼产业的创新能力和品牌影响,促进我国大黄鱼产业的可持续发展,10月份在福州成立了大黄鱼分会。目前,正在积极筹备设立渔船分会和渔港分会。

5.提升为会员服务工作水平

(1)协会会刊《渔业文摘》着重增加了渔业经济数据和养殖数据类文章,为会员及时了解渔业产业状况提供了更为直观和简洁的参考;积极关注涉及中小企业的政策、分析类内容;及时报道会员单位的动态信息,充分发挥会刊作为会员宣传平台的作用。

(2)对协会网站进行了改版,提高了上线速度和效率,协会动态信息及时在网站上发布;增强网站的日常维护工作,每日将搜集的行业信息上传。

(3)2014年,共举办了5期培训班,内容分别为推进现代渔业建设、水产健康养殖与休闲渔业发展、水产疫病防治与生态种养技术、渔业安全生产标准化建设和生态环境保护技术。根据不同地区的需求,并结合学员提出的要求,有针对性地邀请相关专家授课并答疑,起到了很好的效果,受到广大从业人员的欢迎,也得到了各地渔业行政主管部门的大力支持。

(4)采取与地方渔业行业协会合作的方式,继续开展渔业行业企业信用评价工作。帮助广大渔业企业展示其信用能力,提升信用自律意识与风险防范能力。

(5)协会铜合金网衣网箱健康养殖产业联盟,年初在北京召开了工作会议,确定了工作计划。年内联合有关单位,在福建宁德、浙江台州、海南琼海等地积极推广这项新技术,开展试点工作。

6.推动渔业品牌建设

(1)为会员企业提供服务,为4家符合条件的会员企业在申报"中国驰名商标"时出具了推荐函。

(2)与地方渔业主管部门合作,通过组织展会和论坛的形式,提高了协会的品牌度和知名度,同时也助推特色渔业产业和地方渔业经济的发展。主要活动有:中国(北京)国际渔业博览会、中国(海南)国际海洋产业博览会、中国(福州)国际渔业博览会、中国(广州)现代渔业暨海洋经济博览会、中国(厦门)国际休闲渔业博览会。主办了"第二届中国大黄鱼产业发展论坛"和参与主办"2014中国(大连)第三届世界海洋大会"。

(3)协会领导还积极参与了"2014通威科技大会"、2014年第十四届国际盱眙龙虾节和2014合肥龙虾节等会员单位举办的活动。

7.国际交流与合作工作

(1)1月份,接待了丹麦法罗群岛议会渔业和工商业委员会代表一行,双方就两国渔业生产情况、水产品进出口和市场销售情况交换了意见,并决定加强联系,推进相关合作。

(2)6月份,与韩国水产会在北京召开中韩民间渔业协议会,就海上安全作业及维持海上秩序、中韩共同渔场清扫、涉韩渔业案件担保金缴纳等问题进行了磋商,双方还同意提供本国渔业团体名单,以便更有效地进行中韩民间渔业交流。会后协助韩方代表团前往山东石岛,与当地渔民座谈。使我国渔民了解韩国入渔管理方面的情况,并提出我方意见,增强了渔民守法作业意识,增进双方互相理解。

(3)10月份,在大连召开中韩日三国民间渔业协议会,会议就维护三国海上安全作业秩序、海洋渔业资源管理、三国民间渔业交流合作等议题进行了商讨。中韩双方就中韩暂定措施水域内的渔场环境改善、改善朝韩交界水域作业秩序交换了意见;日方针对日本水产品遭受核污染的传闻,介绍了本国对水产品的监控情况,并就加强东海渔业资源保护等问题提出了建议。

【分支机构】

1.河蟹分会

(1)3月份,总结各地河蟹养殖先进技术,出版发行《河蟹养殖先进实用技术》一书,发行量超过1万册,推动全国河蟹养殖技术水平的提高。

(2)5月份,在湖南大通湖召开全国湖泊河蟹产业建设经验交流会。对大通湖模式的学习与借鉴进行了初步的研究和探讨,对湖泊河蟹产业今后的发展形成了坚持走生态发展之路、精品发展之路、综合发展之路和企业化发展之路的共识。

(3)9月份,在北京召开中国河蟹产业先进单位、先进个人表彰会暨三届二次理事会。表彰了辽宁省盘锦市等18个"中国河蟹产业先进单位"和王武等18位"中国河蟹产业杰出贡献人物"。沈亚达等44位同志获得了“中国渔业协会河蟹分会优秀会员”的荣誉称号。

(4)11 月份,分会成立十周年之际,制作了《金甲秋风》——中国渔业协会河蟹分会成立十周年纪念册,回顾十年来河蟹分会的成长历程和全体成员的奋斗史。

年内,分会还协助会员单位创新探索,形成了许多有效推进当地河蟹发展的好经验和好做法。如开展节庆活动、发展电子商务、创新养殖模式、设立特殊险种等,并将这些做法及时收集整理,加以宣传推广。

2. 水族分会

(1)9 月份,组织会员赴我国台湾省参观“台湾观赏鱼博览会”,同时考察了台湾水族企业,走访了当地协会。

(2)11 月份,组织会员单位,在中国国际宠物水族用品展览会期间,进行活体鱼展览、展示、拍卖等活动。

(3)11 月份,分会召开了第二届理事会第二次会议,进行理事会改组,建立健全理事会相关制度,讨论了下一步具体工作。

3. 淡水龙虾分会

(1)3 月份,对网站进行了改版,不断充实网站内容及信息量,增加互动性。

(2)7 月份,与安徽省农业委员会、合肥市人民政府共同主办了“2014 第 13 届中国(合肥)龙虾节”,以“龙行天下、最美合肥”为主题,开展了龙虾开捕仪式、中国龙虾第一锅启用仪式、虾客行卡全球发行仪式、万人龙虾美食饕餮宴、“我爱小龙虾”绘画(征文)大赛等一系列丰富多彩的活动。

(3)7 月份,在合肥协办了第八届中国(合肥)龙虾经济论坛,以“生态养殖、产业升级、科学发展”为主题,围绕龙虾养殖及加工关键技术、龙虾经济发展现状及前景展望展开研讨。

4. 龟鳖产业分会

(1)4 月份,在广东博罗县组织了“全国名龟大型公益讲座”活动。参加讲座的名龟爱好者有 1 300 余人,中华人民共和国濒危物种进出口管理办公室副主任周志华做了主题报告。

(2)5 月份,与我国“台湾甲鱼养殖协会”,在杭州举办了首届“两岸甲鱼产业交流论坛”。

(3)10 月份,在杭州召开“全国甲鱼市场分析研讨会”,针对甲鱼市场出现的持续萎靡状态进行分析,探讨提振甲鱼产业的主要举措。

(4)11 月份,分会在广东惠州召开了二届理事会第二次会议。分会在组织各项活动的同时,还积极与地方开展合作,共促行业发展,分别与广西龟鳖行业协会、重庆养生健康服务业协会和湖北省龟鳖产业协会签订了长期合作协议。分会组织专家先后对 20 多个会员企业在养殖技术、基地建设等方面进行指导,并印发了三期《中国龟鳖》会刊,每期发行量超过 700 份,影响逐步扩大,切实为会员提供所需服务。

5. 鮰鱼分会

(1)高度关注美国鮰鱼新法案进展情况。2 月 8 日美国总统签署了美国农场新法案,美国鮰鱼检测正式由美国 FDA 移交美国农业部(USDA),这个消息对我国鮰鱼出口是一个致命的打击,至于何时实施执行还需要一段过程。秘书处一直高度关注新法案实施情况,通过美国农业部驻华使馆及美国渔业协会等渠道,收集鮰鱼新法案相关情况,翻译成中文在网站和会刊进行报道,为会员企业提供风险预警。

(2)积极组织应对美国新法案。在波士顿展会期间,组织 9 家重点鮰鱼加工出口企业与美国渔业协会以及美国有关公司就如何应对美国鮰鱼检测新法案进行沟通与座谈。

(3)开展鮰鱼产业动态调研,为摸清 2013—2014 年鮰鱼产业发展情况,做好对下一步生产的指导,6 ~ 9 月份组织专家赴湖北嘉鱼、四川眉山及江苏海安等鮰鱼重点县及加工出口企业就鮰鱼产业进行调研,实地走访和考察了 10 余家会员企业,详细了解了鮰鱼苗种生产、养殖、鲜活市场销售以及市场消费等情况。

(4)组织召开鮰鱼产业形势分析座谈会。8 月份在吉林省长春市组织召开了 2014 年鮰鱼产业形势分析座谈会,会上通报了我国鮰鱼产业发展情况,交流讨论了鮰鱼产业形势,并对产业今后的趋势作了分析,提出了产业目前存在的问题和应对策略;同时就美国鮰鱼新法案及产业存在的问题进行了交流、探讨与分析。

(5)加强信息服务工作。为了丰富鮰鱼资讯会刊及网站内容,在信息服务方面做了大量工作。全年编发了《鮰鱼资讯会刊》12 期,网站内容不断更新,点击率明显提高。

6. 河豚鱼分会

(1)加强内外交流,促进产业发展。6 月份,分会组织南方河豚鱼流通与经销企业负责人在广东省中山市召开会议,就企业如何根据市场宏观需求调整养殖规模、如何按照国家水产品质量标准,规范养殖环节和收购、流通环节,建立科学合理的价格政策和沟通机制,规范河豚鱼流通分销行为,严禁恶意市场竞争,确保流通环节资金风险可控等达成了共识。11 月份,组织江苏中洋集团、大连富谷集团、莱州明波水产有限公司、爱乐水产(中国)有限公司 4 家会员企业参展“2014 中国国际渔业博览会”。

(2)推动产业进步,提高产业整体规模。一是建立国家级河豚鱼原种场。8月份,中洋河豚鱼原种场通过了国家级资格验收,被农业部授予"国家级河豚鱼水产原种场"称号。二是建立国家级标准化示范区。2月份,由中洋集团申报的国家珍稀鱼类养殖综合标准化示范区获批立项。4月份,由大连天正集团公司承担建设的国家级红鳍东方鲀养殖综合标准化示范区获批立项。此两项国家级标准化示范区建成后,将带动河豚鱼产业由传统渔业粗放式养殖模式向工业标准化方向发展。

(3)配合政府工作,推进市场准入步伐。

一是配合推进河豚鱼新食品原料相关工作。4月份,国家卫生计生委办公厅发出了《关于征求拟批准养殖红鳍东方鲀和养殖暗纹东方鲀为新食品原料意见的函》,引起了国家食品药品监督管理总局相关领导对河豚产业的高度关注。5月份,国家食品药品监督管理总局派员赴分会江苏中洋集团和大连天正实业有限公司对河豚鱼产业进行调研和实地考察。6月份,分会受邀到国家食品药品监督管理总局,与有关部门领导就如何更科学有序地规范全国河豚鱼市场等话题进行了座谈。

二是配合河豚鱼食用安全与防范措施研究课题组开展研讨。受国家食品药品监督管理总局的委托,由江苏省食品药品监督管理局牵头,对"河豚鱼食用安全与防范措施研究"项目进行课题研究。4月和9月份,课题组两次调研考察了中洋河豚养殖基地并召开研讨会,就养殖河豚鱼作为新资源食品原料有条件进入市场后,餐饮服务环节如何确保食品安全展开,及《养殖控毒河豚鱼管理办法》《餐饮服务单位经营养殖控毒河豚鱼许可审查规范》《养殖控毒河豚鱼安全加工操作规范》等监管办法及操作规范征求意见。会长单位中洋集团在会上分享了河豚鱼健康养殖的成功经验,并提出建设性意见。

三是江苏中洋集团牵头制订的江苏省食品安全地方标准——《鲜河豚鱼血液中河豚毒素的快速检测——层析试纸法》获批立项,于8月份批准立项,9月份启动。这为消费者放心食用河豚鱼提供了安全保障,为河豚鱼市场准入提供了有力的监管手段。

7.鳗业工作委员会

(1)组织并参加鳗苗资源养护管理国际会议及相关研讨活动。3月、9月份先后参加在日本东京举行的中、日、韩等4个经济体关于鳗苗资源养护与管理研讨会,会上代表中方交流我国鳗苗生产情况、鳗苗资源养护政策措施等,并对会议讨论提出的有关管理措施提出意见和建议。

(2)协助农业部渔业渔政管理局组织举办5月份在青岛召开的APEC海洋与渔业工作组会议鳗鱼资源养护研讨会议。此次会议共有中、日、韩、中国台北等4个APEC经济体参加,会议进一步研讨了通过组成非政府组织、限定各个经济体鳗鱼养殖规模等措施,以加强对日本鳗苗、东南亚双色鳗苗的养护与管理。

(3)协助农业部渔业渔政管理局做好鳗苗进口及欧鳗进出口管理工作。严格按照有关规定,对欧鳗出口企业申报文件进行初审,核减相应欧洲鳗苗进口数量;继续跟踪了解欧鳗进出口存在问题,及时反映给主管部门,提出相关意见建议;协助出口企业解决欧鳗出口受阻问题,包括代国家濒管办起草回复欧盟质疑信函,详细说明我国欧鳗溯源管理原则和操作办法,获取外方理解支持;面对日本等国对我国欧鳗出口时间质疑,积极向主管部门反映行业实际情况,组织有关省鳗协及鳗鱼出口企业座谈研讨,为我国欧鳗出口争取更长时限等。

(4)5月组织召开中日鳗业民间交流磋商会议。会上交流中日两国鳗业产销情况,特别是鳗苗生产及资源保护情况等,研究探讨了养护管理日本鳗资源的措施建议。

8.南海渔业分会

(1)继续做好渔民培训教育工作。会员单位绝大多数是南沙渔业生产单位。3~10月,分会与南海区渔政局密切合作,先后支持、协助粤桂琼组织举办南沙渔业涉外安全管理培训班5场,共培训南沙渔业行政管理人员、南沙渔民协会与生产企业负责人、主要职务船员等约780人。培训内容包括:南沙海域主权纷争及渔业涉外态势、南沙渔业规避涉外风险建议、南沙船位监控使用知识与管理规定、近年南沙渔业资源调查与分析,生产安全规定及注意事项等。为巩固并增强培训效果,分会还编写了《南沙渔业规避风险知识》《南沙生产渔民须知》读本,印发给南沙渔业管理单位、生产企业及渔民。

(2)协助做好南沙渔业管理工作。一是建立南沙船位监控平台。4月份起,经南海区渔政局同意,在分会建立了南沙船位监控平台,安排专人值班,每天掌握南沙生产渔船海上动态情况,及时发现"紧急报警",向有关部门报告,积极帮助协调处理。二是协助办理南沙专项捕捞许可证。与粤桂琼渔民协会、合作社及港澳流动渔民协会等联系,要求它们按时、按要求做好申办工作,并确保审核发证工作准确无误、畅通快捷。三是积极协助做好南沙柴油补助分配工作。提醒有关省份认真核查,按规定时间如实填报每一艘渔船到南沙生产的实际天数,以确保公平、公正发放南沙柴油补助等。

9. **鱼拓专业委员会**

(1)深化与媒体合作,开展鱼拓推广活动。2014年,先后与中央电视台七套《美丽中国乡村行》栏目、杭州电视台《春游去哪儿》栏目、浙江电台交通之声、钱江晚报等媒体合作举办各种形式的鱼拓体验活动。鱼拓艺术首次亮相“共筑中国梦——全球华人艺术展”。中央电视台中文国际频道《华人世界》栏目以《推广中国文化 鱼拓艺术亮相法国巴黎》为题,对鱼拓专业委员会理事胡守庆进行了专题报道。

(2)举办“保护千岛湖 鱼拓万里行——大型公益生态环保活动”。本次活动旨在宣传生态环保理念,推广鱼拓艺术,分别于5月17日、7月29日在北京和千岛湖两地举行。

(3)组织专业委员会成员参加各类展会。先后组织会员参加了“2014大连国际钓鱼用品贸易展览会”“2014中国(烟台)国际钓具、船艇暨户外用品博览会”“宁波市第一届鱼拓艺术展”,推广鱼拓艺术。

10. **原生水生物种及水域生态专业委员会** 专业委员会年初成立后,参与编辑了《中国原生鱼图鉴》一书,2015年3月出版发行;和华大基因等相关单位达成了初步的战略合作意向,协助中央电视台记录频道拍摄了《我身边的故事》;开展在广东设立两江中国原生鱼繁育(科普)基地的筹备工作,并在中国国际宠物水族用品展览会期间,举办了原生鱼展。

(中国渔业协会)

中国渔业互保协会

【概况】 2014年,在农业部的领导下,在农业部渔业渔政管理局的具体指导和相关司局的关心、支持和帮助下,中国渔业互保协会(以下简称“协会”)按照四届四次理事会议确定的“争取资质、拓展业务、巩固格局”的决策部署,不断加强班子建设、队伍建设、业务建设、制度建设和文化建设,推动渔业互保各项工作迈向新台阶。一年来,渔业互保业务保持平稳发展态势,全行业共承保渔民93.05万人、渔船7.51万艘、养殖水面1.73万公顷、养殖网箱1 951口,提供风险保障2 890.27亿元,同比增长10.11%;为7 968名渔民、6 192艘渔船和部分养殖户支付经济补偿金5.31亿元。

【尽力争取农业保险经营资质】

1. **配合全国人大代表提交两份议案** 为使渔业互助保险组织能够按照《农业保险条例》的要求,尽快取得农业保险和涉农保险经营资格,并将开展的主要险种纳入中央财政农业保险保费补贴范围,在2014年全国“两会”期间,协会积极配合海洋渔业捕捞界的全国人大代表提交了两份议案,并通过《中国保险报》《中国渔业报》、中保网等新闻媒体进行宣传呼吁,形成有利的舆论氛围。

2. **积极参与农业保险相关配套法规建设** 《农业保险条例》于2013年3月实施后,渔业互助保险组织的外部生存环境在向好的方向发展,但中国保监会对渔业互助保险组织一直未有明确的态度。在协会和各方的协同努力下,中国保险监督管理委员会于2013年底同意在制定相互保险类组织监管办法时将渔业互助保险组织纳入其中;在该办法起草研讨期间,协会通过多种渠道积极反映渔业互助保险行业诉求,以求在基本保持现有渔业互助保险体制、机制、格局不变的基础上纳入业务监管、取得经营资质。2014年5月,在中国保监会就《相互保险组织监管暂行办法(征求意见稿)》公开征求意见时,协会召集各省级机构负责人共同研讨并据此形成行业书面意见报送保监会,并直接与起草组成员沟通,代表渔业互助保险系统阐述了业界的主要诉求。

3. **推动国务院领导对渔业互助保险工作做出重要批示** 为落实《国务院关于促进海洋渔业持续健康发展的若干意见》中“研究完善渔业保险支持政策,积极开展海水养殖保险”的要求,协会配合农业部渔业渔政管理局邀请了国务院政策研究室郭玮司长一行来协会调研,全面汇报了渔业互助保险工作情况和面临的主要问题。在此基础上,国务院政研室形成了《渔业互助保险是农业保险发展的成功范例,应予大力支持》和《关于将水产养殖保险纳入中央财政农业保险保费补贴范围的建议》两份专报,均得到汪洋副总理重要批示。

【稳步推进承保理赔等业务工作】

1. **水产养殖保险体制创新显成效** 根据协会沿海地区“协会统筹,与地方协会联合推进,统一购买再保险”、内陆地区“因地制宜,与商业保险公司开展多种形式共赢合作”的水产养殖保险工作思路,重点省份业务顺利开展,试点成效显著。一是协会秘书处初步建立了水产养殖保险业务承保理赔联合工作机制,并组建了相对固定的水产养殖保险业务核心团队;二是浙江省在总结经验的基础上,完善了保险方案、增加了试点险种、细化了保险条款,并争取到了市(县)财政保费补贴的支持,全年业务规模同比实现翻番;三是重点推进得到部省领导高度评价的“互助+商业”的水产养殖共保“安徽模式”,在农业部财务司的支持下争取500万元专项资金用于保费补贴,安徽模式已成为内陆地区水产养殖保险的范例;四是以安徽模式为范本不断拓宽试点区域和合作对象,分别与人保财险和安华农险签署了在湖北和吉林共同开展水产养殖保险试点的合作协议;五是保持与瑞士再保险公司等国内外再保公司的沟通交流,深入研究探讨水产养殖保险赔付率超赔和成数分保再保险方案,为业务拓展提供风险保障。

2. 统筹远洋渔业保险业务有进展 根据远洋渔业发展形势和渔业互助保险业务发展需要,协会将统筹推动全国远洋渔业保险纳入重点工作加以推进。一是联合中国远洋渔业协会积极向农业部渔业渔政管理局汇报,落实农业部办公厅《关于进一步做好远洋渔船和船员保险工作的通知》的各项要求;二是以远洋渔船和船员保险业务较为集中的福建、浙江、辽宁等省为重点,会同中国远洋渔业协会联合要求渔业互保机构按照属地化原则做好承保理赔和服务工作、远洋渔业企业积极主动参加渔业互助保险;三是针对远洋渔船单个标的保额高、作业区域广、出险勘验难等显著特点,主动积极与各商业保险公司沟通商谈再保方案,科学化解业务风险。

3. 直属机构业务有亮点 一是通过多方努力和协调,协会与三海区渔政局(海警分局)分别签署了新建渔政船继续参加互助保险的合作意向书,将海上执法体制改革对互保业务的影响降到最低;二是加强对沿海直属机构和内陆机构的调研、指导和服务,确保各项业务政策符合渔民实际需求,尤其针对港澳流动渔民作业特点和规律,多次调研听取意见,为科学拟定船员实名制投保政策提供依据;三是根据海上执法体制改革的情况,调整了黄渤海区和南海区办事处的运作管理方式;四是在直属机构开展“理赔规范年”活动,明确考核指标和考核办法,督促各级渔保机构提高理赔服务水平;五是基本完成了广西壮族自治区理赔中心的筹建工作;六是对部分办事机构报账制管理方式进行了调整,减少财务风险,杜绝小金库的产生源头。

【努力巩固现有统筹发展格局】

1. 开展对重大理论和热点问题的研究 按照四届四次理事会议要求,协会重点加强了对渔业互助保险发展形势的研究判断,撰写了《对当前渔业保险有关问题的认识》《对业务建设的认识和思考》《对农业保险的再认识》和《2013年渔业保险发展报告》等材料,并邀请专家学者启动“中国渔业互助保险发展战略”研究课题。同时,紧扣热点问题,加强了对台风灾害损失、远洋渔业保险、水产养殖保险等专题的研究,形成了相对系统的观点和结论。

2. 解决代表机构无法换领登记证书事宜 2014年2月印发的《民政部关于贯彻落实国务院取消全国性社会团体分支机构、代表机构登记行政审批项目的决定有关问题的通知》,给协会对代表机构的管理提出了新的要求,为此,协会除书面向全国机构代码管理中心和民政部民间组织管理局汇报外,还多次当面沟通,争取理解和支持。经过不懈努力,这一问题得到了妥善解决,不仅保证了各代表机构在一定时期内的正常运转,也为今后地方协会处理其代表机构相关事宜提供了政策依据。

3. 加大核心业务系统的升级开发力度 继能够满足全行业业务需求的协会核心业务系统承保模块在各地得到推广应用之后,协会将2014年的业务系统工作重点确定为对理赔模块的升级改造。克服了理赔流程相对复杂、涉及环节较多,并且各地方差异性需求较大等困难,经过努力攻关,协会直属地区和山东、辽宁的理赔模块已正式上线使用。同时,为配合水产养殖保险试点并为今后扩大试点规模做好前期准备,协会牵头组织并集中人力、物力进行水产养殖互助保险核心业务系统的开发,并顺利收尾验收。

4. 加强全行业队伍建设和培训工作 不断丰富完善秘书处青年员工交流锻炼制度的内涵,除继续选派业务骨干赴基层机构开展挂职锻炼、蹲点锻炼之外,还陆续接收地方协会员工到协会开展学习交流,加强行业内的交流和互动;同时选派青年员工赴农业部渔业渔政管理局相关处室学习锻炼,提升综合素养和业务技能。继续组织开展沿海地区业务骨干轮训,并首次举办内陆地区业务骨干培训班,以期不断丰富基层工作人员的知识结构,提升其管理水平和实操能力;此外,协会牵头组织全行业力量共同编写了《全国渔业互助保险培训示范教材》,将为今后在渔业互保全行业开展各层次各专业工作人员培训提供有效保证。

【开展协会成立20周年相关活动】 2014年是协会成立20周年,根据四届四次理事会议确定的“勤俭办好相关活动”的原则,协会成立了活动领导小组,统筹拟定活动方案并组织开展。一是在全行业内组织开展了“我与渔业互保征文活动”,历时半年共评选出获奖作品15个,题材包括散文、诗歌、小说、论文等;二是联合《中国渔业报》在全国渔业系统组织开展了“中国渔业互保协会10件大事评选活动”,经过网络和报刊投票,最终从30个候选事件中评出了协会成立以来最具影响力的10件大事；三是协会工会和团支部联合举办了以“协会梦·中国梦”为主题的知识竞赛活动，秘书处8个部门均派代表组队参加，竞赛内容涉及渔业、保险、渔业互保、时事热点及文化常识等，不仅增进了员工对协会发展历程的了解，也提升了专业知识素养，丰富了员工文化生活；四是组织全行业力量历时半年编撰了《航程－中国渔业互助保险二十年》，以书籍的形式如实记录了中国渔业互助保险20年的发展历程和取得的成就，同时呼吁更多的政府部门、专家学者和各界人士关心、研究和支持渔业互助保险，共同将我国渔业互助保险事业做得更大更强；五是编印了纪念画册、制作了纪念邮册，通过上述这些活动和工作，全面回顾、总结、展望了我国的渔业互助保险事业。

（中国渔业互保协会）

中国水产流通与加工协会

【概况】 2014年，中国水产流通与加工协会根据工作发展的需要，完善了办事机构和分支机构组织，新增财务部、分支机构管理部、项目部3个部门，新成立了鱼糜及其制品分会。9月在广西南宁组织召开了全国水产行业协会工作研讨会，重点贯彻落实十八大提出“政社分开，一业多会，引入竞争”的社团相关政策。11月在福州召开了第五届三次理事会暨第五届四次常务理事会，会议表决通过了协会工作报告等八项议案。

【服务行业发展】

1. 完成农业部委托的项目 1～11月，共协助农业部渔业渔政管理局审核签发合法捕捞证明6 664批次，加工厂声明17 366批次，输智合法来源证明554批次，并应对欧盟的核查40起左右，根据欧盟协查中反映出来的重点问题，不定期向企业发布“协查重要情况通报”，以降低企业货物通关风险。为提高审核工作的效率和准确度，规范单证格式，开发了《加工厂声明》网上申报审核系统。

完成“水产品法规、制度、政策追踪及宣传贯彻”“重点敏感水产品生产、加工环节质量安全隐患调研”“水产品质量隐患排查与舆情监测”“水产品质量安全管理培训及安全使用知识宣传”及“水产品加工产业战略研究”5个项目。在水产品质量隐患排查与舆情监测方面，跟踪分析国内外水产品质量安全信息、贸易预警信息及市场流通信息，整理形成《水产品质量安全舆情报告》，上报主管部门。搜集整理水产品信息，包括质量安全信息、贸易预警信息、部委政策发布信息及市场流通信息等内容，形成《水产品质量安全周报》，每周定期发送给会员企业。

为摸清了解海峡两岸养殖石斑鱼运销渠道，掌握台湾省养殖石斑鱼进入大陆市场流通环节及价格链，中国水产流通与加工协会前往福建省厦门市、东山县，浙江省宁波市、象山县的台湾石斑鱼销售点和暂养基地，北京、广州、海南等地水产品市场的石斑鱼经销商调研，并在厦门与台湾省澎湖石斑鱼养殖业者代表召开了座谈会；应国务院台湾事务办公室的安排，中国水产流通与加工协会联合两岸交流基金、“台湾渔会”在宁波市象山县举办了“2014年两岸渔业产业项目合作对接会”，完成“海峡两岸养殖石斑鱼产业链体系建设”报告，为两岸石斑鱼产业健康可持续发展提供一手资料。

鮟鱇鱼是我国近海捕捞的鱼类中最主要的出口品种之一，为摸清鮟鱇鱼捕捞、加工、贸易的整体运行情况，专程赴浙江温州、台州和舟山等地，通过实地走访、问卷调查鮟鱇鱼加工企业和召开鮟鱇鱼捕捞加工情况座谈会等，调研鮟鱇鱼捕捞和加工情况，从加工产量推算出我国鮟鱇鱼产量，建议将鮟鱇鱼品种纳入中国渔业统计项目，防止国外对我国鮟鱇鱼出口产品以“未报告”为由实施贸易壁垒，以保证我国鮟鱇鱼产品顺利出口。

2. 完成相关部委委派的工作 承担工业和信息化部消费司组织的《食品工业发展报告（2013年度）》水产加工业发展的编写工作，完成水产品加工发展报告；完成关于国家海洋事业发展“十三五”规划前期研究课题建议。

受商务部、国务院国有资产监督管理委员会委托，2014年顺利完成第4批水产行业信用评价工作，共有14家企业被评为AAA级，5家企业已完成复评。通过中国水产流通与加工协会的努力，水产行业已初步建立水产行业信用体系，为全国范围内水产相关行业与水产企业开展贸易活动提供了重要的信用参考依据。

参加国家卫生和计划生育委员会召开的食品添加剂分委会会议，针对海蜇中铝的限量标准，对GB2760食品添加剂使用标准提出修订建议；参加国家卫生计生委食品司召开《2015年国家食品安全风险监测计划》审定暨2014年风险监测工作会商会，对2015年国家食品安全风险监测计划提出具体建议。

参加中国食品药品检定研究院组织召开的“2014年食品安全抽检监测相关问题研讨会”，共同分析研讨水产品重金属超标的原因及解决措施，形成产业报告，并站在产业与行业的角度，对水产品抽检提出具体建议。

协助农业部渔业渔政管理局、国家林业局濒危物种进出口管理办公室落实CITES附录Ⅱ新列鲨鱼及蝠鲼物种履行濒危物种国际公约COP16新的决议，开展履约前所获濒危鲨鱼、蝠鲼产品的库存核查，印刷出版“濒危监管鲨鱼、蝠鲼”宣传图册。

【为行业发展建言献策】

1. 深入调研，解决行业关注问题 2014年，赴上海铜川路水产批发市场，以及宁波、慈溪、舟山、象山等浙东沿海几个城市的重点批发市场，主要就水产品价格指数的建设及水产品交易和消费情况做了调研；赴湛江、广州两地开展关于对虾及水产品交易信息化平台等方面的调研；对海南、广东、广西等地大型罗非鱼加工厂开展罗非鱼产业调研；对会员企业开展电子商务工作的问卷调查；赴浙江等地调研，从加工流通的角度分析东海大、小黄鱼的资源现状。通过掌握各产业的第一手资料，为行业发展建言献策，协助解决行业实际问题。

2. 水产品相关标准的制修订与宣传贯彻工作 专门针对熏鱼、扇贝柱、鲟鱼籽酱等标准中关于食品添加剂的规定等CAC标准，组织相关企业参与标准的意见修订。根据水产标准化委员会加工分技委的要求，就《水产及水产加工品标准体系表》提出修改意见。跟踪《干鲍鱼》国家标准制定工作。

配合南海水产研究所进行了《冻鱼糜制品》国家标准的征求意见工作。配合黄海水产研究所对SC/T 3702－2014《冷冻鱼糜》标准进行了宣传贯彻。

组织召开了食品添加剂—山梨糖醇扩大使用范围标准座谈会，卫计委已受理该项申请，并通过评审会。

参与《水产品冷链物流服务规范》国家标准标准编写工作；牵头制定《鱼鳞胶原蛋白》《鱼皮胶原蛋白标准》《风味鱿鱼标准》行业协会标准，其中已完成《鱼鳞胶原蛋白》标准初稿，进入审议阶段。

3. 可追溯体系统一平台的建设 2014年，中国水产流通与加工协会开展罗非鱼可追溯体系的建设工作。建立了中英双语的中国罗非鱼可追溯信息平台，通过中欧环境治理项目网站、中国水产流通与加工协会项目网站、世界自然基金会中文网站以及ASC官方网站，国内外采购商将能够浏览填报企业的基础信息，同时通过生产批次号，查询产品全产业链可追溯信息。为方便国际采购商及消费者查询，可追溯平台为中英双语共同呈现。

在海参标准化生产可追溯体系建立方面，已选择有实力、有资源、有技术和管理基础的大型生产加工企业作为初步项目试点企业。

【扩大国际合作交流】 中国水产流通与加工协会与WWF、MSC、ASC等国际机构合作非常密切，通过一系列活动，不仅推动了中国水产业的可持续发展进程，宣传了我国渔业可持续的新理念，也扩大了产业界的国际视野，提升了我国渔业在全球的影响力。

2014年顺利完成“中欧环境治理——走向绿色的罗非鱼供应链项目”。

9月，在广西南宁市召开“海上丝绸之路国际渔业合作论坛”，会议分析了目前我国与东盟的贸易形势，就双方渔业更深层次的合作，及建立便捷的合作途径进行了深入的交流与讨论。本次会议在继续加强与东盟国家的渔业合作，实现各取所需、互通有无、长短相济、优势互补和互利共赢，让海上合作成为中国－东盟关系发展的新亮点、新动力达成了共识。

11月，与福建省侨办、福州市政府联合主办首届“海丝之路”全球水产冻品行业大会，来自近30个国家的相关行业协会、商界代表，以及中国国内逾300家采购商、贸易商、远洋企业代表参加，共同研讨全球水产冻品行业的现状与趋势。来自印尼、斯里兰卡及中国大陆和台湾省等国家和地区的业界专家作专题报告，会议推动以中国和东盟为主的各国水产冻品行业的合作，打造“海丝之路”利益共同体。

11月，在青岛召开“2014国际水产品可持续发展大会”。来自美国、德国、挪威、加拿大、新西兰、日本、西班牙、斐济、俄罗斯、泰国等10余个国家的代表及8个国际组织、5家驻华机构，及国内代表共计250余人参加会议。本次大会以“促进全球水产品可持续供应链的发展”为主题，针对水产品可持续发展的内涵进行了多领域多层次的探讨，通过传播产业发展新理念，对中国水产业可持续转型及全球渔业可持续发展起到了领航作用。

2014年中国国际渔业博览会期间，中国水产流通与加工协会与多个国家水产行业组织及国际机构进行会面，就热点问题深入交换意见：协会会长张玉香与常务副会长崔和就IUU渔业监管与中美渔业贸易问题同美国渔业协会会长康纳利先生举行单独座谈；常务副会长崔和代表中国水产流通与加工协会与俄罗斯狭鳕捕捞协会、蟹类协会、三文鱼协会代表团进行事务性磋商；就可持续认证在中国的发展战略议题，常务副会长崔和代表中国水产流通与加工协会分别与水产养殖管理委员会（ASC）、海洋管理委员会（MSC）和全球水产养殖联盟（GAA）进行对话与咨询。

【引导行业健康发展】 1月，在青岛召开“2014年来进料加工出口及副产物综合利用研讨会”，就来进料加工出口、整合协会企业优势资源展开讨论，并对副产物高值化利用进行研讨。

4月，在湛江召开“第六届中国对虾产业发展研讨会”。本次大会共有近300名国内外同业人士参加，不仅有来自泰国、印度、印尼、马来西亚和厄瓜多尔对虾主产国的行业代表对本国对虾生产贸易情况进行了报告，会议还针对目前对虾EMS疫情特别开设了EMS专题，并邀请到了联合国粮农组织、中国国家虾产业技术体系、泰国玛希隆大学、越南水生动物健康管理部、GAA等EMS研究领域的权威专家就EMS研究的最新进展和疾病防控机制进行了分享。目前研讨会已经成为东亚地区对虾产业最有影响力的专题活动，备受包括中国、泰国、越南、印尼和印度等重要生产国的关注，在带动产业可持续发展方面起到了很好的推动作用。

5月，在厦门组织召开了“首届鱼糜产业发展研讨会”。来自鱼糜产业各界的200多位代表参加了此次会议，会议围绕鱼糜及鱼糜制品的创新、加工技术、质量影响因素、标准及市场发展等方面进行报告，通过深入解析鱼糜产业发展过程中遇到的瓶颈和困难，详细分析产业未来的发展趋势，促进鱼糜及其制品产业的健康可持续发展。

11月，在青岛召开“第二届中国海洋生物资源高效利用发展暨水生生物胶原蛋白产业发展研讨会”。会议围绕海洋生物资源高效利用方面的政策解读、形势分析、胶原蛋白加工新技术、新产品的应用与推广、市场需求及功能作用分析等内容进行专题研讨。本届研讨会的召开，对海洋生物资源的综合开发和产业化发展起到积极的推动作用。

11月，联合罗非鱼产业技术创新战略联盟在北海召开了“第十一届罗非鱼产业发展研讨会”。本次研讨会以“促进产业升级转型，营造差异化竞争格局”为主题，在贸易形势、市场潜力、认证管理、高值化利用、可持续发展、内销策略、信息化服务等方面进行了报告分析。罗非鱼研讨会召开了十一年，见证了产业的发展历程，成为产业发展的方向标，得到了业界人士的一致肯定。

12月，在杭州召开了“第三届鱼粉鱼油产业发展大会”，会议围绕产业发展思路、运营模式、生产方式、完善鱼粉鱼油信息平台、产业抗风险机制、资源整合、产业政策建议等方面展开交流与讨论。

【积极拓展国内外市场】

1. 以展会为平台，拓展国际市场 根据国际水产贸易格局，重点组织企业参加美国波士顿国际水产品展览会、第二十二届欧洲国际水产品展览会、日本东京国际海产品及技术博览会，另外还组织参加巴西食品餐饮服务博览会、南欧水产品展览会。在各展会期间，组织参展企业代表参加各项商务活动，参展规模和效果进一步提升。

启动中国—东盟海交所，以大宗海产品现货和海产品电子合约进行“线上交易、线下交割、人民币结算”的交易模式，实现中国与东盟各国渔业的合作与互联互通，推进中国与东盟为主的多国渔业合作与发展。启动亚太水产养殖展览会，打造国际水产养殖技术、设备及各类水产品交流重要平台。

2. 组织推介会，扩大内销市场 中国水产流通与加工协会第二次组展中国国际食品和饮料展览会水产品专区，第十二次组展中国国际农产品展示交易会，支持和参加北京、上海、福州、厦门等地方专业展会，以及举办上海、西安等中心城市优质水产品推介活动，引领消费需求。

【加强信息服务】 为进一步整合资源、集中力量，服务行业和适应社会需要，2014年与水产品市场分会合作，将《中国水产贸易》和《水产市场导刊》杂志进行了合并改版，新刊物命名为《中国水产品》。秉承为行业服务的宗旨，悉心为水产品经济活动的参与者、关注者提供及时、专业、优质的服务。协会网站及时发布行业信息以及协会相关工作动态。开通了协会微信公共服务平台，提升会员服务的质量。继续开展市场价格行情监测工作，加强市场预警，及时完成信息的汇总分析，提高信息的及时性和准确性，每月完成国内水产品价格行情监测报告。

（中国水产流通与加工协会 陈丽纯）

中国渔船渔机渔具行业协会

【概况】

1. 加快行业信用体系建设 促进行业信用体系建设，开展行业信用评价是协会加强行业管理的主要途径。经国资委、商务部批准，授予我会与中大信（北京）信用评价中心联合在渔船渔机渔具行业开展行业信用评价活动的资质。协会与中大信合作，成立了工作机构——信用评价办公室，建立了企业信用评价的标准指标体系，制定了评价程序，组织开展了宣传贯彻。截止到2014年年底，已有扬州鑫渔纺织设备制造有限公司等6家企业通过了行业信用评价的初次评审，向社会公示，公示无异议将正式公布，并颁发企业信用等级证书和牌匾。

2. 促进渔业装备现代化 组织召开了舟山海洋渔业公司北太鱿鱼钓船的专家技术论证会；承担了“大型远洋拖网加工渔船”国家863项目，子项目——“大型拖网渔船液压系统管路制作安装技术要求”等4项行业标准的编制任务；“玻璃钢渔船脱模技术要求”行业标准的编制工作也已按计划推进；新组建的“全国玻璃钢渔船技术发展联盟”，协会将承担“技术推广中心”的工作。渔网具产业结构调整、技术创新取得一批成果。

3. 力推休闲渔船产业健康发展 协会酝酿成立的休闲渔船专业委员会于2014年5月在江苏常熟召开了“休闲渔船专业委员会”成立大会。会议通过了关于加强休闲渔船产业发展和管理的指导性意见；大连松辽船厂代表主任委员提出了下一步专业委员会的工作思路。围绕休闲渔船、休闲渔业的职业培训，协会先后组织人员编写了《休闲渔船驾驶员培训教材》和《休闲渔业从业人员培训教材》。

4. 拓展职业技能鉴定范围 年内在完成对350余名渔业船舶电焊工开展职业技能鉴定的基础上，又拓展了“玻璃钢渔船糊制工”鉴定范围，广西、广东先后两批次计120余人通过了职业技能鉴定，取得国家职业资格证书，为发展玻璃钢渔船产业提供了人才储备。目前行业职业技能鉴定已实现地域范围全覆盖。统一渔船修造企业工厂质检员培训的教材、标准等基础工作有序推进，浙江、海南等地已相继开展培训。

5. 培育行业特色产业基地 培育特色产业，发挥行业排头兵作用，是协会促进行业健康发展、促进企业发展的重要抓手。2014年，协会结合行业发展的现状，围绕行业发展阶段性的特点，根据企业自愿申请的原则，先后组织专家组严格依据相关制度，分别对广东江龙船舶制造有限公司等8家企业冠以特色产业基地名称。

（中国渔船渔机渔具行业协会）

休闲垂钓协会

【概况】 2014年，在第一届理事会的领导下，协会秘书处基本完成了一届三次理事会确定的任务和目标。

1. 完成农业部委托的工作，促进休闲渔业的发展 受农业部委托，协会承担了2014年创建“全国休闲渔业示范基地”工作，在总结2013年创建工作经验的基础上，对原有创建标准进行了修改；对申报材料进行了初审；组织专家组，召开了“2014年全国休闲渔业示范基地”评审会，经专家组综合评定，共评选出132家“全国休闲渔业示范基地”，并已由农业部公布。“全国休闲渔业示范基地”创建工作，有力地推动了休闲渔业的发展，示范基地为休闲渔业建立了发展和经营模式，起到了示范效果。

结合创建工作，协会于8月和10月份，举办了两期“全国休闲渔业示范基地建设”培训班，培训班主要围绕休闲渔业政策解读、休闲渔业发展前景、规划建设和经营方式等主题，聘请专家讲授，共有来自全国90家休闲渔业经营企业的170名学员参加了培训，取得了良好效果，受到了学员的好评。

协会还协助农业部渔业渔政管理局对我国休闲渔业状况进行了摸底调查，目前调查数据已报送至协会，秘书处正在组织人员进行数据汇总分析，撰写分析报告。

2. 开展休闲渔业文化建设，夯实休闲渔业根基 休闲渔业文化建设是休闲渔业发展的基础，2014年，协会秘书处将休闲渔业文化建设工作列为重点工作之一。在垂钓古诗词《鱼情古韵》一书的基础上，组织了几十名国内书法家，编撰了《百首垂钓古诗词书法鉴赏》一书，以书法艺术形式再现了我国千百年的垂钓文化，书稿现已完成，即将出版发行。

3. 提升地方知名度，宣传会员企业品牌 2014年，经过专家组考察评审，协会授予了山东省临沂市为“中国休闲垂钓之都”；授予了安徽省宁国市为“中国休闲渔业之乡”；授予了浙江省象山县大目湾和江西省斐然生态园为“中国国际休闲垂钓基地”；授予了吉林省白城月亮泡水库为“中国休闲垂钓基地”；授予了青岛龙盘海洋生态养殖有限公司为“中国休闲垂钓示范基地”；授予了安徽宁国市山里仁港口湾渔业有限公司为“中国国际路亚垂钓基地”。命名工作自开展以来，在休闲渔业推广示范方面取得了良好的效果，有力提升了这些地方的知名度和美誉度，也宣传了会员企业的品牌。

4. 顺应行业发展需要，制定钓饵行业标准 为规范我国钓饵生产，促进行业自律，2013年，协会提出了制定钓饵标准的建议，并得到了农业部有关部门的肯定，明确由协会承担《人工钓饵》水产行业标准的制定工作。协会秘书处随即成立了由协会、企业和行业专家等人员组成的标准制定工作委员会，完成了《人工钓饵》标准的送审稿和编制说明。2014年上半年，协会人员继续走访部分钓饵企业，对标准进行了修改。5月份，全国水产标准化技术委员会观赏鱼分技术委员会在北京召开了全国人工钓饵标准审定会议，对钓饵标准进行了审定并予以通过。农业部已对《人工钓饵》水产行业标准予以发布。《人工钓饵》标准的制定，有助于规范钓饵企业生产行为和正当竞争，有利于提升我国钓饵行业的整体发展和与国际接轨，同时对保护水域环境和渔业资源起到积极作用。

5. 组织开展了垂钓、论坛等活动 2014 年，协会举办了浙江象山大目湾休闲垂钓邀请赛、海南三亚"永茂杯"国际路亚赛和江西于都路亚邀请赛；主办了"三友创美全民健身休闲垂钓发展论坛"等大型活动。

这些活动的举办，使协会逐步摸索出了一条开展和发展休闲垂钓活动的路子。活动虽较以前丰富了，但内容仍显单薄，有待进一步改进与提高。

（休闲垂钓协会）

法律法规文献

中华人民共和国渔业船员管理办法

农业部令 2014 年第 4 号

第一章　总　　则

第一条　为加强渔业船员管理，维护渔业船员合法权益，保障渔业船舶及船上人员的生命财产安全，根据《中华人民共和国船员条例》，制定本办法。

第二条　本办法适用于在中华人民共和国国籍渔业船舶上工作的渔业船员的管理。

第三条　农业部负责全国渔业船员管理工作。

县级以上地方人民政府渔业行政主管部门及其所属的渔政渔港监督管理机构，依照各自职责负责渔业船员管理工作。

第二章　渔业船员任职和发证

第四条　渔业船员实行持证上岗制度。渔业船员应当按照本办法的规定接受培训，经考试或考核合格、取得相应的渔业船员证书后，方可在渔业船舶上工作。

在远洋渔业船舶上工作的中国籍船员，还应当按照有关规定取得中华人民共和国海员证。

第五条　渔业船员分为职务船员和普通船员。

职务船员是负责船舶管理的人员，包括以下五类：

（一）驾驶人员，职级包括船长、船副、助理船副；

（二）轮机人员，职级包括轮机长、管轮、助理管轮；

（三）机驾长；

（四）电机员；

（五）无线电操作员。

职务船员证书分为海洋渔业职务船员证书和内陆渔业职务船员证书，具体等级职级划分见附件 1。

普通船员是职务船员以外的其他船员。普通船员证书分为海洋渔业普通船员证书和内陆渔业普通船员证书。

第六条　渔业船员培训包括基本安全培训、职务船员培训和其他培训。

基本安全培训是指渔业船员都应当接受的任职培训，包括水上求生、船舶消防、急救、应急措施、防止水域污染、渔业安全生产操作规程等内容。

职务船员培训是指职务船员应当接受的任职培训，包括拟任岗位所需的专业技术知识、专业技能和法律法规等内容。

其他培训是指远洋渔业专项培训和其他与渔业船舶安全和渔业生产相关的技术、技能、知识、法律法规等培训。

第七条　申请渔业普通船员证书应当具备以下条件：

（一）年满 16 周岁；

（二）符合渔业船员健康标准（见附件 2）；

（三）经过基本安全培训。

符合以上条件的，由申请者向渔政渔港监督管理机构提出书面申请。渔政渔港监督管理机构应当组织考试或考核，对考试或考核合格的，自考试成绩或考核结果公布之日起 10 个工作日内发放渔业普通船员证书。

第八条　申请渔业职务船员证书应当具备以下条件：

（一）持有渔业普通船员证书或下一级相应职务船员证书；

（二）年龄不超过 60 周岁，对船舶长度不足 12 米或者主机总功率不足 50 千瓦渔业船舶的职务船员，年龄资格上限可由发证机关根据申请者身体健康状况适当放宽；

（三）符合任职岗位健康条件要求；

（四）具备相应的任职资历条件（见附件 3），且任职表现和安全记录良好；

（五）完成相应的职务船员培训，在远洋渔业船舶上工作的驾驶和轮机人员，还应当接受远洋渔业专项培训。

符合以上条件的，由申请者向渔政渔港监督管理机构提出书面申请。渔政渔港监督管理机构应当组织考试或考核，对考试或考核合格的，自考试成绩或考核结果公布之日起 10 个工作日内发放相应的渔业职务船员证书。

第九条 航海、海洋渔业、轮机管理、机电、船舶通信等专业的院校毕业生申请渔业职务船员证书，具备本办法第八条规定的健康及任职资历条件的，可申请考核。经考核合格，按以下规定分别发放相应的渔业职务船员证书：

（一）高等院校本科毕业生按其所学专业签发一级船副、一级管轮、电机员、无线电操作员证书；

（二）高等院校专科（含高职）毕业生按其所学专业签发二级船副、二级管轮、电机员、无线电操作员证书；

（三）中等专业学校毕业生按其所学专业签发助理船副、助理管轮、电机员、无线电操作员证书。

内陆渔业船舶接收相应专业毕业生任职的，参照前款规定执行。

第十条 曾在军用船舶、交通运输船舶等非渔业船舶上任职的船员申请渔业船员证书，应当参加考核。经考核合格，由渔政渔港监督管理机构换发相应的渔业普通船员证书或渔业职务船员证书。

第十一条 申请海洋渔业船舶一级驾驶人员、一级轮机人员、电机员、无线电操作员证书以及远洋渔业职务船员证书的，由省级以上渔政渔港监督管理机构组织考试、考核、发证；其他渔业船员证书的考试、考核、发证权限由省级渔政渔港监督管理机构制定并公布，报农业部备案。

中央在京直属企业所属远洋渔业船员的考试、考核、发证工作由农业部负责。

第十二条 渔业船员考试包括理论考试和实操评估。海洋渔业船员考试大纲由农业部统一制定并公布。内陆渔业船员考试大纲由省级渔政渔港监督管理机构根据本辖区的具体情况制定并公布。

渔业船员考核可由渔政渔港监督管理机构根据实际需要和考试大纲，选取适当科目和内容进行。

第十三条 渔业船员证书的有效期不超过 5 年。证书有效期满，持证人需要继续从事相应工作的，应当向有相应管理权限的渔政渔港监督管理机构申请换发证书。渔政渔港监督管理机构可以根据实际需要和职务知识技能更新情况组织考核，对考核合格的，换发相应渔业船员证书。

渔业船员证书期满 5 年后，持证人需要从事渔业船员工作的，应当重新申请原等级原职级证书。

第十四条 有效期内的渔业船员证书损坏或丢失的，应当凭损坏的证书原件或在原发证机关所在地报纸刊登的遗失声明，向原发证机关申请补发。补发的渔业船员证书有效期应当与原证书有效期一致。

第十五条 渔业船员证书格式由农业部统一制定。远洋渔业职务船员证书由农业部印制；其他渔业船员证书由省级渔政渔港监督管理机构印制。

第十六条 禁止伪造、变造、转让渔业船员证书。

第三章 渔业船员配员和职责

第十七条 海洋渔业船舶应当满足本办法规定的职务船员最低配员标准（附件 4）。内陆渔业船舶船员最低配员标准由各省级人民政府渔业行政主管部门根据本地情况制定，报农业部备案。

持有高等级职级船员证书的船员可以担任低等级职级船员职务。

渔业船舶所有人或经营人可以根据作业安全和管理的需要，增加职务船员的配员。

第十八条 渔业船舶在境外遇有不可抗力或其他持证人不能履行职务的特殊情况，导致无法满足本办法规定的职务船员最低配员标准时，具备以下条件的船员，可以由船舶所有人或经营人向船籍港所在地省级渔政渔港监督管理机构申请临时担任上一职级职务：

（一）持有下一职级相应证书；

（二）申请之日前 5 年内，具有 6 个月以上不低于其船员证书所记载船舶、水域、职务的任职资历；

（三）任职表现和安全记录良好。

渔政渔港监督管理机构根据拟担任上一级职务船员的任职情况签发特免证明。特免证明有效期不得超过 6 个月，不得延期，不得连续申请。渔业船舶抵达中国第一个港口后，特免证明自动失效。失效的特免证明应当及时缴回签发机构。

一艘渔业船舶上同时持有特免证明的船员不得超过 2 人。

第十九条 中国籍渔业船舶的船员应当由中国籍公民担任。确需由外国籍公民担任的，应当持有所属国政府签发的相关身份证件，在我国依法取得就业许可，并按本办法的规定取得渔业船员证书。持有《1995 年国际渔业船舶船员培训、发证和值班标准公约》缔约国签发的外国职务船员证书的，应当按照国家有关规定取得承认签证。承认签证的有效期不得超过被承认职务船员证书的有效期，当被承认职务船员证书失效时，相应的承认签证自动失效。

外国籍船员不得担任驾驶人员和无线电操作员，人数不得超过船员总数的30%。

第二十条　渔业船舶所有人或经营人应当为在渔业船舶上工作的渔业船员建立基本信息档案，并报船籍港所在地渔政渔港监督管理机构或渔政渔港监督管理机构委托的服务机构备案。

渔业船员变更的，渔业船舶所有人或经营人应当在出港前10个工作日内报船籍港所在地渔政渔港监督管理机构或渔政渔港监督管理机构委托的服务机构备案，并及时变更渔业船员基本信息档案。

第二十一条　渔业船员在船工作期间，应当履行以下职责：

（一）携带有效的渔业船员证书；

（二）遵守法律法规和安全生产管理规定，遵守渔业生产作业及防治船舶污染操作规程；

（三）执行渔业船舶上的管理制度、值班规定；

（四）服从船长及上级职务船员在其职权范围内发布的命令；

（五）参加渔业船舶应急训练、演习，落实各项应急预防措施；

（六）及时报告发现的险情、事故或者影响航行、作业安全的情况；

（七）在不严重危及自身安全的情况下，尽力救助遇险人员；

（八）不得利用渔业船舶私载、超载人员和货物，不得携带违禁物品；

（九）不得在生产航次中辞职或者擅自离职。

第二十二条　渔业船员在船舶航行、作业、锚泊时应当按照规定值班。值班船员应当履行以下职责：

（一）熟悉并掌握船舶的航行与作业环境、航行与导航设施设备的配备和使用、船舶的操控性能、本船及邻近船舶使用的渔具特性，随时核查船舶的航向、船位、船速及作业状态；

（二）按照有关的船舶避碰规则以及航行、作业环境要求保持值班瞭望，并及时采取预防船舶碰撞和污染的相应措施；

（三）如实填写有关船舶法定文书；

（四）在确保航行与作业安全的前提下交接班。

第二十三条　船长是渔业安全生产的直接责任人，在组织开展渔业生产、保障水上人身与财产安全、防治渔业船舶污染水域和处置突发事件方面，具有独立决定权，并履行以下职责：

（一）确保渔业船舶和船员携带符合法定要求的证书、文书以及有关航行资料；

（二）确保渔业船舶和船员在开航时处于适航、适任状态，保证渔业船舶符合最低配员标准，保证渔业船舶的正常值班；

（三）服从渔政渔港监督管理机构依据职责对渔港水域交通安全和渔业生产秩序的管理，执行有关水上交通安全、渔业资源养护和防治船舶污染等规定；

（四）确保渔业船舶依法进行渔业生产，正确合法使用渔具渔法，在船人员遵守相关资源养护法律法规，按规定填写渔捞日志，并按规定开启和使用安全通导设备；

（五）在渔业船员证书内如实记载渔业船员的服务资历和任职表现；

（六）按规定申请办理渔业船舶进出港签证手续；

（七）发生水上安全交通事故、污染事故、涉外事件、公海登临和港口国检查时，应当立即向渔政渔港监督管理机构报告，并在规定的时间内提交书面报告；

（八）全力保障在船人员安全，发生水上安全事故危及船上人员或财产安全时，应当组织船员尽力施救；

（九）弃船时，船长应当最后离船，并尽力抢救渔捞日志、轮机日志、油类记录簿等文件和物品；

（十）在不严重危及自身船舶和人员安全的情况下，尽力履行水上救助义务。

第二十四条　船长履行职责时，可以行使下列权力：

（一）当渔业船舶不具备安全航行条件时，拒绝开航或者续航；

（二）对渔业船舶所有人或经营人下达的违法指令，或者可能危及船员、财产或船舶安全，以及造成渔业资源破坏和水域环境污染的指令，可以拒绝执行；

（三）当渔业船舶遇险并严重危及船上人员的生命安全时，决定船上人员撤离渔业船舶；

（四）在渔业船舶的沉没、毁灭不可避免的情况下，报经渔业船舶所有人或经营人同意后弃船，紧急情况除外；

（五）责令不称职的船员离岗。

船长在其职权范围内发布的命令，船舶上所有人员必须执行。

第四章　渔业船员培训和服务

第二十五条　渔业船员培训机构开展培训业务，应当具备开展相应培训所需的场地、设施、设备和教学人员条件。

第二十六条　海洋渔业船员培训机构分为以下三级，应当具备的具体条件由农业部另行规定：

一级渔业船员培训机构，可以承担海洋渔业船舶各类各级职务船员培训、远洋渔业专项培训和基本安全培训；

二级渔业船员培训机构，可以承担海洋渔业船舶二级以下驾驶和轮机人员培训、机驾长培训和基本安全培训；

三级渔业船员培训机构，可以承担海洋渔业船舶机驾长培训和基本安全培训。

内陆渔业船员培训机构应当具备的具体条件，由省级人民政府渔业行政主管部门根据渔业船员管理需要制定。

第二十七条　渔业船员培训机构应当在每期培训班开班前，将学员名册、培训内容和教学计划报所在地渔政渔港监督管理机构备案。

第二十八条　渔业船员培训机构应当建立渔业船员培训档案。学员参加培训课时达到规定培训课时80%的，渔业船员培训机构方可出具渔业船员培训证明。

第二十九条　国家鼓励建立渔业船员服务机构。

渔业船员服务机构可以为渔业船员代理申请考试、申领证书等有关手续，代理船舶所有人或经营人管理渔业船员事务，提供渔业船员船舶配员等服务。

渔业船员服务机构为船员提供服务，应当订立书面合同。

第五章　渔业船员职业管理与保障

第三十条　渔业船舶所有人或经营人应当依法与渔业船员订立劳动合同。

渔业船舶所有人或经营人，，不得招用未持有相应有效渔业船员证书的人员上船工作。

第三十一条　渔业船舶所有人或经营人应当依法为渔业船员办理保险。

第三十二条　渔业船舶所有人或经营人应当保障渔业船员的生活和工作场所符合《渔业船舶法定检验规则》对船员生活环境、作业安全和防护的要求，并为船员提供必要的船上生活用品、防护用品、医疗用品，建立船员健康档案，为船员定期进行健康检查和心理辅导，防治职业疾病。

第三十三条　渔业船员在船上工作期间受伤或者患病的，渔业船舶所有人或经营人应当及时给予救治；渔业船员失踪或者死亡的，渔业船舶所有人或经营人应当及时做好善后工作。

第三十四条　渔业船舶所有人或经营人是渔业安全生产的第一责任人，应当保证安全生产所需的资金投入，建立健全安全生产责任制，按照规定配备船员和安全设备，确保渔业船舶符合安全适航条件，并保证船员足够的休息时间。

第六章　监督管理

第三十五条　渔政渔港监督管理机构应当健全渔业船员管理及监督检查制度，建立渔业船员档案，督促渔业船舶所有人或经营人完善船员安全保障制度，落实相应的保障措施。

第三十六条　渔政渔港监督管理机构应当依法对渔业船员持证情况、任职资格和资历、履职情况、安全记录，船员培训机构培训质量，船员服务机构诚实守信情况等进行监督检查，必要时可对船员进行现场考核。

渔政渔港监督管理机构依法实施监督检查时，船员、渔业船舶所有人和经营人、船员培训机构和服务机构应当予以配合，如实提供证书、材料及相关情况。

第三十七条　渔业船员违反有关法律、法规、规章的，除依法给予行政处罚外，各省级人民政府渔业行政主管部门可根据本地实际情况实行累计记分制度。

第三十八条　渔政渔港监督管理机构应当对渔业船员培训机构的条件、培训情况、培训质量等进行监督检查，检查内容包括教学计划的执行情况、承担本期培训教学任务的师资情况和教学情况、培训设施设备和教材的使用及补充情况、培训规模与师资配备要求的符合情况、学员的出勤情况、培训档案等。

第三十九条　渔政渔港监督管理机构应当公开有关渔业船员管理的事项、办事程序、举报电话号码、通信地址、电子邮件信箱等信息，自觉接受社会的监督。

第七章　罚　　则

第四十条　违反本办法规定，以欺骗、贿赂等不正当手段取得渔业船员证书的，由渔政渔港监督管理机构撤销有关证书，可并处2 000元以上1万元以下罚款，三年内不再受理申请人渔业船员证书申请。

第四十一条　伪造、变造、转让渔业船员证书的，由渔政渔港监督管理机构收缴有关证书，并处2 000元以上5万元以下罚款；有违法所得的，没收违法所得；构成犯罪的，依法追究刑事责任。

第四十二条　渔业船员违反本办法第二十一条第一项至第五项的规定的，由渔政渔港监督管理机构予以警告；情节严重的，处200元以上2 000元以下罚款。

第四十三条　渔业船员违反本办法第二十一条第六项至第九项和第二十二条规定的，由渔政渔港监督管理机构处1 000元以上2万元以下罚款；情节严重的，并可暂扣渔业船员证书6个月以上2年以下；情节特别严重的，并可吊销渔业船员证书。

第四十四条　渔业船舶的船长违反本办法第二十三条规定的，由渔政渔港监督管理机构处2 000元以上2万元以下罚款；情节严重的，并可暂扣渔业船舶船长职务船员证书6个月以上2年以下；情节特别严重的，并可吊销渔业船舶船长职务船员证书。

第四十五条　渔业船员因违规造成责任事故的，暂扣渔业船员证书6个月以上2年以下；情节严重的，吊销渔业船员证书；构成犯罪的，依法追究刑事责任。

第四十六条　渔业船员证书被吊销的，自被吊销之日起5年内，不得申请渔业船员证书。

第四十七条　渔业船舶所有人或经营人有下列行为之一的，由渔政渔港监督管理机构责令改正；拒不改正的，处5 000元以上5万元以下罚款：

（一）未按规定配齐渔业职务船员，或招用未取得本办法规定证件的人员在渔业船舶上工作的；

（二）渔业船员在渔业船舶上生活和工作的场所不符合相关要求的；

（三）渔业船员在船工作期间患病或者受伤，未及时给予救助的。

第四十八条　渔业船员培训机构有下列情形之一的，由渔政渔港监督管理机构给予警告，责令改正；拒不改正或者再次出现同类违法行为的，可处2万元以上5万元以下罚款：

（一）不具备规定条件开展渔业船员培训的；

（二）未按规定的渔业船员考试大纲内容要求进行培训的；

（三）未按规定出具培训证明的；

（四）出具虚假培训证明的。

第四十九条　渔业行政主管部门或渔政渔港监督管理机构工作人员有下列情形之一的，依法给予处分：

（一）违反规定发放渔业船员证书的；

（二）不依法履行监督检查职责的；

（三）滥用职权、玩忽职守的其他行为。

第八章　附　　则

第五十条　本办法中下列用语的含义是：

渔业船员，是指服务于渔业船舶，具有固定工作岗位的人员。

船舶长度，是指公约船长，即《渔业船舶国籍证书》所登记的“船长”。

主机总功率，是指所有用于推进的发动机持续功率总和，即《渔业船舶国籍证书》所登记“主机总功率”。

第五十一条　非机动渔业船舶的船员管理办法，由各省级人民政府渔业行政主管部门根据本地实际情况制定。

第五十二条　渔业船员培训、考试、发证，应当按国家有关规定缴纳相关费用。

第五十三条　本办法自2015年1月1日起施行。农业部1994年8月18日公布的《内河渔业船舶船员考试发证规则》、1998年3月2日公布的《中华人民共和国渔业船舶普通船员专业基础训练考核发证办法》、2006年3月27日公布的《中华人民共和国海洋渔业船员发证规定》同时废止。

附件：1. 渔业职务船员证书等级划分；

2. 渔业船员健康标准；

3. 渔业职务船员证书申请资历条件；

4. 海洋渔业船舶职务船员最低配员标准。

附件1

渔业职务船员证书等级划分

一、海洋渔业职务船员证书等级

（一）驾驶人员证书

1. 一级证书：适用于船舶长度45米以上的渔业船舶，包括一级船长证书、一级船副证书；

2. 二级证书：适用于船舶长度24米以上不足45米的渔业船舶，包括二级船长证书、二级船副证书；

3. 三级证书：适用于船舶长度12米以上不足24米的渔业船舶，包括三级船长证书；

4. 助理船副证书：适用于所有渔业船舶。

（二）轮机人员证书

1. 一级证书：适用于主机总功率750千瓦以上的渔业船舶，包括一级轮机长证书、一级管轮证书；

2. 二级证书：适用于主机总功率250千瓦以上不足750千瓦的渔业船舶，包括二级轮机长证书、二级管轮证书；

3. 三级证书：适用于主机总功率50千瓦以上不足250千瓦的渔业船舶，包括三级轮机长证书；

4. 助理管轮证书：适用于所有渔业船舶。

（三）机驾长证书

适用于船舶长度不足12米或者主机总功率不足50千瓦的渔业船舶上，驾驶与轮机岗位合一的船员。

（四）电机员证书

适用于发电机总功率800千瓦以上的渔业船舶。

（五）无线电操作员证书

适用于远洋渔业船舶。

二、内陆渔业职务船员证书等级

（一）驾驶人员证书

一级证书：适用于船舶长度24米以上设独立机舱的渔业船舶；

二级证书:适用于船舶长度不足24米设独立机舱的渔业船舶。

(二)轮机人员证书

一级证书:适用于主机总功率250千瓦以上设独立机舱的渔业船舶;

二级证书:适用于主机总功率不足250千瓦设独立机舱的渔业船舶。

(三)机驾长证书

适用于无独立机舱的渔业船舶上,驾驶与轮机岗位合一的船员。

内陆渔业船舶职务船员职级由各省级人民政府渔业行政主管部门参照海洋渔业职务船员职级,根据本地情况自行确定,报农业部备案。

附件2

渔业船员健康标准

一、视力(采用国际视力表及标准检查距离)

1. 驾驶人员:两眼裸视力均0.8以上,或裸视力0.6以上且矫正视力1.0以上;

2. 轮机人员:两眼裸视力均0.6以上,或裸视力0.4以上且矫正视力0.8以上。

二、辨色力

1. 驾驶人员:辨色力完全正常;

2. 其他渔业船员:无红绿色盲。

三、听力

双耳均能听清50厘米距离的秒表声音。

四、其他

1. 患有精神疾病、影响肢体活动的神经系统疾病、严重损害健康的传染病和可能影响船上正常工作的慢性病的,不得申请渔业船员证书;

2. 肢体运动功能正常;

3. 无线电人员应当口齿清楚。

附件3

渔业职务船员证书申请资历条件

一、渔业职务船员按照以下顺序依次晋升

(一)驾驶人员:助理船副→三级船长或二级船副→二级船长或一级船副→一级船长。

(二)轮机人员:助理管轮→三级轮机长或二级管轮→二级轮机长或一级管轮→一级轮机长。

二、申请海洋渔业职务船员证书考试资历条件

(一)初次申请:申请助理船副、助理管轮、机驾长、电机员、无线电操作员职务船员证书的,应当担任渔捞员、水手、机舱加油工或电工实际工作满24个月。

(二)申请证书等级职级提高:持有下一级相应职务船员证书,并实际担任该职务满24个月。

三、申请海洋渔业船员证书考核资历条件

(一)专业院校学生:在渔业船舶上见习期满12个月。

(二)曾在军用船舶、交通运输船舶任职的船员:在最近24个月内在相应船舶上工作满6个月。

四、申请内陆渔业职务船员证书资历条件

(一)初次申请:在相应渔业船舶担任普通船员实际工作满24个月。

(二)申请证书等级职级提高:持有下一级相应职务船员证书,并实际担任该职务满24个月。

附件4

海洋渔业船舶职务船员最低配员标准

船舶类型	职务船员最低配员标准		
长度≥45米远洋渔业船舶	一级船长	一级船副	助理船副2名
长度≥45米非远洋渔业船舶	一级船长	一级船副	助理船副
36米≤长度<45米	二级船长	二级船副	助理船副
24米≤长度<36米	二级船长	二级船副	
12米≤长度<24米	三级船长	助理船副	
主机总功率≥3 000千瓦	一级轮机长	一级管轮	助理管轮2名
750千瓦≤主机总功率<3 000千瓦	一级轮机长	一级管轮	助理管轮
450千瓦≤主机总功率<750千瓦	二级轮机长	二级管轮	助理管轮
250千瓦≤主机总功率<450千瓦	二级轮机长	二级管轮	

（续）

船舶类型	职务船员最低配员标准		
50 千瓦≤主机总功率<250 千瓦	三级轮机长		
船舶长度不足 12 米或者主机总功率不足 50 千瓦	机驾长		
发电机总功率 800 千瓦以上	电机员，可由持有电机员证书的轮机人员兼任		
远洋渔业船舶	无线电操作员，可由持有全球海上遇险和安全系统（GMDSS）无线电操作员证书的驾驶人员兼任		

注：省级人民政府渔业行政主管部门可参照以上标准，根据本地情况，对船长不足 24 米渔业船舶的驾驶人员和主机总功率不足 250 千瓦渔业船舶的轮机人员配备标准进行适当调整，报农业部备案。

农业部办公厅
关于开展远洋渔船船型
标准化工作的通知

农办渔〔2014〕2 号

沿海省、自治区、直辖市及计划单列市渔业主管厅（局）、渔船检验局，农业部渔业船舶检验局，中国渔业互保协会，中国水产科学研究院渔业机械仪器研究所，东海水产研究所，大连海洋大学、浙江海洋学院，中国农业发展集团有限公司：

为落实党的十八大提出的“建设海洋强国战略”精神和《国务院关于促进海洋渔业持续健康发展的若干意见》（国发〔2013〕11 号）有关要求，全面提升远洋渔业装备水平，实现远洋渔船的专业化、标准化、现代化，农业部决定开展远洋渔船船型标准化工作，并制定了《远洋渔船船型标准化工作方案》。现予印发，请认真遵照执行。

农业部办公厅

2014 年 1 月 8 日

远洋渔船船型标准化工作方案

远洋渔业是具有战略意义的重要产业，是“走出去”的重要组成部分。党的“十八大”明确提出建设海洋强国战略，《国务院关于促进海洋渔业持续健康发展的若干意见》（国发〔2013〕11 号）要求“全面提升远洋渔业装备水平，培育一批现代化远洋渔业船队”；《农业部关于促进远洋渔业持续健康发展的意见》（农渔发〔2012〕30 号）提出“积极推动远洋渔船及船用装备的更新、改造和升级，逐步实现远洋渔船的专业化、标准化、现代化”的目标，为远洋渔业的发展提供了有利机遇和空间。

经过 27 年的快速发展，我国已经跻身于世界主要远洋渔业国家之一，2012 年总产量和总产值分别为 122 万吨和 132 亿元，作业渔船 1 830 艘。我国远洋渔业虽然规模较大，但在装备水平、生产效率、科技支撑和综合开发能力等方面，与发达远洋渔业国家和地区相比仍存在较大差距，影响了我国远洋渔业的持续健康发展。推进我国远洋渔船船型标准化工作，有利于提升远洋渔船装备水平、增强远洋渔业综合实力和国际竞争力，有利于加强远洋渔业安全生产、提高生产效率和能源利用率，有利于调整海洋渔业产业结构、促进国民经济发展和保障国家食物安全。为落实党的十八大精神和“国发〔2013〕11 号”有关要求，促进远洋渔业持续健康发展，特制定本工作方案。

一、指导思想、工作目标和技术路线

（一）指导思想

深入贯彻落实科学发展观，围绕现代渔业中长期发展的战略任务，以合理开发利用远洋渔业资源为宗旨，以实现远洋渔船的专业化、标准化、现代化为目标，采取市场调节和政策扶持双重手段，坚持“安全、环保、高效、节能、适居”的发展方针，突出重点、分类推进，通过筛选、评定、优化和推广，稳步推进远洋渔船船型标准化工作，促进远洋渔业全面、协调、可持续发展。

（二）工作目标

在 2014 年先评定出金枪鱼、鱿鱼、秋刀鱼等 3 类渔船标准化船型，然后逐年递增；计划到 2020 年，远洋渔船标准船型将覆盖主要远洋作业区域，新建远洋渔船标准化率达到 80%。

（三）技术路线

技术路线主要分为：初选筛选、汇总调研和评审优化三个阶段。

初步筛选由各沿海省海洋渔业行政主管部门牵头，采用设计单位、远洋渔业企业自行申报（或联合申

报）和各省推荐相结合的方式，由各省渔业行政主管部门组织申报远洋渔船标准船型资料，并组织初选出各省远洋渔船推荐船型。

汇总调研由农业部渔业船舶检验局牵头，对推荐船型按照作业方式和作业区域分类梳理，归纳其技术经济特点并建立远洋渔船主流船型参数数据库。分析掌握我国远洋渔船基本情况和国外渔船标准化先进经验，深入基层渔业生产企业，对推荐船型展开广泛的实地调研，重点听取国内大型远洋渔业企业的意见，切实了解渔民、企业的需求。制定船型评价体系。

评审优化由农业部渔业局牵头，汇总调研情况，组织专家进行船型评选和优化设计，确定并发布渔船标准化船型。

二、工作内容和进度计划

（一）工作内容

1. 制定工作方案、船型评价体系；
2. 确定远洋渔船标准船型技术经济资料范围；
3. 各设计单位、远洋渔业企业申报船型资料；
4. 各沿海省海洋渔业行政主管部门初步筛选并推荐备选船型；
5. 汇编整理申报材料，建立远洋渔船主流船型参数数据库；
6. 对推荐的备选船型进行实地调研；
7. 专家评审推荐船型；
8. 船型优化设计，完善船型参数数据库；

9. 确定并发布远洋渔船标准船型。

（二）进度安排

2014 年 1 月印发远洋渔船船型标准化工作方案；

2 ~ 3 月各省（自治区、直辖市）提交推荐船型材料；

4 ~ 6 月汇总调研；

7 ~ 8 月专家评审；

9 ~ 10 月设计单位船型优化设计；

11 ~ 12 月确定并发布标准船型。

实施进度见表 1。

2015—2020 年分年度制订标准化船型并推广实施

表 1　2014 远洋渔船船型标准化评定工作进度实施表

实施阶段 \ 月份	第 1 月	第 2 月	第 3 月	第 4 月	第 5 月	第 6 月	第 7 月	第 8 月	第 9 月	第 10 月	第 11 月	第 12 月
申报资料、推荐船型	■	■	■									
汇总、调研船型资料				■	■	■						
专家评审							■	■				
船型优化设计									■	■		
发布标准船型											■	
船型推广应用												■

三、组织管理与工作程序

为保证远洋渔船船型标准化工作按时、优质、高效完成，农业部决定成立"远洋渔船船型标准化工作领导小组"：

组长单位：农业部渔业局

成员单位：农业部渔业船舶检验局

沿海各省（区、市）海洋渔业行政主管部门

沿海各省（区、市）渔业船舶检验局

中国渔业互保协会

中国水产科学研究院渔业机械仪器研究所

东海水产研究所

大连海洋大学

浙江海洋学院

远洋渔船船型标准化工作领导小组办公室设在农业部渔业局远洋处，组织、协调日常工作。

四、远洋渔船标准化船型申报资料

申报单位应填写《远洋渔船标准化船型申报书》并提供有关图纸资料，由省级推荐单位初审，填写意见、理由后报农业部渔业船舶检验局。需要提交的有关资料清单如下：

1. 远洋渔船标准化船型申报书（附后）；
2. 全船说明书（包括主要技术参数的描述，涵盖船、机、电、渔捞、冷藏、消防救生及防污染等内容）；
3. 总布置图；

4. 完工稳性报告书(或完整稳性计算书),并附船舶倾斜试验报告;

5. 船舶结构计算书、基本结构图、主要横剖面图;

6. 机舱布置图;

7. 船舶容积图;

8. 甲板管路布置图;

9. 救生、消防、防止污染布置图;

10. 渔捞设备布置图;

11. 渔船实船照片(侧面六寸彩色照片,船名号清晰可见);

12. 建造经济效益报告(包括捕捞、维修成本、人员配置、能耗等方面与同类型船舶的比较)。

联 系 人:刘立明
联系电话:010-59192923
地 址:北京朝阳区农展馆南里11号,农业部渔业局远洋处
邮 编:100125,传 真:010-59193056
电子邮箱:bofdwf@agri.gov.cn

联 系 人:吴昊洲
联系电话:010-59199273,18310298625
地 址:北京朝阳区东三环南路96号农丰大厦 农业部渔业船舶检验局法规处
邮 编:100122,传 真:010-59199276
电子邮箱:cjjfgc@agri.gov.cn

备注:请推荐单位将报送材料纸质版和电子版各提交一份,如填写内容较多,可另加附页。

远洋渔船标准化船型申报书

船型名称:________________________

联 系 人:________________________

联系电话:________________________

电子邮箱:________________________

报送日期:________________________

申报单位:________________________(盖章)__________

远洋渔船标准化船型技术参数

船舶名称		作业方式		作业海区		材质	
船 型 参 数							
总吨位 GT		总长 m		登记长 m		垂线间长 m	
型宽 m		型深 m		设计吃水 m		设计排水量 t	
方形系数 m		棱形系数		舯剖面系数		渔获物装载量 t	
浮心纵向位置		上建侧面积 m^2		半进水角 °		水线面系数	
主 要 性 能							
设计航速 kn		自持力 d		续航力 mile		航区类别	
船员定额		鱼舱容积 m^3		鱼舱温度℃		系柱拖力 t	
燃油舱容 m^3		淡水舱容 m^3		空船重量 t		固定压载 t	
载重量 t		船体钢料 t		舾装重量 t		机电重量 t	
初稳性高 m		横摇周期 s		稳性衡准数		备注:此行3个参数填写不同装载状态最小值	

（续）

动 力 装 置			
主机：型号×台数		齿轮箱：型号	
额定功率 kW		减速比	
额定转速 r/min		发电机：型号×台数	
燃油消耗率 g/kW		额定功率 kW	
副机：型号×台数		额定转速 r/min	
额定功率 kW		螺旋桨：材质及型式	
额定转速 r/min		叶数×直径×螺距	
		重量 kg	
		推进效率	
甲板机械和制冷设备			
锚型式		舵型式×面积	
锚重量×数量		舵机型号×台数	
锚机拉力×速度		舵机驱动方式	
绞纲机型号×台数		舵机传动能力	
绞纲机驱动方式		冷冻机型式型号	
绞纲机驱动功率		冷冻机功率	
绞纲机拉力×速度		制冷量	
主要通导助渔助航仪器			
雷达		测深仪	
雷达应答器		无线电应急示位标	
卫星导航仪		AIS 识别系统	
甚高频无线电话		单边带电台	
中/高频无线装置		航行警告仪	
奈伏泰斯接收机		救生筏双向甚高频无线电话	

远洋渔船标准化船型登记表

船型名称		设计时间		近 5 年同型船建造艘数	
设计单位		建造厂家			
渔船背景情况（详细介绍渔船设计、建造、使用等情况）					
设计情况（150 字以上）：					

（续）

建造情况（150字以上）：
使用情况（150字以上）：
其他：
初审意见及推荐理由（推荐单位填写） （围绕“安全、环保、经济、节能、适居”方面，突出技术水平、经济效益、节能减排等情况）
安全性（150字以上）：
环保性（150字以上）：
经济性（150字以上）：
节能性（150字以上）：
适居性（150字以上）：
备注：

推荐单位盖章：	年　　月　　日

注：此表可另附页。

农业部办公厅关于做好远洋渔船和船员保险工作的通知

农办渔[2014]8号

远洋渔业保险是提高我渔民社会保障水平,维护广大渔民群众生命财产安全的有效措施,为我国远洋渔业持续快速发展发挥了积极的保障作用。近年来,随着远洋渔业从业企业的增多、船队规模的扩大、渔业船员的增加,以及远洋渔业本身的高风险特性,远洋渔业安全生产事件呈现上升趋势,先后发生数起远洋渔船碰撞、沉没事件以及渔业船员伤亡事件。同时,由于部分企业没有为远洋渔船和船员办理保险,只能独自承担事故造成的重大经济损失,影响了企业的生产经营和船员的合法权益,并对远洋渔业长远发展产生了不利影响。

为建立健全我国远洋渔业保险制度,保障企业和船员的合法权益,提高安全生产管理水平,促进远洋渔业持续健康发展,根据《远洋渔业管理规定》、《农业部关于促进远洋渔业持续健康发展的意见》(农渔发[2012]30号)、《农业部关于加强远洋渔业安全生产工作的通知》(农渔发[2011]28号)和《农业部关于进一步做好渔业互助保险工作的通知》(农渔发[2007]41号)有关要求,农业部决定进一步加强远洋渔船和船员保险工作。现就有关事项通知如下。

一、远洋渔业企业应当高度重视远洋渔业保险对提高风险保障能力、维护企业和船员合法权益的重要作用,在派遣远洋渔船出境作业前,及时为所有随船船员和远洋渔船办理有关保险。此外,根据《国际燃油污染损害民事责任公约》要求,1000总吨以上的远洋渔船还应当办理燃油污染损害民事责任保险。

二、鼓励远洋渔业企业加入渔业互助保险。中国渔业互保协会及各省(区、市)渔业互助保险机构要充分发挥政策性保险的优势和作用,加强渔业保险知识的宣传和推广,积极主动地做好远洋渔船和船员的承保、理赔和服务工作。

三、各级渔业行政主管部门要对远洋渔业保险工作给予大力支持和指导,督促所辖远洋渔业企业及时办理远洋渔业保险,积极争取将远洋渔业保险纳入地方财政补贴范围,不断提升远洋渔业保险工作的水平。

四、中国远洋渔业协会要协助远洋渔业企业做好远洋渔船和船员的入保、索赔等相关工作。

农业部办公厅

2014年1月23日

农业部办公厅关于公布全国休闲渔业示范基地(第三批)名单的通知

农办渔[2014]70号

按照《农业部办公厅关于开展全国休闲渔业示范创建活动的通知》(农办渔〔2014〕42号)有关工作安排,农业部采取基层申报、省级初审、专家抽检和评审的方式组织开展了第三批全国休闲渔业示范创建评审工作。经过综合评审、公示,决定授予天津燕王湖湿地生态旅游管理有限公司等133家单位“全国休闲渔业示范基地”称号,有效期自发文之日起至2018年12月31日止。

现将农业部全国休闲渔业示范基地(第三批)名单予以公布。请各级渔业行政主管部门加强对本辖区内全国休闲渔业示范基地的监管和指导,强化政策引导和支持,充分发挥创建活动的示范带动作用,提高休闲渔业发展水平,促进渔业产业转型升级,加快现代渔业建设步伐。

附件:农业部全国休闲渔业示范基地(第三批)名单。

农业部办公厅

2014年12月11日

附件

农业部全国休闲渔业示范基地(第三批)名单

河北省

秦皇岛旺森水产养殖有限公司

山西省

山西漳泽水产有限责任公司

内蒙古自治区

巴彦淖尔是哪临湖农林水产科技有限公司

内蒙古自治区杭锦后旗金沙湾渔业有限公司

辽宁省

东港市长山镇海边渔家

盘锦绕阳河旅游有限公司

东港市北井子镇獐岛村

东港市红旗淡水鱼孵化养殖场

吉林省

公主岭市天成水产养殖农民合作社垂钓馆

吉林省金洲现代农业产业发展有限公司

白城市月亮泡渔场

地方国营镇赉县渔场

黑龙江省

望奎县西洼荒渔业开发有限公司

江苏省

南京东边沟农业发展有限公司

苏州市吴中区临湖太湖生态渔村

常州市天水特种养殖渔业有限公司

武进经发区半陶山庄生态休闲度假村

常州市小成塘农业生态观光有限公司

常州金坛市长荡湖水庄

镇江丹阳市润农渔业科技服务有限公司

扬州凤凰岛生态旅游实业有限公司

仪征水世界农业生态园

江苏省海门市沿江渔村

泰州市秋雪湖渔业有限公司

江苏省洪泽湖国蟹园有限公司

泗洪县洪泽湖湿地垂钓中心

浙江省

湖州吴兴常绿现代农业发展有限公司

建德市小诸葛实业发展有限公司

玉环县清港芳斗水产养殖场

安徽省

肥西县渔丰水产养殖有限公司

安徽桐城嘻子湖生态旅游区休闲渔业基地

安徽霍邱县和盛生态农牧科技有限公司

安徽绿源渔业科技有限公司

铜陵四季养殖公司

巢湖市鑫鑫水产养殖有限公司

广德立人生态农业开发有限公司宣木瓜农庄

芜湖市芜湖怡龙生态园有限公司

安徽宁国山里仁港口湾渔业有限公司

安徽省天井湖水产养殖公司

安徽太湖县花凉亭农林生态科技有限责任公司

来安县威光绿园生态农业专业合作社渔业基地

福建省

晋江市围头金沙湾水乡渔村

顺沧县华阳畲族山庄水乡渔村

江西省

江西万年县凤珠实业有限公司

桂水休闲山庄

江西省斐然生态农业科技开发有限公司

瑞昌市铜岭生态农庄发展有限公司

山东省

菏泽市东明黄河森林公园水岸渔家休闲渔业示范基地

山东富瀚海洋休闲渔业示范基地

东营市陶园农业生态观光园休闲渔业示范基地

潍坊市寿光市洰淀湖休闲渔业示范基地

莒南县天湖休闲渔业示范基地

荣成鸿泰海洋生态休闲渔业示范基地

威海市刘公岛休闲渔业示范基地

威海三泉休闲渔业示范基地

好当家休闲渔业示范基地

荣成凤凰湖休闲渔业示范基地

威海德明休闲渔业示范基地

聊城东昌湖休闲渔业示范基地

聊城南湖湿地公园休闲渔业示范基地

济宁万紫千红休闲渔业示范基地

微山县高楼乡渭河村休闲渔业示范基地

河南省

宜阳县祥龙养殖农民专业合作社

范县黄河明珠种养殖农民专业合作社

湖北省

湖北青龙湖农业发展有限公司

安陆凤凰湖旅游度假有限公司

湖北清江龙井湾生态渔业发展有限公司

洪湖市晨光实业有限公司

钟祥市先柱水产食品有限公司

湖北洪湖生态农业有限公司

湖北蕲春三江生态旅游度假村

湖北盛丰渔业有限公司

随州市桃源湖度假村有限公司

谷城县汉江渔村

湖南省

衡阳东方旅游实业有限公司东方庄园

湘潭源博园生态农业有限公司

湖南凯佳生态农业科技有限公司

资兴市良美鲟龙科技开发有限公司

湖南省澧县大美绿色生态家园有限责任公司

湖南金太阳现代休闲农庄有限公司

临湘市黄盖浒生态度假有限公司

湖南省郴州市四清湖生态农业有限公司

湘潭盘龙现代农业示范园(湘潭盘龙大观园)

广东省

饶平县柘林湾休闲渔业示范基地

韶关市明宏生态园
平远县红豆娘山庄
梅州鸿源生态农业有限公司
梅州市桂丰源生态农业发展有限公司

广西壮族自治区

钦州港区七十二泾休闲渔业示范基地
防城港市港口区企沙镇簕山古渔村心喜旅游农业专业合作社
广西防城港富城水产养殖有限公司
广西玉林市龙泉水产养殖有限公司
阳朔龙泉度假山庄
来宾市金牛岭农牧投资有限公司

海南省

保亭缘真神玉文化园有限公司

重庆市

重庆水原荷花山庄度假村有限公司
重庆紫来农业开发有限公司
重庆春施兰生态农业发展有限公司
重庆新港农业发展有限公司

四川省

新津兴天地农业开发有限公司
绵阳时新水产生物技术发展有限公司
四川果来文化旅游有限公司
江油市贯福生态种养殖专业合作社
四川益满达渔业有限公司

贵州省

宏大种养殖业有限公司
兴义市天野农牧发展有限公司
遵义县尚嵇镇泸江水寨
丹寨县胜通生态农业科技园
绥阳县富强生态渔业有限公司

云南省

景东彝族自治县锦屏镇范村水产养殖协会

陕西省

西安市秦水渔业养殖有限公司
西安裕丰现代渔业良种有限公司
靖边县鑫达水产品开发养殖专业合作社
靖边县义夫水产养殖有限公司

甘肃省

临夏市九眼泉虹鳟鱼养殖场
甘肃省陇西浩发生态山庄

青海省

循化县海鸿渔业开发有限公司
化隆县锦绣生态开发有限公司
化隆县盛世天意水产养殖专业合作社
德令哈静心垂钓观光休闲中心

宁夏回族自治区

吴忠市利通区扁担沟镇吉水湾度假村
吴忠市利通区扁担沟林枫生态园
宁夏农垦沙湖生态渔业有限公司

新疆维吾尔自治区

沙湾县千泉湖水库生态开发有限责任公司水查养殖场

大连市

大连财神岛集团有限公司
大连蚂蚁岛海产有限公司

青岛市

青岛海泉崂山特色水产品有限公司
青岛龙盘海洋生态养殖有限公司

宁波市

余姚市牟山湖垂钓中心
余姚市浙东垂钓中心

新疆生产建设兵团

新疆兵团二师天格尔旅游开发有限公司

渔业经济统计

一、经济核算

全国渔业经济总产值、增加值
（按当年价格计算）

单位：万元

指　　标	2014 年		2013 年		2014 年比 2013 年增减（±）	
	产值	增加值	产值	增加值	产值	增加值
渔业经济总产值	**208 589 524.72**	**97 184 509.81**	**193 518 860.68**	**89 843 540.12**	**15 070 664.04**	**7 340 969.69**
1. 渔业	108 613 940.62	61 166 861.67	101 048 771.63	57 036 317.37	7 565 168.99	4 130 544.30
其中：海水养殖	28 154 659.12	16 084 478.44	26 044 749.84	14 815 371.33	2 109 909.28	1 269 107.11
淡水养殖	50 725 772.17	28 016 648.36	46 655 686.47	26 444 233.70	4 070 085.70	1 572 414.66
海洋捕捞	19 479 670.13	11 423 086.36	18 553 808.05	10 568 137.67	925 862.08	854 948.69
淡水捕捞	4 285 142.08	2 544 891.72	4 287 137.03	2 369 806.94	−1 994.95	175 084.78
水产苗种	5 968 697.12	3 097 756.79	5 507 390.24	2 838 767.73	461 306.88	258 989.06
2. 渔业工业和建筑业	48 752 988.27	17 793 858.92	45 210 465.23	16 371 245.37	3 542 523.04	1 422 613.55
其中：水产品加工	37 127 021.08	13 481 822.14	34 356 043.63	12 512 314.27	2 770 977.45	969 507.87
渔用机具制造	3 151 857.65	1 095 446.84	2 967 646.53	1 106 153.35	184 211.12	−10 706.51
其中：渔船渔机修造	2 041 651.15	698 430.93	1 903 573.56	665 203.91	138 077.59	33 227.02
渔用绳网制造	968 002.03	345 321.95	942 552.44	343 417.98	25 449.59	1 903.97
渔用饲料	5 255 671.43	1 968 611.85	5 087 010.08	1 640 720.23	168 661.35	327 891.62
渔用药物	148 588.47	57 680.61	137 014.27	52 048.43	11 574.20	5 632.18
建筑业	2 060 660.47	781 779.33	1 731 216.36	692 380.71	329 444.11	89 398.62
其他	1 009 189.17	408 518.15	931 534.36	367 628.38	77 654.81	40 889.77
3. 渔业流通和服务业	51 222 595.83	18 223 789.22	47 259 623.82	16 435 977.38	3 962 972.01	1 787 811.84
其中：水产流通	42 386 436.70	14 294 564.06	39 481 673.53	13 045 448.94	2 904 763.17	1 249 115.12
水产（仓储）运输	2 678 803.92	1 095 026.89	2 424 520.53	953 423.32	254 283.39	141 603.57
休闲渔业	4 318 534.13	2 012 283.30	3 658 502.99	1 697 775.59	660 031.14	314 507.71
其他	1 838 821.08	821 914.97	1 694 926.77	739 329.53	143 894.31	82 585.44

各地区渔业经济总产值、渔业产值
（按当年价格计算）

单位:万元

地　区	2014 年		2014 年比 2013 年增减(±)		渔业产值占农业产值比重(%)
	渔业经济总产值	其中:渔业产值	渔业经济总产值	其中:渔业产值	
全国总计	**208 589 524.72**	**108 613 940.62**	**15 070 664.04**	**7 565 168.99**	**10.10**
北　京	246 377.76	126 928.09	14 307.01	-881.50	3.10
天　津	962 002.00	818 746.00	62 999.00	66 511.00	18.00
河　北	2 348 477.07	2 016 273.70	96 120.50	106 572.84	3.20
山　西	81 043.28	59 756.27	7 678.21	6 910.48	0.60
内蒙古	263 828.32	202 163.13	15 796.41	12 382.14	1.00
辽　宁	15 744 966.00	8 318 642.00	915 661.00	361 583.00	15.60
吉　林	341 977.89	264 128.17	4 787.89	7 382.17	1.50
黑龙江	858 810.80	734 837.80	48 657.80	44 576.80	2.10
上　海	849 755.10	688 648.40	20 521.20	33 606.50	19.40
江　苏	25 801 533.01	14 809 082.02	1 454 770.41	816 072.02	22.10
浙　江	19 283 641.00	7 575 295.00	1 431 685.00	254 604.00	27.40
安　徽	6 903 764.49	4 252 533.36	605 269.02	371 607.60	10.90
福　建	23 298 332.14	10 663 467.35	1 323 212.91	415 579.93	29.10
江　西	8 721 039.52	4 329 978.73	658 979.21	319 050.52	14.70
山　东	35 901 149.52	15 522 551.24	1 833 311.62	694 734.34	16.10
河　南	2 150 370.00	1 185 307.00	142 124.00	115 775.00	1.40
湖　北	19 488 957.00	9 436 406.00	2 003 983.00	1 051 525.00	15.50
湖　南	4 149 998.48	3 388 511.80	386 962.49	289 572.69	6.40
广　东	23 501 675.41	11 106 272.84	2 253 173.29	1 057 328.68	20.60
广　西	5 476 257.11	4 378 460.31	412 444.82	539 774.49	10.50
海　南	4 439 292.00	3 286 610.00	455 469.00	367 076.00	24.80
重　庆	1 081 570.53	744 074.59	225 889.35	155 155.79	4.10
四　川	3 238 295.16	2 102 362.85	233 056.98	158 903.41	3.30
贵　州	473 915.10	460 918.30	91 362.13	89 884.38	2.20
云　南	1 335 296.27	823 209.98	236 036.90	139 141.40	2.40
西　藏	1 360.06	943.94	-143.45	-91.47	0.10
陕　西	620 399.82	459 028.69	24 976.67	-5 750.06	0.70
甘　肃	20 143.07	18 233.60	780.53	705.06	0.10
青　海	22 000.00	22 000.00	9 400.00	9 400.00	0.70
宁　夏	311 308.53	175 400.84	36 914.81	21 928.76	3.40
新　疆	244 300.28	215 480.62	20 769.33	20 841.02	0.70
中农发集团	427 688.00	427 688.00	43 707.00	43 707.00	

各地区渔业经济总产值(一)
(按当年价格计算)

单位:万元

地　区	总计	一、渔业产值			
		合计	海水养殖	淡水养殖	海洋捕捞
全国总计	**208 589 524.72**	**108 613 940.62**	**28 154 659.12**	**50 725 772.17**	**19 479 670.13**
北　京	246 377.76	126 928.09		86 030.97	11 000.00
天　津	962 002.00	818 746.00	92 800.00	481 748.00	202 944.00
河　北	2 348 477.07	2 016 273.70	803 646.20	578 155.20	391 361.80
山　西	81 043.28	59 756.27		56 604.40	
内蒙古	263 828.32	202 163.13		156 426.06	
辽　宁	15 744 966.00	8 318 642.00	4 211 705.00	1 632 383.00	1 620 458.00
吉　林	341 977.89	264 128.17		211 953.95	
黑龙江	858 810.80	734 837.80		611 003.80	
上　海	849 755.10	688 648.40		478 391.00	186 322.00
江　苏	25 801 533.01	14 809 082.02	2 071 256.96	9 328 933.77	1 764 405.04
浙　江	19 283 641.00	7 575 295.00	1 508 520.00	1 939 377.00	3 805 583.00
安　徽	6 903 764.49	4 252 533.36		3 373 162.29	
福　建	23 298 332.14	10 663 467.35	5 212 674.34	1 775 143.83	3 078 732.68
江　西	8 721 039.52	4 329 978.73		3 680 284.00	
山　东	35 901 149.52	15 522 551.24	8 199 720.95	2 501 475.93	3 924 969.74
河　南	2 150 370.00	1 185 307.00		990 069.00	
湖　北	19 488 957.00	9 436 406.00		7 961 369.00	
湖　南	4 149 998.48	3 388 511.80		3 034 442.40	
广　东	23 501 675.41	11 106 272.84	3 865 916.67	5 436 063.13	1 335 080.87
广　西	5 476 257.11	4 378 460.31	1 308 679.00	1 661 469.00	1 010 821.00
海　南	4 439 292.00	3 286 610.00	879 740.00	481 448.00	1 720 304.00
重　庆	1 081 570.53	744 074.59		594 491.00	
四　川	3 238 295.16	2 102 362.85		1 768 775.40	
贵　州	473 915.10	460 918.30		418 738.52	
云　南	1 335 296.27	823 209.98		703 283.92	
西　藏	1 360.06	943.94		525.74	
陕　西	620 399.82	459 028.69		422 337.85	
甘　肃	20 143.07	18 233.60		17 635.00	
青　海	22 000.00	22 000.00		22 000.00	
宁　夏	311 308.53	175 400.84		148 939.99	
新　疆	244 300.28	215 480.62		173 111.02	
中农发集团	427 688.00	427 688.00			427 688.00

各地区渔业经济总产值(二)
(按当年价格计算)

单位:万元

地区	一、渔业产值(续)		二、渔业工业和建筑业		
	淡水捕捞	水产苗种	合计	水产品加工	渔用机具制造 小计
全国总计	4 285 142.08	5 968 697.12	48 752 988.27	37 127 021.08	3 151 857.65
北京	8 045.12	21 852.00	26 168.04	4 839.98	
天津	16 989.00	24 265.00	10 030.00	860.00	
河北	136 501.80	106 608.70	236 400.97	193 503.10	12 411.00
山西	1 755.53	1 396.34	2 173.01		
内蒙古	34 354.08	11 382.99	17 971.00	17 971.00	
辽宁	90 576.00	763 520.00	3 970 582.00	3 308 934.00	133 308.00
吉林	38 698.19	13 476.03	43 082.50	41 882.50	240.00
黑龙江	79 346.00	44 488.00	25 402.00	6 100.00	
上海	7 134.00	16 801.40	148 453.70	142 940.20	5 512.00
江苏	1 102 756.23	541 730.02	3 517 821.35	2 163 669.71	235 360.61
浙江	140 961.00	180 854.00	6 842 034.00	5 699 737.00	258 694.00
安徽	624 971.89	254 399.18	1 069 460.19	469 982.91	458 680.94
福建	185 394.80	411 521.70	8 273 666.00	6 883 049.00	661 336.00
江西	326 237.00	323 457.73	2 637 974.58	1 982 354.87	30 841.00
山东	191 333.38	705 051.24	12 008 744.97	9 211 324.34	1 244 918.56
河南	60 960.00	134 278.00	246 914.00	59 230.00	2 028.00
湖北	489 351.00	985 686.00	3 584 500.00	3 057 068.00	14 270.00
湖南	59 593.00	294 476.40	268 292.13	164 318.47	7 388.49
广东	165 997.88	303 214.29	3 628 623.97	2 189 121.60	58 371.79
广西	150 229.00	247 262.31	583 444.04	507 515.43	1 810.41
海南	25 017.00	180 101.00	979 044.00	892 497.00	24 120.00
重庆	54 854.00	94 729.59	65 539.09	3 015.35	2 152.50
四川	154 224.60	179 362.85	277 470.42	11 221.92	5.00
贵州	23 108.20	19 071.58	6 215.97	162.66	129.35
云南	68 739.96	51 186.10	207 635.98	109 208.94	100.00
西藏	418.20				
陕西	18 575.30	18 115.54	26 078.50	15.00	180.00
甘肃		598.60	24.00		
青海					
宁夏	395.60	26 065.25	37 582.76	2 100.00	
新疆	28 624.32	13 745.28	11 659.10	4 398.10	
中农发集团					

各地区渔业经济总产值(三)
(按当年价格计算)

单位:万元

地区	二、渔业工业和建筑业(续)					
	渔用机具制造(续)		渔用饲料	渔用药物	建筑	其他
	渔船渔机修造	渔用绳网制造				
全国总计	**2 041 651.15**	**968 002.03**	**5 255 671.43**	**148 588.47**	**2 060 660.47**	**1 009 189.17**
北京			18 686.01	242.05	2 400.00	
天津			9 170.00			
河北	10 910.00	1 356.00	27 295.00	501.00	2 150.00	540.87
山西			591.73	1 581.28		
内蒙古						
辽宁	103 110.00	21 534.00	181 054.00	8 568.00	254 828.00	83 890.00
吉林	50.00	40.00	690.00	25.00	245.00	
黑龙江			17 412.00	430.00	1 450.00	10.00
上海	5 512.00			1.50		
江苏	130 136.05	94 151.77	868 088.89	50 673.79	103 587.74	96 440.61
浙江	165 111.00	90 452.00	449 401.00	3 047.00	324 948.00	106 207.00
安徽	6 257.42	452 423.52	71 875.22	1 774.65	18 747.02	48 399.45
福建	606 049.00	53 285.00	483 127.00	1 577.00	45 359.00	199 218.00
江西	13 963.10	16 877.90	419 002.48	18 055.30	154 538.82	33 182.11
山东	941 261.31	194 741.07	233 399.97	7 503.48	904 144.00	407 454.62
河南	48.00	1 980.00	180 605.00	3 964.00	1 087.00	
湖北	2 672.00	11 598.00	328 056.00	18 429.00	163 988.00	2 689.00
湖南	5 051.51	2 336.98	81 324.16	7 410.70	3 652.37	4 197.94
广东	34 143.45	17 400.84	1 301 261.90	5 997.49	53 338.62	20 532.57
广西	1 346.81	463.60	70 605.04	1 710.16	1 598.00	205.00
海南	15 072.00	7 872.00	56 096.00	2 048.00	1 995.00	2 288.00
重庆	942.50	1 140.00	53 971.34	129.00	5 822.90	448.00
四川	5.00		254 333.13	11 906.37		4.00
贵州		129.35	5 923.96			
云南		100.00	92 711.54	1 105.50	4 510.00	
西藏						
陕西	10.00	120.00	9 614.30	540.20	12 247.00	3 482.00
甘肃					24.00	
青海						
宁夏			35 482.76			
新疆			5 893.00	1 368.00		
中农发集团						

各地区渔业经济总产值(四)
(按当年价格计算)

单位:万元

地 区	三、渔业流通和服务业				
	合计	水产流通	水产(仓储)运输	休闲渔业	其他
全国总计	**51 222 595.83**	**42 386 436.70**	**2 678 803.92**	**4 318 534.13**	**1 838 821.08**
北 京	93 281.63	42 772.08	2 708.20	46 530.35	1 271.00
天 津	133 226.00	85 873.00	4 817.00	35 368.00	7 168.00
河 北	95 802.40	49 863.39	15 653.00	21 861.01	8 425.00
山 西	19 114.00	13 857.17	712.00	4 534.83	10.00
内蒙古	43 694.19	20 548.89	4 342.80	18 802.50	
辽 宁	3 455 742.00	2 598 203.00	330 893.00	416 912.00	109 734.00
吉 林	34 767.22	21 178.12	342.00	12 020.10	1 227.00
黑龙江	98 571.00	54 982.00	7 919.00	34 784.00	886.00
上 海	12 653.00	2 317.00		10 336.00	
江 苏	7 474 629.64	6 272 163.91	253 238.05	652 966.09	296 261.59
浙 江	4 866 312.00	4 250 577.00	201 445.00	181 414.00	232 876.00
安 徽	1 581 770.94	1 234 104.79	87 230.80	245 682.17	14 753.18
福 建	4 361 198.79	3 870 548.83	194 745.81	59 803.55	236 100.60
江 西	1 753 086.21	1 508 197.99	64 361.32	147 599.26	32 927.64
山 东	8 369 853.31	5 811 510.33	943 566.29	889 655.88	725 120.81
河 南	718 149.00	641 783.00	3 084.00	72 389.00	893.00
湖 北	6 468 051.00	5 482 836.00	236 734.00	729 545.00	18 936.00
湖 南	493 194.55	357 748.23	17 722.16	105 986.00	11 738.16
广 东	8 766 778.60	8 389 908.72	76 274.18	231 836.86	68 758.84
广 西	514 352.76	425 237.77	53 967.57	14 986.45	20 160.97
海 南	173 638.00	119 933.00	12 394.00	22 770.00	18 541.00
重 庆	271 956.85	187 976.61	19 811.82	53 990.68	10 177.74
四 川	858 461.89	527 547.73	111 948.87	207 219.86	11 745.43
贵 州	6 780.83	4 689.11	463.75	1 459.88	168.09
云 南	304 450.31	242 738.82	16 488.00	39 028.06	6 195.43
西 藏	416.12	319.30		96.82	
陕 西	135 292.63	78 014.15	6 740.56	46 442.92	4 095.00
甘 肃	1 885.47	399.17	30.30	1 456.00	
青 海					
宁 夏	98 324.93	82 895.49	10 243.04	4 535.80	650.60
新 疆	17 160.56	7 712.10	927.40	8 521.06	
中农发集团					

各地区渔业经济增加值(一)
(按当年价格计算)

单位:万元

地 区	总计	一、渔业增加值			
		合计	海水养殖	淡水养殖	海洋捕捞
全国总计	**97 184 509.81**	**61 166 861.67**	**16 084 478.44**	**28 016 648.36**	**11 423 086.36**
北 京	64 597.90	35 631.25		21 986.34	1 500.00
天 津	418 905.00	390 391.00	45 810.00	235 729.00	86 071.00
河 北	1 286 334.50	1 173 938.56	475 015.50	341 733.31	231 324.33
山 西	13 860.06	9 820.77		9 270.68	
内蒙古	142 952.02	115 978.04		86 752.98	
辽 宁	7 957 458.00	5 233 152.00	2 700 265.30	967 938.20	1 043 823.00
吉 林	93 513.59	79 236.95		62 381.96	
黑龙江	407 300.01	351 832.41		293 281.83	
上 海	195 443.67	158 389.13		110 029.93	42 854.06
江 苏	12 384 611.01	8 007 601.04	1 070 329.67	5 395 104.23	870 904.27
浙 江	6 651 242.00	4 397 018.00	884 015.00	1 136 475.00	2 229 485.00
安 徽	3 167 219.68	2 429 398.67		1 920 453.00	
福 建	12 375 055.26	5 894 984.47	2 905 280.49	989 375.20	1 715 929.56
江 西	4 820 285.49	2 895 853.85		2 269 017.34	
山 东	17 235 581.80	9 464 821.66	5 029 180.63	1 534 244.20	2 407 323.60
河 南	1 032 857.00	778 215.00		666 083.00	
湖 北	9 160 903.00	5 529 902.00		4 696 927.00	
湖 南	2 629 752.38	2 205 582.35		1 975 118.59	
广 东	7 506 399.90	3 822 000.55	1 401 792.28	1 754 699.09	470 856.68
广 西	3 409 071.88	2 940 011.73	953 058.57	1 083 111.64	667 141.86
海 南	2 738 249.00	2 410 476.00	619 731.00	350 614.00	1 325 831.00
重 庆	667 007.53	543 029.12		462 222.00	
四 川	1 609 602.30	1 232 362.66		1 025 938.61	
贵 州	294 268.24	286 197.24		260 026.62	
云 南	304 182.17	201 978.67		152 864.90	
西 藏	618.00	392.10		156.67	
陕 西	105 110.28	96 607.28		88 796.05	
甘 肃	3 850.35	3 558.87		3 504.00	
青 海	17 000.00	17 000.00		17 000.00	
宁 夏	90 836.11	70 527.23		57 341.90	
新 疆	70 399.68	60 931.07		48 471.09	
中农发集团	330 042.00	330 042.00			330 042.00

各地区渔业经济增加值(二)
(按当年价格计算)

单位:万元

地区	一、渔业增加值(续)		二、渔业工业和建筑业		
	淡水捕捞	水产苗种	合计	水产品加工	渔用机具制造
					小计
全国总计	2 544 891.72	3 097 756.79	17 793 858.92	13 481 822.14	1 095 446.84
北京	3 597.67	8 547.24	5 570.87	1 362.70	
天津	9 193.00	13 588.00	2 588.00	340.00	
河北	80 682.86	45 182.56	76 198.20	64 522.00	5 268.00
山西	315.98	234.11	335.63		
内蒙古	22 833.41	6 391.65	7 770.40	7 770.40	
辽宁	60 574.50	460 551.00	1 251 473.00	1 064 663.00	39 734.00
吉林	12 586.84	4 268.15	4 926.37	4 753.37	70.00
黑龙江	38 086.08	20 464.50	8 161.60	2 806.00	
上海	1 640.82	3 864.32	34 144.35	32 876.25	1 267.76
江苏	440 455.83	230 807.04	1 394 789.28	859 443.27	89 347.24
浙江	82 455.00	64 588.00	1 406 491.00	1 157 567.00	69 739.00
安徽	380 492.86	128 452.81	370 511.82	164 959.16	166 820.11
福建	103 329.67	181 069.55	4 389 732.05	3 716 846.46	284 374.48
江西	411 957.42	214 879.09	941 874.21	712 204.27	10 299.48
山东	117 351.57	376 721.66	3 973 084.75	2 946 677.48	379 663.07
河南	43 130.00	69 002.00	64 136.00	26 419.00	691.00
湖北	316 285.00	516 690.00	1 496 444.00	1 263 985.00	9 475.00
湖南	40 523.24	189 940.52	134 006.56	94 510.05	4 056.70
广东	57 091.07	137 561.43	1 608 012.91	917 580.63	23 740.36
广西	97 648.85	139 050.81	195 058.38	173 663.83	925.14
海南	18 098.00	96 202.00	265 625.00	238 523.00	9 102.00
重庆	42 402.00	38 405.12	16 898.97	691.40	590.17
四川	104 821.45	101 602.60	85 893.88	3 258.45	2.00
贵州	14 327.08	11 843.54	3 860.12	101.01	80.33
云南	32 274.86	16 838.91	35 563.82	24 359.44	50.00
西藏	235.43				
陕西	3 737.23	4 074.00	2 940.00	1.00	151.00
甘肃		54.87	3.20		
青海					
宁夏	152.70	13 032.63	14 197.83	536.97	
新疆	8 611.30	3 848.68	3 566.72	1 401.00	
中农发集团					

各地区渔业经济增加值(三)
(按当年价格计算)

单位:万元

地区	二、渔业工业和建筑业(续)					
	渔用机具制造(续)		渔用饲料	渔用药物	建筑	其他
	渔船渔机修造	渔用绳网制造				
全国总计	698 430.93	345 321.95	1 968 611.85	57 680.61	781 779.33	408 518.15
北京			3 549.02	97.15	562.00	
天津			2 248.00			
河北	4 416.00	802.00	5 514.00	200.19	550.00	144.01
山西			49.17	286.46		
内蒙古						
辽宁	30 967.00	6 644.00	50 181.00	3 203.00	63 092.00	30 600.00
吉林	20.00	15.00	86.00	7.00	10.00	
黑龙江			5 223.60	129.00		3.00
上海	1 267.76			0.34		
江苏	47 838.40	32 943.69	319 299.84	22 677.97	42 086.51	61 934.45
浙江	44 470.00	24 756.00	88 512.00	509.00	65 197.00	24 967.00
安徽	2 904.36	163 915.75	19 522.14	585.33	5 037.35	13 587.73
福建	260 601.07	22 912.55	256 057.31	835.81	24 040.27	107 577.72
江西	4 383.86	5 915.62	147 022.40	6 571.71	54 196.55	11 579.80
山东	277 376.77	67 820.42	81 133.59	2 397.50	415 344.53	147 868.58
河南	20.00	671.00	35 859.00	815.00	352.00	
湖北	1 836.00	7 369.00	132 039.00	8 658.00	81 368.00	919.00
湖南	2 458.59	1 542.02	27 816.27	4 271.77	2 011.57	1 340.20
广东	13 373.82	6 583.56	635 219.26	2 402.52	22 236.58	6 833.56
广西	609.13	316.01	19 039.64	591.47	675.00	163.30
海南	5 511.00	2 720.00	16 629.00	441.00	577.00	353.00
重庆	324.17	244.00	13 370.96	49.12	2 057.12	140.20
四川	2.00		80 344.23	2 287.60		1.60
贵州		80.33	3 678.78			
云南		50.00	10 240.78	211.95	701.65	
西藏						
陕西	51.00	21.00	547.00	55.00	1 681.00	505.00
甘肃					3.20	
青海						
宁夏			13 660.86			
新疆			1 769.00	396.72		
中农发集团						

各地区渔业经济增加值(四)
(按当年价格计算)

单位:万元

地 区	三、渔业流通和服务业				
	合计	水产流通	水产(仓储)运输	休闲渔业	其他
全国总计	18 223 789.22	14 294 564.06	1 095 026.89	2 012 283.30	821 914.97
北 京	23 395.78	1 105.00	224.85	21 924.52	141.41
天 津	25 926.00	6 996.00	798.00	14 646.00	3 486.00
河 北	36 197.74	16 816.60	4 583.00	8 027.56	6 770.58
山 西	3 703.66	2 111.88	124.40	1 464.38	3.00
内蒙古	19 203.58	6 328.77	2 379.40	10 495.41	
辽 宁	1 472 833.00	1 096 502.05	143 163.75	190 932.70	42 234.50
吉 林	9 350.27	4 985.35	64.56	4 000.16	300.20
黑龙江	47 306.00	26 391.00	3 800.00	16 690.00	425.00
上 海	2 910.19	532.91		2 377.28	
江 苏	2 982 220.69	2 454 462.43	84 744.81	330 673.28	112 340.17
浙 江	847 733.00	647 786.00	56 385.00	58 991.00	84 571.00
安 徽	367 309.19	225 104.76	31 029.26	106 973.16	4 202.01
福 建	2 090 338.74	1 857 863.44	85 688.16	31 097.85	115 689.29
江 西	982 557.43	903 472.55	20 537.89	47 000.47	11 546.52
山 东	3 797 675.39	2 518 282.77	419 435.53	486 874.52	373 082.57
河 南	190 506.00	157 498.00	859.00	31 838.00	311.00
湖 北	2 134 557.00	1 668 638.00	110 368.00	346 385.00	9 166.00
湖 南	290 163.47	238 705.77	7 251.90	39 983.10	4 222.70
广 东	2 076 386.44	1 898 468.75	48 330.99	108 719.35	20 867.35
广 西	274 001.77	244 759.54	11 700.21	5 630.30	11 911.72
海 南	62 148.00	33 296.00	6 820.00	13 354.00	8 678.00
重 庆	107 079.44	72 532.32	5 382.89	23 545.76	5 618.47
四 川	291 345.76	153 058.74	44 751.04	88 550.58	4 985.40
贵 州	4 210.88	2 911.93	287.99	906.58	104.38
云 南	66 639.68	51 400.00	1 791.77	12 795.69	652.22
西 藏	225.90	151.60		74.30	
陕 西	5 563.00	1 880.00	300.00	3 028.00	355.00
甘 肃	288.28	37.58	2.70	248.00	
青 海					
宁 夏	6 111.05	170.72	3 943.57	1 746.28	250.48
新 疆	5 901.89	2 313.60	278.22	3 310.07	
中农发集团					

全国渔民人均纯收入

单位:元

地区	2014年	2013年	2014年比2013年增减(±)	
			绝对量	幅度(%)
全国总计	14 426.26	13 038.77	1 387.48	10.64
北京	15 134.16	12 961.58	2 172.57	16.76
天津	22 392.00	20 579.04	1 812.96	8.81
河北	11 922.12	10 600.00	1 322.12	12.47
山西	7 268.70	7 015.02	253.68	3.62
内蒙古	11 352.76	10 204.00	1 148.76	11.26
辽宁	16 021.59	14 600.00	1 421.59	9.74
吉林	8 794.83	8 762.00	32.82	0.37
黑龙江	11 656.38	10 970.00	686.38	6.26
上海	22 476.73	21 453.09	1 023.64	4.77
江苏	19 542.42	18 066.68	1 475.74	8.17
浙江	19 729.92	17 780.01	1 949.91	10.97
安徽	12 333.35	10 727.44	1 605.91	14.97
福建	14 633.68	13 323.85	1 309.83	9.83
江西	11 656.15	10 510.30	1 145.85	10.90
山东	16 012.38	14 388.00	1 624.39	11.29
河南	10 985.15	10 373.17	611.97	5.90
湖北	13 559.84	12 107.00	1 452.84	12.00
湖南	13 417.88	11 993.42	1 424.46	11.88
广东	13 371.42	12 251.00	1 120.42	9.15
广西	18 221.90	17 459.98	761.92	4.36
海南	13 611.33	13 081.01	530.32	4.05
重庆	12 736.20	10 750.00	1 986.20	18.48
四川	12 162.41	10 972.00	1 190.41	10.85
贵州	9 093.14	9 020.00	73.14	0.81
云南	15 930.92	6 708.00		
西藏				
陕西	10 410.87	8 333.00	2 077.87	24.94
甘肃	5 766.42	5 328.34	438.07	8.22
青海	17 007.21	14 910.05	2 097.16	14.07
宁夏	9 568.07	8 850.00	718.07	8.11
新疆	12 539.14	11 382.00	1 157.14	10.17

各地区渔民家庭收支调查(一)

单位:万元

地区	一、全年总收入	(一)家庭经营收入	1.经营渔业	2.经营其他行业	(二)工资性收入	1.渔业	2.其他行业
全国总计	292 547.75	263 219.40	244 060.17	19 159.23	13 860.18	5 212.17	8 648.01
北京	1 657.46	1 386.86	1 281.13	105.73	132.71	22.61	110.10
天津	3 770.99	3 631.15	3 576.50	54.65	60.79	7.00	53.79
河北	34 866.43	32 623.85	32 087.17	536.68	197.76	59.47	138.29
山西	5 350.68	5 309.33	5 211.48	97.85	31.03	15.07	15.96
内蒙古	1 607.24	1 461.55	846.67	614.88	106.66	0.40	106.26
辽宁	37 397.33	34 021.21	31 294.96	2 726.25	1 306.12	408.88	897.24
吉林	4 180.18	4 094.99	3 172.60	922.39	52.60	5.20	47.40
黑龙江	6 248.34	5 944.25	4 858.82	1 085.42	210.21	185.09	25.12
上海	3 160.61	2 985.40	2 975.79	9.61	142.26	5.94	136.32
江苏	16 637.81	15 151.53	14 251.55	899.99	985.36	246.12	739.24
浙江	19 301.17	15 477.95	15 017.87	460.07	1 505.88	903.85	602.03
安徽	11 192.60	10 313.33	9 339.95	973.39	547.86	99.93	447.93
福建	11 796.04	10 417.78	9 782.68	635.10	788.10	453.46	334.64
江西	7 707.56	7 144.26	6 741.78	402.48	230.06	52.68	177.38
山东	29 269.34	26 078.92	24 485.63	1 593.29	1 499.46	468.44	1 031.02
河南	10 828.02	9 605.40	8 180.55	1 424.86	915.05	117.25	797.80
湖北	8 194.04	7 151.20	6 512.64	638.56	825.77	159.16	666.61
湖南	5 860.41	5 092.43	4 496.63	595.80	560.35	172.20	388.15
广东	18 417.49	14 207.71	12 513.12	1 694.59	1 317.16	764.82	552.35
广西	10 384.43	8 951.00	8 507.51	443.49	656.82	380.31	276.52
海南	2 353.41	2 209.06	1 861.22	347.84	35.06	10.96	24.09
重庆	3 424.38	3 218.55	2 929.11	289.44	136.60	23.06	113.54
四川	6 140.29	5 185.79	4 431.67	754.12	634.47	61.57	572.91
贵州	6 507.79	6 279.12	6 009.06	270.06	103.13	9.03	94.10
云南	9 424.86	8 874.62	7 671.59	1 203.02	520.99	333.66	187.33
西藏							
陕西	4 067.71	3 967.06	3 822.30	144.76	95.40	79.30	16.10
甘肃	3 790.43	3 683.77	3 604.82	78.95	66.08	34.90	31.18
青海	411.68	370.92	293.51	77.42	39.56	12.40	27.16
宁夏	2 835.30	2 755.60	2 680.06	75.54	57.92	21.96	35.96
新疆	5 763.73	5 624.80	5 621.80	3.00	98.96	97.46	1.50

各地区渔民家庭收支调查(二)

单位:万元

地区	一、全年总收入(续)					
	(三)财产性净收入	1. 利息	2. 红利	3. 储蓄性保险	4. 土地或水面经营权租金	5. 其他财产性净收入
全国总计	1 795.18	532.74	355.44	65.44	665.44	176.11
北京	14.49	5.58	2.99	1.46	3.12	1.33
天津	23.28	3.87	5.00	0.10	14.31	
河北	48.71	19.54	1.45	0.35	26.60	0.77
山西	0.65				0.65	
内蒙古	18.09	9.25	1.42	1.74	5.68	
辽宁	159.48	38.80	6.95	2.47	105.86	5.40
吉林	7.80	0.50	1.00		6.30	
黑龙江	28.72	8.52		1.62	18.29	0.28
上海	5.80	2.74			2.55	0.51
江苏	162.93	97.06	13.55	4.15	27.90	20.27
浙江	68.69	32.78	28.45	0.15	6.27	1.05
安徽	87.99	29.28	19.07	2.66	29.44	7.54
福建	64.48	3.53	51.70	0.06	4.78	4.41
江西	60.57	18.21	22.19	0.15	15.21	4.80
山东	272.12	94.64	17.32	45.55	100.59	14.02
河南	174.93	30.86	4.16	0.17	114.85	24.88
湖北	72.82	36.67	15.47	1.86	15.18	3.63
湖南	24.89	10.52	4.35	0.01	5.81	4.20
广东	160.50	3.30	130.97	1.26	10.19	14.78
广西	110.26	15.76	8.24	0.78	55.57	29.91
海南	20.93	2.08				18.85
重庆	15.09	3.51	7.82	0.39	3.20	0.17
四川	139.11	26.09	12.10	0.36	85.05	15.51
贵州	11.68	7.88				3.80
云南	4.19	1.51	0.20	0.10	2.38	
西藏						
陕西						
甘肃	28.88	25.38	0.42	0.06	3.02	
青海	0.81		0.62		0.19	
宁夏	2.45				2.45	
新疆	4.88	4.88				

各地区渔民家庭收支调查(三)

单位:万元

地 区	一、全年总收入(续)					
	(四)转移性收入	1.养老或退休金	2.社会救济或政策性生活补贴	3.农村外出从业人员寄回带回收入	4.赡养收入	5.其他转移性收入
全国总计	2 058.81	589.75	231.32	547.16	267.09	423.49
北 京	31.08	10.91	13.84	1.64	1.40	3.30
天 津	18.62	7.37	0.32	5.90	1.05	3.98
河 北	36.72	10.52	12.92	2.98	6.44	3.87
山 西	2.72	1.52		1.20		
内蒙古	12.98	10.32	0.50		0.88	1.27
辽 宁	201.01	119.50	38.67	5.60	16.98	20.26
吉 林	6.17	3.55	0.42	1.00	1.00	0.20
黑龙江	27.16	3.45		20.70	0.59	2.42
上 海	22.58	18.05	3.16		1.01	0.36
江 苏	141.75	59.97	32.62	5.59	24.78	18.80
浙 江	147.55	20.70	12.69	36.63	4.86	72.65
安 徽	99.73	9.95	6.80	39.95	11.33	31.70
福 建	114.42	11.70	7.83	48.69	12.15	34.05
江 西	176.47	24.22	6.74	113.85	16.64	15.02
山 东	162.40	33.17	25.39	10.21	26.67	66.96
河 南	102.61	9.01	6.13	59.35	8.26	19.85
湖 北	115.27	12.54	4.59	65.42	6.39	26.32
湖 南	104.28	32.73	8.17	22.48	26.28	14.62
广 东	64.08	16.84	9.35	11.17	14.70	12.03
广 西	189.13	77.82	1.49	45.25	47.04	17.53
海 南	7.06	1.44	0.77	1.89	1.03	1.93
重 庆	39.60	8.37	2.27	2.81	7.13	19.02
四 川	138.30	43.69	27.62	16.61	17.90	32.47
贵 州	38.63	9.99	2.90	22.35	3.40	
云 南	16.46	6.82	3.01	3.54	2.04	1.04
西 藏						
陕 西	4.99	4.99				
甘 肃	7.89	1.07	3.08	2.13	1.46	0.16
青 海	0.39	0.33	0.06			
宁 夏	18.66	18.06		0.20	0.40	
新 疆	10.10	1.13			5.30	3.67

各地区渔民家庭收支调查(四)

单位:万元

地　区	二、全年总支出	(一)家庭经营费用支出	1.经营渔业支出	(1)燃料及冰费用	(2)雇工费用	(3)饲料及苗种费用	(4)其他生产支出	2.经营其他行业支出
全国总计	253 642.91	195 383.80	186 726.67	37 851.18	34 812.56	104 336.37	9 726.57	8 657.13
北　京	1 396.89	844.05	828.81	85.82	47.29	674.32	21.38	15.24
天　津	3 622.32	2 686.12	2 672.80	181.66	146.89	2 265.35	78.91	13.32
河　北	30 590.23	27 014.05	26 699.41	4 089.85	6 621.10	13 956.19	2 032.27	314.64
山　西	5 449.72	4 672.85	4 589.97	405.14	1 037.37	2 872.26	275.20	82.87
内蒙古	1 422.84	873.66	573.15	61.35	54.24	441.01	16.56	300.51
辽　宁	32 670.91	25 705.84	24 726.28	6 313.77	7 222.56	10 176.18	1 013.77	979.55
吉　林	4 128.73	2 849.26	2 449.62	218.44	429.38	1 738.88	62.92	399.65
黑龙江	4 872.91	3 774.37	3 468.08	252.87	252.61	2 887.43	75.17	306.29
上　海	2 558.68	2 126.03	2 118.77	244.80	199.09	1 429.91	244.97	7.26
江　苏	13 511.92	10 765.59	10 613.34	1 068.45	1 385.85	7 611.64	547.41	152.25
浙　江	17 330.51	12 619.97	12 507.65	5 600.22	3 179.60	2 616.54	1 111.29	112.32
安　徽	9 977.41	6 372.38	5 842.55	339.48	703.70	4 465.22	334.15	529.83
福　建	10 500.34	7 952.19	7 736.23	1 829.16	1 325.29	4 003.58	578.20	215.96
江　西	6 775.92	5 261.59	5 063.40	298.73	279.97	4 159.29	325.41	198.18
山　东	25 700.25	18 872.96	17 955.50	5 636.23	6 324.90	4 271.05	1 723.32	917.46
河　南	7 493.80	5 229.97	4 928.02	241.37	326.27	4 227.18	133.20	301.95
湖　北	6 547.68	4 295.73	4 080.61	205.28	326.63	3 375.53	173.16	215.13
湖　南	4 665.21	3 257.49	3 095.57	247.35	205.85	2 527.47	114.90	161.92
广　东	15 222.47	11 134.05	9 548.09	5 266.64	2 558.12	1 498.51	224.82	1 585.95
广　西	10 121.51	7 540.03	7 362.08	3 676.92	716.62	2 823.77	144.77	177.95
海　南	2 056.16	1 515.74	1 264.51	307.16	160.30	764.09	32.96	251.23
重　庆	3 187.37	2 360.02	2 205.64	134.26	72.46	1 938.76	60.17	154.38
四　川	5 217.39	3 347.26	3 039.82	141.76	136.09	2 667.49	94.49	307.44
贵　州	4 654.13	3 545.79	3 519.08	114.52	195.28	3 186.33	22.95	26.71
云　南	7 630.07	6 174.64	5 428.51	108.74	206.90	5 021.63	91.25	746.14
西　藏								
陕　西	3 886.86	3 511.86	3 444.67	171.99	182.79	3 073.20	16.68	67.19
甘　肃	3 567.09	3 215.84	3 180.63	287.32	145.84	2 737.24	10.23	35.21
青　海	173.16	119.48	93.96	7.65	30.42	25.60	30.30	25.51
宁　夏	2 850.11	2 498.47	2 443.49	55.89	99.75	2 210.59	77.27	54.98
新　疆	5 860.33	5 246.52	5 246.42	258.36	239.40	4 690.17	58.50	0.10

各地区渔民家庭收支调查(五)

单位:万元

地　区	二、全年总支出(续)							
	(二)生产性固定资产折旧	其中:渔业固定资产折旧	(三)税费支出	其中:渔业税费支出	(四)生活消费支出	伙食消费支出	衣着消费支出	(五)转移性支出
全国总计	**10 951.67**	**9 523.54**	**4 244.26**	**4 013.76**	**38 830.70**	**15 313.26**	**3 582.80**	**4 232.47**
北　京	61.76	49.28	16.02	15.28	442.39	130.52	29.16	32.66
天　津	46.73	45.81	475.68	472.68	377.76	136.74	35.52	36.03
河　北	705.17	689.79	23.63	22.10	2 558.91	1 176.26	134.08	288.47
山　西	104.28	103.30	2.45		536.40	166.33	57.69	133.74
内蒙古	100.00	37.38	10.25	6.34	410.95	115.87	55.14	27.99
辽　宁	1 442.89	1 368.48	341.14	329.11	4 752.27	1 576.62	490.08	428.76
吉　林	229.72	131.34	43.33	25.33	988.13	399.94	80.15	18.29
黑龙江	248.06	70.32	0.56		814.61	259.70	81.24	35.31
上　海	99.42	93.20	44.24	42.78	270.15	143.06	18.83	18.84
江　苏	268.65	223.79	370.76	362.51	1 815.45	569.25	188.54	291.47
浙　江	1 291.22	1 201.33	601.60	593.77	2 482.13	795.78	275.25	335.60
安　徽	281.95	233.04	847.60	833.59	2 208.63	834.03	211.63	266.85
福　建	560.29	554.51	37.28	36.30	1 776.72	875.84	181.98	173.86
江　西	69.26	59.69	212.18	200.00	1 105.95	554.84	103.92	126.95
山　东	2 049.67	1 825.99	101.04	67.22	4 149.61	1 278.89	512.80	526.97
河　南	260.78	127.64	41.31	38.02	1 809.87	725.84	179.62	151.87
湖　北	134.44	110.29	117.03	109.65	1 813.82	765.12	188.32	186.65
湖　南	167.11	94.58	15.62	11.60	1 118.42	459.67	94.91	106.56
广　东	915.22	856.16	58.53	56.10	2 836.53	1 503.00	153.71	278.14
广　西	993.43	931.18	3.74	3.74	1 416.80	727.03	77.65	167.50
海　南	84.48	83.59			446.32	202.65	21.89	9.63
重　庆	51.23	30.14	260.83	259.29	398.19	146.27	33.94	117.11
四　川	104.47	85.26	158.54	149.46	1 462.24	649.76	127.37	144.88
贵　州	163.89	151.02	1.96	1.26	875.64	376.69	77.51	66.85
云　南	243.93	159.44	272.83	218.86	803.61	277.10	55.53	135.05
西　藏								
陕　西	24.76	13.16	107.43	105.09	240.63	96.46	16.80	2.17
甘　肃	77.91	57.94	2.92	2.92	246.59	105.40	27.60	23.83
青　海	40.53	19.24			13.14	3.61	1.69	0.01
宁　夏	31.90	18.14			278.65	104.14	26.46	41.09
新　疆	98.51	98.51	75.76	50.76	380.20	156.83	43.77	59.34

各地区渔民家庭收支调查(六)

单位:万元,户,人

地区	三、生产补贴(惠农补贴)	其中:渔业	四、全年纯收入	其中:渔业纯收入	五、调查户数	其中:养殖户	六、调查户家庭常住人数	七、调查户渔业从业人员
全国总计	11 614.18	11 293.25	81 968.02	60 301.62	10 017	7 757	41 308	19 302
北京	92.32	92.25	735.63	502.63	100	90	377	211
天津	37.16	37.16	562.47	429.37	70	67	280	125
河北	1 959.39	1 958.79	7 123.59	6 694.13	400	255	1 665	623
山西	6.96	4.50	571.10	537.78	120	120	722	439
内蒙古	7.97	1.11	623.34	231.30	100	90	334	175
辽宁	1 709.52	1 639.02	9 907.46	6 918.98	1 350	929	4 917	2 243
吉林	18.62	1.29	1 057.87	572.81	320	320	1 259	722
黑龙江	38.01	17.40	2 225.34	1 522.92	330	311	1 193	667
上海	4.57	3.78	890.93	730.77	90	81	308	177
江苏	196.23	148.92	5 232.81	3 446.95	500	429	1 721	859
浙江	2 101.11	2 099.64	4 788.38	3 718.62	400	205	1 424	629
安徽	143.69	113.38	3 690.67	2 644.08	550	518	2 326	1 202
福建	411.26	392.88	3 246.27	2 301.98	500	318	2 166	843
江西	96.21	73.62	2 164.55	1 544.99	400	346	1 857	779
山东	1 256.44	1 230.92	8 245.66	6 336.26	1 000	664	3 653	1 815
河南	30.03	18.62	5 295.96	3 222.74	600	595	2 759	1 143
湖北	28.99	14.87	3 646.83	2 386.11	500	499	2 045	1 019
湖南	78.46	72.34	2 420.19	1 539.43	451	322	1 818	966
广东	2 668.04	2 664.31	6 309.69	5 481.90	700	299	3 701	1 390
广西	477.22	473.92	1 847.22	1 064.73	300	167	1 498	680
海南	81.29	80.37	753.20	604.45	100	57	481	202
重庆	14.54	11.93	752.30	469.02	120	106	498	274
四川	42.62	33.26	2 530.02	1 251.97	320	297	1 258	613
贵州	75.23	73.57	2 796.15	2 420.30	200	180	904	384
云南	8.61	8.07	2 733.46	2 206.52	200	196	897	445
西藏								
陕西	0.25		423.65	338.68	60	60	261	152
甘肃	3.80	2.26	493.75	400.48	76	76	309	125
青海			251.67	192.70	20	20	108	74
宁夏	0.66	0.06	304.93	240.45	80	80	318	162
新疆	25.00	25.00	342.94	348.56	60	60	251	164

二、生　　产

全国水产品总产量

单位:吨

指　　标	2014 年	2013 年	2014 年比 2013 年增减(±)	
			绝对量	幅度(%)
水产品总产量				
全国总计	64 615 174	61 720 029	2 895 145	4.69
海水产品	32 962 170	31 388 253	1 573 917	5.01
淡水产品	31 653 004	30 331 776	1 321 228	4.36
养殖产量	47 484 072	45 416 802	2 067 270	4.55
海水养殖	18 126 481	17 392 453	734 028	4.22
淡水养殖	29 357 591	28 024 349	1 333 242	4.76
捕捞产量	17 131 102	16 303 227	827 875	5.08
海洋捕捞	12 808 371	12 643 822	164 549	1.30
远洋渔业	2 027 318	1 351 978	675 340	49.95
淡水捕捞	2 295 413	2 307 427	-12 014	-0.52
养殖产品中:鱼类	27 219 322	25 940 887	1 278 435	4.93
甲壳类	3 993 456	3 769 655	223 801	5.94
贝类	13 416 711	12 983 793	432 918	3.33
藻类	2 013 129	1 864 993	148 136	7.94
其他类	841 454	857 474	-16 020	-1.87
捕捞产品中:鱼类	10 481 353	10 378 868	102 485	0.99
甲壳类	2 723 403	2 626 083	97 320	3.71
贝类	814 904	819 828	-4 924	-0.60
藻类	24 555	28 301	-3 746	-13.24
头足类	676 715	664 285	12 430	1.87
其他类	382 854	433 884	-51 030	-11.76

注:本表捕捞产品未包括远洋渔业产量。

各地区水产品产量(一)

单位:吨

地区	2014年							
	总产量	1. 养殖产品小计	海水养殖	淡水养殖	2. 捕捞产品小计	海洋捕捞	远洋渔业	淡水捕捞
全国总计	64 615 174	47 484 072	18 126 481	29 357 591	17 131 102	12 808 371	2 027 318	2 295 413
北京	68 184	50 871		50 871	17 313		13 222	4 091
天津	408 244	330 938	11 627	319 311	77 306	45 548	20 046	11 712
河北	1 263 941	922 666	491 999	430 667	341 275	239 595		101 680
山西	51 248	50 188		50 188	1 060			1 060
内蒙古	147 949	118 031		118 031	29 918			29 918
辽宁	5 256 719	3 794 731	2 890 525	904 206	1 461 988	1 076 005	330 295	55 688
吉林	190 125	169 468		169 468	20 657			20 657
黑龙江	513 534	459 396		459 396	54 138			54 138
上海	330 460	157 468		157 468	172 992	19 945	149 649	3 398
江苏	5 187 503	4 293 866	935 947	3 357 919	893 637	547 952	19 907	325 778
浙江	5 741 734	1 875 392	897 940	977 452	3 866 342	3 242 724	532 666	90 952
安徽	2 236 864	1 908 408		1 908 408	328 456			328 456
福建	6 958 361	4 631 387	3 794 298	837 089	2 326 974	1 975 062	264 487	87 425
江西	2 536 613	2 276 781		2 276 781	259 832			259 832
山东	9 037 382	6 263 163	4 799 107	1 464 056	2 774 219	2 297 194	365 042	111 983
河南	917 640	868 330		868 330	49 310			49 310
湖北	4 333 008	4 124 940		4 124 940	208 068			208 068
湖南	2 481 620	2 373 876		2 373 876	107 744			107 744
广东	8 363 406	6 675 555	2 943 981	3 731 574	1 687 851	1 493 656	68 370	125 825
广西	3 323 956	2 535 968	1 090 975	1 444 993	787 988	650 599	2 787	134 602
海南	1 974 357	732 193	270 082	462 111	1 242 164	1 220 091		22 073
重庆	443 409	423 076		423 076	20 333			20 333
四川	1 326 349	1 266 189		1 266 189	60 160			60 160
贵州	209 940	196 040		196 040	13 900			13 900
云南	582 013	535 132		535 132	46 881			46 881
西藏	340	61		61	279			279
陕西	139 320	133 320		133 320	6 000			6 000
甘肃	14 476	14 476		14 476				
青海	9 037	9 037		9 037				
宁夏	162 588	162 244		162 244	344			344
新疆	144 007	130 881		130 881	13 126			13 126
中农发集团	260 847				260 847		260 847	

各地区水产品产量(二)

单位:吨

地区	2013年							
	总产量	1. 养殖产品小计	海水养殖	淡水养殖	2. 捕捞产品小计	海洋捕捞	远洋渔业	淡水捕捞
全国总计	61 720 029	45 416 802	17 392 453	28 024 349	16 303 227	12 643 822	1 351 978	2 307 427
北京	63 611	52 912		52 912	10 699		7 008	3 691
天津	398 562	319 765	12 269	307 496	78 797	53 437	13 027	12 333
河北	1 230 636	902 497	452 270	450 227	328 139	230 539		97 600
山西	45 621	44 499		44 499	1 122			1 122
内蒙古	141 321	110 312		110 312	31 009			31 009
辽宁	5 050 252	3 712 312	2 827 609	884 703	1 337 940	1 079 259	204 434	54 247
吉林	185 827	164 975		164 975	20 852			20 852
黑龙江	488 615	437 055		437 055	51 560			51 560
上海	288 787	160 121		160 121	128 666	19 639	105 186	3 841
江苏	5 093 844	4 191 984	938 742	3 253 242	901 860	553 787	19 549	328 524
浙江	5 508 186	1 852 218	871 700	980 518	3 655 968	3 192 000	368 186	95 782
安徽	2 155 341	1 830 292		1 830 292	325 049			325 049
福建	6 584 802	4 331 888	3 548 960	782 928	2 252 914	1 937 300	230 526	85 088
江西	2 426 460	2 165 840		2 165 840	260 620			260 620
山东	8 631 599	6 061 106	4 566 350	1 494 756	2 570 493	2 315 178	113 062	142 253
河南	850 130	803 313		803 313	46 817			46 817
湖北	4 103 732	3 890 697		3 890 697	213 035			213 035
湖南	2 340 595	2 235 989		2 235 989	104 606			104 606
广东	8 161 268	6 477 422	2 870 020	3 607 402	1 683 846	1 490 821	63 181	129 844
广西	3 193 444	2 408 205	1 056 461	1 351 744	785 239	650 599	2 789	131 851
海南	1 831 423	688 622	248 072	440 550	1 142 801	1 121 263		21 538
重庆	385 000	370 200		370 200	14 800			14 800
四川	1 260 578	1 200 578		1 200 578	60 000			60 000
贵州	166 997	152 997		152 997	14 000			14 000
云南	486 300	448 053		448 053	38 247			38 247
西藏	400	65		65	335			335
陕西	125 150	119 750		119 750	5 400			5 400
甘肃	13 884	13 884		13 884				
青海	6 000	6 000		6 000				
宁夏	144 930	144 700		144 700	230			230
新疆	131 704	118 551		118 551	13 153			13 153
中农发集团	225 030				225 030		225 030	

各地区水产品产量(三)

单位:吨

地区	2014年比2013年增减(±)							
	总产量	1. 养殖产品小计	海水养殖	淡水养殖	2. 捕捞产品小计	海洋捕捞	远洋渔业	淡水捕捞
全国总计	2 895 145	2 067 270	734 028	1 333 242	827 875	164 549	675 340	-12 014
北京	4 573	-2 041		-2 041	6 614		6 214	400
天津	9 682	11 173	-642	11 815	-1 491	-7 889	7 019	-621
河北	33 305	20 169	39 729	-19 560	13 136	9 056		4 080
山西	5 627	5 689		5 689	-62			-62
内蒙古	6 628	7 719		7 719	-1 091			-1 091
辽宁	206 467	82 419	62 916	19 503	124 048	-3 254	125 861	1 441
吉林	4 298	4 493		4 493	-195			-195
黑龙江	24 919	22 341		22 341	2 578			2 578
上海	41 673	-2 653		-2 653	44 326	306	44 463	-443
江苏	93 659	101 882	-2 795	104 677	-8 223	-5 835	358	-2 746
浙江	233 548	23 174	26 240	-3 066	210 374	50 724	164 480	-4 830
安徽	81 523	78 116		78 116	3 407			3 407
福建	373 559	299 499	245 338	54 161	74 060	37 762	33 961	2 337
江西	110 153	110 941		110 941	-788			-788
山东	405 783	202 057	232 757	-30 700	203 726	-17 984	251 980	-30 270
河南	67 510	65 017		65 017	2 493			2 493
湖北	229 276	234 243		234 243	-4 967			-4 967
湖南	141 025	137 887		137 887	3 138			3 138
广东	202 138	198 133	73 961	124 172	4 005	2 835	5 189	-4 019
广西	130 512	127 763	34 514	93 249	2 749		-2	2 751
海南	142 934	43 571	22 010	21 561	99 363	98 828		535
重庆	58 409	52 876		52 876	5 533			5 533
四川	65 771	65 611		65 611	160			160
贵州	42 943	43 043		43 043	-100			-100
云南	95 713	87 079		87 079	8 634			8 634
西藏	-60	-4		-4	-56			-56
陕西	14 170	13 570		13 570	600			600
甘肃	592	592		592				
青海	3 037	3 037		3 037				
宁夏	17 658	17 544		17 544	114			114
新疆	12 303	12 330		12 330	-27			-27
中农发集团	35 817				35 817		35 817	

全国水产养殖产量(按水域和养殖方式分)

单位:吨

指 标		2014 年	2013 年	2014 年比 2013 年增减(±)	
				绝对量	幅度(%)
总 计		47 484 072	45 416 802	2 067 270	4.55
1. 海水养殖		18 126 481	17 392 453	734 028	4.22
按水域分	海上	10 129 603	9 582 064	547 539	5.71
	滩涂	5 955 212	5 857 555	97 657	1.67
	其他	2 041 666	1 952 834	88 832	4.55
养殖方式中	池塘	2 295 836	2 281 213	14 623	0.64
	普通网箱	437 373	400 010	37 363	9.34
	深水网箱	88 737	73 885	14 852	20.10
	筏式	4 969 337	4 773 112	196 225	4.11
	吊笼	1 205 268	1 152 897	52 371	4.54
	底播	5 100 512	4 949 858	150 654	3.04
	工厂化	170 338	177 413	-7 075	-3.99
2. 淡水养殖		29 357 591	28 024 349	1 333 242	4.76
按水域分	池塘	20 902 594	19 887 462	1 015 132	5.10
	湖泊	1 646 320	1 634 253	12 067	0.74
	水库	3 770 891	3 536 581	234 310	6.63
	河沟	864 246	856 309	7 937	0.93
	其他	716 821	659 285	57 536	8.73
	稻田养成鱼	1 456 719	1 450 459	6 260	0.43
养殖方式中	围栏	487 412	495 296	-7 884	-1.59
	网箱	1 391 651	1 388 340	3 311	0.24
	工厂化	197 420	208 129	-10 709	-5.15

全国海水养殖产量(一)

单位:吨

指　　标	2014 年	2013 年	2014 年比 2013 年增减(±)	
			绝对量	幅度(%)
海水养殖	**18 126 481**	**17 392 453**	**734 028**	**4.22**
1. 鱼类	1 189 667	1 123 576	66 091	5.88
其中:鲈鱼	113 803	128 086	-14 283	-11.15
鲆鱼	126 397	122 600	3 797	3.10
大黄鱼	127 917	105 230	22 687	21.56
军曹鱼	35 563	39 627	-4 064	-10.26
鰤鱼	19 272	35 966	-16 694	-46.42
鲷鱼	59 281	57 110	2 171	3.80
美国红鱼	69 940	59 136	10 804	18.27
河鲀	18 125	14 394	3 731	25.92
石斑鱼	88 130	82 434	5 696	6.91
鲽鱼	9 629	5 616	4 013	71.46
2. 甲壳类	1 433 763	1 340 218	93 545	6.98
其中:虾	1 162 175	1 081 269	80 906	7.48
其中:南美白对虾	875 470	812 545	62 925	7.74
斑节对虾	74 869	72 008	2 861	3.97
中国对虾	48 167	41 931	6 236	14.87
日本对虾	47 469	45 949	1 520	3.31
蟹	271 588	258 949	12 639	4.88
其中:梭子蟹	118 836	109 584	9 252	8.44
青蟹	140 738	138 071	2 667	1.93

全国海水养殖产量(二)

单位:吨

指　　标	2014 年	2013 年	2014 年比 2013 年增减(±)	
			绝对量	幅度(%)
3. 贝类	13 165 511	12 728 037	437 474	3.44
其中:牡蛎	4 352 053	4 218 644	133 409	3.16
鲍	115 397	110 380	5 017	4.55
螺	232 849	212 844	20 005	9.40
蚶	353 388	336 870	16 518	4.90
贻贝	805 583	747 077	58 506	7.83
江珧	17 618	17 323	295	1.70
扇贝	1 649 399	1 608 201	41 198	2.56
蛤	3 966 953	3 853 531	113 422	2.94
蛏	786 828	720 804	66 024	9.16
4. 藻类	2 004 576	1 856 804	147 772	7.96
其中:海带	1 361 035	1 017 737	343 298	33.73
裙带菜	203 099	170 111	32 988	19.39
紫菜	114 171	113 900	271	0.24
江蓠	262 232	246 112	16 120	6.55
麒麟菜	4 286	9 256	-4 970	-53.69
石花菜				
羊栖菜	17 543	15 152	2 391	15.78
苔菜	100	439	-339	-77.22
5. 其他类	332 964	343 818	-10 854	-3.16
其中:海参	200 969	193 705	7 264	3.75
海胆(千克)	6 790 857	6 427 160	363 697	5.66
海水珍珠(千克)	3 727	8 764	-5 037	-57.47
海蜇	67 532	66 513	1 019	1.53

全国淡水养殖产量

单位:吨

指标	2014年	2013年	2014年比2013年增减(±)	
			绝对量	幅度(%)
淡水养殖产量	**29 357 591**	**28 024 349**	**1 333 242**	**4.76**
1. 鱼类	26 029 655	24 817 311	1 212 344	4.89
2. 甲壳类	2 559 693	2 429 437	130 256	5.36
其中:虾	1 763 158	1 699 575	63 583	3.74
其中:罗氏沼虾	127 204	117 402	9 802	8.35
青虾	257 641	251 149	6 492	2.58
克氏原鳌虾	659 661	603 520	56 141	9.30
南美白对虾	701 423	617 384	84 039	13.61
蟹(河蟹)	796 535	729 862	66 673	9.14
3. 贝类	251 200	255 756	-4 556	-1.78
其中:河蚌	92 459	104 675	-12 216	-11.67
螺	110 393	110 589	-196	-0.18
蚬	24 431	23 459	972	4.14
4. 藻类(螺旋藻)	8 553	8 189	364	4.44
5. 其他类	508 490	513 656	-5 166	-1.01
其中:龟	36 226	38 006	-1 780	-4.68
鳖	341 288	343 734	-2 446	-0.71
蛙	92 993	87 331	5 662	6.48
珍珠(千克)	1 979 325	1 983 203	-3 878	-0.20
6. 观赏鱼(万尾)	236 219	368 758	-132 538	-35.94

全国淡水养殖主要鱼类产量

单位:吨

指　　标	2014 年	2013 年	2014 年比 2013 年增减(±)	
			绝对量	幅度(%)
青鱼	557 328	525 498	31 830	6.06
草鱼	5 376 803	5 069 948	306 855	6.05
鲢鱼	4 226 009	3 850 873	375 136	9.74
鳙鱼	3 202 887	3 015 380	187 507	6.22
鲤鱼	3 172 433	3 022 494	149 939	4.96
鲫鱼	2 767 910	2 594 438	173 472	6.69
鳊鱼	783 023	730 962	52 061	7.12
泥鳅	343 130	321 499	21 631	6.73
鲶鱼	450 846	433 948	16 898	3.89
鮰鱼	248 608	247 399	1 209	0.49
黄颡鱼	333 651	295 669	37 982	12.85
鲑鱼	11 023	3 322	7 701	231.82
鳟鱼	28 141	28 991	-850	-2.93
河鲀	4 815	4 860	-45	-0.93
短盖巨脂鲤	103 815	101 151	2 664	2.63
长吻鮠	24 536	16 141	8 395	52.01
黄鳝	357 991	346 077	11 914	3.44
鳜鱼	293 853	284 780	9 073	3.19
池沼公鱼	12 129	17 972	-5 843	-32.51
银鱼	20 546	21 209	-663	-3.13
鲈鱼	351 772	339 836	11 936	3.51
乌鳢	510 340	509 865	475	0.09
罗非鱼	1 698 483	1 657 717	40 766	2.46
鲟鱼	75 920	64 652	11 268	17.43
鳗鲡	218 498	206 026	12 472	6.05

各地区海水养殖产量(按品种分)(一)

单位:吨

地　区	海水养殖产量	1. 鱼类	其中					
			鲈鱼	鲆鱼	大黄鱼	军曹鱼	鰤鱼	鲷鱼
全国总计	18 126 481	1 189 667	113 803	126 397	127 917	35 563	19 272	59 281
天　津	11 627	3 657	87	2 583				67
河　北	491 999	8 232	40	3 333				
辽　宁	2 890 525	58 684	1 228	34 730			115	
上　海								
江　苏	935 947	86 950	1 568	6 228				166
浙　江	897 940	33 397	7 600	123	3 745	200	121	3 022
福　建	3 794 298	281 202	25 127	4 759	114 502	113	3 463	23 779
山　东	4 799 107	160 752	16 190	72 237	80			
广　东	2 943 981	437 924	51 506	2 404	9 590	27 665	14 827	24 596
广　西	1 090 975	43 668	6 863			56		5 188
海　南	270 082	75 201	3 594			7 529	746	2 463

各地区海水养殖产量(按品种分)(二)

单位:吨

地　区	1. 鱼类(续)				2. 甲壳类			
	其中(续)					(1)虾	其中	
	美国红鱼	河鲀	石斑鱼	鲽鱼			南美白对虾	斑节对虾
全国总计	69 940	18 125	88 130	9 629	1 433 763	1 162 175	875 470	74 869
天　津	50	84	247	11	7 970	7 970	7 950	
河　北		1 835		730	22 856	20 063	11 588	
辽　宁		3 436			24 930	22 733	9 696	
上　海								
江　苏		181	3	2 628	114 696	79 426	25 212	3 926
浙　江	7 868	100	497	140	95 693	49 049	31 047	712
福　建	15 342	3 333	24 676	535	163 058	99 046	74 803	5 911
山　东	9 062	4 086	24	3 771	135 859	107 795	67 215	950
广　东	28 805	4 380	36 138	1 814	483 659	423 580	338 833	50 641
广　西	5 116		1 762		249 751	233 922	224 046	9 704
海　南	3 697	690	24 783		135 291	118 591	85 080	3 025

各地区海水养殖产量(按品种分)(三)

单位:吨

地区	2. 甲壳类					3. 贝类
	(1)虾(续)		(2)蟹	其中		
	其中(续)					
	中国对虾	日本对虾		梭子蟹	青蟹	
全国总计	48 167	47 469	271 588	118 836	140 738	13 165 511
天　津						
河　北	4 607	3 863	2 793	2 768		448 766
辽　宁	9 685	2 250	2 197	1 755		2 327 070
上　海						
江　苏	6 501	1 120	35 270	31 446	2 099	699 306
浙　江	975	1 076	46 644	18 855	27 363	719 822
福　建	4 146	11 287	64 012	30 177	30 667	2 508 019
山　东	11 078	20 977	28 064	27 540		3 697 128
广　东	11 175	6 724	60 079	6 205	48 270	1 941 258
广　西		172	15 829		15 729	794 550
海　南			16 700	90	16 610	29 592

各地区海水养殖产量(按品种分)(四)

单位:吨

地区	3. 贝类(续)								
	其中								
	牡蛎	鲍	螺	蚶	贻贝	江珧	扇贝	蛤	蛏
全国总计	4 352 053	115 397	232 849	353 388	805 583	17 618	1 649 399	3 966 953	786 828
天　津									
河　北			25	35 246	770		375 762	36 913	
辽　宁	170 533	1 742		30 121	36 373		405 896	1 247 305	50 848
上　海									
江　苏	39 580	50	65 952	30 267	49 007		13	370 265	83 836
浙　江	162 402	66	10 437	134 291	88 113		310	60 471	259 088
福　建	1 612 385	91 252	5 203	47 975	91 124		7 833	335 493	234 856
山　东	803 493	14 716	21 468	15 358	434 272		756 815	1 340 431	147 614
广　东	1 079 949	7 449	85 981	53 703	95 450	17 618	97 608	319 028	9 370
广　西	480 322		38 155	2 749	10 474		2 255	247 220	1 216
海　南	3 389	122	5 628	3 678			2 907	9 827	

各地区海水养殖产量(按品种分)(五)

单位:吨

地　区	4. 藻类	其中					
		海带	裙带菜	紫菜	江蓠	麒麟菜	石花菜
全国总计	2 004 576	1 361 035	203 099	114 171	262 232	4 286	
天　津							
河　北							
辽　宁	351 337	189 470	161 857				
上　海							
江　苏	27 019	351	6	25 786	805		
浙　江	45 549	9 937		22 752	800		
福　建	813 134	600 298		53 408	136 956		
山　东	662 784	556 388	40 709	1 890	60 797		
广　东	74 850	4 591	527	10 335	52 281	1 315	
广　西							
海　南	29 903				10 593	2 971	

各地区海水养殖产量(按品种分)(六)

单位:吨

地　区	4. 藻类(续)		5. 其他类	其中			
	其中(续)						
	羊栖菜	苔菜		海参	海胆(千克)	海水珍珠(千克)	海蜇
全国总计	17 543	100	332 964	200 969	6 790 857	3 727	67 532
天　津							
河　北			12 145	9 837			2 308
辽　宁			128 504	68 754	162 163		53 266
上　海							
江　苏			7 976	284			3 987
浙　江	9 135	100	3 479	69			528
福　建	5 383		28 885	22 227			2 756
山　东	3 000		142 584	99 560	4 508 000		4 309
广　东	25		6 290	238	2 120 694	2 910	234
广　西			3 006			817	144
海　南			95				

各地区海水养殖产量(按水域和养殖方式分)(一)

单位:吨

地　区	海水养殖产量	按水域养殖分			养殖方式中
		1. 海上	2. 滩涂	3. 其他	4. 池塘
全国总计	**18 126 481**	**10 129 603**	**5 955 212**	**2 041 666**	**2 295 836**
天　津	11 627			11 627	8 055
河　北	491 999	412 325	55 153	24 521	35 165
辽　宁	2 890 525	1 842 318	853 627	194 580	175 063
上　海					
江　苏	935 947	208 925	516 672	210 350	296 399
浙　江	897 940	296 623	337 568	263 749	252 409
福　建	3 794 298	2 449 272	1 066 140	278 886	285 945
山　东	4 799 107	3 345 904	1 260 557	192 646	327 042
广　东	2 943 981	1 147 551	1 272 018	524 412	559 224
广　西	1 090 975	356 333	482 188	252 454	209 920
海　南	270 082	70 352	111 289	88 441	146 614

各地区海水养殖产量(按水域和养殖方式分)(二)

单位:吨

地　区	养殖方式中(续)					
	2. 普通网箱	3. 深水网箱	4. 筏式	5. 吊笼	6. 底播	7. 工厂化
全国总计	**437 373**	**88 737**	**4 969 337**	**1 205 268**	**5 100 512**	**170 338**
天　津						3 572
河　北			401 482		31 549	7 523
辽　宁	2 708	1 900	816 423	41 183	1 295 125	37 545
上　海						
江　苏	20	120	93 961	1 920	454 841	13 508
浙　江	20 971	2 352	235 642	2 922	239 967	4 816
福　建	219 250	9 600	1 168 242	139 229	364 992	17 725
山　东	34 688	18 725	1 635 999	906 923	1 787 324	77 227
广　东	104 923	16 321	376 185	107 843	694 753	4 262
广　西	29 848	4 554	241 403	2 305	222 006	
海　南	24 965	35 165		2 943	9 955	4 160

各地区淡水养殖产量(按品种分)(一)

单位:吨

地区	淡水养殖产量	1. 鱼类	其中				
			青鱼	草鱼	鲢鱼	鳙鱼	鲤鱼
全国总计	**29 357 591**	**26 029 655**	**557 328**	**5 376 803**	**4 226 009**	**3 202 887**	**3 172 433**
北京	50 871	50 533	893	14 312	4 870	2 891	15 118
天津	319 311	275 240		30 891	41 982	11 208	122 199
河北	430 667	398 408	86	74 169	72 082	39 810	146 702
山西	50 188	49 636	244	15 102	7 575	3 844	15 460
内蒙古	118 031	115 630		14 707	19 168	14 054	46 117
辽宁	904 206	803 131	2 367	115 459	125 648	72 119	281 375
吉林	169 468	167 957	1 180	17 268	43 690	33 206	41 024
黑龙江	459 396	455 313		35 486	94 115	40 435	191 070
上海	157 468	102 842	5 025	23 643	14 594	9 303	712
江苏	3 357 919	2 507 070	76 233	437 184	482 170	247 288	156 985
浙江	977 452	675 167	42 542	89 550	133 285	97 934	30 307
安徽	1 908 408	1 568 316	75 836	270 546	297 098	287 356	115 612
福建	837 089	710 199	13 561	178 189	74 447	65 181	56 073
江西	2 276 781	2 064 656	52 399	480 255	262 981	355 723	148 463
山东	1 464 056	1 375 994	13 502	250 543	241 934	151 845	351 606
河南	868 330	846 102	8 010	132 457	203 262	137 289	256 877
湖北	4 124 940	3 465 881	108 875	919 547	673 181	423 298	182 023
湖南	2 373 876	2 300 669	83 674	634 762	426 504	346 528	175 135
广东	3 731 574	3 392 995	45 426	740 256	231 899	380 897	123 565
广西	1 444 993	1 406 418	13 639	320 020	245 191	179 250	160 563
海南	462 111	454 381	1 711	7 011	6 636	10 369	5 544
重庆	423 076	420 094	1 606	94 782	99 727	38 547	39 142
四川	1 266 189	1 252 267	1 737	221 407	274 868	147 841	158 536
贵州	196 040	194 798	3 570	45 583	19 979	31 984	56 221
云南	535 132	533 036	4 958	92 924	58 213	38 820	136 860
西藏	61	61		8			12
陕西	133 320	129 650	240	32 615	29 941	15 483	39 450
甘肃	14 476	14 427	14	3 599	1 616	510	4 626
青海	9 037	8 901		171	160		306
宁夏	162 244	160 035		46 539	18 613	10 324	69 123
新疆	130 881	129 848		37 818	20 580	9 550	45 627

各地区淡水养殖产量(按品种分)(二)

单位:吨

地区	1. 鱼类(续)						
	其中(续)						
	鲫鱼	鳊鲂	泥鳅	鲶鱼	鮰鱼	黄颡鱼	鲑鱼
全国总计	**2 767 910**	**783 023**	**343 130**	**450 846**	**248 608**	**333 651**	**11 023**
北　京	3 337	1 180	26	781	168	13	
天　津	54 843	2 271	776	1 636	502		
河　北	35 082	1 246	2 577	533	89	60	15
山　西	1 886	229	199	387	19		12
内蒙古	14 437	675	1 060	2 365	4	139	
辽　宁	92 027	8 543	14 981	45 804	219	5 640	1 372
吉　林	19 003	1 419	1 450	2 302		1 178	110
黑龙江	70 099	1 124	2 566	3 909	65	2 534	
上　海	37 990	4 121	160		125	1 034	
江　苏	616 488	193 765	71 472	13 262	1 116	27 794	48
浙　江	86 169	29 308	6 628	1 995	1 037	39 749	85
安　徽	187 112	95 367	34 892	16 347	16 512	25 735	
福　建	32 352	4 560	2 204	9 280	1 845	4 225	20
江　西	201 791	68 396	76 340	56 354	27 256	44 410	266
山　东	144 002	16 241	8 881	30 694	348	2 596	
河　南	51 410	13 031	10 011	13 612	6 149	2 221	
湖　北	445 342	181 501	40 758	39 361	48 845	87 983	
湖　南	183 686	87 161	14 192	34 786	40 096	24 416	1
广　东	137 993	27 056	14 724	35 647	15 673	31 210	439
广　西	39 303	2 013	3 241	35 116	11 441	2 942	1
海　南	1 240		344	1 526			
重　庆	93 937	6 027	8 922	7 278	6 766	4 144	54
四　川	151 322	33 625	24 588	82 421	59 995	23 108	537
贵　州	5 805	2 196	646	4 954	8 097	1 111	1 057
云　南	33 617	311	764	7 744	943	438	161
西　藏	7						22
陕　西	5 106	426	468	982	561	666	20
甘　肃	846	60	2	22	2		130
青　海	223						6 641
宁　夏	12 501	383	236	1 341	526	1	
新　疆	8 954	788	22	407	209	304	32

各地区淡水养殖产量(按品种分)(三)

单位:吨

地　区	1. 鱼类(续)						
	其中(续)						
	鳟鱼	河鲀	短盖巨脂鲤	长吻鮠	黄鳝	鳜鱼	池沼公鱼
全国总计	28 141	4 815	103 815	24 536	357 991	293 853	12 129
北　京	2 044		20			21	
天　津							
河　北	2 083		27		5	3	5 018
山　西	1 367						13
内蒙古	125						910
辽　宁	5 418					1 864	699
吉　林	217					252	3 591
黑龙江	484					583	11
上　海					101	60	
江　苏	6	3 169	8 427	15	6 540	27 973	30
浙　江	67		138	561	1 125	12 508	2
安　徽	2	8	4 023	204	42 627	38 890	
福　建	284	632	4 085	155	768	1 587	2
江　西	259		23 250	700	82 995	48 825	
山　东	3 568		2 490		1 688	2 697	20
河　南	266		820	6	2 612	540	27
湖　北		8	56	912	166 973	37 485	
湖　南	607		5	139	34 112	18 235	
广　东	1 237	998	28 056	8 775	2 870	96 179	
广　西	219		30 299	871	1 752	208	
海　南			1 707		56		
重　庆	877		239	1 154	862	597	
四　川	1 694		10	9 863	11 837	4 545	
贵　州	561			1 146	342	117	36
云　南	4 598		153	35	371	31	212
西　藏	12						
陕　西	750				355	593	
甘　肃	538		10				3
青　海							1 400
宁　夏						60	
新　疆	858						155

各地区淡水养殖产量(按品种分)(四)

单位:吨

地区	1. 鱼类(续)						2. 甲壳类
	其中(续)						
	银鱼	鲈鱼	乌鳢	罗非鱼	鲟鱼	鳗鲡	
全国总计	20 546	351 772	510 340	1 698 483	75 920	218 498	2 559 693
北京		192	27	1 442	3 132		17
天津				2 299			43 398
河北	141	39	49	12 800	4 858		26 972
山西	45	38	278	1 212	1 029		118
内蒙古	119		1 610	82			507
辽宁	559	166	3 438	2 957	1 001		87 668
吉林	1 259	43	749		16		1 511
黑龙江	1 275	10	169	21			4 037
上海		335		23		59	53 916
江苏	38	34 972	32 626	4 138	865	5 889	777 989
浙江	100	18 584	45 873	1 986	5 735	1 679	123 579
安徽	2 206	4 967	31 563	4 590	241	3 780	250 649
福建	45	10 409	2 209	131 479	3 570	84 530	70 599
江西	1 650	21 031	58 801	6 996	2 700	15 868	105 855
山东	3 781	727	113 278	12 623	11 981		77 876
河南	2 306	412	2 006	1 191	1 290		15 000
湖北	2 360	3 558	37 571	4 050	8 966	170	592 125
湖南	1 613	1 433	48 509	1 790	4 948		19 898
广东	271	237 704	114 981	714 296	4 037	105 115	289 954
广西	661	745	2 702	306 941	1 077	30	6 132
海南				330 991	35	1 377	1 639
重庆	30	1 078	4 663	4 054	1 286		1 687
四川	1 503	11 428	8 633	3 808	6 312		3 581
贵州	226	2 748	54	4 496	3 869		763
云南	291	121	301	143 190	6 674	1	628
西藏							
陕西	67		158	366	1 403		221
甘肃			1	26	539		47
青海							136
宁夏		159	20		180		2 203
新疆		873	71	636	176		988

各地区淡水养殖产量(按品种分)(五)

单位:吨

地区	1. 甲壳类(续)						3. 贝类	其中
	(1)虾	其中				(2)蟹		河蚌
		罗氏沼虾	青虾	克氏原螯虾	南美白对虾			
全国总计	1 763 158	127 204	257 641	659 661	701 423	796 535	251 200	92 459
北京	8					9		
天津	42 099		169		41 930	1 299		
河北	23 298	6	889		22 403	3 674	3	3
山西	63		3		60	55		
内蒙古	140		115			367		
辽宁	8 839				8 639	78 829	22	22
吉林	463		26			1 048		
黑龙江	299				40	3 738		
上海	39 484	3 405	443	60	35 576	14 432	11	7
江苏	419 747	70 691	119 611	88 102	140 605	358 242	39 775	9 586
浙江	116 303	11 099	19 223	3 439	80 745	7 276	9 350	2 784
安徽	146 237	2 522	49 175	93 163	1 255	104 412	51 232	28 373
福建	69 389	1 226	1 724	160	65 604	1 210	35 445	4 403
江西	88 757	604	27 204	60 481	468	17 098	46 295	13 557
山东	60 684	837	1 900	5 750	52 087	17 192	2 133	953
河南	12 891	1 831	2 300	8 178	582	2 109	179	125
湖北	425 600	1 608	28 307	392 951	2 734	166 525	25 789	20 229
湖南	12 822	628	3 628	3 480	4 002	7 076	19 109	8 436
广东	283 532	30 502	1 641	22	240 386	6 422	13 195	2 778
广西	5 349	1 720	808	286	2 221	783	4 140	478
海南	1 639				1 457		99	
重庆	1 281	189	41	633	220	406	65	2
四川	3 097	83	163	2 765	24	484	3 514	579
贵州	232	123	24	85		531	197	72
云南	516	130	245	106	8	112	600	72
西藏								
陕西	133		2		131	88	2	
甘肃	10					37		
青海						136		
宁夏	54				54	2 149		
新疆	192				192	796	45	

各地区淡水养殖产量(按品种分)(六)

单位:吨

地 区	3. 贝类(续)		4. 藻类	5. 其他类					6. 观赏鱼(万尾)
	其中(续)				其中				
	螺	蚬			龟	鳖	蛙	珍珠(千克)	
全国总计	110 393	24 431	8 553	508 490	36 226	341 288	92 993	1 979 325	236 219
北 京				321	225	96			34 040
天 津				673		673			34 058
河 北				5 284		5 167			5 128
山 西				434	434				242
内 蒙 古			1 838	56			56		13
辽 宁				13 385			13 385		36
吉 林									14 000
黑 龙 江				46					
上 海				699	77	535	82		13 293
江 苏	25 356	4 566	959	32 126	1 553	26 842	1 351	250 000	16 771
浙 江	6 186	147	104	169 252	11 639	140 877	13 595	934	8 279
安 徽	21 177	1 677		38 211	5 186	26 015	5 248	370 940	8 403
福 建	3 284	10 507	746	20 100	737	8 147	9 537	10 000	2 333
江 西	27 577	4 100	3 319	56 656	4 114	25 762	24 982	982 000	5
山 东	906	200		8 053	1	6 827	1		25 054
河 南	44	10	168	6 881	189	6 651	41		23 746
湖 北	5 458	102		41 145	3 145	36 264	1 600	136 000	301
湖 南	9 573	294		34 200	2 132	19 980	9 694	229 451	410
广 东	4 003	2 595	20	35 410	3 708	10 910	4 763		23 285
广 西	3 271	232	80	28 223	2 631	22 598	662		15
海 南	99		830	5 162	335	560	3 447		32
重 庆	63			1 230	4	479	678		12 085
四 川	2 697			6 827	116	1 926	3 777		6 712
贵 州	124	1		282		241	41		
云 南	528		489	379		12	53		4 359
西 藏									
陕 西	2			3 447		718			3 025
甘 肃				2		2			
青 海									
宁 夏				6		6			500
新 疆	45								93

各地区淡水养殖产量(按水域和养殖方式分)(一)

单位:吨

地　区	淡水养殖产量	按水域分			
		1. 池塘	2. 湖泊	3. 水库	4. 河沟
全国总计	29 357 591	20 902 594	1 646 320	3 770 891	864 246
北　京	50 871	44 181			
天　津	319 311	306 792		5 521	2 540
河　北	430 667	304 914	13 716	101 718	4 586
山　西	50 188	33 870	1 615	14 338	171
内蒙古	118 031	68 552	22 148	24 762	2 134
辽　宁	904 206	673 933	30	121 624	4 142
吉　林	169 468	70 550	27 502	66 628	490
黑龙江	459 396	326 113	41 442	54 066	22 165
上　海	157 468	150 929	692		5 348
江　苏	3 357 919	2 508 401	212 299	85 988	232 986
浙　江	977 452	440 147	6 505	86 002	75 846
安　徽	1 908 408	1 141 584	363 117	164 986	115 021
福　建	837 089	569 454	5 068	176 811	40 994
江　西	2 276 781	1 271 753	315 468	514 194	68 520
山　东	1 464 056	1 063 022	78 424	270 447	15 595
河　南	868 330	668 497	8 691	103 337	17 344
湖　北	4 124 940	3 330 557	337 737	206 560	17 110
湖　南	2 373 876	1 810 388	130 866	259 917	23 643
广　东	3 731 574	3 403 117	11 402	237 918	16 975
广　西	1 444 993	808 012		479 784	102 450
海　南	462 111	300 050	703	142 978	294
重　庆	423 076	371 208		34 902	7 501
四　川	1 266 189	635 597	965	232 150	77 251
贵　州	196 040	17 012	1 018	128 005	2 503
云　南	535 132	288 962	6 204	194 255	4 104
西　藏	61	61			
陕　西	133 320	76 825	3 147	34 024	2 026
甘　肃	14 476	10 375	81	3 088	
青　海	9 037	454	542	8 041	
宁　夏	162 244	101 663	56 239	1 631	840
新　疆	130 881	105 621	699	17 216	1 667

各地区淡水养殖产量(按水域和养殖方式分)(二)

单位:吨

地区	按水域分(续)		养殖方式中		
	5. 其他	6. 稻田	围栏	网箱	工厂化
全国总计	716 821	1 456 719	487 412	1 391 651	197 420
北京	6 690				2 493
天津	4 138	320			
河北	4 857	876	4 105	68 552	4 258
山西	54	140	160	1 855	320
内蒙古		435	872	1 112	225
辽宁	36 049	68 428	2 580	58 867	1 427
吉林	3 392	906	1 073	1 991	80
黑龙江	11 323	4 287	147	1 614	
上海	496	3			56
江苏	110 524	207 721	40 519	78 325	13 529
浙江	67 156	301 796	12 080	18 340	69 876
安徽	44 527	79 173	206 554	97 359	7 858
福建	29 313	15 449	1 513	23 350	40 584
江西	38 924	67 922	55 583	93 274	11 044
山东	34 326	2 242	31 253	99 620	25 257
河南	69 907	554	3 622	51 734	3 173
湖北	13 110	219 866	78 668	173 682	2 816
湖南	79 564	69 498	29 398	126 836	635
广东	59 354	2 808	2 868	4 534	843
广西	39 031	15 716	11 822	199 286	
海南	18 086		93	893	610
重庆	1 114	8 351	1 243	1 703	601
四川	9 614	310 612		48 853	74
贵州	11 497	36 005	882	118 095	2 122
云南	38	41 569	620	93 108	8 893
西藏					
陕西	17 128	170	1 757	21 656	400
甘肃	931	1		116	
青海				6 641	
宁夏		1 871			
新疆	5 678			255	246

全国海洋捕捞产量

单位:吨

指　　标	2014 年	2013 年	2014 年比 2013 年增减(±)	
			绝对量	幅度(%)
海洋捕捞产量	**12 808 371**	**12 643 822**	**164 549**	**1.30**
1. 鱼类	8 807 901	8 717 638	90 263	1.04
2. 甲壳类	2 395 699	2 285 476	110 223	4.82
其中:虾	1 531 025	1 551 263	-20 238	-1.30
其中:毛虾	538 011	566 503	-28 492	-5.03
对虾	140 286	130 333	9 953	7.64
鹰爪虾	319 045	324 450	-5 405	-1.67
虾蛄	292 796	294 151	-1 355	-0.46
蟹	864 674	734 213	130 461	17.77
其中:梭子蟹	577 994	470 637	107 357	22.81
青蟹	83 877	77 429	6 448	8.33
蟳	59 812	57 483	2 329	4.05
3. 贝类	551 607	547 556	4 051	0.74
4. 藻类	24 299	28 036	-3 737	-13.33
5. 头足类	676 715	664 285	12 430	1.87
其中:乌贼	137 211	128 046	9 165	7.16
鱿鱼	374 727	361 058	13 669	3.79
章鱼	121 352	116 828	4 524	3.87
6. 其他类	352 150	400 831	-48 681	-12.15
其中:海蜇	196 174	211 315	-15 141	-7.17

全国海洋捕捞主要鱼类产量

单位:吨

指　　标	2014 年	2013 年	2014 年比 2013 年增减(±)	
			绝对量	幅度(%)
海鳗	381 665	370 885	10 780	2.91
鳓鱼	80 448	84 033	-3 585	-4.27
鳀鱼	926 462	866 808	59 654	6.88
沙丁鱼	151 047	141 558	9 489	6.70
鲱鱼	15 809	17 838	-2 029	-11.37
石斑鱼	113 096	101 998	11 098	10.88
鲷	172 947	169 253	3 694	2.18
蓝圆鲹	602 259	570 602	31 657	5.55
白姑鱼	109 471	120 408	-10 937	-9.08
黄姑鱼	73 464	84 132	-10 668	-12.68
鮸鱼	70 033	71 443	-1 410	-1.97
大黄鱼	95 515	91 070	4 445	4.88
小黄鱼	342 725	364 112	-21 387	-5.87
梅童鱼	299 016	278 564	20 452	7.34
方头鱼	42 150	42 631	-481	-1.13
玉筋鱼	117 038	120 219	-3 181	-2.65
带鱼	1 084 184	1 096 812	-12 628	-1.15
金线鱼	411 263	331 655	79 608	24.00
梭鱼	154 863	142 318	12 545	8.81
鲐鱼	480 425	511 500	-31 075	-6.08
鲅鱼	428 475	472 022	-43 547	-9.23
金枪鱼	44 352	43 044	1 308	3.04
鲳鱼	329 936	326 141	3 795	1.16
马面鲀	192 330	190 356	1 974	1.04
竹荚鱼	38 253	31 321	6 932	22.13
鲻鱼	118 682	113 553	5 129	4.52

全国海洋捕捞产量(按海区、渔具分)

单位:吨

指标		2014 年	2013 年	2014 年比 2013 年增减(±)	
				绝对量	幅度(%)
合计		12 808 371	12 643 822	164 549	1.30
按捕捞海域分	渤海	1 023 741	975 257	48 484	4.97
	黄海	3 315 958	3 185 005	130 953	4.11
	东海	4 898 709	5 022 719	-124 010	-2.47
	南海	3 569 963	3 460 841	109 122	3.15
按捕捞渔具分	拖网	6 118 041	6 064 359	53 682	0.89
	围网	1 015 444	1 027 111	-11 667	-1.14
	刺网	2 865 252	2 716 695	148 557	5.47
	张网	1 596 455	1 621 802	-25 347	-1.56
	钓具	384 343	349 750	34 593	9.89
	其他渔具	828 836	864 105	-35 269	-4.08

全国淡水捕捞产量

单位:吨

指标	2014 年	2013 年	2014 年比 2013 年增减(±)	
			绝对量	幅度(%)
淡水捕捞产量	2 295 413	2 307 427	-12 014	-0.52
1. 鱼类	1 673 452	1 661 230	12 222	0.74
2. 甲壳类	327 704	340 607	-12 903	-3.79
其中:虾	275 353	285 029	-9 676	-3.39
蟹	52 351	55 578	-3 227	-5.81
3. 贝类	263 297	272 272	-8 975	-3.30
4. 藻类	256	265	-9	-3.40
5. 其他类	30 704	33 053	-2 349	-7.11
其中:丰年虫	526	1 252	-726	-57.99

各地区海洋捕捞产量(按品种分)(一)

单位:吨

地区	海洋捕捞产量	1. 鱼类	其中				
			海鳗	鳓鱼	鳀鱼	沙丁鱼	鲱鱼
全国总计	12 808 371	8 807 901	381 665	80 448	926 462	151 047	15 809
天 津	45 548	40 797			26 065		
河 北	239 595	135 551			52 576		
辽 宁	1 076 005	653 889	1 002	425	85 937	9 023	24
上 海	19 945	6 939	198	20			
江 苏	547 952	296 348	7 903	2 439	2 184	358	30
浙 江	3 242 724	2 111 192	86 608	9 651	65 197	23 920	2 842
福 建	1 975 062	1 458 245	69 768	14 026	77 894	13 905	3 917
山 东	2 297 194	1 630 501	28 136		566 241	5 300	
广 东	1 493 656	1 081 692	85 024	27 192	32 892	62 613	4 543
广 西	650 599	368 131	13 931	22 846		12 941	956
海 南	1 220 091	1 024 616	89 095	3 849	17 476	22 987	3 497

各地区海洋捕捞产量(按品种分)(二)

单位:吨

地区	1. 鱼类(续)							
	其中(续)							
	石斑鱼	鲷	蓝圆鲹	白姑鱼	黄姑鱼	鮸鱼	大黄鱼	小黄鱼
全国总计	113 096	172 947	602 259	109 471	73 464	70 033	95 515	342 725
天 津								3 460
河 北	28			453	290		1 067	10 691
辽 宁	2 565	75		1 255	3 346	351	47 855	97 835
上 海					38	65	33	235
江 苏	8	122	51	4 157	7 176	2 184	501	29 470
浙 江	1 443	5 135	93 013	47 660	32 777	45 618	405	94 718
福 建	19 414	63 313	264 322	9 714	8 792	8 204	4 706	9 530
山 东	20	80		16 567	8 563	810	1 891	59 749
广 东	37 497	45 377	106 781	23 515	6 176	5 721	23 746	23 423
广 西	6 009	26 850	72 948	1 481	80	816		
海 南	46 112	31 995	65 144	4 669	6 226	6 264	15 311	13 614

各地区海洋捕捞产量(按品种分)(三)

单位:吨

地区	1. 鱼类(续)							
	其中(续)							
	梅童鱼	方头鱼	玉筋鱼	带鱼	金钱鱼	梭鱼	鲐鱼	鲅鱼
全国总计	299 016	42 150	117 038	1 084 184	411 263	154 863	480 425	428 475
天　津				572		288	6 031	526
河　北	309		123	6 240		10 943	1 644	13 206
辽　宁	6 618	170	6 837	13 275	115	23 461	34 194	70 156
上　海	252			379			5	57
江　苏	73 486	216	1 120	54 176		9 218	5 900	8 378
浙　江	188 497	15 306	31 344	414 978	5 241	7 000	176 293	71 266
福　建	22 344	4 693	19 904	180 086	10 076	14 550	126 798	52 072
山　东	600		39 948	69 506		33 729	69 555	176 471
广　东	3 631	9 104	1 560	152 279	87 532	25 654	31 603	27 914
广　西		42		31 318	35 474	10 531	13 633	2 234
海　南	3 279	12 619	16 202	161 375	272 825	19 489	14 769	6 195

各地区海洋捕捞产量(按品种分)(四)

单位:吨

地区	1. 鱼类(续)					2. 甲壳类		
	其中(续)						(1)虾	其中
	金枪鱼	鲳鱼	马面鲀	竹荚鱼	鲻鱼			毛虾
全国总计	44 352	329 936	192 330	38 253	118 682	2 395 699	1 531 025	538 011
天　津						1 186	805	109
河　北		2 482	130		6 090	52 126	38 118	11 556
辽　宁		4 695	569	50	8 354	220 601	145 806	44 269
上　海	2	186		20		12 871	1 758	
江　苏		34 046	1 341	33	11 653	158 116	50 163	25 149
浙　江	5 722	80 705	24 653	798	31 010	937 862	641 221	229 154
福　建	3 209	60 368	66 511	10 960	14 800	332 118	186 219	56 432
山　东		20 251	2 856	10	530	262 450	213 156	87 681
广　东	18 609	67 273	47 921	4 610	24 036	228 515	149 627	42 296
广　西		12 040	28 990	415	8 584	126 522	71 240	28 433
海　南	16 810	47 890	19 359	21 357	13 625	63 332	32 912	12 932

各地区海洋捕捞产量(按品种分)(五)

单位:吨

地区	2. 甲壳类(续)						
	(1)虾(续)			(2)蟹			
	其中(续)				其中		
	对虾	鹰爪虾	虾蛄		梭子蟹	青蟹	蟳
全国总计	140 286	319 045	292 796	864 674	577 994	83 877	59 812
天津	67		490	381	231	150	
河北	1 589	2 866	19 083	14 008	7 851	455	919
辽宁	6 322	7 003	67 998	74 795	35 545	7 097	23 844
上海	163	764		11 113	9 361		
江苏	2 770	10 128	8 585	107 953	96 938	1 960	3 751
浙江	15 291	197 406	73 264	296 641	209 937	4 309	13 947
福建	23 813	47 784	36 586	145 899	98 092	13 385	5 868
山东	5 582	27 072	55 750	49 294	33 343	252	5 139
广东	52 658	13 421	21 389	78 888	44 472	26 716	3 709
广西	18 860	8 256	7 481	55 282	30 779	11 190	2 023
海南	13 171	4 345	2 170	30 420	11 445	18 363	612

各地区海洋捕捞产量(按品种分)(六)

单位:吨

地区	3. 贝类	4. 藻类	5. 头足类	其中			6. 其他类	其中
				乌贼	鱿鱼	章鱼		海蜇
全国总计	551 607	24 299	676 715	137 211	374 727	121 352	352 150	196 174
天津	1 797		1 746	26	1 614	106	22	22
河北	20 530		11 151	1 396	1 646	6 751	20 237	12 352
辽宁	82 927	65	48 366	5 101	30 343	6 772	70 157	14 432
上海	10		118	19	62	23	7	
江苏	49 683	1 274	15 108	2 200	8 141	4 284	27 423	16 196
浙江	18 012	2 715	144 401	26 468	83 412	31 737	28 542	2 060
福建	48 789	2 022	118 117	35 098	59 391	16 167	15 771	12 784
山东	175 522	1 485	126 337	9 939	79 506	25 189	100 899	81 649
广东	56 459	7 323	80 068	20 218	31 564	16 044	39 599	16 197
广西	57 357		50 732	17 863	25 039	7 347	47 857	39 335
海南	40 521	9 415	80 571	18 883	54 009	6 932	1 636	1 147

各地区海洋捕捞产量(按海域分)

单位:吨

地 区	海洋捕捞产量	按捕捞海域分			
		1. 渤海	2. 黄海	3. 东海	4. 南海
全国总计	12 808 371	1 023 741	3 315 958	4 898 709	3 569 963
天 津	45 548	9 973	35 575		
河 北	239 595	195 145	44 450		
辽 宁	1 076 005	406 953	657 792	11 260	
上 海	19 945			19 945	
江 苏	547 952	449	486 665	60 838	
浙 江	3 242 724		205 503	3 037 221	
福 建	1 975 062			1 769 445	205 617
山 东	2 297 194	411 221	1 885 973		
广 东	1 493 656				1 493 656
广 西	650 599				650 599
海 南	1 220 091				1 220 091

各地区海洋捕捞产量(按渔具分)

单位:吨

地 区	海洋捕捞产量	按捕捞渔具分					
		1. 拖网	2. 围网	3. 刺网	4. 张网	5. 钓具	6. 其他
全国总计	12 808 371	6 118 041	1 015 444	2 865 252	1 596 455	384 343	828 836
天 津	45 548	32 876		9 956	265		2 451
河 北	239 595	50 410	5 843	114 631	48 368		20 343
辽 宁	1 076 005	441 268	2 158	467 734	83 857	15 575	65 413
上 海	19 945	17 955		300	1 685	5	
江 苏	547 952	77 408	4 213	156 404	225 199	216	84 512
浙 江	3 242 724	1 927 332	209 255	273 573	637 169	31 463	163 932
福 建	1 975 062	761 157	286 140	298 662	348 396	45 435	235 272
山 东	2 297 194	1 455 673	33 726	439 832	211 099	79 451	77 413
广 东	1 493 656	757 196	147 948	432 464	7 320	89 096	59 632
广 西	650 599	423 782	59 182	84 492	188	7 278	75 677
海 南	1 220 091	172 984	266 979	587 204	32 909	115 824	44 191

各地区淡水捕捞产量(按品种分)

单位:吨

地区	淡水捕捞产量	1. 鱼类	2. 甲壳类	其中		3. 贝类	4. 藻类	5. 其他类	其中
				虾	蟹				丰年虫
全国总计	**2 295 413**	**1 673 452**	**327 704**	**275 353**	**52 351**	**263 297**	**256**	**30 704**	**526**
北京	4 091	4 044	30		30			17	
天津	11 712	8 776	806	740	66	979		1 151	
河北	101 680	91 723	5 356	4 559	797	3 776		825	
山西	1 060	1 001	9	7	2			50	50
内蒙古	29 918	29 014	766	755	11			138	73
辽宁	55 688	45 601	8 549	4 299	4 250	590		948	
吉林	20 657	19 649	513	504	9	490		5	
黑龙江	54 138	53 492	322	322		319		5	
上海	3 398	3 310	52	50	2			36	
江苏	325 778	192 135	57 208	42 327	14 881	71 955		4 480	
浙江	90 952	59 157	7 867	6 633	1 234	22 129	22	1 777	
安徽	328 456	217 540	67 712	57 716	9 996	36 348	210	6 646	
福建	87 425	59 797	6 547	5 135	1 412	19 910		1 171	
江西	259 832	177 960	47 512	45 185	2 327	30 300	23	4 037	
山东	111 983	94 903	12 412	8 339	4 073	4 242		426	11
河南	49 310	41 215	7 524	6 918	606	552		19	
湖北	208 068	130 795	58 751	53 532	5 219	15 039		3 483	
湖南	107 744	89 274	11 907	10 800	1 107	5 242		1 321	
广东	125 825	79 187	11 829	8 360	3 469	33 946		863	
广西	134 602	111 047	8 807	7 415	1 392	13 092		1 656	
海南	22 073	19 325	843	593	250	1 670		235	
重庆	20 333	18 641	1 301	1 080	221	391			
四川	60 160	55 094	4 182	3 675	507	664		220	
贵州	13 900	11 405	2 229	2 050	179	192		74	
云南	46 881	40 543	4 311	4 185	126	1 467		560	
西藏	279	216						63	63
陕西	6 000	5 675	151	139	12	4	1	169	
甘肃									
青海									
宁夏	344	322	22	12	10				
新疆	13 126	12 611	186	23	163			329	329

各地区远洋渔业

单位：吨、万元

地　区	远洋捕捞产量			远洋渔业总产值	2013年比2011年增减(±)			
		返回国内量	境外出售量		远洋捕捞产量			远洋渔业总产值
						返回国内量	境外出售量	
全国总计	**2 027 318**	**1 343 327**	**683 991**	**1 848 556**	**675 340**	**533 881**	**141 459**	**417 314**
北　京	13 222	9 905	3 317	10 900	6 214	6 773	-559	4 494
天　津	20 046	15 706	4 340	13 592	7 019	6 196	823	3 165
河　北								
辽　宁	330 295	196 318	133 977	202 305	125 861	100 357	25 504	626
上　海	149 649	72 223	77 426	137 075	44 463	38 907	5 556	22 506
江　苏	19 907	10 175	9 732	19 088	358	1 479	-1 121	-13 232
浙　江	532 666	461 819	70 847	411 724	164 480	122 193	42 287	109 603
福　建	264 487	183 406	81 081	333 277	33 961	49 607	-15 646	41 083
山　东	365 042	206 602	158 440	322 384	251 980	155 878	96 102	186 617
广　东	68 370	21 559	46 811	106 169	5 189	3 791	1 398	33 903
广　西	2 787		2 787	3 130	-2		-2	-114
海　南								
中农发集团	260 847	165 614	95 233	288 912	35 817	48 700	-12 883	28 663

各地区远洋渔业主要品种产量

单位：吨

地　区	远洋捕捞产量	其中	
		金枪鱼	鱿鱼
全国总计	**2 027 318**	**284 937**	**878 512**
北　京	13 222	481	10 531
天　津	20 046	957	2 398
河　北			
辽　宁	330 295	11 333	132 817
上　海	149 649	75 371	23 335
江　苏	19 907		7 962
浙　江	532 666	72 590	392 187
福　建	264 487	17 837	19 865
山　东	365 042	39 714	172 347
广　东	68 370	21 944	1 922
广　西	2 787	989	
海　南			
中农发集团	260 847	43 721	115 148

三、生产要素

全国水产养殖面积(按水域和养殖方式分)

单位:公顷

指标		2014 年	2013 年	2014 年比 2013 年增减(±)	
				绝对量	幅度(%)
总计		8 386 360	8 321 699	64 661	0.78
1. 海水养殖		2 305 472	2 315 569	-10 097	-0.44
按水域分	海上	1 347 034	1 337 355	9 679	0.72
	滩涂	674 628	697 556	-22 928	-3.29
	其他	283 810	280 658	3 152	1.12
养殖方式中	池塘	456 923	463 638	-6 715	-1.45
	普通网箱(m^2)	53 971 270	46 686 225	7 285 045	15.60
	深水网箱(m^3)	6 055 773	4 152 827	1 902 946	45.82
	筏式	331 610	318 891	12 719	3.99
	吊笼	113 399	113 212	187	0.17
	底播	1 130 381	1 122 481	7 900	0.70
	工厂化(m^3)	25 645 110	21 719 477	3 925 633	18.07
2. 淡水养殖		6 080 888	6 006 130	74 758	1.24
按水域分	池塘	2 661 901	2 623 176	38 725	1.48
	湖泊	1 015 327	1 022 692	-7 365	-0.72
	水库	1 994 819	1 957 966	36 853	1.88
	河沟	274 965	275 809	-844	-0.31
	其他	133 876	126 487	7 389	5.84
	稻田养成鱼	1 489 501	1 520 685	-31 184	-2.05
养殖方式中	围栏(m^2)	2 421 009 884	2 442 538 429	-21 528 545	-0.88
	网箱(m^2)	142 116 554	155 324 847	-13 208 293	-8.50
	工厂化(m^3)	32 675 043	28 020 151	4 654 892	16.61

全国海水养殖面积(按品种分)

单位:公顷

指　　标	2014 年	2013 年	2014 年比 2013 年增减(±)	
			绝对量	幅度(%)
海水养殖	2 305 472	2 315 569	-10 097	-0.44
1. 鱼类	80 588	80 107	481	0.60
2. 甲壳类	305 584	286 271	19 313	6.75
其中:虾	249 383	226 604	22 779	10.05
其中:南美白对虾	163 844	142 542	21 302	14.94
斑节对虾	14 413	14 902	-489	-3.28
中国对虾	21 916	19 979	1 937	9.70
日本对虾	19 708	18 925	783	4.14
蟹	56 201	59 667	-3 466	-5.81
其中:梭子蟹	27 307	29 256	-1 949	-6.66
青蟹	26 448	26 660	-212	-0.80
3. 贝类	1 530 414	1 564 967	-34 553	-2.21
其中:牡蛎	133 353	131 014	2 339	1.79
鲍	13 334	13 447	-113	-0.84
螺	39 559	41 466	-1 907	-4.60
蚶	56 528	59 982	-3 454	-5.76
贻贝	43 906	51 308	-7 402	-14.43
江珧	1 043	1 043		
扇贝	639 942	639 139	803	0.13
蛤	404 983	405 469	-486	-0.12
蛏	60 418	61 229	-811	-1.32
4. 藻类	124 990	121 988	3 002	2.46
其中:海带	39 901	37 282	2 619	7.02
裙带菜	7 693	8 199	-506	-6.17
紫菜	64 152	62 376	1 776	2.85
江蓠	9 697	9 398	299	3.18
麒麟菜	398	646	-248	-38.39
石花菜				
羊栖菜	1 379	1 390	-11	-0.79
苔菜	39	60	-21	-35.00
5. 其他类	263 896	262 236	1 660	0.63
其中:海参	214 180	214 945	-765	-0.36
海胆	15 417	14 756	661	4.48
海水珍珠	3 036	3 310	-274	-8.28
海蜇	14 129	11 769	2 360	20.06

各地区水产养殖面积(一)

单位:公顷

地 区	2014 年			
	总面积	海水养殖面积	淡水养殖面积	
				池塘
全国总计	8 386 360	2 305 472	6 080 888	2 661 901
北 京	3 924		3 924	3 850
天 津	40 560	3 180	37 380	31 991
河 北	201 018	122 434	78 584	31 306
山 西	15 814		15 814	2 779
内 蒙 古	118 580		118 580	18 419
辽 宁	1 145 399	928 503	216 896	48 870
吉 林	313 090		313 090	28 817
黑 龙 江	376 238		376 238	105 452
上 海	20 461		20 461	18 344
江 苏	761 040	188 657	572 383	381 088
浙 江	298 065	88 178	209 887	72 838
安 徽	575 907		575 907	215 250
福 建	261 881	161 418	100 463	39 608
江 西	435 324		435 324	157 119
山 东	835 108	548 487	286 621	151 694
河 南	269 695		269 695	113 643
湖 北	688 000		688 000	384 405
湖 南	454 346		454 346	232 901
广 东	564 989	193 691	371 298	278 019
广 西	236 163	54 233	181 930	80 101
海 南	53 914	16 691	37 223	22 983
重 庆	93 602		93 602	53 813
四 川	199 446		199 446	103 576
贵 州	58 883		58 883	5 427
云 南	138 490		138 490	36 947
西 藏	31		31	31
陕 西	50 512		50 512	11 785
甘 肃	14 373		14 373	2 300
青 海	42 431		42 431	318
宁 夏	46 669		46 669	16 304
新 疆	72 407		72 407	11 923

各地区水产养殖面积(二)

单位:公顷

地区	2013年			
	总面积	海水养殖面积	淡水养殖面积	池塘
全国总计	8 321 699	2 315 569	6 006 130	2 623 176
北京	4 221		4 221	4 143
天津	40 481	3 169	37 312	32 548
河北	197 294	117 928	79 366	30 965
山西	15 462		15 462	2 820
内蒙古	115 753		115 753	18 054
辽宁	1 148 881	942 050	206 831	47 930
吉林	307 687		307 687	30 027
黑龙江	376 396		376 396	108 681
上海	20 966		20 966	18 856
江苏	765 278	193 807	571 471	376 031
浙江	302 376	89 358	213 018	72 329
安徽	570 384		570 384	209 643
福建	253 252	154 453	98 799	38 298
江西	433 226		433 226	155 126
山东	826 897	546 814	280 083	146 408
河南	255 458		255 458	111 193
湖北	683 460		683 460	375 953
湖南	447 632		447 632	226 893
广东	570 137	197 198	372 939	277 871
广西	231 665	54 001	177 664	79 404
海南	57 898	16 791	41 107	23 376
重庆	88 039		88 039	51 027
四川	196 809		196 809	102 147
贵州	56 237		56 237	5 309
云南	134 934		134 934	36 436
西藏	31		31	31
陕西	47 932		47 932	11 203
甘肃	13 878		13 878	2 377
青海	42 431		42 431	318
宁夏	45 897		45 897	16 278
新疆	70 707		70 707	11 501

各地区水产养殖面积(三)

单位:公顷

地 区	2014年比2013年增减(±)			
	总面积	海水养殖面积	淡水养殖面积	池塘
全国总计	64 661	-10 097	74 758	38 725
北 京	-297		-297	-293
天 津	79	11	68	-557
河 北	3 724	4 506	-782	341
山 西	352		352	-41
内 蒙 古	2 827		2 827	365
辽 宁	-3 482	-13 547	10 065	940
吉 林	5 403		5 403	-1 210
黑 龙 江	-158		-158	-3 229
上 海	-505		-505	-512
江 苏	-4 238	-5 150	912	5 057
浙 江	-4 311	-1 180	-3 131	509
安 徽	5 523		5 523	5 607
福 建	8 629	6 965	1 664	1 310
江 西	2 098		2 098	1 993
山 东	8 211	1 673	6 538	5 286
河 南	14 237		14 237	2 450
湖 北	4 540		4 540	8 452
湖 南	6 714		6 714	6 008
广 东	-5 148	-3 507	-1 641	148
广 西	4 498	232	4 266	697
海 南	-3 984	-100	-3 884	-393
重 庆	5 563		5 563	2 786
四 川	2 637		2 637	1 429
贵 州	2 646		2 646	118
云 南	3 556		3 556	511
西 藏				
陕 西	2 580		2 580	582
甘 肃	495		495	-77
青 海				
宁 夏	772		772	26
新 疆	1 700		1 700	422

各地区海水养殖面积(按品种分)(一)

单位:公顷

地 区	海水养殖面积	1. 鱼类	2. 甲壳类	虾	其中			
					南美白对虾	斑节对虾	中国对虾	日本对虾
全国总计	2 305 472	80 588	305 584	249 383	163 844	14 413	21 916	19 708
天 津	3 180	19	3 161	3 161	3 161			
河 北	122 434	304	27 844	26 300	14 587		6 881	4 654
辽 宁	928 503	6 521	13 592	12 692	2 995		6 145	3 002
上 海								
江 苏	188 657	10 975	23 917	14 376	3 918	677	1 838	142
浙 江	88 178	3 687	31 371	16 442	10 333	204	248	632
福 建	161 418	14 212	25 916	16 349	9 744	1 460	1 404	3 240
山 东	548 487	10 385	77 327	69 487	49 069	1 510	3 396	6 685
广 东	193 691	29 436	71 033	61 472	44 415	8 841	2 004	1 064
广 西	54 233	1 163	22 031	20 712	19 044	1 379		289
海 南	16 691	3 886	9 392	8 392	6 578	342		

各地区海水养殖面积(按品种分)(二)

单位:公顷

地 区	2. 甲壳类(续)			3. 贝类	其中				
	蟹	其中			牡蛎	鲍	螺	蚶	贻贝
		梭子蟹	青蟹						
全国总计	56 201	27 307	26 448	1 530 414	133 353	13 334	39 559	56 528	43 906
天 津									
河 北	1 544	1 491		85 483			15	11 438	345
辽 宁	900	900		757 919	15 108	1 929		22 398	2 018
上 海									
江 苏	9 541	9 385	156	113 090	3 695	67	18 070	3 583	3 402
浙 江	14 929	3 585	11 344	42 631	4 793	67	3 061	9 400	1 402
福 建	9 567	4 853	4 385	78 440	37 934	4 713	686	3 511	1 491
山 东	7 840	6 582		336 176	24 095	5 782	8 510	2 710	31 305
广 东	9 561	505	8 250	84 594	29 970	759	6 318	2 869	3 768
广 西	1 319		1 319	29 512	17 474		2 856	188	175
海 南	1 000	6	994	2 569	284	17	43	431	

各地区海水养殖面积(按品种分)(三)

单位:公顷

地 区	3. 贝类(续)				4. 藻类				
	其中(续)					其中			
	江珧	扇贝	蛤	蛏		海带	裙带菜	紫菜	江蓠
全国总计	1 043	639 942	404 983	60 418	124 990	39 901	7 693	64 152	9 697
天 津									
河 北		59 005	14 680						
辽 宁		470 216	141 298	4 025	11 699	5 396	6 293		
上 海									
江 苏			70 756	9 231	39 724	700		39 024	
浙 江		73	6 195	15 723	10 089	637		8 437	25
福 建		248	14 310	13 665	39 843	16 573		15 635	6 237
山 东		102 842	129 976	15 554	19 820	16 508	1 390	265	1 117
广 东	1 043	7 009	19 814	2 121	3 021	87	10	791	1 882
广 西		184	6 596	99					
海 南		365	1 358		794				436

各地区海水养殖面积(按品种分)(四)

单位:公顷

地 区	4. 藻类(续)				5. 其他类				
	其中(续)					其中			
	麒麟菜	石花菜	羊栖菜	苔菜		海参	海胆	海水珍珠	海蜇
全国总计	398		1 379	39	263 896	214 180	15 417	3 036	14 129
天 津									
河 北					8 803	8 778			25
辽 宁					138 772	116 606	7 916		11 425
上 海									
江 苏					951	662			231
浙 江			840	39	400	5			190
福 建			442		3 007	1 608			1 240
山 东			67		104 779	86 235	4 754		945
广 东	40		30		5 607	286	2 747	2 126	26
广 西					1 527			910	47
海 南	358				50				

各地区海水养殖面积(按水域和养殖方式分)(一)

单位:公顷

地区	海水养殖面积	按养殖水域分			养殖方式中	
		1. 海上	2. 滩涂	3. 其他	1. 池塘	2. 普通网箱(m^2)
全国总计	2 305 472	1 347 034	674 628	283 810	456 923	53 971 270
天津	3 180			3 180	3 174	
河北	122 434	77 006	28 726	16 702	29 909	
辽宁	928 503	723 625	125 912	78 966	76 031	292 047
上海						
江苏	188 657	41 255	121 041	26 361	42 069	9 000
浙江	88 178	16 380	40 286	31 512	32 025	970 525
福建	161 418	79 884	56 458	25 076	29 949	42 511 425
山东	548 487	328 139	192 004	28 344	138 153	2 458 846
广东	193 691	60 341	82 030	51 320	72 641	5 851 495
广西	54 233	17 228	19 756	17 249	20 307	464 656
海南	16 691	3 176	8 415	5 100	12 665	1 413 276

各地区海水养殖面积(按水域和养殖方式分)(二)

单位:公顷

地区	养殖方式中(续)				
	3. 深水网箱(m^2)	4. 筏式	5. 吊笼	6. 底播	7. 工厂化(m^2)
全国总计	6 055 773	331 610	113 399	1 130 381	25 645 110
天津					424 600
河北		64 274		19 728	2 629 660
辽宁	493 000	53 563	8 703	698 158	3 455 192
上海					
江苏	14 040	44 019	320	85 571	648 232
浙江	772 697	13 126	136	22 592	1 282 975
福建	312 699	42 406	6 649	18 487	7 273 127
山东	1 525 858	92 444	90 303	233 831	8 891 516
广东	861 264	15 611	6 742	39 878	616 358
广西	464 705	6 167	164	10 971	
海南	1 611 510		382	1 165	423 450

各地区淡水养殖面积(按水域和养殖方式分)(一)

单位:公顷

地　区	淡水养殖面积	按水域			
		1. 池塘	2. 湖泊	3. 水库	4. 河沟
全国总计	6 080 888	2 661 901	1 015 327	1 994 819	274 965
北　京	3 924	3 850			
天　津	37 380	31 991		4 036	463
河　北	78 584	31 306	4 054	41 350	1 520
山　西	15 814	2 779	2 550	10 287	30
内蒙古	118 580	18 419	44 711	51 692	3 758
辽　宁	216 896	48 870	200	105 775	7 462
吉　林	313 090	28 817	103 530	180 589	150
黑龙江	376 238	105 452	104 567	138 893	22 091
上　海	20 461	18 344	348		1 549
江　苏	572 383	381 088	90 311	21 710	63 070
浙　江	209 887	72 838	2 904	95 252	32 915
安　徽	575 907	215 250	201 296	94 113	52 504
福　建	100 463	39 608	863	52 997	4 798
江　西	435 324	157 119	103 503	156 531	14 823
山　东	286 621	151 694	10 004	115 825	5 584
河　南	269 695	113 643	3 704	142 789	9 545
湖　北	688 000	384 405	190 068	106 641	4 600
湖　南	454 346	232 901	87 140	131 747	980
广　东	371 298	278 019	3 056	79 674	2 003
广　西	181 930	80 101		92 101	7 363
海　南	37 223	22 983	189	13 831	42
重　庆	93 602	53 813		28 925	10 393
四　川	199 446	103 576	4 457	71 571	19 698
贵　州	58 883	5 427	642	44 582	3 610
云　南	138 490	36 947	14 181	85 491	1 866
西　藏	31	31			
陕　西	50 512	11 785	7 472	28 565	1 861
甘　肃	14 373	2 300	56	11 837	
青　海	42 431	318	4 254	37 859	
宁　夏	46 669	16 304	28 213	1 415	737
新　疆	72 407	11 923	3 054	48 741	1 550

各地区淡水养殖面积(按水域和养殖方式分)(二)

单位:公顷

地区	按水域(续)		养殖方式中		
	5. 其他	6. 稻田	1. 围栏(m^2)	2. 网箱(m^2)	3. 工厂化(m^2)
全国总计	133 876	1 489 501	2 421 009 884	142 116 554	32 675 043
北京	74				364 855
天津	890	1 067			239 115
河北	354	1 903	9 539 770	7 912 079	1 156 200
山西	168	266	149 028	59 495	450
内蒙古		3 235	35 071 000	16 960	19 168
辽宁	54 589	104 962	3 885 000	990 650	213 286
吉林	4	5 897	135 180	19 250	1
黑龙江	5 235	15 065	1 817 750	112 080	
上海	220	12			26 000
江苏	16 204	117 676	71 665 063	11 712 860	2 176 659
浙江	5 978	75 424	11 015 384	2 050 930	7 603 355
安徽	12 744	52 894	1 206 067 706	19 303 361	692 168
福建	2 197	18 623	104 462	1 053 423	9 384 567
江西	3 348	63 429	225 474 387	9 033 591	1 906 513
山东	3 514	595	38 139 668	9 886 908	2 305 668
河南	14	762	74 070 530	3 752 091	176 985
湖北	2 286	192 600	559 860 000	49 598 000	376 000
湖南	1 578	165 616	82 550 355	10 179 318	5 450
广东	8 546	3 375	493 064	265 652	16 272
广西	2 365	45 155	59 183 651	6 356 688	
海南	178		5 600	38 772	165 000
重庆	471	37 345	21 841 220	24 500	80 986
四川	144	306 928		850 490	1 200
贵州	4 622	151 009	6 290 062	5 444 320	150 375
云南	5	113 417	3 012 294	1 721 904	1 528 546
西藏					
陕西	829	859	10 638 710	1 527 383	4 011 240
甘肃	180			33 402	
青海				160 629	
宁夏		11 387			
新疆	7 139			11 818	74 984

全国水产苗种数量

指　　标	计量单位	2014 年	2013 年	2014 年比 2013 年增减(±)	
				绝对量	幅度(%)
淡水鱼苗产量	**亿尾**	**12 746**	**19 143**	**-6 396**	**-33.41**
其中:罗非鱼	亿尾	256	1 029	-772	-75.07
淡水鱼种产量	吨	3 694 912	3 567 482	127 430	3.57
投放鱼种产量	吨	4 038 359	3 927 223	111 136	2.83
河蟹育苗量	千克	942 388	846 781	95 607	11.29
扣蟹	千克	54 656 440	49 943 769	4 712 671	9.44
稚鳖数量	万只	65 776	59 086	6 689	11.32
稚龟数量	万只	8 587	8 353	234	2.80
鳗苗捕捞量	千克	20 152	21 930	-1 778	-8.11
海水鱼苗产量	**万尾**	**648 281**	**572 887**	**75 394**	**13.16**
其中:大黄鱼	万尾	214 852	182 791	32 061	17.54
鲆鱼	万尾	43 532	33 477	10 055	30.04
虾类育苗量	亿尾	6 678	7 560	-882	-11.67
其中:南美白对虾	亿尾	5 290	6 134	-844	-13.77
贝类育苗量	万粒	186 430 373	132 371 057	54 059 316	40.84
其中:鲍鱼育苗量	万粒	681 841	770 125	-88 284	-11.46
海带育苗量	亿株	326	303	23	7.71
紫菜育苗量	亿贝壳	202	202	0	0.03
海参	亿头	746	738	8	1.05

各地区水产苗种数量(一)

地　区	淡水鱼苗（亿尾）	其中:罗非鱼（亿尾）	淡水鱼种（吨）	投放鱼种（吨）	河蟹育苗（千克）	扣蟹（千克）
全国总计	**12 746.18**	**256.45**	**3 694 912**	**4 038 359**	**942 388**	**54 656 440**
北　京	12.68	0.02	13 815	9 295		
天　津	36.90		14 621	27 273	1 550	150 120
河　北	30.18	0.36	22 625	31 187	3 150	7 020
山　西	2.99	0.14	3 494	7 044		
内蒙古	4.59		11 493	14 846		
辽　宁	92.00	2.00	82 494	100 723	72 500	18 226 950
吉　林	12.05		12 775	18 719		
黑龙江	11.89		45 477	50 653		
上　海	16.30		5 251	17 405		7 872 000
江　苏	483.21	0.18	339 079	476 067	858 658	10 580 159
浙　江	139.89	0.52	51 321	92 132	1 490	43 605
安　徽	408.46	0.75	285 877	338 697		13 399 674
福　建	29.24	8.35	14 885	35 294		
江　西	346.04	4.31	295 006	419 085		283 535
山　东	59.22	1.27	102 651	148 969	940	112 054
河　南	72.58	0.16	115 855	117 306		85 337
湖　北	1 050.00	9.00	1 103 682	1 043 750	4 100	3 825 596
湖　南	342.42	0.01	415 783	323 631		28 758
广　东	8 633.00	117.00	297 634	168 951		122
广　西	343.35	20.26	112 625	128 369		
海　南	84.30	78.28	2 284	5 801		
重　庆	72.30	1.00	74 264	86 164		
四　川	220.84	0.93	153 731	205 502		
贵　州	78.23		11 867	19 763		4 410
云　南	108.00	11.49	45 240	85 284		
西　藏	0.03	0.03	5	5		
陕　西	19.25	0.29	12 979	12 105		16 200
甘　肃	0.52	0.08	2 378	2 736		1 420
青　海			3			19 480
宁　夏	9.00		30 665	34 554		
新　疆	26.72	0.02	15 053	17 049		

各地区水产苗种数量(二)

地 区	稚鳖（万只）	稚龟（万只）	鳗苗捕捞（千克）	海水鱼苗（万尾）	其中	
					大黄鱼(万尾)	鲆鱼(万尾)
全国总计	65 775.77	8 586.95	20 152	648 280.50	214 852.00	43 532.00
北 京	17.20	2.30				
天 津	160.00			2 548.00		2 096.00
河 北	837.50			3 526.00		1 251.00
山 西	211.00					
内蒙古						
辽 宁	3.00			2 806.00		2 397.00
吉 林						
黑龙江						
上 海	6.00	22.00	1 654			
江 苏	4 911.00	1 198.00	6 556	11 501.00		76.00
浙 江	20 963.91	1 525.20	2 758	9 122.00	7 200.00	
安 徽	4 058.71	758.26				
福 建	191.50	182.00	8 345	295 211.00	207 249.00	650.00
江 西	6 728.55	1 375.14				
山 东	3 008.00	2.00		54 367.00	53.00	36 852.00
河 南	2 565.00	15.00				
湖 北	6 936.00	1 330.00				
湖 南	3 250.73	1 031.62				
广 东	6 046.00	603.00	839	253 773.00	350.00	210.00
广 西	5 215.13	536.92		28.50		
海 南				15 398.00		
重 庆	57.60	0.10				
四 川	175.32	5.41				
贵 州	0.32					
云 南	0.30					
西 藏						
陕 西	433.00					
甘 肃						
青 海						
宁 夏						
新 疆						

各地区水产苗种数量(三)

地区	虾类育苗（亿尾）	其中：南美白对虾（亿尾）	贝类育苗（万粒）	其中：鲍鱼（万粒）	海带（亿株）	紫菜（亿贝壳）	海参（亿头）
全国总计	**6 678.49**	**5 289.70**	**186 430 373**	**681 841**	**326.03**	**201.81**	**745.55**
北京							
天津	269.20	259.40					
河北	323.10	253.90	36 730				6.61
山西							
内蒙古							
辽宁	139.00	56.00	4 220 085	29 799			249.00
吉林							
黑龙江							
上海	39.01	23.00					
江苏	222.98	174.31	35 000			4.23	
浙江	160.48		26 853 998			32.49	
安徽	74.75		82 700				
福建	3 540.92	3 270.91	114 430 409	556 359	235.03	5.09	0.15
江西	4.86		12 320				
山东	631.00	444.00	40 019 155	16 160	91.00		489.09
河南	2.63						
湖北	298.00		82 996				
湖南							
广东	280.00	120.00	597 994	78 957		160.00	0.70
广西	221.05	218.82	26 023	241			
海南	469.36	469.36	32 963	325			
重庆	2.00						
四川							
贵州							
云南	0.15						
西藏							
陕西							
甘肃							
青海							
宁夏							
新疆							

全国渔船年末拥有量(一)

指标		2014年			2013年			2014年比2013年增减(±)		
		艘	总吨	千瓦	艘	总吨	千瓦	艘	总吨	千瓦
渔船合计		1 065 319	10 704 316	22 275 528	1 071 664	10 443 511	22 199 018	-6 345	260 805	76 510
机动渔船合计		686 766	10 214 416	22 275 528	694 905	9 895 517	22 199 018	-8 139	318 899	76 510
1. 生产渔船		657 974	9 176 606	20 181 127	663 609	8 844 303	20 189 819	-5 635	332 303	-8 692
(1)捕捞渔船		446 171	8 352 777	17 771 956	452 403	8 024 895	17 693 077	-6 232	327 882	78 879
441千瓦及以上		2 489	1 009 185	1 749 155	2 065	812 458	1 351 639	424	196 727	397 516
44.1~441千瓦		64 767	5 597 671	10 556 069	65 233	5 410 483	10 425 078	-466	187 188	130 991
44.1千瓦及以下		378 915	1 745 921	5 466 732	385 105	1 801 954	5 916 360	-6 190	-56 033	-449 628
(2)养殖渔船		211 803	823 829	2 409 171	211 206	819 408	2 496 742	597	4 421	-87 571
2. 辅助渔船		28 792	1 037 810	2 094 401	31 296	1 051 214	2 009 199	-2 504	-13 404	85 202
(1)捕捞辅助船		25 340	865 195	1 510 436	27 808	903 674	1 502 739	-2 468	-38 479	7 697
(2)渔业执法船		2 301	76 784	485 589	2 304	72 279	427 883	-3	4 505	57 706
机动渔船按船长分	24米(含)以上	36 630	5 757 185	9 794 862	35 908	5 387 149	9 273 313	722	370 036	521 549
	12(含)~24米	93 346	2 414 998	5 246 230	94 485	2 389 572	5 211 335	-1 139	25 426	34 895
	12米以下	556 760	2 047 835	7 232 954	564 512	2 118 796	7 714 370	-7 752	-70 961	-481 416
非机动渔船合计		378 553	489 900		376 759	547 994		1 794	-58 094	

全国渔船年末拥有量（二）

指标		总数			海洋渔船			内陆渔船		
		艘	总吨	千瓦	艘	总吨	千瓦	艘	总吨	千瓦
渔船合计		1 065 319	10 704 316	22 275 528	285 482	8 552 000	16 962 042	779 837	2 152 316	5 313 486
机动渔船合计		686 766	10 214 416	22 275 528	277 453	8 538 543	16 962 042	409 313	1 675 873	5 313 486
1. 生产渔船		657 974	9 176 606	20 181 127	263 924	7 605 345	15 139 471	394 050	1 571 261	5 041 656
（1）捕捞渔船		446 171	8 352 777	17 771 956	191 944	7 294 059	14 087 583	254 227	1 058 718	3 684 373
441 千瓦及以上		2 489	1 009 185	1 749 155	2 202	1 007 247	1 745 898	287	1 938	3 257
44.1～441 千瓦		64 767	5 597 671	10 556 069	59 422	5 485 203	10 273 481	5 345	112 468	282 588
44.1 千瓦及以下		378 915	1 745 921	5 466 732	130 320	801 609	2 068 204	248 595	944 312	3 398 528
（2）养殖渔船		211 803	823 829	2 409 171	71 980	311 286	1 051 888	139 823	512 543	1 357 283
2. 辅助渔船		28 792	1 037 810	2 094 401	13 529	933 198	1 822 571	15 263	104 612	271 830
（1）捕捞辅助船		25 340	865 195	1 510 436	12 137	773 333	1 364 814	13 203	91 862	145 622
（2）渔业执法船		2 301	76 784	485 589	582	59 544	346 530	1 719	17 240	139 059
机动渔船按船长分	24 米（含）以上	36 630	5 757 185	9 794 862	35 589	5 721 613	9 751 039	1 041	35 572	43 823
	12（含）～24 米	93 346	2 414 998	5 246 230	51 211	1 920 694	4 412 140	42 135	494 304	834 090
	12 米以下	556 760	2 047 835	7 232 954	190 653	896 236	2 798 863	366 107	1 151 599	4 434 091
非机动渔船合计		378 553	489 900		8 029	13 457		370 524	476 443	

各地区机动渔船年末拥有量

地 区	2014 年			2013 年			2014 年比 2013 年增减（±）		
	艘	总吨	千瓦	艘	总吨	千瓦	艘	总吨	千瓦
全国总计	686 766	10 214 416	22 275 528	694 905	9 895 517	22 199 018	-8 139	318 899	76 510
北 京	31	7 322	11 143	31	4 462	7 189		2 860	3 954
天 津	4 235	34 540	97 904	4 328	34 938	97 362	-93	-398	542
河 北	12 992	272 539	563 933	13 716	265 238	564 652	-724	7 301	-719
山 西	224	501	3 307	229	592	3 021	-5	-91	286
内蒙古	1 292	1 999	16 821	1 430	2 395	18 774	-138	-396	-1 953
辽 宁	40 902	825 012	1 566 947	40 878	779 955	1 555 998	24	45 057	10 949
吉 林	4 654	6 669	83 475	4 405	6 277	80 219	249	392	3 256
黑龙江	11 817	16 282	108 855	12 066	16 222	111 462	-249	60	-2 607
上 海	1 329	125 019	192 659	1 417	122 917	189 090	-88	2 102	3 569
江 苏	125 405	954 812	2 237 290	130 625	1 000 644	3 209 029	-5 220	-45 832	-971 739
浙 江	43 981	2 911 193	4 697 333	46 667	2 795 665	4 584 231	-2 686	115 528	113 102
安 徽	30 421	291 743	448 145	31 854	316 581	444 247	-1 433	-24 838	3 898
福 建	61 209	1 126 225	2 614 723	62 199	1 071 352	2 539 317	-990	54 873	75 406
江 西	32 551	169 992	444 964	32 219	173 476	446 227	332	-3 484	-1 263
山 东	71 359	1 149 954	2 518 974	71 874	1 099 828	2 388 240	-515	50 126	130 734
河 南	4 151	15 746	65 207	4 510	16 669	69 915	-359	-923	-4 708
湖 北	50 661	115 188	421 978	50 685	115 236	421 328	-24	-48	650
湖 南	46 041	111 069	851 376	42 650	78 826	320 264	3 391	32 243	531 112
广 东	64 015	948 447	2 492 479	65 897	930 544	2 445 109	-1 882	17 903	47 370
广 西	26 524	395 011	881 553	26 606	390 796	881 734	-82	4 215	-181
海 南	26 190	501 035	1 365 550	26 805	437 836	1 244 529	-615	63 199	121 021
重 庆	5 647	15 801	64 061	5 693	15 971	61 785	-46	-170	2 276
四 川	8 151	11 073	77 660	8 134	10 542	76 964	17	531	696
贵 州	8 369	24 773	95 796	5 598	19 966	86 395	2 771	4 807	9 401
云 南	1 413	4 820	24 699	1 474	3 965	24 126	-61	855	573
西 藏	6	8	52	7	12	61	-1	-4	-9
陕 西	1 466	8 697	25 394	1 214	9 114	28 784	252	-417	-3 390
甘 肃	35	79	644	33	75	624	2	4	20
青 海	222	870	5 506	222	870	5 506			
宁 夏	21	113	1 716	21	113	1 716			
新 疆	1 102	3 562	17 904	1 056	3 401	17 100	46	161	804
中农发集团	350	164 322	277 480	362	171 039	274 020	-12	-6 717	3 460

四、加工与贸易

全国水产加工情况

指　　标	计量单位	2014 年	2013 年	2014 年比 2013 年增减(±)	
				绝对量	幅度(%)
1. 水产加工企业	个	9 663	9 774	-111	-1.14
水产品加工能力	吨/年	28 472 396	27 453 094	1 019 302	3.71
其中:规模以上加工企业	个	2 749	2 750	-1	-0.04
2. 水产冷库	座	8 624	9 046	-422	-4.67
冻结能力	吨/日	671 780	659 570	12 210	1.85
冷藏能力	吨/次	5 191 248	4 888 711	302 537	6.19
制冰能力	吨/日	237 794	232 400	5 394	2.32
3. 水产加工品总量	吨	20 531 593	19 540 173	991 420	5.07
淡水加工产品	吨	3 745 247	3 629 827	115 420	3.18
海水加工产品	吨	16 786 346	15 910 346	876 000	5.51
(1)水产冷冻品	吨	13 171 461	12 299 779	871 682	7.09
其中:冷冻品	吨	6 548 543	5 888 239	660 304	11.21
冷冻加工品	吨	6 622 918	6 411 540	211 378	3.30
(2)鱼糜制品及干腌制品	吨	3 068 782	2 906 375	162 407	5.59
其中:鱼糜制品	吨	1 517 924	1 326 843	191 081	14.40
干腌制品	吨	1 550 858	1 579 532	-28 674	-1.82
(3)藻类加工品	吨	1 087 052	989 878	97 174	9.82
(4)罐制品	吨	399 892	374 911	24 981	6.66
(5)水产饲料(鱼粉)	吨	759 920	995 462	-235 542	-23.66
(6)鱼油制品	吨	101 325	77 010	24 315	31.57
(7)其他水产加工品	吨	1 940 161	1 896 758	43 403	2.29
其中:助剂和添加剂	吨	89 294	104 224	-14 930	-14.32
珍珠	千克	162 235	171 754	-9 519	-5.54
4. 用于加工的水产品总量	吨	21 923 736	21 687 297	236 439	1.09
其中:淡水产品	吨	5 486 063	5 555 188	-69 125	-1.24
海水产品	吨	16 437 673	16 132 109	305 564	1.89
5. 部分水产品年加工量	吨	1 727 022	1 701 210	25 812	1.52
其中:对虾	吨	520 198	479 650	40 548	8.45
克氏原螯虾	吨	181 866	184 316	-2 450	-1.33
罗非鱼	吨	859 202	866 986	-7 784	-0.90
鳗鱼	吨	107 394	110 746	-3 352	-3.03
斑点叉尾鮰	吨	58 362	59 512	-1 150	-1.93

各地区水产加工品总量

单位:吨

地区	2014 年		2013 年		2014 年比 2013 年增减(±)			
					绝对量		幅度(%)	
	水产加工品总量	其中:淡水加工产品	水产加工品总量	其中:淡水加工产品	水产加工品总量	其中:淡水加工产品	水产加工品总量	其中:淡水加工产品
全国总计	**20 531 593**	**3 745 247**	**19 540 173**	**3 629 827**	**991 420**	**115 420**	**5.07**	**3.18**
北　京	5 594	2 185	4 275	1 975	1 319	210	30.85	10.63
天　津	1 136	626	1 346	626	-210		-15.60	
河　北	82 149	11 850	129 325	13 038	-47 176	-1 188	-36.48	-9.11
山　西								
内蒙古	6 937	6 937	8 502	8 502	-1 565	-1 565	-18.41	-18.41
辽　宁	2 280 973	35 091	2 234 221	40 236	46 752	-5 145	2.09	-12.79
吉　林	12 283	1 548	12 445	1 542	-162	6	-1.30	0.39
黑龙江	2 145	2 145	1 275	1 275	870	870	68.24	68.24
上　海	22 467	15 139	24 686	15 698	-2 219	-559	-8.99	-3.56
江　苏	1 618 495	893 144	1 553 378	846 997	65 117	46 147	4.19	5.45
浙　江	2 282 542	111 415	2 188 453	138 105	94 089	-26 690	4.30	-19.33
安　徽	183 501	171 595	171 728	160 304	11 773	11 291	6.86	7.04
福　建	3 126 751	152 871	2 901 173	159 894	225 578	-7 023	7.78	-4.39
江　西	345 397	345 397	340 339	340 339	5 058	5 058	1.49	1.49
山　东	6 741 355	91 620	6 188 192	131 064	553 163	-39 444	8.94	-30.10
河　南	21 531	21 531	22 421	22 421	-890	-890	-3.97	-3.97
湖　北	942 369	942 369	891 837	891 837	50 532	50 532	5.67	5.67
湖　南	153 461	153 461	157 949	157 949	-4 488	-4 488	-2.84	-2.84
广　东	1 408 781	383 026	1 433 441	364 425	-24 660	18 601	-1.72	5.10
广　西	732 166	165 274	722 482	163 804	9 684	1 470	1.34	0.90
海　南	523 849	200 737	520 442	137 953	3 407	62 784	0.65	45.51
重　庆	711	711	410	410	301	301	73.41	73.41
四　川	3 900	3 900	3 898	3 898	2	2	0.05	0.05
贵　州	1 372	1 372	1 188	1 188	184	184	15.49	15.49
云　南	24 908	24 908	22 972	22 972	1 936	1 936	8.43	8.43
西　藏								
陕　西	855	430	840	420	15	10	1.79	2.38
甘　肃								
青　海	3 000	3 000			3 000	3 000		
宁　夏	150	150	240	240	-90	-90	-37.50	-37.50
新　疆	2 815	2 815	2 715	2 715	100	100	3.68	3.68

各地区用于加工的水产品总量

单位:吨

地区	用于加工的水产品总量	其中	
		淡水产品	海水产品
全国总计	**20 531 593**	**3 745 247**	**16 786 346**
北京	5 594	2 185	3 409
天津	1 136	626	510
河北	82 149	11 850	70 299
山西			
内蒙古	6 937	6 937	
辽宁	2 280 973	35 091	2 245 882
吉林	12 283	1 548	10 735
黑龙江	2 145	2 145	
上海	22 467	15 139	7 328
江苏	1 618 495	893 144	725 351
浙江	2 282 542	111 415	2 171 127
安徽	183 501	171 595	11 906
福建	3 126 751	152 871	2 973 880
江西	345 397	345 397	
山东	6 741 355	91 620	6 649 735
河南	21 531	21 531	
湖北	942 369	942 369	
湖南	153 461	153 461	
广东	1 408 781	383 026	1 025 755
广西	732 166	165 274	566 892
海南	523 849	200 737	323 112
重庆	711	711	
四川	3 900	3 900	
贵州	1 372	1 372	
云南	24 908	24 908	
西藏			
陕西	855	430	425
甘肃			
青海	3 000	3 000	
宁夏	150	150	
新疆	2 815	2 815	

各地区水产品加工企业、冷库基本情况

地区	水产品加工企业			水产品冷库			
	小计（个）	水产品加工能力（吨/年）	其中:规模以上加工企业（个）	数量（座）	冻结能力（吨/日）	冷藏能力（吨/次）	制冰能力（吨/日）
全国总计	**9 663**	**28 472 396**	**2 749**	**8 624**	**671 780**	**5 191 248**	**237 794**
北京	4	8 485	2	223	48	29 220	10
天津	4	965		15	230	201 180	40
河北	250	410 878	19	212	5 707	74 196	4 401
山西							
内蒙古	37	7 550	17	31	345	2 274	232
辽宁	911	2 951 281	378	642	68 194	663 197	17 561
吉林	38	34 010	6	25	8 214	31 620	105
黑龙江	30	4 700		19	225	2 655	65
上海	21	36 720	3	54	971	10 282	319
江苏	1 011	1 728 783	332	1 134	36 494	174 783	26 294
浙江	2 151	2 871 306	333	1 449	41 980	889 297	27 566
安徽	114	258 917	63	400	12 451	60 185	771
福建	1 193	4 513 745	411	776	23 191	415 340	18 877
江西	187	258 847	51	186	2 143	18 065	2 922
山东	1 865	9 354 819	664	2 017	334 029	2 007 245	81 394
河南	75	59 664	11	56	1 111	10 204	672
湖北	235	1 576 305	131	335	86 688	116 936	13 005
湖南	136	244 855	50	151	6 485	53 223	2 014
广东	1 085	2 453 495	149	558	21 969	288 070	16 096
广西	181	947 140	57	52	1 772	101 492	2 902
海南	48	481 692	45	163	5 764	27 839	22 369
重庆	6	3 310	3	31	12 106	5 227	72
四川	8	30 150	4	9	160	1 749	13
贵州	22	6 358	2	10	37	245	15
云南	40	209 996	11	22	613	3 045	66
西藏							
陕西				7	29	33	3
甘肃							
青海	2	4 000	2	3			10
宁夏	1	10 000	1	5	500	800	
新疆	8	4 425	4	39	324	2 846	

各地区水产品贸易情况(进出口)

单位:万美元,吨

地区	2014年		2013年		2014年比2013年增减(±)			
					绝对量		幅度(%)	
	金额	数量	金额	数量	金额	数量	金额	数量
全国总计	**3 088 426.16**	**8 444 286**	**2 890 120.71**	**8 129 377**	**198 305.46**	**314 909**	**6.86**	**3.87**
北京	28 683.43	68 545	28 910.61	96 340	-227.18	-27 795	-0.79	-28.85
天津	38 188.86	124 906	31 222.07	114 965	6 966.78	9 941	22.31	8.65
河北	50 534.87	59 198	32 003.11	48 884	18 531.76	10 314	57.91	21.10
山西	15.78	79	26.53	113	-10.75	-34	-40.51	-30.22
内蒙古	52.34	137	74.98	210	-22.64	-73	-30.19	-34.99
辽宁	453 666.74	1 792 207	411 134.45	1 708 689	42 532.29	83 518	10.35	4.89
吉林	25 615.54	122 373	20 777.03	96 229	4 838.51	26 144	23.29	27.17
黑龙江	571.26	1 013	862.56	5 462	-291.29	-4 449	-33.77	-81.46
上海	121 732.05	237 359	110 481.14	213 334	11 250.91	24 025	10.18	11.26
江苏	48 180.52	101 856	46 560.88	98 341	1 619.64	3 515	3.48	3.57
浙江	241 438.30	648 861	236 425.14	607 628	5 013.16	41 233	2.12	6.79
安徽	7 667.94	15 900	8 320.27	23 686	-652.33	-7 786	-7.84	-32.87
福建	619 692.69	1 265 389	563 420.02	1 187 576	56 272.67	77 813	9.99	6.55
江西	32 854.96	20 319	36 672.48	21 345	-3 817.52	-1 025	-10.41	-4.80
山东	760 460.04	2 568 191	737 076.90	2 532 024	23 383.14	36 167	3.17	1.43
河南	2 258.60	5 566	1 697.45	4 572	561.14	993	33.06	21.73
湖北	40 224.36	40 855	33 282.47	33 928	6 941.89	6 927	20.86	20.42
湖南	2 749.23	5 286	2 698.87	4 388	50.36	898	1.87	20.46
广东	475 214.34	1 044 200	458 518.08	985 252	16 696.26	58 948	3.64	5.98
广西	60 320.34	115 287	51 893.24	114 900	8 427.10	387	16.24	0.34
海南	58 710.39	129 606	56 186.24	132 306	2 524.16	-2 700	4.49	-2.04
重庆	2 969.49	19 098	4 440.73	22 576	-1 471.25	-3 477	-33.13	-15.40
四川	7 096.02	20 591	2 812.25	8 049	4 283.77	12 541	152.33	155.81
贵州	1.45	0	1.27	0	0.18	0	14.05	15.38
云南	7 702.49	33 790	13 683.13	66 385	-5 980.64	-32 594	-43.71	-49.10
陕西	241.54	173	220.49	538	21.05	-365	9.55	-67.88
甘肃								
青海	1 148.26	2 130	370.79	632	777.47	1 498	209.68	237.09
宁夏	47.98	215	9.54	38	38.44	177	402.77	460.60
新疆	386.34	1 157	337.99	988	48.35	169	14.31	17.07

各地区水产品贸易情况(出口)

单位:万美元,吨

地区	2014年		2013年		2014年比2013年增减(±)			
					绝对量		幅度(%)	
	金额	数量	金额	数量	金额	数量	金额	数量
全国总计	2 169 842.38	4 163 328.80	2 026 325.69	3 959 072.01	143 516.70	204 256.80	7.08	5.16
北京	152.15	110.09	191.39	171.40	-39.24	-61.31	-20.50	-35.77
天津	5 316.67	6 994.33	5 649.56	7 151.99	-332.89	-157.66	-5.89	-2.20
河北	45 634.37	44 651.43	27 948.30	37 940.89	17 686.08	6 710.54	63.28	17.69
山西	0.05		1.89	10.00	-1.84	-9.95	-97.41	-99.50
内蒙古			5.05	10.39	-5.05	-10.39	-100.00	-100.00
辽宁	289 190.63	778 063.77	258 757.88	729 141.56	30 432.76	48 922.21	11.76	6.71
吉林	10 369.77	30 252.34	8 355.05	19 312.62	2 014.73	10 939.72	24.11	56.65
黑龙江	229.68	563.64	358.62	2 832.27	-128.93	-2 268.63	-35.95	-80.10
上海	9 248.05	9 557.39	9 396.59	10 051.37	-148.54	-493.98	-1.58	-4.91
江苏	37 146.57	51 301.05	35 182.62	51 365.69	1 963.94	-64.64	5.58	-0.13
浙江	211 815.34	498 175.90	202 305.71	459 024.34	9 509.63	39 151.56	4.70	8.53
安徽	6 390.88	6 389.72	6 060.71	10 274.31	330.17	-3 884.59	5.45	-37.81
福建	549 160.48	794 043.27	491 054.84	730 503.85	58 105.63	63 539.42	11.83	8.70
江西	31 228.65	9 857.89	34 661.14	10 212.30	-3 432.49	-354.41	-9.90	-3.47
山东	483 589.46	1 169 501.33	471 069.84	1 111 763.80	12 519.62	57 737.53	2.66	5.19
河南	899.64	801.46	825.34	676.90	74.30	124.56	9.00	18.40
湖北	39 270.47	32 037.84	32 278.12	28 647.18	6 992.35	3 390.66	21.66	11.84
湖南	2 491.51	3 412.19	2 647.55	4 039.15	-156.04	-626.96	-5.89	-15.52
广东	327 230.64	481 704.38	333 012.27	504 080.57	-5 781.62	-22 376.19	-1.74	-4.44
广西	58 496.16	106 826.77	50 365.13	105 689.28	8 131.03	1 137.49	16.14	1.08
海南	54 998.26	123 972.64	52 219.31	126 181.89	2 778.95	-2 209.26	5.32	-1.75
重庆	0.60	0.82	0.17	0.90	0.43		254.04	-8.78
四川	1 962.74	987.35	1 028.33	605.56	934.41	381.79	90.87	63.05
贵州								
云南	3 672.41	11 757.73	2 424.27	8 428.17	1 248.14	3 329.56	51.49	39.51
陕西	30.31	23.90	30.40	24.57	-0.09	-0.67	-0.29	-2.74
甘肃								
青海	1 148.26	2 129.96	370.79	631.87	777.47	1 498.09	209.68	237.09
宁夏			0.05					
新疆	168.63	211.17	124.76	298.79	43.86	-87.62	35.16	-29.33

各地区水产品贸易情况(进口)

单位:万美元,吨

地区	2014年		2013年		2014年比2013年增减(±)			
					绝对量		幅度(%)	
	金额	数量	金额	数量	金额	数量	金额	数量
全国总计	**918 583.78**	**4 280 957.19**	**863 795.02**	**4 170 304.92**	**54 788.76**	**110 652.27**	**6.34**	**2.65**
北京	28 531.28	68 434.92	28 719.22	96 168.33	-187.94	-27 733.41	-0.65	-28.84
天津	32 872.19	117 911.58	25 572.51	107 812.58	7 299.68	10 099.00	28.55	9.37
河北	4 900.50	14 546.56	4 054.81	10 943.35	845.69	3 603.22	20.86	32.93
山西	15.73	78.66	24.64	102.80	-8.90	-24.14	-36.14	-23.48
内蒙古	52.34	136.56	69.93	199.66	-17.59	-63.10	-25.15	-31.61
辽宁	164 476.11	1 014 143.23	152 376.57	979 547.19	12 099.54	34 596.04	7.94	3.53
吉林	15 245.77	92 120.99	12 421.99	76 916.46	2 823.78	15 204.53	22.73	19.77
黑龙江	341.58	448.93	503.94	2 629.48	-162.36	-2 180.55	-32.22	-82.93
上海	112 484.00	227 801.53	101 084.55	203 282.87	11 399.45	24 518.65	11.28	12.06
江苏	11 033.96	50 554.87	11 378.26	46 975.02	-344.31	3 579.85	-3.03	7.62
浙江	29 622.96	150 684.89	34 119.43	148 603.75	-4 496.47	2 081.14	-13.18	1.40
安徽	1 277.06	9 509.98	2 259.55	13 411.72	-982.50	-3 901.74	-43.48	-29.09
福建	70 532.22	471 345.87	72 365.18	457 072.07	-1 832.96	14 273.79	-2.53	3.12
江西	1 626.31	10 461.58	2 011.33	11 132.21	-385.03	-670.63	-19.14	-6.02
山东	276 870.59	1 398 689.18	266 007.06	1 420 259.97	10 863.52	-21 570.78	4.08	-1.52
河南	1 358.96	4 764.32	872.12	3 895.52	486.84	868.80	55.82	22.30
湖北	953.89	8 817.51	1 004.35	5 280.98	-50.46	3 536.53	-5.02	66.97
湖南	257.73	1 873.75	51.32	349.16	206.41	1 524.59	402.22	436.65
广东	147 983.70	562 496.03	125 505.81	481 171.91	22 477.88	81 324.11	17.91	16.90
广西	1 824.18	8 460.01	1 528.11	9 210.27	296.07	-750.26	19.37	-8.15
海南	3 712.14	5 633.56	3 966.93	6 123.97	-254.79	-490.41	-6.42	-8.01
重庆	2 968.88	19 097.30	4 440.56	22 574.60	-1 471.68	-3 477.30	-33.14	-15.40
四川	5 133.28	19 603.49	1 783.92	7 443.83	3 349.36	12 159.67	187.75	163.35
贵州	1.45	0.03	1.27	0.03	0.18	0.00		
云南	4 030.08	22 032.71	11 258.86	57 956.72	-7 228.78	-35 924.01	-64.21	-61.98
陕西	211.23	148.82	190.09	513.25	21.14	-364.42	11.12	-71.00
甘肃								
青海								
宁夏	47.98	214.76	9.50	37.98	38.48	176.78	405.31	465.46
新疆	217.71	945.58	213.22	689.25	4.49	256.33	2.11	37.19

五、渔政管理

各地区渔政管理机构情况(按机构性质分)

单位:个

地 区	渔业执法机构个数	其中				
		行政单位	参照公务员法管理单位	依照公务员制度管理单位	事业单位	其他性质单位
全国总计	2 949	500	559	201	1 684	5
部直属	1		1			
北 京	15	4	1	1	9	
天 津	15	3	5	6	1	
河 北	131	28	10	6	87	
山 西	86	45			41	
内 蒙 古	108	6	35	5	62	
辽 宁	130	9	25	8	88	
吉 林	65	1	6	2	51	5
黑 龙 江	105	22	24	31	28	
上 海	11		8	2	1	
江 苏	124	5	16	16	87	
浙 江	122	5	35	25	57	
安 徽	131	27	9	5	90	
福 建	91	1	63	2	25	
江 西	124	8	25	3	88	
山 东	199	38	33	4	124	
河 南	173	72	3	4	94	
湖 北	119	8	19	7	85	
湖 南	132	3	26	37	66	
广 东	110	86	10	6	8	
广 西	101	1	80		20	
海 南	29	1	3	2	23	
重 庆	41	2	23	2	14	
四 川	208	26	25	5	152	
贵 州	99	11	6	1	81	
云 南	152	17	10	6	119	
西 藏	10	8			2	
陕 西	103	12	12	3	76	
甘 肃	87	15	10	6	56	
青 海	28	4	6	6	12	
宁 夏	21	20			1	
新 疆	65	1	29		35	
大 连	38	1	3		34	
青 岛	14		2		12	
宁 波	12		1	1	10	
厦 门	6	1	4		1	
深 圳	6	6				
新疆兵团	13	11	1		1	

各地区渔政管理机构情况（按执法业务类型分）

单位:个

地　区	渔政	渔监	船检	渔政渔监船检综合执法	渔政与农业执法单位合署	渔政与水产研究或推广单位合署	渔政与渔业生产单位合署
全国总计	**1 671**	**83**	**39**	**584**	**110**	**415**	**47**
部 直 属			1				
北　京	15						
天　津				15			
河　北	68	8	2	20	13	19	1
山　西	76	1		3		6	
内 蒙 古	48	1	1	15	8	34	1
辽　宁	63	19	13	7		27	1
吉　林	11			41		13	
黑 龙 江	95		1	6		3	
上　海	3	1			7		
江　苏	52	6	1	57	1	6	1
浙　江	55		14	39	6	7	1
安　徽	60	5	2	44	2	16	2
福　建	53	1		23	4	10	
江　西	56	1		15	20	30	2
山　东	133	25		26	2	13	
河　南	145	3		7		17	1
湖　北	34			80	4	1	
湖　南	115			5		8	4
广　东	44			63	1	1	1
广　西	42	4		33		18	4
海　南	17	6		6			
重　庆	6			23	8	4	
四　川	143	2	2	29	8	22	2
贵　州	58			11	1	28	1
云　南	54			9	10	60	19
西　藏	10						
陕　西	45		1	2	3	47	5
甘　肃	62				4	21	
青　海	16			4	7		1
宁　夏	20					1	
新　疆	60		1	1	1	2	
大　连	11	11	8	6		2	
青　岛	7	4		3			
宁　波	3		1	6	2		
厦　门	3	1			2		
深　圳	2			4			
新疆兵团	12					1	

各地区渔政管理人员情况

单位：人

地区	现有人数合计	按教育水平分				持渔业行政执法证人数
		大学本科以上	大学本科	大学专科	大学专科以下	
全国总计	35 139	493	9 580	15 540	9 526	25 712
部直属	33	6	24	3		
北京	159	6	94	43	16	148
天津	198	2	99	62	35	130
河北	1 197	10	316	531	340	991
山西	472	3	108	215	146	281
内蒙古	1 217	9	332	572	304	810
辽宁	2 224	38	613	1 124	449	1 911
吉林	713	8	227	317	161	630
黑龙江	1 072	13	360	505	194	699
上海	544	31	316	190	7	272
江苏	2 237	55	634	915	633	1 748
浙江	2 202	41	764	934	463	1 774
安徽	1 339	12	283	678	366	911
福建	1 357	14	499	397	447	891
江西	1 095	21	242	438	394	854
山东	3 054	52	1 042	1 192	768	2 461
河南	1 735	12	310	865	548	1 133
湖北	1 906	18	295	1 103	490	1 436
湖南	1 222	12	223	675	312	953
广东	2 381	52	678	834	817	1 747
广西	898	1	191	424	282	737
海南	775	8	154	322	291	515
重庆	397	12	143	186	56	342
四川	1 628	12	378	816	422	1 324
贵州	526	4	144	297	81	372
云南	1 246	8	279	581	378	607
西藏	29	1	13	10	5	19
陕西	1 654	5	248	585	816	979
甘肃	740	17	246	320	157	362
青海	248	3	72	120	53	225
宁夏	109	3	66	34	6	108
新疆	505	4	167	245	89	321
大连	614	7	195	363	49	557
青岛	288	7	145	75	61	215
宁波	227	6	97	69	55	130
厦门	149	6	65	33	45	80
深圳	167	16	69	37	45	102
新疆兵团	27		20	7		21

六、科技与推广

全国渔业科技基本情况

一、渔业科研机构个数	112	其他	25 233
二、渔业科研机构从业人员(人)	7 560	非政府资金小计	200 787
1. 科技活动人员	5 521	技术性收入	148 784
按职称分:高级职称	1 630	(2)生产经营收入	319 659
中级职称	1 910	(3)其他收入	207 572
初级职称及其他	1 981	**四、科研机构固定资产情况**(千元)	
按学位分:研究生	1 867	年末固定资产合计	3 216 146
大学	2 102	**五、科技著述和专利申请情况**	
大专	944	发表科技论文(篇)	2 860
其他	608	国外发表	546
2. 生产经营活动人员	829	出版科技著作(种)	95
3. 其他人员	1 210	专利受理数(件)	912
三、本年度收入(千元)	**2 480 391**	专利授权(件)	633
(1)科技活动收入	1 953 160	发明专利	300
政府资金	1 752 373	国外授权	
财政拨款	1 193 844	拥有发明专利总数	1 091
承担政府项目	533 296		

各地区水产技术推广机构情况

单位:个

地 区	数量	其中		地(市)级站		县(市)级站		区域站		乡(镇)站	
		水产站	综合站	水产站	综合站	水产站	综合站	水产站	综合站	水产站	综合站
全国总计	14 755	3 461	11 294	286	47	1 606	523	117	499	1 417	10 224
北 京	14	10	4	7	4	2					
天 津	90	34	56			12		3	5	18	51
河 北	245	93	152	11		71	67	10	65		20
山 西	97	50	47	10		31	6			8	41
辽 宁	415	151	264	13		46	16	15	4	76	244
吉 林	607	50	557	9		40	8				549
内 蒙	105	81	24	10	2	48	22			22	
黑 龙 江	341	78	263	11		66					263
上 海	70	17	53	8	1					8	52
江 苏	955	105	850	13		74	13	7		10	837
浙 江	491	73	418	10		54	14	5	9	3	395
安 徽	685	149	536	12	3	62	24	10	35	64	474
福 建	821	188	633	8	1	71	2			108	630
江 西	1 180	107	1 073	10	1	87	12	9			1 060
山 东	1 232	476	756	15	1	114	17			346	738
河 南	275	136	139	17	1	89	29	1	7	28	102
湖 北	849	378	471	15		76		19		267	471
湖 南	1 525	208	1 317	12	2	87	47	7	10	102	1 257
广 东	1 076	234	842	18	2	78	24	13	13	124	803
广 西	791	87	704	13	1	69	29		3	4	671
海 南	39	17	22	2		8	4			6	18
重 庆	296	24	272			23	15				257
四 川	1 555	269	1 286	10	9	91	41	16	348	151	888
贵 州	289	73	216	8	1	61	29			3	186
云 南	248	159	89	14	2	110	15			34	72
西 藏											
陕 西	95	79	16	10		68	16				
甘 肃	80	38	42	7	6	29	33			1	3
青 海	13	5	8		1	4	7				
宁 夏	37	7	30	2	3	4	13				14
新 疆	42	24	18	8	3	12	15	2		1	
大 连	42	30	12			5	1			24	11
青 岛	70	11	59			7	1			3	58
宁 波	72	13	59			6				6	59
深 圳	1	1									
厦 门	4	2	2			1	2				
新疆兵团	8	4	4	3	3		1				

七、灾　　害

各地区渔业灾情造成的经济损失(一)

单位:万元

地　区	1. 水产品损失					
	小计	台风、洪涝	病害	干旱	污染	其他
全国总计	1 692 575.14	827 276.73	279 224.59	327 854.13	80 570.57	177 649.12
北　京	210.00		210.00			
天　津	707.00		425.00		33.00	249.00
河　北	6 734.61		4 287.49	355.92	1 649.20	442.00
山　西	124.70	20.00		37.20		67.50
内蒙古	2 676.00	159.00	357.00	2 148.00		12.00
辽　宁	138 669.00	348.00	17 383.00	1 564.00	7 400.00	111 974.00
吉　林	872.60	210.00	97.12	293.48	12.00	260.00
黑龙江	7 272.95	7 272.95				
上　海	2 845.60	173.60	2 327.00		345.00	
江　苏	78 288.00	7 351.00	50 341.00	9 270.00	10 011.00	1 315.00
浙　江	71 437.00	32 293.00	29 125.00	5 304.00	1 544.00	3 171.00
安　徽	63 864.63	13 126.97	14 673.63	22 723.39	10 771.01	2 569.63
福　建	74 119.00	35 462.00	9 962.00	594.00	17 531.00	10 570.00
江　西	120 995.65	58 350.75	22 109.00	24 719.00	4 420.60	11 396.30
山　东	151 442.00	19 555.00	11 315.00	102 974.00	14 167.00	3 431.00
河　南	90 311.00	33.00	4 304.26	85 195.74	530.00	248.00
湖　北	19 420.00	705.00	9 368.00	5 681.00	3 666.00	
湖　南	124 205.00	56 833.00	11 450.00	52 532.00	287.00	3 103.00
广　东	358 139.23	276 106.98	58 868.88	939.00	6 553.90	15 670.47
广　西	136 561.82	111 813.53	18 893.72	326.55	306.93	5 221.09
海　南	135 499.52	133 171.70	2 306.82			21.00
重　庆	27 980.99	24 160.43	2 613.43	320.83	424.20	462.10
四　川	19 952.62	14 486.21	3 559.70	1 038.01	356.50	512.20
贵　州	26 766.48	24 104.28	301.19	2 210.60	6.08	144.33
云　南	30 618.56	11 210.43	3 797.65	8 962.61	177.27	6 470.60
西　藏						
陕　西	532.98	329.20	90.70	5.50	1.18	106.40
甘　肃	346.10	0.70	317.70	18.00	0.70	9.00
青　海						
宁　夏	247.70		241.50			6.20
新　疆	1 734.40		498.80	641.30	377.00	217.30

各地区渔业灾情造成的经济损失(二)

单位:万元

地 区	2.(台风、洪涝)损毁渔业设施							
	小计	池塘	网箱(鱼排)	围栏	沉船	船损	堤坝	泵站
全国总计	426 074.05	151 205.59	109 589.61	7 656.95	10 896.98	20 851.82	36 015.46	692.80
北 京								
天 津								
河 北	120.00				120.00			
山 西								
内蒙古	155.00	100.00	5.00				34.00	
辽 宁	608.00					230.00		
吉 林								
黑龙江	8 464.00	8 464.00						
上 海	49.00					39.00		
江 苏	2 171.00	671.00	177.00	160.00			40.00	
浙 江	8 857.00	3 224.00	365.00	170.00	1 012.00	457.00	689.00	77.00
安 徽	5 987.56	2 143.63	688.35	672.72		59.62	201.00	48.00
福 建	9 211.00	1 916.00	3 505.00	7.00	136.00	590.00	302.00	
江 西	19 024.60	8 022.80	934.00	183.50	5.00	633.00	4 599.80	63.30
山 东	5 963.00	2 640.00	161.00	21.00	5.00	751.00	324.00	6.00
河 南	115.00	35.00						
湖 北	18 228.00	13 397.00	500.00	968.00	9.00	158.00	1 174.00	164.00
湖 南	23 354.00	13 566.00	3 525.00	1 886.00	155.00	411.00	1 355.00	33.00
广 东	164 207.16	53 176.20	53 357.00	3 332.00	363.00	4 939.00	25 106.86	245.00
广 西	48 649.87	7 128.90	36 736.16	163.53	184.58	1 338.42	314.38	
海 南	88 964.57	22 644.46	7 507.20		8 803.90	11 157.00	421.00	
重 庆	9 981.25	7 798.00	90.00	42.00	12.00	9.70	781.00	15.00
四 川	5 601.60	4 326.00	74.00		11.60	3.00	87.00	40.00
贵 州	2 098.94	468.30	1 310.60		9.90	6.08	153.22	
云 南	1 883.60	1 218.50	370.10		70.00		120.00	
西 藏								
陕 西	2 364.90	250.80	284.20	51.20		70.00	313.20	1.50
甘 肃								
青 海								
宁 夏								
新 疆	15.00	15.00						

各地区渔业灾情造成的经济损失(三)

单位:万元

地 区	2.(台风、洪涝)损毁渔业设施(续)							直接经济损失合计
	涵闸	码头	护岸	防波堤	工厂化养殖	苗种繁育场	其他	
全国总计	2 604.00	2 663.00	11 820.92	8 839.78	12 124.60	28 652.00	22 460.54	2 118 649.19
北 京								210.00
天 津								707.00
河 北								6 854.61
山 西								124.70
内 蒙 古	16.00							2 831.00
辽 宁		350.00	10.00	3.00		15.00		139 277.00
吉 林								872.60
黑 龙 江								15 736.95
上 海						10.00		2 894.60
江 苏			9.00	23.00	106.00	18.00	967.00	80 459.00
浙 江	2.00	992.00	473.00	340.00	397.00	253.00	406.00	80 294.00
安 徽	335.00		364.00	300.00		35.00	1 140.24	69 852.19
福 建	30.00	285.00	190.00	288.00	150.00	610.00	1 202.00	83 330.00
江 西	422.00		960.00	389.00	149.50	208.00	2 454.70	140 020.25
山 东	23.00	75.00	226.00	445.00	490.00	586.00	210.00	157 405.00
河 南							80.00	90 426.00
湖 北	111.00	80.00	334.00	227.00		136.00	970.00	37 648.00
湖 南	102.00	73.00	139.00	25.00		585.00	1 499.00	147 559.00
广 东	1 550.00	788.00	3 650.00	3 681.00	1 200.00	12 165.00	654.10	522 346.39
广 西		20.00	12.52	15.24		212.00	2 524.14	185 211.69
海 南			5 405.00	2 941.00	8 400.00	12 960.00	8 725.01	224 464.09
重 庆	13.00		21.00	60.00	184.00	129.00	826.55	37 962.24
四 川			14.50		900.00	53.00	92.50	25 554.22
贵 州				25.74	125.10			28 865.42
云 南			10.00			25.00	70.00	32 502.16
西 藏								
陕 西			2.90	76.80	23.00	652.00	639.30	2 897.88
甘 肃								346.10
青 海								
宁 夏								247.70
新 疆								1 749.40

各地区渔业灾情造成的数量损失(一)

地区	1. 受灾养殖面积(公顷)						2. 水产品损失(吨)		
	小计	台风、洪涝	病害	干旱	污染	其他	小计	台风、洪涝	病害
全国总计	832 880	260 362	172 089	233 479	25 975	140 975	1 318 774	625 438	218 644
北京	200		200				150		150
天津	356		247		2	107	727		237
河北	1 759		1 454	84	163	58	2 508		1 495
山西	166			12		154	84	20	
内蒙古	5 701	290	250	5 160		1	1 902	301	137
辽宁	105 879	2	3 023	132	2 033	100 689	86 656	260	15 965
吉林	1 878	365	363	1 100		50	785	177	119
黑龙江	5 643	5 643					15 150	15 150	
上海	920	30	838		52		1 571	110	1 315
江苏	61 387	5 481	31 485	16 143	6 030	2 248	58 286	3 358	37 565
浙江	32 075	16 493	10 052	2 984	953	1 593	29 345	14 093	9 898
安徽	78 914	33 309	15 720	20 504	5 672	3 709	56 200	11 205	11 868
福建	12 786	6 972	1 853	79	2 610	1 272	49 667	25 125	6 155
江西	73 103	26 731	28 739	11 469	1 820	4 344	123 816	61 300	20 830
山东	57 946	2 930	3 323	46 554	2 620	2 519	117 056	17 523	15 077
河南	59 444	18	3 255	55 573	295	303	90 536	26	4 332
湖北	11 333	1 866	3 682	4 681	1 104		13 480	216	7 057
湖南	144 868	61 961	25 873	55 612	122	1 300	112 752	46 296	12 164
广东	78 225	45 544	14 011	429	880	17 361	247 967	182 712	38 646
广西	25 131	14 185	6 116	555	877	3 398	151 500	118 711	26 284
海南	27 146	13 610	13 375	161			79 646	79 124	522
重庆	5 260	2 939	1 614	597	48	62	18 280	15 215	1 980
四川	9 611	5 995	2 198	1 257	43	118	15 716	11 286	2 775
贵州	12 034	10 520	67	1 386	11	50	15 499	14 104	165
云南	14 230	5 224	2 240	5 549	36	1 181	24 040	8 940	2 561
西藏									
陕西	912	253	526	46	3	84	245	179	32
甘肃	16	1	8	3	1	3	170	7	139
青海									
宁夏	850		815			35	261		256
新疆	5 107		762	3 409	600	336	4 779		920

各地区渔业灾情造成的数量损失(二)

地　区	2. 水产品损失(吨)(续)			3.(台风、洪涝)损毁渔业设施					
	干旱	污染	其他	池塘(公顷)	网箱(鱼排)(箱)	围栏(千米)	沉船(艘)	船损(艘)	堤坝(米)
全国总计	292 639	69 056	112 997	85 469	124 349	40 128	1 255	5 444	612 400
北　京									
天　津		25	465						
河　北	381	574	58				2		
山　西	21		43						
内蒙古	1 458		6	423	10				3 000
辽　宁	701	7 200	62 530						
吉　林	298	1	190	20					
黑龙江				5 643					
上　海		146						11	
江　苏	9 978	6 389	996	497	885	24		12	1 145
浙　江	2 784	985	1 585	1 409	3 668	1 815	40	172	3 805
安　徽	22 388	8 864	1 875	3 969	9 305	2 795		37	8 730
福　建	75	16 658	1 654	847	5 576	19	35	127	1 230
江　西	26 279	4 742	10 665	2 390	2 766	5 643	6	407	50 182
山　东	72 668	9 431	2 357	1 491	489	6	1	54	7 779
河　南	85 556	350	272	40					
湖　北	4 139	2 068		13 572	26 847	2 390	86	105	3 687
湖　南	51 562	235	2 495	17 464	20 832	15 822	84	458	32 206
广　东	820	9 619	16 170	24 269	23 015	8 117	29	576	478 904
广　西	287	269	5 949	1 746	16 669	3 460	17	711	3 557
海　南				4 568	4 479		942	2 740	561
重　庆	319	401	365	1 830	65	35	2	8	6 739
四　川	845	346	464	2 786	190		6	7	3 750
贵　州	1 155	3	72	1 561	6 553		3	12	1 530
云　南	7 933	126	4 480	273	1 174		2		2 532
西　藏									
陕　西	10	3	21	671	1 826	2		7	3 063
甘　肃	15	1	8						
青　海									
宁　夏			5						
新　疆	2 967	620	272						

各地区渔业灾情造成的数量损失(三)

地　区	3.(台风、洪涝)损毁渔业设施(续)							4. 人员损失			
	泵站(座)	涵闸(座)	码头(米)	护岸(米)	防波堤(米)	工厂化养殖(座)	苗种繁育场(个)	小计	失踪(人)	死亡(人)	重伤(人)
全国总计	**216**	**946**	**5 466**	**88 601**	**30 726**	**38**	**331**	**88**	**40**	**45**	**2**
北　京											
天　津											
河　北											
山　西											
内蒙古		16									
辽　宁			600	1 000	500		1	11		11	
吉　林											
黑龙江											
上　海								1			1
江　苏				1 480	242			1		1	
浙　江	7	3	2 318	7 282	410	21	16	24	2	22	
安　徽	10	23		12 720	1 000		6				
福　建		1	135	740	243	2	42	12	7	5	
江　西	60	168		33 423	832	3	7				
山　东	1	2	234	494	6 503	7	5	32	31	1	
河　南											
湖　北	50	96	371	13 687	2 345		3				
湖　南	12	60	1 016	3 970	480	1	52	1			
广　东	67	573	742	6 520	9 724	1	169				
广　西			50	350	230		14				
海　南				4 987	6 374						
重　庆	2	4		946	1 580	1	1	2		2	
四　川	4			636		2	6				
贵　州				6	250						
云　南				115			1				
西　藏											
陕　西	3			245	13		8	4		3	1
甘　肃											
青　海											
宁　夏											
新　疆											

领 导 讲 话

农业部副部长牛盾在全国渔业厅局长座谈会上的讲话

（2014 年 6 月 26 日）

党中央、国务院高度重视渔业，2013 年以来接连就渔业问题做出安排部署，先后发布了国发[2013]11号文件、召开了现代渔业建设工作电视电话会议、部署打击“绝户网”等，进一步指明了现代渔业建设的方向。农业部及时印发了实施意见，对落实中央要求、推进现代渔业建设进行再动员和再部署，同时加强同国家发展和改革委员会、财政部等部门的沟通协调，争取支持，加大投入。全国各级地方政府积极响应，纷纷召开会议、出台文件，对本地区现代渔业建设进行深入细致的部署，组织实施了一系列针对性强、含金量高的政策措施。

刚才张志南副省长介绍了福建省的贯彻落实情况，工作力度大，政策措施实，为全国作出了表率。从中央到地方各级政府高度重视，渔业部门主动作为，渔业从业者积极开拓，合力推动了现代渔业的快速发展。2013 年全国水产品总产量突破 6 000 万吨，水产品出口额突破 200 亿美元，均迈上一个新的台阶。2014 年前 5 个月，全国渔业继续保持良好的发展势头，水产品产量平稳增长，市场价涨额增，质量安全水平保持在较高水平，有力地保障了安全有效供应；渔业资源养护、水域生态环境保护、渔业安全生产等渔业渔政管理事业平稳有序，成效显著。

这次会议的主要任务是，总结交流全国各地贯彻落实《国务院关于促进海洋渔业持续健康发展的若干意见》和全国现代渔业建设工作电视电话会议精神的做法、成效和经验，研究当前现代渔业建设面临的重大问题，部署今后一个时期的重点工作，推动全国现代渔业建设取得新的进展。我讲以下几点意见：

一、学习贯彻党的十八届三中全会精神

学习贯彻十八届三中全会精神是当前全国渔业渔政系统的重要任务。十八届三中全会的主题是全面深化改革，推进和建设有中国特色的现代化；总体目标是发展和完善中国特色的社会主义制度；重要内容就是深化经济体制改革；核心要义有两点：一是认真处理好市场和政府的关系，二是到 2020 年我国在重要领域和关键环节改革取得突破性成果。学习贯彻十八届三中全会精神要重点把握好 8 个要点：

一是关于解决我国城乡二元结构问题。城乡二元结构已经成为我国社会经济发展最严重的制约因素。长期以来，我国在城乡发展方面是两种制度的安排，无论是在规划上，还是财政投入、基础设施建设、金融政策的制定方面，城乡的户籍制度、教育、文化、卫生以及社会事业发展等方面差距越来越大。没有农业的现代化不可能有国家的四个现代化，没有农民的现代化也不可能实现全国人民的现代化。要实现强国梦、实现中华民族的伟大复兴、建设现代化，就必须破除城乡二元结构。事实上，城乡二元结构在我国历史上就已经产生，在世界发达国家也都有这么一个发展阶段，是由生产力水平决定的。按照十八届三中全会精神，解决城乡二元结构问题，渔业部门要不断推进和提升渔业生产力水平的提高，做出自己的贡献。

二是在制度上做好顶层设计。渔业行政主管部门是领导全国渔民实现现代化的重要力量。要做好以工促农、以城带乡、工农互惠、城乡一体的顶层设计，根据各地实际在推进这四个方面下功夫。

三要赋予渔民群众更多的财产权。不仅要在经济制度上创新，在生产经营方式上改革，还要创造条件让渔民群众拥有更多的财产权利。四要让渔民群众更加公平地参与现代化的进程、同步分享现代化发展的成果。重要的是促进城乡之间要素流动公平，政策要透明，市场信息要对称。在制度设计上尽可能保证渔民同城市人口一样增加收入，改善生活质量，同步分享社

会发展成果。

五要认真研究如何处理好市场和政府的关系。改革开放30多年来，我国实行社会主义市场经济制度，发挥市场在资源配置中的基础性作用，不仅在国内搞好市场机制，还和国际接轨，充分利用国际国内“两个市场、两种资源”，成为世界最大的贸易国家。按照市场机制，我国渔业取得了举世瞩目的成就。十八届三中全会提出，要发挥市场的决定性作用，要实行准入前国民待遇和负面清单制度，使经济管理活动更透明、公平、公正。各级渔业部门要认真学习和研究，做好准备。

六要加强国家治理体系现代化和治理能力现代化建设。全国渔业渔政队伍、干部、领导在思想上要牢固树立科学的发展观。

七要深刻认识重中之重的战略思想。新一届中央重申“三农”工作仍然是全党工作的重中之重，是全部工作的重中之重。国家建设坚持农本思想，国以农为本，民以食为天，食以安为先，对此要深刻理解。八是关于工作原则。贯彻十八届三中全会要坚持四条原则：坚持试点先行，渔业经济制度的创新、生产经营方式的改革与完善，要论证好设计好，抓好试点，典型引路；坚持最大公约数，当前的改革中不同的利益集团有不同的利益诉求，要在工作中形成最大共识；坚持改革的全面推进和重点突出相结合的原则；坚持明确责任、责权一致的原则。

二、认真抓好渔业产业发展

保障水产品有效供给、增加渔民收入是渔业发展的首要任务。目前各行各业陆续启动“十三五”规划编制工作，渔业的“十三五”规划，要树立新视野、拿出新办法、研究新问题，要使市场在资源配置中起决定性作用，要更好地发挥政府的作用，加强对产业发展的引导、服务和监管。

一要加强对生产和市场的研判。对市场运行情况进行监控和引导是政府宏观经济调控的重要职能。近些年，农业部加强了渔业统计工作，建立了养殖渔情、捕捞渔情、水产品市场监测体系。现在来看，这些工作成效是显著的，为我们行业管理、产业发展起到重要的引导作用。我们要进一步加强国内外水产品市场信息的收集、整理和研判，及时会商市场重大变动情况、发布有关信息，为政府决策和市场主体的生产经营提供参考依据。在此基础上，还要加强水产品市场营销宣传，鼓励消费者多吃水产品，帮助企业建立良好的发展环境。大力发展水产品电子商务，依靠现代信息技术手段，推动传统渔业转型升级。针对当前高端水产品销售出现的困难，要积极引导生产者调整产品结构，降低生产成本，使高端水产品逐步走进中高消费者甚至是普通消费者群体。

二要努力促进水产品出口。水产品出口快速增长、保持顺差是渔业的突出优势，是农产品贸易的突出亮点，也是渔业快速发展的重要因素。今年以来，国家外贸出口形势不容乐观，水产品的出口增幅也出现回落，目前增幅还处在下降通道。前不久，国务院还专门召开会议部署支持外贸稳定增长和优化结构工作，我们要高度关注，加强对水产品出口波动的分析研究，从生产、加工、贸易等环节，有针对性地采取措施，增强水产品的国际竞争力，保持水产品国际贸易稳定发展。

三要全面提升远洋渔业。当前我国远洋渔业面临十分有利的发展时机，各级领导重视程度高，政策环境好，企业积极性足，产业扩张的内在动力强。我们要珍惜眼前的大好形势，因势利导，在海外基地建设、渔船升级、资源探捕、人才培养、产业链延伸、行业监管等方面着力，既要保护发展的积极性，又要避免一哄而上、无序无度；既要增强设施、装备等硬件水平，又要提高人才、管理等软实力，全面提升远洋渔业发展的质量和水平，推动我国远洋渔业从大国向强国迈进。

四要继续推动水产养殖业转型升级。养殖是我国渔业生产的“主业”，也是未来实现保供给、促增收和资源环境保护有机统一的必然选择。水产养殖业未来的发展方向是标准化、集约化、产业化经营，走生态健康养殖之路。要加强水产优良品种选育，开展良种良法的研究、示范和推广，推进渔业提纯复壮综合配套技术创新，不断提高良种覆盖率和生产的标准化水平；要加强低毒渔药、疫苗研发和推广力度，提高质量安全；积极研发推广浮性饲料，减少冰鲜饲料鱼的直接投喂，保护渔业资源和养殖环境；鼓励和引导发展工厂化养殖、深水网箱养殖等集约化生产方式；促进养殖、流通、加工的产业融合，提高集约化、产业化水平。

五要发展多种形式的休闲渔业。休闲渔业是渔业发展的“新目标”，是渔业发展的产业延伸。在抓休闲渔业发展上，很多地方思路清、措施实、效果好，福建、浙江、山东等省有规划、有标准、有激励、有管理办法，对示范带动作用强的休闲渔业基地给予资金、项目的扶持，推动了渔业第三产业的发展。各级渔业部门要主动作为，勇于探索，加强休闲渔业发展的规划引导和示范引领，加强规章制度建设，开展积极有效的监管，确保休闲渔业持续健康较快发展。

三、加强渔业资源和生态保护

渔业资源和生态环境是渔业发展的基础。新一届中央政府对渔业资源环境保护提出了新的更高的要求，国发11号文件确立了“生态优先”的发展方针，农业部和各地对此都做了相应的调整和安排。这里我着重强调三件事：

一要坚决打击“绝户网”。根据习近平总书记的重要指示精神，2013年8月份以来，农业部在全国范围内组织开展了清理整治违规渔具专项行动，发布了禁用渔具目录及准用和过渡渔具最小网目尺寸制度，在社会上形成了严厉打击使用违规渔具捕捞行为的强大声势。但是，总体来说，各地工作开展不平衡，有的地方重视程度不够，面上工作做的多，动真格碰硬少。打击“绝户网”工作中央领导高度重视，社会高度关注，各级渔业渔政部门一定要克服困难，形成合力，对违规渔具真抓、真管、管好，管不好就是我们的失职。前不久，农业部下发了通知，并召开了电视电话会议，再次部署了违规渔具清理整治专项行动，大家一定要发扬钉钉子精神，继续加大打击力度，对“绝户网”保持高压态势，确保渔具管理制度执行到位，确保违规渔具清理整治工作取得实效。

二要更加重视保护区建设和管理。如何协调处理好渔业资源环境保护与经济建设的关系，是摆在各级渔业部门面前的一项重大课题。水生生物保护区建设与管理是渔业资源保护的重要抓手，不进则退，只能加强，不能削弱。各级渔业部门一定要增强责任感、使命感和紧迫感，要像严格保护耕地一样保护水生生物资源和水域生态环境，对现有保护区的调整要严把审查关。同时，要进一步加大水生生物自然保护区、水产种质资源保护区的建设和管理力度，切实发挥好保护区的桥头堡作用。

三要加强人工鱼礁和海洋牧场建设。近海是水生生物的产卵场和索饵场，也是渔业资源被破坏的重灾区。我们要在有条件的海域加强人工鱼礁和海洋牧场建设，使岌岌可危的鱼类资源获得庇护的场所和休养生息的机会，同时发挥人工鱼礁的集鱼作用，发展休闲垂钓产业，为捕捞渔民转产转业创造条件。我们的老旧渔船很多，可以研究探索通过适当的补偿方式，将老旧渔船沉入海底作人工鱼礁，达到一举两得的效果。

四、抓好渔业安全

水产品质量安全、渔业涉外安全和生产安全，事关消费者健康、渔民生命财产安全和国家对外形象，是保证生活质量和生活幸福的第一要求，领导关心，社会关注，群众关切。渔业安全是渔业行政主管部门的第一职能，是每个渔业从业者的第一要求，企业作为市场经济主体是第一责任人。

一要持续抓好水产品质量安全监管。当前水产品市场的发展变化为进一步提高质量安全水平创造了契机，供给总量充足减轻了对“量”的顾虑，优质优价的价值取向确立了对“质”的肯定。各地要认真贯彻中央关于加强食品安全工作的部署，建立完善生产经营者首负责任制和质量安全责任追究制，坚持优质水产品“生产出来”和“管理出来”，两手都要硬，用最严谨的标准、最严格的监管、最严厉的处罚、最严肃的问责，使水产品生产者经营者不敢、不能、不想生产经营不合格、不安全的水产品，让人民群众吃上绿色、安全、放心的水产品，确保广大人民群众“舌尖上的安全”，促进水产品在更大范围、更多品种上实现以量取胜向以质取胜的转变。

二要做好涉外渔业安全管理。鱼类资源的高度洄游性和广泛分布性，渔业水域的连通性，以及渔船的流动性，使渔业生产具有高度涉外性、国际性。国际海洋管理制度的变革使渔民的作业区域有了界限，以往经常去的地方，现在不能随便去了，哪怕这个地方鱼再多。现在我们的渔船多、捕捞力量过剩、生产者的成分复杂，有些人为了利益铤而走险，非法越界捕鱼，甚至偷捕珊瑚、海龟等保护动物，引起外交上的纠纷。当前我国周边形势非常复杂，一件小的事件都可能成为局部冲突的导火索，渔业涉外安全的形势十分严峻，在南海、东海、黄海均存在爆发渔业涉外事件的风险，各级渔业部门都要引起足够的重视并加强防控。要加强对珍稀濒危水生野生动物保护执法，联合公安、工商等部门，加大对非法捕捉和销售珊瑚、海龟、砗磲等珍稀濒危水生野生动物行为的打击力度，多管齐下，防止涉外违法事件的发生。

三要强化渔业安全生产管理。近些年来，在各级党委、政府坚强领导下，渔业安全生产形势保持总体稳定，重特大安全生产事故得到有效控制，取得了显著成绩。但是，要看到，近年来灾害性天气增多，海上作业环境复杂，加上劳动力流动速度加快，渔业船员整体素质和安全生产意识不高等因素影响，渔业安全生产仍然面临严峻挑战。各级渔业主管部门要充分认识渔业安全生产工作的长期性、复杂性和艰巨性，进一步加强组织领导，健全安全生产责任体系和管理制度，完善各级安全事故应急处理预案，强化生产监管和应急处置，提高预防和处理突发安全事件的能力。近期，要加强渔业防汛防台和安全生产检查，重点督导检查渔港设施和渔船的防火防风情况和防台减灾部署落实情况，及时排除安全生产隐患，保护渔民生命财产安全。

五、完善和加强渔业支持保护政策

国发[2013]11号文件出台前后，中央实施了一系列渔业支持保护政策，对改善渔业基础设施、提高渔业综合生产能力和增进渔民福祉发挥着重要作用。然而，在实施过程中也遇到各种各样的问题，有的问题和矛盾还很尖锐。对于这些问题，我们要在全面深入分析研究的基础上，进行不断的调整完善。

一要加强渔业柴油补贴的研究调整和完善。油价补贴政策是党中央、国务院出台的一项重要支渔惠渔政策，是迄今为止渔业获得资金规模最大、受益范围最广、渔民受益最直接的中央财政补助，在降低渔业生产成本、增加渔民收入、规范渔船管理、调整捕捞业生产结构等方面发挥了重要作用。对油价补助政策执行中的新情况、新问题，各地很关注，国务院领导也多次作出批示要求加强研究。农业部高度重视，组织开展了深入的调查研究，听取了多方面的意见建议，同有关部门进行了大量的沟通协调，基本的想法是：在稳定的基础上调整完善，更加注重与现有资源养护、产业发展及沿海渔民转产转业等政策相协调，合理调整不同类型渔船用油量测算方法和补助方法，按照"完善制度、稳定总量、优化结构、科学定比"的原则，对现有政策和管理办法进行完善。补助政策的调整完善涉及面广，牵一发而动全身，所以这个调整将是十分慎重的。农业部还在积极与财政部协商，在调整方案正式出台以前，各地要按照现行政策抓好落实，将好政策用好。

二要积极推进渔船更新改造。渔船是渔业生产的重要工具，是体现一个国家渔业现代化程度的重要标志。2012年国家启动实施海洋渔船更新改造补助，三年来累计支持1 000多艘远洋渔船、"三沙"渔船和国内海洋捕捞渔船更新改造。各地要高度重视，以"安全、节能、经济、环保、适居"为目标，以改善渔船安全生产条件、降低渔船能耗和合理利用渔业资源为着力点，加快推进本地渔船更新改造。要学习和借鉴上海、江苏等地渔船标准化改造工作的做法和经验，编制规划，争取扶持，力争本地渔船升级改造工作取得突破。对中央安排的远洋渔船、国内渔船和南沙渔船更新改造项目，各地要认真研究解决项目执行中的问题，加快执行进度，为后续的项目申请创造条件。

三要加强渔业基础设施建设。国发[2013]11号文件和汪洋副总理讲话都明确要求加大投入，支持渔业基础设施和技术装备建设。渔业基础设施建设滞后、欠账多，是积累多年的问题。农业部重点在渔政渔港、渔船装备、保护区、水产原良种和防疫体系建设等方面加大了工作力度。各地也抢抓机遇，积极争取地方财政的支持，取得了一些突破。下一步，要在理顺政府和市场关系的基础上，继续完善和强化渔业渔政支持保护体系，争取将渔业基础设施建设、渔业装备、资源养护与环境保护、科技与推广、基本公共服务体系等方面列入公共财政投入的重点领域。

六、深化渔业改革

渔业是我国改革开放的先行者、试验田，改革不断激发渔业发展的内生动力，使我国在较短时间内发展成为世界渔业大国。在全面深化改革的今天，在建设现代渔业强国的关键时期，依然要靠深化改革来促进渔业发展。

一是要加强渔业基本经营制度研究和完善。产权制度是市场经济的灵魂。随着市场经济的不断深化发展，渔业产权制度的弊端逐渐显露出来：水域滩涂使用权、使用期限不稳定，公共渔业资源分配机制不健全，影响渔业的转型升级。近些年来，农业部积极开展完善养殖权、捕捞权制度的研究，目前正在推进《渔业法》修订。各级渔业部门都要积极总结发现基层的需求、做法和经验，加强研究，保障渔业生产者依法享有长期而稳定的水域、滩涂承包经营权和使用权，要在稳定现有捕捞许可制度的基础上，进一步研究捕捞业准入制度，完善公共渔业资源分配机制，研究完善渔业的基本经营制度，进一步提高渔业生产者的积极性，激发发展的内生动力。

二是要加快培育新型渔业经营体系。新型渔业经营主体加社会化服务，是现代渔业建设的理想格局，渔业现代化要靠现代化的渔业经营体系来实现。目前，渔业的组织化程度总体偏低，渔民专业合作社不足4万个，占农民合作社总数不足4%。我们要加快家庭渔场、渔业合作社、行业协会和龙头企业的创建培育，充分发挥基层渔会的作用，加大财政资金和项目支持倾斜，培育现代渔业发展的生力军。要研究探索养殖权、捕捞权的流转，引导各类渔业市场主体通过利益联结起来，形成专业化分工、产业化经营，打造产、加、销一体化的产业链，不断提高渔业集约化、专业化、组织化水平。要强化渔业社会化服务体系，进一步健全完善水生生物疫病防控、水产品质量安全监管、水产科技推广等公共服务机构；通过政府购买服务、市场化运作等方式，鼓励和支持科研、教育、推广机构、行业协会、骨干企业等各类组织为渔业生产、加工、流通等各环节服务，提高渔业社会化服务水平；积极创造条件，改善渔业的金融和保险服务，解决渔业发展的资金瓶颈和风险保障问题。

三是要进一步重视并加强渔政管理工作。为进一步巩固和加强渔政管理工作，农业部渔业局已更名为农业部渔业渔政管理局，并成立了长江流域渔政监督管理办公室，主要负责长江流域水生生物资源养护和渔政管理工作。渔政管理涉及渔业生产安全、水产品质量安全、渔业资源和生态安全，是渔民生命财产和渔业生态文明的守护者，是渔业可持续发展的护航者，责任重大，使命光荣。各位渔业主管部门的负责同志要一如既往，高度重视渔政管理工作，多向分管省领导汇报工作、反映情况，积极争取重视和支持，巩固和加强渔政工作的地位，在机构设置、人员配置、装备建设、经费安排上加大力度，为渔政工作创造更好的条件。要继续加强水生生物资源与生态环境养护、保护区管理、渔船渔港、水产品质量安全、渔业安全生产等方面的执法监管。要进一步加强渔政队伍建设，牢固树立服务理念，文明执法，为渔民服务，为渔业企业服务，为现代渔业建设服务。

七、加强渔业渔政系统廉政建设

清正廉洁是从政为官的基本道德，是底线。近些年，随着农口部门掌握的项目、资金增多，随着中央反腐力度的不断加大，农业系统的腐败问题也时有发生。在我们渔业系统，腐败问题也开始浮出水面，个别省市近一年来渔业系统多名干部相继落马，贪腐问题涉及工程建设、行政审批、执法、补助等环节，令人震惊和痛心。一直以来，我们渔业渔政系统的社会形象是亲民爱民，特别能吃苦、特别能战斗、特别能奉献、特别有作为的，这个形象是无数的干部职工多年来兢兢业业、无私奉献打造起来的。腐败案例给我们敲响了警钟，全国渔业渔政系统都要引以为戒，高度重视廉政建设。要结合党的群众路线教育实践活动，开展警钟长鸣的学习教育活动，加强对干部廉洁自律的警示教育，要求我们的干部牢固确立底线意识、法纪意识，心存敬畏，时刻保持清醒头脑，做到防微杜渐。要认真组织开展自查自纠工作，特别是针对行政许可、柴油补贴、财政项目、灾害救助等工作，及时发现问题、堵塞漏洞。要在自查自纠的基础上对我们的工作制度、管理程序进行补充完善，防止"寻租环节"，在机制上建立腐败的"防火墙"，使我们的干部不想腐、不敢腐、不能腐。这既是对人民群众负责、对事业负责，也是对我们的干部负责。

国发[2013]11号文件和国务院电视电话会议为渔业渔政改革发展指明了方向、创造了条件，现代渔业建设迎来了大好机遇。希望大家牢记使命，抓抓机遇，以只争朝夕的精神，认真贯彻落实中央决策部署，创造性地开展渔业渔政各项工作，努力开创现代渔业发展新局面。

农业部渔业渔政管理局局长赵兴武在全国渔业厅局长座谈会上的总结讲话

（2014年6月27日）

一、关于本次会议和贯彻落实国务院文件与会议情况的总结

（一）关于本次会议的总结

这次会议是在全面深化改革的关键时期，全面贯彻落实《国务院关于促进海洋渔业持续健康发展的若干意见》文件和国务院主持召开的全国现代渔业工作电视电话会议重要精神的关键时段，召开的一次关键性会议。昨天在会议开始的时候，我们一起聆听了张志南副省长的致辞和牛盾副部长的重要讲话，深受教育，倍受鼓舞，收获很大，大家一致表示认真学习、深刻领会、全面贯彻落实。在这次会议上，41位同志做了非常好、非常精彩、精炼、精辟、精心的发言和交流，大家听了以后都深受启发、倍受鼓舞。刚才张显良院长、李杰人局长、魏宝振站长、司徒建通秘书长在发言中，对渔业科研、船检、技术推广、水产学会工作都讲了很好的意见及安排，我都赞同，请各地结合本地实际情况贯彻落实。

这次会议既是贯彻落实国发〔2013〕11号文件和国务院全国现代渔业工作电视电话会议的经验交流会，也是贯彻落实情况的督查会；既是新形势下渔业经济形势的分析会，也是新时期渔业发展的研讨会；既是现代渔业建设的工作汇报会，也是建设现代化渔业强国的推进会。在部党组、福建省委省政府、牛盾副部长和张志南副省长的关心下，在福建省海洋与渔业厅的大力支持和帮助下，经过与会同志的共同努力，圆满完成了各项议程，达到了预期目的。

1. 统一了对渔业发展重大问题的认识。通过听取牛盾副部长的重要讲话，与会同志对渔业产业发展、渔业资源和生态保护、渔业安全、渔业产业支持保护政策、全面深化渔业改革、渔业渔政系统廉政建设等重大渔业问题，进一步统一了思想和认识，并形成了共识。

2. 看到了全国现代渔业建设的好势头。一年多来，全国各省、区、市、新疆兵团和计划单列市、部属渔业各单位，都认真学习、深刻领会国发〔2013〕11号文件和国务院全国现代渔业建设工作电视电话会议精神，结合各地实际进行贯彻落实，乘势而上，争取增加

经费、编制和投入,海洋渔业持续健康发展,现代渔业建设势头良好,开创了现代渔业建设的新局面。

3. 交流了各地贯彻落实国发〔2013〕11 号文件和国务院全国现代渔业建设工作电视电话会议精神的好经验、好做法。与会同志认真总结回顾和交流了一年多来各地各单位现代渔业建设取得的新成绩、创造的新经验和新办法,值得相互学习借鉴和推广。

4. 分析了现代渔业建设面临的新情况、新问题。大家科学地分析了现代渔业建设面临的新问题。诸如:海参、鲍鱼等水产品出塘价下跌,结构性卖难;南美白对虾等部分品种病害严重,种苗不足,价格高企;水产品出口放缓;执法难,难执法,法难执,捕鱼不护鱼,等。

5. 汇报了各地现代渔业建设情况和所做的工作。总的看,一年多来全国各地渔业主管部门在贯彻落实中,都克服了许多困难,做了大量富有成效的工作。

6. 提出了很多好的意见和建议。初步归纳书面和会上发言交流,大家提出了 72 条意见和建议,这些意见和建议都很好,都是事关全国现代渔业建设和发展的真知灼见。我们将进行认真梳理和研究,涉及农业部渔业渔政管理局的,能改的我们将尽快加以改进;涉及与外部门协调解决的,我们加强与有关部门协调;涉及各地的,也请大家想办法解决。对一时无法解决的,要加快研究和推进。

7. 督查了各地各单位贯彻落实情况。目前,国务院派出八个督查组,对本届政府已出台政策贯彻落实情况到国家各部门、各省(自治区、直辖市)进行专项督查。这次会议也是对各地、部属渔业各单位贯彻落实国发〔2013〕11 号文件和国务院全国现代渔业建设工作电视电话会议情况的一次系统和全面的督促检查。

通过汇报交流,各地学习贯彻落实文件和会议是积极的、主动的、富有成效的,有些地方还很有创造性。但是也存在不平衡、落实不到位的问题,需要进一步采取有效措施加以推进和解决。

(二)关于贯彻落实情况的总结

一年多来各地狠抓了贯彻落实工作,并取得了明显的成效。

1. 全面贯彻文件和会议精神,领导重视是保证。各地高度重视国务院文件和会议精神的贯彻落实,大多数省、自治区、直辖市、计划单列市党委、政府主要领导和分管领导都对贯彻落实文件和会议提出明确要求,作出批示和安排。通过出台文件、召开不同层次的会议进行贯彻落实。福建、山东、辽宁、广东、江苏、浙江、上海、安徽、四川、河北、河南、湖南、湖北、内蒙古、甘肃、陕西、宁夏、新疆、大连、青岛等省(自治区、直辖市)政府出台了关于促进现代渔业发展的实施意见,山西、广西、云南、北京、天津、吉林、宁波等省(自治区、直辖市)的实施意见正在审批过程中。天津、河北、辽宁、黑龙江、江苏、浙江、安徽、江西、山东、河南、湖北、湖南、广东、广西、海南、四川、陕西、甘肃、新疆、大连、青岛、宁波、深圳等地党委和政府的主要领导和分管领导都作出批示、提出要求或者主持会议进行专题研究,有的还亲自带队进行专题调研。北京、天津、辽宁、黑龙江、江苏、浙江、安徽、福建、山东、河南、湖南、广东、广西、海南、贵州、大连、宁波、厦门等地都由省(自治区、直辖市)政府召开会议进行贯彻落实。总的看,领导的重视空前,地位提高也前所未有。

2. 投入进一步增加,积极争取是关键。各地借文件、会议的东风,乘势而为,积极主动,与财政、发改部门进行沟通协调,使渔业投入明显增加。初步统计,2014 年全国渔业投入专项接近 39 亿元,比上年增长 52.8%,北京、河北、山西、辽宁、黑龙江、上海、江苏、浙江、安徽、福建、江西、山东、河南、湖北、湖南、广东、广西、海南、重庆、四川、贵州、云南、陕西、青海、宁夏、新疆、大连、青岛、宁波、厦门、深圳都增加了投入和专项资金。渔业投入力度之大可以说是史无前例,投入之多可以说是绝无仅有,大力提升了现代渔业建设的保障能力和水平。但与需求相比还有很大差距,需要我们继续努力。

3. 渔业转型升级稳步推进,多措并举是重点。在国务院 11 号文件和现代渔业电视电话会议精神的指引下,在各地地方实施意见的推动下,各级渔业部门采取有效措施,加快推进渔业转型升级。山东省大力推进规模化、标准化、产业化的省级现代渔业园区建设。广东省大力发展"深蓝渔业"。福建省、江西省大力促进水产品出口。四川省在全省建设现代水产业示范村 670 个。重庆市打造"三峡鱼"为代表的生态渔业。贵州省建设集苗种生产、水产养殖、饲料加工、水产品加工为一体的现代高效渔业示范园区。这些都为现代渔业发展提供了引领示范作用,有力推动了现代渔业产业体系的构建。

4. 渔业资源养护取得明显成效,持续用力是根本。各地突出生态优先发展理念,持续加大渔业资源养护力度,严格执行休禁渔制度,大力打击非法捕捞和绝户网,广泛开展增殖放流和人工鱼礁建设,加大保护区建设力度,推进生态补偿机制建设。广东加快人工鱼礁建设,礁区面积达 283 平方公里。辽宁省大力推进海洋牧场建设。浙江省制订了"浙江渔场修复振兴计划",省委、省政府召开了渔场修复振兴工作会议。湖北连续12年实现禁渔期“江中无渔船、岸边无网具、市场无江鱼”,实属不易。湖南、吉林、甘肃等省加快推进保护区建设,利渔利国利民。

5. 渔政执法保持事业不断、队伍不乱,坚持“两手抓”是保障。在整合海上国家级执法队伍的过程中,各级渔业部门、渔政机构,一手抓产业发展,一手抓渔政执法,渔业资源养护执法、渔业安全监管、渔业生产秩序维护等各项渔政工作有条不紊的推进。广东省争取省编办同意在全省75个乡镇水产技术推广站加挂水产品质量安全监管站的牌子,并启动《广东省水产品质量安全管理条例》立法。江苏省进一步规范渔政队伍建设,督促10个县区政府解决渔政执法机构自收自支或差额拨款问题,强势推进渔政执法专项行动,深入开展长江水域渔业执法。天津市进一步加强涉外渔业管理,确保涉朝韩水域没有发生越界捕捞事件。

一年多来,各地通过贯彻落实国务院文件和会议精神,一些多年不敢想、不敢干的事情干成了,一些多年来一直想干、一直想推进的事情实现了。

二、关于我国渔业的地位作用

在党中央、国务院的关怀下,在部党组和各级党委、政府的坚强领导下,在有关部门的大力支持下,经过渔业系统的不懈努力,我国渔业取得了长足的发展和进步,一个渔业大国和养殖渔业强国已经巍然屹立在世界的东方。

(一)我国渔业在世界的地位(9个世界第一)

1. 我国渔船拥有量世界第一。到2013年末,全国拥有各类渔船107.2万艘,占世界渔船总数的24.4%;其中机动渔船69.5万艘,占世界机动渔船总数的26.3%。

2. 我国水产品总量连续24年世界第一,2013年全国水产品总量达到6 172万吨,占世界水产品总量的39.5%。

3. 我国养殖水产品总量世界第一,是世界上唯一一个养殖水产品总量超过捕捞总量的主要渔业国。2013年,养殖水产品总量达到4 542万吨,占世界养殖总量的65.3%。

4. 我国水产品出口连续12年世界第一,2013年首次突破200亿美元,达到202.6亿美元,占世界水产品出口总额的15.6%。

5. 我国水产品贸易顺差世界第一。继2012年首次突破百亿美元大关后,2013年达到116.3亿美元。

6. 我国水产品国际贸易总额世界第一。2013年水产品进出口总额达到289亿美元。

7. 我国渔民总数世界第一。2013年达到2 066万人,如果按其总数在世界上与各国总人口排序,排第57位,比荷兰、希腊、白俄罗斯、比利时等国的总人口还多。

8. 我国渔业从业人员世界第一。2013年达到1 443万人,占世界渔业从业人员总数的26.3%。

9. 我国远洋渔业水产品产量世界第一。2013年135万吨,作业远洋渔船2 159艘,船上人员4.6万人,遍布印度洋、太平洋、大西洋和南极海域及38个国家的专属经济区。

(二)我国渔业在经济社会发展中的作用(九大作用)

1. 供给作用。水产品为我国人民提供了1/3的优质动物蛋白,保障了食物安全,丰富了菜篮子,补充了米袋子。

2. 生态作用。渔业特别是养殖渔业,池塘具有湿地作用,增殖放流具有净化水质的作用。密云水库的水,通过增殖放流,现在可以直接饮用。贝藻类养殖还有吸收固定二氧化碳的作用。

3. 富民作用。渔民的收入高于农民的纯收入。

4. 调整作用。农村产业结构的调整,渔业、渔区起到了很大的促进作用。

5. 就业作用。从事渔业的1 400多万人,扩大了就业和再就业。

6. 拉动作用。拉动了县域经济的发展和渔区的文化建设,拉动了商饮服休旅游业的发展。

7. 维权作用。海洋维权,渔民当先锋,渔船打头阵。

8. 外交作用。扩大了对外的交往和合作,尤其是贸易。据统计,我们的水产品和181个国家(地区)有贸易往来。

9. 引领作用。1985年,渔业走出去,开始远洋渔业发展,已在国外建立100多个基地,而且非常成功,为其他行业走出去创造了经验,提供了借鉴。

(三)我国渔业在国民经济中的比重(有9组数据)

按2013年数据统计:

1. 渔业产值(10 104.88亿元)占农林牧渔业总产值的9.9%。

2. 渔民人均纯收入(13 039元)是全国农民人均纯收入(8 896元)的1.47倍。

3. 渔业出口额占农业出口额的30%,渔业顺差占农产品有顺差总额的41.7%,居第一位(其他有顺差农产品主要有蔬菜、水果),渔业贸易顺差占全国贸易顺差的4.48%。

4. 渔业人口占全国总人口的1.53%。

5. 渔业从业人员占全国总人口的1.07%,占全国从业人员的1.9%,占第一产业从业人员的5.5%。

6. 渔业财政预算占农业部财政预算的3.13%(2013年农业部预算为372.27亿元)。

7. 渔业基本建设投资占农业部基本建设投资的5.25%(2013年为13亿元)。

8. 水产品总量(6 172万吨)为全国粮食总量(60 194万吨)的10.25%。人均水产品占有量45.35千克,居世界第8位,比世界平均水平高了近1倍。

9. 水产技术推广机构占农业技术推广机构的4.5%,水产技术推广人员占农业技术推广人员的4%。

三、"十二五"以来的部局工作

"十二五"以来,在农业部党组、韩长赋部长、牛盾副部长、各位部领导的亲切关怀、坚强领导下,在兄弟厅司局委、单位的鼎力支持下,农业部渔业渔政管理局和归口单位团结拼搏,扎实工作,继续取得明显的成就和进步,有的实现了重大突破。

1. 要了钱。2011年,韩长赋部长、牛盾副部长、农业部财务司第一次给渔业要了"菜篮子"资金1亿元,2012年增加到2亿元;2012年渔业资源保护资金增加1亿元;部门预算资金2012年增加4 881万元,2013年又增加5 491万元。2013年部门预算和转移支付达到98 031万元,比2010年增加40 711万元,增长71.02%。

2011年7月,韩长赋部长、牛盾副部长第一次给渔业要了救灾资金4亿元。2012年8月到11月,三次要了海洋渔船更新改造和渔政船建造资金80.1亿元。2013年要了渔民安居工程资金5亿元,2013年渔业基本建设资金达到12.7亿元,比2010年增长31.27%。

渔业柴油补贴2011年171.65亿元,比2010年增长了63.88%;2012年239.97亿元,比2011年增长39.8%,比2010年增长129.12%;2013年262.43亿元,比2012年增长9.36%,比2010年增长150.55%。

2012年通过行政协调,牛盾副部长向康菲石油公司要渔业补偿资金13.5亿元。

2012年和2013年,共争取渔业科技专项和基层农技推广体系改革与建设等资金3.5亿元。

以上,3年共要各类资金总计830多亿元。资金虽然不多,每一笔资金的争取都来之不易,都有感人的事迹和动人的故事。

2. 要了船。2011年11月,韩长赋部长、牛盾副部长向海军要了一条油轮,改造为4 800吨的中国渔政312船;2012年9月,牛盾副部长又要了一条海军实验船,更名为中国渔政206船(5 800吨),目前是中国最大的公务执法船。

3. 借了力。借助中国工程院宋健、周济、潘云鹤、唐启升等27位院士之力给国务院报送了《中国工程院关于呈报把海洋渔业提升为战略产业和加快推进渔业装备升级更新的建议报告》,此报告为国务院出台文件和召开会议创造了条件奠定了基础。

4. 上了会。2013年2月6日,新中国成立以来国务院常务会议第一次讨论海洋渔业发展问题。

5. 发了文。2013年3月8日,新中国成立以来第一次印发了《国务院关于促进海洋渔业持续健康发展的若干意见》(国发〔2013〕11号)。

6. 开了会。2013年6月26日,新中国成立以来第一次由国务院主持召开了全国现代渔业建设工作电视电话会议。

7. 升了位。把海洋渔业提升为战略产业。各级党委、政府都加强了对渔业工作的领导,各有关部门都加大了对渔业的支持。进一步巩固和提高了渔业在国民经济和社会发展中的地位。

8. 定了向。确定了今后一个时期全国渔业发展的目标和方向。即,把海洋渔业提升为战略产业,促进海洋渔业持续健康发展;把现代渔业建设放在突出位置,使之走在农业现代化前列,努力建设现代化渔业强国。

9. 鼓了劲。国务院讨论海洋渔业、出台文件、召开全国性会议,给全国各级渔业部门鼓了劲,进一步增强了做好渔业工作、建设现代化渔业强国的信心和决心。

四、今年前5个月的渔业经济与安全形势

今年上半年各地都做了卓有成效的工作,克服了重重困难,经过共同努力,前5个月渔业经济发展继续保持良好态势。据全国20个渔业主产省统计月报数据显示,1~5月全国水产品产量2 035.58万吨,同比增长2.97%,其中养殖产量1 490.64万吨,同比增长4.82%,捕捞产量544.94万吨,同比下降1.78%。远洋渔业发展是突出亮点,1~5月份总产量96万吨,同比增长71%,2013年新投产329艘远洋渔船的效益开始显现。据对全国80家水产品批发市场成交价格情况统计,1~5月水产品批发市场综合平均价格22.36元/千克,同比涨3.52%。其中,海水产品综合平均价格41.42元/千克,同比涨3.78%;淡水产品综合平均价格15.04元/千克,同比涨3.22%。水产品市场成交量248.89万吨,同比增长2.33%;成交额546.94亿元,同比增长7.81%。据海关统计,1~5月我国水产品进出口总量350.71万吨,同比增长3.26%,进出口总额120亿美元,同比增长3.29%。其中:出口量152.78万吨,出口额80.25亿美元,同比分别下降

3.2%和0.75%。进口量197.93万吨,进口额39.75亿美元,同比分别增长8.88%和12.06%。贸易顺差40.5亿美元,同比下降10.5%。

各地高度重视渔业安全监管,强化水产品质量安全管理,确保了春节、元宵、五一、端午等重大节日期间没有发生重特大渔业安全生产事故,1~5月没有发生重大质量安全事件,没有发生重大区域性疫情。渔业安全生产形势保持总体稳定,全国共发生渔业船舶水上事故79起,死亡(失踪)84人。其中,渔业船舶水上生产安全事故67起,死亡(失踪)59人,与2013年同期相比分别减少13起、25人;水上交通事故4起,死亡(失踪)11人,与去年同期相比分别减少1.5起、16人;自然灾害事故7起,人员死亡(失踪)6人,同比分别持平、减少5人;特殊船舶事故1起,死亡(失踪)8人,同比分别增加1起,8人。福建、广东等省开展的渔业安全生产通信指挥、监管系统建设,上海、宁波市开展的政策性渔业保险、渔船互助保险和养殖保险都为渔业安全提供了重要保障。

五、下半年主要工作

时间马上过半,任务也基本实现过半。全面贯彻落实国务院文件和会议精神,全面完成今年的工作任务,还需要上下一心,团结拼搏,不懈努力。

(一)多汇报,促落实

请各地及时向省(自治区、直辖市)政府分管领导汇报牛盾副部长的重要讲话、本次会议精神和福建等省市区贯彻落实国务院文件和会议精神的好经验、好做法。请省领导出面,结合本地实际,继续推动深入全面贯彻落实国务院文件和会议精神,帮助协调解决现代渔业建设中的困难和问题。已出台文件和召开会议的,通过派督查组的方式,检查落实情况,督促有关部门和市县区政府把国务院、省(自治区、直辖市)政府文件中写的、会上领导讲的惠渔政策和措施落到实处,变成实实在在的动力,成为真正的政策红利。尚未出台文件和召开会议的地方,更要抓紧汇报,锲而不舍地争取,一定要树立机遇和危机意识,以对党、对渔业、对渔民、对历史、对自己高度负责的紧迫感、责任感、使命感,借国务院文件、会议和汪洋副总理重要讲话的尚方宝剑,乘势而上,顺势而为,巩固提高渔业在本地区政治、经济、文化、社会、生态中的地位。通过巩固地位实现渔业大有可为,通过渔业自身的大有可为进一步强化渔业的地位,真正做到有位才有为,有为促有位,有为促升位。

(二)保机构,增编制

现在正处于改革的关键时期,请各地都要高度关注,在改革中巩固和加强渔业部门及其所属机构。贯彻落实国务院文件和会议精神,必须有部门;中央给地方安排项目资金,必须有机构。请各地多商请编制部门帮助增加编制,解决人手不足问题,做到有人负责组织承担贯彻落实文件和会议精神。十八届三中全会中明确提出:减少行政执法层级,增加食品药品、安全生产、环境保护、劳动保障、海域海岛等重点领域基层执法力量。希望各地借此机会帮助基层呼吁和争取增加执法人员,充实执法力量,提高执法能力,强化执法建设。

(三)争投入,增经费

2015年投资和财政预算安排即将启动。农业部渔业渔政管理局将会同农业部计划、财务司积极与发改、财政进行沟通协调,做大原有专项,争取开辟新的专项,扩大资金规模,进一步提高渔业的投入份额。同时要优化结构,使有限的资金用在刀刃上,真正发挥四两拨千斤的作用。请各地积极向党委政府汇报,使本级对渔业的投入在地方基本建设和财政预算安排中占一席之地,并逐年增加。通过政府的投入吸引社会资本投入渔业,以加快推进现代渔业建设。请各地借贯彻落实国务院文件和会议精神的东风,积极主动与同级发改、财政部门进行沟通协调,增加对渔业治理能力现代化建设的投入和经费,优化支出结构,优先保障有钱养兵,抓紧解决自收自支问题,同时也要保障有钱打仗。在资金偏少的情况下,建议优先保障渔业部门及所属机构经费和事业发展及治理能力现代化建设的需要。

(四)调结构,促升级

调结构是一项长期的任务,促升级是永恒的主题。调结构、促升级是现代渔业建设的根本途径,要常抓不懈。调结构、促升级的目标是:品种调优,产业调强,加工调精,收入调增,效益调高。要继续巩固海洋渔业的战略地位,加快推进水产健康养殖,采取有效措施加大池塘标准化改造,加快发展水产种业,不断提高良种化、设施化、信息化、标准化。要进一步提升远洋渔业发展水平,努力建设远洋渔业强国。要创新渔业组织形式和经营方式,培育壮大家庭渔场、专业合作社、龙头企业和新型渔民等新型经营主体;推进科技创新,健全渔业科技创新和推广应用体系,增强科技对产业发展的支撑能力。要继续开展全国休闲渔业示范基地创建,鼓励发展休闲渔业,延伸产业链。要加快发展水产品精深加工,加强市场信息研究,扶持创建品牌,积极参与渔业国际合作,提升水产品国际竞争力,千方百计扩大出口。

(五)强监管,严执法

渔业监管和执法，是渔业部门的重要职责和任务，必须坚持经常抓、长期抓、常抓不懈。要切实加强对渔业安全生产、水产品质量安全、渔业水域生态安全、资金项目安全的监督管理工作。主要领导要亲自过问、亲自抓，确保不发生重特大渔业安全生产事故，确保不发生重大水产品事件，确保不发生重大区域性疫情，确保资金项目安全，确保不发生重大涉外渔业事件，确保干部廉洁自律不断成长进步。

各级渔业部门要加强与有关部门协调配合，强化休渔管理，进一步强化禁渔区线内渔政执法管理。通过联合执法、交叉检查等方式，持续开展专项执法行动，保持高压态势。要切实规范网具管理，坚决打击"绝户网"，使"绝户"彻底绝迹。坚决打击"电、毒、炸"和捕捞海龟、砗磲、珊瑚等濒危保护物种的违法行为。坚决严厉查处从事渔业活动的"三无"船舶和套牌渔船，切实强化异地渔船监管。巩固黑龙江、乌苏里江等内陆边境水域的良好作业秩序。要稳步推进质量安全执法工作制度化和规范化，强化检打联动，深入贯彻"两高"司法解释，强化水产品质量安全违法案件移送，严惩违法犯罪分子。

（六）抓改革，谋长远

国务院行政审批制度改革对捕捞许可证、渔船修造和设计企业资质等涉渔行政审批进行了下放或取消，后续还会涉及其他审批事项，请各级渔业部门认真做好衔接，完善管理制度和措施，确保行政审批改革落到实处。要加强渔业基本经营制度、渔业基本水域保护制度、养殖权和捕捞权制度、渔船管理制度研究，大力扶持发展渔业社会化服务体系，推进规模化、专业化、现代化经营。要加快《渔业法》《渔港管理条例》等法律法规规章的制修订，加强新出台的《渔业船员管理办法》宣传贯彻，不断完善现代渔业建设的法制保障。要积极准备谋划"十三五"渔业发展规划，储备"十三五"和今后一个时期的事关渔业渔政发展的大项目、大举措，为渔业可持续平稳发展、资源永续利用、渔民持续增收创造条件。

（七）干成事，不出事

为官一任，全心为民，造福渔业。请各地都要继续主动多想事、多干事，一年力争干成几件事，要把以船为家渔民上岸安居工程、渔港建设、海洋渔船更新改造、菜篮子工程、池塘标准化改造、渔政船艇建造、良种场建设、养殖保险、疫病防控、安全监管、增殖放流等项目作为实事切实抓好抓出成效。

请各地按照牛盾副部长的讲话要求，进一步加强党风廉政建设，努力做到干成事、不出事，切实强化监管，进一步梳理排查造船审批、燃油补贴、项目资金安排和执法处罚执行等环节可能存在的漏洞，完善制度、改进作风，确保渔业渔政系统干部和队伍清正纯洁，为民务实清廉。

同志们，我们要以党的十八大、十八届三中全会精神为指导，继续全面深入贯彻落实国发［2013］11 号文件、国务院现代渔业建设工作电视电话会议和此次会议精神，按照牛盾副部长的重要讲话要求，团结拼搏、锐意进取、再接再厉，共同推进现代渔业建设再上新台阶！

农业部副部长牛盾在全国渔业科研院所建设工作会议上的讲话

（2014 年 7 月 15 日）

今天，我们召开全国渔业科研院所建设工作会议，主要任务是：继续深入贯彻《国务院关于促进海洋渔业持续健康发展的若干意见》和全国现代渔业建设工作电视电话会议精神，总结交流渔业科研院所建设工作成效与经验，分析渔业科技工作面临的新形势，明确今后一段时期渔业科研院所建设工作的总体要求和重点任务。稍后，兴武同志将对具体工作进行总结和部署。下面，我讲四点意见。

一、渔业发展的辉煌成就表明，科技进步为渔业发展做出了重大贡献

回顾改革开放以来渔业发展不平凡的历史，我们基本可以得出这样的结论：渔业发展一靠政策，二靠科技，三靠投入。经过 30 多年的发展，我国渔业取得了举世瞩目的成就，全国水产品总产量由 1978 年的 465 万吨增加到 2013 年的 6 172 万吨，增长 12.2 倍，连续 24 年位居世界首位；水产养殖产量由 1978 年占水产品总产量的 26%，提高到目前的 73.6%，是世界上唯一一个养殖产量超过捕捞产量的主要渔业国；水产品人均占有量从 4.8 千克提高到 45 千克，超过世界人均水平；渔业总产值占农林牧渔业总产值的比重从1.2%提高到近 10%，成为我国大农业中的一个重要产业；水产品出口贸易额 2013 年突破 200 亿美元，是世界水产品贸易的重要国家；渔民人均收入持续增加，2013 年达到 13 039 元，比农民人均纯收入高 4 142 元。如今的我国渔业，已发展成养殖、捕捞、加工流通、增殖、休闲五大产业为主体，渔用工业以及科研、教学、推广相互配套、比较完整的产业体系，为保障水产品有效供给、增加农民收入、全面发展农业农村经济作出了重要

贡献。我国渔业之所以能取得如此巨大的成就,除坚持改革开放,率先引入市场机制,调动生产者积极性,促进了水产业的快速稳定发展外,科技进步也起了至关重要的支撑作用。20世纪50年代,我国首次突破了四大家鱼的人工繁殖,70年代突破了海带、扇贝、中国对虾等全人工育苗,为发展水产养殖业奠定了基础,与此同时,营养和饲料、病害防治、水质调控等一系列新技术相继跟进,为养殖业快速发展提供了有效的技术支撑。

在科技的支撑与引领下,我国渔业生产领域不断拓展,养殖水域从池塘向天然水域、从自然水体向人工水体、从滩涂向浅海、外海扩展,捕捞业从近海向外海和远洋扩展;渔业水域利用率不断提高,劳动生产率大幅度提升,养殖单产水平不断创历史新高;渔业新资源、新品种的开发能力不断增强,带动了新产业的形成,产业链条得到延伸,形成了新的经济增长点;传统渔业生产方式加快转变,节能、节水、减排、生态等可持续发展方式日益受到重视,高新技术逐步得到推广和应用。可以说,渔业发展的每一阶段都伴随着科技的巨大进步;没有科技的率先突破,我国渔业不可能取得今天这样巨大的成就。根据统计和回归分析,科技对渔业增长的贡献率不断增加,由“六五”末的35%提高到“十一五”末的55%,“十二五”期末预计达58%。由此可见,科技已成为支撑我国渔业发展的主要力量,科技对促进渔业发展的贡献巨大、功不可没。

二、瞄准世界科技前沿,充分认识建设世界一流渔业科技强国的必要性和紧迫性

我国是渔业大国,也是渔业科技大国,但还不是渔业科技强国。在水产养殖、加工等应用技术研究领域,我国的技术不算落后,但在基础研究领域,我们与发达国家还有较大的差距,在渔业资源调查与评估、鱼群预测预报、病害防控及疫苗生产、渔业装备、水产品质量安全管理、水产品精深加工(尤其是超低温保存和南极磷虾捕捞加工一体化)、渔业水域环境控制、渔业信息技术、电子商务、科技成果转化等领域,我们还有较大的差距。我们要密切跟踪世界渔业科技发展的动向,瞄准国际渔业科技前沿,加快追赶,尽快迎头赶上。

(一)现代渔业建设对科技进步提出了新要求

我国正在加快推进现代渔业建设,面临着资源严重衰退、环境持续恶化、设施装备落后、发展方式粗放、发展空间受限的问题,面临着保障水产品安全有效供给和渔民持续较快增收的首要任务,面临着以加快转变渔业发展方式为主线,大力加强渔业基础设施建设和技术装备升级改造,提高水域产出率、资源利用率和劳动生产率,增强渔业综合生产能力、抗风险能力、国际竞争力、可持续发展能力的主要任务。这些问题的解决,以及现代渔业建设任务的完成,除继续依靠政策和投入外,最具潜力、最可持续、最可依靠的是科技。现代渔业建设对科技进步的要求越来越高,对科技进步的需求越来越大,对科技进步的依赖越来越强,科技进步成为现代渔业建设不可或缺的重要依靠。

(二)渔业科技进步面临新的机遇和挑战

一方面,党和国家高度重视科技创新,渔业科技得到关注和支持,渔业科技工作基础良好,渔业科技发展环境非常有利。自党的十八大作出实施创新驱动发展战略的重大部署以来,新一届党和国家领导集体把科技创新在支撑和引领经济社会发展中的战略地位提到了前所未有的高度,习近平总书记多次参加科技界的活动,强调科技创新的重要性。习总书记今年6月9日在中国科学院和中国工程院院士大会上提出了一系列关于科技工作的新思想、新任务、新要求,强调我国科技发展的方向就是创新、创新、再创新,提出实施创新驱动发展战略,最根本的是要增强自主创新能力,最紧迫的是要破除体制机制障碍,最大限度解放和激发科技作为第一生产力所蕴藏的巨大潜能。2012年,中央1号文件聚焦农业科技创新,出台了一系列含金量高、打基础管长远的政策措施。国家发改委、财政部、科技部、工信部等部门关注渔业发展,对渔业发展的新科技需求予以立项支持。农业部党组高度重视农业科技工作,多次强调科技进步在现代农业建设中的重要性,提出必须更加依靠科技进步推进现代农业发展。从渔业科技创新自身建设情况看,经过多年的积累,特别是近年来国家和地方持续加大对渔业科技投入的支持,为进一步提升渔业科技创新能力、支撑产业发展打下了良好基础。另一方面,与中央要求、发展需要和渔民期盼相比,渔业科技发展还面临着一些突出问题。从总体上看,我国渔业科技总体水平仍然不够高,拥有自主知识产权的重大创新成果依然不多,科技成果转化与推广应用水平依然不高,高素质渔业科技人才数量依然不足,在渔业科技创新管理体制机制等方面仍然存在不少问题。

我们要认清形势,把握机遇,迎接挑战,把渔业科技放在更加突出的位置,把依靠渔业科技进步作为加快推进现代渔业建设的一项重大而紧迫的任务抓紧抓好。

三、围绕产业发展所需的重大关键技术,不断提升科技支撑现代渔业发展的能力

(一)着力把握渔业科技创新的方向和重点

人口增加，城镇化水平提高，对水产品数量和质量都提出了更高需求。解决好广大人民群众的消费需求，始终是渔业发展的根本任务，是渔业科技创新的职责所在。新时期的渔业科技创新要立足我国人多地少水缺的基本国情，坚持以养为主，着力提高养殖水域产出率、资源利用率、劳动生产率，同时要坚持生态优先，保护和合理开发利用渔业资源、修复渔业生态环境，努力实现渔业可持续发展。要着眼长远发展，超前部署渔业前沿技术和基础研究，稳定支持基础性、前沿性、公益性渔业科技研究，力争在世界渔业科技前沿领域占有重要位置。要促进渔业技术集成化、劳动过程机械化、生产经营信息化，构建适应高产、优质、高效、生态、安全渔业发展要求的技术体系。要着力突破渔业技术瓶颈，在水产良种培育、新型疫苗研制、禁用药物替代研究、高效配合饲料研制、节水减排降耗、资源可持续利用、节能型渔业装备研发、水产品加工综合利用等方面取得一批重大实用技术成果。

（二）着力解决渔业科技与产业脱节问题

一方面要紧紧围绕产业发展需求，开展科技创新；另一方面要将创新成果尽快转化为现实生产力，实现成果进塘入场到户上船，促进渔业增效、渔民增收。相对于科技创新来讲，渔业科技成果转化是一条短腿。这些年，我们在加快成果转化方面做了不少工作，先后组织开展了渔业科技入户工程、渔业科技服务年和渔业科技促进年等活动，探索建立了渔业科技服务机制，取得了一定成绩，但渔业科技成果转化率低的问题还没有得到根本解决。因此，必须下大气力抓好渔业科技成果转化应用，加快建立科研与生产紧密结合、科技成果高效转化的有效机制。要整合各方面科技力量和科技资源，形成推进渔业科技成果转化和应用的合力。要多形式、多渠道、多途径开展渔业科技培训，提高渔民对先进适用技术的接受能力和应用水平，使科技进步成果能够更多地惠及广大渔民群众，促进渔民持续较快增收。

（三）着力完善渔业科技创新体制机制

经过多年的发展，我们已建立了比较完备的渔业科技创新体系，但这个体系分布在渔业、教育和中科院系统，比较分散，工作难以形成合力。近几年，农业部、科技部、教育部积极构建新型的国家创新体系建设，如农业部启动建设50个现代农业产业技术体系，科技部启动建设产业技术创新战略联盟，教育部启动建设协同创新中心。这些创新体系虽然架构不同，有的以产品为主线，有的以领域为主线，有的以技术为主线，但有一个共同点，就是将分属于不同部门、不同领域的科研、教学单位和具有技术优势的企业整合在一起，目的是建立协同创新机制，联合攻关，建立基地，转化成果，打造人才，推进产学研紧密结合。从这些体系运行情况看，都还有完善和提升的空间。值得欣慰的是，这些体系都将把渔业考虑进去了。下一步，我们要继续建好和用好这些体系，积极参与体系的顶层设计，在推进科研资源整合上下功夫，在深化协同创新上做文章，着力打破部门、区域、学科和单位界限，着力推进企业自主创新能力建设，强化科研上中下游的上下贯通，强化中央与地方团队的纵向协作，强化科研院所、大学、其他涉渔科研力量、科技型企业的横向联系，构建渔业科技大联合大协作机制，推动产学研、农科教紧密结合。

（四）着力加大对渔业科技的资金扶持力度

渔业科技具有公共性、基础性、社会性的特点，这一特点决定了渔业科技投入要以政府投入为主导。2012年中央1号文件明确指出，要大幅度增加农业科技投入，保证财政农业科技投入增幅明显高于财政经常性收入增幅，逐步提高农业研发投入占农业增加值的比重。目前，从国家层面讲，国家发改委、财政部、科技部、教育部、农业部、工信部等部门，都有对农业科技的资金支持。在我国现行体制下，渔业科技是农业科技的重要组成部分。因此，我们要积极反映渔业科技需求，争取向渔业领域倾斜。目前一些国家科技项目通过地方发改、财政、科技或农业等部门申报，各地渔业主管部门要了解项目申报渠道，加强沟通与协调，争取更多的份额。近几年，地方科技投入也大量增加，各地渔业部门和科研单位要积极争取，特别是要提高公益性渔业科研机构运行经费保障水平。我们还要积极研究建立引导和鼓励金融机构、渔业企业、社会资金投入渔业科技的机制，形成多元化、多渠道、高效率的渔业科技投入格局，共同支持做大做强渔业科技。

（五）着力开展国际渔业科技交流与合作

渔业是开放较早、开放程度较高的产业，在国际渔业科技交流与合作方面有较好的基础。与一些渔业发达国家建立了科技合作关系，派人赴外学习交流和研修，合作共建了实验室，对发展中国家渔业管理和技术人员进行培训，帮助他们建立水产养殖、加工技术示范基地，我们还利用“948”计划，引进了大量渔业先进技术和管理方法，并进行消化吸收在国内推广和应用。下一步，要在加大自主创新能力建设的同时，坚持“引进来”和“走出去”相结合。既要引进技术，又要引进人才，要对“引什么”和“从哪引”做认真的研究，把国家有限的资金真正用在刀刃上，同时，还要发挥我们的技术优势，结合国家“一带一路”战略的实施，坚持“走出去”，可通过技术输出、科技培训和共建适用技术推广示范基地等形式，加强与相关国家和地区的渔业科技合作。

四、加强科技创新能力建设，打造国际领先国内一流的渔业科研院所

这次会议，是全国渔业科研院所建设工作会议，国家级和各省级渔业科研院所的负责人都参加了会议。渔业科研院所在渔业发展中的地位和作用相当重要，为确保水产品安全有效供给、持续增加渔民收入、促进渔业可持续发展作出了重大贡献。面向未来，渔业科研院所要再接再厉，加强建设，在高起点上实现新突破、创造新佳绩，力争建成国际领先、国内一流的渔业科研院所。

（一）进一步提高渔业科研院所自主创新能力

要有战略眼光、全球视野，科学把握世界渔业科技发展新动向，以提高自主创新能力为重点，开展渔业科技创新。要聚焦渔业发展目标、围绕渔业产业需求开展创新，集中资源、形成合力，突破产业发展重大关键科技问题。要全方位推进渔业科技创新，推进渔业产品创新、品牌创新、产业组织创新、商业模式创新，把创新落实到现代渔业建设整个过程和各个方面。要运用高新技术加快改造提升传统渔业，提升科技支撑和引领产业发展的能力。各地要为渔业科研院所发展创造更好的环境和条件，完善和落实促进科技创新和成果转化的政策措施，创造有利于科研人员安心工作、潜心钻研的良好环境。

（二）进一步深化渔业科研院所体制改革

各地要积极稳妥地推进渔业科研院所改革，把党的十八届三中全会确定的科技体制改革各项任务落到实处。要着力提高渔业科研院所服务渔业经济社会发展的能力，完善政绩考核体系和激励政策，深化产学研合作，加快解决制约科技成果转化的关键问题，推动创新协调发展，强化科技资源开放共享。要确保在事业单位分类改革中，科研院所机制得到健全、职能得到加强、能力得到提升、扶持得到强化，加快建立现代院所制度。

（三）进一步完善渔业科研院所人才发展机制

科技兴渔，人才是关键。不论是推进渔业科技创新，还是加快科技成果转化，都离不开高素质的人才队伍。科研院所要进一步加强科技创新人才队伍建设，把人才资源开发放在科技创新最优先的位置，努力营造良好的环境，建立有效的激励和培养机制，依托科研项目、重点学科、科研基地、实验室打造科研创新人才队伍。建立和完善人才评价机制，坚持尊重劳动、尊重知识、尊重人才、尊重创造的方针，统筹人才发展，建设一支规模宏大、结构合理、素质优良的渔业创新人才队伍。

（四）进一步加强渔业科技发展战略研究

农业部已启动"十三五"农业农村经济发展规划编制工作，要求各行业编制总体发展规划和专题发展规划。为做好"十三五"渔业科技发展规划编制工作，我们决定先行开展渔业科技发展战略研究，拟对国内外渔业和渔业科技发展现状及未来发展趋势进行分析，同时对"十三五"渔业科技发展需求进行预测，提出渔业科技发展的战略重点、目标、任务和政策建议等。这项工作非常重要，希望大家积极参与，要解放思想、深入调研、集思广益、凝聚共识，共同合作完成战略研究工作。形成的战略研究报告要听取农业部第九届科技委渔业组的咨询意见，报告内容要有战略性、全局性、前瞻性和系统性，具有高度、广度、跨度、深度和重要的参考价值。各地要结合本地实际适时启动本地"十三五"渔业科技规划编制工作。

同志们，实施创新驱动战略是全党全社会的共同任务，现代渔业建设必须依靠创新驱动。我们要按照习总书记创新、创新、再创新的指示要求，坚持自主创新、重点跨越、支撑发展、引领未来的科技发展方针，坚持自主创新、加速转化、突破瓶颈、提升产业、率先跨越的渔业科技发展方针，团结协作，勇于拼搏，加快渔业科技创新建设步伐，为早日实现渔业现代化而奋斗！

农业部渔业渔政管理局局长赵兴武在全国渔业科研院所建设工作会议上的讲话

（2014 年 7 月 15 日）

方才，牛部长做了重要讲话。牛部长在重要讲话中，对渔业科研院所、渔业科研工作者，为渔业发展、渔民增收所做出的突出的历史性的巨大贡献给予了充分肯定。进一步明确了建设渔业科技强国的必要性和紧迫性，对不断提升科技支撑现代渔业发展的能力，建设国际领先、国内一流的渔业科研院所提出了明确的要求。牛部长的重要讲话立意深远，主题鲜明，重点突出，具有很强的思想性、理论性、指导性、针对性和可操作性，我们一定要认真学习，深刻领会，全面贯彻落实。刚才，张显良院长、汤建鸣局长、姜清春副厅长、焦泰文副厅长、顾志敏所长等分别介绍了他们的好经验、好做法，听了以后深受启发，请各地各院所认真学习借鉴推广。

根据会议安排，我也做个发言。下面，我讲三点。

一、渔业科研院所不断发展壮大，成果显著，贡献巨大

在党中央国务院的关怀下，在农业部、各级党委政府的领导下，在各有关部门和社会各界的支持下，经过历届科研院所领导和几代渔业科研人的艰苦奋斗和不懈努力，我国渔业科研院所经历了由试验场到研究所，由少到多，由小到大，由弱到强，由落后到先进的辉煌发展历程。据统计，目前全国拥有国家级水产科学研究院1个，国家级水产科研所9个，省级渔业科学研究所38个，市级渔业科研所60个。此外，还有中国科学院、教育部以及地方科技、教育部门所属的10多个研究所和大学，也都是渔业科研的主要力量。仅全国38个省级研究所和9个国家级院所就有科技人员4 000多人，其中高级职称人员约占1/3以上。可以说，我国既是渔业大国，也是渔业科研大国。

在渔业科研院所的建设发展中，绝大多数渔业科研院所克服了人才少，经费少，用房少，仪器设备少，项目少，工资没保障，医药费难报销，冬季没钱买煤取暖等诸多困难，使渔业科研院所都发生了根本性的变化，均已今非昔比。楼高了，池塘标准高了，地盘大了，人才多了，项目多了，实验室宽敞了，仪器设备多了，先进了，有的已经达到国际水平，成为国际权威机构认定的重点实验室。论文多了，成果多了，先进适用技术多了，并得到了广泛推广和普遍应用。

在渔业科研院所建设中，涌现出了一批又一批优秀渔业科研人才，攻克了一道又一道渔业科技难关，取得了一个又一个重大渔业科研成果，做出了一个又一个重大贡献。

1958年，以钟麟先生为代表的科技工作者，在我国“四大家鱼”人工繁殖技术上获得重大突破，结束了养殖鱼苗依赖天然捕捞丰歉难保的历史，使水产育苗方式从依赖天然资源型逐步向半人工、全人工型转变。1964年，该项成果被列为国家重大科研成果，1965年获得《发明证书》。此后，利用该技术原理和方法，大批野生种和驯养种的人工育苗技术先后取得成功，水产养殖品种和产量规模迅猛增长，有力地推动了水产养殖业的大发展。2013年，“四大家鱼”养殖产量达到1 298万吨，占淡水养殖鱼产量的52.3%。

20世纪60年代，以曾呈奎院士为代表的科技工作者，采取海带夏苗人工低温培育法，为海带人工养殖做了奠基性的工作。随后，科学家们又创造了海上施肥法、切梢增产法、合理密植法、夏苗病害防治法等新技术，并在浙江、福建将海带南移养殖试验成功，为我国海带养殖业的发展打下了坚实的基础。到1985年，全国海带养殖面积达1万多公顷，总产达25万吨干品，占世界海藻产量的一半，成为世界头号海带养殖生产大国。1987年，曾呈奎院士的成果获得国家自然科学三等奖。2013年，我国海带养殖产量达101.8万吨，占海藻产量的54.8%。

上世纪60年代初，吴尚勤研究员首先在实验室人工控制下培育出了人工虾苗。赵法箴院士首次完成了中国对虾幼体发育形态研究，为对虾全人工育苗奠定了理论基础。60年代中期至70年代中期，赵法箴团队先后创立了对虾优质精养高产技术，极大地激发了养殖户的热情，在全国掀起了中国对虾的养殖热潮。80年代以来，赵法箴院士主持国家攻关项目“对虾工厂化全人工育苗技术”的研究，创立了对虾工厂化全人工育苗技术体系，实现了高效、稳定、有计划大批量苗种的生产，为我国成为世界第一养虾大国奠定了坚实基础。1985年，该成果获得国家科技进步一等奖。2013年，全国养虾产量达到278万吨，占全国虾总量的60%。

从1972年起，山东烟台地区水产研究所等单位进行海参人工孵化育苗试验，1974年孵出幼参18万头，两年后进行生产性试验，获得成功。2013年，全国养殖海参产量达到19.4万吨，占全国海参总产量的95%。

上世纪70年代起，许步劭研究员等突破了河蟹海水育苗技术，1981年获国家发明二等奖。之后，赵乃刚教授、包祥生高级工程师在内陆地区试验成功了“河蟹人工半咸水工业化育苗技术”，1984年获得国家发明一等奖。80年代至90年代，该技术在内陆水域广泛推广应用，工厂化育苗技术趋于成熟，同时，河蟹土池育苗技术开始发展，苗种生产成本降低，极大地促进了河蟹增养殖业发展。2013年，河蟹养殖产量达到73万吨。

在渔业科研院所建设中，我国渔业科研院所不断加强与国际组织和国外机构的科技交流与合作，既走出发挥自身养殖加工技术优势，帮助一些发展中国家建立水产养殖示范中心和水产品加工厂，开展技术指导和培训活动；又与发达国家的相关科研机构建立联合实验室，搭建了合作研究与创新平台，与60多个国家和地区的渔业科研建立了联系。同时引进一大批水产养殖品种，经过驯化和选育，成为水产养殖优良新品种和重要的支柱产业。20世纪80年代，张福绥院士首次从美国大西洋沿岸引进海湾扇贝，研究解决了在中国海域养殖海湾扇贝的一系列生物学与生态学问题，建立了一套工厂化育苗与养成的关键技术，在我国北方海域形成世界上第一个海湾扇贝养殖产业。90年代，又引进墨西哥湾扇贝的南北两个种群至南海与东海，相继形成产业。1990年，“海湾扇贝工厂化育苗

及养殖技术”获国家科技进步一等奖。目前，扇贝已成为我国贝类养殖的第三大养殖品种，2013 年产量达到161 万吨，占贝类养殖总产量的 13%。1992 年，雷霁霖院士从英国引进大菱鲆，自主创新突破工厂化育苗关键技术，构建起“温室大棚 + 深井海水”工厂化养殖模式，开创了大菱鲆工厂化养殖产业，产生了巨大的经济和社会效益，为我国海水养殖产业化第四次浪潮的兴起做出了重要贡献。2001 年，“大菱鲆引种和育苗生产技术”获国家科技进步二等奖。2013 年，鲆鲽类养殖产量达到 12.82 万吨，占海水鱼养殖产量的 11.4%。

回顾渔业科研发展历程，不难看出，海水养殖业发展，大致每十年就有一个新的飞跃。

20 世纪 50 年代，海带自然光育苗和浮筏式养殖技术，促进了海带养殖业的迅速发展；60 年代紫菜采苗、育苗养殖技术和牡蛎采苗、养殖技术，促进了紫菜和牡蛎养殖业的快速发展，70 年代贻贝采苗和养殖技术，促进贻贝养殖业的迅猛发展，80 年代对虾工厂化育苗和池塘养殖技术以及此后的扇贝育苗和养殖技术推动了我国海水养殖业提高到新水平；90 年代以来，工厂化养鱼、网箱养鱼，推动我国海水养殖业迈进了渔业工业化的新阶段。

此外，渔业科研院所在渔业资源调查、水产品精深加工、渔船及装备、渔具渔法研究等方面也取得了重要成果，为促进产业发展提供了强有力的技术支撑。2006 年，唐启升院士牵头的“我国专属经济区和大陆架海洋生物资源及栖息环境调查与评估”成果获国家科技进步二等奖。1980 年，以中国水产科学研究院为主的创新团队，设计的“8154 型双拖尾滑道冷冻渔船”成为我国 80 年代的优秀代表船型，也是我国远洋渔业的主力船型，为我国远洋渔业发展做出了重要贡献。

我们的院士、专家、学者和渔业科技人员在积极做好渔业科研工作，渔业科研成果层出不穷的同时，还为渔业发展积极建言献策，主动提意见建议。所出的主意和谋略，已成为国家出台重大政策，确定重大投资，制发重要文件，召开重要会议的重要依据和重要推动。2002 年 5 月 23 日，唐启升、朱作言、管华诗和赵法箴等 12 位院士和王丁、相建海、王衍亮等 7 位专家以中国水产学会名义向时任国务院副总理温家宝报送了《关于尽快制订国家行动计划，切实保护水生生物资源，有效遏制水域生态荒漠化的建议》，温家宝副总理做了重要批示。2006 年 2 月 14 日，国务院印发了《中国水生生物资源养护行动纲要》，水生生物资源养护和渔业水域生态环境保护事业日益受到重视，截止到 2013 年，中央和地方累计投入增值放流资金达 49.14 亿元，放流苗种共计 2 030 亿尾。2012 年 4 月 24 日，宋健、周济、潘云鹤、唐启升等中国工程院 27 名院士联名以中国工程院名义向国务院报送了《关于呈报把海洋渔业提升为战略产业和加快推进渔业装备升级更新的建议的报告》，时任国务院总理温家宝作出重要批示。当年，国家连续下达三批投资，用于支持海洋渔船更新改造和渔政船建设。2013 年 2 月 6 日，新中国成立以来，国务院常务会议第一次讨论研究海洋渔业发展问题，把海洋渔业提升为战略产业；同年 3 月 8 日，新中国成立以来第一次，出台了《国务院关于促进海洋渔业持续健康发展的若干意见》（国发〔2013〕11 号）；6 月26 日，新中国成立以来第一次，由国务院主持召开了全国现代渔业建设工作电视电话会议。

长期以来，渔业科研院所通过抓班子、队伍、作风、制度建设，培养了“论文写出鱼水情，成果留在千万家”的脚踏实地的优良作风。广大渔业科技工作者，历尽千辛万苦，走遍千山万水，把渔业科研成果转化到千场万塘，把先进实用技术应用到千家万户。培育了五加二、白加黑，团结拼搏，攻坚克难，艰苦奋斗，改革创新，勇攀高峰，不图索取，无私奉献的中国渔业科研精神。涌现出了一批又一批“献身盐碱地，养出鱼和虾”、“扎根海岛搞科研，不顾小家为国家”的先进集体和个人，为共和国的渔业增了光，为世界渔业添了彩。

到 2013 年末，我国水产品总量连续 24 年世界第一，达到 6 172 万吨，占世界水产品总量的 39.5%；其中养殖水产品总量达到 4 542 万吨，占世界水产品养殖总量的 65.3%，成为世界唯一一个养殖产量超过捕捞产量的主要渔业国；水产品出口额连续 12 年世界第一，达到 202.6 亿美元，占世界水产品出口总额的 12.2%，占我国农产品出口总额的 30%，贸易顺差达到 116.3 亿美元，占我国农产品有顺差产品总额的 41.7%，占全国贸易顺差的 4.48%，渔民人均纯收入是农民人均纯收入的 1.47 倍。

这些成绩的取得都凝聚着渔业科研院所、渔业科技工作者的心血、智慧和汗水，都记载着渔业科研院所、渔业科技工作的辛劳、功绩和奉献。历史和事实充分证明，没有渔业科研院所，就没有中国渔业的今天，没有渔业科研人员的团结拼搏，就没有今天的渔业大国。借此机会，我代表农业部渔业渔政管理局向全国渔业科研院所、全国渔业科研工作者，向所有支持渔业科研院所建设的各级领导和社会各界，一并表示衷心的感谢，并致以崇高的敬意！

在总结工作肯定成绩的同时，我们也清醒地看到，渔业科研院所建设与建设现代化渔业强国的要求相比，还有较大的差距，主要表现在：渔业科研投入不足、重大创新成果不多、成果转化效率不高、科技体制机制不顺、创新骨干人才不足、基础条件能力不强的问题仍相当突出，已成为影响和制约渔业科技进步的重要因素。因此，必须尽快采取有效措施加以克服和解决。

二、全面推进国际领先、国内一流现代化渔业科研强所建设

国务院全国现代渔业建设工作电视电话会议明确提出：要加快推进现代渔业建设步伐，努力使渔业走在农业现代化的前列，建设现代化渔业强国。

科技兴，渔业兴，科技强，渔业强。渔业科学技术是现代渔业建设的翅膀和助推器；渔业科研院所是现代渔业建设的领头雁和主力军。要想加快推进现代渔业建设步伐，必须加快推进现代渔业科研院所建设步伐；要想努力使渔业走在农业现代化的前列，必须使渔业科研院所走在渔业现代化的前列；要想建设现代化渔业强国，必须优先建设现代化渔业科研强所。因此，渔业科研院所担子重、责任大，使命光荣，任重道远。我们相信，渔业科研院所的领导和科技人员及全体员工一定能够充分认识加快推进渔业科研院所建设的重要性、必要性和紧迫性，进一步增强责任感、紧迫感和使命感，进一步发扬优良传统，充分发挥积极性、主动性和创造性，继续努力创造出无愧于时代的光辉业绩，谱写渔业科研院所发展建设的新篇章。

现代化渔业科研强所建设总的要求是：认真贯彻党的十八大和十八届三中全会精神，以邓小平理论、“三个代表”重要思想和科学发展观为指导，认真学习贯彻习总书记在两院院士大会上的重要讲话，全面贯彻落实国发〔2013〕11 号文件和国务院全国现代渔业建设工作电视电话会议精神，为确保水产品安全有效供给提供科技支撑，为确保渔民持续较快增收提供科技保障，为加快转变渔业发展方式提供科技引领，为促进渔业可持续发展提供创新驱动，努力走在渔业现代化的前列，建设世界领先、国内一流现代化渔业科研强所。

（一）在定位上下功夫。定位决定未来

目前，有的渔业科研院所正处于事业单位分类改革的关键时期。所以，请尚未明确职能定位的院所，一定要科学评估，充分论证，既考虑当前，又考虑长远；既考虑职工利益，又考虑院所建设；既借鉴国内做法，又借鉴国外经验；既总结回顾发展历程，又科学谋划未来，深入分析，多方对比，科学研判，审慎决策。一定要抓住机遇，千万不要错过机遇。一定要找准定位，明确定位，坚持定位，巩固定位，决不错位，切忌一错年年恨，决不能一错再错。更不能背上天天想挣钱，日日想创收，一天不挣钱，工资就犯难，一日不创收，工资就犯愁的包袱。请各地各院所在分类改革中，务必认真学习深刻领会中发〔2012〕1 号文件，用好用足用活中发〔2012〕1 号文件。需要农业部渔业渔政局予以支持帮助的，我们一定竭尽全力。需要我们说话的说话，需要我们行文的行文。

（二）在谋划项目上下功夫

项目是渔业科研院所建设发展的命运和前途。渔业科研院所一定要在想项目、找项目、上项目、谋划项目、储备项目、争取项目上下功夫。项目总是留给有准备、有思路、有韧劲、有信心的人的。要结合“十三五”规划的编制，按照有所为、有所不为的原则，突出重点，发挥优势，研究提出“十三五”重点建设项目和科研项目。要建立项目责任制，落实项目责任人。通过抓好在建项目，争取再上新项目，通过抓项目，上项目，永葆渔业科研院所的青春活力。

（三）在创新驱动上下功夫

科技是兴渔之基，创新是强渔之魂。实施创新驱动发展战略是党的十八大作出的重大战略部署。习总书记指出：从总体上看，我国科技创新的基础还不牢，自主创新和原创能力还不强，关键领域核心技术受制于人的格局没有从根本上改变。只有把核心技术掌握在自己手中，才能真正掌握竞争和发展的主动权。习总书记还指出：不能总是用别人的昨天来装扮自己的明天。不能总指望依赖他人的科技成果来提高自己的科技水平，更不能做其他国家的技术附庸，永远跟在别人的后面亦步亦趋。我们没有别的选择，非走自主创新道路不可。所以，我们一定要认真学习深刻领会习总书记的重要指示，紧紧围绕现代渔业建设需求，大力加强自主创新能力建设，在原始创新、集成创新和引进消化吸收再创新上下大气力，加快渔业科技创新与进步。要在大力加强基础性研究、加快推进前瞻性研究、力求取得突破性重大成果的同时，坚持以产业需求为导向，着力解决制约产业发展的关键共性技术、核心技术和系统集成技术，在水产良种培育、病害防治、健康养殖、质量安全、资源养护、节能减排、网上渔业等重点领域取得一批重大实用技术成果。要把水产种业创新放在突出位置，以高产、优质、高效、抗病、广适为目标，培育一批具有重大应用价值的水产新品种；建立和完善水产种业创新机制，加快推进育繁推一体化进程。

（四）在加快科技成果转化上下功夫

渔业科研院所作为成果转化和技术推广的重要力量，要努力提高成果转化率和先进技术入户率。要在对已有科技成果进行梳理的基础上，面向用户需求，进行技术集成、熟化和推广，尽快解决科技和产业两层皮

问题，以取得更大的效益；要将成果与各类科技示范园区、基地建设进行对接，并进行示范，使这些园区、基地成为展示新成果、新技术的示范基地，辐射和带动更多的渔民跟着学、照着干；要强化服务意识，深入生产一线，开展技术咨询和服务，采取易懂易学的方式，引导渔民养殖新品种、应用新技术；要积极推进渔业科技进塘、入场、到户，完善“专家组 + 试验示范基地 + 技术指导员 + 专业合作社 + 科技示范户”推广模式，提升渔业科技成果的入户率和到位率。要推进建立重点品种、重大技术协作推广机制，加强与水产推广机构的衔接，充分利用水产推广体系平台，转化渔业科技成果，推广普及新品种、新技术。

（五）在加强人才培养上下功夫

人才就是未来。人才兴，院所兴；人才强，院所强。院所长决定人才的未来。各位院所长一定要树立真正的爱才、用才、选才、育才、引才、帮才、荐才、聚才、识才的科学人才观。人才各有所长，各有特点，金无足赤，人无完人。院所长要包容人才之不足，宽容人才不成功，要有容才的雅量，育才的胸怀。对人才不要顺我者用，逆我者闲。更不要守着人才不用，还口口声声缺人才。一定要千方百计为人才成长进步创造条件，让人才的智慧源泉充分涌流，才能充分展示。努力造就世界领先国内一流的渔业科学家，渔业科技领军人才和高水平创新团队。注重培养一流创新人才和青年渔业科技人才。老院士、老专家、老教授，要甘为人才梯，言传身教，慧眼识才，不断发现、培养、举荐人才，为拔尖人才脱颖而出铺路搭桥。广大青年渔业科技工作者，要树立科学精神，专心致志搞科研，充分发掘创新视野，提高创新能力，在继承前人的基础上，不断超越，更上一层楼。要努力培养一批高素质的技术推广人员和新型职业渔民，形成一支适应现代渔业建设需要的水产技术推广人才队伍和渔业实用人才队伍。要加大人才引进交流力度，鼓励海外专家和优秀团队以合作研究、学术交流、技术培训等多种形式回国服务，支持归国留学人才创新创业。

（六）在基础条件建设上下功夫

承担部实验室建设任务的各渔业科研院所，要加强领导，加快建设，为提升渔业科技创新能力提供基础条件。请各地也要积极争取，加快省级实验室建设。基本建设和中央科研事业单位修缮购置方面，农业部发展计划司、财务司等都给予了很大支持。今后要继续配合计划司、财务司加强沟通协调，争取相关部门的支持和倾斜。《渔业生态修复工程建设规划》和《渔业种质资源库建设规划》已经编制完成，建设依托单位主要是渔业科研院所，希望大家积极参与，争取规划的批准与落实。依托渔业科研院所在建的遗传育种中心、国家级和省级原良种场，要加快建设；已建成的各类中心、基地，要切实发挥作用。

（七）在体制机制改革上下功夫

加快建立“职责明确、评价科学、开放有序、管理规范”的现代院所制度。完善立项机制，聚焦行业重大需求，强化需求导向和应用导向，充分听取一线生产者和管理者的意见建议，确保课题立项来源于生产实践、符合渔业发展需求。深入实际，找准影响产业发展的关键技术问题，设计好解决问题的技术路线和时间表。创新渔业科研评价机制，建立考核激励机制，切实解决重论文轻发明、重数量轻质量、重成果轻应用的问题。建立科学合理的人才评价和激励机制，完善建立以解决实际问题、对渔业发展的实际贡献为标准的评价和考核机制，形成鼓励创新、激励人才的良好用人机制，最大限度地激发科技人员的创新激情和活力。

三、全力支持现代化渔业科研强所建设，共同为建设现代化渔业强国而奋斗

支持、服务、指导渔业科研院所建设是渔业主管部门义不容辞的责任。支持渔业科研院所就是支持现代渔业发展，服务渔业科研院所也就是服务渔民。所以，渔业主管部门一定要全力支持渔业科研院所发展和建设，努力做到多支持不干预，多服务少说不，多帮办不包办，多代表不代替，多参谋不决策，多帮忙不添乱，多解难不刁难，多担责不指责，努力营造让渔业科研院所甩开膀子，放开胆子，一心一意搞建设，聚精会神搞科研的氛围和环境，确保做到全力服好务，满意在院所。

一要全力支持渔业科研院所搞好领导班子建设。院所好与坏，全靠班子带。建设现代化渔业科研强所，关键是建设好院所领导班子。渔业主管部门一定要全力以赴支持渔业科研院所的班子工作和班子建设。要选好配强院所领导班子，特别是要选好配强“一把手”。一个好的院所长，一定能带出一个好的领导班子，一个好的领导班子一定能带出一支好队伍，一支好队伍一定能建成一个好的渔业科研院所，一个好的渔业科研院所一定能走在渔业现代化的前列。

二要全力帮助渔业科研院所争取投入。渔业科研院所建设一靠项目，二靠投入。投入不是万能的，没有投入是万万不能的，投入是渔业科研院所之基。目前，支持渔业科研院所建设的投入渠道很多，既有国家层面的，也有部门层面的，还有地方和企业层面的。无论是哪个渠道的资金都应积极争取，只要有利于渔业科研院所发展就要积极帮助争取，只要有利于现代渔业

建设就要积极帮助争取。国家层面的项目资金都有相应的管理办法和申报程序要求，请各地各科研院所按要求做好相关工作。部局一定积极协调，做好服务，支持申报。同时，也恳请农业部计划司、财务司、科教司继续关心和支持渔业科研院所建设，在项目立项上给予支持和倾斜。

三要全力优先安排保障渔业科研院所经费。各级渔业主管部门要优化支出结构，尽可能优先安排渔业科研院所经费，帮助把正常工作运转经费纳入预算，积极帮助争取为基地运转、维护提供资金保障。使渔业科研院所搞科研，不为钱犯难。要帮助渔业科研院所解决困难和问题。特别是尽可能帮助渔业科研院所解决历史遗留问题，帮助卸包袱，使其轻装上阵，帮助化解矛盾，使其集中精力搞科研，全力以赴、攻坚克难。各级渔业主管部门要在政治上关怀渔业科研院所，生活上关心渔业科研院所，工作上支持渔业科研院所，当好渔业科研院所的“后勤部”。

四要全力推进渔业科研联合与协作。各级渔业主管部门都要克服地方保护主义，不求所有，但求所用，大力组织开展渔业科研大协作，大联合，大集中，使一流“技术水平”的科研院所和科研人员为我所用。努力集中渔业科研资源，形成合力，突破渔业重大科技问题，使一流“技术水平”的科研院所和科研人员为我所用。不断整合渔业科技资源，建立协同创新机制，推进跨单位、跨区域、跨系统大联合、大协作，推进渔科教、产学研紧密结合，帮助解决渔业科研院所与企业联合中遇到的困难和问题，整体提升渔业科技创新能力。进一步引导和加强国家级院所与省级院所的对接与合作，充分发挥全国渔业科技协作网作用，促进国家级、省级渔业科研院所的互动与协调发展，促进资源共享。

五要全力参与渔业科研院所顶层设计，加强组织协调。渔业主管部门要积极主动全力参与科研院所顶层设计，帮助设计有利于渔业科研院所建设发展的政策，帮助设计有利于渔业科研院所培养人才、留住人才、引进人才、才尽其用的政策，帮助设计有利于渔业科技人员多出成果、多转化成果、多出院士的政策，组织编制好本地区“十三五”渔业发展规划。

同志们，渔业主管部门和渔业科研院所，虽然管理体制有所不同，但我们的目标都是一致的，都是为渔民渔业渔村服务的。我们要认真贯彻牛部长的重要讲话要求，心往一处想，劲往一处使，拧成一股绳，同心协力，和衷共济，全面实施科技强渔战略和创新驱动发展战略，全面加快现代化渔业强所建设，共同为建设现代化渔业强国而奋斗！

农业部副部长牛盾在全国渔业渔政工作电视电话会议上的讲话

（2015年1月12日*）

刚刚我们传达学习了李克强总理、韩长赋部长的重要批示精神。领导同志的批示既是对渔业渔政工作的肯定和要求，也是对渔业系统工作的肯定和鼓励，全国渔业系统要认真学习，深刻领会，狠抓落实。这次全国渔业渔政工作电视电话会议的主要任务是：全面贯彻党的十八届三中、四中全会、中央经济工作会议、中央农村工作会议、全国农业工作会议和中央领导指示精神，总结2014年渔业渔政改革发展的成绩，分析研判现代渔业建设面临的形势和任务，谋划“十三五”渔业渔政发展的思路，安排部署2015年的重点工作。稍后兴武同志将对渔业渔政具体工作进行总结和部署。下面，我先谈几点意见。

一、充分肯定渔业渔政工作取得的成绩

2014年，在各级党委政府的领导下，全国渔业系统深入贯彻落实国发[2013]11号文件和全国现代渔业建设工作电视电话会议精神，克服了经济下行压力加大、自然灾害多发重发等不利因素，团结拼搏，开拓创新，乘势而为，狠抓落实，在经济增速换挡期，保持了渔业经济平稳较快发展，保障了水产品安全有效供给，维持了水产品价格相对稳定，水产品国际贸易和远洋渔业保持较快增长，水生生物资源养护事业全面推进，渔业安全生产态势良好，渔区社会事业稳步推进，渔业为保持农业农村经济发展的好势头做出了重要贡献。

近几年是我国渔业发展最好的时期之一，渔业渔政亮点纷呈，成效显著，为实现渔业现代化奠定了坚实的基础。一是渔业经济规模扩大。相比“十一五”末，渔业经济规模明显扩大，质量效益提升。到2013年末，渔业经济总产值从12 929.5亿元上升到19 351.9亿元，增长了49.7%；水产品总产量从5 373万吨上升到6 172万吨，增长了14.9%，水产品进出口总额从203.6亿美元上升到289亿美元，增长了41.9%，尤其是贸易顺差从72.9亿美元增长到116.3亿美元，三年增长了60%，这在人民币不断升值、出口形势严峻的国际贸易大环境下显得难能可贵。二是产业结构进一

---

* 全国渔业渔政工作电视电话会议为年度例行会议，2014年度会议延迟到2015年初召开。

步优化。水产健康养殖全面推进,养殖产量占比提高到73.6%。远洋渔业实现大发展,产量从2010年的111.6万吨增加到2014年的190万吨,增幅70.2%。加工流通业发展迅速,总产值从2010年的4 875.7亿元增长到7 383.8亿元,3年增长51.4%。休闲渔业快速增长,产值从211.25亿元增长到365.85亿元,3年增长73.2%,成为现代渔业发展的最有活力的部分之一。三是基础设施和装备条件显著提升。在渔政工程、渔港工程、海洋渔船更新改造等方面实现大改观。4年来,落实渔业基本建设中央投资130.9亿元,比"十一五"期间增加100.7亿元。建造渔政船艇1 437艘、渔业资源调查船7艘、渔政码头2座;新建中心渔港12个、一级渔港28个。开展海洋渔船更新改造工程,建造(更新)1 361艘海洋渔船。四是科技支撑力增强。渔业科技不断进步,渔业科技贡献率从2010年的55%上升至58%,进入"十二五"以来共审定新品种44种,完成230项渔业国家和行业标准审定工作。渔业技术示范广泛开展,稻田综合种养技术、节能减排、设施装备等方面取得突破。五是渔业资源环境保护力度不断加大。2014年全国共投入增殖放流资金10.8亿元,放流各类苗种343.3亿尾(只),分别比2010年增长了52.1%和18.6%。4年来新建国家级水生动植物自然保护区7个、国家级水产种质资源保护区244个。推动建立健全涉渔工程建设生态补偿机制,落实生态补偿资金累计55.31亿元。这一系列的工作对于维护渔业资源的可持续发展起到了重要的作用。

回顾过去的几年,渔业渔政发展高层关注多、重大事件多、大政策多、大突破多。一是渔业渔政得到中央的高度重视,中央领导多次作出重要批示或指示。2011年6月20日,温家宝总理对农业部专报《关于以船为家渔民上岸安居问题的报告》作出重要批示"根据需要与可能,分别轻重缓急,统筹考虑,深入论证"。2012年5月9日,温家宝总理在中国工程院《关于呈报把海洋渔业提升为战略产业和加快推进渔业装备升级更新的建议的报告》上作出重要批示"关于海洋渔业发展战略问题应专题研究,并提请国务院讨论。"习近平总书记更加关怀渔业和渔民。2013年4月8日,习总书记亲自进渔港、上渔船、看鱼舱,与渔民亲切交谈,祝渔民家庭幸福、出海平安,收入越来越多、日子越过越好。7月30日,习总书记在中央政治局第八次集体学习时明确提出,要着力推动海洋开发方式向循环利用型转变,全力遏制海洋生态环境不断恶化趋势,要让人民群众吃上绿色、安全、放心的海产品,明确要求清理绝户网。上个月,习总书记、克强总理又分别对渔业渔政工作作出重要指示和批示。二是成功应对了一系列大事难事,化危为机。2011年长江中下游遭遇罕见旱灾,渔业部门及时有效应对,争取中央渔业救灾资金4亿元,是有史以来渔业最大规模专项救灾资金。成功应对2011年蓬莱19-3溢油事件,经过多次反复协调,落实养殖渔民和渔业资源赔偿补偿资金13.5亿元,成为国内乃至国际通过行政协调处置渔业污染事故的成功范例。2012年,我渔政船和渔船在黄岩岛海域与菲律宾开展有理、有利、有节的斗争,渔政船队在钓鱼岛海域坚持常态化巡航。这些都是可以载入史册的大事。三是成功争取了一系列重大政策,提高了渔业战略地位。2011年成功争取落实中央财政菜篮子专项建设资金1亿元,使餐桌离不开的水产品,终于装进了"菜篮子",2012年"菜篮子"项目渔业扶持资金达到2亿元。2012年国家发改委安排海洋渔船更新改造及渔政装备建设资金80.1亿元,成为渔业历史上最大的单项投入。2013年中央启动实施以船为家渔民上岸安居工程,目前中央财政已经投入10亿元,共安排5.5万户以船为家渔民上岸定居。2013年国务院出台《国务院关于促进海洋渔业持续健康发展的若干意见》、召开现代渔业建设电视电话会议,确定了渔业发展方针,指明了现代渔业的发展方向,给全国各级渔业部门鼓了劲,进一步增强了做好渔业工作、建设现代化渔业强国的信心和决心。这一系列分量重、含金量高的政策措施,为加快推进渔业现代化奠定了坚实的基础。四是成功实现一系列重大突破,拓展了渔业渔政发展的空间。2011年渔业人均纯收入突破万元大关,达到10 011.65元,在农民群体中率先实现收入过万。2012年,水产品贸易顺差突破100亿美元,达到109.85亿美元,为农产品乃至国家对外贸易平衡发挥了重要作用。2013年渔业产值达到10 104.88亿元,首次突破万亿元大关。南极磷虾开发取得重大突破,在2010年成功探捕的基础上,2011年派出5艘渔船,捕捞产量1.6万吨,今年产量将达到5.2万吨。休闲渔业发展和管理实现新突破,3年来创建全国休闲渔业示范基地397家,拓展了渔业功能和空间。

成就喜人,来之不易,首先得益于党中央、国务院的高度重视,中央重视渔业、关心渔业、支持渔业,为渔业渔政发展创造了非常好的政策环境;其次得益于我们坚持和发展了一条正确的发展道路,坚持以养殖为主,控制近海,发展远洋,调整优化产业结构;第三得益于我们坚持以市场为导向,注重发挥市场在资源配置中的决定性作用,引导资源的合理配置,保护和发展广大生产经营者的利益,调动各方面的积极性和创造性;第四得益于我们坚持"走出去",不断扩大对外开放,充分利用国际国内"两个市场、两种资源",不断提高我国渔业的国际竞争力，拓展渔业发展空间。第五得益于我们坚持把强化物质装备、科技进步、管理手段作为现代渔业建设的强大支撑，加强内部联动和外部合作，凝智聚力，不断提高渔业综合生产能力和治理能力。这些实践证明行之有效的做法和经验要进一步传承和发扬。

在这里，我代表农业部党组，向全国渔业系统干部职工和科教工作者，向给予渔业工作大力支持配合的各有关部门，向各渔业企业和广大渔民群众致以崇高的敬意和衷心的感谢！

二、以四中全会精神为指导，深入推进依法治渔

党的十八届四中全会首次以依法治国为主题，深刻回答了为什么要建设社会主义法治国家、建设什么样的法治国家、怎么样建设社会主义法治国家等重大问题，对推进依法治国作出了全面部署，形成全面建成小康社会、全面深化改革、全面推进依法治国"三个全面"的战略部署。依法治国战略对渔业行业依法治渔、依法兴渔具有特别重大的意义。纵观以往渔业发展的辉煌历史，我们深深感到，渔业发展一靠政策、二靠科技、三靠投入、四靠法治。作为四大支柱之一，法治在渔业可持续发展中起到重要的保障作用。渔业战线学习贯彻四中全会精神，深入推进依法治渔，要牢牢把握好几个重点：

一要加强渔业立法。法是治国之重器，有良法才能实现善治。渔业是相对独立的行业，涉及水产养殖、捕捞、远洋渔业、水产品加工与市场贸易以及渔业资源与水域环境保护、渔业港航安全监督、珍稀濒危水生动植物保护等众多方面，头绪多、交叉多，依法治渔、依法兴渔是客观要求。经过几十年的发展，我们已经基本形成以《渔业法》为主体的法律法规规范体系。但是近十多年来，渔业发生了很大变化：一是形成了养殖、捕捞、加工、增殖、休闲渔业五大产业。二是随着中日、中韩等渔业协定的执行，周边渔业环境发生很大变化，越界捕捞等违法活动显著增加。三是渔民内部发生了分化，传统生计渔民逐步弱化，商业渔业、合作社等成为现代渔业的主体。四是随着拦河筑坝、围填海等各类涉水工程的大规模建设，渔民权益维护和渔业资源保护、生态补偿成为十分迫切的问题。五是《渔业法》原有的处罚规定太轻，已不能震慑不法分子的各种违法行为。上述问题亟须通过修法补充完善。推进依法治渔，首先要加强立法，为治渔提供适应的、充分的法制依据和保障。重点是《渔业法》修订，通过加强立法，对渔业发展方针、捕捞业可持续发展、渔业水域生态环境保护、水域滩涂使用等进行规范，提高对渔业、渔民权益的保护程度，加大对涉渔违法违规行为的打击力度。在修订《渔业法》的同时，加强配套法规规章的制修订，形成逻辑严密、操作性强的法律法规规章制度体系。

二要加强普法宣传。现代渔业必然是法治渔业，必然是在良好的法治环境中才能实现现代化。目前，涉及渔业有法不依的现象大量存在，各种知法犯法、聚众违法违规屡禁不止，酷渔滥捕、电毒炸鱼、越界捕捞、偷捕保护动物、暴力抗法、非法添加禁用药物等等，一些不法分子不仅在国内破坏资源环境，还跑到国外去偷渔，被发现了就暴力抗法、制造冲突，真的是无法无天，引起外交上的被动，守法生产渔民的合法权益、国家的形象都受损。所以，依法治渔还要广泛深入开展普法宣传，加大对渔业从业者的普法教育，不仅有正面的宣传引导，还要通过案例进行警示教育，增强渔业从业者对法律的敬畏和信仰，使其不敢违、不愿违，引导和支持渔业从业者守法经营、安全生产，加快形成办事依法、遇事找法、解决问题用法、化解矛盾靠法的良好法治环境。

三要严格渔政执法。按照四中全会的有关精神，加强对渔业行政执法体制的研究，构建权责统一、权威高效的渔政执法体制。要加强渔政队伍建设、能力建设，做到严格、规范、公正、文明执法。要加强对违法违规行为的打击力度，及时有效全面打击涉渔违法行为。要适应整个社会法治进程的新形势、新常态，健全渔政执法与刑事司法的衔接机制，提高对违法违规行为的打击震慑力度。

四要严格依法行政。渔业工作人员既是执法者、也是守法者，必须坚持依法行政，依据法律法规进行行政管理活动。要带头学法、懂法、用法、守法，熟悉法律制度，理解法理精神，牢固树立法治意识，在法律法规规定的范围内履职尽责，做到法定职责必须为、法无授权不可为。既要勇于负责、敢于担当，又坚决防止乱作为和不作为，克服懒政怠政，做到"心中有法、遇事找法、权不离法"。要做好行政审批清理的后续工作，确保取消和下放到位，加强后续监督管理，改进服务质量，提高管理水平，做到放而不乱，保持渔业行政管理工作的延续性和有效性。

三、科学分析形势和任务，在高起点上谋划"十三五"现代渔业发展

"十三五"时期是完成全面建成小康社会任务的关键时期，也是加快推进现代渔业建设、努力实现渔业现代化的关键时期。古人云：凡事预则立、不预则废。做好"十三五"规划，科学谋划今后五年渔业发展蓝

图，意义十分重大。综合起来看，“十三五”时期渔业发展面临许多新的形势，从外部看，经济进入新常态，增长速度进入换挡期、结构调整面临阵痛期、前期刺激政策消化期“三期叠加”。经济新常态对渔业的发展动力、产业结构调整、市场需求以及政策强度都将产生重大而深远的影响。从市场需求看，高档水产品、部分大宗水产品和海水产品出现了价格下跌，表明水产品的供求关系正在发生重大变化；从供给能力来看，不仅是捕捞能力严重过剩，部分养殖品种的生产能力也接近了过剩，表现为价格下跌，利润变薄；从要素投入来看，今后资金的投入将变得越来越困难，投入的边际效益逐步下滑，劳动投入成本将越来越高，科技创新在达到目前较高水平基础上，进一步寻求突破难度越来越大；从资源环境的约束情况看，两项硬约束尚未出现缓解迹象，淡水资源不足、水环境污染加剧、水生生物资源衰退、养殖污染难以为继。从渔业内部看，渔业发展新老问题交织，既有渔业基础设施薄弱、养殖分散方式粗放、城市化挤占渔业发展空间、水产品质量安全隐患增多、渔业安全生产压力巨大、风险保障能力薄弱、涉外违法违规事件时有发生等老问题，也有在深化改革背景下改革现有的渔业管理体制、机制、理念和模式不能适应发展要求导致的新问题。

虽然现代渔业建设面临的形势复杂、挑战严峻，但是仍然处在难得的历史机遇期，也存在不少有利条件。从大的历史阶段看，我国目前正处于“四化同步推进”的时期，实现新型工业化、信息化、城镇化和农业现代化是经济社会发展的重要任务，加快推进现代渔业建设正当其时。从政策环境看，各级党委政府高度重视渔业渔政工作，从中央到地方各级政府重视渔业支持渔业的政策力度高涨。国务院制发文件、召开电视电话会议对现代渔业建设进行部署。2011—2014 年中央财政对渔业的投入达到 171.2 亿元，比“十一五”投入总量 50.2 亿元增长 241.2%。地方各级党委政府也高度重视渔业，近两年省级政府出台支持渔业发展文件的有 25 个，2013 年各省（自治区、直辖市）渔业专项投入 39 亿元，同比增长 52.8%，2014 年达到 47 亿元。从社会各方面看，关注渔业关心渔业的氛围浓厚。中央领导对渔业渔民问题高度关注，习总书记、克强总理多次作出重要批示。各部门如国家发展改革委、财政部、住房城乡建设部等对渔业渔政发展给予大力支持和帮助。中国工程院、国务院研究室等国字号智库研究渔业重大问题，并积极建言献策。

各级渔业主管部门要高度重视“十三五”规划的编制工作，加强领导，重视专家咨询，充分听取各方面的意见和建议，在高起点上超前谋划“十三五”渔业发展思路和目标，调整生产力结构布局，研究重大措施和项目，努力推动现代渔业建设跃上一个新台阶，力争率先实现现代化。“十三五”渔业发展要立足经济新常态，瞄准全面建设小康社会和“两个一百年”奋斗目标，以转方式、调结构为主线，以保供增收、提质增效、安全可持续为目标，以现代渔业建设为主要任务，坚持“生态优先、养捕结合、以养为主”的发展方针，充分发挥市场在资源配置中的决定性作用、新型渔业生产经营主体的骨干作用、政府的支持保护作用，加快科技创新和制度创新，全面增强渔业综合生产能力、抗风险能力、国际竞争能力和可持续发展能力。要着力推进“五大转变”：一是促进产业发展由传统产业向现代渔业转变，打造渔业全新产业链；二是促进水产品生产由侧重数量向稳供给、优结构、提质增效转变，确保水产品质量安全；三是促进渔业设施装备条件由落后向先进、不足向全面强化转变，提高综合生产能力；四是促进渔业生产方式由粗放式的依靠资源高强度利用向依靠科技进步和资源节约高效利用转变，提高可持续发展能力；五是促进渔业经营方式由分散经营为主向专业化、集约化、产业化转变，加快构建新型经营体系。

四、持之以恒抓落实，着力在关键环节取得突破

2015 年是承上启下的一年，抓好全年各方面工作至关重要。这里我再强调几点：

（一）持之以恒抓好国发［2013］11 号文件和国务院现代渔业建设工作电视电话会议精神贯彻落实

国务院文件和会议是在我国渔业向现代化迈进的关键时期制发和召开的，是党中央、国务院科学把握现代渔业发展规律，立足当前、着眼长远作出的重大决策，是当前和今后一个时期指导现代渔业建设的纲领性文件和会议。一年多来，各级各地高度重视、大力支持现代渔业建设，出台了很多政策、制定实施了很多措施，掀起了现代渔业建设的热潮，效果和效应明显。对此，国务院领导同志给予了充分肯定，并提出了进一步贯彻落实的方向。以国务院文件和视频会议精神为核心，各级各部门的政策措施汇集形成了现代渔业建设的指导方针和政策体系，涵盖了渔业发展、渔区建设、渔民民生的方方面面，有些方面已经得到落实，发挥出了政策效应，有些方面还需要进一步细化、深化、具体化，加强政策研究和创设，增强可操作性，使之落到实处。还有很多政策措施是其他部门主导的，渔业部门要主动作为，抓紧协调和推动。总而言之，各级渔业主管部门要坚决贯彻党中央和国务院的决策部署，牢牢把握重大机遇，采取更加有力的政策措施，乘势而为，

狠抓落实,持之以恒推动现代渔业科学发展。

(二)持之以恒抓好“绝户网”清理整治,严厉打击涉渔“三无”船舶和各种违法行为

捕捞强度过大、酷渔滥捕、违法违规捕捞等,是长期以来困扰捕捞业生产秩序、渔业资源管理的老大难问题,我们自上而下出台了很多办法、采取了很多措施。2013年以来,农业部组织各地开展了声势浩大的违规网具清理整治行动,形成了禁止使用“绝户网”等违规渔具的声势和氛围,取得了初步的成果,为进一步规范渔具管理打下了较好的基础。但是,距离中央要求、社会期望和管理目标还有很大差距,使用不符合标准渔具的现象还十分普遍,非法捕捞、越界偷捕的问题还很严重。

近期,习总书记对我国渔船船只在国外违法违规问题作出重要指示。各级渔业主管部门要按照习总书记的重要指示精神,在持之以恒清理整治“绝户网”的同时,积极配合有关部门,严厉打击涉渔“三无”船舶、套牌船、非法造船、到周边国家越界捕捞、非法偷捕红珊瑚等水生野生动物等违法行为。要加强统筹协调,形成工作合力,尽快明确各级政府和渔业、海警、公安、工商、工信等有关部门职责,切实加强港口、海上执法检查,强化生产、销售环节源头管理,形成协同配合的工作机制。要联合公安、海警等部门,集中开展专项执法行动,保持对使用违规渔具、非法捕捞的高压态势,对涉渔“三无”船舶和各类套牌船要坚决取缔,予以拆解或沉船作人工鱼礁;对越界捕捞、暴力抗法、偷捕红珊瑚等濒危水生野生动物的责任人要严厉处罚,必要的要移交司法部门处理。要加快推进相关法律法规、标准的制(修)订,为加强渔船渔具管理和执法提供强有力的法制保障。积极争取政策支持,将船网整治与生态环境治理、渔业资源养护、捕捞强度控制、渔民减船转产等紧密结合,多管齐下,综合治理,打“组合拳”。同时,要充分发挥新闻媒体作用,广泛深入宣传有关法律法规,宣传典型案例,提高渔民自觉守法、主动护渔的意识,为推进渔船渔具执法管理工作营造良好氛围。

(三)持之以恒推进渔业发展方式转变

传统渔业发展主要依靠量的扩张,虽然发展速度快,但总体上看,生产方式比较落后、产业质量和水平不高,对资源和生态环境的破坏比较严重,继续依靠规模扩张和资源消耗的传统发展方式已经没有出路。中央经济工作会议明确提出,要坚定不移加快转变农业发展方式,尽快转到数量质量效益并重、注重提高竞争力、注重农业技术创新、注重可持续的集约发展上来,走产出高效、产品安全、资源节约、环境友好的现代农业发展道路。中央农村工作会议和全国农业工作会议要求积极推进农业生产方式转变和结构调整,提出要稳粮增收调结构、提质增效转方式。建设现代渔业,必须加快转变渔业发展方式,实现由数量增长型渔业向质量效益生态型渔业的转变,全面提升产业发展素质和水平。首先要转变观念促转型。渔业从业者包括渔业工作者、生产经营者都要更新观念,由重数量向重质量、重效益转变,要使生产经营者不能再低成本破坏环境,引导其走标准化、集约化、优质高效、环境友好的发展路子。其次要调整结构促转型。从大的方面讲,渔业一产业重点是提高发展的质量和效益,二、三产业规模要扩大,产业链要延长,着力打造一二三产业融合的六次产业。从布局上讲,要因地制宜,进一步优化区域布局,形成优势品种和规模优势,实现生产经营的专业化、集约化。第三要依靠科技促转型。转变发展方式必须充分依靠科技,要大力提升渔业科技创新与应用水平,推动渔业科技创新,在品种培育、疫病防控、养殖模式、资源综合利用、节能减排等方面实现大的突破,取得核心竞争力。要通过各种形式,示范、推广先进适用技术,让先进技术和广大生产经营者结合起来,转化为生产力。

(四)持之以恒抓好“三大安全”

水产品质量安全、渔业生产安全、涉外渔业安全都是关系人民群众健康、生命财产安全和国家形象的大问题,是渔业发展始终要高度重视的问题。这“三大安全”中央重视、社会关注,我以前经常讲、反复强调,各级渔业部门都投入了很大的精力,采取了很多措施,取得了明显成效,但仍然存在不少隐患。我们说转变政府职能,不该管的彻底放出去,该管的坚决管起来,这“三大安全”就是要坚决管起来、切实管好、管出成效的问题。要进一步明确生产经营者是质量安全和生产安全第一责任人的职责定位,提高其责任意识。行业主管部门要切实肩负起监管职责,首先要加强条件建设,提高抓安全的能力。要积极争取各级政府对水产品质量安全和渔业安全生产基础条件的投入,加强队伍、装备建设和经费保障,持续改善抓安全的条件,提高抓安全的能力。其次要健全完善抓安全的机制,增强安全保障。质量安全和生产安全都要坚持“产出来”和“管出来”相结合,一方面加强生产过程的标准化、规范化建设,从源头上消除不安全的隐患,提高安全生产能力;另一方面健全完善抓安全的工作机制,明确各方面的职责任务,加强对重点部位和关键环节的管控,消除安全工作盲区,使各个环节都在掌控之中。完善质量安全、生产安全和涉外安全应急预案,坚持预防与应急并重、常态与非常态结合,建立应急管理长效

机制，形成统一指挥、反应灵敏、协调有序、运转高效的应急管理机制，提高危机管理能力。第三要加强惩治，提高危害安全的成本和代价。对违法违规者必须施以重典，对违法违规者仁慈就是对守法守规者残忍。对水产品质量安全和渔业涉外违法违规事件要加大打击力度，对造成严重后果和恶劣影响的案件从严从重处罚，让违法行为付出惨痛的代价。

同志们，在现代渔业建设的道路上我们已经积累了丰富的经验、取得了丰硕的成果，面对历史赋予的职责和使命，让我们坚定信心，凝智聚力，埋头苦干，拼搏创新，在高起点上推动渔业现代化不断前进，为经济社会平稳较快发展和全面建成小康社会做出更大的贡献！

农业部渔业渔政管理局局长赵兴武在全国渔业渔政工作电视电话会上的讲话

（2015 年 1 月 12 日*）

方才，牛部长作了重要讲话。牛部长在重要讲话中，对深入学习贯彻十八大、十八届三中、四中全会、中央经济工作会议、中央农村工作会议、全国农业工作会议精神做了精心的辅导，进一步明确了贯彻落实的重点和要求，对"十二五"以来渔业渔政工作给予了充分肯定，对 2015 年渔业渔政工作提出了明确要求，对"十三五"渔业渔政发展进行了科学谋划。牛部长的重要讲话，主题鲜明，重点突出，对全面做好渔业渔政工作具有重要的指导意义，我们要认真学习，深刻领会，全面贯彻落实。

下面，我讲两点。

一、2014 年工作回顾

2014 年，在农业部党组、各级党委政府的高度重视和正确领导下，全国渔业系统以贯彻落实国发〔2013〕11 号文件和国务院现代渔业建设工作电视电话会议精神为要务，狠抓落实，锐意创新，团结拼搏，克服了国内外经济环境复杂多变、自然灾害偏重、水产品市场波动等重大困难，全国渔业经济继续保持较快发展，安全形势总体向好，各项任务全面圆满完成。

（一）贯彻落实国务院文件和会议精神成效显著

2014 年是全国渔业系统学习贯彻国发〔2013〕11 号文件和国务院视频会议落实年。去年 6 月 26 日，在国务院全国现代渔业建设工作视频会议召开一周年之际，农业部在福州召开厅局长座谈会，对国发〔2013〕11 号文件和国务院视频会议精神贯彻落实情况进行了交流和督查，并明确要求继续狠抓落实。总的看，一年来，全国各地和国家有关部委贯彻落实文件和会议精神是认真的，措施是有力的，成效是明显的。全国 36 个省（自治区、直辖市）和计划单列市都召开会议进行贯彻落实，有 17 位党政一把手、30 位分管省领导作出批示，25 个出台文件，29 个增加地方财政投入和专项资金。安徽省把 19 981 户以船为家渔民上岸安居作为"一把手"工程来抓，进度快，效果好，开工率和安置率分别达到 93.9% 和 69.8%，使渔民上得岸、住得好、能致富、过开心。江西省 1 440 户渔民上岸安居任务已基本完成。辽宁省大力开展现代海洋牧场建设，省财政安排专项资金 5 000 万元，大连市安排资金 2 亿元，在长海县建设海洋牧场示范区。山东省开始实施"海上粮仓"建设。福建省将渔港建设作为省委省政府为民办实事项目，提出 2015 年渔船就近避风率达到 75%，2017 年基本实现所有渔船进港避风。湖北省渔业部门预算在 2013 年增加 74.2% 的基础上，2014 年又增加 20.4%。2014 年，国家发改委、财政部、住建部、国务院研究室、中国工程院等部委都给予了大力支持和帮助，落实渔业基本建设中央资金 20 亿元，比上年增加 7 亿元，渔业资源养护、菜篮子生产专项转移支付、渔业油价补助资金，与上年基本持平。农业部渔业渔政管理局会同国研室开展了渔业保险专题调研，向国务院上报两份报告，汪洋副总理两次作出重要批示。中国工程院对南极磷虾开发利用开展了调研论证，上报国务院，国务院领导作出重要批示。农业部渔业渔政管理局会同有关部委就南极磷虾资源开发提出意见上报国务院，国务院总理、副总理、国务委员批示同意，并以农渔发〔2014〕45 号文件进行安排部署。

（二）渔业经济较快发展

1. 产量产值持续增长。截止到 2014 年 11 月末，全国水产品总产量 5 378.2 万吨，同比增长 2.4%。其中，养殖产量 4 006.3 万吨，同比增长 4.4%，捕捞产量 1 371.8 万吨，同比下降 3.2%。前三季度渔业产值 5 773亿元，增加值 3 495 亿元，同比分别增长 8.9% 和 9.2%。

2. 远洋渔业快速发展。全年共投产远洋渔船 2 470艘，同比增加 311 艘，增长 14.4%，其中新建投产渔船 285 艘。远洋渔业产量 190 万吨，同比增长 40%。

3. 水产品市场供应充足。水产品批发市场成交量同比增长 1.4%。

---

* 全国渔业渔政工作电视电话会议为年度例行会议，2014 年度会议延迟到 2015 年初召开。

4.水产品价格有涨有降。水产品批发市场综合平均价格同比增长3.5%。其中,海水产品综合平均价格同比增长3.8%,淡水产品综合平均价格同比增长2.8%,部分高档水产品和大宗淡水鱼价格下降,海参下降20.4%,大宗淡水鱼中鲫鱼价格降幅最大,下降5.7%,产量最大的草鱼价格下降2.6%,最便宜的鲢鱼价格下降1.6%。

5.水产品出口贸易平稳增长。1~11月水产品进出口总量765.3万吨,进出口总额278.9亿美元,同比分别增长3.1%和6.7%。其中出口373.3万吨、195.3亿美元,同比分别增长4.8%和7.3%;进口392万吨、83.6亿美元,同比分别增长1.5%和5.1%。贸易顺差111.6亿美元,同比增长9%。

6.渔民家庭人均纯收入保持较快增长。2014年全国渔民家庭人均纯收入14 426.3元,同比增长10.6%。

(三)清理整治"绝户网"取得阶段性成果

认真贯彻习总书记重要指示精神,持续加大对违规渔具清理整治力度。据不完全统计,各地共查处各类违规渔船近3万艘次,清理违规渔具近30万张(顶)。浙江省委、省政府组织开展"浙江渔场修复振兴暨一打三整治行动",省委副书记任组长,分管副省长任副组长,28个省直厅局和沿海4个市政府为成员单位,截止到2014年年底依法取缔(拆解)涉渔"三无"船舶8 860艘,清理违禁渔具70 735张(顶),完成"船证不符"渔船整治3 897艘,查处各类渔业违法案件1 257起,移送司法机关27人,极大地震慑了违法违规行为。

(四)水产健康养殖全面推进

新创建水产健康养殖示范场793家,评审通过全国现代渔业种业示范场24家。对国家级水产原良种场进行了复查,新验收通过国家级水产原良种场9家。支持48个国家级水产原良种场和遗传育种中心开展原良种保存,支持10省48县的重点苗种繁育场开展亲本更新。实施《2014年国家水生动物疫病监测计划》,组织23个省份对重大水生动物疫病进行年度监测。推进水产苗种产地检疫制度实施,加强水生动物卫生监督执法队伍建设,健全水生动物防疫体系,全年未发生重大水生动物疫情。

(五)渔业资源养护持续推进

中央财政安排增殖放流资金3.1亿元,带动全国投入10.8亿元,同比增长7.2%,放流重要水生生物苗种和珍稀濒危物种343.3亿尾(只),同比增长2%。坚持并不断完善休渔禁渔管理制度,新增国家级水产种质资源保护区36个,向国务院报送了2个水生野生动物省级自然保护区晋升为国家级自然保护区的请示。组织开展了重要渔业水域环境状况监测,与环保部联合发布了《中国渔业生态环境状况公报》。印发了《建设项目对国家级水产种质资源保护区影响专题论证报告编制指南》,继续加强涉渔工程环境影响评价审查,争取8.1亿元渔业资源生态补偿资金纳入项目环保投资,列入渔业资源生态补偿资金4.6亿元。

(六)渔业实施"一带一路"战略迈出新步伐

通过积极争取、多方协调,已将远洋渔业海外基地建设规划纳入国家《丝绸之路经济带和海上丝绸之路建设战略规划》。中国—东盟海产品交易所落户福州,开业运行,实现了我国与东盟各国渔业合作互联互通。落实20艘中国渔船入渔阿根廷水域,与朝鲜达成入渔合作协议,安排600余艘渔船赴朝东水域作业。积极参与多边渔业事务,巩固强化多边渔业合作机制。修订了远洋渔船船位监测管理办法,开展了远洋渔船船型标准化建设,规范了境外收购项目管理,出台了渔船引进外籍船员管理办法,实施了远洋渔船和船员保险,强化了远洋渔业企业管理人员培训。

(七)渔业科技支撑和信息化建设不断加强

首次召开全国渔业科研院所建设工作会议,明确了渔业科研院所发展目标任务和主攻方向。召开了院士专家座谈会,共同谋划并启动了"十三五"渔业科技发展战略研究工作。9项国家标准和45项行业标准获准实施,新增25个主导品种和30项主推技术,渔业科技贡献率达到58%。养殖节能减排试点和水产品加工综合利用技术示范取得新成效。池塘生态工程化养殖减排技术、工厂化循环水养殖技术和网箱养殖减排技术纳入《农业面源污染综合治理专题规划》(2014—2018)。基本建成了全国统一的海洋渔船管理数据库,实现了渔船管理环节相互衔接。完成了内陆渔船"三证合一"和管理系统研发,并开展了试点应用。

(八)水产品质量安全继续提升

开展了水产品违法添加禁用物质专项整治行动,严厉打击了养殖生产者违法使用硝基呋喃类药物、孔雀石绿等违禁物质行为。强化水产品产地监测,合格率为99.2%,比上年提升一个百分点。对重点省份的国家级和省级水产原良种场生产的苗种进行抽检,合格率为96.1%。贝类卫生监测抽检合格率达到90.3%,同比上升4.9个百分点。通过对捕捞产品质量进行监测,对贝类产品、渔业投入品质量安全隐患排查,初步摸清了水产品质量安全隐患,并有针对性地采取了防范措施。及时组织开展了海参用药专项调查,平息了事态,明辨了是非,消除了负面影响。完成了美国食品药品监督管理局(FDA)来华水产品检查工作。全年未发生重大水产品质量安全事件。

(九)安全生产进一步好转

深入开展"平安渔业示范县"和"文明渔港"创建活动,评选公布了第二批"平安渔业示范县"。制定公布了《渔业船员管理办法》,开展了宣贯和培训。开展了"安全生产年""安全生产月""防灾减灾日"和"六打六治"打非治违等专项行动,确保了春节、五一、国庆等重大节日及APEC会议等重大活动期间没有发生重特大渔业安全生产事故。加强了渔业应急值班值守和突发事件应对处置,及时妥善处置了涉外渔业事件和社会热点问题,成功处置了台风侵袭。渔业安全生产形势进一步好转,实现了"双下降"。全年共发生渔业船舶水上事故290.5起,死亡(失踪)286人,与上年同期相比分别减少39起、161人。组织海难救助961起,救助渔船2 600艘次,救助渔民6 716人,挽回经济损失8亿多元。

2014年渔业渔政各项工作任务圆满完成,得到各级领导的充分肯定。12月9日,李克强总理在《农业部关于贯彻落实国发〔2013〕11号文件和国务院视频会议精神 进一步推进现代渔业建设情况的报告》上作出重要批示:渔业是现代农业的重要组成部分。近年来渔业经济较快发展,渔民持续增收,渔政管理不断取得新成效。12月19日,韩长赋部长作出批示:近年来,我国渔业经济持续较快发展,渔业安全形势总体稳定,中央领导同志给予了充分肯定。成绩来之不易,渔业渔政战线的同志们做了大量富有成效的工作,付出了艰辛的努力。

这些成就的取得是习总书记、党中央、国务院高度重视、亲切关怀的结果,是部党组、各级党委政府正确领导的结果,是中央和地方各有关部门、农业部内各司局大力支持热情帮助的结果,是各级渔业渔政主管部门和广大渔民共同努力的结果。在此,我代表农业部渔业渔政管理局一并表示衷心感谢,并致以崇高的敬意!

同时,我们也清醒地看到,渔业渔政工作还面临一些突出困难和问题,主要是:渔业基础地位不牢,基础设施建设欠账多,支持保护政策落实难,法治不健全,渔船管理和转产转业难度大,渔业资源衰退和环境污染十分严重,水产品质量安全和生产安全隐患多,等等。这些问题和困难需要我们高度重视,努力加以克服和解决。

二、2015年主要工作

2015年是承上启下的一年,是全面深化改革的关键之年,也是全面推进依法治渔的开局之年,总的思路是:认真学习、深刻领会、全面贯彻落实习近平总书记重要指示、李克强总理等中央领导同志重要批示和韩长赋部长批示精神,以党的十八大、十八届三中、四中全会精神为指导,全面贯彻落实中央经济工作会议、中央农村工作会议和全国农业工作会议精神,继续深入贯彻落实国发〔2013〕11号文件和全国现代渔业建设工作电视电话会议精神,强化渔船监管,推动相关政策出台,深化改革,健全法制,完善支持政策,加强资源养护和生态环境保护,进一步改善渔民民生,不断提高渔业现代化水平和远洋渔业国际竞争力,为丰富人民群众的"菜篮子",促进经济社会发展做出新的更大的贡献。

(一)认真贯彻落实习总书记重要指示精神,切实加强渔船监管和渔民教育

渔业第一难,难在管渔船。要把渔船监管和对渔民的教育管理作为渔业渔政工作的第一要务,切实抓紧抓实抓好抓出成效。务必严禁渔船渔民到外国海域和本国水域违法违规作业,务必确保渔民人身安全。

一要扎实开展专项执法行动。在全国范围内继续开展整治"绝户网"和涉渔"三无"船舶专项执法行动,坚持不懈打击"绝户网",强力打击涉渔"三无"船舶,严厉查处违反休禁渔规定、电毒炸鱼等各种违法违规行为。与公安、海警、海事等有关部门密切配合,加强对港口、渔船集中停泊点和海上执法检查,坚决做到发现一起、严处一起、公布一起、震慑一方。坚持专项整治和日常检查相结合,将渔具检查和取缔涉渔"三无"船舶作为渔业主管部门和执法部门重要工作,对网目尺寸不符合标准的督促限期整改。学习借鉴推广浙江经验,对涉渔"三无"船舶坚决拆解报废,有条件的处理后可作人工鱼礁。要强化源头管理,配合工商、工信等有关部门对非法生产、销售涉渔"三无"船舶和违规渔具的予以坚决取缔。

二要切实强化渔船网具管理。对渔船管理和捕捞强度控制制度实施进行系统总结,研究提出"十三五"期间渔船管理和捕捞强度控制政策措施,报国务院审批。推进建立渔具准入制度,编制《全国海洋捕捞准用渔具目录》,明确各类渔具准用标准,逐步淘汰双船底拖网、帆张网、三角虎网等严重破坏资源环境的作业方式。要抓紧出台、严格实施内陆捕捞船网工具控制指标和管理办法,逐步将捕捞强度控制到合理区间。

三要切实加强涉外渔业监管。严格执行习总书记2014年12月12日重要指示精神,认真履职尽责,积极配合有关部门严厉打击涉外违法违规作业和偷捕行为。开展远洋渔船专项整治行动,督促指导远洋渔业

企业自查自纠违法违规行为,严格查处涉外事件。扎实做好中韩、中日、中越、中俄等双边渔业协定执行工作,保护和争取渔民合法合理的权益,维护协定水域生产秩序。在中央和地方党委政府统一领导下,建立机制,加强综合治理,强化宣传教育,表彰守法,打击违法,下狠手、出重拳、动真格,真正有效治理涉外渔业违法违规行为,避免涉外事件发生。

四要严厉打击偷捕销售红珊瑚、海龟、砗磲等珍稀濒危水生野生动物行为。

(二)推进相关政策落实完善和出台,科学制定"十三五"规划

政策和规划是渔业现代化的活力和动力,必须下大力量抓好相关政策落实、完善、出台和"十三五"规划编制工作。一要加快完善渔业油价补助政策。农业部与财政部达成了共识,提出了初步意见,拟报国务院审定。待国务院批准后,请各地抓好落实。

二要推动落实渔业保险保费补贴。一些省(自治区、直辖市)已经开展了此项工作,积累了很好的经验,希望相互借鉴推广。同时,我们要共同努力,上下联动,继续推进国家在渔业保险保费补贴上予以支持。

三要积极争取加大对渔港建设的投入。全国现代渔业建设工作电视电话会议上,汪洋副总理明确要求,各级政府要科学规划、完善布局,多方筹资、加快建设,尽快形成渔港防灾减灾体系,力争到"十三五"末,所有海洋渔船都能进港安全避风。各地要进一步完善渔港建设总体规划,抓紧项目前期工作,做好项目可行性研究、各项前置审批和项目储备,为按程序报批和争取投资支持创造条件,加大投入,加快建设。

四要加快推进实施以船为家渔民上岸安居工程。3年完成以船为家渔民上岸安居工程是汪洋副总理代表国务院的承诺,中央财政已经安排了补贴资金。要进一步增强责任感,加强与地方住建、发改等部门的沟通协调,推动工程如期完成,向党和人民交上满意答卷。

五要科学编制"十三五"规划。2015年是"十二五"规划的收官年,各级渔业主管部门要认真对照规划,逐项抓好落实,确保规划确定的目标任务都能落到实处。同时,要认真总结成绩和经验,查找问题和差距,该宣传的要宣传、该报道的要报道,进一步扩大影响,提振士气。"十三五"是现代渔业建设的关键期,是国发〔2013〕11号文件的目标实施期,发展思路、目标任务、重大措施都要与习总书记重要指示、李克强总理重要批示、国务院文件和会议精神相一致,科学确定本地区的规划目标、任务、重大项目、区域布局和重大措施,提高规划的预见性、指导性、科学性、可操作性和实效性,使之成为促进现代渔业建设的纲领性文件和强大动力。

(三)加强渔业资源养护和生态环境保护,建设渔业生态文明

养护鱼和虾,留给子孙打。要认真贯彻落实国家公园、生态红线及生态补偿等生态文明建设制度要求,全面提升渔业资源养护管理水平,实现资源节约、环境友好、可持续发展。继续组织实施渔业增殖放流,加强宣传、强化管理、科学评估,切实保障放流质量,实现以鱼净水,经济社会生态效益多丰收。不断提升海洋牧场建设和管理水平,创建国家级海洋牧场示范区,积极修复海洋渔业生态环境。开展近海渔业资源和近岸产卵场调查,争取3~5年科学提出我国近海渔业资源现状分析和管理对策建议。强化水生生物保护区建设与管理,提升保护区管护能力,严格查处保护区内非法建设活动,真正发挥保护区的作用。做好鲨鱼、欧鳗等濒危物种履约管理工作,保护国内相关产业合理诉求和持续发展。加强大鲵、鲟鱼等水生野生动物资源保护,规范经营合理利用。积极研发推广浮性配合饲料,减少冰鲜饲料鱼的直接投喂,保护养殖环境和渔业资源。

(四)加快推进渔业产业转型升级,不断提高渔业现代化水平

推进渔业转方式、调结构、上水平,必须坚持生态优先,以养为主,养、捕、加,增、休、服,科、工、贸全面发展。要以稳产、提质、安全、增效为重点,推动渔业发展由数量增长为主真正转到数量质量效益并重上来,由依靠资源、物质投入真正转到依靠科技创新和提高劳动者素质上来。进一步完善渔业基本经营制度,保护渔业渔民合法水域滩涂使用权益。扶持发展渔民专业合作社、生产大户等新型经营主体,提高渔业组织化、社会化水平。加快现代渔业示范区建设,推动形成一批示范主导产业群。

加快制定养殖生态环境卫生条件和清洁生产操作规范,严格行业准入,规范生产操作。大力发展标准化健康养殖、工厂化循环水养殖、生态养殖、深水网箱养殖、稻田综合种养、低洼盐碱地养殖。继续开展健康养殖示范场和示范县创建。加强水产优良品种选育、示范和推广,不断提高良种覆盖率和生产标准化水平。加强水生动物防疫,不断提高疫病监测能力、疫病远程诊断能力和病害防治服务水平,确保不发生重大水生动物疫情。加快低毒渔药、疫苗研发和推广。推进池塘标准化改造,强化养殖污水治理和节水减排。发展深水抗风浪网箱,提高水产品质量和防灾抗灾减灾

能力。

继续促进加工与养殖、流通等产业的密切融合，拉长产业链，提高规模化、集约化、产业化水平。积极探索水产品精深加工发展新方向，推进国内水产品消费转型升级与市场开拓相结合，实施吃鱼革命，以吃促养。不断增强水产品国际竞争力，促进水产品国际贸易稳定发展。

研究制定休闲渔船管理办法，大力发展游钓业、观赏鱼及水族器材、渔事文化、餐饮服务、渔家乐，丰富发展模式，提升发展质量，促进休闲渔业规范、健康发展。

（五）加快推进渔业法治建设，努力推进渔业科技创新

法治、科技是现代渔业建设的重要保障和支撑。必须坚持依法治渔和科技兴渔。

渔无法不治。要加快健全完善渔业法律体系。《渔业法》修订已列入国务院2015年立法计划，请各地各单位积极参与，建言献策，支持配合，共同修好。加快推进《野生动物保护法》《渔业港口管理条例》和《远洋渔业管理规定》《捕捞许可管理规定》等法律法规规章的制修订工作。认真贯彻四中全会精神，积极主动加快研究海洋渔业综合执法改革，加强渔政规范化、标准化、信息化建设。力争年内全部解决渔政机构自收自支问题。广泛开展渔业法治教育，增强广大渔业工作者和生产经营者学法、遵法、守法、用法的意识和能力。法律的生命力在于实施，法律的权威也在于实施。各级渔业主管部门、渔业执法机构要严格依法办事，坚持法定职责必须为、法无授权不可为，勇于负责，敢于担当，严格执法，坚决纠正有法不依、执法不严、违法不究行为。

业无科难兴。要继续深入贯彻落实全国渔业科研院所建设工作会议精神，继续实施创新驱动发展战略，大力加强自主创新能力建设，在原始创新、集成创新和引进消化再创新上下大气力、花大工夫，加快推进渔业科技创新与进步。要坚持以产业需求为导向，着力解决制约产业发展的关键共性技术、核心技术和系统集成技术，加快成果转化应用。加快推进水产种业机制创新，推进水产育繁推一体化，培育一批具有推广价值的新品种。加强现代渔业产业技术体系建设，有条件的省（自治区、直辖市）要推进设立地方渔业产业技术体系和技术创新联盟。切实加强基层水产技术推广体系改革和条件建设，大力推广责任渔技制度，构建以国家水产技术推广机构为主体、产学研广泛参与的“一主多元”的水产技术推广服务体系。积极开展渔民培训，提高渔业从业者的技术水平，推广普及先进适用技术。大力发展渔业电子商务和服务，加快渔业信息化建设。整合现有信息数据采集渠道和交流互通资源，建立“大渔信”服务体系。

（六）认真实施“一带一路”战略，不断提高远洋渔业国际竞争力

“一带一路”战略的实施，为远洋渔业发展提供了新的机遇和动力，必须乘势而上，顺势而为。要以海水养殖、远洋渔业为重点，加强与有关国家深化渔业合作，建立海洋渔业经济示范区。进一步完善远洋渔业海外基地建设规划，积极与有关部委沟通协调，扶持远洋渔业企业做强做大海外基地。继续加大远洋渔业资源探捕力度，提高远洋渔业科技研发能力。细化和落实南极磷虾规模开发政策和措施，加强南极磷虾专业捕捞船和捕捞加工设备技术研发，尽快启动实施南极磷虾专业捕捞船改建造工程，加快南极磷虾开发和利用。

抢抓机遇，加快改造老旧远洋渔船，打造专业化、标准化、现代化的远洋渔业船队。在国内沿海重点地区建立远洋渔业产品加工、集散基地，继续开发金枪鱼、鱿鱼等公海资源，完善鱿鱼、金枪鱼等大宗捕捞品种的配套设施建设，建立专业交易市场或平台。延长远洋渔业产业链条，形成完善的远洋渔业产业体系。加强中印尼政府间渔业合作协调管理力度，抓紧妥善处置合作中出现的矛盾和问题。加强与阿根廷等国的双边渔业合作，拓展与伊朗等西亚国家的渔业合作。

进一步完善远洋渔业管理制度，切实加强远洋渔船动态监管。强化远洋渔业船员管理和企业管理人员培训，提高企业遵纪守法意识和履约能力，提升远洋渔业管理水平和远洋渔业大国在国际舞台上的地位和形象。

（七）加强安全监管，建设平安渔业

悠悠万事，安全第一，常抓不懈，务必牢记。坚决贯彻习总书记“管行业必须管安全”的重要指示要求，牢固树立“底线”思维和“红线”意识，健全渔业安全生产责任体系和管理制度，完善各级安全事故应急预案，提高预防和处置突发事件的能力。切实加强渔业安全生产监督检查，加大安全隐患排查和治理力度，全面开展渔船安全隐患整治，强化渔船、船用产品特别是救生设施设备的检查检验检测，守住渔船安全底线，落实渔业船舶安全生产主体责任，严格查处安全责任事故。深入开展“平安渔业”标准化创建，宣传贯彻实施《渔业船员管理办法》，开展安全警示教育和培训，提高渔业生产者的安全意识和技能。加强渔业安全生产基层基础工作，确保渔民生命财产安全。强化渔港渔船安全基础设施建设，建立渔港建设信息管理系统和渔业船舶安全救助信息系统，促进渔港和渔船安全专

业化、规范化管理，确保不发生重特大渔业安全生产事故。

认真贯彻中央关于加强食品安全工作的部署，开展水产品质量安全县创建活动。建立完善生产经营者首负责任制和质量安全责任追究制，坚持优质水产品“养出来”和“管出来”相结合，两手抓、两都要手硬，促进水产品在更大范围、更多品种上，实现由以量取胜向以质取胜转变。加强水产品质量安全监测及监测结果会商分析，继续开展水产品质量安全专项整治，加强水产品质量安全执法，实行检打联动，强化正确舆论宣传与引导，积极应对、妥善处置水产品质量安全突发事件，确保不发生重大水产品质量安全事件。

（八）进一步改进工作作风，切实加强渔业渔政自身建设

全国渔业渔政系统要认真落实习总书记重要指示、克强总理、汪洋副总理重要批示、韩长赋部长批示和牛盾副部长讲话精神，狠抓作风建设，坚持为民务实清廉，深入实际、深入基层、深入群众，接地气、察民情、摸实况，多为渔民群众和基层渔业渔政工作者办实事、解难事、做好事。狠抓工作落实，认准的事要一抓到底，制定的规划计划坚决落到实处。狠抓政风行风建设，自觉抵制“四风”，自觉勤政廉政，不断巩固和发展党的群众路线教育实践活动成果。狠抓思想建设，努力开拓创新，不断改进思想方法和工作方法。狠抓能力提升，不断提高指导和服务渔业渔政科学发展、促进渔业增效渔民增收的能力和水平。

同志们，让我们更加紧密地团结在以习近平同志为总书记的党中央周围，认真贯彻党中央国务院的大政方针，全面落实农业部的部署安排，按照牛部长的重要讲话要求，真抓实干，埋头苦干，狠抓落实，为改善渔民民生、丰富人民群众的“菜篮子”、保障食品安全和促进经济社会发展做出新的更大的贡献！

2014 年渔业大事记

1 月

8 日 农业部办公厅印发《关于开展远洋渔船船型标准化工作的通知》，计划到 2020 年，远洋渔船标准船型覆盖主要远洋作业区域，新建远洋渔船标准化率达到 80%。

10 日 农业部副部长牛盾、渔业局局长赵兴武、渔政指挥中心主任陈毅德等到黄渤海区渔政局视察慰问，并登船看望一线渔政执法人员。

11 日 农业部、外交部、公安部、人力资源和社会保障部联合印发《关于继续在舟山市开展远洋捕捞行业引进外籍船员试点工作的通知》，对外籍船员雇佣单位的资质、雇佣方式和申请程序作详细规范。

14 日 全国渔业渔政工作电视电话会议在北京召开。会议总结了 2013 年渔业渔政发展情况，并部署安排 2014 年渔业重点工作。农业部副部长牛盾出席会议并讲话。渔业局局长赵兴武主持会议。渔政指挥中心主任陈毅德，渔业局副局长李彦亮、崔利锋、李书民出席会议。

20 日 农业部印发《渔船用柴油机型谱与标识管理办法》，决定对渔船用柴油机实行型谱和标识统一管理。自 2014 年 6 月 1 日起，柴油机制造企业需按型谱与标识管理规定制造和标识渔船用柴油机，未纳入型谱管理的柴油机不得用于 44 千瓦以上渔船。

21 日 农业部办公厅印发《关于我部渔业局更名及启用新印章的通知》，正式启用“农业部渔业渔政管理局”名称和印章，原“农业部渔业局”和“中华人民共和国渔政局”名称和印章不再使用。

23 日 农业部办公厅印发《关于做好远洋渔船和船员保险工作的通知》，要求远洋渔业企业及时为所有随船船员和远洋渔船办理有关保险。

23～24 日 农业部渔业渔政管理局副局长李彦亮赴山东调研《关于实施海洋捕捞准用渔具和过渡渔具最小网目尺寸制度的通告》和《关于禁止使用双船单囊拖网等十三种渔具的通告》贯彻落实情况，并听取当地对伏季休渔调整的意见。

26 日 农业部渔业渔政管理局召开全局教育实践活动总结大会，对半年来活动开展进行梳理总结，并部署了下一阶段工作。农业部第三督导组莅临指导。局长赵兴武主持会议。

27 日 农业部 2013 年全国现代渔业种业示范场名单公布。北京渔夫水产技术开发中心、天津市换新水产良种场等 17 省(自治区、直辖市)42 家水产苗种开发单位获评“全国现代渔业种业示范场”称号。

2 月

10 日 农业部办公厅下发《关于进一步加强远洋渔业企业管理的通知》，要求从严控制远洋渔业从业条件、认真进行项目可行性论证、严格企业监督管理、强化企业主体责任和加强协调配合 。

11 日 全国渔业安全生产工作视频会议在北京召开，农业部副部长牛盾出席会议并讲话。农业部渔业渔政管理局局长赵兴武主持会议，渔政指挥中心主任陈毅德，农业部渔业渔政管理局副局长崔利锋出席会议。

12 日 中美海洋生物资源协调工作组第 10 次会议暨海洋溢油研讨会在美国西雅图召开。中国水产科学研究院专家与美国国家海洋与大气管理局专家围绕“海洋溢油应急机制”“海洋溢油影响评估”“污染物毒理”“可持续水产养殖”“养殖替代性饲料”等方面进行深入交流。

13 日 国内首个鱼类全基因组精细图谱完成，并在国际著名杂志《自然遗传》发表。这是我国首次在该杂志上发表渔业领域研究成果。

14 日 农业部、外交部联合向国务院报送《关于核准〈北太平洋公海渔业资源养护和管理公约〉的请示》。

18 日 农业部印发《建设项目对国家级水产种质资源保护区(海水)影响专题论证报告编制指南(试行)》和《建设项目对国家级水产种质资源保护区(淡水)影响专题论证报告编制指南(试行)》，指导和规范建设项目对国家级水产种质资源保护区影响专题论证工作。

19 日 农业部就《关于调整海洋伏季休渔制度的通告》向社会公开征求意见，拟对 2015 年伏季休渔制度作出调整，一是将南海的单层刺网纳入伏休管理，二是将捕捞辅助船与捕捞渔船实行同步休渔，三是调整黄海和东海海域的休渔时间。

20 日 农业部渔政指挥中心主任陈毅德赴大连参加黄渤海区局渔业监管总结及“两会”期间渔船管理工作部署会。

21 日 国务院副总理汪洋在中国工程院呈报、18 位院士专家联合署名的《加大加快南极磷虾资源规模化开发步伐，保障我极地海洋资源战略权益的建议》上作出重要批示，要求农业部会同国家发展和改革委员会、财政部提出意见。

23 日 农业部渔业渔政管理局组织召开渔业可持续发展专家研讨会，研讨如何进一步贯彻落实《国务院关于促进海洋渔业持续健康发展的若干意见》和全国现代渔业建设工作电视电话会议精神，完善渔业政策、加强法制建设，促进渔业可持续发展。副局长李书民出席会议并讲话。

25 日 农业部渔业渔政管理局副局长崔利锋赴湖南长沙出席南极海洋生物资源开发利用项目协调会暨 2014 年度项目备航会并讲话。

3 月

3 日 根据《国务院机构改革和职能转变方案》要求，农业部渔政指挥中心整建制转入中国海警局，全体工作人员当日到位。

中国印度尼西亚第一次渔业合作联合委员会会议在北京召开，农业部渔业渔政管理局副局长崔利锋与印尼海洋渔业部捕捞署署长格尔文·朱瑟夫分率中印代表团出席会议。与会双方主要就捕捞合作双边安排、建设纳土纳综合性渔业基地等问题进行了讨论，并签署了会议纪要。

农业部办公厅印发《关于开展 2014 年全国水产健康养殖示范创建活动的通知》，除计划新创建农业部水产健康养殖示范场（第九批）500 个以上外，还将积极推动农业部渔业健康养殖示范县创建工作。

4 日 国家水产种质资源平台 2014 年度工作会在北京召开。会议总结了该平台建成以来的工作成效，分析了平台运行发展面临的主要问题，并就提高服务水平、增强资源整合能力、扩大平台知名度等进行了研讨。

12 日 全国渔业水域污染事故技术审定委员会会议在北京召开，讨论了《渔业水域污染事故调查鉴定执业标准》和 2014 年工作计划，并对 83 家渔业水域污染事故调查鉴定单位进行了审核评议。农业部渔业渔政管理局副局长李彦亮出席会议。

13 日 农业部办公厅印发《关于开展水生动物防疫系统实验室检测能力测试的通知》，要求采用规定方法测试实验室对鲤春病毒血症等 6 种疫病病原的检测能力。

为落实习近平总书记提出的“共同建设 21 世纪海上丝绸之路”的有关要求，促进我国远洋渔业发展，农业部渔业渔政管理局组织编制了《远洋渔业海外基地建设规划》（2014—2020 年），报送有关部门并建议纳入国家发改委牵头编制的《丝绸之路经济带和海上丝绸之路建设战略规划》和“十三五”国民经济发展规划。

14 日 全国水产技术推广会议在河南郑州召开。会议总结了 2013 年全国水产技术推广系统的工作的积极成效，部署安排了继续推进现代渔业建设等重点工作。农业部渔业渔政管理局副局长崔利锋出席会议并讲话。

18 日 农业部渔业渔政管理局副局长崔利锋赴厦门参加 APEC 海洋部长会议预备会。

24 日 农业部公布大黄鱼“东海 1 号”、中国对虾“黄海 3 号”等 15 个水产新品种。其中北鲆 2 号、津新乌鲫、斑点叉尾鮰“江丰 1 号”、海带“东方 6 号”等 4 个品种为适宜推广的杂交品种。

28 日 全国渔业船舶检验工作会议在江苏省南京市召开，农业部渔业渔政管理局副局长崔利锋出席会议并讲话。

29 日 南海区渔政局在长沙组织召开 2014 年珠江流域禁渔管理部署与协调会。农业部渔业渔政管理局副局长李彦亮出席会议并讲话。

4 月

4 日 农业部办公厅印发《关于 2013 年度远洋渔业项目和企业资格年度审查情况的通报》，对 2013 年远洋渔业总体情况、远洋渔业项目审查情况和远洋渔业企业资格授予情况进行了通报。

农业部办公厅下发《关于开展全国渔船检验执法监督三大行动的通知》，决定在全国开展渔船基本数据普查行动、渔船安全风险隐患排查与整治行动、渔船船用产品质量监督整治活动。

14～18 日 农业部渔业渔政管理局副局长李书民带队的联合调研组，赴浙江、山东两省就《渔业法》修订和《渔港管理条例》制订开展立法调研。

15～19 日 农业部渔业渔政管理局副局长崔利锋赴广西、广东、海南三省（自治区）开展渔业防汛和安全生产检查调研工作。

17 日 太白湖第三届放鱼节在山东省济宁市举行，农业部渔业渔政管理局副局长李彦亮出席活动。

19 日 农业部部长韩长赋出席西沙海域渔业资源增殖放流活动并讲话。此次放流活动由农业部、中国海警局、海南省人民政府和中国海洋石油总公司共同举办。农业部渔业渔政管理局局长赵兴武，副局长李书民陪同出席。

22 日 全国农牧渔业大县局长轮训班渔业局长班在上海开班，来自全国 28 个省（自治区、直辖市）、新疆生产建设兵团渔业大县的渔业局长和其他农业系统干部共 106 人参加了培训。农业部副部长牛盾出席开班式并讲话，农业部渔业渔政管理局副局长李彦亮陪同出席，副局长李书民到轮训班授课。

30 日 农业部针对广东、广西、海南等多省（自治区）要求明确鳄鱼特许利用证件年审问题，决定取消对暹罗鳄、湾鳄、尼罗鳄等 CITES 公约附录 I 鳄鱼物种的年审，上述鳄鱼物种的驯养繁殖和经营利用申请工作仍由农业部受理。

5 月

1 日 《2014 中国远洋渔业发展报告》编制完成，对 2013 年远洋渔业发展情况进行了全面总结和分析。

6 日 农业部办公厅下发《关于做好汛期渔业安全生产工作的通知》，要求各地加强组织领导，落实安全生产责任，保障作业渔船、养殖设施、渔港等渔业设施及人员安全，最大限度地减少台风、强降雨、洪涝等灾害损失，促进渔区社会和谐稳定。

农业部印发《关于成立长江流域渔政监督管理办公室的决定》，长江流域渔政监督管理办公室是我国第一个内陆流域性渔政监督管理机构，办公场所设在上海，是农业部首个派出行政机构。主要负责黄河流域以南相关流域、重要水域和边境水域的渔政管理、水生生物资源养护等工作，业务管辖范围覆盖长江、珠江、闽江、钱塘江等流域和边境水域以及鄱阳湖、洞庭湖、太湖、纳木错湖、巢湖等湖泊，涉及上海、江苏、浙江、安徽等 20 个省（自治区、直辖市）。

菲律宾军警以中国渔船非法捕捞海龟为由抓扣中国渔船和 11 名中国渔民，随后菲方对 11 名中国渔民和 5 名菲律宾人提出违反菲律宾渔业法第 87 和 97 条的控告。农业部渔业渔政管理局紧急协调相关部门核实情况，会同外交部开展人员解救工作 。

6～8 日 农业部渔业渔政管理局局长赵兴武赴广东、上海、江苏 3 省（直辖市）开展渔业科技调研。

11 日 主题为“高效 集约 安全 生态”的 2014 中国北京国际渔业博览会在京举办。农业部渔业渔政管理局副局长李书民出席博览会。

12 日 中华白海豚保护联盟成立，联盟旨在通过构建和完善中华白海豚保护网络，共同推进中华白海豚物种保护。农业部渔业渔政管理局副局长李彦亮出席成立大会并讲话。

13 日 亚洲区域 CITES 新列附录鲨鱼和前口蝠鲼履约能力评估研讨会在福建省厦门市举行，来自亚洲 14 个国家的 CITES 管理机构代表和渔业部门代表、CITES 公约秘书处、联合国粮农组织、国际有关区域性渔业代表参加了会议。农业部渔业渔政管理局局长赵兴武、副局长李彦亮出席会议。

中日韩及东南亚“2014 水产品加工与质量安全”国际研讨会暨“中国水产学会水产品加工与综合利用分会”年会在山东省青岛市召开。会议围绕“水产品加工与保藏”“水产资源高值化与综合利用”“水产品营养与安全”“水产食品生物技术”四个专题展开交流。

15 日 全国远洋渔业工作座谈会在辽宁省大连市召开。农业部渔业渔政管理局局长赵兴武出席会议并讲话，副局长崔利锋主持会议。

农业部办公厅印发《关于加强朝鲜东部海域捕捞合作管理的通知》，就加强我 600 余艘渔船赴朝鲜东部海域开展捕捞合作管理事宜提出明确要求。

20 日 2014 年中国渔业经济专家学术研讨会在浙江海洋学院召开。论坛以“深化渔业渔区改革 加快推进渔业现代化”为主题，围绕渔业基本经营制度、渔业修法问题、海洋生物资源开发问题、渔村渔民调查，以及渔业经济基础性问题等内容展开学术交流。

22 日 第九届中国国际（厦门）渔业博览会在福建省厦门市举办。农业部渔业渔政管理局副局长李彦亮出席。

23 日 农业部办公厅印发《渔业渔政管理局主要职责内设机构和人员编制规定》，明确了农业部渔业渔政管理局主要职责、内设机构及职责任务和人员编制。

《中华人民共和国渔业船员管理办法》正式公布，自 2015 年 1 月 1 日起施行。《办法》共八章五十三条，对渔业船员管理的基本制度、渔船安全生产主体责任、船员权利义务，渔业职务船员的等级、职级划分，渔业船员证书类别，渔业船舶职务船员的最低配员标准等内容进行了规定。

25 日 中国加拿大渔业联合委员会第二次会议在加拿大渥太华召开。农业部渔业渔政管理局局长赵兴武和加拿大海洋与渔业部国际合作司司长皮尔森共同主持会议。双方就区域渔业管理组织、联合国粮农组织中的合作、北极渔业开发、加拿大海豹出口、加水域中亚洲鲤的开发利用等交换意见,并达成共识。

27 日 农业部渔业渔政管理局副局长李书民出席全国人大关于《航道法》修改的座谈会。

28 日 由农业部渔业渔政管理局和国务院台湾事务办公室经络局联合主办的海峡两岸水产项目对接会在浙江省宁波市举办。农业部渔业渔政管理局副局长李书民出席并做大会发言。

29 日 中国阿根廷渔业分委会第四次会议在阿根廷首都布宜诺斯艾利斯召开。会议由农业部渔业渔政管理局局长赵兴武和阿根廷农牧渔业部副国务秘书步斯塔曼特共同主持,阿农牧渔业部部长卡洛斯出席会议并讲话。

6 月

1 日 从12 时起,北纬35 度至26 度30 分的黄海和东海海域开始为期3 个半月的伏季休渔,至9 月 16 日 12 时结束。

5 日 农业部与国务院南水北调办公室联合湖北、河南、陕西三省人民政府在湖北省丹江口市组织开展了南水北调中线大型水生生物增殖放流活动,1 000 多万尾滤食性和杂食性鱼苗被放流入库。农业部副部长牛盾出席活动并讲话。农业部渔业渔政管理局局长赵兴武,副局长李彦亮陪同出席。

10 日 农业部召开电视电话会议部署进一步深入开展违规渔具清理整治专项行动。此次行动为期 3 个月,会议要求通过加强执法监管、强化监督检查,对海洋捕捞违规渔具进行全面清理整治,确保对捕捞渔船的检查率达到 100%,对违规渔具的查处率达到 100%。副部长牛盾出席会议并作动员讲话。农业部渔业渔政管理局局长赵兴武主持会议,副局长李彦亮、崔利锋、李书民出席会议。

12 日 农业部办公厅下发《关于加强克氏原螯虾白斑综合征防控工作的通知》,要求加强防控工作,防止克氏原螯虾暴发大规模疫病,保障养殖产品质量安全。

16 日 农业部公布 2013 年全国渔业经济统计公报。按当年价格计算,2013 年全社会渔业经济总产值 19 351.89亿元,实现增加值 8 984.35 亿元。全国水产品总产量 6 172 万吨,比 2012 年增长 4.47%。其中,养殖产量 4 541.68 万吨,同比增长 5.91%,捕捞产量 1 630.32万吨,同比增长 0.68%,养殖产品与捕捞产品的产量比例为 74∶ 26。全国渔民人均纯收入 13 038.77元,比 2012 年增加 1 782.69 元、同比增长 15.84%。

18 日 以“水产,让生活更美好”为主题的首届中国国际水产博览会在广东省湛江市举办。农业部渔业渔政管理局副局长李彦亮出席博览会。

第六届中国对虾产业发展研讨会在广东省湛江市开幕,来自世界各地的对虾行业专家和学者围绕“EMS(对虾早期死亡综合症)”“对虾生产和贸易”以及“新技术应用与产业发展趋势”3 个主题展开研讨交流。

19 ~25 日 农业部副部长、港澳流动渔民工作协调小组组长牛盾率领代表团赴香港和澳门特区调研港澳流动渔民生产生活情况。农业部渔业渔政管理局局长赵兴武陪同出访。

26 ~27 日 全国渔业厅局长座谈会在福建召开,会议交流各地贯彻落实国务院《关于促进海洋渔业持续健康发展的若干意见》和全国现代渔业建设工作电视电话会议精神的情况、经验、做法以及进一步促进现代渔业建设的工作思路及打算。农业部副部长牛盾出席会议并讲话,农业部渔业渔政管理局局长赵兴武主持会议并做总结发言。副局长李彦亮、李书民出席会议。

7 月

4 日 农业部办公厅下发《关于贯彻落实〈中华人民共和国渔业船员管理办法〉的通知》,要求高度重视船员管理办法落实,提高渔业船员素质,维护渔业船员合法权益,加强规范管理。

7 日 农业部办公厅下发《关于做好超强台风“浣熊”防范工作的紧急通知》,要求有关省(市)各级渔业部门切实做好出海渔船避风、停泊渔船安全、应急值守等防御工作。

14 日 针对台风等持续性大范围灾害性天气增多情况,农业部办公厅下发《关于进一步抓好汛期渔业安全生产工作的紧急通知》,要求进一步加强汛期渔业安全生产工作,确保渔民生命财产安全。

14 ~18 日 农业部渔业渔政管理局会同农业部安委会办公室和国家安全监管总局二司组成督查组,赴浙江、福建开展渔业安全生产和防汛抗台工作督查。农业部渔业渔政管理局副局长崔利锋带队督查。

15 日 全国渔业科研院所工作会议在江苏南京召开,会议探讨了进一步提升科技支撑产业发展的对策、措施,并部署今后一段时间内的重点任务。农业部副部长牛盾出席会议并讲话,农业部渔业渔政管理局局长赵兴武主持会议,副局长李书民一同出席。

16 ~18 日 农业部渔业渔政管理局副局长李书民赴

江西、湖北两省调研渔民上岸安居工程。

17日 中国水产科学研究院与中国水产总公司举行科技合作交流座谈会，并签署战略合作框架协议。据协议要求，双方将合作设立“远洋渔业前沿技术研发中心”，共同开展远洋渔业科学研究。

22～23日 农业部渔业渔政管理局副局长李彦亮带队赴广东对违规渔具清理整治工作进行了督导检查。

28日 农业部渔业渔政管理局发布2014年上半年渔业经济形势分析。统计数据显示，2014年上半年现代渔业建设势头良好，全社会渔业经济总产值7 501.88亿元，实现增加值3 521.58亿元，分别比2013年同期增长6.59%和6.35%。预计全年水产品产量将达到6 300万吨以上。

8月

4～8日 农业部渔业渔政管理局副局长崔利锋赴福建、广东两省，配合海关总署调研远洋渔业自捕水产品监管政策和港澳流动渔船管理工作。

6～7日 农业部副部长牛盾率调研组一行深入河北省石家庄市李村镇、灰壁村和邓庄村，实地考察调研现代渔业发展情况。农业部渔业渔政管理局副局长李书民陪同考察。

6～8日 农业部渔业渔政管理局副局长李彦亮赴广东、海南两省开展中越谈判情况调研。

6～9日 国务院研究室农村司、机关党委和农业部渔业渔政管理局组成联合调研组赴大连长海县和庄河市调研现代渔业建设情况。农业部渔业渔政管理局局长赵兴武参加调研。

7日 2014渔业节能减排高层研修班在山东省烟台市开班。研修班根据节能减排案例与产品涉及的专业领域，分设水产养殖和渔机渔具与水产品加工2个专题进行交流研讨。

9日 国务院研究室农村司司长郭玮、机关党委常务副书记鹿生伟一行到辽宁省大连市长海县和庄河市调研现代渔业建设和违规渔具清理情况。农业部渔业渔政管理局局长赵兴武陪同调研。

13日 农业部渔业渔政管理局下发《关于转发〈农业部打非治违专项行动实施方案〉的通知》，要求各级渔业主管部门按要求尽快制定专项行动方案，抓紧进行动员部署，深入开展渔业安全隐患排查治理 。

全国渔船检验执法监督三大行动工作推进会议在山东省烟台市召开。

19日 农业部渔业渔政管理局和国家濒危物种进出口管理办公室联合发布《关于做好鲨鱼和蝠鲼物种履约管理工作的通知》，要求做好鲨鱼和蝠鲼物种履约（《濒危野生动植物种国际贸易公约》（CITES））管理工作。2013年3月，第16届CITES缔约方大会通过了路氏双髻鲨、无沟双髻鲨、锤头双髻鲨、长鳍真鲨、鼠鲨以及前口蝠鲼属所有种列入CITES附录Ⅱ的提案，提案于2014年9月14日起正式生效，相关物种将按国家二级保护水生野生动物的管理规定进行管理。

20～21日 2014年度水产苗种质量安全状况会上研讨会在甘肃兰州召开。会议交流了今年水产苗种药残监督抽查情况，分析了当前水产苗种质量安全隐患，并探讨进一步完善监督抽查机制等。

20～22日 农业部渔业渔政管理局局长赵兴武赴河南省范县、郑州等地调研考察了黄河水域滩涂开发利用和现代渔业建设情况。

25日 2014年为水生野生动物保护海昌奖发布，徐亚平等37人获奖。该奖是水生野生动物保护分会为水生野生动物保护做出突出贡献的个人设立的奖项，依据事迹类型分为卫士奖、技术奖、奉献奖和科普奖4个奖项，每个奖项10个获奖名额，另设1名突出贡献奖。

26日 “十三五”渔业科技发展战略研究工作启动暨院士专家研讨活动在江苏省苏州市举办。唐启升等6位院士，第九届农业部科学技术委员会渔业组委员以及渔业各研究领域的专家代表参加研讨。农业部渔业渔政管理局局长赵兴武出席活动并讲话。

28日 农业部办公厅印发《关于农业部长江流域渔政监督管理办公室主要职责内设机构和人员编制规定的通知》，明确了长江办主要职责，内设机构和人员编制。

30日 农业部渔业渔政管理局局长赵兴武在上海与来访的阿根廷渔业和水产副国务秘书布斯塔曼特先生举行了会谈。双方就中阿渔业合作、中国企业收购阿企业等问题交换了意见。

9月

3～4日 农业部渔业渔政管理局局长赵兴武在内蒙古鄂尔多斯市调研内蒙古现代渔业建设情况。

9日 针对日前央视等媒体对海参育苗及养殖过程中大量用药情况的报道，农业部紧急下发文件，要求辽宁、河北、天津、山东等地立即核实海参产业情况，依法严厉查处违法违规行为，及时沟通媒体，正确引导舆论，减少对产业的不利影响。

12日 遵照国务院副总理汪洋的批示要求，农业部经征求14个有关部门的意见后向国务院报送了《关于加强推进南极磷虾资源规模化开发有关问题的请示》，提出了加快南极磷虾资源规模化开发的政策建议。

农业部渔业渔政管理局召开全体干部大会,集中学习《农业部办公厅关于印发渔业渔政管理局主要职责内设机构和人员编制规定的通知》等文件,并要求各处室和人员按上报人事司的安排方案临时到位,以便尽快开展工作。局长赵兴武出席会议并讲话。

15日 农业部下发《关于进一步加强国庆期间和秋冬渔业安全生产工作的通知》,要求各级渔业部门进一步加强秋冬季渔业安全生产管理,防范和遏制重、特大事故发生,确保今年国庆期间和秋冬季渔业安全生产形势稳定。

以"产业、文化、交流、合作"为主题的2014中国—东盟(南宁)渔业文化周在广西南宁开幕。

21日 鲤鱼全基因组序列图谱绘制研究成果在国际生物学权威期刊《自然—遗传学》发表,这是国际首例完成全面解析的异源四倍体硬骨鱼类基因组图谱。

22日 农业部与海关总署联合完成了实施《中华人民共和国政府和俄罗斯联邦政府关于预防、阻止和消除非法、不报告和不管制捕捞海洋生物资源的合作协定》的国内程序,并发布自2014年11月1日起实施该协定的公告。

24日 长江流域相关省(自治区、直辖市)渔政管理工作座谈会在上海召开,宣布长江流域渔政监督管理办公室正式成立。农业部副部长牛盾出席会议并讲话,农业部渔业渔政管理局副局长崔利锋出席会议。

27日 全国水生野生动物保护科普宣传月启动仪式在辽宁省大连市举行,此次宣传月的主题是"关爱水生动物,共建生态文明"。

10月

9~11日 农业部渔业渔政管理局局长赵兴武赴安徽省巢湖市、芜湖市和马鞍山市调研以船为家渔民上岸安居政策实施情况、住房安置进展和现代渔业建设情况。

10日 农业部办公厅下发通知(农办渔[2014]57号),公布2014年水生动物防疫系统实验室检测能力实验结果,北京市水产技术推广站等36家单位相应疫病检测项目结果得到认可,同时获得2015年国家水生动物相应疫病检测实验室备选资格。

13~14日 中国印度尼西亚渔业合作联合委员会第二次会议在北京举行,双方深入探讨了今后一段时间两国在捕捞渔业合作方面的细节,并签署了促进捕捞渔业合作的实施安排。农业部渔业渔政管理局副局长崔利锋率团出席会议。

15日 中越北部湾渔业联合委员会第十一届年会在越南河内举行。双方就2014—2015年度越方渔船不在中方休渔期间在中方一侧生产等共同渔区渔业生产安排达成了共识。农业部渔业渔政管理局局长赵兴武率团出席。

20日 农业部渔业渔政管理局召开全体会议,学习习近平总书记在群众路线教育实践活动总结大会上的讲话、李克强总理在中央民族会议和国务院部门负责同志会议上的讲话,并传达贯彻培育和践行社会主义核心价值观工作经验交流会议精神。局长赵兴武主持会议并讲话。

根据中央和广东省机构改革和职能调整情况,农业部办公厅下发《关于进一步明确港澳流动渔船渔民管理有关事项的通知》,规定自2015年1月1日起,大型港澳流动渔船捕捞许可证的发放由广东省海洋与渔业局承担,并对港澳流动渔船渔业油价补助工作提出明确要求。

农业部渔业渔政管理局副局长李书民赴大连出席玻璃钢渔船产业技术交流研讨会并在当地开展调研。

23日 中国邮储银行来农业部渔业渔政管理局洽谈推进现代渔业合作工作,副局长李书民参加洽谈。

23~26日 2014年海峡(福州)渔业周·中国国际渔业博览会在福建福州举办。农业部渔业渔政管理局局长赵兴武出席活动。

27日 农业部办公厅下发了《关于印发〈远洋渔船船位监测管理办法〉的通知》,对2012年下发的《远洋渔船船位监测管理暂行办法》进行了修订完善,该办法将于2015年1月1日起执行。

31日 中韩渔业联合委员会第十四届年会在陕西西安召开,双方就2015年两国专属经济区管理水域对方国渔船入渔安排、暂定措施水域资源管理措施以及海上作业秩序等问题达成协议,并签署会议纪要。农业部渔业渔政管理局局长赵兴武率团出席,副局长崔利锋参加会议。

11月

3日 中国阿根廷渔业分委会第五次会议在北京召开,双方就中方入渔阿根廷海域、加强水产养殖和渔业科技合作等事项进行深入交流。农业部渔业渔政管理局局长赵兴武,副局长崔利锋出席会议。

4日 针对在东海部分海域发生的大规模群体性违法采捕红珊瑚的情况,农业部下发《关于进一步做好打击非法采捕红珊瑚有关工作的通知》,要求福建、浙江两省立即召回从事非法采捕的本省船只及人员,加大查处力度,积极采取措施,坚决制止非法活动。

5日 第十九届中国国际渔业博览会在山东省青岛市

开幕,农业部副部长牛盾出席活动,农业部渔业渔政管理局局长赵兴武,副局长李书民陪同出席。

6 日 农业部、国家安全监管总局下发《关于开展“文明渔港”创建考评工作的通知》,决定继续开展文明渔港创建活动。自 2009 年文明渔港创建活动开展以来,全国共创建“全国文明渔港”37 个。

农业部办公厅下发《关于做好 2013 年远洋渔业油价补助资金发放工作的通知》,要求渔业主管部门及时拨付补贴资金,并进一步加强监督检查,配合有关部门严查虚报等违法违规行为。

11 日 由农业部副部长牛盾率领的大陆农渔业考察团在台北与台湾省有关方面进行了两岸农渔业合作交流座谈。座谈会上,中国水产科学研究院、“台湾水产协会”分别代表大陆和台湾省签署了《关于冷水性鱼类养殖技术和渔业资源养护合作意向书》。农业部渔业渔政管理局副局长崔利锋出席座谈会和签约仪式。

首个国家级长江珍稀鱼类产业技术创新战略联盟在江苏成立。长江流域的上海、江苏等 11 个省(自治区、直辖市)近 50 家企业高校和科研机构参与其中。

21 日 我国首个“深远海大型养殖平台”项目在北京启动。该平台由十万吨级阿芙拉型油船改装而成,型长 243.8 米,型宽 42 米,型深 21.4 米,吃水 14.8 米,能够提供养殖水体近 8 万立方米,满足 3 000 米水深以内的海上养殖,并具备 12 级台风下安全生产、移动躲避超强台风等优越功能。

21～22 日 中国与斯里兰卡共建“21 世纪海上丝绸之路”研讨会在斯里兰卡召开,农业部渔业渔政管理局副局长崔利锋出席研讨会。

25 日 农业部公告 2181 号公布第八批国家级水产种质资源保护区名单,新增 36 处国家级水产种质资源保护区,国家级水产种质资源保护区总数已达 464 处。

全国渔业安全生产暨贯彻实施《渔业船员管理办法》座谈会在福建厦门召开,对渔业安全生产工作进行了总结分析和部署安排。《渔业船员管理办法》经农业部 2014 年第 4 次常务会议审议通过,自 2015 年 1 月 1 日起施行。农业部渔业渔政管理局副局长崔利锋出席会议并讲话。

25 日 全国水生动物疫病监测工作总结会在浙江杭州召开,农业部渔业渔政管理局副局长李书民出席活动并讲话。

26～27 日 农业部会同国家安监总局组成联合督查组,赴广东督查渔业安全生产和“六打六治”打非治违专项行动工作,农业部渔业渔政管理局副局长崔利锋带队督查。

12 月

9 日 农业部公布农业部水产健康养殖示范场(第九批)名单,正式授予 793 家单位示范场称号。至此,已命名的部级水产健康示范场总数已达 5 354 家。

9 日 李克强总理在农业部报送的《关于贯彻落实国发 11 号文件和国务院视频会议精神 进一步推进现代渔业建设情况的报告》上批示:渔业是现代农业的重要组成部分。近年来渔业经济较快发展,渔民持续增收,渔政管理不断取得新成效。相关部门要继续深化渔业渔政改革创新,完善支持政策,加强资源养护和生态环境保护,进一步改善渔民民生,不断提高渔业现代化水平和远洋渔业国际竞争力,为丰富人民群众的“菜篮子”、保障食品安全和促进经济社会发展作出新的贡献。

10 日 水产品质量安全座谈会在吉林省长春市举行,农业部渔业渔政管理局副局长李书民出席会议并讲话。

12 日 农业部公布第三批全国休闲渔业市场基地(第三批)名单,授予 132 家单位“全国休闲渔业示范基地”称号,有效期自发文之日起至 2019 年 12 月 31 日止。

16～18 日 中日渔业联合委员会第十五次会议在辽宁省大连市举行,农业部渔业渔政管理局局长赵兴武,副局长李书民出席会议。

19 日 农业部部长韩长赋就渔业渔政工作做出专门批示:近年来,我国渔业经济持续较快发展,渔业安全形势总体稳定,中央领导同志给予了充分肯定。成绩来之不易,渔业渔政战线的同志们做了大量富有成效的工作,付出了艰辛的努力。希望各级渔业渔政部门按照习近平总书记和李克强总理等中央领导重要批示精神,再接再厉,攻坚克难,进一步加强渔船渔民管理,尤其是涉外海域渔船管理,继续深入开展“三无”渔船和绝户网清理整治行动,推进捕捞渔民减船转产和水产健康养殖,控制渔业捕捞强度,加强渔业资源养护和修复,发展壮大远洋渔业,以改革创新精神推进现代渔业友好又快发展。

23 日 全国农业工作会在北京召开,浙江省海洋与渔业局代表渔业行业做典型发言,农业部渔业渔政管理局局长赵兴武出席会议,副局长崔利锋、李书民列席会议。

24 日 为进一步提高渔业船员管理规范、信息化水平,简化程序、方便群众,农业部公布新修订的渔业船员证书证件样式。

(农业部渔业渔政管理局)

索　引

说　明

一、本索引采用分析索引方法，按汉语拼音顺序排列，同音字按声调排列。

二、"法律法规文献"、"渔业经济统计"、"领导讲话"栏目中的具体内容未作索引。"各地渔业"栏目中的条目按正文排列，不参与排序。

三、索引词条后的数字表示内容所在的正文页码。

A

安徽省渔业　74
　概况　74
　重点渔业县(市、区)基本情况　76
　大事记　76

B

北京市渔业　42
　概况　42
　重点渔业区(县)基本情况　43
　大事记　44
捕捞许可和渔船管理　24
　全面推进"十二五"海洋渔船控制制度的有效实施　24
　扎实推进内陆渔船"三证合一"改革试点工作　24
　基本建成全国海洋渔船动态管理系统　24
　规范透明渔船许可审批　24

C

长江流域渔政管理概况　33
　农业部长江流域渔政监督管理办公室成立　33
　加强自身建设和推进渔政管理与资源养护工作　33
重庆市渔业　110
　概况　110
　重点渔业区(县)基本情况　111
　大事记　111

D

大连市渔业　135
　概况　135

E

2014 年渔业大事记　302

F

福建省渔业　77
　概况　77
　重点渔业市(县、区)基本情况　79
　大事记　79

G

甘肃省渔业　126
　概况　126
　重点渔业市(州)基本情况　127
　大事记　128
高技术船舶科研项目"南海渔船高效节能设计应用技术研究"项目　37
　概况　37
　总目标　37
　进展情况　38
广东省渔业　95
　概况　95
　地级市渔业基本情况　100
　大事记　101
广西壮族自治区渔业　104
　概况　104
贵州省渔业　116
　概况　116
　重点渔业市(县)基本情况　117
国际交流与合作　11
　概况　11
　重要工作　11

H

海南省渔业　106
　概况　106
　重点渔业市(县)基本情况　109
河北省渔业　46
　概况　46

重点渔业市(县)基本情况 48
大事记 48
河南省渔业 86
概况 86
重点渔业县(市)基本情况 87
大事记 87
黑龙江省渔业 60
概况 60
重点渔业县(市)基本情况 62
大事记 62
湖北省渔业 88
概况 88
大事记 91
湖南省渔业 92
概况 92

J

吉林省渔业 58
概况 58
重点渔业县(市)基本情况 59
江苏省渔业 65
概况 65
重点渔业市(县)基本情况 67
大事记 68
江西省渔业 80
概况 80
重点渔业县(市)基本情况 81
大事记 82
近海捕捞 4

L

辽宁省渔业 55
概况 55
重点渔业市(县)基本情况 56
大事记 56

N

内蒙古自治区渔业 52
概况 52
重点渔业市(县)基本情况 54
大事记 54
宁波市渔业 143
概况 143
重点渔业市(县)基本情况 144
宁夏回族自治区渔业 130
概况 130
重点渔业市(县)基本情况 131
大事记 132
农业部渔业船舶检验局 152
概况 152
重点工作 152

Q

青岛市渔业 140
概况 140
重点渔业市(区)基本情况 141
大事记 142
青海省渔业 129
概况 129
大事记 129
全国水产技术推广总站 164
《推广法》宣传贯彻 164
体系改革与建设 164
技术示范 165
病害防治 165
质量安全服务 165
水产种业 165
资源养护 165
信息服务 166
渔民培训 166
休闲渔业 166
全国渔业发展概况 1
概况 1
全国渔业系统积极贯彻落实《农业技术推广法》 40
学习宣传贯彻成效显著 40
示范站建设活动获积极响应 40
推广队伍建设得到加强 40
"一个衔接,两个覆盖"政策进一步落实 41

S

山东省渔业 82
概况 82
重点渔业市(县)基本情况 85
大事记 86
山西省渔业 50
概况 50
重点渔业县(市)基本情况 52
大事记 52
陕西省渔业 121
概况 121
重点渔业市(县)基本情况 123
大事记 123
上海市渔业 62
概况 62
重点渔业区(县)基本情况 64
大事记 65
"十二五"国家科技支撑计划项目进展情况 34
淡水养殖品种选育及规模化繁育技术研究与示范项目 34
海洋重要生物资源养护与环境修复技术研究与示范项目 35
"十三五"渔业科技发展战略研究 39
工作思路 39
总体安排 39
任务分工 39
水产养殖管理 3
概况 3
水产品加工业 6
概况 6
最新进展 6
区域布局 6
科研动态 6
水产品批发市场运行情况 7
概况 7
重点品种价格走势分析 8
水产品进出口贸易 9
概况 9
水产品质量安全监管 16
概况 16
指导检查 16
专项整治 16
质量监测 16
应急处置 17
强化基础 17
水生生物资源养护与水域生态修

复 26
继续抓好增殖放流,积极修复水域生态 26
坚持并不断完善资源养护制度 26
积极推动国家级水产种质资源保护区划定工作 27
加强渔业水域生态环境保护 27
水生野生动植物保护与管理 27
水生生物类自然保护区建设与管理 27
做好履约及对外交流工作 28
积极推进长江江豚拯救行动计划和中华白海豚保护行动计划 28
加强水生野生动物特许利用管理 28
组织交流合作,提升行业能力 28
积极配合做好《野生动物保护法》修订工作 29
加强水生野生动物保护宣传 29
组织水生野生动物相关培训 29
四川省渔业 112
概况 112
重点渔业市(县、区)基本情况 114
大事记 114

T

天津市渔业 44
概况 44
重点渔业区(县)基本情况 45
大事记 45

X

西藏自治区渔业 120
概况 120
厦门市渔业 145
概况 145
新疆生产建设兵团渔业 150
概况 150
重点渔业生产单位基本情况 151
新疆维吾尔自治区渔业 133
概况 133
重点渔业县(市)基本情况 134
大事记 135
休闲垂钓协会 179
概况 179

Y

渔具管理 24
全面推进渔具规范管理 24
加强政策研究,加快建章立制 25
加大执法力度、力求突出实效 25
渔业安全生产与渔港监督管理 17
概况 17
渔业标准化 14
基础性工作 14
水产标准制定 14
技术性贸易措施官方评议 14
国际交流合作 14
国家和行业标准目录 15
渔业船舶水上安全事故及救助情况 19
事故情况 19
事故特点与原因分析 21
救助情况 23
渔业法制建设 13
概况 13
渔业立法 13
渔业行政执法 13
渔业普法 13
渔业节能减排 25
概况 25
渔情统计监测与信息 30
概况 30
渔业投入 3
概况 3
渔业基本建设项目 3
渔业财政项目 3
渔政执法 31
机构改革 31
打击涉渔"三无"船舶 31
远洋渔业 4
概况 4
远洋渔业安全生产和监督管理 18
概况 18
云南省渔业 117
概况 117
重点渔业县(区)基本情况 119
大事记 119

Z

浙江省渔业 69
概况 69
重点渔业县(区)基本情况 71
大事记 73
政务信息与宣传 32
中国水产科学研究院 157
概况 157
黄海水产研究所 158
东海水产研究所 158
南海水产研究所 159
黑龙江水产研究所 160
长江水产研究所 160
珠江水产研究所 161
淡水渔业研究中心 162
渔业机械仪器研究所 163
渔业工程研究所 163
中国水产流通与加工协会 176
概况 176
服务行业发展 176
为行业发展建言献策 177
扩大国际合作交流 177
引导行业健康发展 177
积极拓展国内外市场 178
加强信息服务 178
中国水产学会 167
概况 167
渔业统计 167
渔业信息监测 167
水产贸易研究 167
学术期刊 168
决策咨询 168

国际学术会议 168
国内主要学术会议 168
两岸交流 169
国际交往 169
科普活动 169
表彰举荐优秀科技工作者 169
党建强会 169
会员服务 170
水产科技周 170
渔业节能减排 170
单耗标准研究 170
中国渔船渔机渔具行业协会 178
概况 178
中国渔业互保协会 174
概况 174
尽力争取农业保险经营资质 174
稳步推进承保理赔等业务工作 174
努力巩固现有统筹发展格局 175
开展协会成立20周年相关活动 175
中国渔业协会 170
秘书处 170
分支机构 171
周边渔业协定执行情况 29
中日渔业协定执行情况 29
中韩渔业协定实施情况 29
中越北部湾渔业合作协定执行情况 30

图书在版编目(CIP)数据

中国渔业年鉴. 2015 / 农业部渔业渔政管理局主编. --北京:中国农业出版社,2015. 10
ISBN 978-7-109-21091-2

Ⅰ. ①中… Ⅱ. ①农… Ⅲ. ①渔业经济-中国-2015-年鉴 Ⅳ. ①F326. 4-54

中国版本图书馆 CIP 数据核字(2015)第 256053 号

中国农业出版社出版
(北京市朝阳区农展馆北路 2 号)
(邮政编码 100125)
责任编辑:徐晖 贾彬 耿增强

中国农业出版社印刷厂印刷 新华书店北京发行所发行
2015 年 10 月第 1 版 2015 年 10 月北京第 1 次印刷

开本:787mm×1092mm 1/16 印张:20.25 插页:36
字数:700 千字
定价:200.00 元
(凡本版图书出现印刷、装订错误,请向出版社发行部调换)

ISBN 978-7-109-21091-2
9 787109 210912 >

“今日中国渔业”彩版专栏

目　录

福建省海洋与渔业厅……2
四川省水产局……3
辽宁省海洋与渔业厅……4
上海市渔政监督管理处……5
江苏渔港监督局……5
河南省农业厅水产局……6
湖北省水产局……6
南通市海洋与渔业局……7
莆田市海洋与渔业局……8-9
大连市渔政监督管理局……10
东港市海洋与渔业局……11
日照市海洋与渔业局……12
大连金州新区海洋与渔业局……12
石家庄市水产管理处……13
任丘市畜牧水产局……14
福州市海洋与渔业局……14
海南省海洋与渔业科学院……15
湖北武汉青鱼原种场……16
深圳市渔业服务与水产技术推广总站……17
湖南省水产科学研究所……17
广东海洋大学……18
中国水产科学研究院珠江水产研究所……18
中国水产科学研究院渔业机械仪器研究所……19
中国水产科学研究院淡水渔业研究中心……19
中国水产科学研究院黄海水产研究所……20
中国水产科学研究院长江水产研究所……21
中国水产科学研究院渔业工程研究所……21
浙江嘉兴长江四大家鱼原种场……22
天津市换新水产良种场……22
福建省水产技术推广总站……23
广东省海洋与渔业技术推广总站……23
甘肃省渔业技术推广总站……24
珠江水产研究所水产药物实验厂……25
广东省渔业互保协会……25
香港渔民互助社……26
香港渔民团体联会……26
陕西陇县秦岭细鳞鲑国家级自然保护区管理处……27
中国水产舟山海洋渔业公司……28
广州海洋生物科普有限公司……28
北京市水生野生动植物救护中心……29
北京海洋馆……30
荣成市永进水产有限公司……31
长沙千龙湖生态农业开发有限公司……31
淄博柴油机总公司……32
沈阳市金山水产养殖公司……33
舟山汉益远洋渔业有限公司……34
苏州市南环桥市场发展股份有限公司……35
湖南湘云生物科技有限公司……36

福建省海洋与渔业厅

新建造的远洋渔船

循环水养殖基地

连江官坞海带良种繁育基地

泉盈（福建）科技有限公司工厂化循环水养殖车间

2014年，福建省积极转变渔业发展方式，创新经营体制，优化产业结构，落实惠渔政策，促进渔民增收，现代渔业建设取得明显成效。全省渔业经济实现平稳快速发展，渔业产业规模不断壮大，综合生产能力持续提升。全年水产品产量698万吨，其中养殖产量463万吨，捕捞产量235万吨；渔业总产值1 200亿元，占农林牧渔业总产值30%；水产品出口额55.9亿美元，居全国第一位，占全省农产品出口总额的62.08%，贸易顺差48.1亿美元；渔民人均纯收入14 634元，比农民高出2 000多元。远洋渔船投产规模达到500艘，远洋渔业总产值33.6亿元，同比增长16.5%，综合实力居全国第一。

2015年是全面深化改革的关键之年，也是“十二五”规划的收官之年。福建省将围绕省委、省政府建设“机制活、产业优、百姓富、生态美”新福建的部署要求，扎实开展现代渔业建设，转观念、调结构、靠科技，实现由数量增长型渔业向质量效益生态型渔业的转变。突出发展远洋渔业，提升远洋渔业综合实力。优化发展养殖渔业，进一步扩大优势品种养殖规模。加快构建种业体系。提升发展休闲渔业，促进休闲渔业与旅游业的高度融合。扶持壮大水产品加工业，引导水产企业发展精深加工。扩大水产品品牌影响力，推进水产品电子商务平台建设。继续推进水产品出口，加强水产品质量安全管理和渔业生态环境保护，实现渔业的持续健康发展，不断凸显渔业在新福建建设中的地位和作用。

厦门小嶝水乡渔村全景图

四川省水产局

省农业厅厅长任永昌（左二）、省水产局局长卿足平（左一）在四川省长吻鮠原种场调研工作

四川省委常委李昌平（右二）调研通江县休闲渔业

南江县玉柏渔业新村

通江县水产科技园

2014年，四川水产系统认真贯彻中央和省委、省政府关于“三农”工作的决策部署，积极落实省政府办公厅关于加快发展现代水产业的通知精神，大力培育新型水产业经营主体，切实加强水产基础设施建设，充分发挥水产科技支撑作用，加快发展现代水产业，水产经济保持了平稳较快发展的良好势头。全省水产品总产量达到132.6万吨，比上年增长5.22%；渔业经济总产值达到323.83亿元，比上年增长7.76%；农民人均水产收入498元，增收42元；渔民人均纯收入1.22万元，比上年增长10.85%。

2015年，四川渔业将深入贯彻落实中央农村工作会议、全国农业工作会议、全国渔业渔政工作电视电话会议和省委农村工作会议、全省农业工作会议精神，以保障水产品安全有效供给和农渔民增收为根本任务，以加快现代水产业发展为主攻方向，以改革为动力，以科技为引领，以法治为保障，扎实推进“转方式、调结构”，狠抓基础设施和支撑保障能力建设，着力改革完善发展机制，不断增强水产业综合生产能力、抗风险能力、可持续发展能力，确保全省水产品总产量达到137万吨，全省渔业经济总产值达到343亿元，全省农民人均渔业收入527元，人均增收30元以上。

盐亭县西部水产科技园

辽宁省海洋与渔业厅

厅长何焕秋到丹东远洋渔业企业调研

辽宁渔政走进海岛县为渔民现场换发捕捞证

水产品质量安全检测技能竞赛

2014年，辽宁省现代渔业建设有序推进，渔业经济平稳增长，渔业经济增加值实现796亿元，增长6%；渔民人均纯收入实现16 000元，增长9.7%。

海洋牧场建设典型引路 投资2.5亿元的长海县现代海洋牧场示范区建设全面启动。海水增殖放流投入资金9 810万元，规模达到59.8亿个单位，再创历史新高，投入产出比达到1:10。人工鱼礁示范区已达23处。

结构调整进一步优化 新增农业部健康养殖示范场49家，标准化健康养殖项目22个，省级水产原（良）种场5家。引进示范推广新品种22个。创建现代渔业园区6个。新增全国休闲渔业示范基地6家，省级休闲渔业示范点33家。大力推介“辽宁十大渔业品牌”，7个产品获第十二届中国国际农交会金奖。

外向型渔业发展壮大 远洋渔业企业已达28家，新建远洋渔船82艘，新增项目3个，外派渔船423艘。开展了南极磷虾资源探捕。中韩入渔渔船597艘。完成了8个水产品出口示范区的建设工作。出口水产品76.3万吨、28.9亿美元，分别增长6.1%和12%。出口额占大农业的54%，继续保持全省大宗农产品出口首位。辽渔国际水产品批发市场被评为国家级水产品批发市场。

水产品质量安全监管能力提高 开展对各市政府绩效考评，推进县乡镇监管体系建设。建立企业承诺制度。重点加强海参苗种、违法违规用药的整治和贝类安全监测等工作。全年完成抽检3 165批次，总体合格率达98%以上。开展快速检测能力培训考核。认证无公害水产品75个，获批地理标志产品2个。通过了农业部病毒性疫病能力验证，取得历史性突破。

科技支撑作用明显增强 编制了辽宁省海洋科技产业发展规划和战略研究工作方案。获批省博士启动基金项目1项、省自然科学基金项目2项、省科技攻关项目2项。国家海洋公益性科研重大项目“基于生态系统的海洋牧场关键技术研究与示范”通过鉴定。推荐立项地方标准12项，遴选标准化示范县10个，认定科技型企业33家。基层水产技术推广体系改革与建设项目县达22个，培训基层技术人员和养殖户近万人次。

渔政管理举措不断创新 2.2万艘渔船、12万捕捞渔民执行伏季休渔，辽东湾海蜇连续12年统一开捕。加大对“绝户网”等各种违禁网具的清理力度，查处违规渔船60余艘。现场为渔民换发新版捕捞证1.4万本。制定了《辽东湾斑海豹资源管理暂行办法》，建立盘锦科研救助中心和观测站，斑海豹资源恢复到2 000头。渔船电子身份证安装率达到80%。开展了“渔业船员持证上岗专项整治年”活动，实施了基层安全员制度，渔业安全生产各项指标大幅下降，全年未发生重大以上渔业安全生产事故。2014年我厅被省政府评为省中直安全生产目标考核先进单位。

辽宁渔业品牌参展第十二届中国国际农产品交易会

辽宁大平渔业集团有限公司新建的大型双甲板冷冻拖网渔船

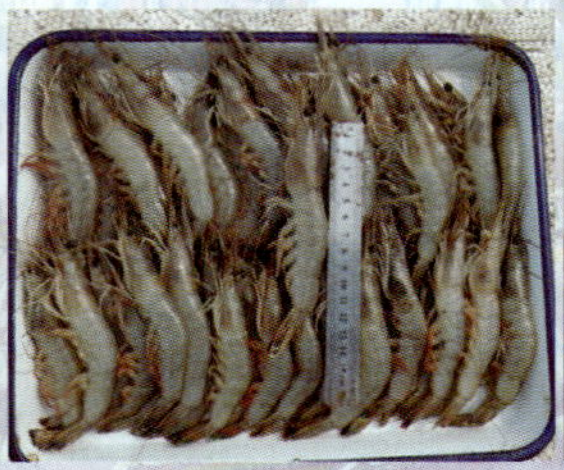

黄海北部增殖回捕中国对虾平均体长13.84厘米

中国对虾增殖放流

上海市渔政监督管理处

2014年，上海市渔政监督管理处（后简称“上海市渔政处”）荣获上海市人民政府“上海市文明单位”称号，处所属渔政船队被上海市政府授予2010–2014年度上海市模范集体。上海市渔政处总党支部委员会荣获中共上海市市级机关工作委员会“市级机关系统先进基层党组织”称号。上海市渔政处所属中国渔政31001船荣获中国海警局中建南项目护航保障任务集体嘉奖。上海市渔政处所属中国渔政31008船获得了上海市“工人先锋号”荣誉称号。

2014年5~7月，上海市渔政处所属中国渔政31001船赴南海特定海域，圆满完成护航保障任务。4~5月，上海市渔政处全力做好亚信峰会和中俄联合军演各项安保任务，为峰会和军演顺利进行打下良好基础。

2014年，上海市渔政处坚持严格依法办事，推进打击非法捕捞工作常态化、长效化、联勤联动制度化，坚持执法力量下沉、执法重心前移、执法人员驻扎一线。在长江，紧抓现场管理，始终保持有渔政船、渔政人员在长江水域驻守执勤。在内陆水域，共组织代号为“曙光”的专项执法行动6次，实施黄浦江上游渔政常态化巡航机制，重点发挥区县属地管理优势和联勤联动机制作用，取得明显成效。2014年，我们坚持依法行政、依法护渔，本市法院共计审判了5起“非法捕捞水产品罪”案件，其中2起案件为实刑案件，上海市渔政执法和刑事司法衔接取得“实刑”案件重大突破。

渔业资源增殖放流

执法人员讲解水上治安秩序通告

集中销毁非法捕捞工具

执法人员进行水域清理

江苏渔船检验局 江苏渔港监督局

2014年，创历史完成了监督检验新造渔船1 000艘、培训各类船员1万人、互保展业收入1亿元的目标任务，被评为2014年度江苏省海洋与渔业局绩效管理先进单位。

提前三年实现全省海洋捕捞渔船更新改造目标。认真做好优化船型、筛选船厂、登记检验等工作。2014年，全省拆解渔船3 972艘，新造渔船1 119艘，海洋渔船总数减至7 022艘。其中，钢质渔船数量首次超过木质渔船；船长L≥24米的渔船数量升至34.46%；海洋捕捞渔船船均功率达到110千瓦，比2011年翻了一翻。向上级部门报批《江苏省紫菜养殖船检验及安全管理规定》，成功破解长期困扰江苏紫菜船检验管理的难题。

强化渔业船舶安全管理和船员管理取得新成效。组织开展全省渔港渔船安全生产专项督查等安全检查33次，检查渔船1 202艘次。推动全省渔业安全生产形势根本好转，未发生一起重特大海难事故，死亡人数、沉船数和直接经济损失为近5年最低。在全国率先实行无纸化考试和实操评估，考试发证职务船员1 925人、普通船员3 579人、审证船员5 942人。

全省渔业互助保险再创佳绩。拓展保险业务，推动省政府将南美白对虾、内塘河蟹、淡水鱼、淡水小龙虾、罗氏沼虾养殖保险纳入政策性农业保险试点项目。争取和落实各级财政保费补贴3 754.6万元。承保海洋渔民36 096人、内陆渔民76 540人、渔船5 642艘，实现保费收入1.13亿元。提供风险保障308亿元，支付经济补偿金3 024万元。主动开展船东小额贷款试点工作。渔业互助保险工作受到省委副书记石泰峰充分肯定。

渔船管理信息化建设走在全国系统前列。创新渔船管理模式，将互联网智能终端引入渔船现场管理，利用二维码技术增加船舶证书防伪功能，江苏成为全国首个渔船管理实现数字化、智能化和移动互联网化的省份。应邀在全国渔业船舶检验工作会议上介绍江苏“数字船检”建设成果。受农业部委托主导开发全国“数字船检”监察信息系统和全国内陆渔船管理系统。内陆渔船管理系统项目已通过农业部验收。

介绍信息化建设成果

港口新建船

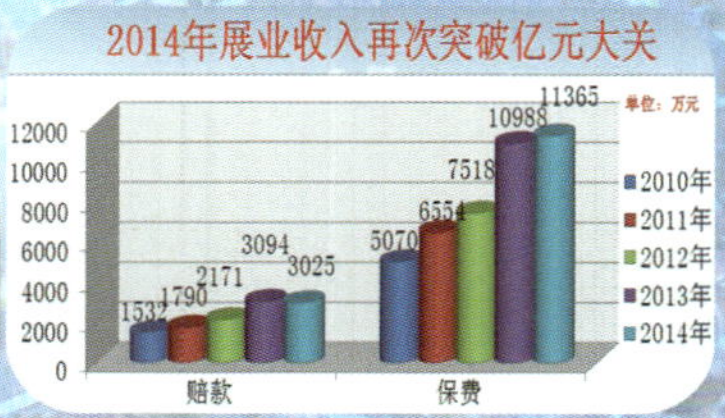

2014展业照片

河南省农业厅水产局

河南省地处中原，全省自北向南跨海河、黄河、淮河、长江四大流域，总水面逾53万公顷，其中宜渔水面30多万公顷。全省分布鱼类129种，主要经济鱼类60余种，其中黄河鲤鱼为中国四大淡水名鱼之一，淇河鲫鱼古为贡品。有国家二类保护水生野生动物大鲵及黄缘闭壳龟，省重点保护水生野生动物商城肥鲵等。

2014年，全省水产养殖面积近29万公顷，水产品总产量120万吨，渔业经济总产值232亿元，渔民人均纯收入10 985元，分别比2013年增长5.3%、3.2%、4.1%、5.9%。全省未发生水产品质量安全事件和渔业安全生产事故，实现了水产品安全有效供给。

全省共有大小各类水产品加工企业79家，其中规模以上企业11家，水产品加工品种50多个，加工能力61 017吨，加工总产值超过10亿元。有11家全国休闲渔业示范基地，有各类休闲、观光、度假、垂钓渔业基地约5 000家。有国家级水产种质资源保护区17个，省级水生野生动物自然保护区3个，省级水产良种场20个。2014年，新增洛阳昌盛水产有限公司等4家省级农业产业化重点龙头企业，省重点龙头企业总数达到11家。水产养殖再添新品种，黄颡鱼全雄1号、长丰鲢、抗病草鱼、新疆白斑狗鱼等成功引进、养殖。稻田养鱼（泥鳅、甲鱼、河蟹）试点不断扩大，小网箱养殖黄鳝逐步得到推广。有各类水产品批发交易市场51个，其中郑州市亚宏水产品批发市场和郑州市柳林水产品批发市场都是农业部定点水产品批发交易市场。

在省农业厅领导下，省局组织专家，开展了促进水产业发展的专题调研，报省政府出台了《河南省人民政府办公厅关于推进"菜篮子"工程建设和加快现代渔业发展的意见》（豫政办〔2014〕47号）。《意见》为今后一个时期我省渔业发展确定了方针，指明了方向。

湖北省水产局

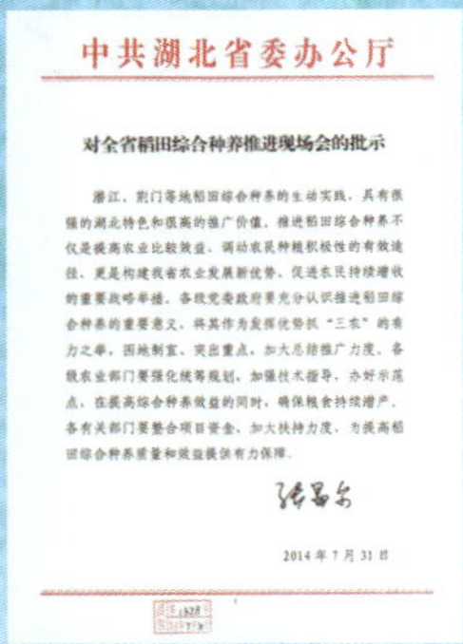
中共湖北省委办公厅

对全省稻田综合种养推进现场会的批示

潜江、荆门等地稻田综合种养的生动实践，具有很强的湖北特色和很高的推广价值。推进稻田综合种养不仅是提高农业比较效益、调动农民种粮积极性的有效途径，更是构建我省农业发展新优势、促进农民持续增收的重要战略举措。各级党委政府要充分认识推进稻田综合种养的重要意义，将其作为发挥优势抓"三农"的有力之举，因地制宜、突出重点，加大总结推广力度。各级农业部门要强化统筹规划、加强技术指导、办好示范点，在提高综合种养效益的同时，确保粮食持续增产。各有关部门要整合项目资金、加大扶持力度，为提高稻田综合种养质量和效益提供有力保障。

张昌尔

2014年7月31日

省委副书记张昌尔批示

2014年，湖北水产以改革创新为引领，坚持高点定位、科学规划、统筹推进，现代渔业发展持续向好，亮点纷呈。

渔业总产值直逼2 000亿元 全年水产品总产量433.3万吨，同比增长5.59%，连续19年居全国第一；渔业经济总产值1 948.8亿元，同比增长11.5%；渔业产值占农林牧渔业总产值比重达15.48%，创历史新高；渔业二、三产业产值1 005.2亿元，首次突破千亿元大关。

稻田综合种养发展迅猛 拓展种植业和养殖业发展空间，实现"一水两用，一田双收，稳粮增效，渔粮共赢"，全省稻田综合种养面积已逾15万公顷。

虾、蟹、鳝鳅三大"百亿"产业势头强劲 小龙虾、黄鳝产量分别占到全国的57%和46%以上；小龙虾产量达38.8万吨，综合产值达490亿元，同比增长21.8%。河蟹产量17.2万吨，同比增长30.9%，养殖产值达到106.6亿元。

精品名牌异彩纷呈 第十二届中国国际农产品交易会上，湖北水产展团拿下20个金奖，居农交会全国渔业产品金奖总数第一。新创建中国驰名商标2个，省级以上著名商标22个。

出口贸易逆势飘红 在国际市场需求不振的背景下，全省水产品出口量3.09万吨，创汇3.79亿美元，同比增长25.29%，占农产品出口额18.99%。

水产养殖保险实现零突破 开展水产养殖保险试点，已承保养殖面积1 687公顷，承保风险金超过2 300万元。

香稻嘉鱼生态种养新模式

"楚江红"小龙虾标准化养殖示范基地

河蟹喜获丰收

第十二届中国国际农产品交易会湖北展台

南通市海洋与渔业局

江苏省推进现代渔业建设工作会议在通召开

南通市政府召开渔业安全生产工作会议

外向型渔业（远洋渔船开航）

2014年，南通市海洋与渔业局紧紧围绕现代渔业强市建设目标，大力推进渔业转型升级，不断强化行业管理，全市实现水产品总产量88万吨，实现渔业经济总产值432亿元，增长8.5%，启东、海门、如东、如皋和通州区在江苏省渔业科技入户工作验收中获优秀等次，现代渔业建设取得新的成效。

大力发展高效设施渔业 市、县政府出台扶持渔业发展的政策意见，重点对渔业园区建设、渔业龙头企业、远洋渔业发展等实施财政资金补助。全市新增高效设施渔业面积4 500公顷，总面积达29 720公顷，占水产养殖总面积的21.9%，较上年提升1个百分点。新增市级渔业园区2个、市级渔业龙头企业9家，全市共建成市级渔业园区36个，市级渔业龙头企业74家。全市新出航远洋捕捞渔船3艘、新下水8艘、新开工建造18艘，全市共有38艘远洋生产渔船，远洋捕捞产量达1.5万吨，在江苏占比达90%以上。

积极培育渔业主导产品 全市南美白对虾养殖规模9 800公顷，其中大棚温室养殖面积4 600公顷，实现养殖产量8万多吨，产值40亿元，增长40%以上，成为全市单体最大的渔业产业。条斑紫菜养殖面积1 2000公顷，一次加工产量32亿张，增长28%，创历史新高。

精心组织"放心鱼"工程 组织实施无公害行动计划，新增83个无公害基地、91个无公害产品，全市渔业"三品"面积占比达93.8%。开通运行市水产品质量安全追溯网，水产品质量安全监测网，定期公告水产品动态监测结果，满足消费者对相关水产品质量安全状况在线查询。加强渔业标准化建设，在全市249个无公害基地和45个农业部健康养殖示范场推行标准化养殖。

不断加强平安渔业建设 精心组织推进"平安渔业示范县"创建活动，海安成功创建"全国平安渔业示范县"，如东县通过"全国平安渔业示范县"复评，海门市被评为"江苏省平安渔业示范县"。大力开展安全生产专项整治，重点开展捕捞企业组织化程度、专业渔港水域安全监管和涉渔"浮子筏"等的专项整治工作，有效防范渔业安全事故的发生。2014年全市没有发生较大以上渔业安全生产事故，江苏省海洋与渔业局在南通召开了渔业安全生产工作现场会，推广我市渔业安全有关工作经验。

暗纹东方豚设施养殖

如东洋口国家中心渔港

海洋捕捞出海生产

莆田市海洋与渔业局 深化改革

莆田市委书记周联清调研后海现代渔业产业园

莆田市市长翁玉耀、副市长傅冬阳一同深入南日岛调研海洋牧场建设

福建省海洋与渔业厅厅长吴南翔实地考察莆田精深加工企业

2014年，随着我国经济进入新常态，渔业发展的内外环境正在发生深刻变化。莆田渔业坚持全面深化改革，着力创新引领，驱动产业转型升级，渔业经济保持了平稳较快发展的态势。2014年全市渔业经济总产值125亿元，同比增长8.5%；渔业产业总值71.12亿元，同比增长6.0%；水产品总产量83.74万吨，同比增长6.1%；渔民人均纯收入1.39万元，同比增长13.5%。

加大有效投入 助力产业转型 推进种业工程建设，组织创建市级良种场17家，已认定14家；胜德、镇海八珍品、海帝3家企业开展鲍苗繁育基地改（扩）建工作，完成年度工程投资455.1万元。汇龙、汇丰、谊来、海一百等4家水产精加工企业，完成投资1.2亿元，新增4条生产线，新增产能8 300吨，生产出口鲍鱼罐头，产值5.5亿元。加快渔港升级建设，平海一级渔港完成年度投资2 280万元；湄洲岛一级渔港建设项目总投资17 476.2万元，进入建设项目招投标；浮叶一级渔港项目，一期工程规划投资19 000万元，前期工作已展开；调整3个二级渔港建设规划得到批复，其中总投资880万元的宫下二级渔港建设，工程进度已过半，加大了为民办实事项目建设力度。利用“6.18”成果交易平台助推产业转型升级，南日岛3个海洋经济重大项目成功对接签约，在南日岛海域建设海上风电、滨海旅游广场和闽台现代渔业产业园，总投资132.32亿元。

着力创新引领 激发产业活力 全国首创海上风能利用与海水生态养殖模式，已申报国家专利；创新延绳式PVC管抗风浪深水养鲍新设施，示范推广；探索建立港湾定置围网渔场，实施现代渔业智能化养殖、捕捞新模式；建立南日鲍“中苗短养”示范区，开拓高端水产品平民化消费市场；攻克双线紫蛤育苗、泥东方螺育苗和南美白对虾高位池养殖3项新技术、推广应用；开展单体三倍体牡蛎、华贵栉孔扇贝、厚壳贻贝3个滤食性贝类新品种示范养殖，寻求海水养殖高产、高效又能有效缓解海域高营养化的生态养殖发展之路。2014年全市新建省级“科技型企业”1家、“工程（技术）中心”2家；获发明专利1项、实用新型专利20项。科技创新激增产业活力，中海源花蛤底播养殖项目进展顺利，已取得养殖用海海域使用权证；水产加工业发展势头足，汇龙、汇丰、海一百、谊来、海帝等水产品精深加工企业完成新、改、扩建项目，扩建厂房及生产设备增投1.2亿元，新增生产线4条，可创加工产值5.5亿元。有6家水产企业获得省级海洋产业龙头企业称号。

增融资补短板 注发展正能量 加大与金融机构合作，创新金融产品，搭建多个海洋与渔业专项融资平台，支持渔业产业发展。筹集海洋牧场成长资金6 200万元，获银行放贷规模可达12亿元；与

莆田市海洋与渔业局局长黄德元深入鲍鱼养殖场

南日岛海洋牧场的浮筏式网箱养鲍基地

工厂化养鲍

创新驱动 推进蓝色产业绿色发展

民生银行、海峡银行合作，开展现代海洋产业金融信贷50亿元和海洋渔业授信专项风险补偿3亿元的中小企业助保金贷款业务；与农村商业银行、邮政储蓄银行搭建渔船抵押、海洋渔业企业流动资金贷款平台，获得50亿元的海洋与渔业信贷资金；成立莆田市渔业行业协会、南日鲍协会和花蛤行业协会，扶持设立南日鲍行业发展互助资金和莆田花蛤行业发展互助资金。2014年通过搭建的多个海洋与渔业融资平台，共已对接发放贷款2.6亿多元。

同时，建立国家级鲍鱼出口质量安全示范基地，开辟南日鲍出口绿色通道，已建立鲍鱼引种隔离区、鲍鱼质量检验检测中心，10家水产加工企业已取得出口自营权，由传统的我国香港特区、台湾省及新加坡市场，拓展至东盟各国，形成“鲍打天下”的新局面。加速推进品牌培育，“南日鲍”继获“中国驰名商标”、中国国家地理标志产品和福建省十大渔业品牌后，今年又获全省首个国家“生态原产地保护”品牌和福建省首届“十佳地理标志商标”。“花蛤之乡”的莆田花蛤获福建省十大渔业品牌，正申报国家地理标志证明商标，并列入省政府2014年产业龙头促进计划实施方案中着力提升的优势品种区域品牌。莆田红毛菜和莆田牡蛎正申报国家地理保护品牌。年内新增“中国驰名商标”1件，福建省著名商标3件，市级知名商标4件。

突出生态主题 发展现代渔业　南日岛海洋牧场建设风生水起。海上风电4台样机试桩已完工，《风电区单元海域养殖研究报告》已通过专家评审；闽台渔业产业园项目已与台商签约，项目一期工程投资5亿元；全面完成第一、第二期80公顷人工鱼礁建设，第三、第四期200公顷人工鱼礁项目正有序推进；完成在人工鱼礁区增殖放流皱纹盘鲍苗种30万只、长毛对虾苗种2.36亿尾、西施舌苗种218万粒、双线紫蛤苗种113万粒、泥东风螺30多万粒和黄鳍鲷苗种90万尾，有效改善牧场种群结构和海区生态环境，推进海洋牧场建设可持续发展。在全省率先开展实施项目用海生态补偿制度，2014年共征收生态补偿金369.38万元，用于海洋生态修复。推进水产品质量安全追溯体系建设，在巩固悦华、海帝、汇丰等鲍鱼产品追溯试点企业的基础上，今年又在汇龙、海发等4家公司开展可追溯建设。引导汇丰、顺发、汇龙等企业新申报无公害水产品产地认定和产品认证企业，目前全市已有13家公司（合作社）产地认证面积1 921.81公顷，10家公司（合作社）产品认证产量7 111吨。今年还在南日岛成功举办海峡两岸海钓（矶钓）邀请赛，获“中国福建海钓基地”称号。澄峰池塘养殖区和后海休闲渔业园区，也双双获“福建省现代渔业产业园”称号。

休闲渔业：2014年福建·南日“海峡两岸‘莆澳杯’海钓（矶钓）邀请赛”

莆田汇丰公司加工生产线（真鲷鱼）

花蛤品牌建设

湄洲岛一级渔港建设前期工作

市级水产良种场授牌仪式

水产品质量安全宣教

大连市渔政监督管理局

刘锡财局长到船上看望慰问出海人员

南海巡航胜利归来

研究护航路线

2014年，在农业部渔业渔政管理局的正确领导下，我局认真学习贯彻党的十八大和十八届三中、四中全会精神，围绕中心，服务大局，加大渔业资源管理力度，加大惠民政策落实力度，加大水生动物保护力度，加大基础保障工作力度，各项工作再上新台阶。

加大渔业资源管理力度 采取多种形式，强化宣传教育，筑牢渔民不越界捕捞的思想防线。协同相关部门，加强渔船监管，突出重点港口、重点船只、重点区域、重要时间节点，强化综合巡查力度，落实属地管理制度，有效制止非法越界捕捞事件的发生。进一步加强信息通讯网络建设，完善近海渔业安全救助通信网24小时值守制度及棉花岛执法基地通讯平台建设。及早做好伏季休渔准备工作，严格落实伏季休渔制度。

加大惠民政策落实力度 从维护渔民利益出发，改进完善燃油补贴发放程序，为渔民提供最大方便，完成市本级2013年度燃油补贴发放工作，27艘渔船已领取燃油补贴786.17万元，完成2014年度全市燃油补贴资金汇总、上报工作，确保国家政策真正惠及于民。

加大水生动物保护力度 有效开展斑海豹冬季管理专项执法行动，以渔港、海湾和海上特定区域为检查重点，扩大执法范围，加强执法巡查，稳定了保护区冬季管理秩序。利用港口监控设施，确保对重点海域、港口、码头、船只等部位的24小时摄像监控，堵塞巡查漏洞，有效遏制非法捕捉、猎杀、经营利用斑海豹行为，营造水生野生动物保护管理良好氛围。积极救助误捕、遇难的水生野生动物，第一季度开展水生野生动物救助行动5次，成功救助斑海豹12头，江豚1头，处置动物4头（其中斑海豹3头、江豚1头）。

加大基础保障工作力度 扎实开展党的群众路线教育实践“回头看”活动，紧密聚焦“四风”突出问题，严格执行中央八项规定，不断健全机关财务事务管理制度，进一步压缩会议和节约办公支出，严格接待标准，尽量减少浪费，“三公”经费比上年同期持续下降。开展作风纪律大整顿，出台了一系列管理规定，对人员着装、办公秩序等方面做出了严格规定，坚决向“庸懒散奢”等不良现象开刀，着力打造一支为民服务、清廉务实的执法队伍。协助军方完成2次扫海任务，完成多艘执法船上坞维修，为完成全年巡航和执法工作打下了坚实基础。

召开渔业工作会议

中韩渔业会商

渔民们又迎来收获季节

东港市海洋与渔业局

局党委书记、局长：张旭

党委书记、局长张旭陪同省领导调研

局领导调研獐岛海岸线修复工程

东港市海洋与渔业局是东港市主管海洋综合管理与渔业工作的行政部门。下辖东港市渔政管理处、中国海监东港市大队、东港市水产技术推广站、东港市水产苗种管理站、东港市人工鱼礁管理处等6家事业单位。

东港市地处中国海岸线最北端，南濒黄海，东依鸭绿江，海岸线126千米，海域面积3 500平方千米，10米等深线以内浅海7万公顷，滩涂2.42万公顷，港湾0.8万公顷，可利用的淡水养殖面积近0.7万公顷。盛产梭子蟹、大黄蚬子、杂色蛤、中国对虾、海蜇等140多种水产品，是辽宁省重要的渔业生产基地之一。

渔业经济稳中向好 2014年，水产品总产量实现31万吨，增长1.6%；渔业经济总产值实现94.9亿元，增长7.8%；渔业经济增加值实现58.1亿元；渔民人均纯收入达到1.85万元，增长10%。国家级梭子蟹良种场建设竣工落成，国家级出口贝类质量安全示范区创建工作取得阶段性成果，东港大黄蚬子成为首批国家级农产品地理标志示范样板创建试点，“淡水池塘南美白对虾养殖技术示范推广”项目取得成功，鱼、虾、蟹、贝、海蜇等多品种港湾立体生态养殖面积3 867公顷。

海洋与渔业综合管理不断强化 加强日常巡查和专项执法行动，进一步落实岸线巡查和岸段管理责任制度，积极参与维权巡航执法。300吨渔政新执法船开工建造，獐岛海岸线整治与修复项目进展顺利，大鹿岛海岸线整治与修复工程资金全部到位，垃圾及污水建设工程基本完工。加强了伏季休渔管理，大力开展渔业船舶专项整治工作，没有发生因越界捕捞而引发的涉外事件。入韩渔船日常管理服务工作实现零差错。开展水产苗种和水产品专项执法检查30余次，检查水产品生产企业600余家次。

渔政新执法船建造签约

海上联合执法

大鹿岛海岸线整治与修复工程

日照市海洋与渔业局

日照市海洋与渔业局深入开展党的
群众路线教育实践活动动员会议

日照市海洋与渔业局是主管全市海洋事务和渔业行政的市政府组成部门。近年来，在日照市委、市政府的正确领导下，全市海洋与渔业系统坚持以科学发展观为指导，紧紧把握山东半岛蓝色经济区建设的重大历史机遇，大力发展现代渔业，渔业经济持续健康发展。

2014年，全市水产品总产量达到58.4万吨，同比增长3.15%；渔业经济总产值达到275亿元，同比增长10%；渔业增加值28.91亿元，同比增长5.8%，在全市农林牧渔业中增速最快。

大连金州新区海洋与渔业局

市区领导指导增殖放流工作

领导现场调研海菜养殖

大连金州新区位于辽东半岛南端，东临黄海、西濒渤海，海岸线长332.72公里。海岸线曲折、海滩广阔，可管辖海域面积1 759平方公里，盛产鱼、虾、贝、藻等各类水产品几十种，水产资源较为丰富。

大连金州新区海洋与渔业局系大连金州新区管委会工作部门，副局级建制，担负着全区海洋与渔业经济发展的规划、指导、协调、服务和海洋与渔业的监督管理等职能。局机关内设综合处、渔业处、海洋处、法规处；局属事业单位有大连金州新区渔政管理所（中国海监大连金州新区大队）、大连金州新区渔港监督、大连金州新区渔船检验站、大连金州新区水产苗种管理站、大连金州新区水产服务管理站。

2014年，新区海洋与渔业局以科学发展观为指导，认真贯彻落实十八大和十八届三中、四中全会精神，继续调结构、稳增长、惠民生、促经济，发展目标更加明确，发展步伐更加稳健。全区水产品总产量完成36.8万吨，实现渔业社会总产值126.4亿元，征收海域使用金6 466余万元，新增养殖用海确权206.7平方公里，清理海域25.5平方公里。全年累计争取各级资金4 250万元，放流各类虾蟹苗种20.8亿只，投放人工鱼礁毛石5万立方米，改造海域面积33.3公顷，实现渔民增收超3亿元，渔业经济实现了稳步增长。

工作人员对海水进行抽样检测

300吨位渔政执法船下水

执法人员进行海域清理

金州海蛎子

石家庄市水产管理处

处长：安志明

班子成员

检查苗种生产

部、省领导来我市指导工作

部、省领导来我市指导工作

石家庄市水产管理处是主管全市渔业工作的副县级参公单位，主要负责全市渔业发展、质量监管、渔政管理、渔船检验、渔港监督、技术推广等工作，内设办公室、生产科、渔政科、船检科，下设水产技术推广站、黄壁庄水库渔政站。石家庄市水产管理处是全国渔业文明执法窗口单位。

2014年我市渔业工作以党的十八大和十八届三中全会、十八届四中全会精神为指针，认真贯彻落实中央农村工作会议和全国现代渔业建设工作会议精神，以改革创新、转型升级、跨越赶超、绿色崛起为动力，坚持生态优先，强化渔业基础和良繁体系，突出甲鱼、冷水鱼和休闲渔业三个特色产业，建设10个各具特色渔业养殖园区的总体发展思路，着力推进全市现代渔业发展，严格规范执法，强化水产品质量监管，实现了产量稳定、质量和效益提升的目标。全市水产品产量3.5万吨，实现渔业总产值5.5亿元；在农业部水产品质量抽检中产地合格率100%、市场合格率99.8%。我市荣获河北省农业厅2014年渔业工作先进单位。

坚持生态优先，加强渔业资源的培育和养护 进一步加强岗南水库种质资源保护区建设，完善了保护区标志，在核心区周边增设醒目的界桩、界牌、公示宣传牌，重点区域设置固定观察哨所，使保护对象的自然繁育能力有明显提高。争取国家和省级资金50余万元，用于黄壁庄、岗南两大公益性水库的增殖放流，引导其他水库吸引社会资金400余万元实施增殖放流。元氏县八一水库、行唐县口头水库渔民识大体，顾大局，按照政府统一规划取缔网箱养鱼550箱，面积23 000平方米。

坚持强本固基，加强渔业基础和良繁体系建设 我市有淡水养殖面积1.57万公顷，其中水库养殖面积1.48万公顷，池塘养殖面积873公顷，养殖品种以四大家鱼、鲤鲫鱼、罗非鱼、冷水鱼、甲鱼为主。长期以来我市在四大家鱼苗种产业有较强的实力，近几年名特优品种繁育发展较快，形成了具有自己特色的良繁体系。目前有省级水产良种场2家，苗种场9家，开展了特色冷水鱼繁育、中华鳖繁育、四大家鱼繁育。全市共创建了18家部级健康养殖示范场，全市共有无公害产地23个，无公害产品31个。

立足本地实际，积极发展"三大特色产业" 我市西部山区已开发冷水鱼养殖面积6万平方米，年产量630吨，形成了以井陉县为主养殖鲟鱼、以平山县为主养殖虹鳟鱼、以鹿泉市为主养殖大鳞鲅、裂腹鱼的三大特色冷水鱼主产区。目前全市有一个中华鳖养殖专业村，两个园区，1家省级良种场，3家苗种场，2家深加工企业，120多个中华鳖养殖场（点），养殖面积逾80公顷，年产商品鳖1 500余吨，产值1.5亿元。作为省会城市，我们按照建设现代渔业的构想大力发展休闲渔业，通过多元化投资增加了观赏观光、垂钓游钓、休闲度假、生产生活体验、餐饮娱乐等休闲渔业项目，使传统渔区逐步形成生态休闲产业带。我市规划申报了井陉县锦山、平山县巨龟苑、鹿泉区田语生态园等3个农业部休闲渔业示范项目。

坚持循序渐进，规划建设10个各具特色的渔业养殖示范园区 为了提高我市池塘养殖的规模化水平，为渔业产业化奠定基础，2014年，我们在调研的基础上，选择了10个具有一定基础的渔业集中养殖区，根据不同地域、不同养殖品种、不同养殖模式，规划打造各具特色的十大现代渔业园区。我们计划在"十三五"期间通过项目和资金支持，使这些园区在我市现代渔业发展中发挥"排头兵"和"领头羊"的作用。

加强渔政执法，确保水产品质量安全和渔业生产安全 以转变职能为契机，完善体制机制，全面落实水产品质量安全检测计划。扎实有效开展专项整治，加大督导检查力度，确保水产品生产质量安全。进一步加大违规网具治理，加强大水面渔业生产秩序，抓好渔船检验和渔业互保，为渔业生产安全保驾护航，确保渔业生产安全。

2014年8月7日，农业部副部长牛盾率领渔业渔政管理局副局长李书民一行来我市考察调研渔业发展情况，河北省副省长沈小平、省农业厅厅长魏百刚、副厅长吴更雨、石家庄市委常委、农工委书记张树志等一起参加调研。在鹿泉市田语生态观光园，副部长牛盾指出，休闲渔业是渔业结构调整过程中出现的新鲜事物，是朝阳产业，有很好的发展前景。要以市场为导向，以产品质量安全为生命线，创立品牌，不断发展壮大。在邓庄甲鱼养殖合作社，他指出发展生产的同时一定要维护和养护好生态环境，坚持可持续发展之路。水产养殖，养水是关键，好的水质是保证水产品质量安全的关键因素。他对河北省和石家庄市因地制宜发展现代渔业的努力给予了充分肯定。

任丘市畜牧水产局

抢抓机遇，精心打造华北首家“长丰鲢”繁育基地

“长丰鲢”是长江水产研究所采用人工雌核发育、分子标记辅助和群体选育相结合的综合育种技术培育出的四大家鱼中第一个新品种，也是国家大宗淡水鱼产业技术体系重点推广品种之一。其生长速度比普通鲢鱼快20%、平均每亩增产16.4%以上，体型高且整齐、遗传性状稳定。

“长丰鲢”繁育基地的建设，将辐射、带动华北地区实现养殖结构优化调整和水产业转型升级，所以我们抢抓机遇，首先在河北省水产技术推广站站长、淡水创新团队首席专家曹杰英及相关部门的共同努力下，2014年9月15日至17日特邀请中国水产科学研究院长江水产研究所副所长纪锋、水产养殖与遗传育种研究室李忠博士及科技处姚雁鸿博士考察参观了我市国家级四大家鱼良种场，并洽谈双方合作事宜，初步达成以河北省任丘为基础、共同建立“河北省长丰鲢繁育基地”的合作意向。同年11月11日，由张全良局长带队，淡水创新团队专家一起到长江水产研究所成功签订了协议，同年11月24日，在河北省农业厅、沧州市农牧局以及中国水产科学研究院长江水产研究所共同努力下，“国家级新品种长丰鲢繁育基地–华北工作站”在河北省任丘市四大家鱼国家级良种场正式揭牌。长丰鲢新品种培育第一完成人邹桂伟研究员和任丘市副市长王占强等出席揭牌仪式并致辞。基地2~3年后可建成，目前长江所免费提供的600余尾“长丰鲢”后备亲鱼，生长良好，规格已达2~3千克/尾，下一步将利用我市财政局拨付的专款，把现有池塘改造成生态循环微流水养鱼池，改造面积10公顷，适时引进“长丰鲢”后备亲鱼1 500尾，改造催产、孵化设施，使“长丰鲢”的培育、选育、催产、孵化及其他生产设备合理配套，同时将积极争取项目，加大“长丰鲢”繁育基地的建设力度，预计2017年可生产“长丰鲢”水花一亿尾以上，这一国家级新品种能在我市落户生根，得到了各级领导的高度重视，并多次在任丘电视台、河北省电视台及中央新闻等媒体宣传报道。我们也将不负众望，以“三严三实”的工作作风，抢抓机遇、团结合作，加快长江水产研究所科研成果的转化进程，促使农民增收、产业增效，维持我市渔业健康发展。

任丘副市长王占强在揭牌仪式上讲话

河北省农业厅厅长助理李建军在揭牌仪式上讲话

长江所领导现场考查水产苗种生产

“长丰鲢”繁育基地双方在长江所签约

福州市海洋与渔业局

农业部渔业渔政管理局局长赵兴武视察远洋渔业展位

张志南、赵兴武、杨益民参观渔业周·渔博会

海洋经济 2014年福州市海洋经济总产值2 547亿元，同比增长17.1%。海洋经济增加值1 020.7亿元，同比增长17%，占全市GDP19.7%。

重点项目用海 2014年，福州市确权发放海域使用权证书60本，面积1 365公顷，征收海域使用金1.52亿元。闽台（福州）蓝色经济产业园、连江海峡现代渔业经济区等重大项目获国家海洋局支持。

海域资源市场化配置 连江县晓澳镇百胜村安置小区项目和罗源滨海新城游艇码头项目海域使用权成功出让，开创福建省填海项目使用权和福州市旅游用海招拍挂工作先例。

海洋综合管控 海洋环保责任制目标考核居福建省第二，海水水质达到或优于二类海水水质标准比例达62.1%。开展海洋环评46宗，环评率达100%。

海洋生态修复养护 开展渔业增殖放流活动11场，投放苗种2.3亿尾（粒）。

现代渔业经济 2014年全市水产品总产量218.7万吨，同比增长5.3%，占福建省31%；全市渔业总产值412.44亿元，同比增长5.9%，占全市大农业56%。

远洋渔业 全市远洋渔业产量23.6万吨，产值31.24亿元，分别占福建省89%和92%。全市外派远洋渔船441艘，同比增长11.6%，占福建省89.5%。拥有印尼瑟兰岛、金马安、巴淡岛和缅甸维桑海域等4个境外养殖基地。

水产加工流通 全市水产品加工总量142.74万吨、产值259.69亿元，分别占福建省45%、38%。马尾水产品交易中心年交易量约150万吨，交易额近300亿元。

渔业周 2014海峡（福州）渔业周·中国（福州）国际渔业博览会，有24个国家和地区312家企业和协会参展，现场展销、交易、签约金额达189.3亿元。

海洋意识宣传 举办6.8“世界海洋日暨全国海洋宣传日”主场活动和“蛟龙”号载人潜水器福州开放日活动。在《福州日报》开辟“海洋通讯”专栏，2014年共刊登海洋与渔业相关资讯38期。

福州市长杨益民调研闽侯金鱼

印尼瑟兰岛南美白对虾养殖合作项目签约仪式

毛里塔尼亚总统参加远洋渔业基地揭牌仪式

2014海峡两岸渔业资源增殖放流

连江海带丰收

海南省海洋与渔业科学院

我院李向民院长参加三沙调研

我院科研人员在中沙漫步暗沙科研基地投放水产苗种

海南省海洋与渔业科学院（加挂“海南省海洋开发规划设计研究院”）系经海南省机构编制委员会（琼编〔2013〕12号）批准设立，隶属于海南省海洋与渔业厅的事业单位。

该院承担海南涉海产业、海洋与渔业经济发展战略研究和制订总体规划；研究海洋与渔业资源调查和开发技术，进行环境监测、海洋资源及海洋环境保护、管理和可持续利用研究，典型海洋生态系统监测调查与评估；研究海洋物理、海洋地质、海洋工程、海洋遥感等技术基础研究和应用；对海岸带、海岛和海洋开发利用进行调查、规划、评估、设计、施工和技术咨询；从事海、淡水养殖技术、水产品加工和质量安全管理技术、水产良种引进、保种和育种技术、水产养殖病害防治技术等研究。此外还将承担海洋与渔业的科学技术普及工作。

内设机构有综合处、科研管理和信息处、海洋工程研究所、海洋生态研究所、海水渔业研究所、淡水渔业研究所，加设水产技术推广站（挂靠海水渔业研究所），下设“海南渔科技术服务有限公司”“海南南海海洋开发研究股份有限公司（筹）”2个经济实体，拥有科研基地4个。

全院现有在职职工181人，其中高级职称45人，中级职称31人；博士（含博士后）10人，硕士47人，本科51人。一批科技骨干创出优异的业绩，荣获国家有突出贡献的专家称号1人，国务院特贴专家称号4人，全国杰出专业技术人才1人，全国海洋科技先进工作者1人，全国海洋科技青年1人，全国农业技术推广标兵1人，全国先进工作者称号1人，全国优秀水产科技工作者称号1人、全国农业科技年活动先进工作者称号1人，海南省“515人才工程”第一、二层次人选各1人，省优专家称号3人，海南省青年科技奖获得者3人。

该院充分发挥科技的支撑和引领作用，为海南海洋强省建设和海洋产业科学发展做出了应有的贡献。在热带海水苗种繁育和养殖、深水网箱养殖、中南西沙渔业资源调查和开发利用、淡水高效健康养殖研发推广、海洋环境调查、生态、测绘及海岸动力方面的研究等方面取得较好的成绩，科研成果有的达到国内领先水平，有的达到国际先进水平，绝大多数成果得到很好的推广应用，促进产业健康发展。

自“十一五”以来，紧紧围绕建设海洋经济强省的产业发展战略，坚持自主创新，积极开展科技攻关，取得了一批科研成果，获得国家级、省级科技奖项十几项。其中，国家科学技术进步奖二等奖1项、全国农牧渔业丰收奖一等奖和二等奖各1项、海洋创新成果奖二等奖3项、海洋科学技术奖二等奖2项、省科技进步奖一等奖1项、省科技进步奖三等奖2项、省科技成果转化奖一等奖4项。还荣获“全国农业先进单位”“全国星火科技先进集体”“十一五国家科技计划执行优秀团队”“十一五国家星火计划执行优秀团队”等荣誉。

湖北武汉青鱼原种场

场区一角

元宝罗汉

湖北武汉青鱼原种场地处武汉市黄陂区六指街大咀坨武湖之滨，西临刘大公路，东连武湖水系，整个场区环境优良，水质清新，交通便捷。承建单位武汉市水产开发管理处成立于1995年，是武汉市唯一的大型国有农业集团下属全资企业，是湖北省重点名特优水产苗种生产单位，苗种生产历史长，下属基地占地逾267公顷，建有大型鱼苗生产设施，鱼池配套，年繁育各类长江原种、名特优鱼苗4亿尾，具有较强的水产苗种繁育、亲鱼培育、成鱼养殖等技术实力和管理经验。

2012年8月，湖北武汉青鱼原种场通过全国水产原种和良种审定委员会国家级资格验收，经农业部（农渔发【2012】22号）批准为国家级原种场。

2014年12月，根据《农业部关于开展2014年全国现代渔业种业示范场创建活动的通知》（农渔发[2014]21号）要求，湖北武汉青鱼原种场符合全国现代渔业种业示范场创建标准。12月16日印发（农渔发【2014】44号文）予以公布。

长年供应　质优价廉

常规鱼：长江系四大家鱼原种亲本、鳜鱼、黄颡鱼、黄尾等

优质苗种：原种青鱼、鳜鱼、草鱼、胭脂鱼、武昌鱼、各类鲫鱼、黄颡鱼、大口鲶、黄尾等水花及寸片

观赏鱼：日本原种锦鲤、草金（红草）、各规格稀有热带观赏鱼（达摩、血钻、罗汉、财神、荧光鱼、糖果鱼等）

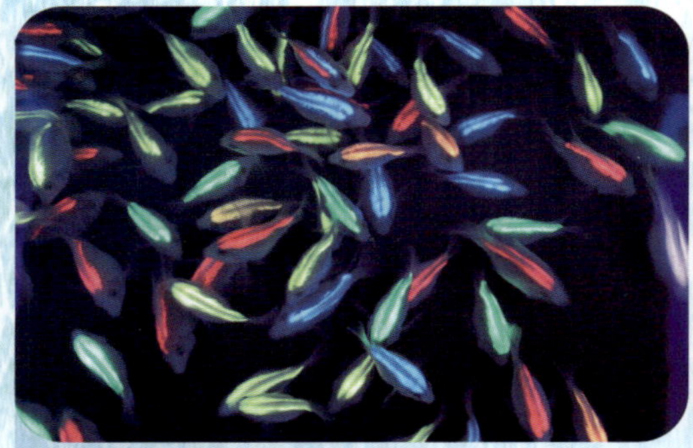

荧光鱼

锦鲤

热带观赏鱼

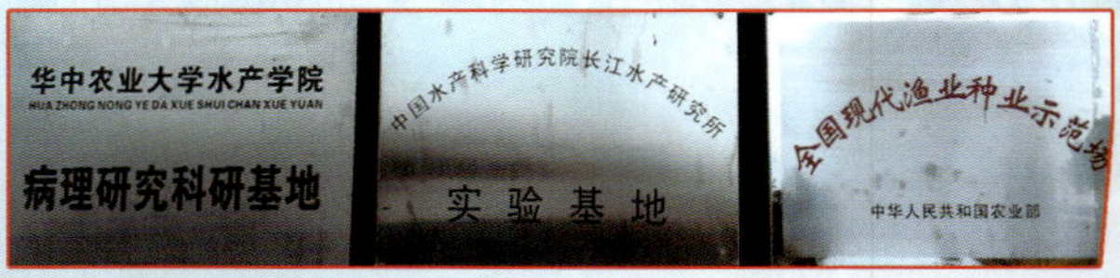

广东海洋大学

广东海洋大学是广东省人民政府和国家海洋局共建的省属重点建设大学，是一所以海洋和水产为特色、多学科协调发展的综合性大学，是教育部本科教学水平评估优秀院校，是具有"学士、硕士、博士"完整学位授权体系的大学。

学校坚持"质量立校、人才强校、学术兴校、特色扬校"的办学理念，实施内涵发展、特色发展、创新发展三大战略，立足广东，面向南海，辐射全国，以建设海洋和水产特色鲜明的高水平海洋大学为目标，培养具有国际视野和社会责任感，富有自主学习能力、实践能力与创新精神的高素质专门人才和行业精英，服务国家海洋事业和地方经济社会发展。

学校科学研究取得重大进展，服务社会能力显著增强。近5年，学校承担包括国家973计划、国家863计划、国家科技支撑计划、国家自然科学基金、国家社会科学基金等在内的科研项目共1 744项，其中国家级项目124项、省部级项目331项；科研经费总额达3.16亿元；获得各级各类科技奖励78项，其中国家级二等奖1项，省部级一等奖3项，省部级二、三等奖20项。"大宗低值蛋白资源生产富含呈味肽的呈味基料及调味品共性关键技术"项目获2009年度国家科学技术进步奖二等奖，"附壳造型珍珠和优质海水珍珠养殖及加工技术的研究与应用"项目获2011年度广东省科学技术奖一等奖，"日本囊对虾和斑节对虾地膜覆沙池健康养殖技术研究及示范推广"项目获2009年度海南省科学技术奖一等奖。对虾种苗繁育及养殖、海水名贵鱼类的种苗繁育及养殖、海水鱼类病害防治、珍珠贝的养殖及育珠、水产品加工及贮藏、杂交水稻育种、区域海洋学等领域的研究达到了国内先进水平。科技成果的广泛推广应用，有力地推动了我国南方海洋水产业的蓬勃发展，取得了巨大的经济和社会效益。

教学主楼

水产楼

图书馆

中心广场

中国水产科学研究院珠江水产研究所

通威研究院分院成立——揭牌仪式

我们努力，天下有鱼

新品种——乌斑杂交鳢

新鱼种——细身金线鲃

新鱼种——短鳍金线鲃

鼋

中国水产科学研究院珠江水产研究所是国家根据流域布局在珠江流域及其相关水系中设置的国家级渔业综合科研机构，位于广州市西塱花地河畔，主要开展水产种质资源与育种、水产养殖与营养、水产病害与免疫、渔业资源保护与利用、渔业生态环境评价与保护、水生实验动物、城市渔业和水产品质量安全等学科研究，并已形成水产疫苗、池塘养殖、观赏鱼、渔业资源、水生实验动物等特色研究领域。现有18个省部级挂靠科研机构及8大功能实验室。

"十二五"期间，我所研制的草鱼出血病活疫苗（GCHV—892株）获得农业部颁发的一类新兽药证书，标志着该疫苗研究与应用进入了实质性的产业化阶段；我国首个无规定水生动物疫病区——江西省无草鱼出血病区建设示范项目，通过了农业部阶段验收，为我国水生动物疫病区划管理奠定了基础；大口黑鲈"优鲈1号"、乌斑杂交鳢等新品种证书的获得，丰富了我国淡水养殖品种及推进了水产良种化的进程；国家一级重点保护水生野生动物鼋人工驯养繁殖成功，为国家级野生动物的保护开启新篇章；发现两个鱼类新物种，丰富了鱼类种质资源库。

中国水产科学研究院渔业机械仪器研究所

Fishery Machinery and Instrument Research Institute, Chinese Academy of Fishery Sciences

中国水产科学研究院渔业机械仪器研究所创建于1963年，隶属农业部，是中国水产科学研究院下属的专业研究所。主要从事渔业装备与工程及相关学科的应用技术研究和技术成果推广，是我国在渔业装备应用基础和集成创新方面开展综合研究与科技攻关的国家级研究机构。

发展定位

◆ 国家渔业装备科学研究中心

重点研究领域

- 循环水养殖工程
- 池塘生态工程
- 海洋渔业装备
- 水产品加工机械
- 渔业船舶工程
- 渔业数字化装备

科研平台

★ 农业部渔业船舶与装备研究中心
★ 农业部渔业装备与工程技术重点实验室
★ 农业部渔业船舶检验局审图中心（上海）
★ 国家水产品加工装备研发分中心（上海）
★ 国家渔业机械仪器质量监督检验中心
★ 农业部环保机械设备及船用产品质量监督检验测试中心
★ 农业部农业机械试验鉴定总站海洋捕捞与养殖机械专业站

址：上海市杨浦区赤峰路63号　网址：http://www.fmiri.ac.cn　电话：021-65977260　传真：021-65976741

中国水产科学研究院淡水渔业研究中心

中心主任：徐跑

中国水产科学研究院淡水渔业研究中心成立于1978年，是国家农业科技创新体系中集科学研究、教育培训、成果转化和信息交流于一体的综合性水产研发机构。现有在职职工185人，其中高级研究人员63人，突出贡献专家5人，博士生导师6人，硕士生导师26人。中心成立以来，获得国家、省（部）、市级成果奖励190余项，其中国家级9项、省（部）级65项；发表学术论文2 500多篇，学术专著120余本；获授权国家发明专利150多项；培育水产新品种6个。

中心是农业部淡水渔业与种质资源利用学科群、国家大宗淡水鱼类产业技术体系和国家罗非鱼产业技术体系建设依托单位，建有农业部水产品质量安全环境因子风险评估实验室、农业部长江下游渔业资源环境科学观测实验站、农业部长江下游渔业生态环境监测中心等10多个部级科技创新平台，为政府决策和产业发展提供科技支撑。

作为中心重要组成部分的亚太地区综合养鱼研究和培训中心，自1981年开始连续承担国家援外技术和官员培训项目，为120多个国家和地区培养了2 000多名高级水产技术和管理人才；2014年，中心被联合国粮农组织（FAO）授牌为“FAO水产养殖及内陆渔业研究培训参考中心”。中心于1993年与南京农业大学共同成立的“南京农业大学无锡渔业学院”，现拥有水产学博士学位授权一级学科点、水产养殖学和水生生物学2个博士、硕士学位授权点和1个水产养殖学博士后科研流动站，20多年来共培养了300多名博士、硕士研究生和1 200多名本、专科毕业生；2011年起，中国水产科学研究院依托无锡渔业学院建设“中国水产科学研究院研究生中心”。

重点学科领域

- 产养殖基础生物学和生物技术
- 质资源保存和遗传育种
- 陆水域渔业资源养护
- 业水域生态环境监测与保护
- 业重大病害灾变预警与控制
- 产养殖容量和健康养殖
- 产动物营养与饲料
- 业经济信息技术

培育的水产新品种

建　鲤　福瑞鲤　“太湖1号”青虾　奥尼罗非鱼　“夏奥1号”奥利亚罗非鱼　“中威1号”吉富罗非鱼

中国水产科学研究院黄海水产研究所

所长：金显仕

中国水产科学研究院黄海水产研究所现有在职职工404人，其中，具有高级专业技术职务资格者157人，中国工程院院士3人，国家级有突出贡献专家3人，国家“百千万人才工程”人选6人，享受政府特殊津贴者62人，农业部或山东省有突出贡献中青年专家17人，山东省“泰山学者”特聘专家4人，青岛市专业技术拔尖人才13人，山东省科学技术最高奖获得者1人，青岛市科学技术最高奖获得者3人；在所从事科研研究的研究生230人，设有博士后工作站，在站博士后31人。

2014年，该所共主持、承担与参与各级各类课题461项，其中，国家重点基础研究发展计划项目1项、课题10项，国家高技术研究发展计划课题18项，科技支撑计划项目1项、课题20项、国家自然科学基金重点项目2项，自然科学基金面上项目、青年基金项目等各类项目49项，科技部国际合作项目4项，科技基础性工作专项3项，行业科研专项11项；承担产业技术体系1个首席科学家岗位、9个科学家岗位。

2014年，该所获各类科技奖励15项，其中主要有国家技术发明二等奖1项，山东省科技进步二等奖1项、技术发明二等奖1项，青岛市科技进步一等奖1项，海洋科学技术二等奖1项，潍坊市科技进步三等奖1项，中国水产科学研究院大渔创新奖1项，中国产学研合作创新成果奖2项等。另外，该所“海洋渔业资源与生态环境创新团队”获中组部、中宣部、人社部、科技部联合授予的“全国专业技术人才先进集体”称号；有1人获第十届光华工程科技奖（工程奖），1人入选泰山学者攀登计划人选，1人获泰山学者期满考核优秀获续聘，2人获山东省有突出贡献中青年专家称号。

2014年，该所申请并受理专利64项，其中发明专利58项、实用新型6项；获国家授权专利78项，其中发明专利55项，实用新型23项，获软件著作权6项；中国对虾“黄海3号”获全国原良种委员会新品种证书，南美白对虾“壬海1号”、大菱鲆“多宝1号”通过原良种委员会评审；出版专著6部，发表论文438篇，其中SCI（美国《科学引文索引》）收录128篇；制订并实施国家标准5项、农业行业标准11项、地方标准4项。

中国水产科学研究院长江水产研究所

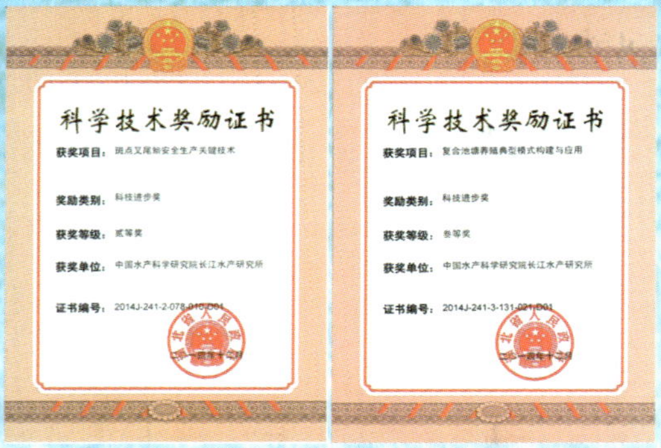

"斑点叉尾鮰安全生产关键技术"和"复合池塘养殖典型模式构建与应用"分获湖北省科技进步二等奖和三等奖

中国水产科学研究院长江水产研究所隶属于农业部，是我国淡水渔业综合性重点研究机构之一。经过多年发展，逐步形成以"生态、养殖、质标"三大领域为中心的"渔业资源保护与利用""渔业生态环境保护""水产生物多样性"等12个学科方向布局。

目前，长江所实有工作人员249人，其中编制内181人、编制外68人。现有专业技术人员149人，其中有研究员18人、副研究员29人、助理研究员84人；拥有博士学位47人、硕士学位47人、大学本科50人。有农业部农业科研杰出人才1人及团队1个，中国水产科学研究院首席科学家2人，国务院政府特殊津贴享受者12人，湖北省人民政府特殊津贴享受者4人，湖北省新世纪高层次人才工程二层次以上人选3人，博士生导师3人，硕士生导师20人。设博士后工作站。

2014年，承担各类科技项目187项，项目合同经费16 474.83万元，其中新上项目74项，新上项目合同经费2 794.3万元。发表论文152篇（其中SCI/EI论文82篇），授权专利32项。"斑点叉尾鮰安全生产关键技术"和"复合池塘养殖典型模式构建与应用"分获湖北省科技进步二、三等奖，"长江上游珍稀特有鱼类保护技术""复合池塘养殖典型模式构建与应用""长江渔业资源与环境数据库建设与应用"分获中国水产科学研究院科技进步一、二、三等奖。曾令兵研究员团队在国际上首次建立了来源于鲫鱼脑组织且完全支持鲤疱疹病毒II型(CyHV-2)高效复制的敏感细胞系（GiCB），危起伟研究员团队对川陕哲罗鲑和秦岭细鳞鲑成功实施了人工繁殖，杨德国研究团队对圆口铜鱼和长鳍吻鮈人工催产获得成功，邹桂伟研究员团队培育出了性状一致性强、生长速度快、遗传稳定的四倍体异育银鲫新品系。

中国水产科学研究院渔业工程研究所

中国水产科学研究院渔业工程研究所

2014年渔业装备与工程学科委员会年度工作会议及渔业工程技术交流会

渔业工程研究所1978年由原国家水产总局批准成立，是我国唯一从事渔业工程研究的科学研究单位，承担着我国渔业工程与装备学科领域的基础性、关键性和方向性重要科技任务。

经过30多年建设和发展，在渔港与渔场工程、设施渔业工程、渔业船舶工程、渔业防灾减灾、渔业信息工程等领域，形成具有学科特色，贡献和效益突出，成为国家渔业工程科技创新，服务渔民，推进渔业现代化建设重要的科技支撑力量，在全国渔业工程科技攻关，服务宏观决策，实现渔业大国向渔业强国转变等重要方面，发挥了不可替代的作用。

渔业工程研究所是农业部相关部门渔业工程技术重要支撑单位，是中国水产科学研究院十大优势学科中"渔业工程与装备"学科的重要实施单位，又是中国水产学会渔业工程专业委员会的技术挂靠单位。在渔业工程、渔业生态环境修复研究、科技咨询、学术交流和国际合作等方面开展了卓越成效的工作。

建所以来，取得研究设计成果140余项，其中获得国家级奖励2项，省部级奖励11项，院级奖励6项。现有从业人员73人，具有本科以上学历69人,具有副高级以上专业技术职务28人。

所属北京大洋碧海渔业规划设计院，具有农林行业（渔业）甲级工程设计资质，为各单位提供渔港、冷冻及加工、工业与民用建筑、水产养殖等渔业工程的设计；渔业工程项目论证、规划与咨询服务。

所长：王新鸣（法人代表）
地址：北京市朝阳区麦子店街农业部北办公区20号楼　邮编：100125
电话：010-59194331　传真：010-59194786

援埃及苏伊士运河大学水产教学与培训中心项目

江苏如东实验基地

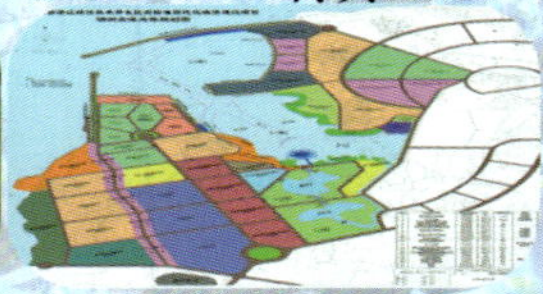

阳江市对岸一级渔港规划

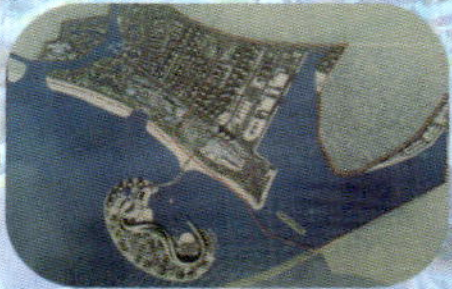

三亚崖州中心渔港冷库

人工鱼礁

浙江嘉兴长江四大家鱼原种场

浙江嘉兴长江四大家鱼原种场是经农业部批准的长江四大家鱼国家级水产原种场，主要承担着长江四大家鱼种质资源的采集、选育、保种、推广应用等任务。经农业部渔业局，浙江省海洋与渔业局同意，原种场于2013年启动移迁搬迁工程，移迁搬迁工程将于2015年底完成。新场占地面积逾35公顷，实际拥有大水面外荡资源种质库88公顷，养殖鱼池30余公顷，办公、科研、培训等用房2 600余平方米，仓库等管理用房1 700余平方米，种苗繁育车间1 800余平米，总投入资金约3 000余万元。新场年生产能力，可常年保存长江四大家鱼原种亲鱼及后备亲鱼3 000组以上，繁育四大家鱼及大宗淡水鱼类苗种5亿尾。

原种场现有职工15人，其中:中级以上专业技术人3人，初级专业技术人4人,中级养殖操作工8人。技术依托单位是浙江省淡水水产研究所，并与上海海洋大学、浙江湖州师范学院等院校开展“水生动物繁育与营养国家地方联合工程实验室”，以实验室为校企合作的平台和纽带，加强产学研合作，创新管理体制，组建一支从事水生动物繁育与营养研究、开发和生产的科研推广队伍，打造国家级水生动物繁育与营养研究开发中心。

原种场充分发挥生产能力与技术力量优势，积极开展水产生态健康养殖的示范，着力推行水产养殖尾水生态处理循环理用的健康养殖模式。并将池塘养殖生产的全过程，通过“渔业通” 健康养殖在线监控系统，对养殖水质和日常管理进行实时监控，使产品质量达到可控、可追朔。养殖区已被列为“渔业科技示范区”。

2014年度向江、浙、沪五大水产良种场提供长江四大家鱼原种亲鱼达3 400余尾，生产销售四大家鱼及大宗淡水鱼类苗种1.3亿尾。为有效遏制四大家鱼的种质退化，渔业增效、渔民增收，促进我国大宗淡水鱼类养殖业的健康可持续发展，作出了应有的贡献。

地址：浙江省嘉兴市秀洲区王江泾镇现代渔业园区　邮编：314016
电话：0573-83807309　传真：0573-83744235

场长：金万昆

国家级天津市换新水产良种场是国内集淡水鱼类良种育、繁、推一体化的大型种业企业。农业部天津鲤鲫鱼遗传育种中心建在场内，是农业部批准的全国现代渔业种业示范场、水产健康养殖示范场，产品通过农业部无公害标准认定。全场占地58公顷，职工68人。现年生产淡水鱼类优质苗种40多亿尾，推广到全国29个省份。

换新场在50多年的发展中，一直致力于良种、新品种的培育和创新研究，成果主要有：国家审定通过的新品种10个，津新鲤、乌克兰鳞鲤、墨龙鲤、黄金鲫、红白长尾鲫、蓝花长尾鲫、津鲢、芦台鲂鲌、津新乌鲫和津新鲤2号（超级鲤）；推广的主导品种有：黄金鲫、超级鲤、框鳞镜鲤、津新乌鲫、津鲢等，还生产销售南方名贵大型经济鱼类青鱼、中华胭脂鱼苗种。建成了淡水鱼类种质资源活体保存库和数据库。保存原种和良种48个品种和20多种有经济和理论研究价值的育种材料鱼。

换新场以科技创新为动力，自主研发10项新技术，获国家实用新型发明专利，现已形成了一套成熟的苗种产业化生产技术体系，实现了苗种的规模化生产销售。编辑出版了《淡水鱼类远缘杂交种染色体图谱》《淡水鱼类远缘杂交实验报告》《淡水养殖鱼类种质资源库》和《淡水鱼类杂交种胚胎发育图谱》，还发表论文50多篇，这些专著和论文，已成为鱼类遗传育种理论研究及教学科研的宝贵资料。

金场长挑选亲鱼

实验研究

培育的水产新品种

红白长尾鲫　蓝花长尾鲫　黄金鲫　津新鲤2号（超级鲤）　框鳞镜鲤　津　鲢　津新乌鲫　芦台鲂鲌

福建省水产技术推广总站

福建省水产技术推广总站成立于1990年5月，加挂“福建省水生动物疫病预防控制中心”牌子，是省海洋与渔业厅下属正处级全额拨款事业单位，核定编制35名。现有在编人员23名，其中高级职称13人（正高4人），中级职称5人,初级职称2人。现设有办公室、疫病防控科、推广与体系建设科、质量安全指导科、苗种科和培训科等6个科室，设有特有工种职业技能鉴定站。

近年来，省水产技术推广总站稳步推进水产技术推广体系改革与建设，加强渔业关键技术的示范和推广，深化水产养殖病害测报和防治，启动水生生物疫病防控体系建设，强化技术培训与职业技能鉴定，拓展公共信息服务、水生动物资源养护和水产品质量安全监管技术领域，不断提升水产技术推广体系公共服务能力，有效促进渔业科技创新和产业转型升级。

开展增殖放流活动

高温期间调研鲍鱼生长情况

技术服务到渔排

举办池塘循环水养殖技术培训

举办首届藻类营养与人体健康论坛

广东省海洋与渔业技术推广总站

全省海洋与渔业技术推广工作会议

渔业院士、专家广东行活动

广东省海洋与渔业技术推广总站是公益一类事业单位，主要任务是拟定全省海洋与渔业技术推广发展规划、计划并组织实施，指导全省海洋与渔业技术推广体系业务建设，承担行业先进技术成果的转化，开展渔业机械及养殖新品种的引进吸收和示范推广，承担水产品生产环节质量安全监督检验、强制性检测、质量安全风险评估、渔用投入品使用监测等工作，指导渔业科技入户，协调服务广东省海洋与渔业高科技园区。

通过巩固体系改革与建设成果，向海洋成功转型，为发展现代渔业提供支撑，开展外向型渔业经济合作，开展水产品质量安全工作，提供海洋与渔业公共信息服务，有力促进全省海洋与渔业稳步健康快速发展。

站长（主任）：于培松
联系电话：020-84109601
邮政编码：510222
地址：广州市海珠区南村路20号28幢首层

渔业增殖放流活动现场

科技下乡

开展水产品质量安全宣传

水产技术知识更新培训班

甘肃省渔业技术推广总站

领导视察

领导视察

甘肃省渔业技术推广总站是隶属甘肃省农牧厅的省级渔业技术推广机构。加挂甘肃省刘家峡水库渔政管理站、甘肃省水生动物防疫检疫中心、甘肃刘家峡（国家级）水产种质资源保护管理局牌子。现有职工92人，其中正高级工程师以上2人，高级工程师11人，水产工程师11人。拥有农业部健康养殖示范场5个，池塘养殖面积100公顷，水库网箱养殖面积3 000平方米，流水养殖面积7 000平方米，年生产各类鱼1 200多吨，现有固定资产1 626万元。甘肃省渔业技术推广总站是五位一体综合性推广站，主要职能包括渔业技术推广与服务、水生动物防疫检疫、水产新技术和新品种引进、刘家峡水库种质资源保护和渔政管理。

近几年总站调整养殖品种结构，引进的新品种有三倍体虹鳟、鳟鲑、哲罗鲑、鲟鱼、青海湖裸鲤、斑点叉尾鮰、云斑鮰、长丰鲢、“浦江一号”团头鲂、福瑞鲤、芙蓉鲤鲫、“中科三号”异育银鲫、松浦镜鲤、黑莓鲈等20多个，在全省范围示范推广1 400公顷，引领全省渔业向名优品种养殖方向发展。新技术推广方面，引进推广了池塘健康养殖、集约化高效养殖、微生态制剂调水、新型微孔曝气增氧、水生植物浮床与生态沟渠调节水质等水产新技术。近年来，总站实施了科技推广项目20余项。其中获得省部级科技奖9项，地厅级科技奖6项，获国家实用新型专利5项。

以鲑鳟鱼为主，着力示范推广冷水性特色渔业养殖。近年来，总站利用刘家峡水库渔场示范推广了虹鳟、金鳟、三倍体虹鳟和鲟鱼等冷水鱼品种的网箱养殖，带动全省新增特色冷水鱼网箱养殖20多公顷。

总站加强水产种质资源保护工作。在全省率先设立了国家级水产种质资源保护区，攻克了兰州鲶人工繁殖、颗粒饲料驯化等技术难题。积极开展全省土著鱼类保护工作。开展了全省土著鱼类资源调查，包括刘家峡水库、九甸峡水库、疏勒河流域渔业资源调查，渭河流域秦岭细鳞鲑、黑河流域祁连山裸鲤资源调查等。在土著鱼类的人工繁殖方面，兰州鲶、秦岭细鳞鲑、祁连山裸鲤、重口裂腹鱼的人工繁殖工作均取得重大进展，突破了孵化技术的瓶颈。通过连续多年开展增殖放流活动，全省土著鱼类保护开发工作成效显著。在刘家峡水库依法开展水库水域环境的保护和渔政管理工作，并对保护区内水生生物资源进行养护管理。

甘肃省渔业技术推广总站作为甘肃省水产行业的龙头单位，将继续坚持科技创新推动现代渔业发展，为全省渔业技术推广工作做出积极的贡献。

地址：兰州市中山路113号陇牧大厦9-11楼　邮编：730030

电话：0931-8462698兼传真　网址：www.gsftes.com

珠江水产研究所水产药物实验厂

珠江水产研究所水产药物实验厂是中国水产科学研究院珠江水产研究所下属的科技型企业，是科技成果转化基地，成立于1994年，是我国南方地区最早成立的渔药企业之一，位于广州市荔湾区兴渔路1号中国水产科学研究院珠江水产研究所内，厂区面积6 000余平方米。拥有粉剂、散剂、水产用消毒剂（固体、液体）、水产用杀虫剂（固体、液体）等多个剂型的水产药物生产线，并通过农业部兽药GMP认证。主要产品有鱼康、强克、止血安、板黄散、鱼能生、鱼健康；菌毒清、氯消宁、蛋氨酸碘溶液、戊二醛溶液、苯扎溴铵溶液；甲壳净、虫藻净以及微生态水质改良剂等。

珠江水产研究所水产药物实验厂科技力量雄厚，以农业部水生经济动物病害研究中心和广东省水生动物免疫重点实验室为技术支撑。现有员工40多名，其中高级职称以上科技人员2人，中级职称以上科技人员7人，并拥有一批水产类执业兽医师和精通业务的生产营销人员。

珠江水产研究所水产药物实验厂实行科研、生产、销售、服务一体化，产品多数由珠江所的科技成果转化而来，切合生产实际，深受用户信赖；与国家级科研单位建立合作关系，在各地开展产品的研发试验，企业销售网络遍布全国各地。此外，还积极参与省、市技术推广站等上级部门组织的水产领域社会公益活动，开展形式多样的科技下乡和科技咨询活动，每年定期组织多场专业培训和讲座，为广大养殖者及时提供养殖知识和病害预防诊断技术。

广东省渔业互保协会

2012年12月28日，广东省政策性渔业保险工作全面启动

我协会系是由广东省海洋与渔业局主管、经广东省民政厅批准成立的非营利性社会团体，成立于1993年9月，总部设在广州，共开设100个分支机构，分布在全省各地，主要通过组织全省范围内从事渔业生产、经营、管理以及服务的单位和个人（以下简称会员）参加互助保险，共同承担会员因遭受意外事故损失的经济补偿，并向会员提供渔业安全保障服务，增强会员的防灾抗灾能力，促进渔区社会安定和经济发展。成立22年来，我协会严格遵守国家有关法律法规及协会章程，在渔业互助保险领域逐步发展壮大、成绩突出，获得省政府及有关上级部门认可和信任，曾先后获得"全省先进民间组织""全国先进民间组织""广东省海洋与渔业安全生产管理先进单位"等荣誉称号。

经广东省人民政府同意，自2012年起，我协会承担广东省政策性渔业保险工作。2014年，我协会承担了广东省人民政府"组织11万渔民、1万艘渔船参加渔业政策性保险"这一项民生实事任务。按照省政府的部署，在省海洋与渔业局的领导下，协会认真细化承保任务，大力加强宣传工作，取得了显著的成绩。2014年全年共计承保11.72万渔民，任务完成率106.5%；10 873艘渔船，任务完成率108.7%，超额完成省政府下达的民生实事工作任务。

总结经验，进一步做好我省政策性渔业保险工作

民生实事惠及渔民，渔民踊跃参保

理赔补偿款及时送到出险渔民手中

我协会的工作获得有关部门的充分肯定

香港渔民互助社

香港渔民互助社第四十九届执行委员合照

互助社庆祝金禧纪念盛况，前国家政协副主席霍英东先生(右四)出席

香港渔民互助社，成立已经六十八载，宗旨为“团结互助、发展渔业、服务社群、维护权益”，做好服务渔民工作，为渔民谋取更好的福祉，为业界发展出谋献策。香港渔民互助社于1946年在大澳成立，并于香港社团注册处注册成为合法团体。当时，渔民生活圈子里，不少黑社会等不法份子横行，渔民往往成为他们欺压凌辱的对象，在此不公平及被歧视的环境下，渔民自觉有必要团结起来，互助合作，提高文化素质，才能抵抗屈辱，面对困难，解决自身社群的问题，香港渔民互助社就在这种环境下孕育出来。

直到20世纪60至70年代，渔民互助社为了扩大渔民团结，长远发展，先后在香港仔、筲箕湾及长洲购置物业，及后，在大澳购地兴建一幢楼高三层之房屋，成为渔民互助社会址。自此，香港渔民互助社在当时香港七个主要渔港中的四个港湾设立办事处会所，成为一个跨地区的渔民组织，在渔民社区发挥更大影响力及重要性。

香港渔民互助社多年来为渔民争取合理权益，并积极向国家及特区政府反映渔民的意见和存在的困难。如向国内部门争取“牌价柴油”、解决水上新娘问题、向港英政府争取挖沙卸泥赔偿，要求政府解决“过港渔工”问题及近年向农业部为港澳流动渔民争取“燃油补贴”等事件中，渔民互助社都担当一个重要角色，带领渔民争取合理权益。此外，渔民互助社秉承渔民爱国爱港的优良传统，积极参与社区事务工作，支持特区政府依法施政，拥护《基本法》和一国两制，让香港保持长期繁荣安定。

香港渔民互助社之发展，道出曾被歧视的渔民如何自发为渔民自身群体服务，发展教育工作，组织自己的团体，团结互助，排难解纷。在未来日子里，香港渔民互助社必定贯彻宗旨，做好服务渔民的工作，扶持渔业持续发展。

大澳会址（摄于70代）

香港仔办事处（摄于70年代）

长洲办事处

筲箕湾办事处

香港渔民团体联会

香港渔民团体联会，前身为香港渔民团体联席会议，注册成立至今已18周年，属会会员逾一百多个香港渔民团体，拥占全香港大部分渔民团体组织。多年来，秉承维护渔民权益为宗旨，致力促进渔业界团结，纾解业界疑难等，谋求渔业可持续发展。

从20世纪90年代初期，港英政府大量挖沙填海工程，严重影响中浅海作业渔船和养鱼户的生计。当时的港英政府对受影响渔民并无任何关怀及补偿，各地区渔民团体为此进行了多次示威请愿行动。当时，各渔民团体代表有感应团结全港渔民团体，团结力量，集中向港英政府反映渔民的困难和要求，结果促成了组成“香港渔民团体联席会议”，并在1998年向“社团事务处”申请注册为法定团体，2006年购置会址，2009年6月正式更改会名为“香港渔民团体联会”。

香港渔民团体联会多年来不断因应渔业界需要，向特区政府争取完善渔业政策及解决渔民问题，同时，亦担当流动渔民和内地渔业部门的沟通桥梁，将渔民意见及建议向各内地有关部门反映，争取国家对本港渔业发展的支持，特此感谢国家对港澳流动渔民关怀和爱护，给予港澳流动渔民柴油补贴，帮助流动渔民渡过困难。

随着渔业不断向前发展，香港渔民团体联会亦同时不断团结壮大。作为肩负广大渔民利益的代表团体，冀能为香港渔业发展继续贡献力量。

2013年8月，本会常务副主席、立法会渔农界何俊贤议员率领香港渔农界访京团，与国务院港澳办主任王光亚在钓鱼台大酒店会见

2014年6月，农业副部长部牛盾访问本会，与流动渔民进行座谈交流

2015年1月，本会委员拜访广东省海洋与渔业局，得到局长文斌及副局长白桦接见

陕西陇县秦岭细鳞鲑国家级自然保护区管理处

集体巡查

保护执法

增殖放流

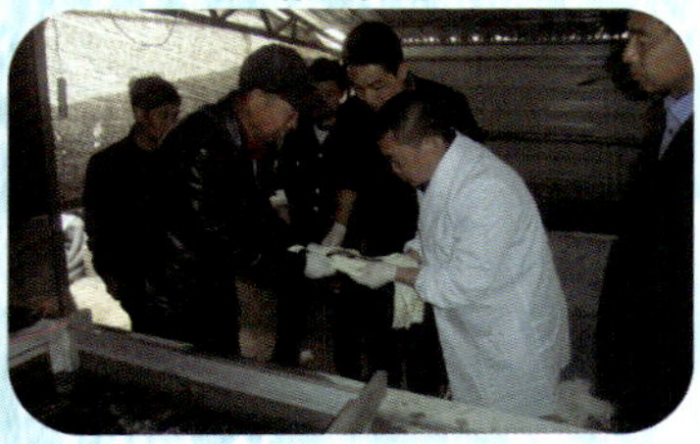

驯养繁殖

养殖指导

合作交流（延边朝鲜族自治州）

2014年，在县委、县政府的正确领导下，在各级部门的支持配合下，陕西陇县秦岭细鳞鲑国家级自然保护区以党的十八大及十八届三中、四中全会精神为指导，深入贯彻落实省、市、县党代会精神，紧紧围绕县委、县政府“一城三县”建设目标，坚持“保护第一，以发展为核心”的原则，改进工作作风，密切联系群众，强化宣传教育，严格执法管理，有效地保护了秦岭细鳞鲑等水生野生动物资源，促进了生态文明建设，使保护区的天更蓝、山更绿、水更清、鱼更多、景更美，为陇县文明县城、生态县建设和宝鸡副中心城市建设做出了积极贡献。具体做了以下工作：

强化宣传教育，进一步提升秦岭细鳞鲑保护工作在社会各界的影响 一是利用“科技之春”“法制宣传月”和“12.4宪法日”等活动，在县城及相关乡镇开展《渔业法》《自然保护区条例》《水产品质量安全法》和水生野生动物养护救护等相关法律法规宣传活动，展出宣传版面40余幅，发放宣传资料1.4万多份，接受宣传教育万余人。二是结合秦岭细鳞鲑增殖放流活动，邀请省市县领导及专家，在我县举办了全国水生野生动物保护宣传月陕西省启动仪式，扩大了保护区在国内行业的影响。三是宣传工作进校园、进社区，在曹家湾镇三里营小学开展了“关爱水生野生动物从我做起”宣传活动，展出宣传版面12幅，发放小黄帽、文具等宣传品840份，参与“关爱水生野生动物从我做起”签名师生400多名。同时，在关山社区、八渡社区、固关社区走乡串户进行了广泛宣传。四是对东风、神泉桥头大型宣传版面进行了更新，院内制作了不锈钢宣传栏。五是继续与陇县电视台协作，在《天气预报》栏目插播秦岭细鳞鲑保护宣传资料；在全国水生野生动物保护分会网、中国海洋食品网、环保部网、省渔业局网和单位网站等多家网站媒体投送发表宣传稿件40篇。通过多种形式的宣传教育，进一步提高了全社会保护秦岭细鳞鲑等水生野生动物资源意识，扩大了秦岭细鳞鲑国家级自然保护区在国内的影响。

创新管理，提高保护工作成效 一是调整配备了咸宜关、固关、八渡高楼保护站负责人及工作人员；对八渡林区派出所等8个协管单位正式挂牌，成立了咸宜关保护站曹家湾派出所警务室，建立健全了五级联保体系，提高了工作效率。二是结合保护区管理实际，优化了协管员队伍，增补协管员8名。三是创新管理，完成了千河上游保护区监控项目安装及试运行工作。四是加强节假日巡护检查，节假日由领导轮流带队深入保护区巡查，督查基层保护站和协管员工作，查处破坏秦岭细鳞鲑资源违法行为。通过各种举措，有效保护了区内秦岭细鳞鲑等水生野生动物资源及生态环境。全年查处破坏秦岭细鳞鲑资源案件4起，并全部结案。

严格管理程序，强化保护区矿产资源开发和项目建设管理 继续对“宝—天750千伏输变电线路”、陇马路改造及部队某工程进行全程动态监管；联合环保部门开展了执法大检查，规范了保护区周边工程建设及矿山运行机制，有效维护了区内生态环境。

强化管理，做好秦岭细鳞鲑驯养繁育和增殖放流工作 通过近年努力，咸宜关保护站繁育3龄秦岭细鳞鲑幼苗20多尾，1龄幼苗3 000多尾。10月份，成功举办了秦岭细鳞鲑增殖放流活动，陕西省渔业局、中国水产科学研究院长江水产研究所等多家单位领导及干部群众代表80余人参加放流活动。这次放流活动是秦岭细鳞鲑在我县的首次大规模放流，对恢复千河流域生物资源，扩大秦岭细鳞鲑种群数量，改善水域生态环境，促进生态文明建设具有重要意义。

加强渔业管理，促进渔业生产快速发展 加强渔业技术指导，加大项目扶持力度，争取省级渔业项目资金110余万元，完成水产品产量108吨，实现渔业产值327余万元。

抓好水产品质量安全工作 换发了新版渔业养殖证，与水产门市、超市及养殖场签订责任书27份。配合农业部、省、市水产站开展水产品产地抽检2次，抽检的水产品全部合格。全年无水产品质量安全事故发生。

积极实施项目带动战略，加大项目争取力度 陕西陇县秦岭细鳞鲑国家级自然保护区生物多样性保护项目《可行性研究报告》已通过省环保厅组织的专家论证会评审，上报环保部待批，该项目预算总投资1 347.2万元。各类项目到位资金585.45万元。

抓好党建及精神文明建设 结合党的群众路线教育实践活动，狠抓党员干部思想教育及作风建设。组织干部职工认真学习习近平总书记一系列讲话及省市县领导关于开展党的群众路线教育实践活动讲话精神，使干部职工深刻认识开展活动的重要性及必要性。组织开展专题大讨论活动，坚定理想信念。深刻剖析解决党员干部中存在的“四风”问题。认真贯彻执行中央“八项规定”和省市县纪委各项规范要求，规范公务接待，严格公车管理，清退办公用房，塑造清正廉洁的政府形象。加大扶贫帮困和为民办事力度，“慈善一日捐”活动捐款1 700元，向三里营村困难户彭存定家捐款2 000元，“七一”慰问帮扶村、保护区社区及退休老党员9名，每名送去慰问金200元，为单位遗属子女上大学捐助5 000元；为咸宜关、水眼、边家庄、火烧寨等村基础设施建设捐助资金20.6万元。通过各种举措，体现了党和政府对群众的温暖，密切了党群、干群关系。继续保持省级卫生先进单位、市级文明单位、市级园林式单位创建成果，加强干部职工思想道德教育，突出环境整治，添置健身器材，提升单位整体形象。开展了“全民健康生活方式行动示范单位”“无烟单位”创建活动，并顺利达标。积极完成县语委办安排的语言文字工作任务，为陇县三类城市语言文字迎评验收提供保障。

中国水产舟山海洋渔业公司

舟渔7号、舟渔8号
赴西南大西洋生产

市“两代表一委员”
考察公司刷卡排污系统

2014年，国内经济增长趋缓，面对市场低迷、复苏乏力的局面，公司上下在中农发集团的正确领导和地方各级党委、政府的大力支持下，以改革求突破、创新谋发展为指导，紧紧围绕“调整、改革、发展”这一工作主线，齐心协力，团结奋斗，保证了公司的平稳运行，全年捕获海水鱼较上年增长73.48%，水产制品及贸易近2万吨，实现了生产经营业绩“七连盈”。

重大技改项目 2014年，按照发展战略，公司继续推进老旧渔船更新改造计划，是年相继完成了舟渔7号、8号、9号、10号等4艘专业鱿钓船的建造，并相继赴西南大西洋渔场开展为期两年的鱿钓生产。

推进并购工作 根据舟山群岛新区发展总体规划和《2014—2016年三年滚动发展规划》，为推进了公司转型升级和可持续发展，促进水产品加工板块向价值链的高端延伸和扩展，在集团公司的大力支持下，成功并购了武汉梁子湖水产品加工有限公司。武汉梁子湖水产品加工有限公司的并购，极大地丰富了我公司的产品构成，我们的水产品加工科研能力将会得到进一步的提高，水产生物制品的生产将会有新的突破，同时还填补了我公司乃至集团公司在淡水水产品加工领域的空白。

节能减排 公司全面落实《节能减排目标责任书》，将节能减排目标完成作为全年工作的一个重要组成部分。2014年，公司完成了《2014年度环境管理目标与指标及环境管理方案》的编制和《突发环境事件应急预案》编制备案等工作；通过了污水站排污刷卡试点验收，公司排污刷卡系统正式投入使用，完成排污权有偿使用的指标核定及费用缴款工作。

安全生产 公司坚持“安全第一，预防为主，综合治理”的工作方针，紧紧围绕安全生产管理目标和计划，层层落实安全生产责任制。2014年公司积极开展应急预案备案和应急示范企业创建工作。开展应急示范企业的创建工作，对生产安全应急组织机构建设、应急预案体系建设、应急队伍体系建设、应急保障建设、应急管理宣传教育建设以及应急处置等作了进一步完善，接受了市、区安监部门的考核验收。被普陀区安全生产委员会授予“区级安全生产应急管理示范企业”荣誉称号。

民主管理 公司历来把民主管理作为企业管理的一个重要组成部分。公司各基层单位以卓越绩效管理为导向，立足本职，围绕生产、经营、管理和服务工作中存在的问题，选准课题，积极开展群众性的合理化建议和QC小组活动。2014年，公司共收到来自各生产经营单位的《锅炉排污出口废水回收利用项目改造》等合理化建议32件；收到各QC小组活动成果15项，其中舟渔海洋食品公司冻品加工厂QA小组以机器替代人工的《优化工序、减少用工、提高效率》QC成果项目获全市优秀QC成果一等奖。

领导关怀 2014年9月27日至28日，国资委第四巡视组组长路耀华一行，在中农发集团刘身利董事长的陪同下莅临公司，对公司各项工作开展情况进行了实地巡视。2014年3月25日，全总宣教部宣传理论处处长刘建新、中国农林水利工会农业工作部部长王秀生等5人组织的全国总工会调研组在舟山市总工会有关领导的陪同下，到公司调研远洋渔业企业“职工书屋”建设情况。

荣誉 2014年，公司被舟山市统计局评为首批“统计诚信单位”；被舟山市总工会评为帮扶工作先进集体；被舟山市公安局、舟山市社会管理综合治理委员会办公室评为2013年度市级治安安全单位；在2014年度全市工业生产者价格调查工作考核中，被国家统计局舟山调查队评为优胜单位；5月被中央企业团工委授予“中央企业五四红旗团委”荣誉称号。

广州海洋馆是集游乐、观赏、科研和教育为一体的大型高科技综合性展馆。广州海洋馆不断引进新的海洋动物，创新展示内容。同时，大力推动了海洋知识科普活动的发展，被命名为“全国科普教育基地”、“广东海洋科普教育基地”、“广东省青少年科技教育基地”和“广州市科学技术普及基地”。

围绕“海洋缤纷，无限开心”的主题，广州海洋馆致力于实现人、海洋、大自然和谐并存的崇高理想，以传播海洋生态科普知识，陶冶群众的审美情趣，拓展青少年视野为宗旨。广州海洋馆将变化万千、绚丽多彩的海洋世界展现在游客眼前。馆内的洄游池、古老梦幻的热带雨林、留宿百岁海龟的海龟池、仿照自然山水美景设计出来的鱼鹰表演馆等一一展现得淋漓尽致。

鲨鱼馆中惊险刺激的人鲨共舞表演、海底世界中婀娜多姿的美人鱼表演、海洋剧场里世界一流的动物明星表演，更是海洋馆的三大皇牌节目。新近推出的游客投喂喂奶鱼、海龟、海豹、海狮等“鱼乐新天地”活动，为您的海洋探索之旅增添姿彩。“游客与海豚合影”更为您留下美好的瞬间。

广州海洋馆在观赏游乐和科普教育方面的不断创新，如今已成为独具魅力的城市景点。

总经理丁军在广东省水生野生动物救护基地接牌仪式上接收救治海龟

海洋缤纷
无限开心

北京市水生野生动植物救护中心

农业部渔业渔政管理局副局长李书民到我中心调研

农业部渔业渔政管理局副局长崔利锋到我中心调研

时晓主任荣获斯巴鲁生态保护奖

北京市水生野生动植物救护中心是农业部和北京市共同出资建设的，履行政府公益服务职能，集水生野生动物保护、救治、驯养、繁育和科普宣传教育为一体的公益性事业单位，隶属于北京市农业局。中心建有2 800平方米的水生野生动物博物馆，24 000平方米救治车间和驯养繁育池。救治驯养国家保护动物20余种，25 000余尾；对外展示国家级保护及濒危珍稀水生野生动物标本400余种3 000余件，是国家重点保护水生野生动植物扩繁基地，是重要的水生野生动植物保护宣传教育基地。先后被授予：全国科普教育基地、全国海洋珍稀濒危野生动物救助网络成员、北京市爱国主义教育基地、北京市科普基地、北京市环境教育基地、北京市中小学生社会实践大课堂、首都绿化美化花园式单位、职工文化示范阵地等称号。

主要职能：①救治、放生北京地区的水生野生动植物，救治、保护北京集散的国家一二级和受濒危野生动植物种国际贸易公约保护的水生动植物；②宣传、普及水生野生动植物保护知识，提高北京市民保护野生动植物意识；③储备水生野生动植物种质资源，开展水生动植物基础研究和驯养繁殖；④协助有关部门划定北京市地方保护的水生野生动植物种类；⑤根据国家法律法规和北京市的具体实际，制定水生野生动植物资源保护措施；⑥组织对水生野生动植物资源的普查、专项调查及资源动态监控，建立水生野生动植物资源档案，为政府有关部门及其他单位保护和合理利用水生野生动植物资源提供依据；⑦负责对列入《濒危野生动植物种国际贸易公约》的水生野生动植物进行种质和生理生态研究、疾病防治研究、引种试验研究；⑧接受委托对水生野生动植物进行分类鉴定。

地址：北京市延庆县大榆树镇西杏园村300号

网址：www.bjshuiye.cn

电话：010-81198253办公室、81196894救治科、81191402动植物保护科、81191462科普科、81191407博物馆

国家二级保护动物细鳞鱼放流活动

志愿者培训结业

BEIJING AQUARIUM
北 京 海 洋 馆

北京海洋馆

永远超乎你的想象

北京海洋馆位于北京动物园长河北岸，自1999年建成开放，是国家首批4A级景区，以认识海洋、了解海洋生物为设计理念，为游客营造了一个奇妙而梦幻的海洋世界。亲探“雨林奇观”，领略大自然的鬼斧神工；“鲨鱼小镇”探险，开启惊险刺激的鲨鱼王国之旅；登陆“白令海峡”，聆听极地使者白鲸优美的歌声；“国宝中华鲟馆”一睹长江独有古老珍稀物种的风采，倾听中华鲟诉说对母亲河的眷恋；“海底环游”从南中国海下潜，环游海底两万里；聪明可爱的海豚、海狮生活在“鲸豚湾”，它们在这里嬉戏，告诉您许多关于鲸的传说；“海洋剧院”大腕云集，滑稽幽默的海狮，憨态可掬的白鲸，技艺超群的海豚联袂为您带来超乎想象的精彩表演，为游客营造了一个奇妙而梦幻的海洋世界。

2015年北京海洋馆在提升海洋资源展示和参观环境品质的基础上，别具匠心地安排了群星贺岁、鲨鱼家族、海洋十二生肖、海洋好爸爸、爱与新生、另类萌主等主题展，观赏到海豚、海狮、白鲸等联袂献上的新版海洋动物秀，更有环球精选美食、海洋特色商品和丰富多彩的互动活动。

畅游七大主题展区，观看精彩海洋动物表演：

这里有美丽的白鲸、热情的海豚、滑稽的海狮，还有多达千余种、万余尾的海淡水鱼类……聆听大海的歌声，感受大海的魅力，北京海洋馆永远超乎你的想象！

- 海豚海狮表演，感悟海洋魅力；
- 白鲸天使之吻，尽显北极风情；
- 深海喂食展示，千尾鱼儿为伴；
- 中华鲟与人共舞，演绎人鲟传说；
- 鲨鱼家族归来，一睹海洋霸主风采。

Shark Town

地址：北京市海淀区高梁桥斜街乙18号（气象路6号） 邮编：100081
电话：010-62176655 http://www.bj-sea.com
交通：乘16、26、运通103、105路汽车在北京交通大学站下车(可乘地铁到西直门站换乘公共汽车)/乘7、15、19、27、332、102、103、107等电汽车在北京动物园站下车

荣成市永进水产有限公司

鱿鱼钓渔船 BC8306型
建造完工日期：2012.12.20 主机功率：960KW 总吨位：403吨 船长：43.23米 型宽：58米 型深：4.2米

金枪钓延绳渔船 LJX8382型
建造完工日期：2013.5.8 主机功率：735KW 总吨位：357吨 船长：49.22米 型宽：7.2米 型深：3.8米

灯光围网船 WD8259型
建造完工日期：2015.4.6 主机功率：1470KW 总吨位：720吨船长：49.4米 型宽：9.6米 型深4.5米

双拖网渔船 DC859型
建造完工日期：2011.6.1 主机功率：382KW 总吨位：277吨 船长：38.93米 型宽：7.2米 型深：3.8米

冷链仓储中心

荣成市永进水产有限公司成立于2004年，坐落在山东半岛的最东端——荣成市石岛管理区，依托北方最大的群众性渔港——石岛渔港，毗邻北方著名渔场黄渤海海域，是经农业部批准的具有远洋渔业资质并在海关、出入境检验检疫局备案的集远、近洋捕捞，水产品精深加工、存储、运输的综合性渔业企业。现有职工400余人，总资产3亿元。

公司下辖捕捞船队、仓储中心、荣成市元泰隆水产有限公司三个下属企业、分公司。公司拥有331~956千瓦鱿鱼钓、双拖网渔船10余艘，735千瓦金枪钓鱼船两艘，1 471千瓦大型远洋灯光围网船4艘，常年作业于朝鲜、中西太平洋、东南太平洋等远洋渔业作业海域，年捕捞水产品1.2万吨。公司还投资两亿元建设了4A级冷链物流基地，包括20 000吨冷链物流中心一座和4 000平方米的水产品精加工厂一座，主要从事水产品的冷冻仓储和精深加工，水产品日加工量为200吨，年存储、周转量达10万吨。

公司系中国远洋渔业协会会员单位；山东省远洋渔业协会理事单位；中国国际商会威海商会副会长单位。公司先后为我国开辟了朝鲜东部海域、菲律宾海域、所罗门群岛海域等远洋渔业项目的先河。2012年山东省海洋与渔业厅以“规范管理、稳中求进，推动远洋渔业项目实施”为主题将公司作为全省民营远洋渔业企业典型单位，载入全省海洋与渔业科学发展50例进行交流研讨。地方政府也连续多年授予我公司“先进民营企业”荣誉称号。

2014年公司投入2亿元资金启动了所罗门群岛200海里专属经济区项目，并为该项目建造了4艘1 470千瓦灯光围网渔船。目前该项目已经紧张有序地展开，该项目成功实施将成为我国远洋渔船在中西太平洋海域的重要基点，也将促进我国远洋渔业健康有序发展，进一步扩大我国远洋渔业在世界的影响力。

公司自成立以来秉承“诚信发展，合作共赢，回报社会”的经营理念，为广大客户提供优质的水产品的同时与国内外客户结下了深厚的友谊，也为中国远洋事业及地方经济的发展做出了应有的贡献。公司董事长、总经理林永进期待与社会各界携手共发展，共创美好明天。

长沙千龙湖生态旅游度假有限公司

长沙千龙湖生态旅游度假有限公司旗下的养殖基地现有面积共计227公顷，现有养殖技术员10余名，熟练技工28名，其中水库养殖水域面积达187公顷，池塘养殖面积13公顷，主要养殖青、草、鳙、鲢、鳊、鲫鱼、翘嘴红鲌，全部按照无公害养殖标准进行饲养与销售，并且已取得了农业部颁发的无公害水产品认证证书，成鱼肉质鲜美紧凑，不论是食肉还是作汤，都清鲜可口，每年年底进行成鱼捕捞，成鱼主要销往长沙、湖北、江西等地。

孵化基地面积20公顷，基地总体分为亲本培育区、工厂化繁育车间、鱼苗培育区、生产管理区等在内的4个区域，项目总建筑面积2 572平方米，其中孵化车间1 000平方米，管理用房、科研中心1 572平方米。年产鱼苗4亿尾，翘嘴红鲌苗2.5亿尾、四大家鱼1.2亿尾、桂鱼1 000万尾、黄鸭叫2 000万尾。出苗时期为每年的4~5月。项目自建成以来，为项目区水产业的发展提供苗种保障，重点是鲌鱼等名特优新水产苗种的供应，并逐步完善各项功能，使之成为水产苗种供应、技术推广、渔业文化、旅游观光于一体的渔业新亮点。

千龙映月

临湖而建的商务别墅区

外湖码头

美丽的内湖一角

中国农发
成员企业

淄博柴油机总公司

领先动力　领先服务

淄柴公司是国资委下属中国农业发展集团有限公司的全资子公司，是国家“863”项目、“火炬”计划项目承担企业，农业部新能源开发重点实验室依托单位，国家认定企业技术中心，综合实力位列中国机械500强。现拥有青岛博洋、南通淄柴和淄柴新能源三家子公司，职工两千余人，总资产10亿多元。

公司主业分为“三大板块、五类业务”，分别是：发动机、新能源装备和工程服务板块，其中发动机板块包括发动机与关键件、通用件制造两类业务，新能源装备板块分为工业气体发电机组和农业新能源装备业务，工程服务主要为工程建设、保运服务和合同能源管理。

企业的愿景：为客户、为社会提供持续高效的驱动力

企业的使命：领先动力，领先服务

我们的核心价值观：求知、务实、创新，追求领先动力

我们的态度：淄柴机器，诚心诚意

企业的发展目标：建设具有卓越竞争力的新淄柴，成为中国新型发动机与关键、通用零部件生产核心基地之一，中国新能源装备制造与技术服务创新基地之一。

淄博柴油机总公司
地址：山东省淄博高新区裕民路118号
邮编：255086
电话：86-533-2063362 2068049
86-533-2072104（外贸）
传真：86-533-2068064 2066808
86-533-2068100（外贸）
邮箱：zichai@zichai.com
zcwm@zichai.com（外贸）
网址：www.zichai.com
全国统一客服电话：4006330977

N330柴油机

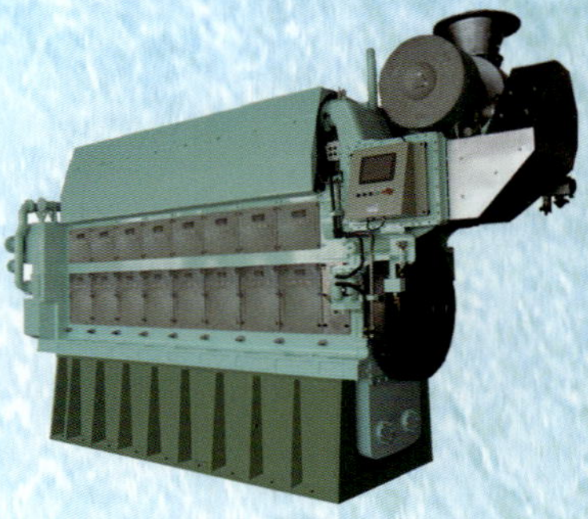

ZC270柴油机

L250柴油机

210双燃料发动机

Z170双燃料发动机

6210柴油机

沈阳市金山水产养殖公司

公司法定代表人、总经理：赵维城

辽中县金山水产现代农业园区

沈阳市金山水产养殖公司是一家具有独立法人资格的，集名优苗种繁育、成鱼养殖、淡水鱼养殖技术研究与开发、饲料加工、产品销售为一体的股份制企业，现有资产总值4 880万元，获“全国休闲渔业示范基地”称号。2014年10月“‘辽中’鲫鱼”荣获第十二届中国国际农产品交易会参展产品“金奖”。

公司由金山淡水鱼养殖公司、金山苗种繁育场、金山淡水鱼销售公司、真诚饲料公司、唯诚水产研究所等5个子公司组成。

公司占地面积400公顷，其中精养鱼池200公顷。年产优质无公害淡水鱼5 000吨，其中出口韩国3 000吨；年产名优品种苗种3亿尾。公司被列入省级现代农业园区、省级现代农业示范基地、省级农业产业化重点龙头企业，是农业部批准建设的国家级德国镜鲤良种场和国家级水产健康养殖示范区、省级斑点叉尾鮰良种场。公司是在国家质量监督检验检疫总局备案的中国出口韩国水产动物注册场，辽宁省出入境检验检疫局扶持出口食品农产品重点企业，沈阳市农产品加工重点龙头企业。

办公电话：024-87981479　传真：024-87981698
E-MAIL：zj95828@163.com
联系人：赵戬　联系电话：13386886848
地址：辽宁沈阳市辽中县冷子卜镇金山卜村
邮编：110202

加州鲈鱼

德国镜鲤

丁鲥鱼

舟山汉益远洋渔业有限公司

总经理：虞祝益

汉益7

汉益8

汉益3

舟山汉益远洋渔业有限公司是一家自2007年10月成立的民营远洋渔业有限公司。公司注册资金人民币3 218万元。公司坐落在舟山群岛新区普陀沈家门菜市路185号财富商务楼9楼。法人代表虞祝益。公司具有农业部颁发的远洋渔业企业资格证书。主要经营远洋渔业捕捞销售、远洋船只代理服务、渔具销售、渔业科技项目开发、货物及技术进出口、投资咨询等。

公司自2007年成立以来，在地方各级政府的关怀下，在政府有关职能部门的支持下，公司严格遵守《农业部远洋渔业管理》的有关规定，以规模化经营、现代化管理、系列化服务的发展思路，以开拓远洋、发展渔业、服务社会为企业宗旨，齐心协力，共创辉煌为企业精神，制订了一套行之有效的公司管理制度。

公司发展至今，现已拥有远洋生产船只20艘，其中北太鱿钓船8艘，东南太平洋及西南大西洋鱿钓船12艘，专业秋刀鱼捕捞船1艘，并配备了冷藏运输船1艘，形成了一支专业远洋生产作业队伍。年捕捞产量达到2.5万吨左右。公司立足于产品质量的管理与销售，依靠科技力量积极研发深海、绿色、无污染的鱿鱼、秋刀鱼等海洋产品。与各加工企业、大型商场建立长期的供货合作关系，并取得良好的口碑及信誉，产值达到万亿元以上。

目前公司拥有自有船只14艘，挂靠船只6艘，捕捞船总吨达到9 240吨，总功率达到13 576千瓦。

苏州市南环桥市场发展股份有限公司

总经理：陆红生

市场场景

交易场景

同发夜景

苏州市南环桥同发水产批发市场有限公司（以下简称同发水产）成立于2004年，是苏州市南环桥市场发展股份有限公司的子公司，是苏州地区最大的水产品批发交易集散中心，是苏州市政府菜篮子工程的重要组成部分，2004年成为农业部渔业局价格信息采集定点单位。

同发水产经营占地面积6.7公顷，经营门面483间，固定经营商户约300余家，经营品种主要包括淡水鱼类、虾、河蟹、海鲜等，日均交易量逾600吨。市场设有水产码头520米，建有日供2 500吨河水净化供水站，为客商提供符合渔业标准的暂养水，降低了经营成本，提高了水产的成活率和水产品的质量安全要求。2014年，同发水产年交易量28.08万吨，交易额65.13亿元。目前已经形成了东起上海青浦，南至浙江嘉兴、嘉善、平湖、湖州，北起常熟、长江边，西至东山西山的销售网络。同时，还向天津、北京、湖北、广东、福建等地运销白鱼、螃蟹等地产水产品。经过十多年的发展，同发水产的市场规模不断扩大，交易品种日渐丰富，供应辐射能力持续增强。已发展成为华东地区重要的水产品销售场所和集散地，在华东地区乃至全国具有一定的知名度和影响力。

湖南湘云生物科技有限公司

常德基地一角俯瞰

湘云金鳙

湖南湘云生物科技有限公司是由大湖水殖股份有限公司、湖南师范大学及刘筠院士等共同组建的国家高新技术水产苗种企业，公司成立于2001年。技术力量雄厚，拥有湖南师范大学刘少军教授为首的大批从事鱼类繁育、淡水养殖、水产品深加工、鱼类营养饲料等方面的专家、教授、生物工程技术人员和优秀企业管理人才。集科研、开发、生产、贸易于一体，主要从事国家"863"重大科技成果"湘云鲫、湘云鲤"为主的高科技水产苗种生产和开发。

公司拥有三倍体湘云鲫、湘云鲤的自主知识产权，获得国家科技进步二等奖二项，国家发明专利三项。在常德建成的国家高技术产业化示范工程——年产10亿尾湘云鲫、鲤苗种繁育基地是国内规模较大、技术先进的工厂化孵化车间。基地水面积达126公顷，年产湘云鲫、湘云鲤、湘云鲫2号、抗病草鱼、湘云金鳙等优质名贵水产苗种能力达15亿尾。该基地于2012年经国家质量监督检验检疫总局批准为出入境水生动物养殖场（注册号：4300/AC009），并在安徽宿松县黄湖和常德安乡县珊珀湖建有年产亿尾以上规模苗种生产基地。

目前，湘云鲫、湘云鲤和其他高科技鱼苗已推广到了国内西藏以外的各省、自治区、直辖市养殖，产品深受养殖户和消费者青睐，商品鱼已批量出口韩国。公司2013年被评为全国现代渔业种业示范场，已通过了国家无公害水产品认证、ISO9001：2000国际质量管理体系和省级良种场认证，正在建设国家水产遗传育种中心，生产和销售苗种30亿尾，产生社会效益20亿元人民币。公司注重产品质量与品牌提升，更好地为广大客户提供满意的产品与服务。

湘云鲫

湘云鲫2号

纯系抗病草鱼

湘云鲤